江戸周辺の社会史

―「江戸町続」論のこころみ―

大石　学　監修
東京学芸大学近世史研究会　編

名著出版

はしがき

大石　学

本書は、東京学芸大学近世史研究会の二〇一一年から二〇一七年までの共同研究の成果である。本研究会は、これまで、(1)大石学監修・東京学芸大学近世史研究会編『高家今川氏の知行所支配―江戸周辺を事例として―』（名著出版、二〇〇二年）、(2)同『千川上水・用水と江戸・武蔵野―管理体制と流域社会―』（同、二〇〇六年）、(3)同『内藤新宿と江戸―首都江戸と周辺の結節点の視点から―』（同、二〇一〇年）、(4)同『首都江戸と加賀藩―江戸から地域へ・地域から江戸へ―』（同、二〇一五年）、の共同研究の成果を発表してきた。

このうち、(1)〜(3)は江戸周辺地域をフィールドとするものであり、(4)は石川県金沢市をフィールドとするものであった。しかし、全体をつうじて一貫しているのは、「首都江戸」の視角と方法である。これは、都市江戸を近世国家支配・行政、および外交の中心としてとらえ、日本近世史を列島社会が政治・経済・文化・社会の諸要素によって均質化・同質化する過程としてとらえる方法である。

本書が主な分析対象とするのは、武蔵国多摩郡中野村名主堀江家文書と武蔵国豊島郡角筈《つのはず》村名主渡辺家文書である。前者は、多摩郡中野村（現東京都中野区）の名主を務めた堀江家に伝わった文書であり、かつては東京都立大学附属図書館所蔵であり、現在は首都大学東京付属図書館所蔵となっている。昭和五七年（一九八二）、中野区教育委員会の委託を受け、私が責任者となり、全三七五八点を整理・調査・目録化した。この成果は、東京都立大学附属図書館編集・発行『武蔵国多摩郡中野村名主堀江家文書目録・改訂増補版』としてまとめた。

また、後者は、豊島郡角筈村（現東京都新宿区）の名主を務めた渡辺家に伝わった文書であり、当時慶応義塾大学古文書室所蔵であった。前者につづき、昭和六一年（一九八六）、新宿区教育委員会の委託を受け、こちらも私が責任者となり、全三五四八点を整理・調査・目録化した。この成果は、新宿区教育委員会編集・発行『武蔵国豊島郡角筈村名主渡辺家文書目録』としてまとめている。

両文書とも、江戸周辺地域の文書としては最も充実したものであり、私にとって二冊の目録は、三〇歳前後の青春時代に没頭した文書整理・調査の成果でもある。そして、この目録作成作業は、今日にいたる私の江戸周辺地域史研究の起点であり、骨格でもある。今回の共同研究における学生たちの成果報告を聞きながら、当時を思い返すことがしばしばであった。


昨今、教員養成大学・学部をめぐる議論が活発化している。私自身ここ数年、大学院博士課程研究科長（東京学芸大学連合大学校教育学研究科）、図書館長、副学長など、大学運営にかかわる仕事をしながら、小学校・中学校・高等学校の教員にとって、専門の知識や研究はどのようにあるべきか、そして教員を養成する教員養成大学・学部は、いかにあるべきか、考える機会が増えた。

他方、近世史研究会の学生たちが、日常的に展開する、今日の教育界の新しい潮流である「アクティブラーニング」（主体的・対話的で深い学び）の実践には、あらためて驚かされた。授業や単位とは別の、毎週のゼミナール（自主ゼミ）とその延長上にある春冬二度のシンポジウム、そして夏春二度の合宿など、文字通りアクティブ・ラーニングを自らすすめてきたのである。彼らの活動を目の当たりにして、学生は、教師は、人間は、本来、学ぶもの、学習するもの、との思いも強まった。自らの文書整理の青春時代を重ね合せたのかもしれない。そして、本論文集をまとめるにあたり、執行部メンバーは、教員として東北から九州まで各地に勤務する執筆者たちとたえず連絡を取り、くり返し研究会・事務作業をおこなってきた。訂正原稿のメールが昼夜となく飛び交った。その意味で、本書は間違いなく、教員養成大学・学部の学生による自主ゼミ＝「アクティブラーニング」の成果である。

本書が、これまでの江戸周辺地域史研究の分野に、新たな視角・方法・成果を提示できるならば、かつて同じように学問研究の青春時代をすごし、そして今年度定年を迎える私にとって、これ以上の喜びはない。

目　次

[訂正]

■6ページ（目次）・6行目

（誤）第九章　近世における「商業的催事」としての開帳

（正）第九章　「商業的催事」としての開帳

■557～558ページ・（注）部分

（誤）注（55）中野村組合のうち、多摩郡に…

（正）注（55）新宿区役所編『新宿区史』（新宿区、一九五五年）、二五三頁。
中野村組合のうち、多摩郡に…

[注No.（57）～（67）の訂正]

（57）→（56）、（58）→（57）、（59）→（58）、……（67）→（66）まで繰り上げ、
（67）削除。これに準じて注60・61にあたる「注60参照」は「注59参照」となる

序章　江戸周辺地域研究の展開と「江戸町続」地域

行田健晃・篠原杏奈・田口良・山田篤史

本章では、近年の江戸周辺地域に関する研究の動向を整理するとともに、本書の課題と対象地域の概要を述べる。

一　江戸周辺地域研究の成果と課題

本節では、これまでの江戸周辺地域研究について概観し、その研究視角と到達点、課題について記述する。

（一）江戸周辺農村の経済的解明　―近郊農村論と江戸地廻り経済論―

江戸周辺農村に関する研究、言い換えれば江戸の周辺、あるいは近郊という地域性とそこに存在する農村の在り方の関係を模索する研究は、戦後になって一つの大きな研究潮流として現れる。この時期の研究の現れ方は多様であり、地方史研究の隆盛とともに多くの論考が発表されている。[1]ここでの研究成果のうち、後掲する本書の趣旨に沿うものとしては、下肥と野菜の供給圏の分析を軸に、江戸の拡充する市街地と対応する形で舟運を発達させる東郊農村の姿を描いた田村正夫の研究[2]や、角筈村を題材として蔬菜生産を軸に都市と周辺農村の関係性を描いた速水融の研究[3]、鳥見役と鷹場の設置に伴う負担が江戸近郊農村に与える影響について指摘した芥川龍男の研究[4]、武蔵国多摩郡和泉村を題材に、入り組んだ支配がもたらす土地の零細化の分析から豪農の発生条件を考察した山本弘文の研究[5]、同じく和泉村の治水に関する事象を分析対象とし、領主・知行主にとって「便利な場所」である江戸近郊農村において領主や知行主に対して依存する姿勢を見せる農民たちの姿を描いた黒崎菊江の研究[6]が挙げられよう。「関東農村」という括りから脱出し、特に都市特有の要素との関係から地域特性を考察するこの時期の近郊農村論は、後の研究動向の基礎となる研究成果を多く出しはしたものの、村上直が指摘する[7]ように、全体として個別的な農業経営や一農村の構造分析を基とするものが多く、個別の村落が持つ特質を「江戸近郊」というより広い範囲における地域的性格に敷衍させるための回路を十全に持ち合わせていなかった。

これに対して、五〇年代の末頃から町や商業といった関連を軸に近郊村と都市の関係性に着目し、江戸周辺農村がもつ「都市近郊農村」としての経済的特質を解明する試みが進められるようになる。この時期には、複数の村落にまたがる研究が登場した。新河岸川流域を検討対象とし、舟運によって結ばれた江戸の商人の権力を頼りにする形で川越を中心とする城下町支配からの脱却を図る近郊農村像を描いた児玉彰三郎の研究[8]のほか、農村の経済的成長と都市化について人口動態や農間余業の視角から言及し、農村の階層分化の進行を「江戸近郊農村」の特質として位置付ける佐々木陽一郎の研究[9]や横銭輝暁の研究[10]が現れる一方、高村象平は、江戸市場が江戸周辺農村に対して与えた影響についで考察を深め、巨大消費都市江戸に相対して停滞する農村という都市と農村の対比構図を描き出した。[11]こうして江戸周辺農村と江戸との関わりは生産と消費という形で指摘されるに至り、研究は江戸市場圏の特質の解明という形で進んでいった。

その一つの到達点が、津田秀夫や伊藤好一らによる「江戸地廻り経済圏」の提唱である。津田は、中央市場としての大坂市場に対して江戸市場を捉え、関東農村は江戸市場を支えるヒンターランド（後背地）として編成される「江戸地廻り経済圏」の存在を指摘した(12)。さらに伊藤は、「江戸地廻り経済圏」を実証的に分析し、江戸一〇里四方の地域がこれに相当すると規定するとともに、その形成過程で周辺農村に在方町や在郷商人が成立し、江戸市場との結びつきを強めていくと論じた(13)。

また、この成果に続く形で、銚子の造醤油業を題材として、江戸市場に対する需要に呼応する商人の姿や、醤油市場の変質を江戸の問屋組合との関係性から描いた篠田寿夫の研究(14)、先述の児玉の研究を受け、河川運輸によって結びついた北関東農村が、江戸からの金肥の供給を受け、蔬菜類を江戸市場で売ることによって享保・明和期に農村が急成長するところに「江戸地廻り経済圏」の端緒を見出さんとする田畑勉の研究(15)、常陸国の龍ケ崎町などを題材とし、江戸市場の成熟に伴って拡大していく地域市場の展開のありようを明らかにした白川部達夫の研究(16)、「消費市場」としての江戸の性格変化から、それに対応する商人と地域市場の変化を描いた落合功の研究(17)、山村地域における林業を題材として、江戸地廻り経済圏における商品経済的な林業の成立過程について検討した加藤衛拡の研究(18)、がある。

これらの研究群は流通の面において江戸問屋による統制の影響を受ける周辺地域が、市場の発展とともにその統制から離脱して経済的に変容していく様子を描くものである。そして、これらの個別研究によって、その地域における産業の成立要件や成長過程、江戸市場から分離して発生する地域市場の内実が「江戸地廻り経済圏」に巻き込まれていく中で形成された、江戸周辺農村の特質として明らかにされていった。

（二）幕藩制国家論と江戸周辺地域 ―政治的・軍事的地域編成論―

七〇年代後半から八〇年代にかけて、幕藩制国家論を背景に鷹場を通した江戸周辺支配に関する研究が行われ、鷹場と幕府政治の関わりや、鷹場と後北条氏以来とされる「領」との関係をめぐる議論が盛んになった。澤登寛聡は、後北条氏によって実施された「領」域支配が豊臣政権下における徳川家康の関東支配および徳川政権の関八州支配に継承・再編・拡大されたものであり、それ以降も国制を補完すべきものとして村を包む地域支配の基本的枠組みとして維持されたとする。(19)大石学は享保期に焦点を当て、八代将軍吉宗の行った享保改革における鷹場再編が江戸周辺地域の分散・入組知行における警察権の弱体化への対応の一つであり、幕末まで続く江戸周辺地域の支配改革の起点となったと位置付けた。また野方領の分析から、鷹野役所―触次役―「領」の村々、という形で江戸周辺農村が「領」によって将軍家・江戸城と直接的に結びつくという「江戸城城付地」論を提起した。(20)岩田浩太郎は、江戸周辺鷹場が幕藩制国家における礼的秩序の維持・再生産を保障する領域としての機能、公儀権力の拠城＝江戸城の「御要害之筋」のため、幕領・私領の入組・錯綜した江戸周辺地域の広域的一円支配を行う領域としての機能、さらに江戸城における日常生活を維持するため、城内で必要とされるものの賦課―上納を行う領域としての機能を持ったとし、その上で江戸周辺の幕領・私領における鷹場役賦課を担った伊奈役所が、「領」を地域的枠組みとする鷹場組合村を設定したと論じた。(21)この時期には、こうした「領」や鷹場のもつ機能や性格についての詳細な研究が一つの地域や事象を軸に検討されている。(22)

こうした研究成果に対し、八〇年代末に伊藤好一が、これまでの研究の前提であった鷹場による一円的支配について批判を行った。(23)そしてこれ以後、江戸周辺地域の支配の重層性・多元性を論じる研究が増えていく。また享保期の鷹場制度が、幕末期まで一貫したものであったかのような理解も疑問視され、その中で太田尚宏は、御鷹野御用組合の形成過程において、幕府や伊奈役所の政策が反映され地域ごとにその支配方法に格差が生じていたことや、急御用の対処や負担の不均等の是正を目的とする新規の触次役設置が促進されたり触次体制に大きな変化が見られたりしたことを明らかにした(24)。近年では、特に江戸周辺地域の支配の多元性について山崎久登らによる研究が行われている。山崎は世田谷領を分析の中心として旅宿負担と御用人足の負担の枠組みが異なり、旅宿負担は御成御場所ごとに負担枠組みが形成されていたこと、同じ旅宿負担でも町方・村方が峻別されていたことを明らかにし、さらに拳場内に重層的に配置された御三卿鷹場の一つである清水家鷹場を事例として、清水家鷹場における負担の枠組みによって世田谷領中の下北沢組合が分裂したことを取り上げ、鷹場内に差異があり差別化されたとしている(25)。その一方で大石は、従来の研究をさらに進め、享保改革における鷹場政策が、近世国家の首都江戸をとりまく首都圏を鷹場の論理、制度の下に一体化・同質化する政策であると意義づけた(26)。

鷹場に関する研究は大石の「江戸城城付地」論を一つの到達点として現在はその見直しが行われている段階と言える。ただし、江戸周辺地域が江戸に対して明確な役割を持っていたという事実は、もはや否定し得ないものと言えよう。

（三）　都市史研究と江戸周辺地域

七〇年代以降の都市史研究が都市の政治的・経済的機能を中心とするものから、都市の生活や文化に関心を置くものへと変化する中で、都市江戸の研究もその内部構造や住民意識を解明するべく展開した。西山松之助らのグループは江戸に集住する町人・武士の生活・文化様式に着目し、江戸そのものを対象とする研究を「江戸学」として結実させた(27)。その中でも「江戸ッ子」概念を提唱した西山(28)、江戸の民間信仰と寺社の実態を明らかにした宮田登(29)や比留間尚、災害時の江戸の情報伝達の構造を明らかにした今田洋三[30]らの研究が特筆される[31]。さらに、これを継承・発展した竹内誠は江戸の地域構造と風土を関連させ、江戸に集住する人々の意識を検討した[32]。一方、吉田伸之は江戸の社会構造を明らかにし、社会集団内の相互関係と身分的な支配・従属関係がその秩序や空間構造を支えたと論じた[33]。吉田はこれに先立つものとして近世都市における町人身分に注目し、都市生活の基礎単位として「町の発見」に至った朝尾直弘の研究を挙げている[34]。まさに、朝尾らの研究は社会＝空間構造論によって都市史研究の一つの到達点を築いたといえる[35]。

全国の城下町や在方町の実態が明らかになると、それに追随する形で都市と周辺地域の関係に迫る研究視角も登場した[36]。脇田修ら大坂大学グループは早くからこの視角による検討を行い、都市大坂とその周辺地域（＝「大坂地域」）に焦点を当てた[37]。村田路人はのちに畿内広域支配を構造化するファクターとしての河川支配と普請役を検証し[38]、藪田貫は大坂の都市的性格と周辺地域の特質を明らかにし、畿内近国の支配構造に関する検討を行った[39]。以後、藪田の研究は大坂と周辺地域を「大坂地域」という枠組みで捉えている。これらの個別研究と並行して、地方史研究協議会第五〇回大阪大会では大坂と周辺地域を総体として捉える視点から、新たな地域像の構築も目指された[40]。他方、都市京都を扱う研究もかねてより盛んに行われたが[41]、京都とその周辺地域の特質に焦点化した研究は少ない。その中でも京都近郊農村の特徴として相給支配を掲げ、村落史研究の視点から京都周辺地域を検討した尾脇秀和の研究は貴重である[42]。

畿内地域の研究に対し、江戸と周辺地域の関係に着目する研究は八〇年代後半から見られ、主に江戸の都市的性格が周辺地域に及ぼす影響を解明するべく進んだ。都市とその周辺を一つの地域として検討した八八年の地方史研究協議会第三九回大会の中で[43]、児玉幸多は「江戸とその周辺地域との関係」として市域の拡大、住民の移住、周辺産業との関係、労役等の負担、人口の移出入を指摘した(44)。また、この成果をまとめた論集には薪炭生産を素材に江戸と「内海」（江戸湾）と周辺村落の三者間における小商品生産物の生産と流通の全体像を明らかにした安池尋幸(45)、享保改革期の鉄砲令再編強化過程を明らかにし、江戸周辺地域の複雑な地域編成と支配管轄を補完する「江戸十里四方」の枠組みを提示した根崎光男(46)や、江戸の名所記の記述変化から江戸の人々の江戸周辺への価値意識に言及し、江戸周辺の寺社が江戸の人々と周辺を結ぶ役割を果たしたと論じた鈴木章生(47)らの幅広い研究成果が収められた(48)。これらの研究により、都市の要素の拡大として捉えられてきた周辺地域に生起する事象は都市江戸とその周辺地域という一つの枠組みで把握されるようになった。

同時期の個別研究として特筆すべきは江戸周辺農村の百姓地に展開し、火災時の非難場所として設置された武家抱屋敷に着目した一連の研究である。北原糸子・奥須磨子は屋敷改役の職掌と抱屋敷の譲渡に関して分析を行い(49)、原田佳伸は百姓地の宅地化という視点で抱屋敷を捉え、個々の周辺地域の武家地をめぐる武士と農民との関わりから、江戸周辺地域の解明に取り組んだ(50)。岩淵礼治は抱屋敷が江戸の周辺地域社会を解明する要素であると論じ、武家地が周辺地域へと展開する過程を江戸の市街地拡大と関連づけて明らかにした(51)。

江戸武士社会と周辺農村との関わりが明らかにされると、江戸や周辺地域における固有の地域社会の存在が注目されるようになった。森安彦は地方史研究協議会第六三回大会の公開講演において、江戸武士社会と周辺農村との相互関係を特に人的交流の一環である武士と農民との婚姻関係から検討することで、周辺農民の「婚姻圏」としての江戸像を提示した(52)。近年では、中野達哉が江戸東郊地域の武家抱屋敷を対象に、江戸の武家社会と江戸で暮らす町人や周辺地域の百姓との関係について分析し、江戸および江戸周辺地域を一体化した新たな地域社会像を提示した(53)。また、関東近世史研究会でも二〇〇一～〇五年度にかけて、江戸の地域的特質をテーマとする大会が開催され(54)、日常的な社会関係への着目から江戸の身分制秩序や社会集団論を問い直す動きが活発化した。この成果は「教育」の視点から江戸と周辺地域の関係性を検討する、〇七年度大会（テーマ「近世後期関東の文化構造と教育」）へと受け継がれた。(55)

このように、江戸に従属的な周辺地域という従来の枠組みを脱却する方向性が示されたことで、江戸とその周辺地域は時に一体として捉えられ、そこに生起する地域社会像の解明が進められている。

(四) 研究史の課題

前項で述べたように、江戸やその周辺を扱った研究はこれまでに多くの蓄積がある。だが、従来の研究群には次に示す二つの課題を指摘できる。

まず、江戸やその周辺地域における特有の事象・現象を検討することに重点が置かれたことにより、都市江戸の機能的・構造的な拡大という論点が十分に織り込まれていないという問題である。これは特に、江戸とその周辺の地域社会の解明が目指された二〇〇〇年代以降の研究において顕著である。

都市江戸の特徴は、近世期を通じて都市機能を蓄積し続け、その領域を周辺へと拡大させていくという点にある。この現象は、大坂や京都、また各藩の城下町にもみられるものだが、江戸の機能蓄積は他の都市と比しても異質で大規模なものであり、(56)それに伴って進行する都市領域拡大の規模は他には見られないものである。江戸の町奉行支配地域の拡大は、延享二年（一七四五）までで一段落するが、実質的な都市の「拡大」――ここでは市街地の拡大を含みながら、市街地に留まらない総合的な都市機能の拡大を意味する――は、それ以降も連綿と続いている。(57)したがって、江戸とその周辺の地域社会を論じる場合、江戸の拡大に伴って変容するその周辺の地域自体に目を向けなければならない。

次に、それまでの江戸と周辺地域に関する研究が、一つの要素を軸とする検討の形式に留まっていることである。具体的に言えば、従来の研究は鷹場や武家屋敷といった土地利用上の特徴や、経済・流通面での特徴を軸に江戸周辺地域を定義し、そのうえで両者の関係性を検討しようとするものであった。だが先述したように、江戸は近世を通じて都市機能を蓄積しその領域を拡大してゆく。つまり、一つの要素を軸とする研究は二六〇余年という歳月の間に、周辺から新たに江戸の町へと組み入れられていき、また新たにその「周辺」となる地域について十分に検討する手段を持ちえないのである。

二　本書の地域設定と分析概念 ―「江戸町続」地域論の提唱―

前節を踏まえ、本書の地域設定と分析概念を述べる。
ここではまず、本書で取り上げる「江戸町続」地域のとらえ方について江戸の都市拡大の様子と併せて提示する。

（一）江戸の都市拡大 ―「江戸町続」の形成と展開―

江戸の都市機能の蓄積・発展については、大石学を中心として多くの研究蓄積が残されているが[58]、この江戸の機能拡大に伴って、江戸の都市はどのように拡大・変容していったのだろうか。ここでは、本論の検討に先立ち、江戸の都市の拡大によって、村に町屋が建てられるようになるという視覚的な変化から江戸の都市拡大について検討する。

在方に町屋が建てられ、景観が都市と類似していく現象は宝暦期から天明期を中心に諸国の城下町にも現れてくるが[59]、江戸の場合はそれよりも早く、慶長期から寛永期にかけて江戸の建設・拡張事業が進められる中で、その端緒がみられる。江戸のこうした現象がみられる範囲は江戸の市街地拡大に伴って変容したが、幕府が正式にこれに対応したのは、正徳三年（一七一三）のことである。元々江戸の町場でなかった地域が、江戸の都市拡大によって実質的に江戸へと編入される際にどのように扱われるのかは、次の史料に見ることができる。

〔史料1〕（傍線部は筆者による）

正徳三巳年

江戸町続近在地方ニ掛候分ハ御代官町方御仕置之事ハ町奉行可取計旨御書付

江戸廻ニ有之百姓地町々支配之事、御代官当御役御用多く有之処、彼町々支配を兼候儀、尤以太儀之事候間、自今以後ハ町屋有之百姓地、御年貢等を始、すへて地方ニ掛り候事ハ、其所之御代官之支配たるへし、町方仕置之事ニおゐてハ町奉行より支配たるへき由被仰出候、然上ハ町奉行御勘定奉行被申合、御代官江申談、事之違乱之様ニ各可有其沙汰候以上

巳閏五月（60）

〔史料1〕によると、正徳三年（一七一三）、「江戸町続近在地方」において、それまで代官が百姓地と町地の支配を兼ねていたが、代官の負担が大きいことから、今後は地方に関する事項は代官が、「町方仕置之事」については町奉行が管轄することとなった。この法令は正徳三年の時点で江戸に隣接する村落の一部の支配方式を変更するために出されたが、この時対象になった地域は「江戸町続近在地方」と把握されていることがわかる。

しかし、〔史料1〕の対応がなされる以前の寛文二年（一六六二）に、すでに幕府は江戸の「町続」地域に言及して

いた。この年に出された町奉行支配地域が拡張する法令では、新たな「江戸町続」地域に相当する地域について、「代官ト町奉行ノ両支配ニ属」するとされた(61)。町奉行支配地域の拡大とともに、新たな「江戸町続」地域の支配方法が課題となっていったと思われる。こうした「江戸町続」地域をめぐる問題意識は、実際に町奉行支配地域が拡大する前の一七世紀後半にはすでに見られていたのである。

〔史料2〕

村方戸〆無之事

元文五年極

一村方戸〆ハ不申付、軽儀は叱、又ハ過料、夫々之御定有之事

元文五年

延享二年極

但、江戸町続村方町奉行支配之町之分ハ、戸〆をも可申付、然共、過料にて可済分ハ、過料たるへし、村中にても侍躰之者ハ、戸〆ニも可申付事(62)

〔史料2〕によると、元文五年（一七四一）に、本来村方に対しては申し付けていなかった「戸〆」が、「江戸町続村方」では「町奉行支配之町之分」と同様に申し付けられることとなった。実際に「江戸町続」地域が町奉行支配地域と同様に扱われていたことが確認できる。

一方、幕府が認める以前に、かなり広範囲の地域が「江戸町続」としての性格を持っていたことも事実である。

〔史料3〕は、角筈村で写された江戸の町触である。

〔史料3〕

覚

町中端々女奉公人と申なし、遊女かましきもの前々制禁之旨度々相触候、弥名主・五人組遂吟味遊女一切不可差置之、おどり子之女不可為致徘徊、若相背候者、当人ハ不及申ニ、其家主まで曲事ニ申付、尤名主・五人組迄可為越度之条、其旨可相守、折々人を廻し可相改候間、遊女之類堅ク不差置候様ニ急度可申付者也

未三月

右之通御書付出候間、写シ遺し候御書付之趣町々店借リ之者迄為申聞可相守者也

三月十四日　九右衛門印(63)

町触の内容は、「遊女かましきもの」などを奉公人として町中に住まわせることを禁止したものである。角筈村には、この頃から「町奉行中より町方江相触之候間写シ遺之候」として、江戸の町触れが代官経由で幾度となく伝達されている(64)。このように元禄期頃にはすでに、町触の伝達という点で角筈村も江戸市中と同様の扱いを受けていたのである。こうした現象を、「江戸町続」地域としての実質的な成立としてみることも可能であろう。

この後も江戸の周辺では、新たな町屋家作が相次ぎ(65)、「江戸町続」地域の支配状況は依然錯綜した状況が続いた。〔史料4〕は、代官所から角筈村に対してなされた問い合わせの返答書である。

〔史料4〕

町方御支配之分御尋ニ付申上候

村惣□《三カ》拾六石九斗七升五合九夕

一高八石五斗九升三合三夕
此反別八反五畝廿歩
内藤新宿町続ニ而甲州道中
往還町屋之分ニ御座候
石盛十ヲ屋敷
反取弐百五十文四分五り

一高弐拾石三斗八升九合三夕
此反別壱町六反七セ弐歩
内藤新宿町続甲州道中
往還町屋之分御座候
石盛十四宿屋敷
反取永弐百七十八文

一高六石三斗
此反別四反五畝歩
内藤新宿町続青梅通
往還町屋之分御座候
石盛十四宿屋敷
反取永弐百七十八文

右者此度町方御支配之分御尋ニ御座候、当村内町方御支配無御座候、書面書上候高之義ハ町家ニ御座候得共、当御

支配所ニ御座候、御尋付以書付奉申上候、以上
明和七年寅六月
伊奈半左衛門様御役所 (66)

これによると、明和七年(一七七〇)、代官所から角筈村に対して、村内の「町方御支配之分」についての問合せがあり、村側は村内に「町方御支配」の場所はなく、ここに記した場所は町屋ではあるが、あくまで代官支配地だと返答している。「江戸町続」地域の支配状況が、代官所も把握困難なほどに複雑であったことがわかる。

さらに、寛政七年(一七九五)には、「江戸町続」地域に対して本格的な土地調査が行われた。

〔史料5〕

御尋ニ付以書付奉申上候

豊嶋郡角筈村名主伝右衛門奉申上候、此節近町近村ニ而町数間数等相改縄入致候風聞有之候、右躰之義有之候ハ、内々得と相糺可申上旨被仰渡奉畏、委敷相糺候所、此節町御奉行所様御懸り場幷在方江入会之場所等、古絵図ニ引合不申候間御改ニ付、町々より荒増間数等書上候、角筈村之義も町方江入会候ニ付、町方名主方ゟ相尋候間、荒増ニ間数申遣候、右之外御役人方御出被成御改被成候義者無之候、四ッ谷幷内藤新宿、大久保西町辺も其町々名主方ニ而相改書上申候、且亦御屋敷方御名前等も相尋書上申候
右御尋ニ付奉申上候、以上
寛政七卯年五月廿五日

大貫次右衛門様御役所　(67)

〔史料5〕によると、この時の調査は「江戸町続」地域に相当する「町御奉行所様御懸り場幷在方江入会之場所」を対象に、町数間数の把握を目的としていた。そして、角筈村をはじめとする町方に入り合う地域では、具体的に四ッ谷、内藤新宿、大久保西町などの町名主への聞き取り調査や、近隣町々の名主や武家方の名前の書上げなどが行われた。

このように、幕府は錯綜的・変動的な「江戸町続」地域の支配状況に対して、何度かその把握と整理を試みたと考えられる。

(二)「江戸町続」地域をどう考えるか　―史料文言から分析概念へ―

本書ではこれらの「江戸町続」の地域における都市への編入現象を踏まえ、形式的には村でありながら江戸の都市拡大に伴って実質的に都市へと編入されていく地域を「『江戸町続』地域」と措定し、その特質を多角的に検討する。この検討における「江戸町続」地域の設定目的は、大きく二つある。

一つは、江戸と周辺地域の関係性をより明白に描き出すために、従来までの「江戸周辺」概念との差異化を図るということである。従来、「江戸周辺」の範囲は、伊藤好一の「直接生産者が自ら江戸へ生産物を運び、江戸から直接商品を取入れていると考えられる範囲」とする見方(68)や、大石学や岩田浩太郎の「鷹野役所―「領」―触次役の支配体制が検証しえる拳場（将軍家鷹場）の範囲」とする見方(69)をはじめ、研究テーマや分析視角により様々に捉えられてきた。さらに、狭義に江戸に隣接する地域（これは「江戸近接農村(70)」あるいは「江戸隣接村(71)」とも呼ばれてきた）を指し、広義では関東の諸地域を指す場合もあった。こうした「江戸周辺」概念の曖昧さを受け、本書は「江戸町続」という史料文言の採用により、その差異化を試みる。

二つは、「江戸町続」地域を単に江戸に地続きの地域としてではなく、江戸の首都性に対応する明確な地域概念として設定したことにある。この史料文言から分析概念への転換が可能なのは、この「江戸町続」という史料文言が単に村に町屋が建ち並んでいるという可視的な状況を示すだけのものでなく、前項の〔史料3〕のように、江戸と類似した風俗をもつ地域全般に対して使われる場合があるからである。したがって本書では、江戸の都市拡大の影響でそのありようが変容し、江戸の都市機能に編入されてゆく地域全体を表す文言として「江戸町続」地域を使用する。

最後に、本書における都市・江戸についての立ち位置を明確にし、本書が「江戸町続」地域をどのような角度から分析するかについて述べる。

本書における江戸への視座は、その機能蓄積や領域拡大が他の地域に比して異質で大規模なものであるという見解から、大石学の展開する「江戸首都論」を継承したものである。[72]つまり、「江戸町続」地域は、政治・行政の中枢管理機能が集中し、それに付随する独自の経済や文化などの機能が蓄積していく首都江戸に対して、明確な性格・機能を有していると考える。これらを踏まえた本書所収の論文は、どれも（一）江戸に対しての明確な役割、（二）江戸との相互影響による変容、（三）地域横断的・身分横断的な事象の発生、という「江戸町続」地域の地域的特質を解明しようとするものである。

「江戸町続」地域を検討することは、江戸の首都性の解明にもつながる。大石は、江戸の首都機能が、首都の求心性と諸地域・諸集団の自立性の相互関係の中で構築されたと論じており、東京学芸大学日本近世史研究会の共同研究成果『首都江戸と加賀藩』では、これを「首都江戸は、諸地域・諸集団に支えられることによって成り立ち、逆に、諸地域・諸集団は首都江戸に支えられて成り立つ」と表現している。[73]「江戸町続」地域は、江戸に密接な地理的条件をもち、この首都江戸とより強く対応する地域である。

そして、この首都江戸の機能拡大が近世段階においてのみ見られるものではないことは、現在の都市再開発の状況を鑑みても、肯われるべきであろう。人々は、その時期の暮らしや環境に適合的な機能を保有する都市を、時代に応じて創り替えていったのである。その意味では、都市の「拡大」とは、ときに後退を余儀なくされる場合を含みながらも、全体としては「よりよい」都市の実現という大義のもと実行される不断の営みであるといえよう。そして、近世における江戸や明治における東京市は、こうした不断の営みの一時点での段階を指す言葉と捉えることができる。

本書は近代以降へと連続する都市の近世段階の姿として、首都江戸とその「周辺」を描こうとするものである。

三　本書の構成

最後に本書の構成を示す。本書は、江戸の拡大に伴って江戸の都市に編入されていった江戸周辺地域を一つのまとまりとして、この「周辺」固有の地域社会と江戸が、どのような関係性をもって発展したかについて、大別して三つの視角から描こうとするものである。三つの視角とは、①政治的特殊性に基づく役負担、②人口の集積とその維持システム、③経済の中心地としての性格である。本書の各章で、これらの視角から具体的な事象に基づいて分析を行う。ただし、これに先立ち第一章「研究対象地域の概要—武蔵国豊島郡角筈村・武蔵国多摩郡中野村—」において、本書が調査対象とする地域の概要を紹介する。

①政治的特殊性に基づく役負担

政治的特殊性に基づく役負担については、第二章、第五章、第八章、第一二章で取り上げる。

第二章「江戸近郊村における屋敷改の統制と絵図」（星瑞希）では、武家屋敷に隣接している角筈村の文書にしばしば見られるようになった「絵図」に着目する。そのうえで、当該地域に特に発生しやすい武家地・百姓地の混同の可能性を明らかにし、それに応じた土地把握の必要性から「江戸町続」地域特有の「絵図」を用いた土地把握技術の発展と、その展開・応用について考察する。

第五章「江戸・江戸周辺の伝馬と助郷」（篠原杏奈）では、江戸伝馬町の人馬不足を補った助馬・駄賃場の実態と、街道周辺の村々に課された助郷役の負担体系に着目し、交通夫役の視点から「江戸町続」地域を捉える。さらに、角筈村の助郷役負担と免除の論理を分析し、全国の街道の起点である江戸四宿との関わりを踏まえ、当該地域における宿場と助郷村の関係性について考察する。

第八章「「江戸町続」地域の武家屋敷―屋敷維持と場末の都市化―」（真鍋遼平）では、村落に武家地が進出しているという事象によって発生している在地側による武家地の維持行動と武家の年貢肩代わりについて着目する。そして、武家屋敷の維持と負担をめぐり、「江戸町続」地域特有のこうした現象に対して在地と武家がどのようにかかわって土地利用とその維持・負担構造を展開させていくのかを考察する。

第一二章「「江戸町続」地域から首都へ―近世の地域結合と近代の地域編成―」（田口良）では、「江戸町続」地域を含む近世期の大きな地域的つながりを明らかにするとともに、それが近代の行政区域の決定・変更の論理の一つになるとともに、その範囲が大東京市、そして現代の東京二三区へと受け継がれていることを考察する。

②人口の集積とその維持システム

人口の集積とその維持システムについては、第三章、第六章、第一〇章、第一一章で扱う。

第三章「角筈村の捨子養育システムから見る江戸と「江戸町続」地域」（月見友紀子）では、江戸とその周辺に発生した捨子を題材として、捨子が特に「江戸町続」地域で発生した理由について考察する。このとき捨子の発生に対応する幕府の意図と実際の在地での処理の関係性を意識しながら、当該地域において捨子が果たした役割と、捨子をめぐる動向について考察する。

第六章「「江戸町続」地域におけるトラブルの解決とその特質」（高橋理香）では、「江戸町続」地域で発生したトラブルの解決方法について考察を行い、当該地域における解決方法が事件現場の支配や事件の性質、村の事情に加え、当事者の意向も踏まえて決まることを明らかにする。

第一〇章「変死人一件からみる「江戸町続」の地域社会」（山田篤史）は、変死人一件を素材に、「江戸町続」地域の社会像を描き出そうとするものである。第一節では、角筈村とその周辺における変死人一件を概観し、その「江戸町続」的な特質を明らかにする。第二節以降は、変死人処理の実態に注目し、当該地域が行政的に江戸市中と同様の扱いを受けたことや、武家抱屋敷での事例においては村方や屋敷方、近隣寺院などの諸集団が助け合うことで処理を実現させたことを指摘し、当該地域の社会像に言及する。

第一一章「融解する町・村の境界線―百姓たちの「江戸町続」意識―」（行田健晃）では、幕末における「江戸町続」地域に残された人別送りの分析から、当該地域の人口移動について分析し、江戸とその周辺のコミュニティの形成の様相について考察する。また、この時期に発令された、いわゆる「人返しの法」との関係も踏まえながら、幕末の「江戸町続」地域のコミュニティ形成が近代以降にどのように接続していったのかを見通す。

③経済の中心地としての性格

経済の中心地としての性格については、第四章、第七章、第九章で取り上げる。

第四章「角筈村における質屋組織の変容と特質」（佐藤啓）では、角筈村の質屋の経営実態と質屋組合の結成、及び紛失物吟味役としての「町続」地域における質屋組合の働きに着目する。そして、江戸市中の経済圏へと巻き込まれてゆく当該地域の質屋が、変容する地域の経済に対してどのように対応したのかを考察し、当該地域の質屋組合の特色を明らかにする。

第七章「商業活動の発展と新たな社会的役割—役負担の視点から—」（大久保孝祐）では、一七世紀末から町場化していた「江戸町続」地域における商業活動を分析対象として、当該地域が江戸からの影響の中で段階的に発展していく様子を検討する。そして、発展した商業活動に対する政治的な役割の期待、また自らその役割を果たしていこうとする姿勢から、「江戸町続」地域の商業活動の、江戸支持機能という一つの到達点を明らかにする。

第九章「近世における「商業的催事」としての開帳」（永倉愛理佳）では、近世期に「江戸町続」地域で行われた寺社の開帳について、開帳が表向きは寺社修復を目的としつつも、開帳によって人が集まることを利用して商業を営もうとする人々によって「商業的催事」として利用されたことを考察する。

注

（1）村上直「「江戸及び近郊農村」の研究と動向」（『歴史教育』第六巻第一二号、八九〜九四頁、日本書院、一九五七年）。

（2）田村正夫「近郊農村の歴史地理學的研究：近世に於ける江戸東郊の場合」（『地理学評論』第二七巻第二号、七七～八三頁、日本地理学会、一九五四年）。
（3）速水融「都市近郊村の農業経営に関する一考察」（『三田学会雑誌』四八号、慶應義塾経済学会、一九五五年）。
（4）芥川龍男「江戸近郊に於ける鷹場をめぐる諸問題」（『地方史研究』第一六号、地方史研究協議会、一九五四年）。
（5）山本弘文「近世江戸近郊農村の一考察―幕末豪農層発生の背景」（『経済志林』第二三巻二号、九七～一四六頁、法政大学経済学部学会、一九五五年）。
（6）黒崎菊江「用水、治水問題より観たる江戸近郊農村の一型態：とくに三給地としての和泉村の場合」（『法政史学』第九号、九五～一〇六頁、法政大学史学会、一九五七年）。
（7）前掲註（1）。
（8）児玉彰三郎「江戸周辺における商品流通の諸段階―新河岸川舟運の展開をめぐって」（『歴史評論』第一一一号、一二～二六頁、校倉書房、一九五九年）。
（9）佐々木陽一郎「江戸近郊農村の農民負担に関する一考察―武蔵国葛飾郡東葛西領の場合―」（『三田学会雑誌』五四号、慶應義塾経済学会、一九六一年）、佐々木陽一郎「人口動態よりみた江戸近郊農村」（地方史研究協議会『歴史学研究』第一三巻、一五～三三頁、一九六三年）。
（10）横銭輝暁（利根啓三郎）「江戸近郊農村における商品生産と村落構造―封建制末期における」（『地方史研究』第一一巻五号、二四～三三頁、地方史研究協議会、一九六一年）。
（11）高村象平「樋籠村の協同研究」（『三田学会雑誌』四四号、慶応義塾経済学会、一九五一年）。
（12）津田秀夫「寛政改革」（『岩波講座　日本歴史』12、岩波書店、一九六三年）。

(13) 伊藤好一『江戸地廻り経済の発展』（柏書房、一九六六年）、同「江戸と周辺農村」（西山松之助編『江戸町人の研究』第三巻、吉川弘文館、一九七四年）など。
(14) 篠田寿夫「銚子造醤油仲間の研究―江戸地廻り経済圏の一断面」（『地方史研究』第二四巻第三号、地方史研究協議会、一九七四年）。
(15) 田畑勉「河川運輸による江戸地廻り経済の展開：享保・明和期を分析の対象として」（『史苑』第二六巻第一号、四一～五九頁、立教大学、一九六五年）。
(16) 白川部達夫『江戸地廻り経済と地域市場』（吉川弘文館、二〇〇一年）。
(17) 落合功『近世の地域経済と商品流通：江戸地廻り経済の展開』（岩田書院、二〇〇七年）。
(18) 加藤衛拡『近世山村史の研究：江戸地廻り山村の成立と展開』（吉川弘文館、二〇〇七年）。
(19) 澤登寛聡「近世初期の国制と「領」域支配―「徳川政権」関八州支配の成立過程を中心に―」（『関東近世史研究』第一五号、一九八三年）。
(20) 大石学「享保期における鷹場制度の再編・強化とその意義」（東京学芸大学史学会『史海』第二三・二四合併号、一九七七年）、同「近世江戸周辺農村の機能と性格―武州野方領の分析を中心に―」（徳川林政史研究所『研究紀要』、一九八三年）。後に同『享保改革の地域政策』（吉川弘文館、一九九六年）に改稿の上所収。
(21) 岩田浩太郎「関東郡代と「領」―江戸周辺の地域編成の特質」（『関東近世史研究』第一六号、一九八四年）。
(22) 例えば、熊澤徹「江戸周辺農村における「領」と「触次制」―武蔵国荏原郡六郷領の事例をもとに―」（『論集きんせい』九、一九八四年）、青木直巳「江戸廻りにおける鷹野支配と「領」―文政度府中領御鷹野御用一件を通して―」（『立正史学』五八、一九八五年）など。

(23)　伊藤好一「鷹場と広域支配―その研究史にそって―」（多摩信用金庫『多摩のあゆみ』五一号、一九八八年）。
(24)　太田尚宏「御鷹野御用組合の形成・展開と地域」（同『幕府代官伊奈氏と江戸周辺地域』、岩田書院、二〇一〇年）。
(25)　山崎久登「鷹場による地域一体化論の再検討―旅宿負担の分析を中心にして―」（『関東近世史研究』第五六号、二〇〇四年）、同「江戸周辺の地域編成と御三卿鷹場」（『日本歴史』八〇七、二〇一五年）など。以上は、同『江戸鷹場制度の研究』（吉川弘文館、二〇一七年）に改稿の上所収。
(26)　大石学「享保期鷹場制度復活に関する一考察」（竹内誠編『近世都市江戸の構造』、三省堂、一九九七年）。
(27)　西山松之助編『江戸町人の研究』全六巻（吉川弘文館、一九七三～二〇〇六年）、同編『江戸学事典』（吉川弘文館、一九八四年）。
(28)　西山松之助「江戸ッ子」（前掲書(27)『江戸町人の研究』第二巻）、同「続江戸ッ子」（前掲書(27)『江戸町人の研究』第三巻）。
(29)　宮田登「江戸町人の信仰」（前掲書(27)『江戸町人の研究』第二巻）。
(30)　比留間尚「江戸の開帳」（前掲書(27)『江戸町人の研究』第二巻）。
(31)　今田洋三「江戸の災害情報」（前掲書(27)『江戸町人の研究』第五巻）。
(32)　竹内誠「江戸の地域構造と住民意識」（豊田武ほか編『講座 日本の封建都市』第二巻、文一総合出版、一九八三年）、同編『徳川幕府と巨大都市江戸』（東京堂出版、二〇〇三年）、同著『江戸社会史の研究』（弘文堂、二〇一〇年）など。
(33)　吉田伸之「近世都市の成立」・「近世都市の展開」（『日本歴史大系 近世』、山川出版社、一九八八年）、同「城下町の構造と展開」（佐藤信・吉田伸之編『新体系日本史六 都市社会史』、山川出版社、二〇〇一年）など。後に同『巨大城下町江戸の文節構造』（山川出版社、二〇〇〇年）、同『伝統都市・江戸』（東京大学出版会、二〇一二年）に所収。
(34)　朝尾直弘『朝尾直弘著作集』（岩波書店、二〇〇三～〇四年）。

（35）　都市社会の構造を文節的に把握する方法として、社会集団論や身分的周縁論による検討が進められてきたが、これについては吉田前掲書（33）、特に身分的周縁論に関しては、吉田伸之『近世都市社会の身分構造』（東京大学出版会、一九九八年）、同『身分的周縁と社会＝文化構造』（部落問題研究所、二〇〇三年）、吉田伸之・塚田孝ほか編『身分的周縁と近世社会（全九巻）』（吉川弘文館、二〇〇六～二〇〇九年）などを参照されたい。また、これらの研究は都市史研究会によって継承・発展され、近世日本にとどまらない形で都市の実態解明が行われている（都市史研究会編『年報　都市史研究』（吉川弘文館、一九九三年～）。

（36）　馬場憲一は『近世都市周辺の村落と民衆』（雄山閣出版、一九九五年）において、都市とその周辺地域の実態検証の重要性を述べた。

（37）　脇田修編『近世大坂地域の史的分析』（御茶の水書房、一九八〇年）。

（38）　村田路人「摂河における国役普請体制の展開」（前掲書（37）『近世大坂地域の史的分析』）、後に同『近世広域支配の研究』（大阪大学出版会、一九九五年）に所収。

（39）　藪田貫「「摂河支配国論」―日本近世における地域と構成」（前掲書（37）『近世大坂地域の史的分析』）、後に同『近世大坂地域の史的研究』（清文堂出版、二〇〇五年）に所収。

（40）　地方史研究協議会編『巨大都市大阪と摂河泉』（雄山閣出版、二〇〇〇年）。

（41）　都市京都に関する研究は、鎌田道隆『近世都市・京都』（角川書店、一九七六年）、同『近世京都の都市と民衆』（思文閣出版、二〇〇〇年）、杉森哲也『近世京都の都市と社会』（東京大学出版会、二〇〇八年）などを参照されたい。

（42）　尾脇秀和『近世京都近郊の村と百姓』（思文閣出版、二〇一四年）。

（43）　地方史研究協議会編『都市周辺の地方史』（雄山閣出版、一九九〇年）。

（44）　児玉幸多「江戸とその周辺地域との関係」（前掲書（43）『都市周辺の地方史』）。

(45) 安池尋幸「近世の江戸周辺村落における小商品生産と海上流通―相州の所産物特に薪炭の生産と流通をめぐって―」（前掲書(43)『都市周辺の地方史』）。
(46) 根崎光男「鉄砲令と江戸十里四方」（前掲書(43)『都市周辺の地方史』）。
(47) 鈴木章生「名所記にみる江戸周辺寺社への関心と参詣」（前掲書(43)『都市周辺の地方史』）。
(48) 本大会の成果は、江戸・東京周辺地域の歴史的解明を目的として、江戸と東京のそれぞれにフォーカスした二〇〇三年第五三回大会（テーマ「江戸・東京近郊の地方史」）へと受け継がれた（地方史研究協議会編『江戸・東京近郊の地方史』雄山閣出版、二〇〇三年）。
(49) 奥須磨子・北原糸子『地図でみる新宿区 戸塚・落合編』（新宿区教育委員会、一九八四年）。
(50) 原田佳伸「江戸近郊の武家抱屋敷」（東京学芸大学近世史研究会編『近世史研究 第四号』一九九〇年）。
(51) 岩淵令治『江戸武家地の研究』（塙書房、二〇〇四年）、同「近世都市社会の展開」（『岩波講座 日本歴史』11、岩波書店、二〇一五年）。
(52) 森安彦「幕末期江戸周辺地域史論―武士と農民との婚姻関係を中心に―」（公開講演）（地方史研究協議会編『地方史活動の再構築』雄山閣出版、二〇一三年）
(53) 中野達哉「江戸隣接地域における「江戸周辺農村」の特質と形成について」（江東区文化財研究会『江東区文化財研究紀要』一四、一九九三年）、同『近世史研究叢書38 江戸の武家社会と百姓・町人』（岩田書院、二〇一四年）。
(54) 二〇〇一年度大会テーマ「江戸の出版物と文字文化」（関東近世史研究会編『関東近世史研究』第五一号、二〇〇二年一〇月）、二〇〇二年度大会テーマ「江戸の信仰と社会関係―居住者の視点から―」（同編『関東近世史研究』第五四号、二〇〇三年一〇月）、二〇〇三年度大会テーマ「社会秩序の変質と役」（同編『関東近世史研究』第五六号、二〇〇四年八月）、二〇〇四年度大会テーマ「江戸の公共性と秩序」(同編『関東近世史研究』第五八号、二〇〇五年八月)、二〇〇五年度大会テーマ「江戸の社会構造と意識」(同編『関東近世史研究』第六〇号、二〇〇六年七月)。

(55) 関東近世史研究会編『関東近世史研究』(第六五号、二〇〇八年一〇月)。

(56) 例えば、三代将軍家光の参勤交代の制度化の際には全国の藩の江戸藩邸が江戸に建設されている。また、八代将軍は幕府財政の再建に伴って国家機能や公共機能を拡大することを志向し、こうした国家再編の中心政策の一つに江戸の改造を掲げているとされる(大石学『首都江戸の誕生―大江戸はいかにして造られたのか』、角川選書、二〇〇二年)。このように、江戸の機能拡大は幕府の全国的な施策の影響によるものがあり、その意味でも大石は江戸を「首都」としている。

(57) 前掲注(51)。

(58) 大石学編『近世首都論―都市江戸の機能と性格』(岩田書院、二〇一三年)など。

(59) 松本四郎『日本近世都市論』(三陽社、一九八三年)。

(60) 石井良助校訂『徳川禁令考　前集第四』(創文社、一九五九年、一三七頁)。

(61) 東京都編『東京市史稿　産業篇第六』(臨川書店、一九五八年、一〇七頁)。

(62) 石井良助校訂『徳川禁令考　別巻』(創文社、一九五九年、六七～六八頁)。

(63) 元禄一六年三月一四日「覚(町中端々遊女かましきもの徘徊制禁ニ付触書)」(「渡辺家文書」A4、新宿区立歴史博物館編『武蔵国豊島郡角筈村渡辺家文書　第一巻』、新宿区教育委員会、一九九二年、七九頁)。「渡辺家文書」は一部が翻刻され、新宿区立歴史博物館の編纂により『武蔵国豊島郡角筈村渡辺家文書』として第六巻まで刊行されている。以下、『渡辺家文書　第×巻』の表記は全てこの刊本を指すこととする。

(64) 宝永七年八月二五日「(あやしき者罷通り候者拍子木ニ而一町切ニ送り可申等触請書)」(「渡辺家文書」A109、『渡辺家文書　第

二巻』、三三七～三四〇頁）及び宝永八年二月「（人宿・奉公人之儀ニ付触請書連印）」（「渡辺家文書」A110、『渡辺家文書　第二巻』、三四〇～三四一頁）。

(65) 荻生徂徠著・平石直昭校注『政談』（平凡社、二〇一一年、二五～二六頁）。

(66) 明和七年六月「町方御支配之分御尋ニ付奉申上候」（「渡辺家文書」A139、『渡辺家文書　第二巻』、四一一頁）。なお本書では、史料の未判読文字については□、虫損については■で表示した。また、広範囲の虫損については［　］で表示した。

(67) 寛政七年二月二五日「御尋ニ付以書付奉申上候」（「渡辺家文書」D51、『渡辺家文書　第六巻』、二五五～二五六頁）。

(68) 伊藤前掲注(13)。

(69) 大石学「近世江戸周辺農村の機能と性格」（徳川林政史研究所『研究紀要』昭和五八年度、一九八四年）、同「近世江戸周辺農村の機能的特質―「領」・「触次制」を中心に―」（『多摩のあゆみ』五一号、一九八八年）、岩田浩太郎「関東郡代と『領』」（『関東近世史研究』第一六号、一九八四年）、同「武蔵国の『領』と地域秩序」（『地方史研究』第二〇〇号、一九八六年）。

(70) 岩淵前掲注(51)。

(71) 辻まゆみ「江戸隣接村における武家抱屋敷と村」（『立教日本史論集』第五号、一九九二年）。

(72) 大石前掲注(56)・(58)。

(73) 大石学監修・東京学芸大学近世史研究会編『首都江戸と加賀藩』（名著出版、二〇一五年）。

第一章　調査対象地域の概要

―武蔵国豊島郡角筈村・武蔵国多摩郡中野村―

大石学・行田健晃・篠原杏奈・田口良・山田篤史

本書では、「江戸町続」地域に該当する村落の一つとして、多くの論文で共通して武蔵国豊島郡角筈村を取り上げる。「江戸朱引図」においては墨引と朱引の中間に存在した村である。

以下、本章では角筈村の概要について述べる。また、角筈村の周辺の村で、同じく多くの論文に取り上げられている中野村についてもこの章で説明する。なお、角筈村の概況（第一節）と中野村の概況（第二節）については、本書の監修者、大石学が過去に発表した著作の一部を一部修正のうえ再録したものである（角筈村：大石学「渡辺家文書について」、新宿区教育委員会『武蔵国豊島郡角筈村名主　渡辺家文書目録』、東京都新宿区教育委員会、一九八八年、一～一〇頁、中野村：大石学「堀江家文書について」、東京都立大学付属図書館『武蔵国多摩郡中野村名主堀江家文書目録　改訂増補版』、都立大学付属図書館、一九八五年、一～六頁）。表の作成者はいずれも初出のもの、第三節は序章の執筆者による新稿である。

第一節　角筈村・名主渡辺家の概要

本節では、角筈村の概要を村況と村の名主渡辺家に分けてそれぞれ示す。

一、角筈村の概況

渡辺家が代々名主を勤めた武蔵国豊島郡角筈村は、武蔵野台地上にあり、「江戸日本橋迄道法弐里余」（文政八年（一八二五）正月「村差出明細帳」史料番号C一八、以下文書名のうしろの数字は史料番号をあらわす）に位置する、いわゆる江戸近郊農村である（第1図参照）。

「角筈村」の村名の由来は、「村の地形古へ武家屋敷等置れきる以前、東の方内藤新宿の地差入て矢筈の如くなりし故村名起りしと言」（『新編武蔵風土記稿』雄山閣本、第一巻二八五頁）とあるように村の地形が矢筈（矢の上端の弦を受ける所）の形をしていたためと伝えられている（第2図参照）。

「角筈」という地名は、古く永禄二年（一五五九）二月に作成された北条氏家臣団の諸役負担帳「小田原衆所領役帳」（杉山博校訂、近藤出版社）に、「一、綾部惣四郎拘、捨弐貫文、柏木、角筈共是者島津同心江戸小三郎、本地問答有、但御判形御尋之上、可有御落着間除之」と、当時角筈の土地をめぐって問答があり、綾部惣四郎の名目の土地となったことが記されている。

また、天正一五年（一五八七）七月には、小田原北条氏が領内の武士・農民に対して合戦の準備の「定」を出しているが、宛名に「柏木・角筈・小代官・百姓中」と、「角筈村」の地名が記されている。当時の「角筈」の範囲は、その後徳川家康の関東入部（一五九〇年）後に行われる村切りを経て確定される近世の角筈村よりも広い地域をさすものと思われるが、一六世紀の北条氏支配期にすでに「角筈」という地名があったことは明らかである。

では、近世の角筈村とはどのような村であったのか、以下そのようすについてみていくことにしたい。

まず村高についてみると、第1表に示したように、正保～寛文期は二四〇～二七〇石台であったのが、延宝二年（一六七四）の中川八郎左衛門・関口作左衛門両代官による検地の結果、八三〇石余へと急上昇した。その後拝領地・寺領地への譲り渡しがあり、一二〇石程の村高の減少があったが、享保一七年（一七三二）に勘定奉行筧播磨守正鋪の新田検地によって三石九斗八升六合の打ち出しが行われ、若干の増加をみた。

文政八年（一八二五）段階では、七二〇石九斗六升一合九勺となっており、以後幕末・維新期までこの石高は変わらなかった。

田畑の比率についてみると、正保年間の石高比は田が一五％、畑が八五％（『武蔵田園簿』）、文政八年の反別比は田が七％、畑が九三％（「村差出明細帳」Ｃ一八）となっており、圧倒的な畑方農村であったことが知られる。また、田畑の地域的な分布について第2図をみると、村の西北部の神田上水沿いの地域に田があったことが確認される。

さて、角筈村の支配は、近世全体を通して村内の大部分が、幕府代官支配であった（代官の変遷については第2表参照）が、部分的には、領主の変化もみられた（第1表備考欄参照）。まず、万治元年（一六五八）神谷縫殿之助の土地七石八斗五升五合が玉川上水堀敷地となり、寛文一一年（一六七一）二石二斗一升六合が御箪笥同心衆給地となり、同一二年九斗六升が牛込宗参寺領となっている。また、宝永五年（一七〇八）、六年には兼子平左衛門が七石九斗八升を支配し（Ｆ九四、Ｆ九六）、さらに寛文一〇年（一六七〇）、元禄一二年（一六九九）、享保四年（一七一九）の三度にわたって計三七石三斗七升七合三勺三才が湯島鱗祥院領となったほか、七回にわたる拝領地の設定もあり、これらはすべて村高

第1図　豊島郡付近概略図

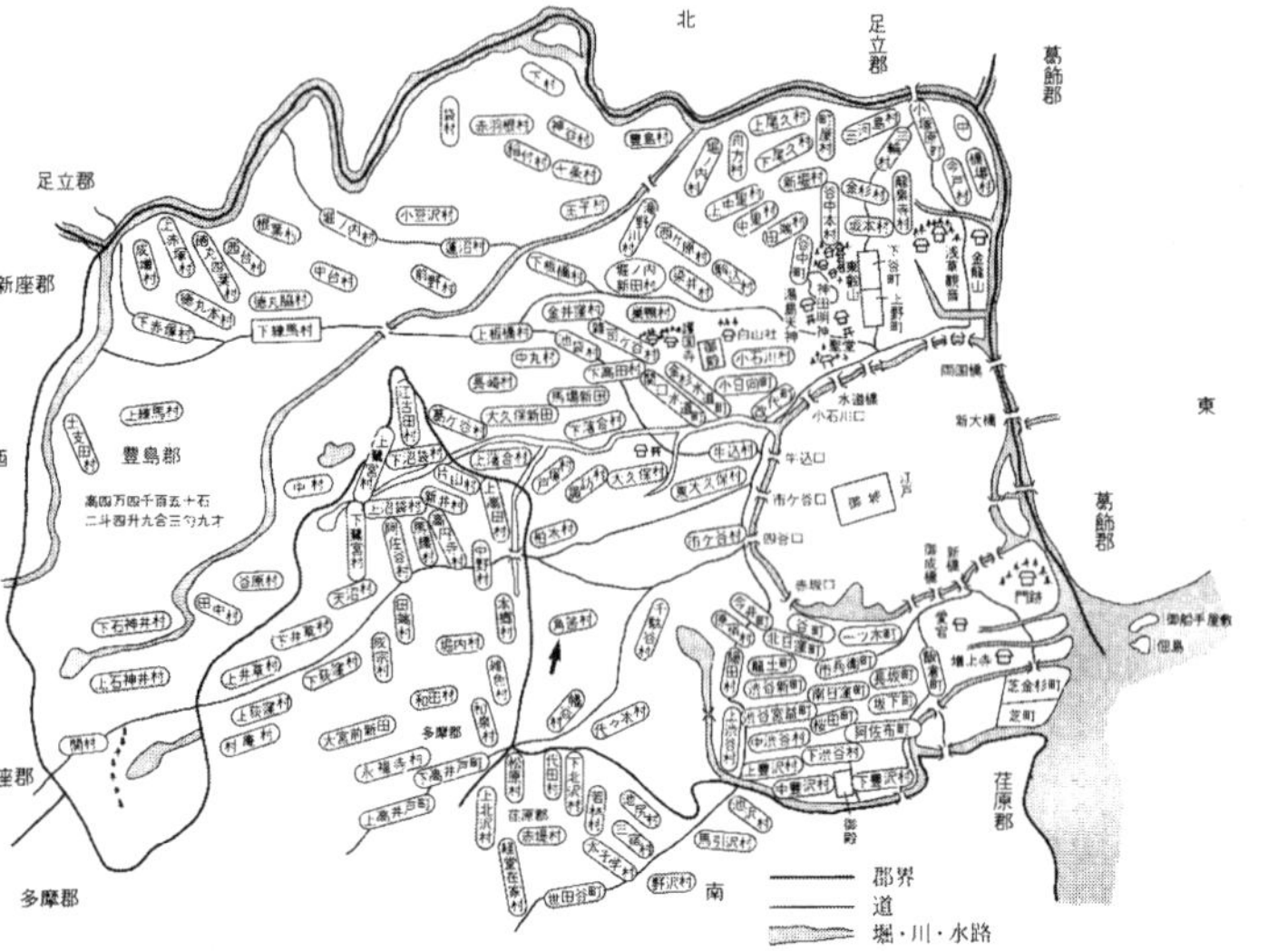

注　『新編武蔵風土記稿』（雄山閣本第一巻194頁、第二巻231頁、第4巻292頁）所収「元禄年中改訂図」より作成。

第2図　角筈村絵図

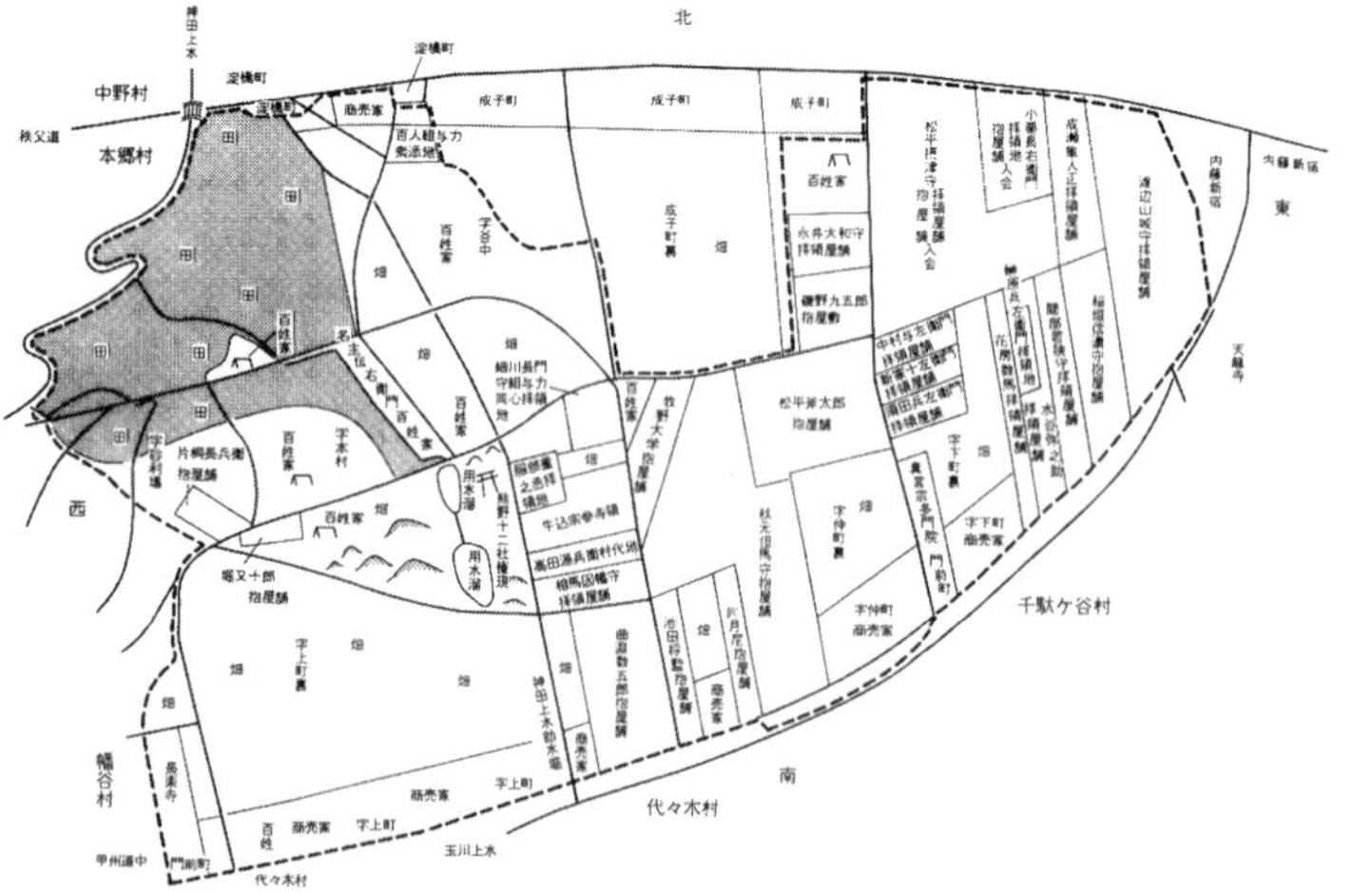

注　東京都立大学所蔵堀江家文書文化3年正月「（角筈村絵図）」（S100）より作成。

第1表　角筈村の村高変化一覧

年　代	村　高	備　考
正保4（1647）	272石676合	年貢割付表（F43）
正保年間（1644～47）	272，672	北島正元校訂『武蔵田園簿』59頁
万治元（1658）		神谷縫殿之助7石855合玉川上水堀敷に（文政8年村差出明細帳）（C18）
万治2（1659）	259，621	年貢割付状（F47）
寛文8（1668）	254，959	年貢割付状（F56）
寛文10（1670）		麟祥院領設定（文政8年村差出明細帳）（C18）
寛文10（1670）	254，295	年貢割付状（F58）
寛文11（1671）		御箪笥同心衆給地2石126合設定（文政8年村差出明細帳）（C18）
寛文12（1672）		宗参寺領0石960合設定（文政8年村差出明細帳）（C18）
延宝元（1673）	245，057	年貢割付状（F61）
延宝2（1674）	835，576	享保6年村明細帳（C8）
元禄8（1695）		26石703合西尾隠岐守拝領地へ（C8）
元禄10（1697）		3石703合間宮左右衛門・須田与左衛門拝領地へ（C8）
元禄12（1699）		12石862合須田伊勢守拝領地へ（C8）
元禄12（1699）		6石898合麟祥院拝領地へ（C8）
宝永3（1706）		6石667合井上遠江守拝領地へ（C8）
宝永5（1708）		33石633合松平摂津守拝領地へ（C8）
正徳元（1711）		1石113合済松寺へ上知（C8）
享保3（1718）		580坪永野帯刀拝領地へ（C8）
享保4（1719）		30石681合麟祥院領へ（C8）
享保5（1720）	716，975，9勺	年貢割付状（F107）
享保6（1721）	716，975，9	享保6年村明細帳（C8）
文政8（1825）	720，961，9	文政8年村差出明細帳（C18）
明治元（1868）	716，975，9	年貢割付状（F181）

第2表　角筈村幕領分支配代官一覧

年　　　代	代　官　名
寛永16（1639）～寛永17（1640）	伊奈半十郎忠治
寛永18（1641）	（不　明）
寛永19（1642）	守屋左太夫（行吉カ）
寛永20（1643）～正保4（1647）	（不　明）
正保4（1647）～万治2（1659）	野村彦大夫為重
万治2（1659）～延宝元（1673）	野村藤左衛門（彦大夫）為利
延宝元（1673）～天和元（1681）	野村彦大夫為政
天和2（1682）～貞享3（1686）	国領半兵衛重次
貞享4（1687）	（不　明）
元禄元（1688）	西山六郎兵衛正春
元禄2（1689）～元禄13（1700）	細井久左衛門正次
元禄13（1700）～宝永元（1704）	今井久右衛門兼直
宝永2（1705）	（不　明）
宝永3（1706）～正徳5（1715）	雨宮勘兵衛忠恒
享保元（1716）～享保6（1721）	会田伊右衛門資刑
享保6（1724）～享保8（1723）	松平九郎左衛門尹親
享保9（1724）～享保10（1725）	（不　明）
享保11（1726）～享保13（1728）	池田喜八郎季隆
享保14（1729）～元文元（1736）	鈴木平十郎正誠
元文元（1736）～延享3（1746）	柴村藤右衛門盛香
延享3（1746）～宝暦2（1752）	船橋安右衛門茂伴
宝暦2（1752）	伊奈半左衛門忠辰
宝暦3（1753）～宝暦5（1755）	小野左太夫一吉
宝暦6（1756）～宝暦8（1758）	辻源五郎盛陰
宝暦9（1759）～明和6（1769）	伊奈半左衛門（備前守）忠宥
明和6（1769）～安永7（1778）	伊奈半左衛門忠敬
安永7（1778）～寛政2（1790）	伊奈半左衛門（摂津守）忠尊
寛政3（1791）	（不　明）
寛政4（1792）～文政4（1821）	大貫次右衛門
文政4（1821）～文政9（1826）	（不　明）
文政10（1827）～天保12（1841）	中村八太夫
天保13（1842）	（不　明）
天保14（1843）	関保右衛門
弘化元（1844）～嘉永5（1852）	（不　明）
嘉永6（1853）	斎藤喜兵衛
安政元（1854）～安政3（1856）	（不　明）
安政4（1857）～安政6（1859）	小林藤之助
万延元（1860）～文久元（1861）	（不　明）
文久2（1862）	竹垣三右衛門
文久3（1863）	（不　明）
慶応元（1865）	木村薫平
慶応2（1866）～慶応3（1867）	（不　明）
明治初年	松村忠四郎

注　「年貢割付状」、「年貢皆済目録」、『寛政重修諸家譜』、『断家譜』、『県令集覧』より。

から除かれた。

さて、村内寺社の多聞院と長楽寺は、延享二年（一七四五）「寺中之儀ハ寺社御奉行様掛リニ而、門前之儀ハ町方御支配ニ御座候」（同上）と、両寺とも寺社・町両奉行支配をうけており、さらに村内熊野十二社権現、弁財天社、第六天社の各境内も寺社奉行の支配をうけていた（同上）。享保期以降江戸周辺において整備された鷹場の支配を加えて、角筈村が多様な支配・管理のもとに置かれていたことが知られるのである。

次に、角筈村の産業についてみると、まず農業の条件として、「一、当村之儀ハ……多分平地ニ而土地之義ハ田畑共荒野土ニ御座候」（文政八年正月「村差出明細帳」）と、地味が劣っており、用水についても、「一、当村之義ハ用水掛無之谷間溜井之出水ニ而田方仕付早損場ニ御座候」（同上）と、用水は熊野十二社権現の溜池からの引水（第2図参照）に頼るのみであり、十分にこれを供給することができない状況にあったことが知られる。

このような生産条件のため、すでに述べたように角筈村の農業は畑作中心となっていたが、具体的には、「一、作物之儀ハ麦・稗・黍・荏・蕎麦・芋・大根等ヲ作」（同上）と、蔬菜類を栽培していた。そして農民たちはこれらを、「一、農業之間男ハ江戸迄菜園物等持出」（同上）と、江戸市中に売りに出かけていた。

このほか、角筈村は江戸近郊に位置することからくるいくつかの特徴をもっていた。その第一は、将軍家・江戸幕府との特異な関係である。すなわち、角筈村は鮎・草花・虫などの品々を江戸城へ上納したり、幕府の軍事施設である千駄ヶ谷塩硝蔵への人足差し出しを行う一方、鷹場役人からさまざまな規制をうけ、将軍家・御三卿などの鷹狩りに伴う種々の役を負担するといった他の地域にはみられないさまざまな規制・負担が行われていた。

同村が、将軍家・江戸幕府との特異な関係を有していたことが知られるのである。

特徴の第二は、村内の面積の大きな部分を武家関係地が占めていたことである。先の第2図によって文化三年

第3表　角筈村名主一覧

年　　代	名　　主
元和7（1621）	与兵衛（C18及び『新編武蔵風土記稿』参照）
慶安元（1648）～万治2（1659）	伝右衛門
万治3（1660）～元禄11（1698）	伊左衛門
元禄12（1699）～元禄15（1702）	曽右衛門
元禄16（1703）～正徳5（1715）	伝右衛門
享保元（1716）～元文元（1736）	伝左衛門
元文2（1737）～宝暦7（1757）	与兵衛
宝暦8（1758）～明和5（1768）	与四郎
明和6（1769）～寛政11（1799）	伝右衛門
寛政12（1800）～文政8（1825）	伝右衛門（幼名伝之丞）
文政9（1826）～文政11（1828）	善三郎
文政12（1829）～嘉永6（1853）	伝之丞
安永元（1854）～文久元（1861）	（不明）
文久2（1862）～明治4（1871）	伝右衛門
明治5（1872）～	保寿

（一八〇六）当時の角筈村における武士の抱屋敷・拝領屋敷をみると、各一〇屋敷ずつあり、このほか拝領地・抱屋敷の入会が一、拝領屋敷・抱屋敷の入会が一、拝領地が三、与力衆添地が一、計二六の武家関係地があったことが確認される。絵図全体を一瞥しただけでも、当村における武家関係地の面積の大きさが知られよう。文政一一年（一八二八）成立の『新編武蔵風土記稿』には、当時村内において小栗直之丞が三石一斗、牧野播磨守が一二石七斗、秋元左衛門佐が八七石三斗余、堀又十郎が四石八斗余、松平中務太輔が三三石七斗余、平賀三五郎が二九石一斗余、鉤月尼が一石七斗五升、山口道成が一八石六斗五升、大平栄助が一二石と計九軒、石高計二〇三石一斗余（村高の二八％）におよぶ抱屋敷が存在していたことが記されている。武都江戸の郊外の農村の姿を再認識させられる数値といえよう。

さらに、角筈村の特徴の第三として、村の中に商売家、門前町を抱えこんでいたことがあげられる。第2図から、商売家についてみると、とくに甲州街道沿いに立ち並んでいたことが知られる。文政八年（一八二五）の「村差出明細帳」に

第4表　延宝2年における渡辺家の土地所有状況

等　級	角筈村全体（A）	渡辺家（B）	(B)/(A)
上　田（12）	296畝01歩 35石　524合	43畝06 5石　184	（15%）
中　田（10）	127，19 12，763，3勺	17，27 1，790	（14%）
下　田（8）	110，07 8，818，7	13，26 1，109，33才	（13%）
下々田（6）	2，08 0，136	0 0	（0%）
上々田（13）	628，11 81，687，68	39，28 5，191，34	（6%）
上　畑（11）	1053，14 115，881，32	38，08 4，209，32	（4%）
中　畑（9）	413，18 37，224	18，24 1，692	（5%）
下　畑（7）	313，13 21，940，34	12，06 0，854	（4%）
下々畑（5）	386，06 19，310，00	1，29 0，098，32	（1%）
林　畑（3）	98，18 2，958	6，03 0，1183	（6%）
宿屋敷（14）	221，03 30，954	14，27 2，086	（7%）
屋　敷（10）	4623，22 462，373，32	12，16 1，253，34	（0%）
上萱野（3）	123，18 3，702	0 0	（0%）
中萱野（2.5）	36，17 0，914，17	0 0	（0%）
下萱野（2）	69，16 1，390，68	26，08 0，525，32	（4%）
合　計	8504，05 835，576	245，28 24，175，97	（3%）

注　1. 延宝2年4月「角筈村寅之御検地名寄帳」（D6）より作成。
2. 等級の欄の括弧内は石盛。
3. 上段が反別、下段が石高。
4. (B)/(A)の比率は、反別・石高共に同値となる。

は、商人一一七名、職人一六名、計一三三名が書き上げられているが、この数は、これより二一年前の享和三年（一八〇三）当時の角筈村の家数一〇三軒（人別六三三人）、「宗門人別改書上帳」（E44）を上まわっている。角筈村の農民のほとんどが余業に携っていたことが推測されるのである。

これらの商売家と連続して、多聞院と長楽寺の門前町がみられる。先述したようにこれらの門前町が延享二年（一七四五）以降町奉行支配となるわけであるが、先の商売家とあわせて、内藤新宿からつづく甲州街道沿いの角筈村のにぎわいがうかがわれる。

以上のように、角筈村は劣悪な生産条件を、江戸近郊の街道沿いという地理的条件によって補完し、克服しつつ発展していった村であったといえるのである。

二、名主渡辺家について

角筈村の名主渡辺家の出自や江戸時代以前の動向については、現在のところ全く手掛りがつかめていない。ただし、文政八年（一八二五）「村差出明細帳」の村内寺社の多聞院の項に「右寺開基之儀ハ元和七酉年当村名主伝右衛門先祖、名主与兵衛開基ニ御座候」とあり、長楽寺の項にも「右寺開基之儀ハ元和七酉年当村名主伝右衛門先祖、名主与兵衛開基ニ御座候」と、両寺とも元和年間（一六一五～二三）に名主渡辺家の先祖が開基したことが記されている。これらの記述は、第2図において名主伝右衛門が熊野十二社（一五世紀の創立といわれる）の向かいの字本村に土地を所持していることとあわせて、江戸時代初頭において、渡辺家が社会的にも経済的にも地域の有力者として存在していたことを示すものといえよう。

渡辺家の名前を文書のうえで確認できる古い例は、正保五年（慶安元年、一六八）「相定申屋敷之事上」（F六二九）の

「角筈村名主渡辺伝右衛門」、承応三年（一六五四）一二月二一日「売渡申家屋敷之事」（J110）の「名主証人伝右衛門」、万治元年（一六五八）一一月一日の「手形之事」（J112）の宛名「名主渡辺伝右衛門」などである。渡辺家が近世前期から角筈村の名主を勤めていたことが史料的に確認されるのである。表三は、角筈村の代々の名主を示したものであるが、これらはいずれも渡辺家の当主の世襲であった。このうち、万治三年（一六六〇）から元禄一一年（一六九八）まで名主を勤めた伊左衛門については、延宝四年（一六七六）三月の「指上申御屋敷御役等証文之事」（J24）に、「一、名主伊左衛門儀御公儀様引追大分仕候故、今度遠島被仰付筈ニ相極リ候所ニ村中年寄・惣百姓殿様（秋元摂津守）江色々御訴訟申上候得者、御承引被遊金子弐拾両御拝借被下候間御公儀様江上納仕、伊左衛門ヲ御宥免被遊候、誠ニ難有奉存候」（括弧内引用者駐）と、年貢上納に差し支え、責任者として遠島を申し付けられていたが、年寄・惣百姓が、村内に抱屋敷をもつ秋元摂津守へ願い出、金子二〇両を拝借し、幕府へ納めたことにより、伊左衛門が宥免されたことが記されている。

さて、近世前期において渡辺家はかなり大きな石高を所持していたと思われる。それは寛文四年（一六六四）八月、屋敷地六六石二斗一升五合六勺五才を秋元摂津守抱屋敷（図二参照、ただし、同図は文化三年のものであるので、ここでは秋元但馬守とある）として譲渡していること（J8、J24）、その後、延宝二年（一六七四）段階において同家が反別二町四反五畝二八歩、石高二四石一斗七升五合九勺」（村内第三位、第一位は長右衛門の二七石余、第二位は吉右衛門の二六石余）を所持していたこと（表四参照）などからも知られる。田畑の等級についてみると、上田・中田・下田など石盛の高い田方の占有率が高く、逆に下々田・下々畑・上萱野・中萱野など石盛の低い土地の占有率が低いことがわかる。渡辺家は寛文期に大きく石高は減らしたものの、高生産力の土地を確実に所持していたといえよう。

この渡辺家の所持高二一〇石余については、名主役料と関連して、文政八年（一八二五）の「村差出明細帳」に、

「一、名主役料之義金四両三分余幷名主持高弐拾石村方小前ニ而諸役高割物引請相勤来リ候」と、名主役料と持高のうち二〇石分の諸役高割物を村方小前が引きうけてきたことが記されている。

渡辺家は、また、村内・村外の農民・商人への貸し付けも行っていた。文政八年（一八二五）六月の「金銀覚帳」（U94）には、当時計一五口五〇八両の貸し付けが行われていたことが記されており、近世後期において、同家が活発な金融活動を展開していたことが知られる。

なお、近世後期の渡辺家については、享保三年（一八〇三）三月の「宗門人別改書上帳」（E44）により、この時期渡辺家の持高が二五石六升二合五勺と延宝二年（一六七四）時より約一石四斗増加していること、家族構成は伝右衛門（三八歳）をはじめ、妻喜勢（二五歳）、娘手津（四歳）、父与兵衛（六七歳）、下男孫太郎（四七歳）、同仙太郎（二七歳）、八十右衛門妻のえ（三三歳）、同人娘りん（一七歳）、同嘉よ（一三歳）、同孫直吉（六歳）、同亀次郎（三歳）と、二世帯一一名であったことが知られるが、伝右衛門と八十右衛門との関係は不明である。

以上のように渡辺家は、角筈村名主を勤めるかたわら、地主・利貸し経営を行った角筈村の有力農民であったことが確認されるのである。

第二節　中野村・名主堀江家の概要

本書では、分析の対象として角筈村を扱うが、各々の論文では必要に応じて角筈村の周辺の村について触れる。本節では、中でも角筈村の周辺の村として多く取り上げられている武蔵国多摩郡中野村について角筈村と同様にその概要を示す。

第3図　野方領町村図

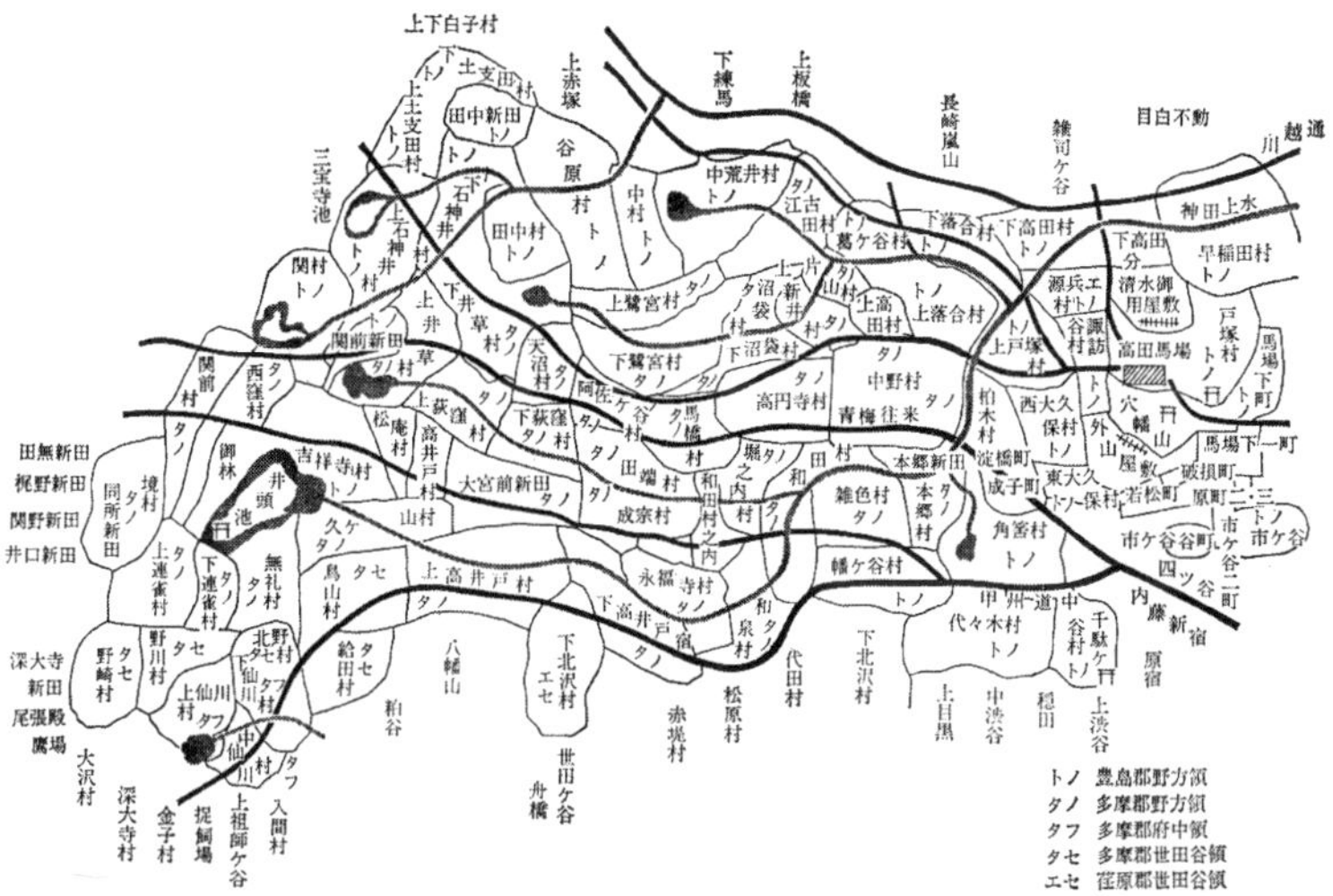

注　「中野筋御鷹場境村方境杭覚」（S16）より作成。

第5表　中野村支配代官一覧

年　代	代　官	年　代	代　官
寛永11(1634)～寛永18(1641)	伊奈半十郎(忠治)	寛延3(1750)～宝暦4(1754)	伊奈半左衛門(忠辰)
寛永19(1642)～正保4(1647)	守屋左太夫(行吉ヵ)	宝暦4(1754)～明和6(1769)	伊奈半左衛門(忠宥)
慶安元(1648)～万治2(1659)	野村彦太夫(為重)	明和6(1769)～安永7(1778)	伊奈半左衛門(忠敬)
万治2(1659)～延宝元(1673)	野村藤左衛門(為利)	安永7(1778)～寛政4(1792)	伊奈半左衛門(忠尊)
延宝元(1673)～天和元(1681)	野村彦太夫(為政)	寛政4(1792)～文化5(1808)	伊奈友之助(忠富)
天和2(1682)～貞享3(1686)	国領半兵衛(重次)	文化6(1809)～文化10(1813)	伊奈助右衛門
貞享4(1687)～元禄元(1688)	西山六郎兵衛(昌春)	文化11(1814)～文政4(1821)	小野田三郎右衛門
元禄2(1689)～元禄13(1700)	細井九左衛門(政次)	文政4(1821)～天保13(1842)	中村八太夫
元禄14(1701)～宝永2(1705)	今井九右衛門(兼直)	天保14(1843)～弘化元(1844)	関保右衛門
宝永3(1706)～正徳5(1715)	雨宮勘兵衛(某)	弘化2(1845)～嘉永2(1849)	築山茂右衛門
享保元(1716)～享保5(1720)	会田伊右衛門(資刑)	嘉永3(1850)～安政2(1855)	勝田次郎
享保6(1721)	松平九郎右衛門(忠政)	安政2(1855)～安政4(1857)	小林藤之助
享保7(1722)～享保13(1728)	伊奈半左衛門(忠逵)	安政5(1858)～文久2(1862)	竹垣三右衛門
享保14(1729)	(不明)	文久2(1862)	林部善太左衛門
享保15(1730)～享保16(1731)	日野小左衛門(正春)	文久3(1863)	木村敬蔵
享保17(1732)～享保20(1735)	鈴木平十郎(正誠)	元治元(1864)	松村忠四郎
元文元(1736)～寛保元(1741)	柴村藤右衛門(盛香)	慶応元(1865)	木村董平
寛保2(1742)～寛延3(1750)	伊奈半左衛門(忠逵)	慶応2(1866)	今川要作

注　年貢割付状、年貢皆済目録、『寛政重修諸家譜』、『新編武蔵風土記稿』などにより作成。

一、中野村の概況

堀江家が代々名主をつとめた武蔵国多摩郡中野村は、武蔵野台地の東端に位置し、寛延三年（一七五〇）四月の「村鑑帳」（史料番号B八四）によると、村高二〇〇二石五斗七合、反別二八九町六反五歩、うち田が三一町六反四畝八歩（一〇・九％）、畑が二五七町九反五畝二七歩（八九・一％）という畑勝ちの大村であった（中野村の含まれる野方領、および中野村の概観については、第3図・第4図参照）。耕地の状況は「村内平地にして打開き、畑方者高場多く田方者少シ之谷間ニ而低場多く、土地者野方ニ而土恠野土ニ而不宜場所ニ御座候」（文政四年八月「村差出明細書上帳」中野文化センター郷土資料室所蔵）と、あまり耕作に適していなかったようである。

第4図　中野村略図

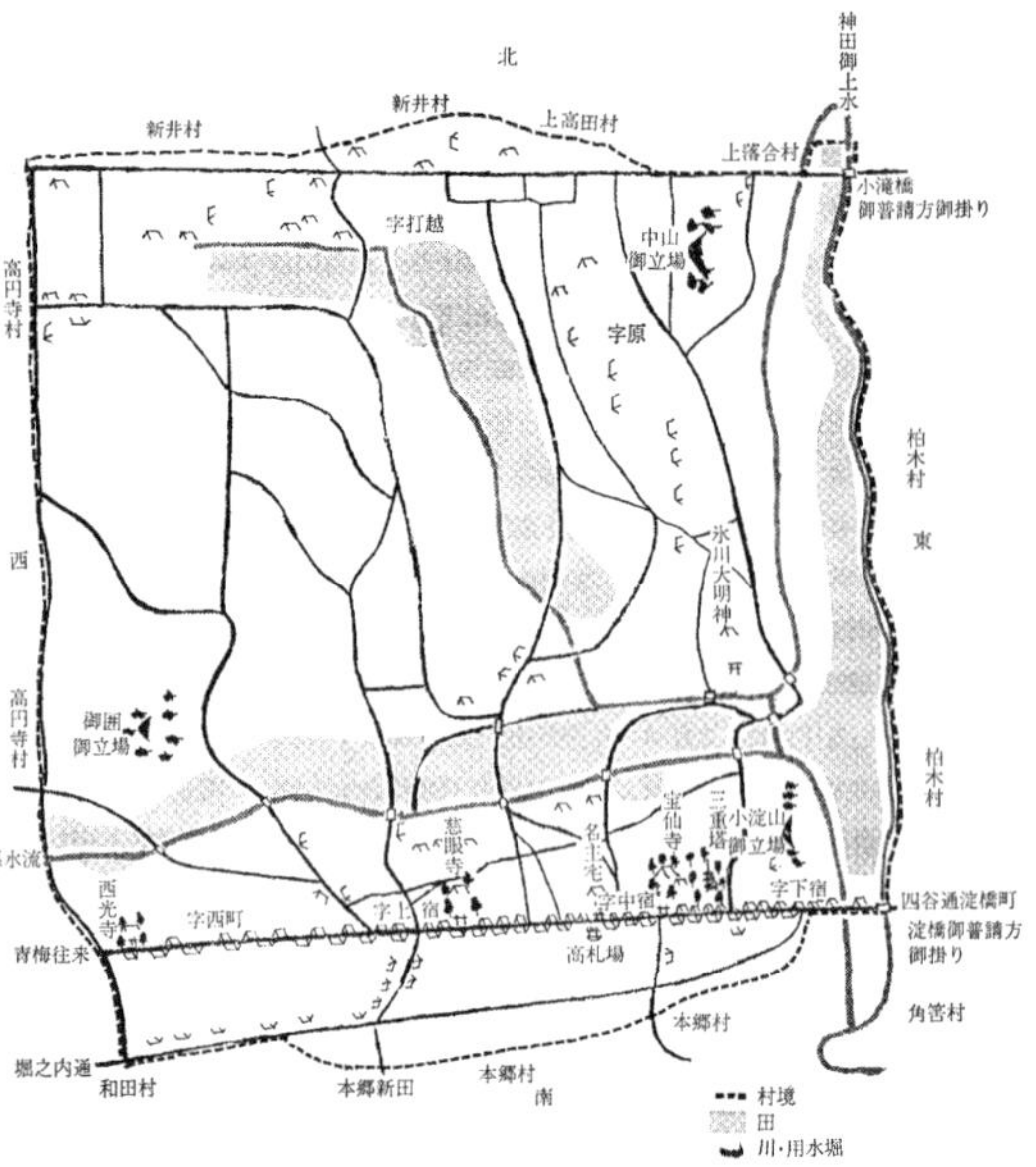

注　「(中野村絵図)」(S6) より作成。

「江戸迄道法弐里半余」の位置にあり、「当村農業之間者センさひもの江戸表江馬附ニ致出し申候」（同上）と、江戸向けに野菜商いも行っている典型的な江戸近郊農村であった。寛延三年当時、家数二八四軒、男七一七人、女四九一人を数え、「江戸四ツ谷通り青梅海道間之宿場ニ而江戸附込青梅筋秩父川越通之馬継ニ而御座候」（寛延三年「村鑑帳」）と、宿場・継立場としての機能をもち、文政四年（一八二一）時には「古来有来商売家八拾八軒」・「諸職人弐拾四人」（文政四年「村差出明細書上帳」）を数えるに至った。

支配は近世を通じて幕府代官・宝仙寺の二給支配であった（幕府代官の変遷については表五参照）。

二、名主堀江家について

中野村において名主役を勤めた堀江家は、延宝二年（一六七四）の「武州多麻郡中野村寅御縄打帳」（C1）によると、村内田畑計二八八町余のうち一九町二反七畝四歩（六・七％）を所有する村内第一の地主であった。持高は享保期において、「困窮ニ付……外江質地ニ被置候」（享保一九年二月「差出シ申連判証文之事」M1）という理由で一二〇石余から七六石余へと激減したが、それでも名主役を世襲し村内第一位の地位は変動することがなかった。

堀江家の由緒については、文化元年三月「御由緒書」（P1）、「作恐以書付を奉申上候」（P4）、文政一〇年一〇月「四ツ谷伊賀町（地誌改方へ差出ニ付由緒書上）」（Q2）などをはじめとして数多くの史料に記されているが、それらによれば、（イ）堀江家は古く中世において越前国より百姓一八名を引き連れ中野郷を開発した開発領主であり、（ロ）後北条支配下にあっては「中野郷五ケ村小代官」＝「郷中小代官」の役を勤めていたこと、（ハ）長禄年間（一四五七～五九）に太田道灌が江戸築城をしたさい、「郷中之夫役」として普請を勤めたこと、（ニ）その後天正年間（一五七三～九二）後北条支配期の江戸城普請のさいにも堺普請を勤めたこと、などの点が知られる。

文政一一年（一八二八）に成立した『新編武蔵風土記稿』（雄山閣刊、六巻三二〇頁）には、堀江家所蔵文書として、①小代官・阿佐ケ谷百姓中にあてて年々江戸城の堀四間の普請役を勤めることを命じた天正四年三月の「江戸中城堀之事」、②北条氏直が中野・阿佐ケ谷の小代官・百姓中にあてて棟別麦の納入を指示した天正一二年三月の史料、③豊臣秀吉が中野郷五カ村あてに出した天正一八年四月の禁制、の三点が掲載されている（一九三三年五月刊『中野区史』

上、一五二頁にはこれらの文書の写真が掲載されているが、現在の都立大学図書館所蔵堀江家文書中には現物は含まれていない）。

以上、後北条時代の堀江家が、中野郷五カ村の小代官としてこの地域を支配し、年々江戸裁普請役を勤めた在地土豪であったことが知られるのである。

寛延三年の「村鑑帳」には、「中野村之内ニ九百坪程土手ヲ築から堀ヲほり候処御座候、此所ヲ前々ゟ城山と申伝候、此儀古来名主夘右衛門先祖屋舗ニ而御座候、尤唯今者御年貢地ニ而名主外「夘右衛門代々所持仕候」と、堀江家の祖先が、堀をめぐらし城山とよばれる屋敷に住んでいたことを伝える一文がみられる。堀江家が中世土豪として強大な力をもっていたことをうかがわせる記述といえよう。

堀江家と江戸城とのかかわりは徳川氏入府以降も継続している。「（四ツ谷新堀江町永拝借地御調ニ付由緒書上）」（Q11）には、「関東御入国之砌同御城御普請ニ付石灰持送り御用相勤」と、家康の入府直後の江戸城普請のさい、堀江家が石灰持送り御用を勤めたことが記されているが、前掲の「御由緒書」（P1）の第二条には、「元和年中江戸御城御普請之節、秩父郡ゟ石灰御城迄附送り人馬之儀百五拾ケ村余江触次役被仰付」と、元和年間（一六一五〜二三）の江戸城普請のさい、秩父郡より江戸城まで石灰を付送る人馬を一五〇か村余にわりあてる「触次役」に任命されたことが記されている。

堀江家は、元和期以降も、延宝八年（一六八〇）一〇〜一二月の石灰付送り（「白土付馬村々ゟ出候馬辻ノ覚」M80）、元禄一三年一一月の石灰付送り（「覚」M81）などのさいにも同様の任務を果たしている。

このうち、延宝八年の史料によれば、堀江家によって付馬を触当てられた村々は幕領・私領・寺社領に及んでおり、堀江家が個別領主支配をこえる広域的な触当て機能をもっていたことが知られる。この堀江家の権限は、元禄一三年の「覚」に、「御普請為御用白土武州上成木村・北小曽村より江戸龍之口御普請小屋迄六拾駄宛弐拾八度附届候ニ付、如先規助馬御用ニ候間御料・私領村々より中野村江出し可申候間、白土増荷物之分入用馬ハ割高ヲ以中野村名主合相触候様ニ申付候」と、御料・私領の村々から中野村への人馬差し出しが指示され、白土増荷物を運ぶ馬を中野村名主が高割をもって触当てることが示されていることから、堀江家が元禄期に至っても個別領主支配をこえた人馬触当てを行っていたことが確認されるのである。

以上のように、堀江家は中世以来の権威を背景として江戸城普請にかかわる広域的な人馬触当て機能を有していたわけであるが、このほかにも堀江家は江戸幕府（将軍家）とさまざまな形で深い関係を持っていた。先の文化元年三月「御由緒書」によれば、まず第三条において「一、両御丸様御庭畑御用諸種物往古合上納仕来候」と、江戸城両丸（本丸・西の丸）の庭で栽培する種物を上納していたことが記されている。この上納がいつ頃からはじまったのか明らかではないが、寛政一〇年「乍恐書付を以奉願上候」（Q51）には、「御入国以来両御丸・山里・吹上御作園御用御種物品々幷御茄子苗被仰付」とあることからかなり古くからのことと思われる。

つづく第四条では、「一、右御庭畑御用相勤候御由緒ヲ以……去ル宝暦七丑年四ツ谷伊賀町明地弐千坪右御庭畑御用茄子苗為仕立場之御拝借地ニ被仰付、私代迄無滞御用相勤右地面所持仕候」と、宝暦七年（一七五七）に堀江家が四ツ谷伊賀町に拝借地を許可され、御用茄子苗の仕立場として利用したことが記されている。

第五条では、「一、御鷹野御用人足村数七拾ケ村・町数弐拾町数年来右触次役被仰付御用相勤来申候」と、堀江家が御鷹野御用人足触次役として七〇か村・二〇町への触当て機能を有していたこと、また第六条では「一、有徳院様御代享保十七子年、私先祖夘右衛門・別家源助両人江象御預ヶ被仰付数年奉預置候儀も御座候」と、享保期の象の渡来にさいして別家源助とともにこれを預ったことが記されている。

さらに第七条では、「一、右同御代享保廿一年御場懸り土岐美濃守様中野村内元御犬小屋跡御見分有之桃御植付被仰付候、当村年寄郷左衛門所持之畑江御成之節之御立場御取立被仰付、御庭方御役人中御出役被成御手入御植松等被仰付候節、先祖夘右衛門儀日々罷出右御用向も相勤申候」と、享保二一年（元文元年）に犬小屋跡へ桃を植付けるさい、また、御立場（狩猟場）取立のさいにもこの御用を勤めたこと、が記されている。

いずれも堀江家が江戸幕府・将軍家と直接的な深いかかわりを持っていたことを示す記事といえよう。また、堀江家には国役（未年一一月一七日「覚（去午年関東筋川々普請宝仙寺領分国役金請取ニ付）」E473、午年一二月二日「賞（廻米出張所入用川々御普請雑色村国役金請取ニ付）」B165）や芝地成年貢（申年一二月一六日「覚（和泉村分）」E453）などの請取手形が残っており、「納人堀江夘右衛門」（E453）といった記載がみられることから、おそらくこれらの納入は堀江家を通して行われていたと考えてよいと思われる。堀江家は中野村村内の異領主分および近隣村々の諸役の徴収・納入も行っていたのである。

以上のように、中野村名主堀江家は、中世以来の由緒をもち、近世に入っても触次役として、個別領主支配のちがいをこえて周辺の村々からの人馬徴発・諸役徴収を行っていたことが知られるのである。

第三節　角筈村と「江戸町続」

すでに述べたことと重複するが、これらの概要を、特に角筈村についての情報を中心に、「江戸町続」地域の観点から改めてまとめる。

角筈村の村高は、正保〜寛文期（一六四七〜一六七三）にかけて二五〇石前後であったが、延宝二年（一六七四）の検地により、八三〇石まで急上昇している。これは、武家抱屋敷地の把握、及び百姓所持の商売町屋（「宿屋敷」）の設定によるものであり、都市に対する周辺農村の枠組みを離れ、江戸という都市そのものに編入され始めたことを意味するものといえる。こうした村高の急増は、角筈村のすぐ西北に位置する多摩郡中野村においても確認されている。同村の支配について述べると、村内の多聞院と長楽寺の両寺院は、延享二年（一七四五）以降、寺社奉行と町奉行による両支配を受けている。加えて、甲州街道沿いに角筈町（角筈新町）、青梅街道沿いに角筈淀橋町と呼ばれる百姓町屋が形成されると、江戸の「町方江入会」っていることから、実質的な町奉行支配地としての性格を帯びるようになった（序章〔史料5〕より）。「武蔵風土記稿」には、「豊島郡は文政九年成、凡府下府外尤混淆して弁し叵し」（内務省地理局編『新編　武蔵風土記稿』巻之一、「総国図説」、一八八四年）とあり、角筈村に限らずより広い範囲で同様の錯綜した支配状況がみられたことがわかる。

角筈村の産業面についてみると、農業は不利な自然条件に制限されているものの、江戸での販売活動や、街道沿いを中心とした様々な諸営業（質屋・湯屋・古鉄買・水車・酒造・鍛冶など）を「江戸町続」的な経済条件を生かして営むことによってこうした制限を克服していたと考えられる。こうした諸営業の存在が、村内外の人々の多様な関わりを生起したと考えられる。

また、中野筋・野方領の村として、鳥見役人や中野村の触次堀江家のもとで、鷹狩に関する人足役や江戸城の将軍家の日常生活を支える蔬菜類の上納など、様々な負担を負った。これは、江戸城御用としての鮎・石灰・草箒の上納負担や、千駄ヶ谷塩硝蔵の維持・管理に伴う負担とともに、角筈村の江戸城・将軍家に対する政治的・軍事的な役割を示している。

角筈村のさらなる特徴を指摘すれば、それは江戸への入り口である江戸四宿の一つ内藤新宿に隣接していた点である。文政一〇年（一八二七）にその「江戸町風俗」の波及が問題となったように、「江戸町続之場所」である内藤新宿の存在は、角筈村をはじめとする周辺村々に大きな影響を与えていた。また、角筈村は元禄一二年（一六九九）の開宿以来、内藤新宿の助郷役を勤めた村であり、役負担の点からも角筈村と内藤新宿は密接な関わりをもっていたのである（大石学監修・東京学芸大学近世史研究会編『内藤新宿と江戸』、名著出版、二〇一〇年より）。

以上、角筈村を「江戸町続」の観点から述べたが、とくに重要な部分を整理すると以下のような点を指摘できる。

①村でありながら抱屋敷・抱地などの「武家地」を多分に内包していること
②町奉行系統・寺社奉行系統・代官系統といった、複数の支配系統が混在し、錯綜した支配構造をとっていること
③農間余業という位置づけでありながら、街道沿いという経済条件を生かした諸営業が重要な生活基盤となっていること
④鷹場役や江戸城御用を通して、江戸城・将軍家と政治的・軍事的関わりをもっていること
⑤江戸四宿のうちの一つ内藤新宿に隣接し、村でありつつも江戸の町の風俗の影響を受けていること

これらはいずれも角筈村が村でありながらも江戸の影響を受け、江戸という都市に編入されていることを示したものである。また、先の「江戸町続」地域の検討の中にも角筈村は登場しており、市街地などの視角的な部分においても江戸の都市機能拡大に伴って角筈村が江戸の都市へと巻き込まれていったことが窺えよう。角筈村はこれらの意味において「江戸町続」地域と位置付けられる。

本書では、この角筈村を中心とし、江戸に隣接する形で存在する固有の地域と江戸の都市との関係性を検討する。

第二章　江戸近郊村における屋敷改の統制と絵図

星　瑞希

はじめに

首都江戸は慶長八年（一六〇三）に徳川家康が幕府を開いてから、幕府諸施設や全国大名の屋敷や旗本・御家人などの屋敷が集中し、多数の武家が居住した。また、町人地には、武家を支えるために、さまざまな種類の商人・職人や日雇い人らが集まり、一八世紀前半には町方人口は約五〇万人に達し、これに武家や寺社の人口を加え約一〇〇万人に達したと推定される。また、明暦三年（一六五七）の明暦の大火など江戸では火事が度々発生し、幕府は江戸城近くの寺院を移転し、延焼防止のために広小路や火除け地を設置するなど対策を講じた。その結果江戸の都市域は拡大していった。

八代将軍吉宗のブレーンである儒学者荻生徂徠は、『政談』のなかで「元来この境立てざる故、何方までが江戸の内にて、これより田舎なりという境これなく、民の心儘に家を立てつづくる故、江戸の広さ年々に広まりゆき、たれゆるすともなく、奉行御役人にも一人と目をつけ心づく人もなくて、いつの間にか、北は千住、南は品川まで家続きになりたる也」[1]と、江戸の都市域が無秩序に広がっていることを批判している。幕府はこののち文政元年（一八一八）に江戸と近郊農村の境界を明確にするために、江戸の地図に朱線を引き、江戸の範囲を定めることとなった[2]。

では、徂徠が言うように、朱引きがなされるまで幕府の都市政策（都市域確定）は果たして放任だったのか。本章では、寛文八年（一六六八）に江戸廻りの新規家作を管轄する役職として設置された屋敷改に着目する。

屋敷改に関する先行研究は大きく二分される。一つは屋敷改の武家所持屋敷の統制に着目したものである。原田佳伸[3]は、江戸周辺地域における屋敷改の武家抱屋敷統制の実態を論じ、屋敷改の設置から正徳三年（一七一三）の江戸周辺地域の町奉行地の編入までの流れを武家地需要に直面した幕府による都市域拡大の容認と捉えている。また、山端穂[4]は、屋敷改が用いた様々な帳面に着目し、屋敷改の職掌について論じている。ここでは、宝永七年（一七一〇）に屋敷改が一度廃止になる理由を、元禄年間以降拡大する町人地に対し、屋敷改による屋敷の管理・把握は実態にそぐわず、さらに町奉行と屋敷改の両支配が混乱を招き、正徳三年の江戸周辺地域の町奉行地の編入を前に屋敷改が廃止されたと述べている。

もう一つは、屋敷改の町人地統制、都市域拡大に対する幕府の政策に着目するものである。宮坂新[5]は、屋敷改の支配下に組み込まれた地域は初期家作や修復の際に、名主加判の届書と絵図を屋敷改に提出する必要があったことから、初期屋敷改が行った家作改は現状を把握するとともに無秩序な町屋の形成を規制し、都市域を制限したと述べ、宝永七年の屋敷改廃止を、都市域確定作業が一段落したことを示すものと位置付けている。

本章では屋敷改の職掌を概観したのち、武家地統制と百姓地統制の視点から屋敷改と都市域の拡大との関わりを考察する。その際、屋敷改が土地を把握するのに用いた「絵図」に着目し、屋敷改が都市域の拡大を容認したのか、それとも無秩序な拡大を防いでいたのか、検討する。さらに、角筈村における屋敷改の動向に着目することで、「江戸町続」地域である角筈村がどのように展開し、首都江戸を支持する機能を有していったのか明らかにする。

本章で用いる「絵図」は、家守一彦による絵図の分類を参考に、「計測された土地や家屋の長さや方位、面積といったデータが記されているなど実証的絵図であることを条件にする。そのため、芸術性の高い江戸図屏風などの景観図も含めない。スケールの上限は、一つの町や村を描いた町絵図や村絵図までとし、それより大きな都市図や国絵図は含めない。(6)」ものとする。ただし第三節で扱う江戸の都市図は、絵図とする。

対象時期は屋敷改の新設（寛文八年）や、都市域拡大の契機となった明暦三年の大火に着目し、一七世紀中葉を始期とする。また享保期以降、江戸町方の人口総計が五〇万人代で横ばいであったことから、町場の拡大は基本的には十八世紀初頭で収束したとされ(7)、享保五年（一七二〇）以降は、町奉行が町屋の家作改を行うなど、屋敷改の政策にも享保期に変化が起きる(8)。よって終期は一八世紀初頭とし、この期間を中心に扱う。

第一節　「江戸町続」地域における屋敷改の職掌

本節では寛文八年に設置された屋敷改の職掌について明らかにする。

（一）　屋敷改の概要

本項では『東京市史稿』を用いて屋敷改の新設から廃止までを追い、職掌の変化を考察する(9)。

屋敷改が新設される前年、寛文七年（一六六七）の史料に、以下のような記述がある。

〔史料1〕

一今日被仰出候趣

一此前ゟ如被仰出之所々明地ニ家ヲ作候儀、堅ク為御制禁之條、明春以、御検使可被相改候、若新規之家を作出候輩於有之者、可為曲事焉

一奉公人屋敷之内売買人ニ借候儀、彌停止也、萬一借ス輩於有之者、是又可為曲事

一自今已後、御料私領之百姓、寺社領等之地を借、家を作置候者於有之ハ、可附所ニ依断之上、可受差図事

右之通、諸番頭諸物頭諸役人江執事伝之(10)

近年「明地」においての家作が禁止され、明春より検使を派遣することが達せられている。また今後の借地や家作は、断りの上指図を待って行うことも示されている。

〔史料2〕

前年江戸廻ノ閑地ニ屋舎ヲ新造スルノ申禁有リタルコト、既記ノ如シ。是ニ至テ査検使ヲ発ス。

御小姓組大久保山城守組　同大草主膳正組

藤堂主馬　岡部荘左衛門

御書院番田中大隅守組　同戸田相模守組

興津内記
中野伝右衛門

右四人被召之旧冬被仰出江戸廻り明地新規家を作り之儀相改之旨、老中被仰出之（11）

〔史料2〕は寛文八年に屋敷改が新設された際の史料である。前年の触を受けて藤堂主馬、岡部荘左衛門、興津内記、中野伝右衛門の四名が改役に任命され、江戸廻りの家作改を命じられた。その後、元禄九年（一六九六）になると、本所・深川にも新たに屋敷改が置かれる。

〔史料3〕

本所深川屋敷改役
書院番安藤出雲守組屋敷改
花房勘右衛門
同
小姓組仁木周防守御小姓組
飯田四郎左衛門

右新規仰付之（12）

〔史料3〕より本所深川の新規屋敷改として花房勘右衛門正恒、飯田四郎左衛門重信が任命されたことがわかる。しかし宝永七年（一七一〇）には、屋敷改は廃止となる。

〔史料4〕

御書院酒井因幡守組　　　　　　御小姓組大岡土佐守組

大井庄十郎　　　　　　金田惣八郎

同人組　　　　　　　　　　　　御書院酒井下総守組

倉橋三左衛門　　　　　　杉山安兵衛

井上舎人

右屋敷改尚後相止候ニ付御免之旨、老中被伝之(13)

〔史料4〕では老中から屋敷改の廃止が伝達されている。一度廃止となる屋敷改であったが、その後正徳三年（一七一三）に再設される。

〔史料5〕

宝永七年正月屋鋪改ヲ廃スルコト、既ニ之ヲ記ス、是ニ至リテ之ヲ再置ス新屋敷改被仰付候事

江戸廻南之方　　　　　　御書院番井上讃岐守組

石河三右衛門

南之方　　　　　　同戸田備後守組

山岡伝五郎

江戸廻北之方　　　　　　同松本壱岐守組

北之方
　　　　　　　　　　堀八郎右衛門
　　　　　　　　　御小姓組稲葉紀伊守組
本所深川
　　　　　　　　　　井上隼人
　　　　　　　　　同森川下総守組
本所深川
　　　　　　　　　　飯田四郎右衛門
　　　　　　　　　御書院番酒井因幡守組
　　　　　　　　　　諏訪源六郎

右如前々可相勤旨老中被仰渡之(14)

屋敷改は、書院番と小姓組の六人が江戸廻り南、江戸廻り北、本所・深川に二人ずつ、というように管轄地域を分けて再置されたのである。また享保年間（一六一六〜三六）になると職掌に変化が起きる。

〔史料6〕
　久世大和守被仰聞候趣
一居屋敷中屋敷下屋鋪幷抱屋敷等之帳面調へ、尚後者屋敷改ニて被相勤候筈ニ候之間、御目付方懸りハ相止候段被仰聞候、大和守申渡之(15)

享保四年（一七一九）、それまで大目付、目付が行っていた居屋敷、中屋敷、下屋敷、抱屋敷などの帳面調べを屋敷改が請け負うことになった。屋敷改は江戸廻りの家作改に加えて、武家屋敷の帳面調べも行うようになったのである。つまり江戸市中の武家屋敷を管理することになり、江戸廻りに加えて江戸市中の一部が管轄範囲となった。このように屋敷改の管轄地域は広がり、職務は増加したのであるが、以後は幕末の屋敷改廃止に至るまで縮小の途を辿る。

〔史料7〕

一屋敷改四人減候間、尚後南北本所深川共打込勤候様ニと、屋敷改四人江遠江守被仰渡之 (16)

享保六年（一七二一）には屋敷改が六人から四人へと減員され、江戸廻り南北と本所・深川を共に管轄することになった。また寛政三年（一七九一）にはさらに三人に減員され(17)、慶応二年（一八六六）に「屋敷改並ニ新地改役名ヲ廃ス(18)」こととなるのである。

以上、寛文八年の新設から宝永三年の一時廃止まで、屋敷改は江戸廻りの新規家作を取り締まり、正徳三年の再置から慶応二年の廃止まで新規家作の取り締まりだけでなく、武家屋敷の帳面調べも行い、管轄地域も江戸廻りに加えて江戸市中を対象とした。その一方で享保期以降、役職の規模は縮小し、幕末の廃止に至るのである。

（二）「屋敷改御定メ書写」から見る屋敷改の職掌

本項では「渡辺家文書」の「屋敷改御定メ書写(19)」をもとに、屋敷改の職掌について検討する。「屋敷改御定メ書写」の作成年代は不明であるが、史料中に当該地域の代官伊奈半左衛門や若年寄・老中の堀田相模守正亮や板倉佐渡守勝清の名前があることから、延享年間から宝暦年間の作成と考えられる。表紙に渡辺の文字があり、渡辺家の者が屋敷

第1表　「屋敷改御定メ書写」に記述されている内容

11	一寄合ハ抱屋敷月番之者宅ニ而二六之日集会月ニ六度也、新規之もの先江罷越右役之衆被請候様尤懸候事尤刻限四時を限候右役之衆被参候節使者之間迄出達可申事
20	一仲間月番宅近所火事之節帳役幷中間遣事見合自分見廻可参事此節上下共ニ火事奨《ママ》束
26	一御役人寄合御書衆等届参り候ハ、請取置返事遣シ重而御目付伝札致持参諸屋敷月番之者江相渡事
30	一御用日寄合抱屋敷月番旁ニ而二六之日四時揃寄合之事、毎年村触者十一月抱屋敷月番ニ而致月番割者御役之御職之もの割合致事
33	一御用日寄合聞合之節帳役共ニ先立石筆持参之可申事月番伝達番之者方ニ而硯箱貸不申候事
35	一御附紙ニ而下リ候節又者被仰渡等之節御目付ゟ参候得とも為御請之〔　　〕日直くに月番江参事
41	一大風之節ハ在宿之事、火事羽織着候事者自分居屋敷近所又者仲ケ間近所出火之節斗其外見廻役服ニ而参ル事
42	一若年寄方江申上候品諸屋敷御帳諸屋敷ニ懸リ候御用抱屋敷建木抜伐等申上候事、町屋敷町並屋敷譲渡者諸屋敷月番懸リニ候得共御老中江申上事
43	一御老中方江申上候品者寺社家抱屋敷家作譲渡抱屋敷御帳下百姓火元家作等其外申上窺等不残申上候事
52	一抱屋敷表通り家作新規門明ケ御鳥見組頭江聞合不目立場所幷囲家作相済抱屋敷ニ家作内之方ニ致候分ハ聞合不及候事
53	一抱屋敷譲渡相互ニ御目見以上ニ而由緒無之者申上由緒有之者不申上、一方御目見以下ニ候陪臣百姓等ニ候ハ、申上事済口読証文之事
56	一抱屋敷土蔵普請不伺目立候場所聞合可申候家作等承合在之候得者御鳥見組頭江聞合目立不申場者不及聞合、且分量家坪家数者増坪訳ケ在之相願候得者窺之上申渡ス
59	一抱屋敷相対替茂譲渡之通由緒有無ニ依而申渡之上申上
60	一抱屋敷半分又ハ三方一譲渡申渡ス、尤場所絵図可取事
68	一建後を以家作ニ者増坪不相成類焼跡者増坪相成ル火元家作者増坪不相成事
77	一新規葭簀見分もの聞合ニ者願絵図候故御成之節取払儀不申遣葭簀張数多キ節者申上之うへ申付候事
78	一建後十ケ年已前者見分之うへ申付其外年々届候得者勝手次第申付事
79	一茅替斗下江手を附候ハ、勝手次第見分先キニ而も直くニ申付候事
90	一畑地江新規家作御代官地頭印形引家茂地所ニゟ品ニゟ印状御鳥見組頭江聞合読証文
91	一古屋敷江引家又者目立候場所江家作作継共ニ定書御鳥見聞合之事
100	一町屋敷町並屋敷譲渡者諸屋敷之者懸り之事、抱屋敷之月番ニ而申渡事
107	一寺社境之内新規町屋等門前町屋境外庇見世番屋新規門明ケ替等立合見分申上之上読証文
109	一印状絵図奥書訴届被為下候可為認事、此方江願ニ而無之候間願申儀有之候得者認直し可指出旨申遣候事
112	一火事跡見分者七ツ迄ハ新規之もの参ル事、此節常之羽織にて野袴者帳役召連焼跡を前寺か又ハ百姓家江寄リ書付認絵図書落坪数相改書入抱屋敷月番宅江見分書持参場所ゟ直ニ帳役召連可参候事、尤家来幷当月番方江出し置候事
113	一火事跡見分ニ罷越候節又は場所近所ニ出火有之候得者詰候を相請改見分候事
119	一抱屋敷表通り焼失跡葭垣当分囲申付事
120	一火元抱屋鋪百姓家とも申上焼失之節申上御届之御老中御用番覚可参事
124	一見分絵図見分ニ参り候もの江所付願数等目録認御用日可仕廻相渡事
125	一見分相済聞合不入候願之分ハ其次之御用日罷出候様申付候事絵図月番江遣候節者目録遣候事

注　「渡辺家文書」Ｊ73をもとに作成。史料番号は筆者による。

改の原本を書き写したものと考えられる。内容は全一三〇箇条におよぶ儀礼や手続き方法が記された業務マニュアルである。江戸城に登城する際の儀礼や服装、持ち物、家作統制や抱屋敷統制まで事細かに書かれている。

まず屋敷改の職掌について見てみると、屋敷改には「抱屋敷月番」と「諸屋敷月番」があり、抱屋敷内の木の伐採など諸屋敷に関することは「諸屋敷月番」から若年寄へ報告することになっている〔第1表42〕。一方、町屋敷・町並屋敷の譲渡については「抱屋敷月番」に申し渡し〔100〕、老中へ報告することになっている〔42〕。その他、老中に報告するものは寺社や抱屋敷の譲渡、百姓家の火元家作などであった〔43〕。寄合は「抱屋敷月番」の家で二と六の日（月に六回）に開かれており〔11〕、村触は、毎年一一月に「抱屋敷月番」から出された〔30〕。また、風が強い日は自宅に控え〔41〕、近所が出火の際には帳役と中間を遣わし、自分も見回ることで〔20〕、地域の防火体制にも一役買っていたことがわかる。帳役とは書記役であると考えられる。〔33・112〕。

以上を踏まえ、屋敷改の職務についてまとめる。

①抱屋敷統制

抱屋敷の家作については目立たない場所や「囲家作」が済んだ屋敷内での家作、土蔵普請は鳥見への聞き合わせを必要としないが、それ以外の目立つ場所などでは鳥見への聞き合わせが必要であった〔52・56〕。抱屋敷の譲渡に関しては、双方がお目見え以上の場合、由緒があれば申し合わせが不要であったが、由緒がない場合や、片方がお目見え以下の「陪臣」、あるいは百姓の場合には申し合わせが必要であった〔53〕。また、抱屋敷の相対替についても同様で、由緒の有無によって申し合わせの必要性が異なった〔59〕。さらに、抱屋敷を二人以上で分割、譲渡する際には場所を記した「絵図」が必要であった〔60〕。

②百姓地家作統制

百姓地家作については、畑地に新規家作をする際には、支配代官もしくは領主の添翰が必要であった〔90〕。百姓家の移築や目立つ場所への家作は鳥見への聞き合わせが必要であり〔91〕、建築後一〇年以前のものや毎年問い合わせているもの、屋根のみ替えるものは特に聞き合わせの必要がないとしている〔78・79〕。また、新規の葭簀家作については、「絵図」が必要であった〔77〕。

③寺社地家作統制

寺社家作については寺社境内の新規家作、境外の庇や建屋の建て替えなどは見分に立ち会った〔107〕。

④火元家作統制

火元家作については増坪することが禁じられている〔68〕。また火元が抱屋敷であれ、百姓家であれ届け出なければならなかった〔120〕。さらに、火事跡での見分は、帳役を率いてまわり、「絵図」や焼けた坪数などを記した「見分書」を作成、それを持参して「抱屋敷月番」宅へ伺うことが定められた〔112〕。

以上から、屋敷改には帳役や中間といった下役が存在し、職務を補っていた。また、屋敷改の中には「諸屋敷月番」「抱屋敷月番」が存在し、それぞれ異なる役割を担ったと考えられる。特に「抱屋敷月番」は自宅で寄合を開いたり、火事後の見分書を受け取ったりと屋敷改全体を統括していたとも推測できる。また家作については目立つ場所や移築などの際には鳥見に報告する必要があり、さらに畑地に新規家作をする際には支配代官や領主の添翰を必要としていたことから、場合に応じて外部機関と連携の上、家作改がなされたのである。

「屋敷御改メ書写」は虫損が多く、明らかではない箇所もある。しかし、屋敷改の職掌について記されている史料を、名主渡辺家が所持していたことには注目でき、屋敷改と名主、村の関係の近さがうかがえる。また至る所に「絵図」の文字が見受けられ、屋敷改が職務上、家作の状況や地域の状況を把握するために「絵図」を使用していたことがわかる。

第二節　「江戸町続」地域における屋敷改の実態

本節では、屋敷改の武家地統制や百姓地統制について考察する。

（一）屋敷改の武家地統制

一　幕府の法令

幕府による武家地統制、武家地把握の法令は、まず元禄九年（一六九六）の次の史料から確認できる。

〔史料8〕

覚

一今度本所、深川も屋敷改被仰付候間、尚後求屋敷地子屋敷等作仕事候は、先達て屋敷改え相伺、可被任差図事

一只今迄有来屋敷坪数之書付、屋敷改方江可被出置候事

一寺社百姓町人其外抱屋敷家作改之儀者江戸廻之通ニ候　(20)

〔史料8〕は、〔史料3〕と同様、本所・深川に屋敷改が新設された際の史料である。今後本所・深川において作事を行う際には屋敷改への事前申請が必要とされている。また、従来の屋敷についても屋敷改に坪数を届け出さなければならないとあり、当該地域の全屋敷の把握が目指されていることがわかる。ここでは、寺社や百姓、町人地に加えて、抱屋敷についても、他の江戸廻りと同様の手続きをとるよう命じている。

次に、屋敷改が廃止される正徳二年（一七一二）の法令を見たい。

〔史料9〕

一上屋敷之外、所所屋敷、次ニ抱屋敷之分、所幷坪数書付、可被差出候。預り地も有之候ハ、是又書付可被差出候、但家来之抱地も書付可被差出候事　(21)

〔史料9〕では、上屋敷を除く屋敷のほか、抱屋敷についても所在や坪数を書き上げて差し出すことが指示されている。法令の意図としては、預り地や家来の抱地も含め、地域を問わず武家個人単位の把握が目指されたと考えられる。上屋敷が除外された理由は不明であるが、上屋敷が武家の主たる屋敷であり、別格に扱われていた可能性もある。

次に、屋敷改が再設された正徳三年（一七一三）の法令を見たい。

〔史料10〕

今度屋敷改被仰付江戸廻ハ石河三右衛門、山岡伝五郎堀八郎右衛門、井上隼人、本所、深川は飯田四郎左衛門諏訪源六郎可相改候、武家寺社町屋等右面々之中え相違し、指図を候得て、まえまえのことく書付等可差出或ハ新規の屋敷寺社町屋等ニおゐて、前々の法知案内候事可有之間、猶以右之面々指図を受候て、万事違格無之様に、急度其旨を相守へく候、以上[22]

〔史料10〕では、江戸廻りと本所・深川で管轄が違い、武家屋敷、寺社、町屋ともに屋敷改の指図を受けることとなった。正徳二年では武家個人を単位として把握がなされたが、正徳三年では江戸周辺地域の寺社や町屋などあらゆる屋敷が対象となっており、地域を単位に把握されたことがわかる。ところで、正徳三年には本所・深川をはじめ浅草や小石川、牛込、市谷、四谷など代官支配の町が町奉行支配下へ組み込まれており、江戸の都市域が変化したとされる[23]。

また、享保二年（一七一七）には、屋敷改から上屋敷の坪数を書き上げるよう、指示が出された。

〔史料11〕

御上屋敷坪数可被書出旨、御屋敷改より先達而申來候付[24]

〔史料12〕（傍線部は特にことわりのない限り筆者によるもの。以下同じ。）

覚

一拝領居屋敷　所附　坪数

右屋敷ニ致住宅候哉否之事、可有御書出候

右之外所持屋敷者、先達而書出之通、相違無御座候、以上

年號月日　　誰

宛先（25）

〔史料11〕・〔史料12〕から、所在や坪数とともに、人が居住しているかどうかを記す必要があったことがわかる。正徳二年の法令が、上屋敷を書き上げの対象から除外していることから、これらの史料はそれを補完するものと考えられる。第一節で、享保四年に屋敷改の職務に武家屋敷の帳面改が加わったことに触れたが、この法令はその新たな職務開始に先立つ環境整備の一環と捉えることができるのではないだろうか。

〔史料13〕

一左之御書付奥山甚兵衛被相触候、屋敷改ニ有之候帳面之坪數古帳ニ成り、相違なる有之候爲、書改置候。依之萬石以下若年寄支配之面々居屋敷下屋敷有之分、所付并ニ坪數等、委細書付差出させ、取集可被差出候、尤頭支配在之面々も、頭々支配より取集差出させ可被出候（26）

〔史料13〕は延享二年（一七四五）、目付の奥山甚兵衛良和より出された触である。屋敷改の帳面が古くなり、相違があることから、万石以下の武家に対して再度所持する居屋敷、下屋敷の所在や坪数を書き上げて提出するよう求めている。ここから武家の屋敷地把握は更新の段階に入ったことがわかる。

以上、屋敷改による武家地統制を見てきたが、屋敷の所在や坪数を書き上げさせて把握していたこと、家作の際に

指図をしていたことなどが明らかになった。屋敷改廃止中には個人を単位として把握したが、廃止前後の法令では、地域を単位として把握したことから、屋敷改は基本、江戸周辺の武家地を地域単位で把握していた可能性が高い。

二　拝領地統制

次に、角筈村における屋敷改の拝領屋敷統制について見ていく。

〔史料14〕

角筈村御拝領地覚

一南百七拾三間　　一北百九間八尺

一東五拾弐間　壱間　一西弐百二拾三間五尺

此総坪数弐百六千九拾五坪持　　渡辺半十郎様御拝領屋敷（以下略）(27)

〔史料14〕は、享保二年（一六一七）に村内の拝領屋敷を書き上げるために作成された。作成者や宛先は不明であるが、「渡辺家文書」中の史料であることから、村方が村内の拝領屋敷を把握しようとしたと思われる。本史料には、計一五人の屋敷地における総坪数と方角毎の長さが記載されており、そのうち最初の二つには絵図が添付されている。なお、この一〇日後には屋敷改の山岡伝五郎に書き上げが提出されている。

〔史料15〕

口書覚

角筈村松平出雲守様御拝領地ニ相只今之御■■書付差上申候所

一千五百坪　御箪笥同心衆

一六百坪　右同断

一九百六拾坪　宗参寺様拝領地

一千坪　服部権兵衛御拝領地

一六百坪　水野帯刀様拝領地

右之通ニ御座候、以上

酉七廿六日　角筈村名主　伝左衛門

山岡伝五郎様御中　佐久間右兵衛様[28]

〔史料15〕は、元松平出雲守の拝領地の現在の持ち主を、名主伝左衛門が屋敷改に提出したものである。松平出雲守屋敷は下屋敷であるが、天和三年（一六八三）以前より存在する村内でも古い拝領屋敷であり[29]、合計四〇〇〇坪を超える土地であることから、持ち主が変わったことで屋敷改に書き上げが提出されたのだと思われる。また同年の一〇月には村内の拝領屋敷・武家屋敷がまとめて書き上げられている。

〔史料16〕

覚

一渡部平十郎様　御拝領地　御下屋鋪　壱ヶ所

一西尾隠岐守様　御拝領地　御下屋鋪　壱ヶ所

（中略）

右拾三ヶ所拝領地之分

一小栗長右衛門様　御年貢地抱屋鋪

一松平日向守様　御年貢抱屋鋪

（中略）

右拾九ヶ所御年貢地御抱屋鋪之分

右之通り江戸五里之内御拳場武州豊嶋郡野方領角筈村之内武士方御屋鋪書面之通ニ御座候、右之外日光御門主様幷武士方御直参者不及申ニ医者方御家中方屋敷尤仮り名代ニ而所持之分共ニ吟味仕候処ニ壱ヶ所茂無御座候、以上

享保弐年酉十月

武蔵豊島郡野方領角筈村　名主　伝左衛門

野田三郎左衛門御役所　(30)

〔史料16〕から、享保二年当時、角筈村には一三か所の拝領地と一九か所の抱屋敷があったことがわかる。端書きには武士が所持している屋敷は書面の通りで、仮の名義で所持しているものは、吟味の結果一つもないとしている。このことは八代将軍吉宗が、当時際限なく行われていた江戸周辺での武士抱屋敷の売買を禁止し、武士の下屋敷の取

得を、幕府の管理・統制のもとに拝領屋敷の下賜という形で一元化したという江戸周辺の地域編成政策[31]のなかに位置づけられると考えられる。

以上のように拝領地統制については、享保期、特に享保二年に集中している。すでに述べた通り、享保二年には上屋敷のみを書き上げる法令が出ているが、「渡辺家文書」のなかには上屋敷について扱っているものはなく、法令との関連は薄いと考えられる。角筈村では村内の拝領屋敷を名主が集約して書き上げ、代官や屋敷改へ届け出ていた。つまり名主は村内の拝領屋敷の情報を地域単位に把握・管理していたのである。

三　抱屋敷地統制

次に、角筈村における屋敷改の抱屋敷統制について見ていく。

〔史料17〕

覚

御抱屋敷

一総坪数三千百八十五坪　須田一空様

内

従先規有来家坪四拾五坪半一空様御一生御願之家坪百坪

是者宝永七年寅ノ七月雨宮勘兵衛様江御預被成相済申候右百坪之内四拾一坪半

御家作被成候残五拾坪半（中略）

角筈村名主　伝右衛門　(32)

〔史料17〕には須田一空盛輔をはじめ、松平摂津守など計六人の抱屋敷地について記されている。表紙に「正徳三年巳六月晦日　屋敷改　石河三右衛門様　山岡伝五郎様江差出申候証文之控」とあり、屋敷改に出されたものであることがわかる。この史料は正徳三年令の一か月後に作成されている。ここでも名主が村内の抱屋敷を集約して書き上げ、屋敷改に差し出している。

〔史料18〕

角筈村曲淵市兵衛様囲家作相済申候御抱屋敷地面坪数屋敷、御改御奉行様御帳面相違之儀御座候由、市兵衛様ゟ申来候間、委細吟味仕所五千四百五拾坪ニ紛無御座候間、乍恐御吟味被遊可被下候、以上

巳ノ七月廿七日

角筈村名主　伝右衛門

石河三右衛門様　御役人中様　(33)

〔史料18〕では、屋敷改の帳面にある曲淵市兵衛の屋敷の坪数に相違があるとして、市兵衛から申し出があり、村側が再度吟味をしている。市兵衛が自発的に申し出たのか、屋敷改に指摘され申し出たのかは不明であるが、村側が間に入って調整を図っている様子がうかがえる。

次の史料は同じく正徳三年一一月のものである。

〔史料19〕

覚

一百姓名代ニ而相求置候屋敷坪数何年以前相求候段委細書付、当月中三右衛門方江可差出候、以上

十一月　石河三右衛門　山岡伝五郎　(34)

〔史料19〕では、百姓名義で獲得した屋敷についても坪数や獲得年月を屋敷改に提出することが求められている。「江戸町続」地域では武士が百姓名義で屋敷を獲得する事例も見られるため、武家地統制の一環と捉えることもできるが一方で、百姓が屋敷獲得に乗り出していた可能性も考えられる。正徳三年令では武家に合わせて、寺社や町人も屋敷改の指図を受けることになっているが、百姓が屋敷獲得に乗り出したために、百姓名義の屋敷も把握の対象となったと考えられる。

〔史料20〕

差上申一札之事

一秋元伊賀守様御抱屋敷享保三戌年囲不残取払被遊候通、些か茂相違無御座候通ゟ見えすきたし《ママ》

（中略）

享保八年卯六月十六日　松平九郎左衛門代官所　角筈村　伝右衛門

屋敷御改　御役所様　(35)

〔史料20〕は享保八年（一七二三）の史料であるが、秋元伊賀守他三名の抱屋敷の囲が取り払われたことが、角筈村名主伝右衛門から屋敷改に届けられている。これは抱屋敷地内の捨て子や首吊りなど、風紀や治安上好ましくない事件を防ぐために囲を撤去させた吉宗の政策[36]の影響であると考えられる。ここで注目すべきは、幕府の武家地における風紀統制に関しても、村の名主が屋敷改に書面を提出していることである。

以上を踏まえると、武家地統制は屋敷改の職掌が拡大していく中で出された幕令を基本として行われ、その対象となった武家地・武家屋敷が存在する村の名主は、それらの情報を集約・管理した上で屋敷改に届け出ていた。つまり「江戸町続」地域では名主が屋敷改との窓口となり、武家地の地域単位での把握が目指されたと考えられる。

（二）屋敷改の百姓地統制

一　百姓家作

角筈村において、初めて屋敷改との関わりが見られるのは、元禄二年（一六八九）である。

〔史料21〕（37）

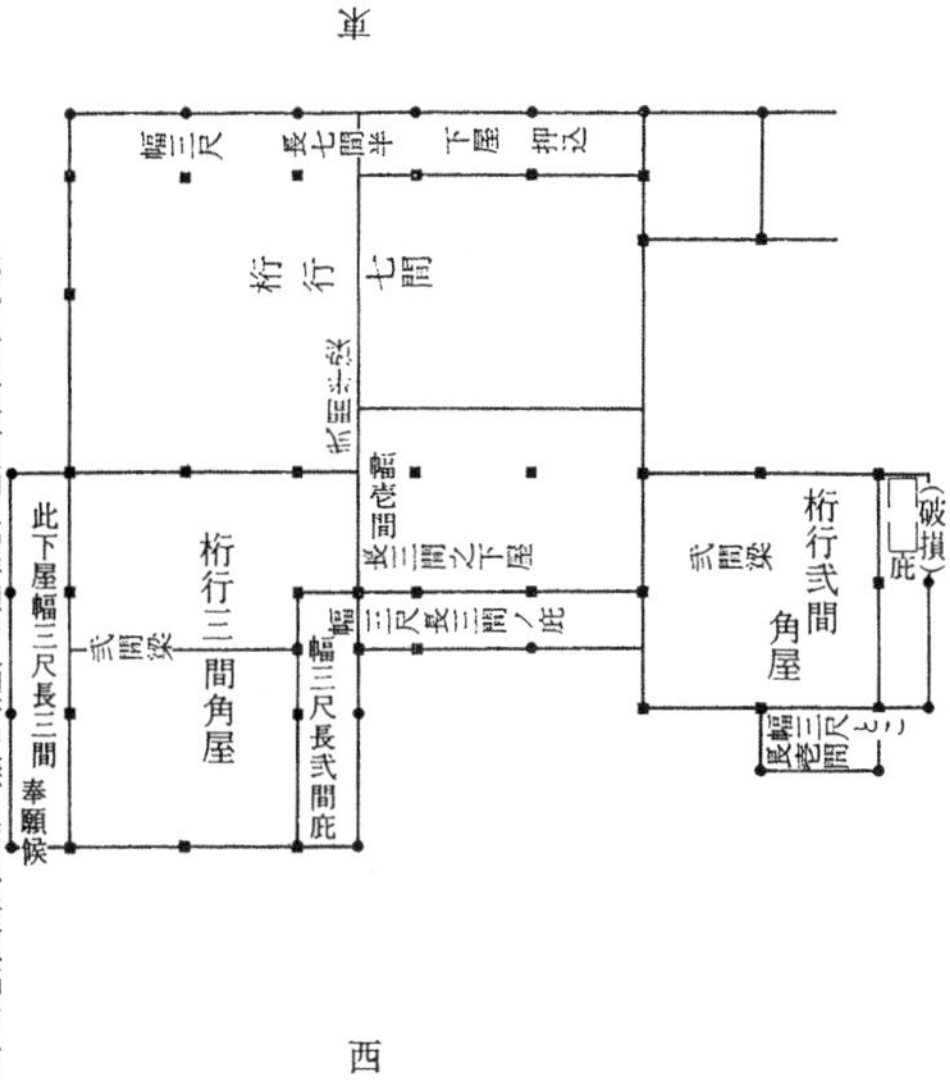

此北ノ方三尺ニ三間之増坪願申上相済申候、黒川与兵衛様御宅ニ而相済

元禄弐己巳年正月廿五日　此絵図も上ヶ申候、増坪ハへにニ而色ヲ替指上ヶ申候

（屋敷改・黒川正敦）
黒川与兵衛様

（屋敷改・松下直昌）
松下左太夫様

角筈村名主
家主　伊左衛門印

北

留書
新絵図相済

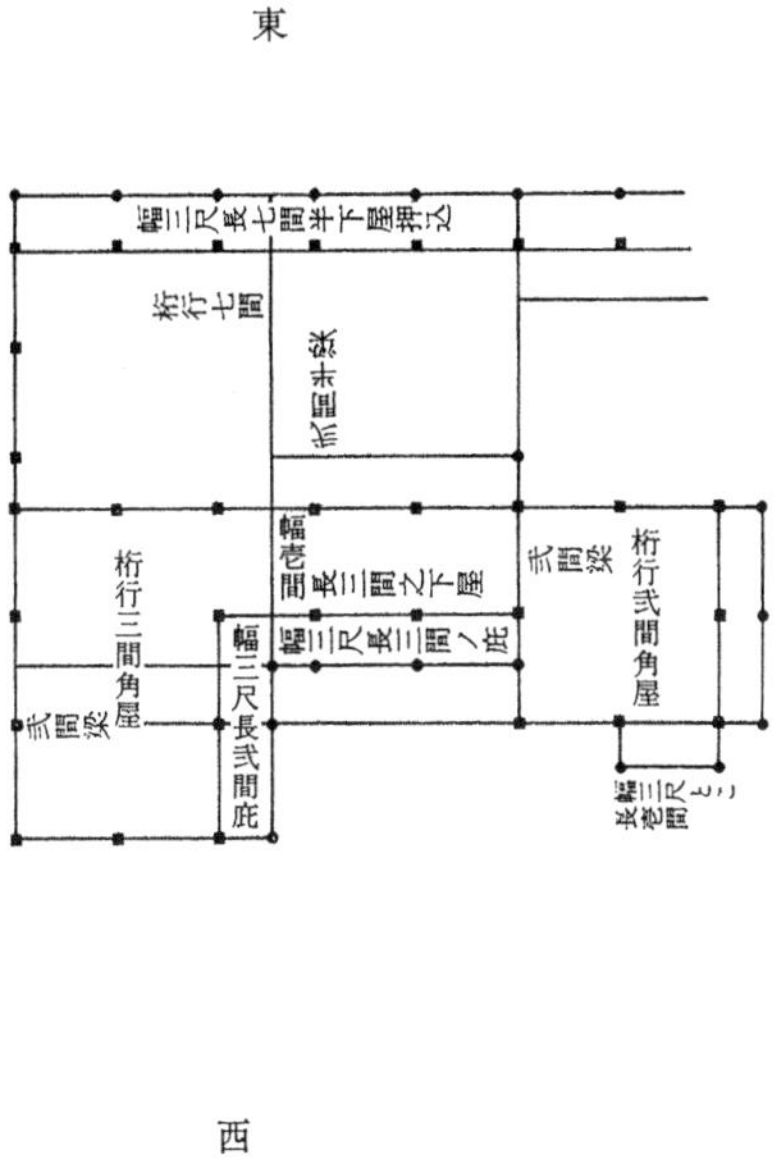

元禄弐己巳年正月廿五日

（屋敷改・安藤定行）
安藤伝十郎様

黒川与兵衛様

角筈村名主
家主　伊左衛門印

巳正月廿五日

此絵図之通坪数願相済
証文仕上ル、右絵図証文共ニ三通ノ留

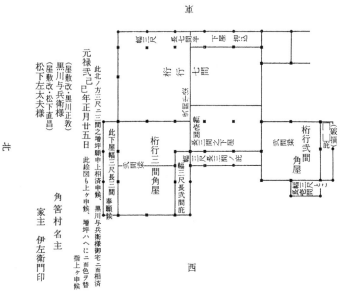

〔史料21〕は、角筈村の名主伊左衛門が、家屋増築を屋敷改の黒川与兵衛正敦、松下左太夫直義に願い出たものである。二枚の「絵図」が中心に描かれており、一枚目の「絵図」は方角が宛名などの後にあることから、「絵図」内に宛名などが書かれていると考えられる。またこの「絵図」によると、北側幅三尺、長さ三間の下屋の増築を願っていることがわかる。このように百姓が増築や新規家作、修築を願い出る際は、届書を屋敷改へ提出したのである。

〔史料22〕

指上ケ申一札之事

一角筈村家主庄兵衛弐間半梁桁行五間■■南ノ方ニ三尺ニ五間半ノ下屋相付表家■■之坪弐坪立合指加へ、此度弐間梁桁行■■間表南ノ方ニ三尺ニ五間半押通シ、下屋内裏北ノ方ニ弐間半梁桁行弐間半之角屋相附ケ建■申度、以絵図奉願候処に場所有家■■被遊其通り可仕之旨奉畏候、尤相違之義仕間敷候、為其如此ニ御座候、以上

元禄庚辰十三年十一月二日　家主　庄兵衛

名主　曹右衛門

細井左次右衛門様

杉浦弥一郎様(38)

〔史料22〕は、元禄一三年（一七〇〇）に角筈村の家主庄兵衛が家の建て直しを屋敷改の細井左次右衛門勝務と杉浦弥一郎氏宜に願い出たものである。この史料で「絵図」は見受けらないが、「絵図奉願候処に」との記述があるため、「絵図」が添付されていたことがうかがえる。

次の史料も、家の建て直しと新規家作を屋敷改に願い出たものである。

〔史料23〕

差上申一札之事

一角筈村細井九左衛門様御代官所百姓庄兵衛、去年小出織之介様ゟ申請候屋敷ニ家作仕、伜差置百姓為相勤申度旨奉願□指上ケ候ニ付、御窺之願之通被仰付候趣奉得其意候、絵図之通垣之内九尺引込相建、尤百姓屋之儀ニ御座候得者蔀作商売店借屋等ニ不仕、表垣永々迄取掛申間鋪旨段々被仰含之通□相違之義仕間敷候、若違背之義御座候ハヽ、如何様之曲事ニ茂可被仰立候、為後証如御座候、已上

元禄五年壬申年十一月廿五日

角筈村家主　庄兵衛　印

同所家主　伊佐衛門　印

松下左太夫様　柘植平右衛門様

差上ケ申一札之事

一角筈淀橋新町　家主　吉兵衛

表町並有来弐間梁桁行拾壱間前後押通シ三尺宛之下屋南之方弐間四方之角屋同方三尺ニ弐間之庇同並三尺ニ壱間之庇相附家数取之南□之庇角屋之際江寄セ三尺ニ三間之庇ニ致元間数ニ而建直シ

一同所新町　家主　兵右衛門　印

本家西之方弐間桁行五間前後三尺ニ五間宛之下屋相附家新ニ奉願候所、此度孫共一所夫婦隠居仕候段御聞届ケ御赦免

右弐人之者建直シ新規家奉願候所、場所有家御見分被遊段々御吟味之上順之通被仰付候趣奉得其意候、尤相違之義仕間鋪候、若違背之義御座候ハヽ、如如何様之曲事ニ茂可被仰立候、為後証如此ニ御座候、已上

元禄五年壬申年十一月廿五日

角筈村名主　伊左衛門　印

松下左太夫様　柘植平右衛門様

(39)

〔史料23〕は、角筈村の庄兵衛と角筈淀橋町の吉兵衛と角筈村新町の兵右衛門の三人が、家作を屋敷改に願い出たものである。そのうち庄兵衛は、小出織之助から譲り受けた屋敷の家作を願い出ている。その際、百姓名義の屋敷であるため、商売をしたり人に貸したりしないことを誓っている。この史料においても、「絵図」が添付されたと考えられる。また、兵右衛門は孫と共に夫婦で隠居するために、家の建て直しを願い出ているが、「見分被遊段々御吟味之上」とあることから、屋敷改は実際に見分を行い、吟味の上で許可を下したのである。

〔史料24〕

差上申一札事

今井九右衛門様御代官所

一角筈村

願家主　九右衛門

表口南之方弐拾七間

新屋敷囲之内　裏北之方弐拾壱間半

裏行八間

本家　弐間梁
桁行三間
右百姓九右衛門儀只今迄借宅ニ而罷在、百姓屋相勤致難儀候ニ付、此度持畑之内新屋敷取立絵図之通り致家作度
奉願候
今井九右衛門様御代官所
一同村　願家主　太左衛門
表口弐西之方拾五間半
新屋鋪囲之内　裏東之方弐拾五間
裏行九間半
弐間梁　西北之方折廻シ三尺ニ六尺之下屋
本家　桁行四間
右百姓太左衛門儀只今迄借宅仕、百姓相勤致難儀候ニ付、此度持畑之内新屋敷取立家作仕度奉願候
右両人只今迄借宅仕、百姓相勤致難儀候ニ付、此度持畑之内新屋敷取立絵図之通り家作仕引移申度段奉願、今井九右衛門様御印状申請差上ケ候ニ付、御吟味之上御聞届ケ場所御見分御窺之其通可仕旨奉畏候、百姓家之儀ニ御座候間、蔀造商売店借屋等仕間敷旨被仰渡候趣奉承知候、尤少茂相違之儀仕間敷候、若違背仕候者何様之曲事ニ茂可被仰付候、為其如斯ニ御座候、以上
宝永弐乙酉年九月　名主伝右衛門　印
金田惣八郎様

間宮鞆負様（40）

〔史料24〕においても、百姓家であるため商売店などにはしないことを誓っている。ここでも「絵図」が添付されていたと考えられる。

このように、家作の詳細を記した史料から、屋敷改は「絵図」を用いて状況を把握するとともに、百姓が商売を行うことによる村の都市化を防ぐために屋敷の用途まで管理していたこと、一方村側は家作願を通すために「絵図」を添付し、家作の状況や用途を説明していたことが明らかとなった。

〔史料25〕

差上申一札事

角筈村間宮勘兵衛様御代官所町奈良屋兵之助所持仕候表間口拾四間半裏行百七拾七間一囲之内、表間口拾四間半裏行弐拾五間之所ハ町屋地面ニ而有来建屋六拾四坪有之候、右屋敷願書を以申上候通元来表町並商売人住宅仕候処、三拾六年前以前大風ニ而家吹潰シ、其以後町屋家中絶仕候、依之此度有来家坪を以表町並絵図之通家作仕り、町並御年貢上納仕度、尤町屋中絶ニ紛無御座候、且又町屋地面ニ相附候持畑前々之通壱所ニ囲入申度旨雨宮勘兵衛様ゟ御印状申請奉願候処ニ御吟味之上場所御見分被遊御窺之願之通被仰付奉畏候、尤少茂相違之儀仕間敷、為後証如斯ニ御座候、以上

宝永三丙戌年九月十二日

家主　兵之助　印

名主　伝右衛門　印

年寄　作兵衛　印

間宮靭負様

金田惣八郎様　(41)

〔史料25〕によると、角筈町の町人奈良屋兵之助が所持していた屋敷には、もともと商人が住んでいたが、三六年前に大風のために家が潰れた後、建物が建つことはなかった。今回その場所に家を建てたいと願ったところ、滞りなく許可が下りることとなった。代官の雨宮勘兵衛忠恒の印状があることから、この土地は畑地とみなされたと考えられる。家作願を出して滞りなく許しを得ることは少ないが、今回のような結果になった要因としては、元来建物があった土地であることが挙げられる。三〇年以上もの間建物が無かったために農地の扱いを受けていたとはいえ、新たに家作を行っても農地を侵食することはないからだろう。ここで注目すべきは、願い出た村の人々は、この土地を町並地と認識していたことである。つまり屋敷改や代官などの統制する人々と村の人々の間には、土地の認識に関して齟齬が生じる場合があったと考えられる。次に、家作願主が代官に印状を求めた史料を見る。

〔史料26〕

乍恐口上書を以御訴訟申上候

一角筈村九左衛門高弐石五斗四升四合余所持致シ候百姓■■居屋敷無御座借家仕罷有、諸役等相勤■■奉存候ニ付、此度弐間梁桁行三間三尺ニ三間之■■屋相附ケ此家坪七坪数半新規ニ奉願候事

一同村太左衛門高三石六斗三升三合弐勺五石壱斗弐升四合余致所持候百姓先■■居屋敷無御座借家仕り罷有諸役等

相勤メ[redacted]奉存候ニ付、此度弐間梁桁行四間三尺ニ四間之[redacted]家同三尺ニ弐間之下家相附ケ此家坪拾壱坪新規ニ奉
願候事
右[redacted]之者共屋敷御改様江奉願候得ハ、御代官様江御訴訟申上ケ御印状頂戴仕致持参候様ニ被仰付候、御慈悲[redacted]
印状[redacted]仰付被下候者難有可奉存候、以上

宝永弐乙酉年八月十六日

角筈村
訴訟人　九左衛門　印
訴訟人　太左衛門　印
年寄　五郎兵衛　印
同　三左衛門
名主　伝右衛門

今井九右衛門様御手代中　(42)

〔史料26〕は、角筈村の九左衛門と太左衛門が居屋敷がなく借家であることから、新規家作を代官に願い出たものである。史料中には、屋敷改に願い出たところ、代官に訴えかけて、印状を頂戴し、持参するように仰せられたとある。第一節で扱った「屋敷改御定メ書写」によれば、畑地に新規家作をする場合には、支配代官か領主の添翰が必要であることから、この土地は畑地と考えられ、支配代官の添翰が必要とされ、屋敷改から願主達に働きかけが行われたことがわかる。

〔史料27〕

一札之事

拙者義此度家葺替ニ付、御手前様へ御断も不仕柱四五本取替申候ヲ不屈ニ思召、屋敷御改様江可被仰上と御腹立ニ成御尤千万奉存候、依之以組中ヲ度々御訴訟仕候得者御赦免忝奉存候、自今以後不依何事御法度相背申間敷候、為後日仍如件

宝永六年丑六月十九日　角筈淀橋町

本人　長右衛門　印

五人組　五郎左衛門　印

同　市兵衛　印

組頭　小兵衛　印

角筈村　伝右衛門様（43）

〔史料27〕は、角筈淀橋町の長右衛門が家の屋根の葺き替えを、断りなく行ったため、名主の伝右衛門が立腹し、屋敷改に訴えようとした。このために、長右衛門は五人組の人たちにも取り計らってもらい、許しを得ようとしている。この史料から、名主は村内の百姓屋敷を、責任を持って管理していることがわかる。

二　寺社家作

まず初めに、開帳に伴う出店をめぐる動きを見ていく。本章の対象時期とは若干ずれるが、参考にしたい。

〔史料28〕

乍恐絵図以書附奉願上候

一角筈村弥右衛門奉申上候、村方鎮守熊野〔　　〕《権現カ》開帳中当三月朔日ゟ六十日之間私居■《宅カ》内往来場江朱引絵図面之通り二間之葭簀張相懸ケ食類茶屋渡世仕■《度カ》御代官大貫次右衛門様御添翰を以奉願上候、勿論開帳相済候ハ、取払其段御調可奉申何分御慈悲を以右願之通被仰付被下置奉願上候、以上

文政三辰二月六日　角筈村

願人　弥右衛門

名主　伝右衛門

屋鋪御改御役所様

前書之通屋敷御改松井十左衛門様御役所江奉願上候処同月十一日御同人様御見分有之場所御鳥見江御掛合、御書状被下置候ニ付、御役宅大岩庄右衛門様江差出候処、同月十三日御同人并中村与左衛門様山内荘兵衛様場所御見分有之当日屋敷改方江之御返書御渡、右御返書持参同月十六日松井十左衛門様御役所江罷出　(44)

〔史料28〕では、角筈村の弥右衛門が三月一日から六〇日間の熊野権現の開帳に合わせて、葭簀張りの店を出し、「食類」「茶屋」商売をしたいと「絵図」を添付の上で願い出ている。開帳が終わり次第取り払うことを誓っており、代官が添翰している。この史料では、屋敷改の松井十左衛門に願い出たところ、見分の上、鳥見に取り計らっている。つまり、「屋敷改御改メ書写」に見られる、鳥見に聞き合う必要があるケースだと考えられる。ここで、願主が代官に添翰を願う史料を見たい。

〔史料29〕

乍恐以書付奉願上候

一豊嶋郡角筈村百姓弥右衛門奉申上候、私居屋鋪内往来端江朱引絵図面之通弐間ニ三間之葭簀張壱ヶ所相掛村方鎮守熊野権現開帳中来三月朔日ゟ六十日［　］食類商内仕度其段屋鋪御改御役所奉願上候間何卒以御慈悲御添翰被成下候様偏ニ奉願上候、以上

文政三辰年二月四日

豊嶋郡角筈村　願人　弥右衛門　㊞

名主　伝右衛門　㊞

大貫次右衛門様御役所　(45)

〔史料29〕では、開帳の際の商売を願った弥右衛門が、屋敷改に家作を願い出たい旨を代官に伝え、添翰を願っている。代官の添翰が必要である理由は、家作場所が畑地であることによると思われる。

〔史料30〕

乍恐絵図面以書付奉申上候

一角筈村鎮守熊野十二社権現開帳中境内続キ御年貢地持主伝八幷十兵衛勘右衛門引請地之分共、右絵図面葭簀張都合五拾九ケ所相掛食類茶水商ヒ仕度外菰葺葭簀囲之香具見世壱ヶ所差出香具渡世仕度段、角筈村御代官大貫次右衛門様御添翰を以屋鋪改松井平左衛門様御役所江願出御見分之上掛リ御鳥見方江御掛合ニ相成、御双方無御滞先月中願之通被仰付候、依之此段境内続之義ゆえ御届奉申出候、已上

文政三辰年三月　　　　　　　　中野熊野権現別当　成願寺

寺社御奉行所御役人衆中　(46)

〔史料30〕は、熊野権現の別当である中野村成願寺が、今回の開帳に伴う出店の手続きに関する報告を寺社奉行にしたものである。成願寺は、今回出店する場所が「境内続キ」の畑地であると述べた上で、代官の添翰をもって屋敷改へ願い出たことを報告している。また、代官見分の上、鳥見に掛け合っていることから、目立つ場所であったとも考えられる。ここにおいて、寺社奉行は判断を下す立場ではなく、あくまでも寺社を統括する立場として、状況を確認したものと考えられ、屋敷改が寺社奉行の管理下においても、統制を図っていたことがわかる。

以上、開帳の際の出店を望む場合は、願主は屋敷改に家作を願い出るが、出店場所の多くが畑地であったため、その際は代官の添翰が必要であった。また、抱屋敷地における家作の例などと同様、目立つ場所などにおいては、鳥見に問い合わせる必要があったのである。

次に、寺社地譲渡に関する屋敷改の動向について見たい。

〔史料31〕

御朱印地

境内六千七百弐拾坪　　　成願寺

外ニ　　　　　　　　　角筈村除地

弐反三畝拾壱歩　　　　熊野権現免

拾八歩　　　　　弁財天免
弐畝七歩　　　　第六天免
右角筈村熊野権現弁財天第六天三社地神殿共ニ只今迄同村名主支配仕来候処、今度中野村成願寺江譲渡度旨名主伝左衛門幷年寄氏子百姓成願寺一同願出候ニ付、今吟味候右三社地名主致支配来候段者帳面ニ茂相載有之候得共、坪数□相違候付名主江相尋候処、寛文七年御用地ニ上リ其外坪数減少之訳年久敷儀ニ而不相知候由申ニ付、御代官鈴木平十郎方江相尋候処延宝二寅年検知水帳ニ相載候三社地反別之書付差越除地ニ相違無之成願寺江譲リ候而茂相障儀無之旨書付差越候、依之見分之者差遣懸吟味候処相障儀無之付、願之通申付此方帳面令張紙候間為御心得如斯候、以上

寅十月　　　　　井上河内守判

日根野左京様　永井主膳様　松平庄九郎様　岡部五郎兵衛様　(47)

〔史料31〕は、角筈村熊野権現の一部を熊野権現の別当である成願寺に譲渡する際の史料である。帳面の坪数に相違があるとして名主に申し出ているが、新しい「検知水帳」においては問題がないことから、成願寺へ譲渡しても差し支えがないとしている。ここでは寺社奉行の井上河内守正之から屋敷改の日根野左京らに出されている。

〔史料32〕

指上申一札之事

一鈴木平十郎御代官所武州豊嶋郡角筈村惣鎮守熊野権現社地林畑弐反三畝拾壱歩幷弁財天社地林畑拾八歩第六天社

地林畑弐畝七歩右三ヶ所御除地神殿共ニ只今迄拙者持ニ而罷有候処ニ拙者、隣村旦那寺ニ付村中惣氏子不残相談
之上ヲ以此度右之神殿社地共ニ中野村成願寺持ニ譲り渡し申度旨、寺社御奉行井上河内守様江奉願候、尤成願寺
ゟも別紙絵図ヲ以被相願候御吟味之上双方願之通被為仰付候間、右寺社御奉行様へ奉願上候通被為仰付被下候
ハヽ、難有可奉願候、以上

享保十九年寅十一月六日　角筈村願人　名主　伝左衛門

同断　年寄　伝右衛門

惣百姓代　権左衛門

永井主膳様　日根野左京様　松平庄九郎様　岡部五郎兵衛様　(48)

〔史料32〕は、〔史料31〕と同様、熊野権現の一部を中野村成願寺へ譲渡することを記したものである。角筈村の名主、年寄、百姓代から屋敷改に宛てられている。本史料から寺社譲渡の判断は、寺社奉行によって下されたとわかるが、最終的な報告先は屋敷改であったことからすると、屋敷改は寺社の土地譲渡について責任を持っていたとも推測できる。

〔史料33〕

乍恐書付を以申上候

一当村惣鎮守熊野権現幷弁財天第六天御除地社地延宝弐年寅四月中川八郎左衛門様・関口作左衛門様御検知御水帳
之事

一林畑弐反三畝拾壱歩　　　熊野権現免
一林畑拾八歩　　　弁財天免
一林畑弐畝七歩　　　第六天免
右三ヶ所之所只今迄拙者持来候所ニ此度村中惣百姓不残相談之上、隣村旦那寺ニ付本郷村成願寺江神殿社地共ニ別当相譲リ申度、寺社御奉行井上河内守様江奉願候得者委細御吟味相済去ル十一月屋敷改日根野左京様・永井主膳様・松平庄九郎様・岡部五郎兵衛様江御印状被為仰付、右御改役様之内永井主膳様・岡部五郎兵衛様当月十五日御見分被遊御吟味之上御代官様御印状頂戴仕致持参候処ニ被仰付候間、御吟味之上御印状被下置候ハ、難有可奉存候、以上

享保十九年寅十二月廿四日　　角筈村　名主
願人　伝左衛門　㊞
組頭　伊右衛門　㊞
同　三左衛門　㊞
惣百姓代　次郎左衛門　㊞

鈴木平十郎様御役所　(49)

〔史料33〕も、同じ譲渡を扱ったものである。角筈村の願人、名主、組頭などが屋敷改の見分を受けたところ、代官の印状が必要であるとして、代官に吟味の上印状を求めている。屋敷改が実際にその土地を訪れ、畑地であることを確認しているのは興味深い。

以上、寺社地の家作や譲渡においては、寺社奉行が判断する場合もあるが、一方で、屋敷改は他の百姓地同様に見分を行い、必要に応じて代官の添翰などを必要とするなど、屋敷の動向を管理していた。以上の事例は、角筈村内の土地が村外の中野村成願寺に譲渡されるものであったが、願主、名主、成願寺、寺社奉行、代官、屋敷改がそれぞれの役割を果たして土地管理に関与していたと考えられる。

三　火元家作

ここでは、百姓地家作のなかでも特に火元家作に着目する。

〔史料34〕

指上ヶ申一札之事

一角筈中町細井九左衛門様代官所吉兵衛店庄助与申者居宅灰置所ゟ昨十五日夜九ツ時致出火家数弐棟焼失仕候所之者共留外類焼失無御座候、尤自火ニ紛無御座候、為其如斯ニ御座候、已上

元禄拾参年庚辰六月十六日

角筈村

年寄　八兵衛

同　勘右衛門

名主　曽右衛門

杉浦弥市郎様

細井左次右衛門様

右書上坪高弐拾六坪之内を以弐間梁桁行五間北南三尺ニ押通之下屋相附小屋掛ケ壱棟、此坪拾五坪相建、残坪拾壱坪御座候、重而奉願候節被仰付可被下候、為其張紙如斯ニ御座候、已上

元禄拾参庚辰六月廿二日

角筈村

家主　吉兵衛　印

名主　曽右衛門

杉浦弥市郎様御宅ニ而細井左次右衛門様

一表町並家弐間梁桁行七間表之方ニ三尺ニ七間之庇裏之方ニ三尺ニ五間之下屋弐間四方之角屋弐方折廻シ三尺ニ五間之下屋右壱棟此坪数弐拾六坪

一表町並家弐間梁桁行五間表裏ニ三尺ニ五間宛之下屋右壱棟此坪数拾五坪右焼失家都合弐棟家坪合四拾壱坪、以上

元禄拾参年庚辰六月十六日

角筈村

名主　曽右衛門

年寄　勘右衛門

同断　八兵衛

家主　吉兵衛

杉浦弥市郎様

細井左次右衛門様

右書上坪高拾五坪之内を以弐間梁桁行弐間半北南三尺ニ押通弐間半之下屋相附小屋掛ケ壱棟此坪七坪半相建残坪七坪半御座候、重而奉願候節被仰付可被下候、為其張紙如斯ニ御座候、已上

元禄拾参庚辰六月廿二日

店借家主

庄兵衛　印　(50)

〔史料34〕は元禄一三年（一七〇〇）六月一五日真夜中に、角筈中町の吉兵衛店の庄助宅の灰置所から出火し、二棟四一坪を焼失したが、類焼はなかったことを、屋敷改の杉浦弥一郎、細井左次右衛門に報告したものである。焼失した箇所、焼け残った坪数が書かれている。貼紙には、建て直す箇所や坪数が記されている。

〔史料35〕

右証文御座候弐間梁桁行六間北南ニ弐方三尺ニ六間宛之下屋相附居家一棟只今迄相建不申候、此度右之場所如元相建申度奉願候之通可仕旨奉畏候、為其張紙如斯御座候、已上

元禄拾三庚辰年六月廿二日

角筈村　家主　長右衛門　印

願主　曽右衛門　印

杉浦弥一郎様御宅ニ而細井佐次右衛門様

右証文ニ御座候焼失跡ニ相建候家壱棟、此度本家相建申候ニ付右之家取払申候、其為張紙如斯ニ御座候、已上

元禄拾参庚辰年六月廿二日

角筈村　家主　長右衛門　印

願主　曽右衛門　印

杉浦弥一郎様御宅ニ而細井佐次右衛門様

(51)

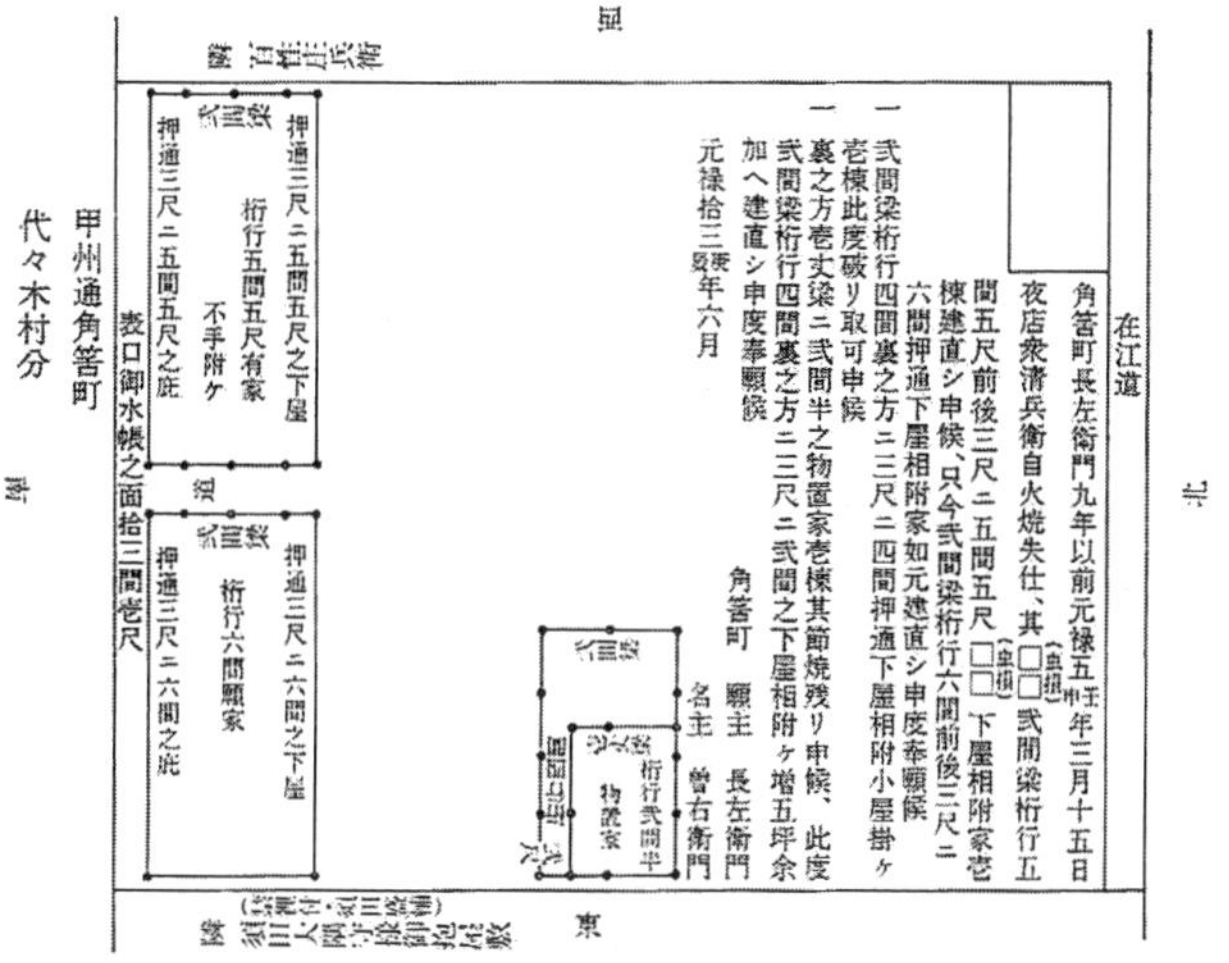

〔史料35〕から、角筈町の長左衛門店の清兵衛宅が焼失し、建て直ししたことが「絵図」内の文言からわかり、貼紙からはこの度家を取り壊し、建て替えることがわかる。

〔史料36〕

乍恐以口書ヲ御訴訟申上候

一角筈町吉兵衛店庄介宅ゟ去辰六月十五日之夜出火仕候間、只今迄小屋掛ケニ而罷有候、今度小屋掛ケ不残取払其跡ニ如元四拾弐坪弐合五勺之所造り申度以絵図奉願候

一角筈村淀橋町吉兵衛店太兵衛宅ゟ去辰十月朔日夜出火仕候、依之出火家跡ハ明ケ置残り家斗造り申候、此度絵図之通り弐拾壱坪之所有家江如造継申度奉願候

一同人裏家之儀ハ古へ者弐間梁桁行五間半東ノ方ニ三尺ニ五間半押通下屋相附家ニ而御座候得共、手前不罷成候故、只今弐間梁桁四間三尺ニ四間押通シ下屋相附造り申候、此残坪三坪七合五夕ニ而御座候、重而造り申候節可奉願候

右両人之者ニ従殿様屋敷御改様方江御印状被為添被下候様ニ奉願候、已上

元禄拾四巳辛年二月二日

角筈村
願主　吉兵衛　印

角筈淀橋町
願主　吉兵衛　印
名主　曽右衛門

今井九右衛門様
御手代中　(52)

〔史料36〕は、角筈町吉兵衛店庄介の火事後に建てた小屋と、角筈淀橋町吉兵衛店太兵衛の火事によって焼失した家の跡に、家を建てることを願い出るために代官に印状を求めたものである。庄介の場合、現在小屋が建っており、畑地ではないが、屋敷改に代官の印状を求めていることがわかる。決定的な理由は分からないが、屋敷改は畑地かどうかを見極める明確な基準をもっておらず、状況に応じて判断をしていた可能性が考えられる。逆に言うと明確に判断ができないほど、畑地と町屋の境界が曖昧だったのではないだろうか。

〔史料37〕

　　乍恐書付を以御訴申上候

一角筈村忠兵衛申上候、私店ニ令三郎と申者指置候所、昨二日之夜五ツ時■地仏ゟ出火仕候依之絵書付ヲ以御訴申上

　上候、以上

　　延享四年卯

　　　　　　　　　　角筈町　大や忠兵衛

　　　　　　　　　　　　　名主与兵衛

　屋敷御改御奉行御役所[53]

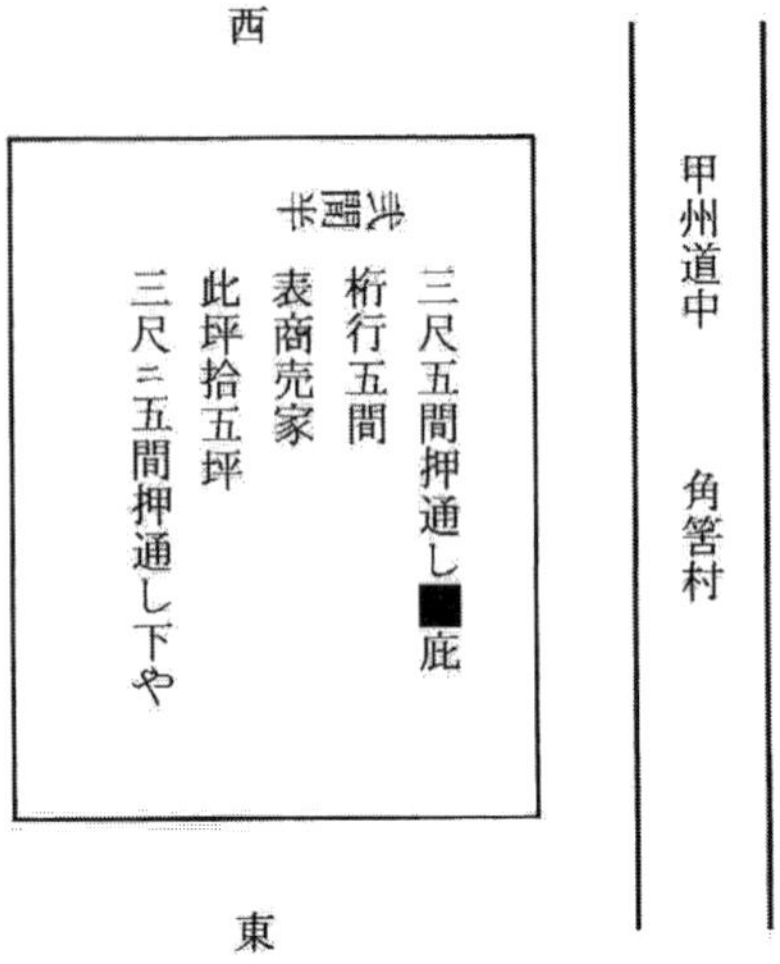

〔史料37〕は、角筈村忠兵衛店令三郎の所より昨二日の夜に起きた火事を報告したものである。本史料は、火事が起きたことを「絵図」を用いて屋敷改に報告したものであり、貼紙等はなく、火元家作を願い出てはいない。

〔史料38〕

乍恐以書付御訴奉申上候

一角筈村名主伝左衛門奉申上候、当村内次左衛門所持仕候小間拾間惣坪弐拾六坪御座候商売家内火焚場所ゟ今暁八ツ時頃出火致し、前書之建家不残焼失仕候、尤人馬怪我等無御座右之外類焼家等一切無御座候、依之此段以書付

御訴奉申上候、以上
文化七午年四月廿六日　　　　名主　伝右衛門
屋敷御改御役所
前書之通訴上候処、同日松井定左衛門様御見分ニ御調被成候御月番も御同人様ニ候(54)

〔史料38〕は、文化七年（一八一〇）、屋敷改である松井定左衛門が見分に訪れており、合わせて月番の者も見分に伺っているという興味深い史料である。火元家作においては、屋敷改に対しての届書が火事の状況を知らせるものと、焼失後の建て直しを願うものとの二種類に分かれており、焼失後建て直しを願わなくとも、火事の状況を屋敷改へ申し出る必要があったことがわかる。また、建て直しを願う際は、火事による建物の焼失状況を書き、貼紙に詳細を書くことが多かったようである。いずれも「絵図」が多く用いられ、出火元や建て直しの際の変化がわかりやすく記載されたのである。

以上のように屋敷改の百姓地統制は、屋敷改、名主、願主、代官、鳥見、寺社奉行（寺社地譲渡の場合）によって行われた。手続きのプロセスは以下の通りである。①家作を願うものは願書を名主連名（時に年寄、組頭など）で屋敷改へ提出、②場合によっては屋敷改が見分、③畑地の場合代官の添翰を要する、④必要な場合は鳥見に問い合わせる、⑤寺社の場合、判断には寺社奉行が関わるが、屋敷改が見分を行う。屋敷改百姓地統制の性格としては、把握にとどまらず、商売や貸家を行わない誓約があることから、用途を制限し、無秩序な町場化を防ぐ目的があったといえる。「江戸町続」地域における武家地統制と百姓地統制を比べると、屋敷改以前に武家地を把握する動きはあるものの、屋敷改の関与に着目して言えば、武家地統制のほうが後発的であると言える。武家地統制の法令は元禄九年であり、屋敷改が新設された寛文八年から時間差があること、角筈村においても元禄二年にはすでに百姓から屋敷改に家作願いが出されていることからも指摘できるだろう。

第三節　屋敷改と絵図

前節では、屋敷改が「江戸町続」地域の武家地や百姓地統制において「絵図」を用いたことを明らかにしてきた。また、第一節で用いた「屋敷御改メ書写」の中でも屋敷改が「絵図」を用いて土地の把握していたことから、「絵図」と屋敷改の関係は深い。そこで本節ではその「絵図」が「江戸町続」地域にどのようにもたらされ、どのように利用されたのか明らかにする。

（一）　江戸における絵図

まず江戸市中において、実測に基づく正確な絵図の作成は、明暦三年（一六五七）に目指されている。(55)

〔史料39〕

一大目付　北条安房守正房

新番頭　渡邊半右衛門綱貞

右両人、御城幷総絵図仕上ケ可申由也　(56)

〔史料39〕から、大目付である北条安房守正房と新番頭である渡邊半右衛門完綱が、江戸城内、江戸市中の絵図を作成したことがわかる。この絵図の作成については、以下の史料から詳細を見ることができる。

〔史料40〕

問て云、今時大絵図と申て世上ニも而はやし候ハ、いつ頃ゟ出来致しかる事候哉

答て云、右大絵図と申義、以前ハ無之候處ニ、厳有院様御代、酉の年大火事以後、井伊掃部守殿・保科肥後守殿を初、其外御老中方御打寄御当地大絵図と申物ハなくても不叶事ニ候と有、御相談にて伊豆守殿の御懸りとなり、北条安房守殿ニ仕立被差上候様にと被仰付候

（中略）

御城廻りを初、武家屋敷町方共ニ小路割方角相違無之ことく仕立申と有之候ハ　(57)

〔史料40〕から、これまで江戸総絵図が作成されていなかったため、井伊掃部守直継、保科肥後守正之、老中達の相談のもと北条安房守に、絵図作成が命じられたことがわかる。また、酉の年の大火事以降、絵図の作成がなされていることから、明暦の大火が江戸市中における絵図作成の契機となっていることがわかる。また、絵図の内容は江戸城周辺をはじめ、武家屋敷・町方であり、小路割・方角を間違いなく作成されることが求められており、大火事後幕府が現状を把握するために用いる絵図だと考えられ、芸術性の高いものとは異なるものとして考えられる。

また、翌年の万治元年（一六五八）になると江戸の武士により「絵図」が作成されるようになる。

〔史料41〕

覚

一面々之屋敷、所付、四方間数并屋敷之なり、東西南北等、念入絵図にしるし、可被申事

一左右表裏誰人と名名字書付可被申候、但近所と申合、一紙之絵図ニ調申候得ハ、猶以能御座候、自然左様ニ不成子細者一人充別紙ニ絵図可被仕候

一屋敷之内、高下有之候哉、又者道筋坂谷堀川など有之候おいてハ書付可被申候

一中屋敷・下屋敷所持之衆者先條之通り、委細書付可被申候

右之通、面々支配方より被相触絵図早々出来次第評定所江遣し、絵図之役人江可被相渡候。

万治元戌年八月朔日 (58)

〔史料41〕から、中屋敷・下屋敷所持の武家に対して、各々の屋敷を記した「絵図」を評定所に提出することが命じられている。絵図は所在、四方の間数、方角の他、周辺の屋敷所持者や屋敷内の道や坂、谷、堀、川など細部まで指示されており、屋敷の状況を詳らかに記す必要があったようである。また、江戸の武士により作成された「絵図」は質を上げるべく、修正がなされていった。

〔史料42〕

万治四年二月　十八日曇　未刻ゟ雪降

一江戸中屋敷之絵図前々ゟ雖在之、所々令相違之旨、相改可図之旨、大目付中へ

豊後守傳之 (59)

〔史料42〕から、以前作成された屋敷の「絵図」に所々間違いがあるため改正するように大目付から命じられたことがわかる。右の史料が万治四年のものであるから、前回の作成から三年足らずで修正がなされている。これらの「絵図」を武士自らが記したのか、他に依頼したのかは不明であるが、このように江戸に屋敷をもつ武士が自らの屋敷の「絵図」を作成することは一般化していくのである。

一方で寛文一〇年（一六七〇）にはこれまでの江戸総絵図にかわる、新たな江戸総絵図が作成される。

〔史料43〕

明暦大火直後、北条氏長董督ノ下ニ江戸絵図ヲ作成シタルコト上文之ヲ記ス。万治元年八月幕府諸侯以下ニ命ジテ江戸屋敷ノ地図ヲ評定所ニ出ダサシメルコト、亦既記ノ如シ、是ニ至リテ遠近道印ナル者、江戸絵図ヲ刊行ス、先ヅ郭内江戸ノ部ヲ刊シテ

一此絵図以御訴訟致板行候間他所ニ而類板有間敷者也

一此御堀之外、東西南北も仕候様者被為仰付候間、追付板行仕出し可申候

一遠方之方角御覧被成候事じしゃく次第ニ此絵図御直シ置候而、御覧被成候ハヽ相違有間敷候

一間積り壱分ニ而五間のつもりニ仕候、但、六尺五寸之間也

一■如此仕候ハ、辻番所也

一如此仕候ハ、坂也

一□如是仕候ハ、御屋敷之境目也
一此絵図、此前〻世間に御座候共、相違耳多シ、今度板行仕候ハ、道筋一ツもちがひなく、方角間積り迄こまかに仕候
一御屋敷之名付相違仕候處御座候ハヽ、御知を可被下候　随分あらため可申候
右此外東ハ本庄、西ハよつや、南ハ大佛、北ハ浅草、不残板行仕出し可申候 (60)

〔史料43〕には、この絵図が作成されるに至った経緯が述べられており、これまでの史料の内容と合致する。つまり明暦の大火後に、北条氏長（正房）によって江戸絵図が作成されたことに触れ、万治元年に諸侯以下に屋敷図を作成することが命じられ、この度遠近道印により江戸絵図が作成されたことがわかる。この絵図は訴訟の際に用いるので、他で類似品を出版してはいけないこと、堀の外の東西南北については追って出版されること、遠方の方角は磁石を用いて直しているので間違いはないことなどが述べられている。また、統一したマークを用いて坂などの地理的状況を表示していることがわかる。

この遠近道印作成の絵図は、測量機器を用いて、正確な方位を基準としており、一分を五間とする実測図に伴い、史料上にも「今度板行仕候ハ、道筋一ツもちがひなく、方角間積り迄こまかに仕候」と完成度が高い絵図であったことがうかがえる。また、絵図の範囲として東は本庄、西は四谷、南は大佛、北は浅草となっている。当時、本所や浅草、四谷などは代官支配だが、絵図に含まれており、町並化が進行している地域が含まれていることを考えると、この絵図が明暦の大火以後拡大する江戸の現状を把握するために作成されたものであると考えられる。明暦の大火後、北条安房守正房によって絵図が作成されてから一四年後のことであり、十数年の間に何度かの修正を経ながら、精度

の高い絵図が作成されることをみても、絵図の作成は急務だったと思われる。
その後元禄五年（一六九二）には、町人によっても「絵図」が作成されるようになる。[61]

〔史料44〕

一町中家屋敷、間数絵図書付来十日可致持参旨、奈良屋ニ而町々名主に被申渡候[62]

〔史料44〕から町年寄の奈良屋が町名主に対して、町中の屋敷の間数、絵図、書付を持参することを求めていることがわかる。北条安房守や遠近道印ら幕府に命じられた人物が、江戸総絵図を作成したり、武士によって各々の屋敷の「絵図」が作成されたりしてきたが、町人によっても、各々の屋敷の「絵図」が作成されたのである。

以上、江戸における絵図は、明暦三年の大火後に必要性が急上昇し、北条安房守や遠近道印らによって精巧な江戸図が作成される。一方で武士や町人によって、自らの屋敷図が作成されるようになる。つまり、明暦の大火後の都市計画の中で、江戸全体を正しく見ることのできる「江戸図」と、屋敷割よりもさらに詳細に建屋の形状などを知ることにより、その場所の状況を把握するためのスケールの小さな実証的な「絵図」が作成されるようになるのである。

（二）角筈村における絵図と屋敷改

本項では「絵図」が、「江戸町続」地域である角筈村にどのようにもたらされ、用いられていくのかを明らかにする。

角筈村における「絵図」の初出は、元禄二年の〔史料21〕であると考えられる。この「絵図」は前節で述べた通り、角筈村の名主伊左衛門が家屋の増築を願い屋敷改に提出したものであり、史料中に「増坪ハヘ二色を替」とあるのは、増坪前後の坪数を明確にするためと考えられる。これ以降、元禄年間には家作を願う史料の中で多くの「絵図」が用いられ、その多くが屋敷改に宛てられていた。一方で、家作関係以外の史料では、「絵図」は見られないのである。

第2表は、元禄年間の家作に関する文書と宛先、「絵図」の有無をまとめたものである。願い出のほとんどが屋敷改に出され、全てに「絵図」が添付されていた。また次のような興味深い史料も見受けられる。

〔史料45〕

(63)

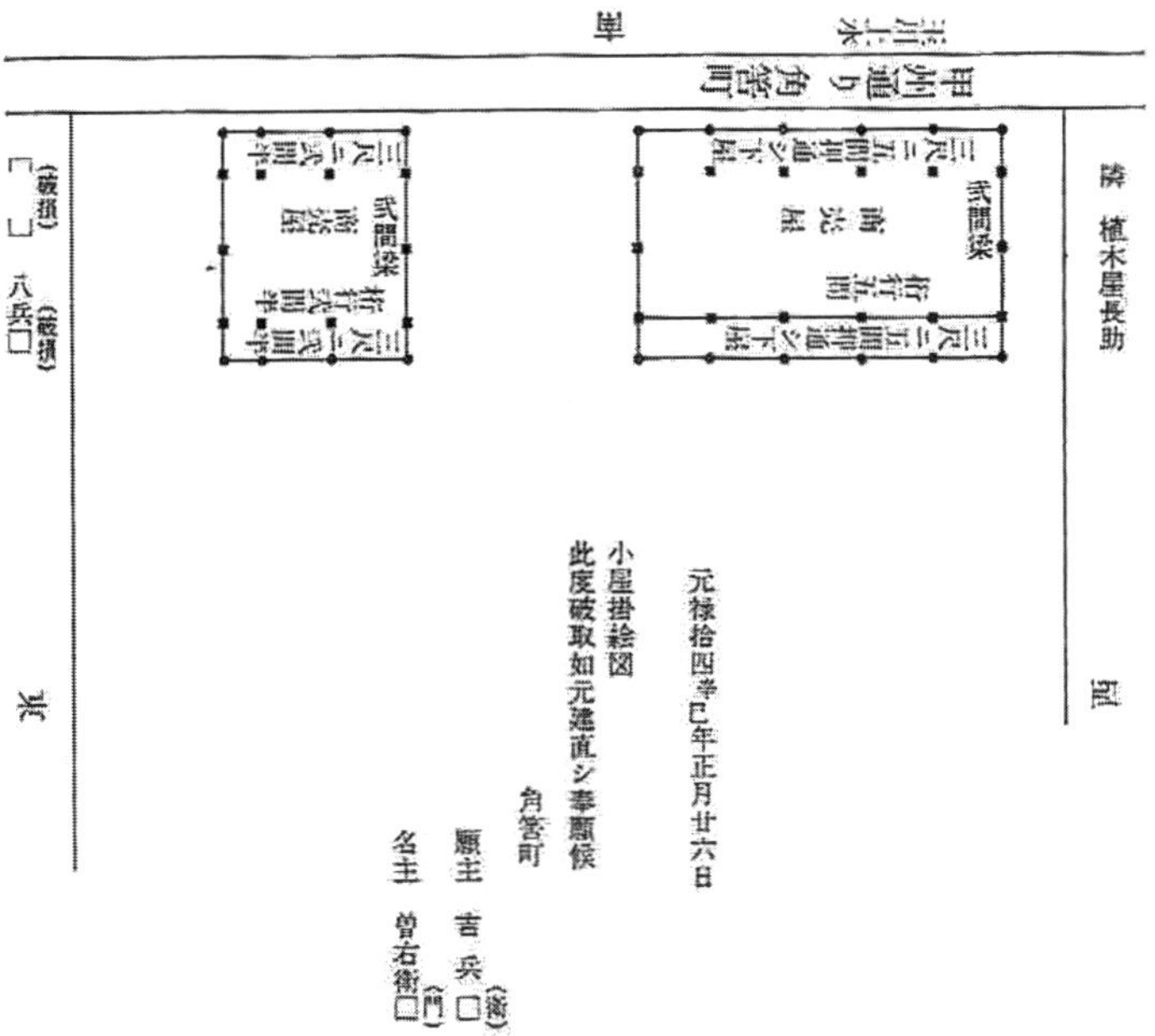
甲州通り
角筈町
植木屋長助
三尺二五間押通シ下屋
弐間梁
桁行五間
三尺二弐間半
桁行弐間半
（破損）
六兵□
元禄拾四年巳年正月廿六日
小屋掛絵図
此度破取如元建直シ奉願候
角筈町
願主　吉兵□（衛）
名主　曽右衛□（門）

〔史料45〕のように、「絵図」のみで本文のないものや、「絵図」の余白に本文が記されているものが何点か見受けられる。ここでは、絵図が書面の補完的な役割ではなく、書面と同様に重視されていたと考えられる。また願い出を通すためには、文面ではなく「絵図」の方が詳細を伝えやすく効果的であったと考えられる。

　これ以降、角筈村では「絵図」が頻出するようになり、屋敷改とは関係のない分野においても用いられるようになる。

〔史料46〕

角筈村・幡ヶ谷村境付近絵図面書上

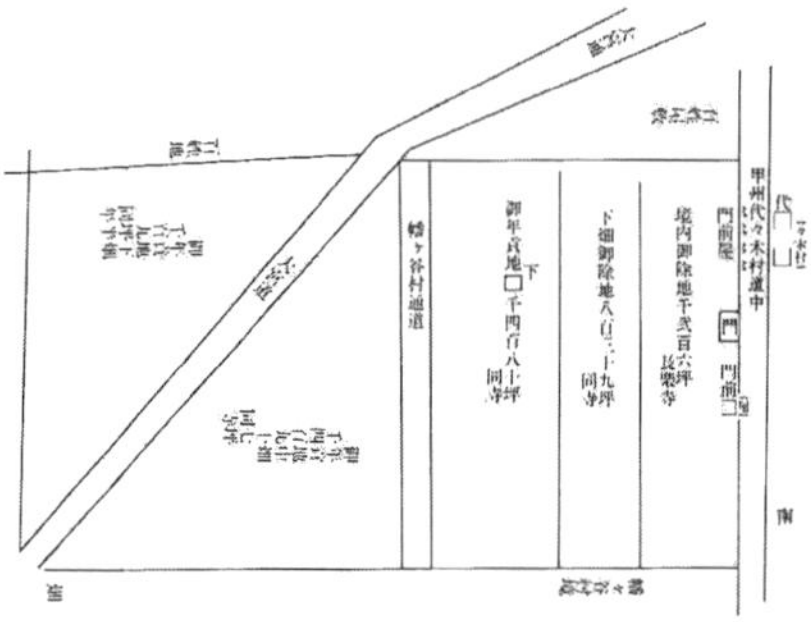

右絵図之通相違無御座候、以上

享保十一年十一月十六日　　角筈村　伝左衛門

池田喜八郎様御役所

右之通相認、午十一月十六日ニ御代官池田喜八郎様へ名主方ゟ差■申候

御手代

山本伴助殿(64)

〔史料46〕のように、「絵図」は村況を表す史料や村内を流れる神田・玉川上水に関する史料にも用いられた。以上、「渡辺家文書」内には多くの「絵図」が残されているが、元禄年間の初出から屋敷改に宛てられた家作に関する史料のなかに多く見ることができ、のちに村況などを表す史料などでも見られるようになる。しかし、こうした動きは付近の村に一様に浸透したものではなかった。事実、武家屋敷の無い多摩郡中野村においては、多くの絵図が残されているにもかかわらず、〔史料46〕のような寸法が詳しく示された絵図は初出を宝暦年間（一七五一〜一七六四）までしか遡ることができず、また最も多く残っている絵図は文化年間（一八〇四〜一八一三）のものである(65)。これらを鑑みると、角筈村における「絵図」は明暦の大火以後、土地の状況把握の必要が高まり、「江戸図」や武士による「絵図」が作成される過程の中で誕生、発達し、元禄期に土地把握という文脈において屋敷改によってもたらされたものということができる。

第2表　元禄年間の家作に関する文書と宛先および「絵図」の有無

年	内容	宛先	絵図の有無
元禄二年	名主伊左衛門が家屋の増築を願い出る	屋敷改	○
元禄四年	長楽寺門前の家屋の建て替えで願い出た町屋の間数に誤りがあったため訂正	寺社奉行	△
元禄五年	角筈村庄兵衛、角筈淀橋村吉兵衛、角筈新町兵右衛門が家の建て直しと新規家作を願い出たもの	屋敷改	△庄兵衛のみ
元禄七年	仁兵衛が商売屋の修復を下屋の新規家作を願い出たもの	屋敷改	○
元禄七年	曽右衛門が家の修復建て直しを願ったもの	不明	○
元禄一三年	角筈中町の吉兵衛店の庄助宅の灰置所からの出火を報告し、建て替えを願い出ている	屋敷改	△
元禄一三年	家主庄兵衛の家の建て直しを願い出ている	屋敷改	△
元禄一四年	吉兵衛が二棟の商売屋の建て直しを願ったもの	不明	○
元禄一四年	吉兵衛店庄助宅と角筈淀橋町の吉兵衛店太兵衛宅の焼失した屋敷を再建するために、屋敷改方からの印形を願い出ている	代官	△
元禄一六年	八十郎が商売屋都もう一棟の建て直しを願い出ている	屋敷改	○
元禄（年月は不明）	八十郎がこれまであった家屋を取り壊し、新たに家を建てることを願い出ている	屋敷改	○

注　「渡辺家文書」D603～D615より作成。

おわりに

本章では、「江戸町続」地域における屋敷改の職掌、動向を追ってきた。「江戸町続」地域においては改場に指定された地域の家作、譲渡などを管轄してきた。第一節では屋敷改の職掌や業務について明らかにしてきた。（一）では『東京市史稿』を用いて屋敷改の誕生から廃止までを追った。また（二）では「屋敷改御定メ書写」を用いて屋敷改には下役がいたことや、管轄が決まっていたこと、鳥見や代官といった他機関との折衝があることなど、屋敷改やその職掌の詳細に触れた。第二節では実際に「江戸町続」地域における屋敷改の動向に迫った。第三節では明暦の大火以後屋敷改の新設と共に、土地の状況把握から需要が高まった「絵図」が江戸市中で発達し、角筈村が屋敷改の改場となったことによりもたらされたことを明らかにした。

以上から次のようなシナリオを描けるだろう。明暦三年の大火を契機に幕府は市中の復興、郊外に抱屋敷を求める武士の増加などによる江戸近郊の都市化ならびに都市域の拡大から、江戸市中及び近郊の土地把握の必要性が高まる。その結果、屋敷改と実測に基づく正確な絵図が誕生する。屋敷改は江戸近郊において地域を単位として土地把握を行い、角筈村においては、屋敷改宛ての史料の初出から遅くとも元禄年間頃に管轄下に入ったと考えられる。絵図は江戸市中において北条安房守や遠近道印などの専門家による江戸全域図が作成される一方で、武士や町人によって各々が所持する屋敷の「絵図」が作成されるようになり、角筈村においては元禄年間に名主らによって作成される「絵図」が出現する。つまり江戸近郊の土地利用を把握するために創設された屋敷改が角筈村を管轄下にしたことにより、角筈村に「絵図」がもたらされ、「絵図」を用いて土地利用や屋敷の管理がなされるのである。

屋敷改は最大でも六人と決して多い人数ではない。だが下役がおり業務マニュアルを用いながら、鳥見や代官、寺社奉行など他機関と連携を取りながら職務にあたっていた。その中で「江戸町続」地域の名主との連携によって支えられていた意味は大きい。享保期以降、屋敷改の人数が削減されていくのも、名主をはじめとする村側の人々との連携システムが確立されていったことが一因としてあるだろう。

角筈村では武家地、百姓地どちらにおいても「絵図」の作成を踏まえて、相違があった際には調整を図りながら村内の屋敷を管理する名主はじめ村の人々の姿をみることができた。このように「絵図」を始め屋敷改がもたらした管理システムの元に名主はじめ村の人々が位置づいたことにより、屋敷改は無駄な町場化を防ぎ、都市域を制限していくのである。なにより江戸市中において、明暦の大火後、都市計画の中から、誕生した「絵図」が屋敷改によって「江戸町続」地域にもたらされ、土地利用把握のために用いられていくことが、屋敷改が都市域の制限に貢献した指標である。しかし実態としては無駄な町場化の抑制、都市域の制限は難しかったようである。〔史料25〕に見たように畑地と町並地の区別がつかず、判断基準が曖昧になっていたと考えられる。

最後に、角筈村は「江戸町続」地域として明暦の大火以降江戸の都市域が拡大すると共に屋敷改により「絵図」がもたらされ、「屋敷改の名主を介した村内の土地利用、屋敷把握」というシステムのなかに位置づけられ、「絵図」は様々な分野で用いられていくのである。このシステムは困難も伴ったが、人口が急増し、拡大していく江戸の都市域を確定することに一役買ったと考えられる。角筈村が屋敷改の管轄に入ったのは、遅くとも元禄二年と考えられるが、四谷や本所・深川が町奉行支配に組み込まれた正徳三年よりも二〇年以上も早いことからも、このことが言えるだろう。このように、「江戸町続」地域である角筈村は、首都江戸を支持する機能を有し、首都江戸と相互に影響しながら展開していったのである。

注

（1）荻生徂徠著、辻達也校注『政談』岩波文庫、一九八七年。
（2）大石学『近世日本の統治と改革』吉川弘文館、二〇一三年。
（3）原田佳伸「江戸近郊の抱屋敷」（東京学芸大学近世史研究会『近世史研究』第四号、一九九〇年）。
（4）山端穂「江戸廻り地域の成立と公文書行政―屋敷改の成立と作成帳面―」（大石学『近世公文書論　公文書のシステムの形成と発展』岩田書院、二〇〇三年）。
（5）宮坂新「江戸の都市域拡大と屋敷改」（『関東近世史研究会』第六四号、一九九八年）。
（6）家守一彦は「絵図」を以下の基準で分類している。まず絵図の目的・用途による分類では、都市域全体を描く（ⅰ）全体図、都市域を部分的に描く（ⅱ）部分図に分類している。次に絵図の図法・図式による分類では実測に基づくものを（ⅰ）実測図、なんらの実測によらないものを（ⅱ）編纂図としている（家守一彦『都市図の歴史　日本編』講談社、一九七四年）。
（7）岩淵令治『江戸武家地の研究』塙書房、二〇〇四年。
（8）前掲注（4）。
（9）江戸における屋敷改の動向は、松本剣四郎が武家屋敷地書上の観点から論じている（松本剣四郎「江戸幕府の武家屋敷地書上令」（『関東近世史研究会』第七一号、二〇一二年））。
（10）「柳営日次記」（『東京市史稿　市街編八』、一九三〇年、五九〇頁）。
（11）「柳営日次記」（『東京市史稿　市街編八』、一九三〇年、六〇九頁）。
（12）「柳営日次記」（『東京市史稿　市街編十二』、一九三一年、六九九頁）。
（13）「柳営日次記」（『東京市史稿　市街編一七』、一九三二年、一五八頁）。

(14)「柳営日次記」(『東京市史稿　市街編十七』、一九三二年、九八五頁)。
(15)「柳営日次記」(『東京市史稿　市街編十九』、一九三三年、四四八頁)。
(16)「柳営日次記」(『東京市史稿　市街編二〇』、一九三四年、四一頁)。
(17)前掲注(4)。
(18)「嘉永明治年間録」(『東京市史稿　市街編四〇』、一九五三年、三一二頁)。
(19)年代不詳「屋敷改御定メ書写」(渡辺家文書・J73)。
(20)前掲注(12)。
(21)高柳眞三・石井良助編『御触書寛保集成』二一九九号、岩波書店、一九三四年。
(22)高柳眞三・石井良助編『御触書寛保集成』二二〇〇号、岩波書店、一九三四年。
(23)岩淵令治『江戸武家地の研究』塙書房、二〇〇四年。
(24)「柳営日次記」(『東京市史稿　市街編一九』、一九三三年)。
(25)「細川家記」(『東京市史稿　市街編一九』、一九三三年)。
(26)高柳眞三・石井良助編『御触書宝暦集成』一三八五号、岩波書店、一九三五年。
(27)享保二年七月「角筈村中御拝領地数書上写シ」(渡辺家文書・K3)。
(28)享保二年七月「口上覚」(渡辺家文書・K4)。
(29)前掲注(7)。
(30)享保二年一〇月「覚」(渡辺家文書・K8)。
(31)大石学『享保改革の地域政策』吉川弘文館、一九九六年。

(32) 正徳三年六月「屋敷御改石川三右衛門様山岡伝五郎様江差上申候証文之控」（渡辺家文書・J3）。
(33) 正徳三年七月「乍恐以書付申上候」（渡辺家文書・J59）。
(34) 正徳三年「覚」（渡辺家文書・J60）。
(35) 享保八年六月「差上申一札之事」（渡辺家文書・J61）。
(36) 前掲注(31)。
(37) 元禄二年正月「(家作増坪願絵図)」（渡辺家文書・D603）。絵図は、新宿区新宿歴史博物館編『武蔵国豊島郡角筈村名主　渡辺家文書　第五巻』（新宿区教育委員会、一九九七年）より引用。
(38) 元禄一三年一一月「差上申一札之事」（渡辺家文書・D611）。
(39) 元禄五年一一月「差上ケ申一札之事」（渡辺家文書・D605）。
(40) 宝永二年九月「差上申一札之事」（渡辺家文書・D617）。
(41) 宝永三年九月「差上申一札之事」（渡辺家文書・D618）。
(42) 宝永二年八月「乍恐口上書を以御訴訟申上候」（渡辺家文書・D616）。
(43) 宝永六年「一札之事」（渡辺家文書・D620）。
(44) 文政三年二月「乍恐絵図以書付奉願上候」（渡辺家文書・N12）。
(45) 文政三年二月「乍恐以書付奉願上候」（渡辺家文書・N8）。
(46) 文政三年三月「乍恐絵図面以書付奉申上候」（渡辺家文書・N18）。
(47) 享保一九年一〇月「(角筈村熊野権限社地神殿等中野村成願寺江譲渡候ニ付)」（渡辺家文書・N53）。
(48) 享保一九年一〇月「指上申一札之事」（渡辺家文書・N55）。

(49) 享保一九年一〇月「乍恐書付を以御願申上候」(渡辺家文書・N56)。
(50) 元禄一三年六月「指上ケ申一札之事」(渡辺家文書・D608)。
(51) 元禄一三年六月「(居宅焼失仕下屋相付小屋建直願)」(渡辺家文書・D609)。絵図は、新宿区新宿歴史博物館編『武蔵国豊島郡角筈村名主 渡辺家文書 第五巻』(新宿区教育委員会、一九九七年)より引用。
(52) 元禄一四年二月「乍恐口上書ヲ御訴訟申上候」(渡辺家文書・D613)。
(53) 延享四年九月「乍恐書付を以御訴申上候」(渡辺家文書・T8)。絵図は筆者による。
(54) 文化七年四月「乍恐以書付御訴奉申上候」(渡辺家文書・T31)。絵図は筆者による。
(55) 最古の版図は寛永九年(一六三二)ごろの刊行とされる「武州豊島郡江戸庄図」であるとされるが、縮尺・方位ともに不正確である。(家守一彦『都市図の歴史』講談社、一九七四年)。
(56) 「柳営日次記」(『東京市史稿 市街編七』、一九三〇年、六三頁)。
(57) 「落穂集」(『東京市史稿 市街編七』、一九三〇年、六四頁)。
(58) 「憲教類典」(『東京市史稿 市街編七』、一九三〇年、五九七頁)。
(59) 「柳営日次記」(『東京市史稿 市街編七』、一九三〇年、一〇六八頁)。
(60) 「落穂集」(『東京市史稿 市街編八』、一九三〇年、八三七頁)。
(61) 家守一彦はこの絵図に対して、実測図そのものの刊行ではないが、初めて江戸の全域を含み、しかも縮尺・方位がことごとく正確な図であり、あとに続く江戸図のすべてが直接間接、この絵図の恩恵をあずかっており、江戸図が他の都市の絵図に比べて精度が高い要因であると評価している(家守一彦『都市図の歴史 日本編』講談社、一九七四年)。
(62) 「撰要永久録」(『東京市史稿 市街編一二』、一九三一年、四一六頁)。

(63) 元禄一四年正月「(屋敷建直シ願ニ付小屋掛絵図)」（渡辺家文書・D612）。絵図は、新宿区新宿歴史博物館編『武蔵国豊島郡角筈村名主　渡辺家文書　第五巻』（一九九七年）より引用。

(64) 享保一一年一一月「(角筈村・幡ヶ谷村境付近畑等地面絵図書上)」（渡辺家文書・C10）。絵図は、新宿区新宿歴史博物館編『武蔵国豊島郡角筈村名主　渡辺家文書　第三巻』（一九九五年）より引用。

(65) 『武蔵国多摩郡中野村名主堀江家文書目録　改訂増補版』、都立大学付属図書館、一九八五年。

第三章　角筈村の捨子養育システムからみる江戸と「江戸町続」地域

月見　友紀子

はじめに

「捨子」の存在を、保護する対象としたのは、近世に入ってからのことである。貞享四年（一六八七年）に出された「生類憐みの令」を発端に、捨子を、法の中に取り入れ保護することとなる。それまで、犬の餌となってしまう、馬に踏まれてしまう存在であった捨子が、守られる存在と変化していく。

「捨子」は研究の俎上に上がった当初、その消極的側面が強調されており、この側面からの研究蓄積がある。捨子を行う者は、非人層が多く、非人が自らの子どもの身分向上のために捨てたとする事例や(1)、不義密通によりできた子どもを、恥じて捨てるという事例などがある(2)。捨子研究の端緒をきった塚本学も、捨子を法の中に取り込むことにより、捨子をめぐる養育金詐欺といった新たな犯罪を生むことや、捨子を助長する働きをしていたことを指摘している。[3]

しかし、そのような研究蓄積がなされている一方で、近年こうした見方に立たない研究が多く現われた。女性史、人口学的な考えから、間引きや捨子を出生コントロールの最たる例として取り上げている中野達哉は、捨子をめぐる武家屋敷の社会機能や江戸社会の関係についての研究を行った。幕府は捨子を町人に引き取らせる場合には、身元確かなものであることとすると指示を出し、毛利家などの大名も捨子が発見された場合指示に従っていることから、捨子の貰い手は生活の不安定な下層町人ではなく、店借層を中心とした「髄成もの」、中間層であったと考察している。また捨子の多くが、家内労働力になるまでには相当の時間がかかる乳幼児であったことからも、捨子の貰い手は捨子により労働力の確保をすることが目的の者ではなく、家の存続を願う者であったとしている。[4]

また、沢山美果子は、岡山藩・津山藩をフィールドとした研究において、津山藩における育児院構想の分析から、「家」の存続のために、労働力として養子を求めていたことを指摘している。その上で、このような捨子救済のシステムは、子どもを育てられない場合は五人組が育てるという、かつて行われていた共同体における相互扶助を行うことが困難になったことが原因で浮かび上がったものであると指摘している。[5]また、大坂をフィールドとした「乳」をめぐる捨子研究に関しては、近世大坂において都市の捨子と、「家」の維持・存続を願う農民を結ぶために、口入屋というものが存在しており、複数の貰い手候補から選ばれたのは、年齢が高く実子をもうけることが困難な夫婦だったことを指摘している。[6]

以上のように、最近では捨子の江戸社会とのつながりや、捨子の社会的な役割を研究している者が多い。これらを踏まえ、本論文では江戸やその周辺地域、すなわち「江戸町続」地域を対象とし、この地域における捨子の実態と果たした役割について検討する。

第一節　近世捨子養育の実態

一、捨子をめぐる法体制

捨子をめぐる法体制を明らかにしていくために、はじめに幕府としてどのような法令を出していたか、また、捨子を行った者をどのように処罰していたのかについて見ていく。

幕令は主に、『御触書集成』『大日本史料』等に収容されているが、ここでは『御触書寛保集成』に収録されている幕府から出された法令を取り扱う。

〔史料1〕

一、捨子致し候事、彌御制禁に候、養育難成わけ有之候ハヽ、奉公人ハ其主人、御料は御代官、手代、私領は其村々名主、五人組、町方ハ其所之名主、五人組え其品申出へし、はこくミなりかたきにおいてハ、於其所にて養育可仕候、此上捨子仕候ハヽ、急度曲事たるへき者也　(7)

〔史料1〕は徳川綱吉により出された捨子禁令である。綱吉は生物を保護する法令を多く出したが、その中に捨子を禁止する項目も挙げている。捨子禁令が出されて以降、黙殺されていた捨子の存在が、公的に認知されるようになる。捨子禁令では捨子をしてはならず、子どもを養育できない場合は、名主や五人組に申し出るように達しを出している。その中でもはじめにだされたものは、捨子をなくすための予防策を全面に出した法令となっている。

捨子についての幕令は〔史料1〕のみではない。主に元禄、享保期に数点出されている。その中のいくつかをみていく。第1表は『御触書寛保集成』内にある捨子に関する幕令をまとめたものである。

捨子に関係する内容は、三つみられる。内容としては、①捨子を禁止すること、②子どもを産んだが養育できない者は役人に申し出る事、③役人は共同体の出生について把握する事、が大まかに書かれている。このことから、幕府が窮乏などのやむを得ない理由で捨子に至る場合を想定していたこと、共同体の役人層に捨子を防止するための責任を担わせたことが分かる。また、出生を正確に把握するために、役人に対して共同体内の女性の妊娠と出

第1表　捨子に関する御触書

番号	年　月	内　　容
2813	元禄3年10月	捨子禁令により、養育できない者は、奉公人はその主人、御領は御代官、手代、私領は各村の名主、五人組、町方は名主、五人組へ申し出て、自分で養育できないならば、聞きうけた所が養育する。捨子禁令により、養育できない者は、奉公人はその主人、御領は御代官、手代、私領は各村の名主、五人組、町方は名主、五人組へ申し出て、自分で養育できないならば、聞きうけた所が養育する。
2814	元禄9子年8月	捨子防止策として地借り店借りの者が妊娠した際は、大家、地主に知らせ、その上で出産・傷産・流産についても知らせる。三歳までに出生の子が亡くなったらその旨も届け出る。大家・地主はその内容を書きつける。もし捨子が現れたらその書付を差出、疑わしいことは知らせること。
2815	元禄9子年9月	今後妊娠・出産した者だけでなく、現在三歳以下の子供も名主並びに地主・大家は記帳に記しておき、知らせなかった者、又疑わしい者は支配方へ知らせる。隠していた子どもが見つかった場合は、名主、五人組、地主、大屋へ知らせる。
2816	元禄13辰年7月	捨子をしてしまったら、届け出るようにすること。
2817	元禄15午年10月	二八一三と同内容
2818	寶永元申年9月	子供が生まれたら家主が名主に申し届け、名主が帳面に記す。子供を養子に出す、または亡くなった場合は名主に届け出る。捨子をした者が見つかったら、家主・五人組まで知らせること。
2819	享保19寅年9月	捨子を貰い、又外の者へ遣わすことを停止する。また、身寄りのない子供を外へ遣わす場合は、一〇歳までは貰った奉行所又は貰った屋敷に届け出ること。

注　高柳眞三・石井良助編『御触書寛保集成』(捨子之部、岩波書店、一九三四年)より。

産について記録することも命じている。このことから、幕府は捨子禁令黎明期において予防策を求めていたことが分かる。

期間としては、元禄期〜享保期に法令は全て出されている。元禄期は捨子禁令が出されたばかりであるので、制度を整えるためにも多くの法令が必要だったのであろう。しかし、享保期以降、捨子が無くなっていないにも拘わらず、捨子禁令が出されていない。そのため、他にも捨子に対する方策を行っていたのかについて、今後調査を行っていく必要があるだろう。御触書集成に収録されている捨子禁令についていえば、内容としては以上である。しかし、町触や、その他共同体ではそれ以外にも独自の法令を出している。これらの内容も精査し、捨子を防止し、管理していく側の視点をより詳細に見ていく必要があるだろう。

さて、幕府による捨子の法令は、実際にはどのように適用されているのだろうか。事件発生後の判例を基に検討する。

〔史料2〕

戌九月十三日

申渡　　　三田功運寺門前町

手限申渡　　　久七一件

三田功運寺門前町
七右衛門店
久七

其方儀、去酉九月中品川東海寺境内ニ、當歳之女子捨有之趣及承、妻さき儀、産後小児は病死致し、乳も有之ニ付、右捨子貰受度旨懸合置、其後東海寺ゟ呼ニ参り、寺社奉行所ゟ差図済候趣ニ而、右捨子貰受候ハヽ《ママ》、其段可訴出処、其節家主七右衛門伯父急病ニ而相果、彼是取紛、兩三日及延引、今更訴候而は、却而咎をも受可申旨、同人任申不訴出、當七月五日右捨子病死致し、其趣東海寺江申出、寺社奉公ゟ検使有之節ニ至訴出候始末、不埒ニ候得共、最初寺社奉行江は願出、此説當奉行所江も訴出候儀ニ付、急度叱り置（後略）（8）

「手限申渡」は、享和二年の一年間に、町奉行が下した刑事判決について集成したものである。この中には一件捨子に関する判決が発見されており、〔史料2〕の事件に関しては、第2表において、判決を下された人物と言い渡された内容について、同じ出典の史料に基づきまとめている。

今回の事件は、捨子が発見されたので、久七はその捨子を貰うことになったのだが、そのことを奉行所へ伝えることを怠ってしまったことによる事件である。久七の家主の伯父が亡くなったことによる手続きの怠りがあり、その捨子が死亡したことで明るみに出た事件である。捨子が亡くなったことは寺社奉行へ申し出ていることから、久七の申し出忘れは故意に行ったことではない可能性が高い。また、今回の事件に関しての判決は、「叱り」と「銭三貫」である。「叱り」というのは「呵責」といい、正刑中最も軽いものである。町奉行所だけではなく、町役人が行うこともあるものである。また、「銭三貫」は「過料」と言い、吉宗就任時にはじめられた財産刑である。(9)軽過料は三貫か

第2表　〔史料2〕における事件の詳細

人	職業・身分・住所等	内　容
久七	七右衛門店	東海寺境内に捨子がいた。妻さきは産後で子どもは病死したので乳もあるため、捨子を貰い受けたいと思い懸け合っていた。その後東海寺に呼ばれ寺社奉行より指図を受け、捨子を貰いうけたら、其のことを訴えでなければならないのだが、家主七右衛門の伯父が急病で亡くなってしまい、彼是しているうちに三日も延びてしまった。今更訴え出ても、却ってお咎めを受けると思ったので、久七は訴え出なかった。しかし七月五日にその捨子が病死してしまい、そのことを東海寺へ申し出たところ、寺社奉行より検使があったことで判明したという始末である。道理に反しているが、最初に寺社奉行へは訴えでており、この件を当奉行所へも訴え出ているので、叱り置きとする。
七右衛門	久七家主	八月中東海寺境内に生まれたばかりの女子が捨てられており、その女子を貰い受けたい旨を伝えた所、組合、名主も聞き、取り計らうことになっていた。しかし、伯父が急病で亡くなってしまい、この件を彼是している内に忘れてしまい、三日も遅れてしまったので、訴え出たところで却って咎められ、久七へも事情を聴いていたが、七月五日に捨子が病死し、寺社奉行より検使が行われ、名主、組合へも事情を聞き、訴え出られた始末である。家主は道理に反しているが､遅れたことを訴え出たので、叱りおくこととする。
八右衛門	青山御掃除町 権太郎店	吉右衛門を頼り居候をしていたが、九月中久七が捨子を貰いうけ、請け人になってもらいたいとのことで吉右衛門へ頼んだところ、承知したので、家主へは同人より聞いたことを伝え、東海寺へ証文を差し出したのだが、家主は病気に気付き、印形は借りたものだったので、吉右衛門は渡したことを本当のことであると知っていたが、その件を家主は一切知らなかった。さらに家主の名前を間違えて認識しており、新兵衛を弁蔵と間違えて証文をだしたことも、道理に反している。よって銭三貫を渡すように。
新兵衛	青山久保町家主	一件について尋ねたところ、不埒なことも聞いていないが、新兵衛の事、吉右衛門行衛の事はこれまでの通り心得なければならない。
七右衛門 五人組	三田功運寺門前 丁家主	
次右衛門 宇兵衛新 右衛門	三田功運寺門前 丁家主　七右衛 門五人組	

ら五貫、重過料は一〇貫なので、今回のものは最軽過料であったことがわかる。

〔史料3〕

「(朱書)申七月十六日伊豆守殿江御直ニ上之」

武州鹿骨村百姓

政右衛門一件御仕置奉伺候書付

「(朱書)申九月十九日御下知同月廿五日落着」

柳生主膳正

去五月三日本石町壱丁目往還ニ弐歳斗之男子捨有之、其段訴出、町内ニ而養育致置候処、伊奈攝津守支配所武州葛飾郡東葛西領鹿骨村百姓政右衛門妻出生之小児相果候跡、乳有之候ニ付、本石町月行事権右衛門申談、里子ニ遣置候処、當五月十六日政右衛門居宅囲炉裏江落、怪我致候ニ付、権右衛門方江連参致療治候得共、不相届相果候旨、権右衛門、町役人共訴出候間、検使遣相改、政右衛門・同人いわ儀は預申付、一件吟味仕候趣、左之通御座候、

(中略)

此政右衛門・いわ儀、捨子惣吉を預り候ハヽ、随分大切ニ養育致し心付可申処、未歩行も聢ニ不成幼年ものを母并幼年之子共斗残置手放、兩人共農業ニ罷出、既惣吉義囲炉裏江落、釣置候鍋江當り、熱湯を打返致怪我、面部其外手足迄焼爛相果候段、怪我之儀ニは候得共、一躰心附方不行届、右之義不埒ニ付、兩人共五十日押込可申付候哉、

「(朱書)御差図政右衛門は過料五貫文」

此せん儀、政右衛門・いわ共農業ニ出候ニ付、捨子惣吉を留守中心付呉候様申置候ハヽ、未歩行も碇ニ不成幼年ものニ候上は、別而心付可申處、手放火焚所ニ罷在、既惣吉義政右衛門・いわ帰候躰を見請駈出、囲炉裏江落、釣置候鍋江當、熱湯を打返、致怪我我相果仕儀ニ相成候段、不埒ニ付五十日押込可申付候哉

武州鹿骨村政右衛門外貳人御仕置附之儀申上候書付

柳生主膳正

（後略）(10)

〔史料3〕は「御仕置伺書」に収容されたものである。「御仕置伺書」は、江戸南町奉行所の刑事裁判記録の一つとされている。町奉行所より老中へ出された仕置伺、老中からのその一件に関する指令書、その指令に基づいて刑の執行がなされたことの報告書からなる。年代は、天明四年（一七八四）から慶應四年（一八六八）であり、二五一冊発見されている。(11)〔史料3〕も同様であるが、ここでは、仕置伺の一部と老中からの指令書を抜粋する。

内容は、武州鹿骨村（現東京都江戸川区）の百姓政右衛門とその妻いわが捨子を里子として貰い養育していたが、政右衛門といわは仕事のため政右衛門の母であるせんに捨子を預けた。しかし、捨子は歩く事もままならない年齢にも関わらず、せんは、目を放してしまった。その結果、捨子は囲炉裏に落ちてしまい、囲炉裏内にある鍋に体を打ち付けて最終的には死んでしまった。これは養育の管理不行き届きということで、三人とも五〇日間「押込」となった、というものである。「押込」とは外出禁止のことであり、その期間は二〇日、三〇日、五〇日、一〇〇日と四種類あるので、押込の中では二番目に重い刑となった。(12)押込自体比較的軽い刑罰であり、判決例でも小規模な失火などに押

込の判決が出ている。[13] このことから、今回の事例は、比較的軽い刑であったとされる。

〔史料4〕

當五月九日御渡被成候

大坂奉行相伺候

河州下三ツ嶋村藤八・同国大久保庄北丈助捨子いたし候一件御仕置評議仕候趣申上候書付

評定所一座

當五月九日御渡被成候、大坂町奉行相伺候、河州下三ツ嶋村藤八・同国大久保庄北村丈助捨子いたし候一件、御仕置評議候処、右一件之内、安土町弐町目扇屋喜兵衛借屋和泉屋又兵衛儀、下人吉兵衛とさん密通いたし候段、存罷在候処、致宥免、吉兵衛は其儘召仕、さん儀は願ニ任せ暇遣し候儀ニ哉、又は密通之譯不存儀候哉、難決ニ付、又兵衛申口紀之儀、伺之上大坂町奉行江申遣候処、右又兵衛相紀候趣書付差越候間、猶又評議仕候趣左之通御座候、（後略）[14]

〔史料4〕に示される、宝暦一一年（一七六一）の捨子養育金詐欺の一件について、同じ史料から判明する事象を、第3表にまとめた。この判決については『評議留物帳』に記されている。老中の詰問を受けた評定所一座が、諸奉行から提出された事案について評議し、その結果を答申する過程をまとめた記録である。今回取り上げた事例に関しても、刑の量定に関して吟味されている箇所が多い。また、このような性質から、今後、捨子養育詐欺がどのような判決を下されるようになっていくのか、ある程度推測することができるだろう。

第3表　〔史料4〕の事件の詳細

人	職業等	内容
藤八	河州茨田郡三ツ嶋村惣百姓	受け取った女子について、片付料として添えられた銀を使ってしまった。さんをたばかり、女子を取り締まり、丈助に申し合わせて女子を捨てた。そしてその女子を丈助にまた貰わせた件に関しては、親市兵衛を請け人にした。市兵衛の印形も丈助へ渡した。女子を捨てることは丈助と申し合わせており、そこで貰った銀は二人でむさぼり取った。大坂町奉行所では御定書に）は死罪と記してあるが、今回は引き回しの上、獄門とする。
丈助	河州茨田郡大久保庄北村	藤八へ甲し合わせて女子を捨て、その上藤八、武兵衛、源右衛門が憤っていると聞いたので、女子を貰うように申したら、庄屋九兵衛がよりどころもなかったので、捨子を貰いたいと申し出た。市兵衛は病気なので、しもより市兵衛の印形を受け取り、半兵衛方へ人を雇い、九兵衛には何も知らせず、奉行所までいき、養育料をもらった。大坂町奉行所では捨子を貰い、養育金を謀ることは、町中引き回しの上死罪としているのだが、今回は他の者もたぶんに責任があるので、引き回しの上、獄門とする。ただし、だまし取った銀二枚は、大坂町奉行所より達しの通り、返却するように。
しも	下三ツ嶋村重兵衛女房	市兵衛の印形を渡してしまった。藤八にやましいことがあることは聞いておらず、女子のことも知らなかった。また丈助と藤八が申し合わせていたこととも知らなかった。しかし、市兵衛に何も知らせずに渡してしまったことは道理に反している。そのため、三〇日間蟄居を命ずる。
弐兵衛	下三ツ嶋村百姓	藤八に頼まれ、源右衛門が起こっている事をとりなし、その上で、丈助に女子を貰うことを申し聞いた。御定にのっとり、過料三貫払うように。
九兵衛	大久保庄北村庄屋	丈助の捨子を貰いたいと申しでて、請け人にも掛け合ったのだが、口次兵衛には相談もせず、九兵衛はてっきり捨子を貰えるとばかり思っており、丈助、藤八が申し合わせた捨子だとは知らなかった。一緒に来たものを市兵衛だと思い込み、口上書に連印したことは職務をはたしていない。そのため、九兵衛も口次兵衛も共に銭五貫支払うように。
与次兵衛	大久保庄北村年寄	
甚右衛門	大久保庄北村百姓	捨子を丈助が貰いたいと申しでたのだが、丈助の身元を聞きうまく取り籍うように九兵衛に心付けしたとして叱り置きとする。

とめ	鈴木町　近江屋 半兵衛女房	奉行所へ召し連れる人を雇うように丈助が頼んできたので、了承して雇った。思慮がない行動であり、大坂町奉行所の評議の結果、叱り置くとする。
吉兵衛	和泉屋又兵衛下人	女と密通していた。お叱りの上、夫人へ引き渡し。
さん	下三ツ嶋村　かろ娘	又兵衛方へ奉公に行っている間、夫人がいるにも関わらず、吉兵衛と密通していた。先だって、主人にいとまを出していた。当時親元にいたのだが、生まれた女子を藤八、武助の仕業で捨てることでこの事件はおきた。奉行所にて相談の上、三〇日間の蟄居とする。
源左衛門	河州茨田郡神田村百姓	藤八、丈助が捨子をしたことを知っていたにもかかわらず、そのままにしていた。過料銭三貫払うように。
儀右衛門	下三ツ嶋村　庄屋	藤八が捨子をしたことを知っていたにも関わらず、掛け合うことを嫌い、そのままにしていた。大坂町奉行所の伺いの通りにするように。
伝右衛門	下三ツ嶋村　年寄	
弥三右衛門	大久保庄北村　庄屋	下三ッ嶋庄屋、年寄と同様。
茂右衛門	大久保庄北村　年寄	

さて、今回の事例であるが、藤八と丈助が、密通により子供ができてしまったさんを騙し、その子供を捨て、養育金をだまし取ったという事件である。刑に関しては、藤八と丈助は町中引き回しの上獄門、印形を渡したしもは蟄居、他はお叱り、過料支払である。内容の中でも、大坂町奉行所においては、捨子養育詐欺に関しては、市中引き回しの上死罪が妥当であるとされているにも関わらず、「獄門」となっている。「死罪」と「獄門」は判決としては異なるものである。「死罪」は斬首刑であるが、死刑となるものの中では、この「死罪」にあたるものが最も多い。そして「引き回し」は死刑の中で重いものに付加刑として度々つけられたものであり、死罪でもまれにつけられることがある。一方「獄門」とは、死罪よりも重く、斬首されてから、その首を三日間刑場にさらすという恥辱刑がつけられる(15)。藤八と丈助は、本来は死罪相当にも関わらず、多くの人をだましこのような事件を起こしたことにより、獄門という恥辱刑までつけられたのだと考えられる。

以上、本節では捨子に関する法令と判例について検討した。これにより、捨子に関する判決を比較した際、捨子そのものを行い、奉行所などに知らせなかった者よりも、それを利用した詐欺事件に発展した方が、処罰が明らかに重くなることが分かった。この対応は、幕府の法令が「捨子を禁止する」という文面とは裏腹に、捨子そのものを禁じるのではなくむしろそれに付随して起きる詐欺事件を防止する方に主眼が置かれていたことを示している。これは、幕府が捨子を半ば容認しているという姿勢を表しており、捨子が無くならない理由ともいえるだろう。つまり、幕府側は捨子を完全には防ぎきれないものと捉え、それに付随して起きる詐欺事件を防止する意味で捨子を禁じていたのである。

さて、そのような幕府の姿があった一方で、実際に捨子はどのように扱われていたのだろうか。捨子に関することが書かれている育児書には、このような一節が残されている。

〔史料5〕

凡繁華のところにては捨子といふ事あり、其意趣を尋るに、誠にけふを暮しかぬるもの、仕業にて、是非なく捨れども、或は旅籠の内木綿つぎ切等を敷、又は古ぬのこなどへつゝみ、人の門に捨ながら、人取る上迄は犬にても害せんやと気遣はしさに、さりもやらで其あたりに居る内に、捨子よとて騒ぎ立、もしもとらへらるゝ時は、子を捨る不屈に付御仕置に逢もの間ゝこれある也、扨又捨子あれば、其捨たる所の地元のものへ為取上、大切に養育被仰付事也(16)

〔史料5〕は美作の代官である早川八郎右衛門の著書「條教談話」の中の一節である。「條教談話」は主に間引きについて書かれているが、併せて捨子について言及するものも多い。さて、〔史料5〕の内容は、都市部では捨子があり、捨子をする者は貧しく、今日一日を過ごすことも困難である者がすることであること、木綿のつぎ布等を敷いて、子どもを捨て、犬に食べられるようなことがないように、親が「捨子よ」と叫ぶことがあること、捨子があった場合には、その捨てた場所の者が養育するということが書かれている。このことから、捨子は繁華な場所で行われているものであること、親は子どもを捨てる程苦しんではいるが、子どもの身を案じていると認識されていること、捨子は捨てられた場所で養育されるようになっていることが分かる。

また、育児書だけでなく、「相模国津久井郡千木良村溝口家文書」には次のような史料も残されている。

〔史料6〕

口上

此小児家柄血筋共ニ極宜候得共少々訳け合御座候て捨て候、格別之御勘弁を以御取上げ下され候はゞ廣大之御慈悲と有難く存候、仍て書付添置もの也 (17)

〔史料6〕は、年代、宛て先などは記載されていないが、内容から子どもを捨てた親が子供に添えた手紙であると推測できる。「此小児家柄血筋共極宜しく候」や「御取上げ下され候はゞ廣大之御慈悲と有難く存候」等から、捨子を行った親は、捨てた後の子どもの行く末を案じていることが分かる。家柄や血筋が果たして本当に「極宜し」かったのかは定かではない。また、子どもを捨てた動機や経緯等も明らかにされていない。しかし、このような行動からは、自分の子どもが新しい家でよく育ってほしいという願いを読み取ることが出来るだろう。

〔史料7〕

證文之事

此度拾子私方江貰申候尤御附被成品々左通ニ被避候

一男子衣類物数九ツ

一腹掛ケ二ツ

一□不□守り中着壱ツ内ニ御守り品々へその緒亦うぶ髪昨六月廿四日辰ノ上刻生別と書付名ハ長八与有之候

一幅三分縦一寸五六分組之虎ノ皮有之候

一小ぶとん壱ツ

一餌ノ仲立木綿拾壱ツ

一古キ嶋の帽子壱ツ

一金壱両乳持金

右之通御附送慥ニ請取り申処相違無御座候、以上

宝暦弐年申八月

中野村　貰人　文右衛門

親類　仁兵衛

五人組　権三郎

年寄　甚右衛門

名主卯右衛門 (18)

〔史料7〕は、多摩郡中野村名主の堀江家文書からの史料である。〔史料7〕の内容は、捨子を貰った親が、捨子と共に添えられたものをリスト化し、確かに受け取ったということを中野村名主に伝える手紙である。今回の事例では、衣類は九つ、布団や腹掛けまで添えられている。この行為が、捨てた親が裕福であったから行ったのか、貧しいにも関わらず子どものために行ったことなのかは定かではない。しかし「へその緒亦うぶ髪」は、子どもからとれるものなので、裕福かどうかは関係ないだろう。また、捨子を捨てる際の風習として、丈夫に育つようにと金を添えたり、へその緒をつけたまま捨てたりするということがあったとされている。(19) 虎の皮も、子どもの名前に元気に育つように願い、「虎」の文字を入れることから、これらの品々は子どもの健やかな成長を願ったものであると推測される。このような絆や我が子の成長を願う品々、更には「昨六月廿四日辰ノ上刻生別と書付名ハ長八」と生まれた時間や名前までつけていることから、子どもを捨てた親は、子どもの事を大切に育てようとしていたこと、そして捨子を元親も家族として認識していたことが分かる。また、元親である捨てた親は、捨てるだけではなく、わざわざこのような品々を添えたことから、拾われ、そして次に貰われる家でも大事にしてもらえるように願っていたことも見て取れるだろう。捨子が禁止されていたことに対して、捨てることを余儀なくされた状況が、せめてもの償いとしてこのような行動を起こさせたのだろう。

次に、捨子が引き取られる際の様子について検討する。

〔史料8〕（二重線は文書中に存在する取消線。）

乍恐以書付奉願上候

武州荏原郡池尻村役人共奉申上候、去年正月中当村年忠藤七垣根際ニ当才之男子捨置候、其段訴上候所村養育被仰

付是迄同人方ニ而養育罷在候、然処同郡太子堂村百姓平七義家内七人暮ニ而至極実躰成ものニ御座候所同人方江右男子貰受度旨申之ニ付得と相糺候所右平七女房とよ倅鉄五郎女房いせ義去酉十二月中女子出生致し、当五月中右女子病死いたし乳も沢山有之殊ニ男子も無之ニ付、生長之上者相続人ニ相取申度旨懸合有之、尤平七義ニ付悪敷風聞等一切無御座候ニ付何卒以　御慈悲右願之通以御聞請被成下置候様奉願上候、已上
天保九酉年九月十九日

在原郡池尻村　年寄　忠七
百姓代　清右衛門
中村八太夫　御役所
太子堂村　百姓　平七
名主　忠左衛門 (20)

〔史料9〕（傍線は著者による）

乍恐以書付御訴申上候

一多摩郡中野村名主卯右衛門申上候、當八月三日朝六ツ時前私門前ニ當歳之男子有之候ニ付、其段御訴申上候処當分拙者方江御預ヶ被遊奉恐乳等給させ養育仕罷在候、然処中野村百姓文右衛門与申受高拾六石五斗四合六夕所持仕強馬等々所持仕宜敷百姓ニ而御座候処実子無これ候ニ付私親分ニ而相貰度段願候ニ付私親分ニ罷成り右文右衛門方江うば代として金子壱両相附ヶ証文取置指遣申候、此以後相乱申候ハバ早速御注進可申上候、以上

宝暦弐年申八月　中野村

名主　卯右衛門
年寄　万右衛門
伊奈半左衛門様御役所

右名主卯右衛門申上候通此度之捨子拙者方江貰申候処相違無御座候、尤金子壱両相附請取申候、然上者右之男子随分大切ニ仕養育可仕候、勿論此上実子出来仕候共麁末ニ仕間敷候、且又相乱候ハバ早速御注進可申上候、以上

中野村　貰人　文右衛門
五人組　仁兵衛
同　惟三郎
年寄　甚右衛門 (21)

〔史料8〕の荏原郡太子堂村（東京都世田谷区）は、角筈村とも中野村とさほど離れていない。〔史料8〕の内容は、荏原郡池尻村年寄藤七の屋敷垣根脇に発見された捨子を藤七が養育していた。そこで太子堂村百姓平七という七人暮らしの身元確かな者が、女子を出産したが、その女子が亡くなってしまい、妻の乳が沢山出ること、更に男子の子どもが自分にはいないという理由で、その捨子を貰いたいと申し出てきた。以上の件についての報告を池尻村の養育人である年寄と百姓代、太子堂村の貰いたいと願い出ている平七と名主が代官に出しているというものである。

〔史料9〕は中野村の史料である。内容は、八月三日朝六時前、中野村名主卯右衛門の門前に生まれたばかりであろう男子がいた。そのことを訴えたところ、当分卯右衛門宅で預かり、乳も与え養育することとなった。すると中野

村百姓文右衛門という高一六石と強馬を所持する百姓が、実子がいないことを理由に挙げ、捨子を貰い請けたいことを願い出たので、文右衛門にうば代として金子一両をつけ、証文をとりかわした。そのことを卯右衛門が伊奈半左衛門に報告したものである。そして文右衛門は、卯右衛門の言っていることに間違いはないとし、金子一両を受け取り、その男児を以後大切に育て、実子ができたとしても、粗末にすることはしないと約束している。

〔史料8〕〔史料9〕は共に一般的にみられる受け渡し証文であるが、ここでは捨子を貰いたい理由をみていきたい。〔史料8〕の理由は「女子病死いたし乳も沢山有之殊男子も無之ニ付」「生長之上者相続人ニ相取申度」とあり、〔史料9〕の場合「実子無これ候ニ付」とある。どちらにも共通して言えることは二点ある。一点目は、理由が子どもがいないため相続人にしたいということである。二点目は、どちらの事例も捨子が男子ということである。捨子は、それを引き取る者においては、家を維持するための後継ぎとしての価値をもっているのである。

しかし、需要が発生するのは、必ずしも男子だけではなかった。

〔史料10〕

一札之事

当年ノ正月十一日之夜角筈上町通往還端弐歳計之女子捨置申候ニ付、何方へ成共慥成ル方ニ乳御座候所へ可被下由被仰候ニ付、拙者兼而乳茂御座候而養子可仕と奉存候間、此度右之捨子金子壱両一分御附ヶ被下慥ニ受取申候、自今以後随分大切ニ致養育少茂麁末ニ仕間鋪候、致為後日仍而如件

享保二年ノ正月十六日

成子町左平次地借り
子もらい主　義右衛門㊞
角筈村十兵衛店　証人伝兵衛㊞
角筈村　名主　伝兵衛殿 (22)

〔史料10〕は角筈村の史料である。この一件も〔史料8〕〔史料9〕と同様に捨子を貰いたい者が確かに受け取ったことを伝えている受け渡し証文の一部である。〔史料10〕の捨子は女子であり、捨子を貰いたい理由は「乳茂御座候」としている。この表現では、この女子がどのような理由に基づいて引き取られていくのかは判然としないが、女子も労働力として農村の家産を増やすことに一役かっている可能性も考えられよう。捨子は男子、女子ともに引き取る側に一定の需要が存在するため、このような理由からも、捨子はなくならないのである。

第二節　江戸周辺地域における捨子養育の実態

一、捨子をめぐる百姓たちの感覚

これまで捨子の法律上の扱いと実質的な捨子に対する認識のずれについて見てきたが、ここでは、実際に農村ではどのように扱われていたのかについてみていきたい。今回使用した史料は「武蔵国豊島郡角筈村名主渡辺家文書」である。

捨子の史料は三八点存在し、角筈村周辺の農村と比較しても、捨子に関わる史料が多い。史料の内容は触請書が二点存在する以外は、「受け渡し證文」が大半を占める。また、抱屋敷が角筈村に多いので、抱屋敷で捨子が発見された場合と、抱屋敷ではない場所で発見された場合との比較をすることができる。年代は元禄と享保期のみで一八点を占める。元禄、享保期以外では幕末期の史料が多い。

それでは実際に史料をみていく。

〔史料11〕

捨子仕間鋪候、若養育成兼候者ハ可申出旨、跡々相触候通弥其旨可相守、然処ニ頃日時々捨子有之候間、向後者地借り店借り之者子を孕候者大家地主江為知、其上出産又ハ傷産流産いたし候者是亦為知可申候、出生之子三歳迄之内死候か何方江茂遣シ候者、其分ケ大家地主方江可申届、右之趣大家地主ゟ書付、若捨子有之節ハ右書付可指出之、不念仕疑敷事有之ハ可為越度者也

子八月

右之通御書付出候間、写シ取銘々申渡シ、右之趣急度可相守候、以上

子八月　九左衛門役所

村下二名主印形仕候

右之通村中大小百姓不残御書付之趣奉拝見候、自今以後地借り・店借り之者子ヲ孕申候者、其地主大家方江孕月慥ニ書付、五人組中へ茂急度為知置少茂油断仕間敷候、為其御書付写シ取大切ニ相守可申候、若相背候者何分ニ茂可被仰達候、為後日連判手形如件

元禄九子丙年九月

角筈村　年寄　惣左衛門㊞

（以下五〇名略）(23)

捨子禁令が幕府から出されたことを受けて出された史料である。捨子禁令により、子供を養育できない者は名乗り出るように通達したが、依然として捨子が見つかっている現状をふまえ、今後は妊娠した際に大家・地主に伝えること、出産、傷産、流産、三歳までに出生の子が亡くなった場合は、大家・地主に知らせること、大家・地主はそれを記しておき、捨子が見つかった場合は、記しておいたものを差し出すようにすることを記している。この触書を踏まえて角筈村はこれ以後地借り店借りが妊娠した場合には地主・大家に妊娠した月を記し、五人組へも伝えるようにするという方針が立てられる。

今回の史料では、捨子を防止するためにどうするのかという防止策が記されていた。しかし、妊娠出産したことを知らせるだけでは、本当の意味での防止策にはならず、この年以降も捨子は発見されてしまう。このことからも、法律上の文言はあくまでも捨子を禁止しながら、運用段階では、その不徹底が目立つことがわかる。捨子を厳しく禁止するよりも、捨子を緩やかに認めつつ、それに付随して起きる事件を厳しく罰する方が、現実に人々が直面する生活システムの崩壊に対する対処法として適切であると、幕府は考えていたのだろう。

〔史料12〕

差上中一札之事

一三田古川町捨子仕候者御尋ニ付、御書付之趣村中大小百姓地借・店借等迄壱人茂不残吟味仕候処似寄候者無御座候、若隠置脇ゟ相知レ申候ハバ、名主・組頭・五人組迄何様曲事も可被仰付候、為後日仍而如件

元禄拾六癸未年十一月　　角筈村
今井九右衛門様　　年寄　三左衛門
御手代中　　以下九名　(24)

〔史料12〕では、三田古川町に捨子が見つかったが、その子が誰の子なのか、百姓地借店借まで一人残らず集めて顔を似ている人を探したがいなかったので、もしその人が隠し置かれていると判明したら、名主五人組まで処罰を受けると誓っている。この史料から、捨子が発見された場合、捨子の親を探すために、村民全員に対して捨子に顔が似ているか否かを吟味すること、万一捨子をした親を隠し置いていることが発覚した場合の責任の所在は、名主・五人組であることが分かる。

この史料からは、三田古川町という「町」で発見された捨て子の親を探すために、角筈村という「村」までを捜索対象としていたことが分かる。前節において、捨子は「繁華な場所」で多いという認識がされていたことを踏まえると、そこに存在するのは、捨子を「近くに捨てる」のではなく、「繁華な場所」に捨てているという認識であり、つまり、「繁華な場所」にいる捨子であっても、必ずしも「繁華な場所」に親がいるとは限らないという認識である。この史料で、わざわざ「村」までをも捜査対象としていることからも、この認識があったといえよう。

このことから、親の捜索対象は町・村の別なく近隣一帯に及ぶことが推測される。この結果、町の捨子の捜索が村にまで及んでいるのであり、これは、町のすぐ近辺に村が存在しているという、この地域特有の地域横断的現象と位置付けることができるだろう。

〔史料13〕

口上書

一角筈村上町横道有之捨子当町理兵衛ト申百姓之妻当月八日ニ出産其子相果テニ付乳沢山ニ御座候故養子ニ仕度ト名主・年寄共方迄願申候理兵衛養子ニ為仕可申候哉奉得御下知候已上

元禄八亥年

七月廿一日

名主　伊左衛門

吉左衛門 ㊞

年寄　庄兵衛 ㊞

同所　長左衛門 ㊞ (25)

細井九左衛門殿

御手代中

〔史料14〕

養子證文之事

一角筈上町理兵衛妻肖七月八日ニ出産其子相果ニ付乳沢山ニ在之養子仕度ト願候処角筈上町横道ニ当亥之七月十七日夜中捨子御座候、拙者養子ニ仕度旨名主・年寄中迄願上候御窺元拙者養子ニ被下忝存候随分大切ニ養少茂麁末ニ仕間敷候拙者養子ニ致候上ハ成人已後遊女茶屋女奉公抔ニ出シ申間敷候、若左様之義仕候者拙者共方江何分ニ茂御掛ケ可被成候、為後日仍如件

元禄八乙亥年七月廿三日

角筈上町

養親　理兵衛 ㊞

名主伊左衛門殿

同所　証人　清右衛門㊞
同所　同断　長右衛門㊞　(26)

〔史料13〕と〔史料14〕は関連史料である。〔史料13〕は角筈上町の横道に捨てられた子供を同じ町に住む百姓の理兵衛が養子に貰いたいと願い出ているので、角筈村名主・年寄らが代官へ指示を仰いでいる。〔史料14〕は〔史料13〕の後に、おそらく理兵衛へ養子に出すことを許可してから出されたものと思われる。捨子の貰い主が角筈村名主に対して、捨子を養子にしたいと名主・年寄に願い出たところ、養子にすることを許可されたので、その子供を少しも粗末にせず、大切に養育することを誓っている。このことから、捨子が発見された後は、その捨子を養子にしたい者が名主・年寄に名乗り出て、その養い親を代官が判断するという流れがわかる。また、捨子を大切に養育することや遊女茶屋奉公へ出さないことを証文に記していることから、捨子を人身売買の手段として扱わない家族を選びたい村の姿が見られる。〔史料13〕〔史料14〕は同じ村で捨子を養育するやりとりが行われた事例であるが、このようなケースは実は少なく、他村で貰い手が見つかるケースが非常に多い。角筈村もその例外ではない。そのため次は他村に貰われた場合の史料を検討する。

〔史料15〕

一札之事

当四月廿八日夜角筈下町横道端ニ当歳之女子捨置申候ニ付、何方へ成とも慥成方乳御座候所江可被下由被仰候ニ付、拙者兼而乳も御座候為養子可仕と奉存候間、此度右之捨子金子一両㊞壱分御附ケ被下慥ニ請取申候、自今以後

随分大切ニ致養育少茂麁末ニ仕間敷候、為後日仍而如件

享保弐年酉五月六日

舟橋村山本五平次様御知行所

子もらい主　徳左衛門㊞

同村右同断

証人　六右衛門㊞

角筈村

名主伝左衛門殿 (27)

角筈下町の道端に捨てられた女子を身元確かな者、乳がある者へ渡したいということで、乳がある舟橋村の徳左衛門が養子として引き取ったという内容が記載されている。舟橋村は現在の世田谷区にあたる場所にあったとされ、角筈村との距離もさほど遠くはない場所である。このことから、他の村からも捨子の受け入れがなされたことと、捨子の引き渡しにあたっては、養育金が支払われる場合もあったことが分かる。いずれにせよ、捨子をめぐる人々の動きは一村で完結せず、近隣の村を巻き込んで対処されることがわかる。

二、村内の武家屋敷における捨子養育の実態

角筈村には武士の屋敷も多く建ち並ぶ。そのため、先ほどからみているような村の横道だけではなく、屋敷近辺に捨てられている事例も少なくない。そのため次は、屋敷で捨てられていた場合の事例をみていく。

〔史料16〕

差上ケ申證文之事

武州豊嶋郡角筈村池田勝之助様御抱屋敷脇隣郷々之通路通ニ弐歳相見江候女子古キ木綿切袷を着せ捨置候を先月廿三日八つ時右家守百姓忠左衛門と申もの見付名主・年寄江為相知候ニ付早速立会見届村中吟味仕候得共心当之もの無之ニ付、右捨子同村喜兵衛と申もの方江入置養育仕其段先達而御訴申上候所被仰渡候者此上共ニ麁末ニ不仕追而主相知候又者右捨子貰度旨望候もの有之候ハバ早速可申出旨奉畏候然処脇隣郷代々木村奥田次郎右衛門様御抱屋敷家守百姓仁兵衛と申候もの養娘貰申度段右村名主・年寄江対談之上金子壱両相添仁兵衛方江引取申度段尤仁兵衛女房去子正月出産仕其子相果乳持ニ而養育仕候儀茂仕能御座候ニ付其段奉願候処御伺之上拙者共願之通被仰付難有奉存候、尤此上双方證文取替シ以来右女子之儀ニ付互ニ申分ニ無之様ニ可仕旨被仰渡奉畏候罷帰双方取替證文仕候ハバ早速右證文写差上可申候仁兵衛儀者弥以養娘ニ仕候上者末々麁末ニ無之様養育可仕旨被仰渡是又奉畏此上少も相違之儀仕候ハバ名主・年寄・惣百姓並ニ仁兵衛何分之御料ニ被仰付候共少茂違背仕間鋪候、其連判證文差上方申所仍如件

享保拾八年丑九月

代々木村奥田次郎右衛門御抱屋敷家守

養子親

百姓　仁兵衛

同村

證人　市兵衛

同村

鈴木平十郎様

御役所

證人　半右衛門
角筈村
名主　伝左衛門
組頭　八兵衛
同　六右衛門
同　忠左衛門
同　嘉兵衛
同　善右衛門
同　作右衛門
惣百姓代　喜左衛門（28）

池田勝之助御抱屋敷脇に捨てられていた子どもを、はじめに角筈村内にその子の親がいないかどうか探したが見当たらなかった。そのため、一時的に喜兵衛が預かって大事に育てておくことになり、それと同時にもしその子を養育したい者がいたら申し出てほしいと伝えていたところ、代々木村の仁兵衛が養子にしたいと願い出た。そのため、彼に角筈村の捨子を渡すことにしたとの旨を代々木村の養子親、証人に加えて角筈村の名主・組頭・惣百姓代が連名で鈴木平十郎に送ったものである。これらのことから、はじめには子どもを捨てた者をさがしてから養い親を探すこと、捨子を一時的に預かり養育する存在がいること、他村に養い親を探すことは、捨子が発見された村が行うことが分かる。また、この史料以外にも、多くの書状を出し、角筈村と養い親が連絡をとりあっている史料が残されている。(29)このことからも、捨子のやりとりが厳格に行われていたことが分かる。おそらく、養育金詐欺に敏感になっていたことも原因の一つと考えられる。特に養育金については、何度も確認しあっている。一方で、今回の事例が抱屋敷から発見されたものであるが故の特徴は見られなかった。おそらく、抱屋敷側の脇道に捨てられていたのであろう。屋敷内に捨てられた場合と、屋敷外に捨てられた場合とでは対処が異なる。そのため、次の史料は武士の屋敷内に捨子が発見された事例をみていく。

〔史料17〕

乍恐以書付訴奉申上候

一角筈村名主伝左衛門奉申上候、去年八月中当村牧野大学様御抱屋敷内ニ弐才位之男子捨有之候ニ付其段御訴申上候処養育被仰付候、然ル処右大学様御屋敷ニ而御引取御養育被成度段被仰聞候ニ付猶又去年九月中其段申上候則御引渡ニ相成候処、右小児先月中より病気ニ而程々御手当等仰付候得共養生に今二日四ッ時半時頃病死仕候旨右御屋敷ゟ御達し有之候ニ付、此段御訴奉申上候、以上

文化八未年六月二日

角筈村　名主　伝右衛門

大貫次右衛門様御役所　(30)

〔史料17〕は文化七年（一八一〇）から翌八年（一八一一）にかけての出来事に関する史料である。
牧野大学屋敷内に捨てられていた子どもについて、屋敷にて引きとり育てていたのだが、捨子が病気になってし

まった。名主から手当をもらい、治療していたのだが、捨子は亡くなってしまった。以上の内容について以下の史料で詳細に内容を記載している。〔史料17〕から、この事例では捨てられた屋敷の者が捨子を養育していることが分かる。今回の史料では角筈村において初めて屋敷内にて捨子が発見されている。このことから屋敷内にて捨子が発見された場合は、その屋敷の者が養育するように決められていること、武家屋敷に捨てられていた場合とそれ以外の場合では対応が異なることがわかる。つまりこれは、武家屋敷が展開する「江戸町続」地域に特有に見られる捨子の対処方法であり、武士が百姓の子を預かるという「身分超越」的な現象であるといえよう。また、屋敷の内側に捨てられた場合、最終的な責任は村にありつつも、一時的な養育を屋敷の者が行っているという事実は、捨子の養育に対して見つかった場所の者が一時的な養育の責任者となるという認識が、武士と百姓の間で共有されていることを示しているのである。

次の〔史料18〕は「去年九月中」に交わされた捨子養育の際の武家屋敷と村の取り決めである。

〔史料18〕

角筈村名主
伝右衛門様

牧野大学内
荒井兵左衛門
中鳴柿右衛門
前田忠兵衛

以手紙致啓上候、秋冷之節弥々安全御助珍重不退之義然者兼々世話も相成候捨子之義此度大学方ゟ引取被致養育候段大貫次右衛門様衆へ昨廿日掛合相済候ニ付即屋敷引取被申候、右懸合之返書写壱通答懸申候、尤拾歳迄之内変事等有之候節者右御同人様衆へ自拙者共文通ニ而御懸合亦貴殿方へも其段得御意定に拾歳後者此方手紙ニ而取扱被申候ニ付此段為念拙者共ゟ得御意定置候様被申候、如此御口候、以上

九月廿一日

追啓、昨日懸合之返書不及返候、是迄者彼是御世話之義被存候此段も先益得御意旨も被存候、以上 (31)

〔史料18〕では、牧野大学方が角筈村名主へ、捨子が一〇歳になるまでは有事の際は迅速に知らせること、一〇歳以降は手紙でその捨子の様子について知らせること、が書かれている。これらから、捨てられた先が武家屋敷であっても、捨子の責任の所在は村にあったと考えられる。また、〔史料18〕の証文があったため、今回の捨子が病気になった場合に、迅速に名主へ知らせたのだろうと推測される。

〔史料19〕

渡辺伝右衛門様

荒井兵左衛門
中嶋杮右衛門
前田忠兵衛

御手紙拝見候然者昨日得御意候捨子之義貴殿方ゟ茂御支配御役所江被相届候処御支配所より松平玄蕃頭様江御伺之上養育中之儀ニ付検使之御沙汰ニ不及旨直様江大学方ニ而取片付候様御掛合状ニ而被仰渡則右御状為御持被差越致

落手候、尤貴様御不快ニ付旅宿ゟ御引取之旨委細物被仰聞候御紙面之趣致承知候、右御報如此御座候、以上

六月三日 （32）

捨子が病死した件について、御役所へ届け出た所、松平玄蕃頭より養育中におこった事なので、検使をする必要はないという達しが出たことを角筈村名主に伝えている。このことから、捨子が死亡した際の対応について、亡くなった詳細を、村役人が役所へ伝えて、指示を仰ぐシステムが出来上がっていることが分かる。だが、捨子の確認をする検使は、養育中であることを理由に派遣が見送られている。ここから、村側は養育の責任を負うこととなったが、養育の現場となっている武家屋敷の様子を確認することができない場合が存在したことがわかる。

〔史料20〕

渡辺伝右衛門様

牧野大学内
荒井兵左衛門
中嶋柿右衛門
前田忠兵衛

御手紙致得御意候、然者今朝風巻候小児之義養生不相叶今迄■度病気候、右ニ付大貫次右衛門様江以文通及御達候、左様御承知被成候、且又右小児病気之趣今朝御達申候処右返書ニ別紙之通申越方左候得者病死之儀貴様方ゟも訴出候義与存候左候者儀能様御取斗可被下段得御意度早々此如、以上

六月二日

尚々大学様江御達文通写置候なほ〳〵申候

牧野大学様内

荒井兵左衛門様

中嶋柿右衛門様

前田忠兵衛様

渡辺伝右衛門

以手紙啓上仕候、然者昨日被仰聞候捨子病死之儀私方ゟも支配大貫次右衛門様御役所ゟ御届申上候処御窺ニ相成候所御養育中之義ニ付御検使ニ不及御屋敷様ニ而御取片付有之候様御書状被差遣候旨被仰聞則私方江御渡被成候ニ付為持差上候宜御取斗被下候、此段私策掛合可申上候処少々不快ゆへ書面ニ而申上候、失礼御用捨可被下候、以上

六月三日　(33)

〔史料20〕では、捨子が風巻（風邪）になり、亡くなったこと、それ以降の対応について記載されている。捨子が風巻になった際、代官大貫次右衛門へ書状を送ったが、その捨子が亡くなった。しかし、牧野大学へはお咎めなくこの一件は終えられた。これらの事例を踏まえると、養育の管轄に関しては、屋敷内と外では異なっている可能性が高い。しかし、養育金を屋敷へ渡していること、屋敷側は捨子に関する有事の際は、逐一村へ報告することから、村が養育の責任を負うことが分かる。また、亡くなった場合は、第一節で扱った養育金詐欺の可能性があるため、役所へ

通達し、役所の対応を言い渡すシステムができている。ただし、武家屋敷で養育する場合、村側が責任を負いながらも、その実情把握のための検使派遣を却下されるなど、身分差に基づくと思われる不均衡が発生している。

以上、角筈村の事例から、捨子養育制度の実態をみてきた。捨子が発見された場合、捨子を一時的に発見された管轄で養育する。そして捨子が発見された旨を村役人は自分の村だけでなく周辺の村にも知らせる。そして、その捨子が欲しい者が現れた場合、その者が捨子の親としてふさわしいかどうか吟味した上で捨子を渡し、その際養育金を添える。このような流れであったことが分かる。また、その村を治める代官にも顛末を伝えるようになっており、捨子養育の制度が整備されていたことが知られる。このような制度を利用し、捨子を貰う人も存在する。村において、捨子は一定数積極的に望む者がいたのである。

ここまでの検討で、法制上の文言と実態のズレがあったが、法制上禁止されている捨子に対する対処方法や養育制度が確立されていることがわかった。捨子禁止の法自体は実際の運用においては不徹底であり、捨子が村やその周辺の地域を介して、捨子を行う親と、捨子を貰おうとする親の間で融通される実態を、幕府はある程度黙認していたといえる。

また、町の捨子の捜索が村まで来ているという事実、武家屋敷の住人が百姓の捨子を一時的に養育する事実は、この地域特有の地域横断的・身分超越的な現象である。このような捨子への対処は、町に隣接したり、武家屋敷を村内に持っていたりする、この地域特有の対処方法といえ、地域特有の養育システムが確立していたといえるのである。

第三節　幕末・明治期の捨子養育施設設立運動

一、神田における養育施設の嘆願

捨子は、都市部においても社会問題とされていた。町方にしろ農村にしろ、実情としては捨てられた子どもはその共同体の中で育てられることになっている。しかし一方で、幕末期に捨子養育施設を設立する嘆願が、大都市江戸で見られた。今まで共同体で捨子を養育してきた捨子であるが、養育施設を嘆願する意図はどこにあるのか、どのような成果、課題があったのか。まずは江戸の町の嘆願についてみていきたい。

〔史料21〕

安政四巳年十月

神田仲町壹町目家主栄次郎捨子養育所取建度願調

蜂屋新五郎

巳十月八日左輔を以御渡

乍恐以書付御訴訟奉申上候

一神田仲町壹町目家主栄次郎申上候、私儀年来捨子養育方幷捨子無之様之仕法愚考仕居候處、捨子之儀ニ付而は元禄三午年十月中、捨子致候事弥御制禁ニ候、養育成かたき訳有之候ハヽ、奉公人は其主人御領は御代官手代、私領ニ候ハヽ、其村く名主五人組、町方は其所之名主五人組江其品申出へし、はぐくみ成かたきニおゐては其所ニ而養育可仕旨同年以来度く御触有之、其外捨子無之様御取締方等品く被仰渡御座候処、只今以捨子多有之、捨候親共ニおゐては御制禁之段は何れも相弁可罷在候得共、実く無拠子細有之養育難相成親子之愛情を絶、乍弁御制禁を犯候段誠以款ケ敷、殊ニ捨子被致候町内ニ而は不取敢乳持相尋養育方手当いたし御番所様江御訴申上、猶又貰人有之候得は出乳之有無井身元等相糺、双方一同御訴訟申上衣類等手当金等相添差遣候上、拾歳相成候迄之内は違変等有之候得は逸く御訴申上候付、殊之外手数且入用等も多相懸り別面難渋仕候、然候処奸悪之ものとも右衣類手当金等可貪取ため巧ミを以貰受候捨子を猶又捨、或は殺病死之躰杯ニ仕成し厳科蒙御仕置候もの間く有之、右は捨子多有之故之儀と賓ニ以款ヶ敷、乍恐私儀右捨子養育之仕法多年心懸ヶ愚考仕候趣左ニ奉申上候(34)

〔史料21〕は「市中取締類集」内に収録されている史料で、神田一丁目に住む栄次郎が出したものである。捨子は幕府から禁止されており、子どもを養育することが困難であれば、奉公人はその主人へ、御領地(幕領)であれば代官手代へ、私領であればその村の名主・五人組へ申し出、その村の責任において養育することになっていたのだが、捨子は依然として減少しない。捨子は禁止されているが、子どもを養育することが出来ず親子の愛情がなくなってしまうがゆえに、禁止されている捨子がおきてしまう。そして、捨子はとりあえず乳のでる者がいる所で一時的に養育し、貰いたいという者へ乳がでるかどうか、身元は確かであるかどうか調べ、養育することになった場合には、養育金や衣類などと共に捨子を貰い人に渡し、一〇歳になるまでは何かあった場合は報告する。これらのことで手間も金もかかる。また、養育金や衣類めあてに捨子を貰うが、またその子どもを捨てたり、殺したりという事件も起きている。このような状況は、捨子が多いからだが、許されるべきではない。そのため、捨子の養育の仕方についてあれこれ考えた、という内容である。このように栄次郎は、捨子が禁止されているが、依然として捨子が減少していないことや捨子が抱える問題点を指摘し、捨子養育施設を建てたい理由を述べている。

〔史料21〕に書かれている現状は、前節で述べた実態とも合致している。捨子が幕府により禁止されていること、しかしそれでも捨子はおきていること、そして捨子による養育金詐欺が起きていること、これらのことへの対処法を考えたものであった。

〔史料22〕（〔史料21〕と出典同じ）

一御府内之内明地壱ケ所見立拝借仕、四方長屋建ニいたし間口弐間位板仕切青付ニ仕、回生館と名目被仰付、中庭廣く芝地ニいたし小児遊戯之場所ニ仕出入口〆りは厳重ニいたし自侭ニ外ゟ出這入等相成仕、御公儀様ゟも為御取締御役人様方折節御見廻り被下置、且堕胎幷捨子之儀は猶又厳禁被仰出、前書御触面之通無拠子細有之養育難相成もの幷町々捨子之分ハ右回生館江申出候得は、昼夜之無差別何時ニ而も一ト通始末承り早速受取、乳持相付養育致候様仕候ハヽ、自然捨子は相減可申為、又成長ニ随ひ教授方其外乳持抱入衣類扶食等之賄方幷成長男女所置等之儀は追く可奉申上候

一右入費之儀注、御府内町く自身番屋・木戸番屋・商ひ番屋其外明地橋台見守番屋・髪結床番屋等都而無地代に而罷在候もの共ゟ、場所柄ニ癒し河岸地冥加上納金之振合を以、冥加地代被仰付右を以取賄仕候ハヽ、曽易ニ行届、且町々ニおゐても捨子入費之愁態無之一統難有奉存候、尤窮民御救此上も無之御仁恵と午恐奉存候、勿論前文之條くは私兼面入魂仕候医師福光道甫儀も、右捨子養育方之儀常く心配いたし居、且同人存付も私同様之儀ニ付得と及談合候儀ニ御座候間、何卒以御慈悲右之段御聞済被下置候様偏ニ奉願上候、以上

神田仲町壱丁目

安政四巳年十月廿六日

願人　栄次郎印

五人組　勝五郎印

御奉行所様

〔史料22〕は〔史料21〕の続きである。御府内地を一か所借り、間口二間ほどの長屋を建て、名前は「回生館」とする。中庭を広く設けることで子どもたちが遊べるようにし、戸口は厳重に締めることで子どもが外に出ないようにする。時折役人が見回りに来るようにし、捨子は依然として禁止にするが、身寄りの無い子どもや捨子が発見された場合は、回生館にて養育するようにする。このように、捨子や身寄りの無い子どもを養育するための施設の構想を、間取りや制度等、具体的に一町民が練っている。費用についても〔史料21〕では言及している。町内様々な番屋が河岸利用のために支払われる冥加上納金を振り分け、回生館の費用にするというものである。更に回生館では乳持ちや食事を作る者等の労働力を生み出す場所としての役割も果たせることを言及している。

以上のことから、具体的な内容を町民が考えるほど、捨子についての知識、問題点を理解していることがわかる。捨子を誰かが養育するとなるとその誰かの負担となってしまう。その負担を軽減するための案であり、こうした公的捨子養育制度の構想が登場したことが分かる。捨子が共同体で養育しきれなくなった、若しくはこのように増え続けた捨子を問題視する者がいた。そのため、このような構想が作られた。これらは、ある見方をすれば、捨子の養育を共同体のみの責任で行うのではなく、幕府という公共の力を借りて、捨子の責任を全体で担うという開かれた養育制度である。

ここで挙げた事例は幕末に出されたものであるが、大阪において明治八年には「愛育社」が、明治一三年には「棄児愛育社」が出現する。[35]これらはあくまで私立の養育所だが、東京には公共施設としての養育所である「東京市養育院」の前身である「養育所」が設立される。[36]行き倒れ人や私生児などのために建てられた東京市養育院には、捨子も収容された。捨子が収容されはじめてから、捨子が収容される人数は減少せず、増加する一方であった。この実態を踏まえると、近世には村やその周辺からなる地域共同体で対処できる人数を超える捨子が行われていたと考えられる。次項ではこの「東京市養育院」の様子から、明治初期の捨子養育がどのような地域に対する認識のもとに行われていたかを検討する。

二、東京市養育院の前提とその範囲

明治時代に入り、東京府が置かれると、東京府は江戸の町会所を廃止して営繕会議所を設立する。この営繕会議所の職掌は、以下のようであった。

〔史料23〕

この営繕会議所は、従来の町会所に比すれば、その取扱事業の範圍も擴大し、府下の修路、架橋、瓦斯燈、商法講習所、共同墓地等の外、救貧施設即ち養育院の事業に與った。而して明治二年（一八六九）施設せられたる三田救育所は、五年に至り遂に廃止となりたるを以て、同年九月二日東京府より各区戸長、世話係に宛て左の通り通達した（後略）[37]

東京市養育院の前身となる養育所は、近世における町会所を廃止し、その代わりに置かれた営繕会議所が主導していくこととなるのである。そして、営繕会議所による養育所構想は、以下のようなものであった。

〔史料24〕

申九月中窮民並乞食之徒救済之儀本府より沙汰有之左之條衆議之上申立候

（中略）

第三

工人雇役等に使ふへからさる廃疾老幼あるへし此等は高敞の善地を撰らひ長屋を建て病者に医薬を給し幼者は師を延て是を教へしむへし此輩は所謂天下の窮民にして告るなきものなれは都下の財を捐て養ふも理の当然たるへし

右之通評議仕候以上

壬申十月　会議所（38）

〔史料24〕は、明治五年（一八七二）、旧幕府時代の「御救小屋」を引き継いだ救育所を廃止するにあたり、新たな窮民対策施設を設置するため、営繕会議所へ東京府庁が窮民対策施設のありようについて諮問したものに対する返答書である。返答書のうち、第一と第二は、主に窮民を工人として雇う窮民の授産制度の創設にかかわるものであったが、特に注目されるのは返答の第三である。ここには、工人として相応しくない「老幼」についての対処が記述されている。「幼者は師を延て是を教へしむへし」の記述に見られるように、幼い窮民―おそらくそこには捨子が含まれる可能性が十分に考えられる―には、「師」による教育の必要性が説かれているのである。そして、この養育所の収容予定者を、本郷の旧加賀藩邸の土地へと集め、そののち浅草へ移すという計画を会議所は府庁へ提出した(39)。
これに対して府庁はこれを許可し、これに収容者の調査に関する布告を東京府内に通達した。

〔史料25〕
一近来乞食物貰体之者往々府下に徘徊候趣相聞此儘差置候ては取締筋も不相立候に付処分左之通相達候事
一来る十七日限り各区精細取調へ管内管外之無別総て取押へ一先召連本郷元金沢邸跡御用地へ可差出事
但、管内之者は追て復籍申付候に付管外之者は放逐可為致候條其旨可相心得事
一郷村之分は総て村役人に於て前條之通屹度取計可申事
一邏卒にて取押候分も町役人へ引渡候筈に付、受取候上は前書御用地へ可差出事
一右御用地へ差置き中は日々相当の業体相仕向使役候儀と相可心得候事
壬申十月十五日　東京府知事　大久保一翁(40)

〔史料25〕がこの時の通達である。この時期は、ロシアのアレクセイ大公（アレクサンドル二世（一八一八〜一八八一）の子）が東京を訪問する時期の直前にあたり、府内の窮民を一か所に集めて東京の治安を保とうとする必要性からも(41)、こうした窮民の収容計画が実行に移されていったのであった。したがって、府内にいる窮民の出身について東京府の「管内」「管外」を問わず、一度加賀藩邸跡に集めるように指示されている。この〔史料25〕で注目すべきは、この窮民収容の範囲が「村役人」が管轄していた「郷村之分」にまで及んでいる点である。東京府は、この通達がなされた明治五年（一八七二）時点では旧町奉行支配地域を超えた領域を含んでおり(42)、「郷村之分」を東京府の管轄の内

側に含んでいるが、この通達がアレクセイ大公の東京訪問に合わせた治安維持対策ということを考えると、「郷村之分」の窮民対策が大公が訪れる都市機能が集中する地域としての「東京」―つまりかつての旧町奉行支配地域に収まる範囲―における治安維持対策の上で必要であるという認識に立っているものと考えられる。そして、ここで集められた人々が東京市養育院の収容者に繋がっていくことを踏まえたとき、こうした捨子や窮民対策の範疇は、明治初期には都市政策との連携によって旧町奉行支配地域のみならず、その周辺の村々、すなわちかつての「江戸町続」地域へと拡大しているといえる。

おわりに

本章の検討により以下のことが判明した。

まず、捨子の禁止の法令が出ていたが、それは捨子そのものを厳しく禁ずる法ではなく、捨子に付随する詐欺事件などを防止する目的が主眼であり、捨子に対しては緩い罰則にとどめることで捨子をしなければならない状況の発生に対して柔軟に対応していたことである。そして、捨子が禁じられていたことは村側も認識していたが、捨子を余儀なくされる状況が発生していたのも事実であり、捨子をするものは、繁華な場所に捨てたり、わざと目立つように捨てたり、様々な添え物をしたりと、償いをさせる方向に親を向かわせた。さらに、捨子が無くならない理由の一つには、家の相続のために捨子を養子としてもらおうとする者がおり、捨子が人口集積地江戸において、家を相続するシステムの中に組み入れられていたことがあった。

それらの捨子に対して、村側も責任をもって代官に報告するなど、対処のシステムを確立させていた。基本的には捨てられた場所の者が一時的な養育をするという原則が存在していたが、「江戸町続」地域においては、町の捨子の捜索が村にまで及んだり、武家屋敷の住人である武士が百姓の捨子を一時的に養育したりするという、「地域横断的」、あるいは「身分超越的」な現象が、その地域特性に応じて発生していた。

また、幕末期にはこうした村の養育システムに代わって、捨子を引き取る養育院構想が登場する。この養育システムは明治初期、かつての町奉行支配地域よりも外側の地域の捨子も養育していた。これは、発生する捨子に対するカバーの範囲が従来よりも広がったということであり、角筈村のような「江戸町続」地域が首都江戸の機能の中に幕末・明治初期に至って本格的に編入されたことを示すといえるのではないだろうか。町・村や身分の別を超えて発生していた捨子の対処は、近代以降範囲を広げて継承されていったのである。

注

（1）碓井隆次「徳川時代の捨子禁令（中）：近世以降の児童問題」（『社会問題研究』第八巻第一号、一九五七年、大阪府立大学、四六～五〇頁）。

（2）立浪澄子「近世捨子史考―加賀藩の事例を中心に―」（福田光子編『女と男の時空　第四巻近世編　爛熟する女と男』、藤原書房、一九九五年）、四四四頁。

（3）塚本学『生類をめぐる政治―元禄のフォークロア』、平凡社、一九八三年。

（4）中野達哉「江戸の大名屋敷と捨子」（江戸東京近郊地域史研究会編『地域史・江戸東京』、岩田書院、二〇〇八年）。

（5）沢山美果子『江戸の捨子たち　その肖像』、吉川弘文館、二〇〇八年。
（6）沢山美果子「「乳」からみた近世大坂捨て子の養育」『文化共生学研究』第一〇号、岡山大学大学院文化科学研究科、二〇一一年、一六九～一七二頁。
（7）高柳眞三・石井良助編『御触書寛保集成』、岩波書店、一九三四年、一二七七頁。
（8）「手限申渡」（京都大学日本法制史研究会編『近世法制史史料　第二巻』、創文社、一九七四年、四一三頁）。
（9）笹間良彦『江戸町奉行所事典』、柏書房、二〇〇五年、一二四頁。
（10）「御仕置伺書」（京都大学日本法制史研究会編『近世法制史史料　第二巻』、創文社、一九七四年、六九～七三頁）。
（11）京都大学日本法制史研究会編『近世法制史史料　第二巻』、創文社、一九七四年、一一頁。
（12）笹間良彦『江戸町奉行所事典』、柏書房、二〇〇五年、一二二頁。
（13）氏家幹人『大江戸残虐物語』、洋泉社、二〇〇二年。
（14）「評議留物帳」（京都大学日本法制史研究会編『近世法制史史料　第一巻』、創文社、一九七三年、八頁）。
（15）笹間良彦『江戸町奉行所事典』、柏書房、二〇〇五年。
（16）滝本誠一『日本経済叢書　第一六』、日本経済叢書刊行会、一九一五年、二五六頁。
（17）「口上（捨子につき）」（相模国津久井郡千木良村溝口家文書・ＩＤ二二〇〇四三一九九九）。
（18）宝暦二年八月「証文之事」（堀江家文書・Ｇ31）。
（19）早田正雄「棄児の研究」（老川寛『家族研究論文資料集成』第一二巻、クレス出版、二〇〇一年）。
（20）天保九年九月「捨子養子願」（太子堂村名主森家文書・Ｍ５－３）、世田谷区立郷土資料館蔵。
（21）宝暦二年八月「乍恐以書付御訴申上候」（堀江家文書・Ｇ30）。

(22) 享保二年正月「一札之事」（渡辺家文書・T162）。
(23) 元禄九年九月「（捨子禁制并地借り店借り之者乃子申候者其地主大家方江為知置候ニ付触請書）」（渡辺家文書・A92）。
(24) 元禄一六年一一月「差上申一札之事」（渡辺家文書・T160）。
(25) 元禄八年七月「口上書」（渡辺家文書・T156）。
(26) 元禄八年七月「（角筈村捨子養子ニ遣シ候間受取候証之写シ差上申ニ付届書）」（渡辺家文書・T157）。
(27) 享保二年五月「一札之事」（渡辺家文書・T163）。
(28) 享保一八年九月「差上ケ申証文之事」（渡辺家文書・T167）。
(29) 新宿区教育委員会編『武蔵国豊嶋郡角筈村名主渡辺家文書目録』、新宿区、一九八八年より。
(30) 文化七、八年「（牧野大学方江引取候捨子一件文書）」（渡辺家文書・T177）。
(31) 注30に同じ。
(32) 注30に同じ。
(33) 注30に同じ。
(34) 旧幕府引継書「市中取締類聚」町人諸願之部　八一、第三ノ中（国立国会図書館デジタルコレクション）。
(35) 碓井隆次「大阪における明治初年の捨子養育所計画（上）近世以降の育児問題」、『社会問題研究』第八巻第四号、一九五八年。
(36) 早田正雄「棄児の研究」（老川寛『家族研究論文資料集成』第一二巻、クレス出版、二〇〇一年）。
(37) 東京市養育院編『養育院六十年史』、東京市養育院、一九三三年、三八頁（金子光一監修『社会福祉施設史資料集成　第Ⅰ期第一巻』、日本図書センター、二〇一〇年に所収）。
(38) 東京市養育院編『養育院六十年史』、東京市養育院、一九三三年、四〇～四一頁（注37に同じ）。

(39)東京市養育院編『養育院六十年史』、東京市養育院、一九三三年、四二頁(注37に同じ)。
(40)東京市養育院編『養育院六十年史』、東京市養育院、一九三三年、四三頁(注37に同じ)。
(41)東京市養育院編『養育院六十年史』、東京市養育院、一九三三年、四二頁(注37に同じ)。
(42)田口良「首都周辺から首都へ—近世の地域結合と近代の地域編成—」(本書第一二章)を参照。

※本章は日本風俗史学会・平成二六年度卒業論文・修士論文発表会における月見友紀子報告「江戸の捨て子」を改稿したものである。

第四章　角筈村における質屋組織の変容と特質

佐藤　啓

はじめに

古くから盗品、紛失物と関わってきた質屋は、古物商とともに奉行所など警察機構による、盗品・紛失物捜査の拠点とされ、厳しい取締政策がとられてきた。これは、近世の商品経済の発達に伴う変化によるものと言えるだろう。幕府は、捜査の効率化・質屋の監視のために組織として統制し、支配下に置こうとしていた。

近世における質屋の研究としては、質屋の営業形態、三都（江戸・大坂・京都）での営業、また質屋組織の勃興について取り上げた鈴木亀二の著書『日本の質屋』[1]がある。この三都のうち、江戸は都市としての歴史が浅く、質屋惣代会所の勃興は初期江戸質屋の画期を具体的に表しており、この質屋惣代会所についての史料からは、支配者側からの統制を見てとることができるとしている。元禄五年（一九六二）に創設された質屋惣代会所は、三惣代として神田旅籠町中村屋平右衛門、本所相生町堺屋三九郎、神田多町車屋久右衛門が任命され、日常業務として開業・廃業の登録、台帳の検印、品触の受領・配達手配、似寄品有無の報告受領、該当品発見時の奉行所との連絡などがあったとされる。この三物代の役割については不明であるが、大坂、京都の事例を考えると、江戸も同様に質屋の代表であった可能性がある(2)。その後実績のないまま元禄一六年(一七〇三)に廃止となった惣代会所であるが、再興のために多くの訴願人があったという。これは、質屋の取締が急速に重要度を増しており、専管取締機関である惣代会所の早期再興が求められたからとされる(3)。その後、主に都市部を中心として全国に散在して結成された質屋仲間は、例外なく防犯統制上の必要から、支配者によって強制組織された。仲間組織に課せられた使命は、防犯上の規制を正しく理解し、組員一同がそれを執行することであった(4)。

また戸沢行夫は、質屋を八品商としての側面から考察している(5)。戸沢は、元禄五年の質屋惣代開設について、肥大化しつつあった江戸市中を支配するための一つの方法であったとしている。そして、幕府は特に防犯規制に苦慮しており、質屋を介して町方支配を強化しようとしたものの、質屋惣代は思惑通り機能しなかったと指摘している。享保の改革では質屋仲間が再編され、組合も結成している。このように質屋、ひいては八品商は、町方支配の末端として位置づけられ、幕府との行政的関わりを持っていた。

鈴木、戸沢らに代表される先行研究では、紛失物吟味が展開されることで都市部の質屋が江戸幕府による治安維持の末端機構として早くから位置づけられ、支配者による強制的な統制がされていた、というのがおおまかな見解である。

一方、農村部の農間渡世としての質屋営業については、落合功が西多摩郡熊川村の質屋渡世を対象として多摩地区の質屋渡世を追い、在方における質屋は村民のために存在しているものと位置づけている(6)。主な質物は糸や織物など、農間余業で作られた製品であり、質屋はその製品を糸買商に売るまで安心して保管できる場所であった。そこで在方における質屋は困窮による換金が目的ではないとし、落合は多摩の質屋の特徴として、在方に密着した質屋であったことを指摘している。

このように、近世における質屋の在り方は、商業的であるがゆえに警察機構としての性格を併せて求められた都市部と、そうでないがゆえにこうした性格を持たない在方とで、大きな差を看取することができる。しかし、これらの研究を吟味した上で、なお疑問として残るのは、やはり「都市」と「在方」の中間地帯にある質屋の動向であろう。町場の影響を強く受けながら、その実、町触の直接の管轄外である「江戸町続」地域における質屋渡世の在り方はどのように規定されているのか。本章では、武蔵国豊島郡角筈村における質屋渡世を題材にこうした問題を検討してゆく。

第一節　角筈村質屋組織の形成

一、質屋惣代会所の設立と角筈村の質屋渡世

角筈村の質屋組織の起こりとその変容を論じる上で、その土台となった江戸市中の質屋惣代会所について触れる必要がある。江戸の質屋の歴史は京都・大坂に比べると浅く、確認できる最古の質屋は明暦四年（一六五八）と、あまり古いものではないという。(7) 角筈村における質屋の起こりは定かではないが、「渡辺家文書」で最古のものは元禄五年（一六九二）の質屋惣代会所設立に関する添書の写しである。幕府はこれまで江戸市中で乱立していた質屋を統括するため、初めて惣代会所を設立した。

〔史料1〕

一今度神田旅籠町中村屋平右衛門本所相生町堺屋三九郎神田多町車屋久右衛門此三人之者江質屋惣代申付候間、町中家持借屋店借り地借り之質屋ハ[redacted]ニ惣而不依何者ニ質物を取金銀借シ申者之分ハ不残本石町三丁目惣代会所江可参候、但シ日限ハ別紙ニ有之候間書付之通会所江罷越帳面判形致其上質屋之作法之定書壱通簡板壱枚宛請取、自今以後右三人之方ゟ相渡候定書之通堅可相守候、今度質屋仲ケ間相極メ候上者相互致吟味邪欲成儀仕者有之候ハヾ不隠置早々惣代方江可申候事

一重而質屋可仕分存候者ハ惣代会所江罷越質屋仲ケ間之致連判定書簡板共請取可申候、向後質屋簡板無之して質を取り金銀借シ申者有之者本人ハ不及申ニ家主・五人組・名主迄急度可申付候者、質屋相止メ申者有之候者惣代方江相改右請取候書付簡板共返シ帳面之判形消シ可申候事

一惣代料として質屋壱人之手前ゟ壱ケ月銀四分宛出シ申候而毎月晦日惣代方江持参し可申候、若遅滞仕者有之候ハヽ、急度可申付候事

右之條々質屋之分ハ不及申ニ家持・借屋・店借り・地借り・出居衆・召仕等迄不残為申聞堅可相守候、若違背申者等有之候者急度曲事ニ可申付者也

申　月日

従御代官様御添書[redacted]写シ覚

今度質屋惣代被仰付候付右之通無被仰出候間、被得其意銘々可被申渡候、会所江参定書簡板請取候儀来ル十二月朔日ゟ五日迄之内可被参候　（8）

ここでの主な内容は、①神田旅籠町中村屋平右衛門・本所相生町堺屋三九郎・神田多町車屋久右衛門の三人を質屋惣代に任命すること、②すべての質屋は本石町三丁目に設置された会所へ参上し、帳面・印形し、質屋の作法書と看板を持ち帰ること、③質屋仲間を決め、互いに監視すること、④今後新たに質屋を始める者も同様の手続きをし、また店をたたむ時は看板を返し帳面を消すこと、⑤惣代料として、質屋一軒につき月銀四分を晦日に収めること、である。ここで重要なのは、元禄五年（一六九二）に幕府が出していた質屋を管理するための町触を角筈村名主渡辺家が写し取っていた事実である。角筈村は、村でありながら町場に出た法令を参照していたのである。前述のように、この時出来た質屋惣代会所は効果を上げることなく元禄一六年（一七〇三）に消滅するが[9]、乱立していた江戸質屋を統括し、統制を行うという考え方は、角筈村にも共有されたと考えられよう。

　これらを踏まえたうえで、次に角筈村ではどのように質屋が運営されていたかについて検討する。「渡辺家文書」に見られる最古の質屋関係史料は前述の質屋惣代会所についてのものだが、まだこの時点では組織的な動きは見られない。しかし質屋営業はなされていたようで、元禄一五年（一七〇二）には質屋武兵衛が置主とのトラブル解決のために奔走する、「質物請返し一件」という史料が残っている。

〔史料2〕

乍恐以書附ヲ御訴訟申上候事

一脇指壱腰但シ銘有大和大掾藤原貞行

一赤銅之小つか金ニ而きりのとう三ツ置廻りふ■■右者脇指ニ指添表小倉裏京禄とんすの袷羽織仕立おろしニ御座
候

右之品ハ当四月十四日淀橋町武兵衛と申者相預質物ニ入置金子三分借用申候ニ附同廿七日ニ右之質請出しくれ候様ニと相願候ヘハ、武兵衛申候様ハ其方親類藤沢村十郎右衛門ニ為請候旨申候間拙者申候やう未タ余日も立不申殊ニ脇指抔為請候ニ縦相流シ同脇ニ而も一言之断も可有事ニ何之沙汰も無之為請候儀難心得候間早速取返シ此方江相返シ申屋うニと達而申候ヘハ、武兵衛申候様ハ惣而質物之沙法親類ニ為請候ニハ其主江断ニ不及候間此上ハ十郎右衛門と相対いたし埒明ケ可申旨申候而、打ちなくり埒明ケ不申ニ付無是悲武兵衛組頭五左衛門方ヘ此段相断候ヘハ、五左衛門申候ニ者武兵衛不届キ成仕方ニ御■侭成程申付埒明ケさせ可申之間相待申やうニと申候間、先月十七日迄相待候ヘ共一図埒明キ不申ニ付同日名主曽右衛門方ニ相断申候得ハ名主儀も急度申附相渡させ可申と請合ニ付、只今迄相待候内ニも武兵衛儀■■■右質請候十郎右衛門も一言之儀も不申段々打ちなくり申候尤十郎右衛門義ハ右ニより一言之咄も不仕候可武兵衛相対ニ而如何致相定請申も難斗奉存候、殊ニ脇指等之儀質屋極メ之儀ハ十ヶ月切リ之由ニ候処ニ月数十月茂立不申内ニ当人之者相談ニ而請出し候儀、右質物之内ニ相違成儀も有之哉弥々以テ難心得奉存候、淀橋武兵衛被召出御詮儀之上右之品々無相違埒明キ候様ニ被為仰付被下候ハヽ、偏ニ難有奉存候、委細之儀ハ御尋之上委細口上ニ而可申上候、以上

元禄十五年午六月

山口領脇田庄三郎知行谷寺村

訴訟人　宇右衛門㊞

今井九右衛門様

御手代中様　(10)

元禄一五年（一七〇二）四月一四日、山口領谷寺村の宇右衛門は、銘のある脇指、小刀、袷羽織の三点を角筈村淀橋町の武兵衛に質入し、金三分を借用した。一七日、宇右衛門は質物を返すよう願ったが、武兵衛いわく、宇右衛門の親類の藤沢村十郎右衛門に渡したという。これに対し、まだたいして日数も経っておらず、たとえ質流れするにしても置主に一言断りを入れるべきであり、何の作法もなく理解しがたい。すぐに取り返してくれ、というのが宇右衛門の言い分である。しかし武兵衛は、すべて質物の作法に乗っ取っており、また親類に返したのだから、置主に断りを入れる必要はない、と言っている。宇右衛門が組頭の又左衛門にこのことを伝えると、又左衛門は、武兵衛は不届きであるが、解決するまで待っているようにという。しかし五月一七日まで待っても解決されなかったため、宇右衛門は今度は名主の曽右衛門に相談する。名主も組頭と同様のことを言うが、いつまで経っても解決されない。また、質物のことは質屋が決めるところによると「十ヶ月切り」と言うが、一〇か月も経たないうちに質物を流すのは間違っている。これは理解しがたいことなので、代官である今井九右衛門に訴状を出して解決してもらおう、ということである。[11]

まず、質入した三点について着目すると、特に銘入りの脇指が質入されており、明らかに金銭の借用を前提とした質入れであることがわかる。山口領谷寺村の位置は特定できなかったが、史料中の藤沢村、後述の勝楽寺村が入間郡山口領であったことを考えると、[12]同様に入間郡山口領に存在する村と考えられよう。在方の質屋でなく、直線距離で八里近く離れている場所への質入れであることを考えても、この質入れはすぐれて商業的な所作であるということが言える。

この訴状を受け取った今井九右衛門は、武兵衛に対して出頭通知を次のように出している。

〔史料3〕

谷寺村宇右衛門如斯訴状指出候間内證ニ而可埒明ハ相済滞儀有之者致返答書来月二日罷出可対決、若於不参者可為
■申者也

午六月廿六日　九右衛門㊞

武州角筈村
　武兵衛
　五人組
名主 (13)

これを受け取った武兵衛は七月二日の期日どおりに返答書を提出している。

〔史料4〕

乍恐以返答書申上候

一脇指壱腰・小刀一本・袷羽織壱つ
合三色当四月十四日ニ谷寺村宇右衛門持参仕、拙者を頼質物ニ入金子三分宇右衛門借リ申所紛無御座候
一藤沢村名主十郎右衛門と申仁ハ右之質物置主之宇右衛門ためには伯父ニ而又舅ニ而御座候致重（十カ）郎右衛門同四月
十七日に拙者所江参被申候様ハ宇右衛門此等質物ニ置候脇指・小刀・袷羽織我等を頼申ニ付金子持参仕候由請返
可申候間則致質物置主宇右衛門ためニハ十郎右衛門ハ伯父ニ而又舅之儀に御座候故、慥に存右三色十郎右衛門方
江請返し相渡シ申候

一宇右衛門義五六日迄拙者所へ参右之質物請可申由ニ付拙者申候ハ四五日以前其方伯父藤沢村重（十カ）郎右衛門参被申候処ハ宇右衛門頼申ニ付質物請可申由ニ付則十郎右衛門ニ致質渡シ申旨申候得共宇右衛門□立被申候ニ付藤沢村重（十カ）郎右衛門方へ渡シ申様ニと度々申候得共に今重（十カ）郎右衛門埒明不申何共迷惑ニ奉存候

一当六月迄右質物宇右衛門方へ重（十カ）郎右衛門渡シ不申候故九月七日ニ藤沢村十郎右衛門所迄我等参二三日逗留仕罷有候得共彼重（十カ）郎右衛門致他行宿ニ居不申候故則名主十郎右衛門居村之組中四人江相断申候、其節勝楽寺村伊兵衛と申仁参合被申候様ハ其品々宇右衛門方へ十郎右衛門渡シ不申候儀不届ニ存候、拙者も両人宛へ別而知付之義ニ候間拙者埒明不申由被申候ニ付左様ニ候者其方証文被下候様ニと申候得者則勝楽寺村伊兵衛ゟ証文我等方へ請取置申候御慈悲ニ十郎右衛門伊兵衛被召出右之質物宇右衛門方江返シ申様ニ被為仰付被下候者難有可奉存候、以上

元禄拾五壬午年七月二日

角筈村淀橋町
武兵衛㊞

今井九右衛門様
御手代中　(14)

この武兵衛が提出した返答書では、脇指、小刀、袷羽織の三点を四月一四日に宇右衛門が質入れしたことを事実と認めた上で、今回の件について述べている。宇右衛門が武兵衛を再訪する一〇日前の四月一七日、宇右衛門の伯父という十郎右衛門なる者が武兵衛のもとを訪れ、宇右衛門が預けた質物三点を返すように言ったという。この史料で十

郎右衛門が宇右衛門の代わりに金三分を払ったのか定かではないが、宇右衛門の伯父ということで武兵衛は質物を渡している。宇右衛門は借りた金三分を四、五日中に返しに来るといっていたが、それ以前に十郎右衛門が来たため、そちらに渡したと度々宇右衛門に言っているが、未だに解決していないと宇右衛門が訴えるのは何とも迷惑な話だとしている。

六月になっても十郎右衛門がその三点を宇右衛門に渡していないということだったので、六月七日に十郎右衛門のもとを訪ね、二、三日滞在したが、あいにく彼は外出中であった。十郎右衛門がいるという勝楽寺村の組中四人に話をしたところ、その中の伊兵衛という者が話を聞いた。伊兵衛は、十郎右衛門の行いを不届きとし、武兵衛に証文を渡し、十郎右衛門を召し出して、品々を宇右衛門に返すように計らった。武兵衛はこれに感謝し、この件はこれで解決したと返答している。

さて、落合功は、近世において質流れすることは全体の数パーセントと非常に少ないとしており(15)、今回は稀なケースであることが分かる。置主である宇右衛門は、質流れが「十ヶ月切り」であるのにも関わらず、わずか三日で質流れしたため、これに対して訴訟を行ったのであろう。

ここで、質流れの問題についての解決ルートについて検討しよう。角筈村が町場と同様の支配に置かれているならば、この悪質な質流れの一件は「惣代方江可申」事案であるはずであり、他の質屋や質屋会所惣代がこの一件に割って入る可能性が十分に考えられる。だが、ここでの問題解決法は、名主の介入→代官の介入という在方における問題解決と何ら変わらない方法であった。だが、そもそも元禄一五年（一七〇二）という時期を考えると、こうした質屋惣代会所を経由する問題解決の仕組み自体が機能していなかったと考える方が妥当である。元禄期の角筈村の質屋渡世は、村でありながら町方の質屋惣代会所の仕組みを念頭に置きつつ、その仕組みが動いていないことによって、代

第1表　元禄十五年「質物請返し一件」概要

月日	概　　要
4月14日	宇右衛門、質屋武兵衛に質入れ。
17日	十郎右衛門が武兵衛を訪ね、質物3点を受け取る。
27日	宇右衛門、武兵衛を訪れる。
5月17日	宇右衛門、組頭と名主のもとを訪れる。
6月某日	宇右衛門へ訴状を出す。
7日	武兵衛、藤沢村の十郎右衛門を訪ねる。
	勝楽寺村の伊兵衛の計らいにより、一件落着。
26日	今井九右衛門から武兵衛に出頭通知。
7月 2日	武兵衛、返答書を提出。

官の介入という村側の訴訟機構を利用した解決法を取らざるを得なかったものと考えられる。

二、質屋組合の結成

元禄一六年に質屋惣代会所は廃止されたものの、幕府は質屋を管理するための町触を出し続けていた。次の史料は宝永三年（一七〇六）一〇月に出された町触である。

〔史料5〕

（略）

一町中質屋共質物取候節置主証人両人罷越候ハ、質物可取之候壱人ニ而印判弐ツ致持参置主証人之名申候共質物取申間敷事

一呉服屋商売物と相見紙付之小袖之表帷子幷端物巻物之類数多持来質物ニ可差置旨申族有之候ハ、先々能々遂吟味其上置主証人慥ニ候ハ、可取之候奉公人右之通之品数多持来候ハ、其屋敷江参主人又ハ役人江申断承届候上可取之候

右之趣古着商売之者共も可為同前事

一質物古着共ニ不相応成物ニ而其品怪敷相見候ハ、弥遂吟味品ニより其者を留置番所江可訴出事

右之趣先達而申渡候得共頃日猥ニ質物取之又ハ古着買候者有之不届ニ候向後書付之趣相守質物古着入念可致取引

候（略）(16)

この町触から、質入するときは置主と証人の二人が質屋へ来ることが定められていたことがわかる。また、呉服や反物などを多く質入しようとする者、身分不相応の物を質入しようとする者が訪問した場合は、吟味の上で番所、すなわち町奉行所へ届け出ることが定められた。質屋には盗品等が持ち込まれる可能性が高いため、幕府は犯罪者の捜索を、質屋を通して行おうとしたのである。

このように、質屋は紛失物吟味としての役割が付与されることで、支配構造の末端に据えられることになった。この紛失物吟味の出発点ともいえる宝永三年（一七〇六）以降、名主を通して質屋には紛失物の触次が廻るようになる。宝永三年一〇月に定められた紛失物吟味は、その二か月後には角筈村にも触出された。以下は紛失物の御尋に対して、角筈村質屋が名主を通して、代官の雨宮勘兵衛(17)に提出した返答書である。

〔史料6〕

差上ケ申証文之事

一当月八日之夜失物町中質屋吟味仕候得共、右之品々似寄候物一色茂無御座候、此已後右品々ニ似寄候物御座候者可訴出候若隠置脇ゟ相知レ候者何分之曲事ニ茂可被仰付候為後日仍而如件

宝永三年戌十二月廿九日（略）(18)

〔史料7〕

差上ケ申証文之事

一今月七日之夜紛失仕候由ニ而同十五日御書付を以御尋被成候紛失物六拾四品町中質屋古着屋共随分入念ノ吟味仕候処ニ、似寄候物一切無御座候、此已後似寄申候物一色ニ而茂持参仕候者御座候者留置早々御訴可申上候、為後日証文仍而如件

子ノ二月十九日（略）(19)

〔史料8〕

差上ケ申一札之事

御尋之刀脇指町中質屋入置委細吟味仕候所ニ御書付ケニ似寄候類壱色ニ而茂無御座候若此以後右之品致持参候者有之候ハヽ、早速御注進可申上候、為後日仍如件

宝永五年子ノ二月（略）(20)

〔史料9〕

差上ケ申一札之事

一寅ノ二月七日之夜失物三十色町中質屋吟味仕候へ共右之品々似寄候者一色も無御座候、此已後右之品々似寄候者御座候ハヽ、可訴出候若隠置脇ゟ相知申候ハヽ、何分之曲事も可被仰付候、為後日仍而如件

宝永七年寅ノ八月十九日　角筈町　茂右衛門店　小右衛門（他二名略）

年寄　長右衛門　同　八兵衛
同　勘右衛門　名主　伝右衛門　(21)

四つの史料から分かる通り、いずれの返答書でも、紛失物は吟味をしたもののそのようなものは見つかっておらず、もし紛失物と思しきものが見つかれば代官所へ届け出るとしており、また隠し置いた者が判明すれば「曲事」として代官所訴え出るとしている。元禄年間に残る町触の写しの存在を考えると、宝永期以降に見られる角筈村の質屋の動向は、元禄期に見られたような町方の紛失物吟味の仕組みを参照した上でのものであると考えられよう。但し、町方と角筈村を比較すると、両者には決定的な違いがみられる。それは、町方の届け出先が町奉行所であるのに対し、角筈村の吟味の届け出先は代官所である点である。やはり、この時期においても町方の仕組みを転用しつつ、在方の問題解決法の中で質屋の吟味が行われているのである。

しかし、このような盗品などの紛失物吟味は、質屋単独では効率が悪いため、この動きはやがて組織化されることになる。角筈村質屋において、特に組織的な活動が読み取れるのは正徳二年(一七一二)一月五日から一〇日に出された「質物取方」についての一連の史料である。

〔史料10〕

一札之事

一拙者共儀只今迄者銭質ニ而も一切取申候儀者無御座、自今以後質物取申候者名主殿ハ不及申有来ル質屋中御断申
質物取可申候

尤盗物又者志ち物ニ取買取申候儀無御座候以後世間へハ隠置銭質ニ而も取申候者何分之儀ニも可被仰付候一札仍而如件

正徳二年辰正月五日

平三郎㊞（他三〇名略）[22]

ここでは角筈村で新たに質屋を営む者は、名主はもとより元から質屋業を営んでいた者にも断りを入れること、盗品を扱わないことが述べられている。また、ここでは三一名の連印があり、同日、同様の文面で、角筈上町からは四一名[23]、中町からは五〇名[24]、同月一〇日には下町から三三名[25]の連印、合計一五五名の連印がある。紛失物吟味という役割をもつ角筈村の質屋は、その必要性から組合を結成するに至ったのである。

第二節　江戸後期の質屋渡世

一、「町続」の進展と質屋組合の変容

享保八年（一七二三）四月、江戸市中では幕府により質屋組合仲間の結成が命じられ、享保の改革の中で質屋は江戸における治安維持の末端に組み込まれ、本格的な紛失物吟味に着手する。

〔史料11〕

紛失物吟味之儀自今は相改組合申付候間左之趣相心得吟味可仕候

一町中質屋古着屋拾人程宛組合右之内月行事壱人順番ニ定メ置、紛失物吟味節当番之月行事并其町之月行事立合触書を以組合之内相廻り帳面吟味可仕候、組合人数不足之所ハ隣町と組合名主共之内当番を相互不吟味無之様可申渡候、名主一ト支配之所ハ支配限ニ可仕候質屋古着屋共帳面吟味之上其品於有之は早速奉行所江可申出候無之候ハヽ、右両人之月行事其帳面ニ印形仕置其上名主共方ニ而帳面吟味可仕候、組合相廻り候義他町之無遠慮相改可申候若及異儀候者有之候ハヽ、奉行所江召連可罷出候勿論名主も其趣可相心得候
右改方不吟味之筋相聞候ハヽ、其当番之月行事名主共ニ急度可申付候

（略）

一古鉄商人も拾人程ツヽ、組合日々売買之品帳面ニ相記紛失物有之節右帳面を以吟味仕候、店売之外振売之分ハ此度札可相渡候間無札之者商売堅仕間敷候若無札之者相候ハヽ、仲ケ間ゟ召捕奉行所江可召連候、古鉄問屋共儀も無札之者ゟ一切買取申間候事、但組合之儀ハ質屋古着屋之通相心得月行事相定吟味之儀も是又同前ニ可仕候
一右組合相極候以後新規ニ商売ニ取付候者ハ其最寄り之組合江入可申候事
右之通今度相極候間町中名主月行事右之趣相心得組合相定自今紛失物有之節一組切ニ入念吟味可仕候、若組合吟味未熟ニ致仕形不宜儀有之候ハヽ、急可申付候此趣可相守者也

（略）（26）

要約すると、質屋や古着屋等を一〇軒一組程の組合に編成し、紛失物の品触を迅速に廻すようにとのことである。
また紛失物吟味は、各組合内で協力して尽力するよう指示されている。このように、幕府は享保八年（一七二三）の質屋組合結成の命により、紛失物吟味という犯罪捜査の一環を質屋に課すことで、警察機構の末端に組み込もうとし

たのである(27)。

しかしその一方で、角筈村において質屋組合仲間が結成される動きの史料上の表出は、明和四年（一七六七）まで待たなければならない。次に示す史料は、角筈村の質屋からの組合結成の願い出である。

〔史料12〕

乍恐書付奉願上候

伊奈備前守支配所武蔵豊嶋郡角筈村百姓長右衛門文治奉申上候、質屋商売等江戸表之儀者、仲ケ間相極町三年寄江願判鑑差出シ候上商売仕候ニ付仲ケ間之外者途中ニ而売買等一切不被成候由、且又紛失物品等之儀も御触流有之候得者早速有無之儀相分リ申候、然処在辺之儀者仲ケ間相定リ不申何者ニ而も自由ニ売買仕候ニ付江戸表紛失物等も多分在辺江相送リ売払候儀と、乍恐奉存候、依之江戸表ヲ相除武蔵・相模・上野・下野・上総・下総・安房右七ケ国之内質屋仕候者江戸表之通判鑑を以仲ケ間組合相定メ、商売仕候様被為仰付右判鑑代質商売仕候者壱件別壱ケ年ニ金弐分宛差出シ聊之品も右仲ケ間之外売買不仕候ハヽ、盗賊等も売買手筋無之紛失物等も自然と薄可被成哉と奉存候、殊仲ケ間組合相定リ不申候ハヽ、取〆リ無御座候得者、右元〆之儀私共両人江被為仰付御触御座候節者早速触次仕質屋古着商売仲ケ間組合家数何程と相極メ、尤右金子を以御成之度毎御焚出シ御米五拾俵蝋燭三百挺炭拾五俵薪千束並右御焚出シ御道具壱式持運持返シ人馬差出シ可申候、左候ハヽ、近在百姓御救ニも罷成可申と奉存候■■余者右会所惣入用失脚ニ仕度奉願上候、何卒御慈悲を以私共願之通被仰付被下置候ハヽ、難有奉存候以上

明和四年亥閏九月

武蔵豊嶋郡角筈村願人　長右衛門㊞
同　　文治㊞

御役所様（28）

要点をまとめると、江戸市中では質屋仲間が結成され、仲間の他は質屋業を営むことはできず、また紛失物の捜査も触次があればすぐに取り掛かることができる。しかし在辺、村方では質屋仲間が定まっていないため、誰もが質屋業を営むことができてしまい、江戸市中の紛失物も村方に多分に流れ、売払われてしまっているということである。江戸近郊の角筈村も例外ではなく、角筈村百姓の長右衛門と文治は、江戸を除く武蔵・相模・上野・下野・上総・下総・安房の七か国の質屋業を営む者たちを、江戸市中の様に判鑑を用いて仲間として結成することを願い出ている。そして、長右衛門と文治は自分たちをその「元〆」に仰せつけてもらえれば、質屋一軒につき金二分を集め、その金子をもって、「御成之度毎御焚出シ御米五拾俵蝋燭三百挺炭拾五俵薪千束並右御焚出シ御道具壱式持運持返シ人馬差出」すといい、周辺農民の御救いも買って出ている。残念ながらこの長右衛門と文治が何者かは判明しないが、乱立する村方の質屋をまとめ、統制することによって紛失物の不正取引を防ごうとする動きが見て取れる。

だが、この史料の内容については、二つほど疑問が残る。一つは、その範囲の広さである。江戸を除く七か国の組合というのは、角筈村一村の願人二人の要求としてはあまりに範囲が広い。他国の代表による連印も見られないため、どのような構想でこの範囲が出てきたのか判然としない。もう一つは、正徳年間に角筈村内でできた角筈村独自の組合との時間のズレである。先にみた〔史料10〕から、この組合の結成願までに四〇年ほどの差が開いている。これはどのような理由によるものであろうか。

これに関連して、少し後に出された「質古着古道具古鉄御願控」（以下「御願控」）を検討し、質屋を始めとする八品営業がどのような立ち位置で営業されていたのか検討する。ここでいう八品営業・八品商とは、唐物屋、質屋、古着屋、古着買、古道具屋、小道具屋、古鉄屋、古鉄買の八業種の総称であり、これら八品商は、幕府の江戸市中の都市政策の一環をなす防犯警備と大いに関連するものであったとされる(29)。

〔史料13〕

乍恐以書付奉願上候

武州多摩郡中野村豊嶋郡角筈村左之者共奉願上候、私共村方之儀者江戸町入会続ニ而百姓商売家御免ニ付農業之間小商仕厄介人共養育仕罷有候処質古着古鉄屋古道具右品商売仕度奉存候、依之在々村々江戸表江も羅買等ニ罷出申度奉存候間右売買之次（等抜カ）判取帳面江支配之名主押切印形請羅仕度奉願上候、然ル上ハ紛失物御触流被下置候ハヽ、私共仲間内ニ而月行事相立御触次第御請可申上候、若紛失物似寄之品等仲間内ニ買求候者有之節者右品々早速持参御改請可申候、尤両印形等無之無判又者紛敷品者一切買請幷辻買等決而仕間候間何卒御慈悲ヲ以右願之通リ被仰付被下置候ハヽ、難有仕合奉候、已上

寛政三年亥四月

角筈新町
百姓　伝八

八月十二日
此願書相下リ申候

他角筈新町四名
中野村七名（略）

前書之通リ私共一同奉願上候、尤御触之度ニ私共方へ判取帳面取集相改御触之品等御座候ハヽ、早速持参御改請候様可仕候、何卒御慈悲ヲ以右願之通リ被仰付被下置候様奉願上候、已上

亥四月

中野村
名主　卯右衛門
角筈村
名主　伝右衛門

伊奈右近将監様
御役所

右之通御願申上候処亥八月十二日御役所ニ而被仰渡候ハ品川宿千住宿相糺候所其支配之名主押切印帳相渡商売為仕候趣申上候ニ付其村々ニ而も名主押切相渡シ商売可為致旨被仰渡尤紛失相触流之儀ハ町奉行所ゟ申来リ候節此方ゟ相触可申候、尤此願書下ケ候間押切相渡商売為致候趣届書可差出旨被仰渡候

（後略）(30)

「御願控」は寛政三年（一七九一）に編集された「質古着古道具古鉄連印帳」[31]（以下「連印帳」）に先立って成立したものと考えられ、史料中の「亥年」とは寛政三年と判断される。「御願控」は中野村と角筈村の共同で作成されており、中野村名主卯右衛門と角筈村名主伝右衛門の署名もある。これによると、寛政三年四月から八月まで、関東郡代伊奈忠尊宛に提出され、その内容は在方においての質取引を認めて欲しいというものである。

ここで注目すべきは、冒頭の「私共村方之儀者江戸町入会続ニ而百姓商売家御免ニ付」という一文である。この時期になると、角筈村周辺の地域は「江戸町入会続」であることを理由として、百姓の商売屋が解禁され、角筈村は村でありながら町方とほぼ同様の状態になっていた。市中との交流が新たに発生すれば正徳年間に角筈村で独自に作られた仲間組合では対処しきれなくなるのは自明である。また、「御願控」以前には、既に品川宿・千住宿からも同様の願が出されていたようであり、これよりも少し前から角筈村の周辺地域は商業面で江戸市中との同化が進行していたことが窺えよう。

そして、中野村・角筈村においても犯罪解決のために、江戸市中と同様に古鉄買を組織化しようという動きが「御願控」からは見て取れる。これらを踏まえれば、〔史料12〕は、角筈村の町場化の進展に伴って正徳年間の組合を改組する必要に迫られたところから出された文書だったと考えられる。そして、江戸以外の七か国での組合の願いは、角筈村における江戸市中との商業的な同化を踏まえた上で、その進展を見越した上での想定であったと考えられる。

実際、寛政一二年（一八〇〇）には幕府側でも市中と在方での八品商の差別を撤廃する旨が老中より出されている[32]が、こうした措置はおそらく〔史料13〕の「江戸町入会続」という状況を受けてのものではないだろうか。江戸市中と在方における商業的な差異が比較的明瞭であった一八世紀前半に対し、商業的に「町続」となった角筈村のような地域が発生した一八世紀後半の状況に対応すべく、八品商の差別解消へ幕府が動いたといえる。ただし、ここで注意

第2表　寛政～文政年間角筈村八品商の構成員 (33)

	名前	年月日	質	着	道	鉄	場所	備　　考
1	伝八	寛政3.4.1	○	○	○	○	淀橋町	平三郎店
2	伊兵衛	寛政3.4.1		○	○	○	新町	平三郎店
3	源八	寛政3.4.1		○	○	○	新町	平三郎店
4	又兵衛	寛政3.4.1		○	○	○	新町	勘十郎店
5	長五郎	寛政3.8	○			○		百姓、6石
6	幸吉	寛政5.11		○	○	○		治兵衛店
7	安兵衛	寛政10.11.14				○		平三郎店「勘十郎店又兵衛様ニ而」
8	小右衛門	寛政12.2.14	○					百姓、6石「平三郎店伊兵衛様ニ而」
9	久右衛門	寛政12.4.4				○		平三郎店
10	久右衛門	享和元.7				○		平兵衛店
11	勘助	文化8.6		○				平蔵店
12	七五郎	文化8.8				○	上町	家持、「御鑑札壱枚久右衛門方ゟ請取」
13	幸吉	文化11.9		○			中町	清兵衛店
14	次郎兵衛	文化11.9		○			下町	平七店
15	清兵衛	文化13.4	○				仲町	家持、下質、3石 or 9石
16	平蔵	文化13.8	○	○			下町	7石
17	五兵衛	文政2.10.28		○	○		下町	藤兵衛店
18	吉之助	文政6.2		○	○		仲町	平兵衛店
19	権兵衛	文政6.2		○	○			三右衛門店
20	利助	文政7.3		○	○		仲町	嘉兵衛店
21	喜四朗	文政8.7.11			○		仲町	六左衛門店
22	庄八	文政9.12		○				栄次郎店
23	庄蔵	文政10.11					淀橋町	安兵衛店
24	直次郎	文政11.10.7		○	○		新町仲町	源助店

が必要なのは、町方と同様の組織を志向しつつも、その訴願先は相変わらず代官（郡代）という点である。角筈村の八品商たちは、自らの組織方法に町方の組合を想定しつつも、あくまでもそれを在方の論理に従って構成しようとしているのであり、この点こそが在方とも都市とも違う、「江戸町続」地域の特質であるといえよう。

次に「連印帳」について見てみよう。前書の内容としては「御願控」と同様であるが、ここでは八品商に従事する村民の署名が、連印した順番に営業種とともに記されている。

第2表は、「御願控」「連印帳」及び「寛政二年四月高割帳[34]」「寛政七年十二月高割帳[35]」をもとに作成したものである。特定できた者には家持・店借の別や、石高を石未満切り捨てで表している。また、表中の質は質屋、着は古着屋、道は古道具屋、鉄は古鉄屋を営む者を表している。

第2表中1〜4の者は「御願控」においても中野村の面々とともに名前が一致しており、その後の質物出入の際にも文書を提出していることからも、角筈村八品商の代表格であったことがうかがえる。単に営業開始が他の者よりも早かったからという見方もできるが、文化年間の史料からは伝八が組頭であることが窺える[36]。5長五郎は石高が六石四斗一升二合三勺の百姓である。また、7安兵衛、8小右衛門はそれぞれ4又兵衛、2伊兵衛より商売を請け負っているが、これが親質－下質の関係なのかは、ここからは分からない。下質とは小資本の質屋が資金繰りのために、客から買った質物を大資本の質屋に又貸しすることで資金を得ることであり、又質・送り質ともいう。下質から質物を買い取った質屋は親質と呼ばれ、下質は置主が買い戻しに来た際には、親質のもとに質物を買い戻しに行く必要があった。鈴木亀二によると、この下質の制度は江戸では享保初期には定着していたと考えられているが、この下質は置主との間でたびたびトラブルになっていたため、京都では長らく禁止されていたという[37]。

12七五郎は「御鑑札壱枚久右衛門方ゟ請取大切ニ所持可仕候」とある。この久右衛門が8久右衛門か9久右衛門なのかは判明しないが、八品商において鑑札を譲るということは商売を譲るということであるため[38]、なんらかの原因で久右衛門が休業し、古鉄商売を七五郎に譲り渡したと考えられる。15清兵衛は、寛政七年（一七九五）の高割帳では同名の人物が二人いるため特定できないが、石高が三石七斗五升六合あるいは九石四斗三升九合の家持百姓である。この者は下質であり、この詳細については次節にて考察する。

全体として見ると質屋五軒、古着屋一五軒、古道具屋一一軒、古鉄屋一〇軒（重複あり）と、古着屋をしている者が半数を超える一方で、質屋は五軒と多くはない。質屋営業を行っている者は、1伝八のほかは、土地や家を持つ者である。布団や蚊帳などの季節物を質入して、季節が来たら買い戻すという質屋の特性から、相応の信用が営業をする上で必要だったのではなかろうか。また、兼業をしている者が一二人と半数である。また、二四人中一九人が店借であり、家持百姓の者の名前はここには少ない。

本章の検討ではこれまで角筈村の質屋に焦点を当てていたが、この表を見る限り、寛政期以降は質屋のみならず、古着屋、古道具屋、古鉄屋など八品営業を営む者が多くこの組合に加入していったことがわかる。特に文化・文政年間の加入者の増加は、商業の「町続」化に伴い、より商業的性格を帯びていった質屋の加入を想起させる。また、そのほとんどが店借であり、「連印帳」には家主の名前も同様に記載されている。このような下層民の存在も、角筈村における質屋渡世の「町続」化の進展を象徴しているといえよう。

二、寛政期の質屋渡世の実態

本節では、寛政期の紛失物吟味に関わる質物出入の実例から、質屋の営業実態、また角筈村質屋組織の運営について迫る。寛政期の質物出入に焦点を当てる理由としては、第一節で扱った質屋組織の構成員が関わる史料であり、合わせてその実態に迫ることができるからである。
まず初めに扱うのが、「秋元但馬守内清水万吉より質入候品持参に付」という、寛政七年（一七九五）の角筈新町の質屋長五郎からの訴状である。

〔史料14〕

乍恐以書付奉申上候

角筈新町質屋長五郎奉申上候、此度秋元但馬守様御内清水万吉との方ゟ質入有之候品御改有之候難及承候、然ル処私方ニも清水万吉殿名前質物別氏（紙カ）の帳面之通リ取置申候間右之品持参仕候、依之此段以書付奉申上候、已上

寛政七卯年十一月廿三日

角筈新町
訴人　長五郎
名主代　弥左衛門

御番所様（39）

〔史料14〕の内容は、清水万吉という者が質入した質物に、紛失物の嫌疑がかけられたため、長五郎がその品を町奉行所に持参したというものである。この史料からは、実際に誰によって質入されたのか判明しないが、その品が町奉行所に提出されている。おそらく紛失物吟味の触が角筈村のもとにも廻り、似寄品であったためか、あるいは明らかに身分不相応な物が質入されたため、長五郎が訴え出たのだろう。

さて、この清水万吉という者であるが、公文書に苗字を伴って記載されていることと「秋元但馬守様御内」という肩書であることから、武士である可能性が非常に高い。また、町奉行所に掛け合っていることからも、江戸市中の武士であることが考えられよう。角筈村の質屋は、形式上は在方でありながら、町方の武士の質入れも請け負っていたのである。

そして、訴訟の一か月後の寛政七年一二月には、この件に関する処遇が名主の伝右衛門から代官大貫次右衛門(40)のもとに提出されている。

〔史料15〕

乍恐以書付御訴奉申上候

豊嶋郡角筈村名主伝右衛門ゟ申上候、当村質屋三右衛門義秋元但馬守様御家中清水万吉殿ゟ十二月□嶋女■子壱り当十月八日質物ニ取候ニ付、■部能登守様御番所ゟ御呼出ニ付当人召連罷出候処右品紛失物ゆへ御取上ケニ相成候間其段御訴申上置候処、昨廿五日被　呼出ニ付猶亦召連候処御裁許被仰渡三右衛門義盗物質物ニ取候段不埒ニ付過料銭五貫文被仰付候、依之此段■■ケ奉申上候、以上

寛政七卯年十二月廿六日

角筈村
名主　伝右衛門

大貫次右衛門様
御役所(41)

虫損が激しいため質入された物が何なのか判別できないが、ここで質物の受取にあたった質屋は三右衛門という者である。三右衛門は一〇月八日に質物を清水万吉から買い取り、その件で番所に呼び出されたのであった。買い取った品は紛失物ということで取り上げられ、盗品を買い取ったということで、三右衛門には過料五貫文が言い渡された。清水万吉の処遇には言及されていないが、これにて一件落着ということである。

〔史料14〕、〔史料15〕から、実際に紛失物を買い取った質屋は三右衛門であるにも関わらず、訴状を書いて質物を改めるために提出したのが長五郎であることがわかる。紛失物吟味の返答書には[42]「似寄候物御座候者可訴出候」とあり、「若隠置脇ゟ相知レ候者何分之曲事」との記述もあるように、紛失物吟味は名主からの統制だけではなく、質屋同士の相互監視の上で行われていたことが確認できる。この長五郎は「質古着古道具古鉄連印帳」に名を連ねており、第2表の5長五郎であると考えられる。彼は角筈村質屋組織の中でも中心的人物であり、紛失物吟味を名主らとともに積極的に行っていた人物と考えられる。

この寛政七年の一件では、罰せられたのが実際に質物を買い取った質屋であった。しかし、寛政九年の一件では、紛失物吟味によって置主、証人、質屋の三者が同様に罰せられている様子が分かる。

〔史料16〕

乍恐以書付奉申上候

一豊嶋郡角筈新町七五郎奉申上候、私義中野村豊三郎義相頼ミ幡ヶ谷村忠七方江大工仕事ニ遣し置候処作料請取候迄小遣ニ込り候故何卒質物ニ置呉候由申来リ候無拠同町長五郎方江弐朱四百文質ニ入置則豊三郎江不残相渡申候、右申上候通何之相違無御座候以上

寛政九巳年十二月十二日

角筈新町
治左衛門店　七五郎

雅治郎様

御役所　(43)

〔史料17〕

乍恐以書付奉申上候

角筈新町百姓平蔵奉申上候、私義固ゟ七五郎懇意ニ致候両人無拠質物請人ニ相立呉候由申候、両人鋸壱枚男帯壱筋金弐朱四百文ニ長五郎方江質物請人ニ相立遣申候、尤印形□□類持参仕申候右之代銀不残七五郎方江相渡申候

右御尋ニ付此段奉申上候以上

寛政九巳年十二月十二日

角筈新町
百姓　平蔵

雅治郎様

御役所　(44)

〔史料18〕

乍恐以書付奉申上候

角筈新町質屋長五郎奉申上候、私義江戸組合質屋ニ者無御座名主方ニより押切印帳願請質物取申候処、当月九日同町治左衛門店七五郎鋸壱本男帯壱筋持参仕金弐朱四百文貸申候、印形之義七五郎平蔵印形ニ而取引仕品七五郎斗持参仕候ニ付平蔵印形者十日願被申候、則右質物弐品持参仕候、以上

寛政九巳年十二月十二日

角筈新町
質屋　長五郎
年寄　弥右衛門

雅治郎様
御役所　(45)

ここに挙げた三つの史料を読むと、寛政九年の質物をめぐる事件の顛末が分かる。〔史料16〕にある通り、中野村の豊三郎は、大工仕事を頼んだ幡ヶ谷村忠七に払う金のため、七五郎に鋸壱枚と男帯一筋を質入してくれるように頼む。頼まれた七五郎は、角筈新町の質屋長五郎にその二品を質入し、代金として二朱四〇〇文を受け取り、残さず豊三郎へと渡している。

質入する際の証人として、〔史料17〕にある通り、七五郎と懇意の角筈新町百姓の平蔵が、印判を持参して長五郎のもとを訪れている。また、〔史料18〕から分かるように、質屋長五郎は一二月九日に七五郎から質物を買い取り、

二朱四〇〇文を貸している。また、翌一〇日には証人として平蔵から印判を確かに貰っているとしている。
ここまでは質屋の慣例通りに沿って行われており、一二月九日の当日に証人の判を貰わなかったことを除き、問題はない。しかし、一二月一二日、同村の年寄弥右衛門は池田雅治郎(46)に呼び出され、今回の件について事情聴取を行われている。

〔史料19〕

乍恐以書付御届奉申上候

一豊嶋郡角筈村年寄弥右衛門奉申上候、当村七五郎義池田雅治郎様御役所ゟ今日御呼出ニ付召連罷出候処、当村質屋長五郎方江鋸壱挺と男帯壱筋質入致候哉之段御尋ニ御座候、此段中野村豊三郎与申者平日懇意ニ候処当月九日私方江参□ゟ中之二品持参いたし我等品ニ候間質物ニ入呉候様相頼ニ付弐品ニ而金弐朱四百文長五郎方江質物入遣候段申上候得者、右品者無宿八五郎盗取候品出取所■篤与不相糺世話仕候段不埒ニ付御吟味中候所御預ケ■■ニ付■、依之此段御訴奉申上候以上

寛政九巳年十二月十二日

角筈村
年寄　弥右衛門

大貫次右衛門様
御役所(47)

弥右衛門は今回の件について、一二月九日に豊三郎が七五郎に頼んで質入させたこと、質屋長五郎が買い取って二朱四〇〇文を払ったことを証言している。しかしその質入した物は、無宿人の八五郎という者が盗み取ってきた物であった。これが不埒なことであるとして、七五郎、長五郎、平蔵の三名は、白洲にて判決を受けるのであった。

〔史料20〕

左之通寛政十午年二月十三日御□役池田雅治郎様御白洲ニ而被仰候御裁許之写

武州豊嶋郡角筈村新町
次左衛門店　七五郎
巳三十壱

其方儀質入いたし遣候品者盗物ニ而有之候処其義者不存候得共豊三郎任申候旨ニ得与出所も不相糺置主ニ成質入致遣し候段不埒ニ付過料三貫文申付候

武州豊嶋郡角筈新町
百姓ニ而質屋
長五郎
巳四十九

其方儀質物ニ取置候品者盗物ニ有之候処其義者不存候得与も七五郎任申旨ニ得与出所も不相糺尤質方之義者江戸組

合内江者入不申由申之候得共追而証人印形取置候旨者乍申最初一判之質物取置候段不埒ニ付質物取上過料三貫文申付候

右同断
百姓　平蔵
巳四十弐

其方儀証人ニ相立追而印形致遣し候品者盗物ニ有之処其次（第抜カ）者不存候得とも質物証人ニ相立候ハ、右品ニ而も見請得与出所も相糺可申所無其義追而印形致遣候段不埒ニ付過料三貫文申付候（48）

〔史料21〕

乍恐以書付御訴奉申上候

豊嶋郡角筈村
質屋　長五郎
置主　七五郎
証人　平蔵

右者去巳十二月十二日池田雅治郎様御役所江前書名前之者被召出七五郎ゟ長五郎方江質物ニ差遣し候品者盗賊八五郎盗取候品ニ付右品御取上被遊候間其段同十三日御訴申上置候、然ル処昨十三日猶又右御役所■三人之者共御呼出ニ付召連罷出候処先達而質物ニ而差入候品者盗物ニ而、得与出所も不相糺質物ニ取候段不埒ニ付質屋長五郎者右品御取上之上過料三貫文被仰付、置主七五郎証人平蔵義も是又同様出所も不相糺中野村豊三郎相頼候迚質物ニ差入候段不埒ニ付是又両人ニも過料三貫文ツ、被仰一件落着仕候、依之此段御訴奉申上候、以上

寛政十午年十二月十四日

角筈村
名主　伝右衛門

大貫次右衛門様
御役所(49)

〔史料20〕は、七五郎、長五郎、平蔵が池田雅治郎から言い渡された判決の写しである。置主である七五郎は、豊三郎から頼まれた物の出所も調べずに質入したことで、過料として三貫文。質屋長五郎は、買い取った質物の出所を確かめなかったこと、質入の際に証人の印判を後からもらったことで、過料として同様に三貫文。証人平蔵は、質物が盗品とは知らなかったとしても、証人としての印判が遅れたことで同様に三貫文が言い渡されている。また、これを受けて名主伝右衛門は、〔史料21〕のように、一件落着したと代官大貫次右衛門の御役所に届け出ている。質屋長五郎が質入に伴う貸金として七五郎に渡し、その後豊三郎、大工の忠七と渡った二朱四〇〇文の行方はどうなったのかは分からないが、『御定書百箇条』第五十七に「尤証人無之或ハ不念之質取方ニ候は丶質屋為致損金其上咎可申付事」とあるように、弁償金の出所がない場合は、質屋の損金とさせるほかない、と定められている(50)。また今回の様に証人の印判なく質取引をするなど、不法な取引をした場合には、その上で質屋に罰則を与えるようになっている(51)。そのため長五郎は過料に加え質物を取り上げられ、払った二朱四〇〇文は損金として手元には戻らなかったのだろう。

寛政七年のケースのように、質屋同士が監視の目を光らせ、紛失物吟味を行っていたが、品触の文字による紛失物の特徴をもとに行う似寄品の捜索は時には困難な場合もあり、紛失物と気付かずに買い取り罰を受ける質屋もいたようである。

三、文化・文政年間の動向 ―下質の分析を通して―

下質とは、資金が豊かでない質屋が資金繰りのために、質物を親質屋に質入れすることである[52]。下質から質物を買い取った質屋は親質と呼ばれ、下質は置主が買い戻しに来た際には、親質のもとに質物を買い戻しに行く必要があった。

本節では、前節の第2表中の15清兵衛が行った下質について検討する。角筈村でどのような質屋業が営まれていたかを明らかにするために、清兵衛の動きを追っていきたい。

この清兵衛は前節でも述べた通り、一定の石高を持った家持百姓であり、文化一三年（一八一六）より角筈仲町に店を構える。そして、下質を始めるために名主の伝右衛門に伺いを立てていたことが、次の史料からわかる。

〔史料22〕

一札之事

一私義今般下質渡世相始メ申度質屋仲ケ間行事表申上候処御聞済被下、尤是迄町内ニ地質屋渡世之衆有之、地質商売相始候而ハ差障ニ相成候旨ニ付私方之儀者下質而已而置主ゟ直取之質物取引仕間鋪候、為其一札差上置申処仍而如件

文化十三年子三月　　　　　　　　　　　　　　大和屋　清兵衛㊞

渡辺伝右衛門様(53)

〔史料23〕

差上申一札之事

一私儀四ヶ年已前子三月中ゟ下質渡世相始メ帳面江御押切ヲ請罷在弁候処、新町通リ入会場所之外四ッ谷幷新宿新屋鋪辺之質物ハ直キ取仕候而も町内質屋之差支にも不相成間、直キ質請候而も不節之間□付証有之候処町内之質物間々直キ取リ致差障リニ相成候旨、仲ケ間之者ゟ申□候ニ付猶又最初被仰聞罷在候通リ村方新町通リ者不及申[redacted]千駄ヶ谷村町表通リ者御屋鋪方通リ迄、直キ取之質物決而取引仕間鋪旨被仰聞承知奉置候万一相背、右場所内之質物直キ取等仕候ハヽ、押切帳面御取上ケ可被成候依之質屋行事加判之一札差上申処仍如件

文化二卯年十一月

角筈仲町

家持下質屋　清兵衛㊞

証人質屋行事　小右衛門㊞

名主　伝右衛門殿(54)

〔史料22〕〔史料23〕では、清兵衛はもともとあった質屋衆へ差し障りが無いようにするとともに、「私方之儀者下

質ニ而置主ゟ直取之質物取引仕間鋪候」と、置主から直取をしないよう述べている。しかし文政二年（一八一九）、清兵衛は他の下質が置主から直取しているということを、「町内質屋之差支ニも不相成」ればいいとしながらも、「下質渡世心得違」として、「村方新町通り」、「千駄ヶ谷村町表通り者御屋鋪方通り迄」での下質の直取をしないように抗議している。本来、下質は置主から買い取った質物をさらに上の親質に質入することで、親質からその質物に見合った借入金を手に入れるものであり、直取とは、下質が親質を介さず金銭のやりとりを直接置主と行うことであると考えられる。

そして、文政三年（一八二〇）の史料から、清兵衛は再び「心得違」として角筈村内の質屋の不法を名主伝右衛門に訴え出ていたことがわかる。

〔史料24〕

差出申一札之事

一私儀去ル文化十三子年ゟ下質渡世相始メ帳面御押切を請罷在尤角筈新町之儀質屋軒数相定有之候ニ付下質之外置主ゟ直取仕間敷旨一札差出置候、然ル処新宿新屋敷成子辺之場所者直取し候而も仲間質屋之差障ニ不相成旨ニ付、其段相心得取引仕罷在候処、此節心得違いたし候新町内之者ゟ質物少々直取仕候儀有之候段質屋中ゟ申出候ニ付御糺を請申訳無之候、向後者最初被仰付候通下質之外置主ゟ直取之質物決而取引仕間敷候、若相背候ハハ押切帳面御引上ケ被成候共一念之申訳仕間敷候、依之一札入置申所仍而如件

文政三辰年三月

角筈新町

証人　家持　清兵衛㊞
　　　組合　嘉兵衛㊞

名主　伝右衛門殿(55)

ここでは清兵衛が、新宿新屋敷成子辺りでは直取がされているものの、他の質屋の妨げになっていないためよしとしているが、未だ新町では下質の直取がされており、これを糺してほしいと訴えた結果、直取の禁止が再確認されたことがわかる。角筈村では下質が置主から質を直取しても良い範囲、悪い範囲の規則があったようである。

以上の分析から特に清兵衛は角筈村下質渡世の慣習を守るために名主に働きかけを行っていたと考えられる。京都と違い下質の取り締まりが緩いのが江戸であったが、「江戸町続」という独特な地域で複雑化する質屋渡世に対応するため、寛政期以降、質屋の間で自主的に仲間内の規律を糺そうとする動きが見られるようになるのである。

第二節でみてきた一八世紀後半の質屋の実態は、「江戸町続」の進展とともに、在方だけでなく、町方からの質入れが行われるようになり、中には武士による質入れの事例も見られるというものであった。紛失物吟味として、盗品の質入れ防止という警察機構の末端を背負わされていた質屋渡世は、このような状況の変化にしたがって、一八世紀前半までの質屋組合の構造では対処しきれない状況に向き合うことを余儀なくされた。そこで、質屋同士の相互監視のもとに質品の紛失物吟味を効率よく行うため、江戸市中同様の質屋組合の結成を代官所に願い出た。この組合の中では、相互監視の漏れによる処罰の事例こそ見られたが、〔史料24〕の例を考えると、全体としては概ね機能するものとして評価できる。こうした角筈村やその周辺の質屋を含めた八品商の動向が、「町続」同様のものにならざるを得ない状況を勘案した幕府は、在方と江戸市中での八品商の差別を寛政一二年（一八〇〇）に取り払うに至る。ただし、一八世紀後半以降においても、その質屋組合の在り方はついに市中と一体化することがなかった。彼らの訴願先は常に町奉行所ではなく代官所であり、町奉行所とのやり取りが発生したとしても、それらは常に代官所へと報告される仕組みであった。史料12の質屋仲間組合の結成から、江戸市中の質屋が明確に外されていることからも、質屋渡世は「江戸町続」地域固有のものとしてあり続けたのである。彼らは質屋渡世が「町続」となっていく状況を前に、江戸市中同様の質屋組合を構想しながらも、あくまでもそれを在方の支配論理の中で再現しようとし、また自主的な形で質屋組合の統制を保ち続けたのである。

おわりに

以上、本章では角筈村質屋草創期から質屋組合が結成される明和期までの角筈村質屋組織の形成過程と、質屋渡世の実態を寛政期から文化期の質屋組織の展開を見てきた。角筈村の質屋の始まりは定かではないが、元禄五年（一六九二）の「質屋惣代会所創設」の町触が最古であり、実際に角筈村において質屋の名前が出てくるのは元禄一五年（一七〇二）の「質物請返一件」が初めてである。この訴訟において、角筈村淀橋町の質屋武兵衛は問題解決のため一人で奔走しているが、そのような状況は、江戸市中で先んじて「紛失物吟味」のための体制が構築され始めると、角筈村の質屋にある程度の協力体制が構築される方向へと変化する。一方、享保八年（一七二三）に江戸市中には町触として質屋組合の結成が命じられる。しかし、この状況が角筈村周辺に表れるのは明和四年（一七六七）である。このおよそ四〇年の間を埋める質屋関係史料は『渡辺家文書』には無いが、この変容の理由を読み解くために寛政期に出され、市中同様の組合の結成を要求する〔史料13〕は大きな手掛かりとなる。彼らは「紛失物吟味」という警察機構の末端を、進展する都市の拡大に巻き込まれる形で市中同様に担わされるようになり、質屋自体の性格も武士の質入れなどに見られる江戸市中との近似、すなわち「江戸町続」化してゆく中で、それに対応するために在方の支配論理の中に江戸市中同様のシステムをコピーして対処しようとした。そして、この「江戸町続」化の進展の中で幕府も寛政一二年（一八〇〇）には八品商の差別解消という形で対応したのである。

そして、明和四年（一七六七）の角筈村質屋組合の結成の影響は、寛政期以降の史料に示される質屋の組織的対応に表れる。紛失物吟味としての機能が付与された質屋の実態については、その職業の性質上、質屋に関する訴訟などが起こらなければ分からない。質取引の際に置主との間で交わされる台帳も、一定期間が過ぎれば品物を包む紙として使われてしまうとされ、[56]『渡辺家文書』には現存していない。しかし、「質古着古道具古鉄連印帳」からは、紛失物吟味制度による幕府の警察機構の末端に組み込まれながらも、村内で自発的に質屋を含む八品商を組織化する姿が見え、その中には下質屋清兵衛のように、複雑化する質屋渡世のなか、質取引の秩序を名主への報告を通じて自主的に守ろうとする動きがあった。そして、角筈村で展開した質屋渡世は、江戸市中の商業圏に巻き込まれつつも、ついに江戸市中とは一体化することなく、あくまでも代官所を中心とする在方の支配論理の中で「江戸町続」化に対応しようとしたのである。

注

（1）渋谷隆一・鈴木亀二・石山昭次郎『日本の質屋』、早稲田大学出版　一九八二年。

(2) 前掲脚注1、一七頁。

(3) 前掲脚注1、二四頁。

(4) 前掲脚注1、八頁。

(5) 戸沢行夫「八品商としての質屋—江戸の地域と商業—」(『史学　第五一巻第四号』、慶應義塾大学、一九八二年)。

(6) 落合功「近世後期における多摩の質屋渡世」(松尾正人『多摩の近世・近代』、中央大学出版部、二〇一二年)。

(7) 前掲脚注1、一三頁。

(8) 「神田旅籠屋町中村屋平右衛門他二名へ質屋惣代申付候ニ付書付　元禄五年」新宿区歴史博物館所蔵(複写)「武蔵国豊島郡角筈村名主渡辺家文書」Q1。

(9) 前掲脚注一、二四頁。質屋惣代会所はわずか一一年という短命であったが、その廃絶の直接的な原因は元禄一六年の関東大地震にて会所自体が被害をこうむったからではないかと論じている。その後再興を求める声はあったが叶わず、質物の吟味は名主へと移っていった。

(10) 元禄一五年六月「質物請返一件ニ付」(渡辺家文書・Q26)。

(11) 元禄一三年より宝永三年まで代官。(西沢淳男『江戸幕府代官履歴辞典』、岩田書院、二〇〇一年、八〇頁)。

(12) 『新編武蔵国風土記稿　埼玉編　上之巻』、千秋社、一九八八年。

(13) 元禄一五年六月「質物請返一件ニ付」(渡辺家文書・Q26)。

(14) 元禄一五年七月「質物請返一件ニ付」(渡辺家文書・Q27)。

(15) 落合功『近世の地域経済と商品流通—江戸地廻り経済の展開—』、岩田書院、二〇〇八年。

(16) 「四一一四号　宝永三年　質屋古着屋商売筋御定之御触」(近世史料研究会編『江戸町触集成　第四巻』塙書房、一九九五年)。

(17) 元禄一四年より正徳五年まで関東郡代。（西沢前掲書11、一八頁）。
(18) 宝永三年一二月「失物町中質屋吟味仕候得共似寄之物無御座候ニ付」（渡辺家文書・Q13）。
(19) 宝永五年二月「紛失物吟味ニ付」（渡辺家文書・Q14）。
(20) 宝永五年二月「御尋之刀脇指町中質屋ニ御座候ニ付」（渡辺家文書・Q15）。
(21) 宝永七年八月「失物三十色町中質屋吟味仕候へ共似寄之者一色も無御座候ニ付」（渡辺家文書・Q18）。
(22) 正徳二年正月「質物取方ニ付」（渡辺家文書・Q2）。
(23) 正徳二年正月「質物取方ニ付」（渡辺家文書・Q3）。
(24) 正徳二年正月「質物取方ニ付」（渡辺家文書・Q4）。
(25) 正徳二年正月「質物取方ニ付」（渡辺家文書・Q5）。
(26) 「五八六九号　紛失物吟味之ため質屋其外商売人組合御極吟味致方ニ付品々御触」（『江戸町触集成　第四巻』）。
(27) なおこの享保八年の組合編成、取り締まり体制の整備に対して鈴木亀二は、もっぱら江戸市中の質屋を始めとする八品商人約一万名を対象としたもので、品触という極めて特殊な手段を通じて行う刑事防犯統制の強化であったと論じ、八品商人を網羅した画期的な調査機構を実現したとして、高く評価している（前掲脚注1、三四頁）。
(28) 明和四年閏九月「武蔵他七か国質屋組合相定メ度ニ付」（渡辺家文書・Q6）
(29) 戸沢行夫「八品商としての質屋—江戸の地域と商業—」（『史学　第五一巻　第四号』慶應義塾大学、一九八二年）、八二頁
(30) 寛政三年「質古道具古鉄御願控」（渡辺家文書・Q7）
(31) 寛政三年「質古着古道具古鉄連印帳」（渡辺家文書・Q8）。
(32) 鈴木亀二『近世質屋史稿』、行人社、一九八四年、五五〜五六頁。

(33)「渡辺家文書」Q7・Q8・D50・D52より作成。
(34)寛政二年四月「寛政二年四月高割帳」(渡辺家文書・D50)。
(35)寛政七年十二月「寛政七年十二月高割帳」(渡辺家文書・D52)。
(36)文化七年「取置候質物不正之品ニ付」(渡辺家文書・Q43)「角筈村組頭伝八奉申上候」「組頭質屋伝八」。
(37)鈴木前掲書脚注32、七九〜八〇頁。
(38)前掲脚注1、一六頁。
(39)寛政七年一一月「秋元但馬守内清水万吉より質入候品持参に付」(渡辺家文書・Q31)。
(40)寛政四年より文化三年まで関東郡代(西沢前掲書11、一二七頁)。
(41)寛政七年一二月「質物に取候品紛失物ニ付」(渡辺家文書・Q32)。
(42)元禄五年「神田旅籠屋町中村屋平右衛門他二名へ質屋惣代申付候ニ付書付」(渡辺家文書・Q1)。
(43)寛政九年一二月「中野村豊三郎小銭取り方ニ付書付」(渡辺家文書・Q34)。
(44)前掲脚注43を参照。
(45)前掲脚注43を参照。
(46)池田雅次郎政貞　筑前守　御先手御鉄炮頭(石井良助・小川恭一編『江戸幕府旗本人名事典　第一巻』、原書房、一九八九年、一二八頁)。
(47)寛政九年「質入致候品盗品之儀一件綴」(渡辺家文書・Q35)。
(48)前掲脚注47を参照。
(49)前掲脚注47を参照。

(50) 瀧本誠一編『日本経済大典』第一巻、啓明社、一九二九年、八二八頁。
(51) 前掲脚注23を参照。
(52) 日本国語大辞典第二版編集委員会『日本国語大辞典　第二版』第六巻、二〇〇一年、七六一頁。
(53) 文化一三年三月「下質渡世始メ申度ニ付」（渡辺家文書・Q10）。
(54) 文政二年一一月「下質渡世心得違之儀有之ニ付」（渡辺家文書・Q11）。
(55) 文政三年三月「下質渡世心得違之儀有之ニ付」（渡辺家文書・Q12）。
(56) 前掲脚注1。

第五章　江戸・江戸周辺の伝馬と助郷

篠原　杏奈

はじめに

近世の農村に課せられた諸役の中で街道・宿場との関わりに着目すると、助郷役をまず挙げることができる。助郷とは、各宿場で準備する御定人馬の不足分を、近隣の村が補うものである。[1]広義では伝馬役の一つに含まれるが、その賦課対象が宿場周辺の村々にある点で、宿場に課せられる伝馬役とはやや性格が異なる。[2]助郷に関してはかねてより多くの研究蓄積があるが、[3]一九九〇年代以降、全国の諸街道と宿場を研究対象に、個別の助郷役負担の構造や性質の分析が活発に行われてきた。[4]土田良一は歴史地理学の空間的視点をもとに、五街道における横断的な助郷編成過程を明らかにした。[5]宇佐美ミサ子は宿場の機能や行政の解明を始めとして、近隣村の助郷負担を説明した。[6]近年では、本多隆成が東海道における伝馬や助郷の実態調査をもとに、助郷制の確立を論じている。[7]これまでの助郷に関する研

第1表　助郷の分類

種　類	負担内容など
定助郷	街道宿駅の近傍のうちで最も古くから宿駅に付属し、宿人馬の不足を補完すべく義務づけられた助郷。定付・本助郷とも呼ぶ。定助郷は、寛永14年江戸―京間の東海道・美濃路・中山道に助馬制が実施された時、これら各街道宿駅の近傍数ヶ村が「定助」という名称で助馬村に指定されたことをもって、その始源とする。定助郷は多くの場合、他の新規助郷に比べると、宿駅とは距離的にも近接して緊密な関係にあり、一種の生活共同圏を形成していた村々でもあった。
加助郷	近世の宿駅に対する定助郷の負担を軽減するために設けられた助郷。その村々は道中奉行によって指定されるが、その人馬の使用は、特別の通行があるときに限られ、宿・助郷より願い出し、道中奉行の証文を得て触れあてるものであった。
増助郷	定助郷・大助郷・加助郷といった負担内容の相違からつけられた区分とは異なり、一般的に従来の助郷村と同一の負担内容をもって、助郷村の拡大要求が行われる時に増加する助郷村を指した。
代助郷	特定の助郷が災害や疲弊、臨時の賦役などで、その加郷役の一部または全部を免除された場合に、それに代わってほかの郷村が加郷、代勤を命ぜられた。
当分助郷	享保10年以降、定助郷以外に、代助郷・増助郷・加助郷などの各種助郷が新規に設定されたのに伴い、次第にその頭に「当分」の字句を冠して当分何々助郷というような名称で出現し、幕末期に多くみられた。

注　丸山雍成他編『日本交通史辞典』（吉川弘文館、1857年）を参考に作成。

究を踏まえると、次の二点が指摘できる。まず、近世の役実現体系には個別領主による支配の差が大きく関与するため、地域間で大きな違いが見られることである。特に助郷役に関しては、同じ街道でさえ宿ごとに差が生じており、一般化は至極困難となっている。次に、助郷役の実現体系や村の負担に関して、全国の街道・宿場周辺を対象に分析されているにもかかわらず、助郷役を介して関わり合う「宿―助郷村」という図式に着目されることは極めて少なかったことである。先述の通り、助郷村が人馬を差し出す機会や負担の大きさは、支配の形態だけでなく、地理的条件やその時々の宿財政に大きく影響される。さらに、助郷村の実態を分析する際には、他の役負担との兼ね合いも無視できない。このことは、支配の錯綜や重層化した役負担を特徴とする江戸周辺農村における助郷役の分析が、これまでほとんどなされてこなかった点と無関係ではない。その中で、山崎久登は太子堂村の助郷役と鷹場役を中心に、農民の諸役負担の割合を明らかにしている。(8) すなわち、「江戸近郊農村」を特徴づける一面に、役負担のあり方を求めたのである。また、江戸四宿の研究が盛んに行われる一方、(9) その周辺に位置した村々との関わりを助郷の視点から描いたものは少ない。(10)

以上を踏まえ本章では、まず江戸の伝馬町の人馬不足を補う助馬・駄賃馬を制度と実態から分析し、交通夫役の視点から「江戸町続」地域を定義する。その上で、角筈村の助郷役実現体系と免除の論理を明らかにし、「江戸町続」地域における宿と助郷村の関係性に迫りたい。

第一節　「近在所々」の地域範囲

江戸四宿より内側の伝馬を担ったのは、大伝馬町と南伝馬町を合わせた両伝馬町と小伝馬町である。(11) 両伝馬町は江戸から江戸四宿までの「道中御伝馬御用」を半月交代で勤め、小伝馬町は江戸府内及び周辺の伝馬役を担当した。三伝馬町は問屋だったわけではなく、町名主を兼帯しながら伝馬継立を行った。人馬の定数は元々決められており、助郷は指定されていなかった。しかしながら、往来が活発化するにつれて伝馬町の人馬だけでは継立を賄いきれなくなった。そこで出されたのが次の史料である。

〔史料1〕

近在役馬起立之事

両伝馬町御役人馬多分相勤、難渋仕候ニ付、近在脇馬ヲ役馬ニ遣候様、承応二巳年三月神尾備前守様・石谷左近将監様江訴訟申上候得共、同年十月六日於御評定所在馬壱疋ニ付、壱ケ年ニ両伝馬町江壱疋宛、御定賃銭に而遣候被仰付、御奉行様方御連印証文被下候ニ付、鞍判致、役馬為勤候(12)

〔史料1〕によると、承応二年(一六五三)両伝馬町の人馬では継立に難渋しているため、「近在」の馬を役馬として使うことが認められた。ここでは、両伝馬町へ一年につきそれぞれ一疋ずつ、御定賃銭で馬を差し出してもよいとされている。さらにこの三年後には、駄賃馬の賃銭に関する規定が出された。

〔史料2〕

定

一御伝馬幷駄賃之荷物、一駄四拾貫目之事

一江戸より品川まで駄賃、一駄に付四拾弐文、無荷物ニ令乗は弐拾七文、板橋え四拾弐文、無荷にのらハ三拾壱文、千寿え四拾六文、同荷物無之時は三拾文、帰馬之駄賃同前也、但人足賃は可為馬之半分事

附、御定之外増銭取者有之ハ、三十日可無籠舎幷其町之年寄為過料五貫文、其外ハ自家一軒百文宛可出之事

一人馬之御朱印を、於馬次之所々致拝見、御書付之外一疋・壱人も多不可出之事

一御伝馬・御駄賃之荷物、馬を持次第可出之、但駄賃馬多入候時は、在々所々え傭、荷物遅々無之様に、雨風之時も可出之事

一往還之輩相背高札之面ニ、理不尽之儀不可申掛之、又対往還之者於非分申は可為曲事事、右条々可相守此旨者也、仍執達如件

明暦元年八月二日　　奉行　(13)

〔史料2〕は明暦元年（一六五五）に出された、江戸から品川など三宿への駄賃規定である。品川は四二文（無荷物二七文）、板橋は四二文（無荷物三一文）、千住は四六文（無荷物三〇文）で統一されていた。〔史料1〕、〔史料2〕から、伝馬町の人馬で賄うことができない場合には「近在」、あるいは「在々所々」の駄賃馬が継立を補佐していたことがわかる。ここで注目したいのは、伝馬町の人馬不足を補ったこの「近在」、「在々所々」の指す地域範囲である。そこで、以下の史料からこの地域の示す具体的な範囲を検討していく。

〔史料3〕

一鳥越町　野村藤右衛門殿御代官所　名主　勘解由
一上野町　　月行事　忠兵衛
一三弥町　　名主　勘解由
一小塚原　　名主　能円坊
一中村新町　　名主　図書
一原宿　　名主　五左衛門
一駒込　内半分ハ野村藤右衛門殿御代官所　残半分ハ伝通院御寺領　名主　将監
一下谷町　　名主　藤左衛門

一谷中　九左衛門
一花川戸　八左衛門
一橋場　才三郎
一今戸　長左衛門
一三川嶋　名主　八郎左衛門
一市谷本村　庄兵衛
一高井戸新町　庄蔵
一上大具　内半分ハ野村藤右衛門殿御代官所
残内半分ハ御鷹匠衆御領所　八郎兵衛
一下大具　内半分ハ野村藤右衛門殿御代官所
残半分ハ御賄方入合　市郎右衛門
一牛込大榎　内そ《マ》者ん《マ》殿御領所少有、伝通院御寺領少有、
残御代官所
一牛込肴町　弥次右衛門
一今井本村　伊奈半左衛門殿御代官所　勘解由
一竜戸　名主　利兵衛
一桜田村　名主　十三郎
一浅府町　名主　又左衛門

一西之久保　名主　兵庫
一三田　名主　五左衛門
一芝　名主　権左衛門
一高縄　新左衛門
一杉　名主　治左衛門
一芝田町　権左衛門
一北沢　斎藤摂津守殿御領所　太郎右衛門
一渋谷新町　三浦清左衛門殿御領所　名主　与惣右衛門
一青山原宿　新左衛門
一赤坂一木　名主　三郎兵衛
一関口　街年寄衆三人分　甚兵衛
一小日向　名主　五左術《ママ》(衛)門
一伝通院前　名主　市郎兵衛
一小石川金杉　名主　権右衛門
一同所土取場　名主　市郎兵衛
一下谷金杉　東叡山御領所　名主　次郎左衛門
一巣鴨　増上寺御領　名主　徳右衛門
一岸村　名主　九右衛門

一者たヶ久保　　庄助
一雑司ヶ谷　持照院御領所　甚右衛門
一駒方　知楽院御領所　名主　長兵衛
一並木　名主　太兵衛
一山之宿　名主　清左衛門
一四谷追分　天秩寺御領所　忠兵衛

万治三年庚子八月五日　南伝馬町　吉沢主計
高野新右衛門
大伝馬町　馬込孫兵衛
佐久間善八

御奉行様

如表書之書付差上候間、於駄賃取候ニ者両伝馬町ゟ駄賃取壱ヶ年ニ一疋宛可出之旨、承応二年巳十月六日申付候処、今度訴訟申ニ付、当年ゟ両伝馬町に壱ヶ年ニ三疋宛駄賃を取可出之并伝馬町ニ而鞍判をいたさせ取候而伝馬町之下知を加請、若於無同心、方々ニ而駄賃取候儀可為無用者也

子八月六日

（三奉行六名連印　略）(14)

〔史料3〕は万治三年（一六六〇）に駄賃馬を許可した地域を書留めたものである。代官支配地だけでなく、旗本知

行所や寺社領などの町や村が四四か所記されている。承応二年の規定では一年に一疋の駄賃馬が認められていたが、当年からは一年に三疋までとなり、伝馬町の鞍判を受けることになった。つまり伝馬町の命を受けたこの四四か所の馬だけが駄賃馬として認められたのである。

地域範囲の変化をより具体的に把握するために以下、角筈村が位置した江戸の西部地域を中心に検討する。江戸西部では、「高井戸新町」と「四谷追分」の地名が見られる。駄賃馬が許可された際に定められた地域範囲を、初期段階としての「近在所々」の範囲と想定する。では、この地域は時代が下るにつれどのような変化を見せるのだろうか。

〔史料4〕

日本橋ゟ壱リ拾五町
一三河嶋　馬三拾壱疋　　馬頭　八郎右衛門

同断
一三河嶋村　馬拾疋　下ヶ札谷中感応寺之筋東之方者つれ　同　九右衛門

同断
一三河嶋村　馬六疋　同　伊左衛門

日本橋ゟ壱り半
一早稲田　馬拾八疋　下ヶ札牛込筋町者つれ　同　与惣兵衛

日本橋ゟ壱里余
一同断　馬九疋　同　杢之助

同断
一同断　馬九疋　同　弥右衛門

同弐里
一雑子谷村　馬拾四疋　下ヶ札目白不動ゟ八九町程先　同　十三郎

同壱り半程
一小塚原　馬拾九疋　下ヶ札千住通下谷ゟ町続　同　甚左衛門

一新島越村　馬八疋　下ヶ札右同断町続、金竜山ゟ弐町程先

右拾壱ヶ村野村彦太夫様代官所

日本橋ゟ壱里半
一関口村　馬拾弐疋　下ヶ札目黒不動前在郷　同　甚兵衛

一小日向築地　馬拾九疋　下ヶ札御町之内　同　惣右衛門

一小石川金杉　馬四疋　下ヶ札伝通院前在郷馬頭　同　市郎左衛門
金十郎
五兵衛
半左衛門

同壱里
一同所　馬拾三疋　馬頭　市郎左衛門

同壱里

一同所　馬壱疋　同　勘左衛門
右五ヶ所町三人年寄衆御代官所
（中略）
一四谷追分　馬弐十壱疋　下ヶ札八王寺通青山筋江　同　平右衛門
右者天沢寺領分
一四谷御箪笥町　馬弐十七疋　下ヶ札八王寺青山筋　同　清兵衛
十兵衛
右者御箪笥衆持分
一川田久保　馬拾三疋　下ヶ札市谷本村ゟ八九町程先　同　庄助
右者伝通院御領分
一牛込肴棚　馬四拾弐疋　御町之内　同　吉右衛門
甚左衛門
右者野村彦太夫様御代官所
一小石川金杉　馬三拾壱疋　下ヶ札小石川伝通院近所在郷　同　吉兵衛
長兵衛
伝三郎
右者御町三人年寄衆御代官所
右合四拾六ヶ村　馬数合六百四拾六疋

天和二年戌五月

〔史料4〕は天和二年（一六八二）に駄賃馬を許可した地域が記されたものである。日本橋からの距離が書かれており、およそ一、二里ほどの場所に統一されていることがわかる。万治三年と比較すると、①四四か所から四六か所（か村）となった点、②日本橋、つまり伝馬町から近い地域（馬喰町、日比谷など）が加えられた点、③芝や渋谷などの南部に拡大した点、を指摘できる。江戸の西部では四谷追分と四谷御箪笥町の名前が見られる。ところで、これと同年には伝馬町に助馬を「差し出さない場所」を書留めた記録が出されている。[15] 万治年間から天和年間の間に、駄賃馬を許可されていながら、馬を差し出さない地域が出現してきたと推測できる。

〔史料5〕

一拾七疋	谷中	勘左衛門
一弐拾八疋	雑司谷	重三郎
一拾四疋	須和町	喜兵衛
一拾疋	本所石原	公三郎
一九疋	小塚原	孫右衛門
一九疋	駒込	勘左衛門
一拾四疋	神田	才兵衛
一七疋	芝新銭座	彦右衛門

一弐拾九疋　西久保飯倉町　勘兵衛
一九疋　麻布本村　伊右衛門
一三拾弐疋　青山久保町　市郎右衛門
一弐拾壱疋　北沢村　太郎右衛門
一弐拾三疋　大久保村　長三郎
一九疋　小石川　弥右衛門
一三疋　三田　弥左衛門
一五拾八疋　日比谷町　九兵衛
　　　　　　　　長左衛門
一七拾九疋　小石川筋　市郎左衛門
　　　　　　　　長兵衛
　　　　　　　　市郎兵衛
　　　　　　　　甚右衛門
　　　　　　　　八左衛門
一四拾九疋　四谷筋　六兵衛
　　　　　　　　平右衛門
　　　　　　　　彦右衛門
　　　　　　　　清兵衛

一六拾九疋　芝筋

一五拾八疋　浅草筋

一三拾壱疋　渋谷

一拾五疋　下谷筋

一三拾五疋　須賀茂

一四拾三疋　牛込筋

七右衛門
与惣兵衛
庄左衛門
長兵衛
九兵衛
次郎兵衛
治左衛門
彦兵衛
権兵衛
作兵衛
半兵衛
惣兵衛
十兵衛
勘十郎
文左衛門
九兵衛
与左衛門
与惣兵衛

一三拾壱疋　　三河嶋　　徳左衛門
　　　　　　　　　　　　庄左衛門

〆合七百疋

右之馬持共、所々ニ而小頭仕候ニ付、御用之節者私共方ゟ相触寄セ馬仕候、此介伝馬之者共馬壱疋ニ付、壱ヶ年ニ三疋宛大伝馬町・南伝馬町江助馬仕候ニ付、壱ヶ年ニ弐千疋余相勤申候、右之馬共御当地町中ニ而駄賃取申候間鞍焼印仕候、尤右之馬共御定之駄賃銭両伝馬町ゟ相渡申候、前々申上候通先年者助馬数弐千疋余御座候処、近年段々大八車発向仕、其上諸色高直ニ付、年々助馬減少仕候、以上

元禄十三年辰二月　　大伝馬町　馬込勘解由
　　　　　　　　　　南伝馬町　吉沢主計
　　　　　　　　　　　　　　　高野新右衛門
　　　　　　　　　　　　　　　小宮善右衛門　(16)

〔史料5〕は元禄一三年（一七〇〇）の記録である。個々の村や町の単位のみではなく、小石川や芝など、筋を単位に馬数が定められている。西部は四谷筋にまとめられている。もともと助馬は二〇〇〇疋以上あったが、近年は大八車の通行が許可されたこともあって年々減少していると伝馬町は述べている。地域範囲としては天和二年とほとんど変更はないようである。しかし「近在所々」の範囲が、万治年間から徐々に拡大している様子は確認できる。

〔史料6〕

以口上書申上候

一江戸近在ゟ御当地江稼ニ出候馬之儀、三伝馬町ゟ日印を請御伝馬役之助役仕候様先年ゟ御定御座候処、近年猥ニ罷成、無印之馬稼仕候ニ付、先年之通江戸稼不仕候様御触流し被成下候様奉願候ニ付、六拾九年以前万治三子年御定法場所御書出之写者先達而差上申候、就夫当然三伝馬町江助役相勤候場所左ニ書付差上申候

三河島辺　小石川金杉辺　橋場筋　本郷筋　浅草阿部川町辺　下谷筋

巣鴨筋　雑司ヶ谷辺　小塚原辺　牛込早稲田辺　改代町辺　浅草山谷筋

小石川古川町辺　神田筋　町屋村辺　浅井筋　昌平橋辺　大崎村辺　芝口筋　青山辺　渋谷辺　芝金杉筋

四ッ谷内藤宿辺　同御箪笥町辺　西久保辺　大久保辺　芝松本町辺　本所茅場町辺　同所堀切筋

右者三伝馬町江当然助役相勤候場所ニ而御座候、此分幷万治年中御定之在々所々其外御当地町中共無印之馬江戸稼不仕候様御触流被成下候様奉願候、以上

享保十三年申正月廿二日

馬込勘解由

吉沢主計

高野新右衛門

小宮善右衛門

宮辺又四郎

右之通喜多村殿江差出ス　(17)

〔史料6〕では享保一三年（一七二六）、みだりに江戸に付け出す駄賃稼ぎの者が多いことを危惧し、助馬の許可された地域を「〜辺」または「〜筋」などで表記している。この地域をさらに詳しく書き記したものが、次の史料である。

〔史料7〕（傍線部は特にことわりのない限り、引用者によるもの。以下同じ。）

表之袖書ニ三伝馬町名主共江、　下之段下ヶ札ニ而

一鳥越町　　一本郷
一上野　　一浅草阿部川町
一三弥町　　一小石川五軒町
一小塚原　　一小石川清戸町
一中村新田　　一小塚原通新町
一原宿　　一牛込早稲田済松寺前
一駒込　　一牛込改代町
一下谷町　　一牛込早稲田町
一谷中　　一牛込古川町
一花川戸　　一神田金助町
一橋場　　一巣鴨村上新田
一今戸　　一町屋村

一三河島
一市谷本村
一高井戸新町
一上大具
一下大具
一牛込大榎
一同所肴町
一今井本村
一竜戸村
一桜田町
一浅府町
一西之久保
一三田
一芝
一高輪
一芝田町
一芝金杉
一小沢

一駒込染井
一巣鴨本村増上寺領
一箕輪
一高田村
一護国寺音羽町
一牛込中里村
一牛込馬場下
一大久保新田
一すわ村
一牛込下戸塚村
一同源兵衛村
一同落合村
一小石川久保町
一駒込浅嘉町
一田畑村
一駒込道坂
一同四軒寺町
一関口新町

一しば屋新町
一青山原町
一赤坂一木
一上大具
一関口
一小日向
一伝通院
一小石川金杉
一同所土取場
一坂本
一下谷金杉
一巣鴨
一岸村
一駒込
一川田《マ》ヶ久《マ》保
一雑司ヶ谷
一駒形
一並木

一上駒込村
一雑司ヶ谷四谷
一駒込富士町片町
一小石川大原町
一同所原町
一谷中善正寺前
一谷中感応寺前
一浅草元三十三間堂前
一同新鳥越町
一同山川町
一下谷通新町
一千住宿
一上目黒
一中目黒
一下目黒
一大崎
一品川ゆる木橋
一大戸

一山之宿
一四ッ谷追分

一上渋谷
一中渋谷
一下渋谷
一四ッ谷内藤宿
一同天龍寺前
一淀橋村
一鳴子宿
一四ッ谷御箪笥町
一大久保

一芝口弐丁目
一芝新銭座
一同札ノ辻
一同松本町
一青山五十人町
一麻布かうかい
一代々木村
一恩田村

一本所番場
一同所横綱
一同所四ッ目
一須田村
一同善左衛門新田
一同所若宮
一同所堀切
一本所相生町

［上段付書：引用者注］

右江戸廻近在所々ゟ江戸表江出稼致候駄賃馬之儀、伝馬町ニ而鞍判を受、一ヶ年ニ駄賃馬壱疋ニ付助馬三疋宛出之、伝馬町下知を可請、若無同心ニ於てハ、江戸表ニ而駄賃取候儀可為無用旨、万治年中御触有之候処、近頃ハ鞍判も不取猥ニ江戸表江罷出駄賃取候者多有之由ニ候、此以後ハ古来之通伝馬町ゟ鞍判取之、助馬も御定之通急度可差出候、若鞍判不取候而江戸町々江出駄賃取候故、助馬難渋致候者有之ハ、馬持当人者不及申、其所之名主・年寄・五人組迄急度曲事ニ可申付候、尤右之趣江戸伝馬町之者共江改申付置、違背之者有之ハ召捕、月番之町奉行所江訴出候筈ニ申付候間、此旨急度可相守者也

申十二月

［下段付書：引用者注］

右之所々御書加被遊被下候様奉願上候、其外ニも馬持共罷在候処可有御座候へ共、当方聢と相知不申候、追而相知次第御訴可申上候間、御触被成下候様奉願上候、以上

申十二月(18)

〔史料7〕は享保一三年に出された駄賃馬の許可範囲を記したものである。上段に書かれているのは、万治三年に定められた地域であり、〔史料3〕の地域とほぼ一致している。［上段付書］では、近年伝馬町の鞍判がないまま江戸表に出入りする駄賃馬を禁止する旨が述べられている。むやみに駄賃稼ぎを行う者の出現が伝馬町を困窮させていたのである。そして下段に書かれた村々の中には、これまでにも名前があった村もあれば、今回初めて現れた村もある。［下段付書］は、上段の地域に下段の地域を加えてほしい、この他にも馬持は存在しているが把握しきれてない

ため、今後確認ができ次第また触を廻すという内容である。西部に限定して考えてみると、まず代々木村は角筈村とともに内藤新宿や品川宿の助郷を担ってきた村である。また淀橋村と鳴子（成子）宿は角筈村の北に位置している。つまり、「江戸廻近在」には内藤新宿よりも外側の地域が含まれており、時代が下るにつれ駄賃馬を行う者が存在する範囲は拡大した。そして伝馬町自身がその範囲を十分に把握できない状況になったのである。

〔史料8〕

覚

江戸廻近在所々より江戸表江出稼致候駄賃馬之儀、伝馬町ニ而鞍判を請、壱ヶ年ニ助馬三疋宛駄賃取出之、伝馬町下知可請、若無同心ニおゐてハ、江戸表ニ而駄賃取候儀可為無用旨、万治年中御触有之候処、近キ頃ハ鞍判も不取猥ニ江戸表江罷出、口々江附出シ馬請負幷御当地ニ而駄賃取候もの多有之由ニ候、此以後者古来御定之通、壱ヶ年駄賃壱疋ニ付助馬三疋宛、三伝馬町江急度差出鞍判請可申候、若鞍判不取候而江戸町々江出駄賃取候歟、助馬難渋いたし候者有之者馬持当人者不及申、其所之名主・年寄・五人組迄急度曲事可申付候、尤右之趣江戸三伝馬町之者江改申付置、違背之者有之ハ召捕、月番之町奉行所江訴出候筈ニ申付候間、此旨急度可相守者也

享保十四年己酉年三月

越前
美濃
下野
大和
播磨

肥後
信濃
丹後
河内
豊前

右之通従町御奉行所被仰渡候間、町中ニ有之馬持者不及申、家持・借屋裏々迄、右御触之趣入念為申聞急度相守可申候、此旨町中江可被相触候、已上

酉三月[19]

〔史料8〕は伝馬町に残された町触の記録である。先述した万治年間の触の通り、駄賃馬は一年につき三疋までとし、伝馬町の鞍判を受けなくてはならなかった。しかし、近頃は鞍判もないまま江戸に出入りする駄賃稼ぎの者がおり、彼らを取り締まるためにこの触が「町中」へ出されたのである。しかしながら、この触に対応する史料が角筈村の御用留の中に確認できる。[20]つまり江戸の町にとどまらず、より広範囲において同様の触が通達されていたのである。

〔史料9〕

一遠国在々ゟ日々御当地江入込候馬数夥敷儀ニ御座候処、此馬共自由ニ帰り駄賃を取附出し為仕候而者、江戸表ニ罷在候御役馬共困窮仕候ニ付、先年ゟ相改、帰リ駄賃取候儀不罷成由為申聞候、然ル処、去酉年御触流被成下候以後、三伝馬町ゟ別而厳蜜ニ相改候様相聞候得とも、遠国在々ゟ入込候馬共附出し自由ニ罷成候而者、段々承伝

ニ在々ゟ猥ニ無判馬入込、其上近在ゟ参リ候無判馬も遠国馬之様ニ申偽リ、改之差別相立不申候、左候得者又々駄賃馬之作法も未熟に罷成候ニ付、相改申候

一先年ゟ今以三伝馬町ゟ鞍判を請、御役相勤候馬持罷在候場所之儀者江戸ゟ道法三四里以内外之場ニ御座候、然共道程八九里十里、或者拾弐三里程之所ゟ御当地商売人方江商荷物附参リ、此戻リニ江戸附出為致不申候、就夫、拙者共奉存候者八九里、拾弐三里之場所、遠国馬同前ニ改、一切江戸附出不為致候而者、右在々之者障ニ罷成候儀も可有御座様奉存候ニ付、江戸ゟ拾二三里以上之場所ハ遠国之部ニ仕、十二三里ゟ内之場所之儀ハ、江戸表ニ出、帰駄賃稼仕度存候者之分ハ鞍判を請、御役相勤候而江戸ゟ帰リ駄賃取候様被仰付候ハヽ、右在々之者障ニも不罷成、双方之為ニ可然奉存候間、此段奉伺候、右之通御尋ニ付、書付差上申候、已上

享保十五年戌三月

大伝馬町　馬込勘解由

南伝馬町　小宮善左衛門

吉沢主計

高野新右衛門

小伝馬町　宮辺又四郎　(21)

参勤交代などで遠国から江戸に来る際、入府で利用した馬を帰国時にも利用する場合がある。しかし、これに乗じて江戸近在から無判で駄賃稼ぎを行う者がいる。そこで、伝馬町は江戸から一三里以上の場所は遠国と同様の扱いとして認めるが、一三里以内で駄賃馬を差し出す場合には鞍判を受けるよう命じた。ただし、伝馬町が正式に認めた助馬を負担する範囲は江戸から三、四里以内であると述べている。天和年間に書留められた地域は日本橋から約二里以

内に留まっていたのに対し、ここでは四里にまで広がっていることがわかる。

以上を踏まえると、伝馬町の助馬を許可された地域の拡大と、江戸内外を問わず駄賃稼ぎをする者の動向は、伝馬町の伝馬継立に大きな影響を与えたと考えられる。伝馬町は人馬の不足と無判馬の増加に伴う収入減に悩み、役馬の範囲を拡大して対応しようとしたのである。そして、その動きの中で、角筈村や代々木村などの内藤新宿より西部に位置する村々も「近在所々」に該当するようになったと考えられる。

〔史料10〕

一馬地中にて籠・あんたに乗候者有之由ニ候、従前々御法度ニ候間、自今以後ハ、町中は不及申、品川・千寿・板橋・高井戸、此内を限り堅乗申間敷候、若相背、乗候もの有之候ハヽ、相改捕、急度可申付候事

一乗物・籠・あんだ、御赦免無之者旅に出候共、又ハ旅より江戸え罷越候共、品川・千寿・板橋・高井戸、此内ニて堅乗申間敷候、是又相背乗候もの有之候ハヽ、相改、急度可申付事

二月（22）

〔史料10〕は寛文五年（一六六五）、江戸市中に駕籠で乗り入れることを禁止した触である。品川・千住・板橋・高井戸の内側を「江戸」と認識していることがわかる。内藤新宿の開宿までの期間と、廃宿中の期間は高井戸が千住・板橋・品川と並び江戸四宿に位置づいていたのである。これを考慮すると、内藤新宿から高井戸宿までの間に位置する角筈村は法令上、一時的に「江戸」の範囲に入り込んでいたことになる。このように、内藤新宿と高井戸宿の間に位置した角筈村や代々木村などは、当初日本橋から二里以内と想定されていた「近在所々」の範囲が拡大するにつ

れ、その内部に徐々に組み込まれていったり、法令上で一時「江戸」の内側だと認識されたりしたのである。要するにこの「江戸町続」地域の村々は、地理的には「江戸」の外側に位置していながら、交通夫役体系の観点からは極めて曖昧な捉え方がなされる地域であったと考えられる。

第二節　助郷負担の特質

本節では角筈村における助郷負担の実態を明らかにし、「江戸町続」地域における助郷村の特質に迫る。まず角筈村と内藤新宿の関わりに着目する。

（一）内藤新宿と角筈村

内藤新宿は元禄一一年（一六九八）に新しく開設された宿場である。『新編武蔵風土記稿』には「江戸ヨリ多摩郡上下高井戸宿マデ人馬継立ノ驛亭トセシガ享保三年宿驛ヲ止メラレテ。御料ノ町場トナリシニ。明和九年安藤弾正少弼道中奉行タリシ時。元ノ如ク宿驛ニ建ラレ」(23)と書かれており、享保三年（一七一八）に急遽廃宿を命じられたが明和九年（一七七二）以降、再び宿場としての役割を担うようになった。ここでは、「宿—助郷村」の視点から内藤新宿と密接に結びついた角筈村の動きに着目する。とはいえ、元禄一一年の開宿当初、内藤新宿には正式な助郷は定められていなかった。

〔史料11〕

以口上奉願候

一今度内藤新宿火事ニ付御伝馬役之者共焼失仕、当分往還伝馬・人馬役難勤奉存候間、小屋掛等仕候内は、江戸伝馬町ゟ内藤宿江継候人馬之儀者高井戸宿迄直ニ継候様被仰付被下候奉願候、高井戸ゟ内藤新宿江継候人馬之儀は、先達而被仰付被下候故、無滞継通シ申候、尤小屋掛等も仕候ハヽ、有来候通御伝馬役無滞相勤申候、内藤新宿之儀者新町之儀にて御伝馬役勤来候故、未助郷等も無御座、町中家持共計ニ而御伝馬役勤来候故、家持共焼失仕候故、右之通奉願上候、以上

元録十五年午二月　　甲州海道内藤宿　問屋　喜六

今井九右衛門様御手代中 (24)

〔史料11〕は、元禄一五年（一七〇二）二月に内藤新宿が出火した際のものである。火事によって打撃を受け、伝馬役を勤められるような状態ではなくなってしまった。そこで江戸の伝馬町に対し、日本橋から高井戸宿まで直接継立をしてほしいと願い出ている。ただし、内藤新宿はまだ開宿したばかりであるため助郷が存在しないことがわかる。それでは角筈村が内藤新宿の助郷となるのはいつなのか。

〔史料12〕

「（表紙）
宝永六年

内藤新宿江助人馬出ス帳

丑二月晦日」

丑ノ二月晦日

一馬三疋
人足八人　三町

一馬壱疋
人足三人　三左衛門
長右衛門組

一馬壱疋
人足弐人　五右衛門組

一馬壱疋
人足弐人　伊右衛門組

一人足壱人　傳右衛門

〆馬六疋
人足拾六人

右ハ松平美濃守様御家中御通りニ付出ス（以下略）(25)

〔史料12〕は宝永六年（一七〇九）二月から三月までに内藤新宿に出した助人馬の数を書留めたものである。省略した部分も含め、人馬数と人名を一覧にしたものが第2表である。角筈村の町部、組合、または個人がそれぞれ定めら

第2表　宝永6年（1709）内藤新宿に差し出した人馬数

		2月晦日	(3月1日)	3月2日	3月3日	3月4日	3月11日	3月12日	3月22日	3月24日
三町	馬	3	3	3	3	3	0	0	0	3
	人足	8	8	8	8	8	0	0	0	0
上町	馬	0	0	0	0	0	1	1	2	0
	人足	0	0	0	0	0	0	3	4	0
中下町	馬	0	0	0	0	0	2	1	1	0
	人足	0	0	0	0	0	0	3	4	0
三左衛門 長右衛門組	馬	1	1	1	1	1	1	1	1	1
	人足	3	3	3	3	3	0	2	3	0
五右衛門組	馬	1	1	1	1	1	1	1	1	1
	人足	2	2	2	3	2	0	2	1	0
伊右衛門組	馬	1	1	1	0	1	1	0	0	0
	人足	2	1	1	2	1	0	3	3	0
傳右衛門	馬	0	0	0	1	0	1	1	1	1
	人足	1	2	2	0	2	0	0	1	0
合計	馬	6	6	6	6	6	7	5	6	6
	人足	16	16	16	16	16	0	13	16	0

注　「渡辺家文書」M1をもとに作成。

れた数の人馬を用意していたと考えられる。助郷の成立に関しては諸説あるものの[26]、助人馬を助郷の一つと考えるならば、内藤新宿は宝永六年の時点ですでに助郷と呼べる制度の大枠が成立していたといえる。つまり角筈村は、内藤新宿開宿から一〇年の間に助郷として位置づいていたのである。

引き続き、内藤新宿が一時廃止されるまでの期間における角筈村の動きを見ていく。

〔史料13〕

一人足弐拾弐人
　馬弐拾疋　　角筈村

右者松平甲斐守殿御通りニ付、内藤宿へ助人馬申付候間、来ル四月［　］迄ニ内藤宿へ相詰問屋・年寄差図次第無滞可相勤候、此廻状早々相廻し、内藤宿問屋方へ可相返候、以上

巳ノ四月三日　　勘七郎
　　　　　　　　勘兵衛　役所

右村々名主　(27)

〔史料14〕

高七百拾六石

一　馬九疋人
　　足廿五人　　角筈村

右者明後六日府中御馬買衆江戸へ被帰候間、例之通人馬内藤新宿問屋場へ可被差出候、無滞様ニ可致候、以上

巳十一月四日

勘兵衛役所

右村々名主中　(28)

〔史料13〕は正徳三年（一七一三）四月、〔史料14〕は同年一一月に、それぞれ内藤新宿に助人馬を差し出すよう命じたものである。角筈村は四月には馬二〇疋・人足二二人、一一月には馬九疋・人足人を用意し、期日までに内藤新宿問屋場に詰めるよう要求された。この時点で廻状によって人馬提供を通達するシステムが成立していた点は注目してよい。次の史料は正徳六年（一七一六）に、内藤新宿が再び類焼した際のものである。

〔史料15〕

乍恐以書付を以奉願上候

一内藤新宿問屋・年寄・惣家持共申上候、此度当宿出火候ニ付、人馬役之者共六十七軒類火有、当分居所無御座候

付、方々立へ退きしゆえ、御用人馬幷往還荷物附送り之義不罷成、乍恐村より当分助郷奉願上候、元禄十五年二月出火之節、今井九右衛門様御代官所、両伝馬町、高井土上・下追通し被仰付候、右之段被為聞召分［　］、御慈悲を以、被為仰付候ハヽ、難有奉存候、以上

正徳六年卯正月

惣家持

役人　四人

野田三郎左衛門　御役所 (29)

内藤新宿は二度大きな火災によって被害を受けている。(30)〔史料15〕によると、元禄一五年の出火の際は伝馬町が直接、高井戸までの人馬継立を行うよう願い出ていたが、今回は周辺村々の助郷によって対応しようとしている。すなわち、この段階において内藤新宿には、緊急時に助郷を要請できる村々が存在していたのである。

〔史料16〕

覚

一馬九疋人足廿五人

角筈村

右ハ明十六日十七日両日之内、府中御馬買衆江戸へ被帰候間、例之通人馬内藤宿問屋場可差出し滞無之候様ニ可致候、以上

酉十一月十五日

会伊右衛門役所 (31)

〔史料16〕は享保二年（一七一七）一一月の人馬提供を要求する触であり、角筈村は馬九疋・人足二五人を負担するよう命じられた。

以上、元禄一一年に開宿した内藤新宿の助郷は、宝永期頃からその枠組みを現し、正徳年間には確実に機能していたのである。次に、内藤新宿が一時廃止となり、明和九年に再開した後の助郷村の動向を検討する。

〔史料17〕

差上申一札之事

内藤新宿願之通已来継場被仰付差取御年貢拾六両壱分余之外冥加永久壱ヵ年ニ金百五拾両宛上納可致仰付候、出火之節千駄ヶ谷御塩焇蔵欠■（付）之義ハ御免被遊

一宿之中程ニ問屋場壱軒建之問屋場前ニ高札場茂相建可申候

一問屋年寄役之者を相極旅籠屋古［　　］五拾弐軒有之候由三十軒程ハ早々ニ相建其余者連々建之本陣をも相建休役ハ差支無之様ニ可致候、勿論家作花麗ニ致間敷候

一飯盛女宿中ニ都合百五拾人召抱外宿々並之通往来旅へ相手ニ差出［　　］遊具之客を請候義ハ不致、勿論大人数ハ差置申間鋪候

一助郷高九千四拾六石余村数三十三ヶ村ニ被仰付助郷帳も御渡被下候間、宿人馬弐拾五人弐拾五疋之内急御用幷不［　］往来之為六人三疋ハ囲置其余之宿人馬遣切候ハヽ、助郷村々江触当可申候

一御朱印御証文先触之通り其外昼夜無遅滞後人馬差出し先触外之添人馬ハ宿役人随分勘弁致、前々通行之■前を考無益之人馬触当申間敷候

一助郷江人馬触当候節先触写を相廻し万一先触間ニ合不申候節ハ通行相済候節、急度相廻し可申候
一助郷人馬差出し候節日〆帳写助郷惣代印形致助郷江ハ通帳相渡し壱ヶ月壱度宛助郷惣代立合致勘定双方印形致可
置候
一宿内ゟ出火ハ勿論他所ゟ之出火ニ而類焼致候も火事拝借抔相候義ハ［　］仕間鋪候
一右之外御高札并御触之此外宿々之通相守可申候、但人馬継立始り候て前広御届ケ可申上候、右之通内藤宿之者共
ハ被仰渡候 (32)

〔史料17〕は、内藤新宿再開後に明確化された宿駅業務や助郷制度に関する規定である。前半部分には、主に内藤新宿が再び宿場として営業を開始する際に守るべき事項が記されている。例えば、内藤新宿が宿場として復帰した後は、千駄ヶ谷焔硝蔵が出火した際の駆付人足負担を免除するとしている。旅籠屋の軒数や飯盛女の人数などもここで細かく定められている。再開後の助郷高は九〇四六石余りで、村数は三三か村とされた。〔史料18〕は〔史料17〕の続きの部分であり、助郷に関する事項が具体的に述べられている。

〔史料18〕

一助郷村之者共宿ゟ触当人馬無滞指出其後ニ日〆帳助郷惣代前印形致勿論不参遅参不致老若之［　］人馬差出間
敷候、問屋場ニ而勘定等之節ハ別而助郷惣代立寄可申旨、内藤宿新規助郷惣代雑色村下北沢村其外罷出候者被仰
渡候
一角筈村代々木村ハ出火之節千駄ヶ谷御塩焇蔵駆付相勤候村々之義ハ品川宿大通之節ハ加助郷も触当候得共、已来

右之加助ハ触当無御座、内藤新宿助郷御組入ニ相成候得も出火之節千駄ヶ谷御塩焇蔵欠付村益も有之候間、是迄之通相勤可申候旨角筈村代々木村へ被仰渡候

一幡ヶ谷村ハ出火之節千駄ヶ谷御塩焇蔵駆付相勤候村々之内ニ而板橋宿大通之節ハ加助郷も触当来り候得共、已来右加助ハ御触当無御座内藤新宿助郷ニ御組入へ相成

一内藤新宿継場ニ相成駄賃人足賃銭ハ改候分、已来直次致間敷旨伝馬役幷高井戸宿へ被仰渡候

一以来高井戸宿助郷高九千弐拾石余村数廿六ヶ村相建宿々助郷帳御改御渡被成候旨追拝見可仕旨銘々幷助郷惣代之者へ被仰渡候、但内藤新宿継立始り候ハ御触御座可有候、可得其意旨一同へ被仰渡候

一西大久保村ハ是迄千駄ヶ谷御塩焇蔵欠付相勤候得も、已来出火之節ハ千駄ヶ谷・和泉新田両御塩焇蔵駆付相勤可申旨西大久保村へ被仰付候

一穏田村・原宿村・上渋谷村右三ヶ村内藤新宿之替り出火之節千駄ヶ谷御塩焇蔵駆付被仰付候間、外村益も壱ヶ村分之駆付人足三ヶ村ニ而相勤可申候、勿論品川宿大通之節加助郷ハ触当可申候旨是迄勤来り候村役可相勤旨三ヶ村へ被仰渡候

右銘々被仰渡之趣奉畏候節相背候も御料可仰付候、依而証文差上申処如件

明和九年辰二月廿日　　村々連印

道中御奉行所 (33)

助郷村々は命じられた人馬数を滞りなく差し出し、新たに助郷惣代となった雑色村と下北沢村が確認して日〆帳に印を押すことや、千駄ヶ谷焔硝蔵駆付人足負担との兼ね合いについて詳細に記されている。ここで特記されている

村々は、助郷三三か村の内で焔硝蔵人足を負担してきた村だと推測できる。そして角筈・代々木両村は、助郷の再編成によって品川宿の加助郷から除外されたことがわかる。ただし、焔硝蔵人足の負担はこれまでと変わらずに勤めるよう定めている。

〔史料19〕

相定申書付之事

一内藤新宿助郷組合三拾三ヶ村之内ニ而為惣代弐人宛日々問屋場江罷越御先触拝見仕日〆人馬触当帳面引合見届幷
当日村々出人馬事領分急可申候事

一村々出人馬随分問屋場大切ニ相勤候様、兼而申付差出可申候事

一御朱印人馬之儀、弐拾五人弐拾五疋者宿場ニ而為勤度、右之外ハ助郷ニ而可相勤事

一問屋場人馬触当相違無之候ハヽ、日〆帳引合見届問屋中ゟ通帳ニ付請取可申候事

一宿人馬弐拾五人弐拾五疋都合ニ而勤切候様ニ立会中改可申候事

一助郷ハ出人馬勤候者不及申、立払之訳相分リ候様可致候幷勤之者名前書印候様、問屋場江対談可致候事

一人馬賃銭込合候節ハ、請取急く者茂在之候ハヽ、当日立合心を付様可致事

一村々触当人馬、右宿場売上相対いたし雇候儀致間敷候、若右相背猥成し村方ハ、組合村々立合之上相糺可申候事

一助郷人馬出勤之日、何村より人馬何程出し候訳、名々書付ニ致惣代中江可遣事

一組合村之諸用茂在之節ハ角筈村・代々木村之内ニ而廻状出し可申、尤何方之村ニ而茂用事ニ付廻状出し候節ハ
早々廻用事之趣相達し可申候事

一組合村々寄合之儀、三月十四日・八月十四日ニ相定壱ヶ年弐度宛、名主中自身ニ出会可申候、幷其外急用廻状相廻し候ハヽ、早々罷出可申事、右相談之上相定候通相違無御座候、依之村々連判致申所仍而如件

明和九年辰八月

和泉村名主　五右衛門㊞
同村名主　七郎兵衛㊞
赤堤村名主　忠蔵㊞
舟橋村名主　浅右衛門㊞
粕谷村名主　吉郎兵衛㊞
上祖師谷村名主　惣七㊞
絵田村名主　久兵衛㊞
上井草村名主　半兵衛㊞
上荻窪村名主亀七代　年寄弥五右衛門㊞
大宮前新田名主　杢右衛門㊞
雑色村名主　儀右衛門㊞
同村名主　平四郎㊞
同村名主　牧右衛門㊞
同村名主　所右衛門㊞
代田村名主　重右衛門㊞

永福寺村名主　儀右衛門㊞
松原村名主　四郎左衛門㊞
経堂在家村名主　太郎左衛門㊞
回り沢村名主　傳右衛門㊞
下祖師谷村名主　惣兵衛㊞
烏山村名主　三郎右衛門㊞
無礼村名主　三郎兵衛㊞
遅野井村名主　八郎右衛門㊞
中高井戸村名主　新兵衛㊞
同村名主　茂右衛門㊞
本郷村名主　市兵衛㊞
幡ヶ谷村名主　重左衛門㊞
下北沢村名主　伴右衛門㊞
若林村名主　平右衛門㊞

太子堂村名主　九左衛門㊞　　三宿村名主　八郎左衛門㊞
池尻村名主　専右衛門㊞　　北沢村名主　勝之丞㊞
下馬引沢村名主　十兵衛㊞　　上馬引沢村名主　善右衛門㊞
野沢村名主　三左衛門㊞　　代々木村名主　作右衛門㊞
角筈村名主　傳右衛門㊞
安　弾正殿(34)

〔史料19〕は定助郷三三か村の名主が道中奉行宛てに差し出したものである。内藤新宿の再開とともに助郷組合が編成され、人馬差出に関する事項が明確に定められた。助郷組合の村々に何か伝達事項があった場合には、角筈・代々木両村が廻状を出す役割を担っていたことがわかる。

以上、角筈村と内藤新宿の関わりを見てきた。内藤新宿の助郷が正式に定められた時期は特定できないが、開宿してから数年のうちに周辺の地域がすでに助人馬を差し出していた事実が確認できた。その後、助郷が徐々に制度化していったが、急遽内藤新宿が廃宿を命じられた。その間内藤新宿の助郷村々は、他宿の助郷に組み入れられたり、助郷役以外の諸役負担を命じられたりした。そして内藤新宿の再開とともに改めて助郷が編制され、三三か村が助郷組合を結成し、内藤新宿を支える体制が整備されていったのである。佐藤麻里は内藤新宿の一時廃止と再開に着目し、内藤新宿は「立ち返り」によって宿場としての機能を整備したと述べた(35)。宿の周辺地域の視点から考えてみると、「立ち返り」は村々が助郷としての役割を明確にした出来事であったといえる。他宿に対する助郷役負担や焔硝蔵人足負担との兼ね合いを含め、助郷村々に役負担の変質を及ぼしたと指摘できる。

ところで、これまで述べてきた通り角筈村は助郷村として内藤新宿と強い結びつきを持っていたが、実際には助郷以外の部分でも特筆すべき関わりを見せてきた。

〔史料20〕

一武州豊嶋郡角筈村佐四郎同所「　　　」甲州道中「　　　」御伝馬共高井戸宿江相継申候得共、右高井戸迄ハ日本橋ゟ道法四里余之場所ニ御座候ニ付、江戸附出附近共ニ本所・深川又者品川・千住「　　　」迄継合申候故、程遠雨天之節者殊外足場烈悪所ニ泊宿与申茂無御座、往来之旅人ハ不及申上別而御継飛脚等難儀仕候由及承罷有候付、右宿取立之儀惣而心掛ケ罷有此度奉願上候旨、角筈町之儀者甲州通り筋元和中ゟ宿屋敷ニ而御年貢米茂宿置之御年貢御上納仕来、尤日本橋ゟ高井戸迄之中程ニ而人馬継合至極都合宜場所ニ御座候様乍恐奉存候、何卒此所ニ而御伝馬継合候様被為仰付被下置候ハ、江戸両伝馬町之儀者不及申上高井戸宿・品川・千住・板橋共ニ人馬并往来之諸万人夥敷御救ニ罷成広大之御慈悲を難有可奉存候、私共奉願上候者右角筈町之内ニ而差障無御座場所地主共江熟談仕置是迄之通御年貢米も御上納仕候御儀ニ御座候、勿論御役勤方之儀其外旅籠屋等之儀茂品川・千住・板橋右三宿ニ准候様、被為仰付被下置度奉願上候、則右場所絵図奉指上候

一人馬助郷之儀者先年内藤新宿江奉相勤候村方奉願上候、右之通御吟味之上御免被為仰付被下置候ハ、去地殊外潤ひ困窮之村方御救も罷成難有奉存候、并品川・千住・板橋別而両伝馬町高井戸宿之儀者御継飛脚等継場宜人夫間違不申夥敷御救と難有可奉存候、御慈悲を以願之通被為仰付被下置候ハ、先年内藤新宿ニ而御伝馬宿奉相勤候而如何様之儀ニ而御停止被為仰付候哉、子細者不奉存候得共其節之御上納御残金千三百両余滞御座候由奉承候、私共願之通御免被為仰付被下置候ハ、翌年ゟ七ヶ年賦ニ不残御上納可仕候、乍恐御上御益之儀者千駄ヶ谷御塩焇蔵

江火消欠付人足五拾人宛奉相勤其外為冥加御上納御皆納仕候後者壱ヶ年ニ金百両宛永々御上納可仕候、御慈悲を以願之通被為仰付被下置候ハヽ、双方御救与難有可奉存候、以上

宝暦二申年十二

角筈町　願人　養助

同　佐四郎

右願之通被為仰付被下置候ハヽ、貧窮之村方夥敷御救罷成候ニ付百姓共一同御慈悲奉願上候、尤私共宿屋敷町屋之儀者元和年中ゟ相続候得共近年明地等多少御座候而村方至極困窮仕候故宿継場御免被下置候様一統奉願上候、以上

申十二月

名主　年寄　百姓代 (36)

〔史料20〕は、宝暦二年（一七五二）に角筈村内の町部分に住んでいたと考えられる養助から名主に出された開宿願である。日本橋から高井戸宿までは四里ほど離れており、特に雨天時は旅人や飛脚が難儀している。角筈村に宿場が置かれたら、江戸の伝馬町や他の宿場の者たちが救われると述べている。また、これまで内藤新宿の助郷を務めてきたが、開宿とともに助郷役を免除してもらえたら、困窮した村方が救われるとも述べている。

〔史料21〕

延享年中貴殿御村方宿場ニ願上候様御相談致候処尚又此度御願申被下候、御相談仕候処相違無御座候被仰付候ハヽ、御村方御役人中惣百姓中御相談之上御差図を請可仕候、依之一札入置申処仍而如件

明和七年寅四月五日

太七

角筈村名主　傳右衛門殿 (37)

〔史料22〕

一延享年中貴殿当村御伝馬宿御願被成候積り、当村役人江御相談ニ付役人共者不及申百姓共不残相談相致、右之通御願被下候積り一札差上申候処段々御吟味之上被仰付かつて趣被仰渡是迄中継致罷有候処相違無之哉之趣被仰聞候間、尚又村中致相談候処被仰付有之御座候ハヽ、先達而相談相決候通、毛頭相違無之上ハ御吟味仰付候ハヽ、拙者共何方御願申上御伝馬等ハ不及申御用差支無之様相勤可申候、此上御吟味被申付敷金等被仰付候ハヽ、相談之上是又差支無之様可致候、依之一札如件

明和七年寅四月十五日

角筈村　年寄　忠右衛門

平蔵

太七殿（38）

〔史料21〕、〔史料22〕は明和九年（一七七二）の内藤新宿「立ち返り」の直前に出された開宿願である。太七の願い出を受けた村役人たちが返答しているのがわかる。村としては開宿に肯定的な姿勢を見せていたようである。

結果として、角筈村が代わりに伝馬宿を開くことはなかったが、この一連の出来事は、「宿―助郷村」の視点からみると極めて注目すべき事例である。助郷として関わってきた村が助郷役を免除してもらう代わりに、自身の村で人馬継立を行う。これにより、角筈村は村方が救われると述べていることから、宿入用や伝馬役という別の負担が生じるとはいえ、助郷であり続けるよりも開宿したほうがはるかに利益を得られる可能性が高い。推測の域を出ないが、少なくとも村内に宿場があることのメリットを角筈村は理解していたのではないだろうか。

次に、内藤新宿問屋の名主家と角筈村名主家の関係性がうかがえる史料を提示する。

〔史料23〕

一内藤新宿名主問屋高松喜六病死いたし候、忰勝之介幼年ニ而右役儀難相勤、依之貴殿幷吉田半蔵江勝之介生長迄後見之儀相頼候所、御承知ニ付其段御届ケ相済候、尤問屋役儀前々喜六方定役ニ茂無之旨■同宿名主嘉内、同忠右衛門、半蔵より勝之介幼年之事故、此節ゟ問屋役年番持ニ可致旨被申付候処、町内家主以取扱当申年ゟ来ル卯年迄八ヵ年之間勝之介方ニ而相勤、辰年ゟ同役四人ニ而年番持ニ相勤候旨、対談決着いたし候、其段従貴殿宿方同役申上候一札御差入被成、拙者とも一同致承知候依之為後日一札入置申処仍如件

文化九申年九月　　親類　高松喜兵衛㊞

同　竹嶌仁左衛門㊞

渡辺傳右衛門殿　(39)

〔史料23〕には、内藤新宿名主問屋の高松喜六が病死したため、後任として喜六の息子勝之介を任命したい、しかし勝之介はまだ幼いため、成長するまで渡辺傳右衛門と吉田半蔵に後見役を頼みたい旨が記されている。元々問屋役は喜六方だけに定められた役ではないため、今後は年番制で負担することに決定した。角筈村名主家が内藤新宿名主家の後見役を担える立場に位置づいていたのである。

内藤新宿と関わる角筈村の動きを、開宿時から追ってきた。角筈村は、内藤新宿の助郷村としての役割を担うだけでなく、内藤新宿廃止中に伝馬宿開業を申し出たり、内藤新宿の名主高松家と密接に関わったりするなど、多彩な動きを見せていたのである。

（二）助郷「重役」と免除の論理

五街道など多くの交通路の結節点である江戸に隣接する角筈村は、内藤新宿以外の宿にも、たびたび人馬を差し出した。同時期に複数の助郷村として、人馬を負担していたのである。しかし、当然助郷役だけでなく、年貢や鷹場役など様々な役が課されていた。それらの負担が重なった結果引き起こされたのが、村を挙げての役免除要求運動である。助郷免除願は往来の活発化に伴い、江戸中後期から全国的に見られた。牛米努は、幕末の助郷免除運動について、定助郷や代助郷などの定役が免除理由として最も確実性を持つとし、役免除における「由緒」の形成過程を論じた(40)。これは決して幕末期に限ったことではなく、江戸時代全体を通して形成されてきた概念と思われる。しかしながら、地域支配の錯綜性を前提とする「江戸町続」地域においては、課された役の多元性・多様性を考慮しなくてはならない。ここでは、角筈村の事例から「江戸町続」地域の役負担体系における助郷役の位置付けと免除の論理を考察する。

「渡辺家文書」によると、角筈村が人馬を差し出した宿場は、東海道品川宿、中山道板橋宿、甲州道中高井戸宿であった（第3表）。まず、品川・板橋・高井戸三宿に人馬を差し出した記録を見る。

〔史料24〕

「（表紙）
正徳五年

日光御法会ニ付下板橋江介人馬出覚

角筈村　　」

一九貫百四文　●五右衛門組
内
拾弐貫弐百廿四文出ス
差引三貫百廿四文可返ス
済
一七貫六百三拾六文　●右衛門与
内
六貫百廿四文出ス
差引八百拾四文借シ
一拾弐貫五百六拾弐文　●三左衛門
　　　　　　　　　　●長右衛門
拾六百三百文出ス
差引三貫七百二十四文可返ス
済
一七貫七拾四文　●傳右衛門
内
四貫八百七拾弐文出ス
差引弐貫弐百弐文借リ

第3表　角筈村助郷関連年表

年　月	対象の宿	出　来　事	出　典
元禄11(1698)	内藤新宿が開設される		
宝永6(1709).2～3	内藤新宿	松平美濃守御家中通行につき助人馬差出	M1
正徳3(1713).4	内藤新宿	松平甲斐守通行につき助人馬差出	A39
正徳3(1713).11	内藤新宿	府中馬買衆御帰りにつき助人馬差出	A39
正徳5(1715).3～5	板橋	日光山御法会につき人馬差出	M12
享保2(1717).11	内藤新宿	府中馬買衆江戸帰りにつき人馬差出	M69
享保3(1718)	内藤新宿が廃止される		
享保6(1721).10	高井戸	府中馬買衆御帰りにつき助人馬差出	A41
享保7(1722)	千駄ヶ谷焔硝蔵駆付人足に命じられる		
享保9(1724)	高井戸	「大助郷」を命じられるが免除される	M6
享保9(1724)	品川	「助郷引替」(代助郷)を免除される	M6, M10
享保16(1731)	板橋	比宮下向につき人馬差出	M12
享保16(1731)	品川	加助郷に指定される	品川区史
寛延元(1748)	品川	朝鮮人来朝の際に「寄人馬」を命じられるが免除される	M10
寛延2(1749)	板橋	五十宮下向につき人馬差出	M12
寛延3(1750)	板橋	日光御法会につき人馬差出	M12
寛延3(1750).4	板橋	免除願	M6
寛延3(1750).5	品川	新宮下向につき人馬差出(免除願出すも認められず)	M7～9
宝暦2(1752)	品川	琉球人来朝につき人馬差出	M16
宝暦3(1753).3	板橋	日光街道の村々が岩渕宿の当分助郷となったため、代助郷を命じられる	M11
宝暦4(1754)	品川	免除願	M13
宝暦6(1756).3	品川	御公家衆帰京、尾州様江戸着、伏見院帰京、智恩院門跡帰京につき人馬差出	M17
宝暦6(1756).4	品川	免除願	M15
宝暦6(1756).5	品川	免除願	M16
宝暦9(1759)	品川	加助郷人馬差出を命じられる	A59
明和9(1772)	内藤新宿が再開される		
明和9(1772)	内藤新宿	定助郷に命じられる	M20, M46
安永9(1780).9	板橋	免除願	M23, 24
寛政元(1789)	品川	加助郷から除外される	品川区史

注　「渡辺家文書」、『品川区史 資料編』(東京都品川区、1971年)を参考に作成。なお、出典の欄には「渡辺家文書」の史料番号を付した。

一拾六貫百五拾四文　　●上町
　内
　拾四貫四百四文出ス
　差引壱貫七百拾四文借シ
一拾六貫五百四拾七文　●中下町
　内
　拾弐貫百八拾四文出ス
　差引四貫三百五拾九文借シ
右ハ此度日光山御法会ニ付下板橋町へ介人馬未ノ三月廿九日ゟ同五月五日迄百石ニ付人足七人宛
一人足合五拾弐人
　此七貫八百文　但シ壱人ニ付百五拾文ツヽ
　百石ニ付馬弐拾疋宛
一馬合百五拾疋
　此六拾貫文　　但シ壱疋ニ付四百文ツヽ
一残壱貫弐百八十五文
　是ハ下板橋町ニ而宿払
　三日〆六拾九貫八拾五文也
　　未ノ五月　(41)

〔史料24〕は正徳五年（一七一五）の日光法会の際に板橋宿へ助人馬を差し出した記録である。人馬負担の体系は町、五人組、個人となっている。これは、宝永六年（一七〇九）に内藤新宿に人馬を差し出した時と同じであり[42]、角筈村内における助郷の負担体系がこの時期にある程度固定されていたと推測できる。

〔史料25〕

覚

一人足拾三人
一馬　四　疋

角筈村

右ハ来ル十六日・十七日之内府中御馬買衆江戸へ被帰候間、右之人馬員数例之通、上高井土問屋場へ差出、無滞り様ニ可致候、若日限致相違候ハ、高井土間屋方ゟ可申遣候間、可得其意候、以上

丑十月十五日

松平九郎左衛門役所

各村々名主[43]

享保六年（一七二一）に角筈村が高井戸宿へ人馬を差し出すよう命じられた史料である。内藤新宿が一時廃止となったことで、再び甲州道中の第一宿に位置づいた高井戸宿の助郷に、角筈村は組み込まれたのである。

〔史料26〕

合弐百弐拾壱人

内四人　上地下渋谷村　　内五拾七人　代々木村
内三人　宮益町　　　　内百七人　角筈村
内弐拾人　上渋谷村

右者明後廿五日紀州様御参府右之外諸往還有之ニ付、加助人足申触候、右割触之通明廿四日昼九ツ時刻限無遅滞、壱町壱村切才料者壱人ツヽ差添、品川宿問屋役所へ御差出し可有之候、尤此廻状早々御順達、留りゟ御返し可被成候、以上

卯正月廿三日巳下刻　　品川宿問屋　宇田川善四郎
同年寄　宇田川庄左衛門
同名主　飯田武右衛門

右名主
年寄中

代々木村廿三日亥下刻受取、角［　　］(44)

〔史料26〕は宝暦九年（一七五九）の品川宿へ人馬差出を命じた触である。一月二三日に触が通達され、二五日の「紀州様」（紀州第九代藩主　徳川治貞）の通行に際し、二四日の昼から品川宿問屋へ詰めるよう指示している。角筈村が差し出す人足は一七〇人で最も多い。品川宿助郷は享保一〇年（一七二五）に五七か村が指定され、享保一六年（一七三一）に二一か村が加助郷として追加された(45)。角筈・代々木両村はこの時追加された村に含まれていた。以後、角筈村から品川宿までは四里以上の距離があるにもかかわらず、急な人馬提供を何度も命じられたのである。

以上、品川・板橋・高井戸三宿に対する角筈村の人馬差出の事例を見てきた。同時期に複数の宿場に対して人馬を提供することは、当然村の負担を過重にする。この後、特に宝暦年間以降、角筈村はたびたび「助郷免除願」を出す。まず、内藤新宿が一時廃止されている時期の免除願を検討する。

〔史料27〕

乍恐書付を以御訴訟申上候

千駄ヶ谷村
代々木村
角筈村
幡ヶ谷村

右四ヶ村惣百姓一同申上候、此度日光御法会ニ付板橋宿へ御引替助郷被為仰付候由奉存、右宿問屋ゟ御証文拝見御請［　］以廻状申触承知仕候、然ル所其者共村々相定メ千駄ヶ谷村御塩焇蔵御用欠付人足享保七寅年代官松平九郎左衛門殿ゟ被為仰付壱ヶ村ニ而昼人足三人才料壱人夜人足三人才料壱人手明壱人ツ、昼夜建置壱ヶ年ニ都合人足才料共三千人余御用人足相勤難儀仕候ニ付前々も左之通被為仰付候砌御訴訟申上御免被成下候御事

一享保九年辰年甲州道中高井戸宿大助郷人馬被為仰付候節御代官池田喜八郎殿御願申上吟味之上道中御奉行筧播磨守様・北條安房守様御内寄合被召出御免被成下候御事

一右辰年品川宿助郷引替村々伊奈半左衛門様吟味之節右御用欠付建人足御役筋申上候所、御免相成り申候御事

一延享二丑年中野村へ御用白土附送り助馬差出し候様ニ伊奈半左衛門様被為仰付奉候節、是又右御役筋申上候所御

免被成下候御事
一去々辰年朝鮮人来朝人馬品川詰筧伝五郎様被為仰付候所、是又右御役筋■置建人足相勤申候ニ付御訴訟申上候所
御伺之上御免被成下候段伝五郎様於御前被為仰渡則書付等持■至申御■事（以下略）(46)

〔史料27〕は寛延三年（一七五〇）の千駄ヶ谷・代々木・角筈・幡ヶ谷四か村による板橋宿加助郷の免除願である。四か村は、享保七年（一七二二）から千駄ヶ谷焔硝蔵駆付人足を勤めており、この役負担を理由として、これまでに様々な人馬差出を免除されてきた事実が述べられている。具体的には①高井戸宿大助郷、②品川宿「引替」（＝差村）、③青梅街道白土御用に際する人馬差出、④朝鮮通信使通行に際する品川宿への人馬差出、が免除されたようである。

〔史料28〕
一豊嶋郡角筈村代々木村申上候、此度両村先年ゟ下板橋宿江助人馬差出候趣御尋ニ付、左之通申上候
一三拾九年以前正徳五未年日光御法会之節右宿江両村合馬数弐百五拾四疋人足七拾四人差出相勤候
一享保年中比宮様御下向之節両村ニ而人足九拾人程相勤申候
一五年以前寛延弐巳年五十宮様御下向之節茂両村人足四拾人程相勤申候事
一四年以前寛延三卯年日光御法会ニ付両村馬数合百弐拾壱疋人足八拾壱人差出シ相勤申候
前書ニ申上候通ニ御座候、勿論古来五拾年以前茂人馬相勤候段、当村覚罷有候者茂御座候得共年久敷義故、書物等
見へ兼申候、前書之通下板橋宿江助郷勤来り幷御塩焇蔵欠附昼夜建人足ニ而大役相勤申候所ニ去々年ゟ新規品川宿

江加助人馬被為仰付候段［　　　　］御役ニ而難儀仕候、御慈悲を以品川宿加助之義御赦免被成下候様奉願上候、以上

宝暦三年閏四月

角筈村　名主　与兵衛㊞
　　　　年寄　作兵衛㊞
代々木村　名主　治右衛門㊞
　　　　　年寄　杢右衛門㊞

伊奈半左衛門様
　御役所（47）

〔史料28〕は、宝暦三年（一七五三）の角筈・代々木両村による品川宿加助郷免除願である。これまで板橋宿に差し出してきた人馬数を時期とともに記した上で、品川宿加助郷の免除を出願している。ここでは、板橋宿加助郷と千駄ヶ谷焔硝蔵駆付人足を「大役」と表現している。ここでも〔史料27〕と同様に、焔硝蔵の人足負担を免除の理由に掲げている。この焔硝蔵の人足負担について大石学は、享保改革における首都政策の一つであり、役が賦課された周辺地域が軍事的性格をもって編成されたと述べた（48）。幕府の軍事施設であるという千駄ヶ谷焔硝蔵の性格は、周辺の村々に課せられた助郷役免除にも影響を与えたと考えられる。

次に、内藤新宿再開後に出された免除願を見ていく。

〔史料29〕

武州豊嶋郡角筈村・幡ヶ谷村・代々木村名主・年寄・百姓代奉申上候、当村々之儀者甲州道中内藤新宿定助郷ニ御座候処、此度御公家衆様方御参向ニ付中山道板橋宿江当分助郷ニ被仰付御参向御帰京共人馬可相勤旨御印状頂戴仕奉畏候、然処当村々之儀者内藤新宿之定助郷之外千駄ヶ谷塩焇蔵駆付御役相勤、昼夜不限遠近之無差別、少々出火ニも人足駆付相勤申候所別而此節御焔硝御組合有之候間、百日之間日々人足相詰猶又出火御座候得者増人足差出、其上御雇馬御用日々人足差出困窮之村々難儀至極仕候、殊当村々ゟ板橋宿江者道法三里余有之候処、御参向者江戸表江継立候儀ニ付其日帰りにも罷成御帰京を三日勤ニ相成候処難儀仕候間、御帰京之節者加助御免之儀御願申上度伊奈半左衛門様御役所迄被出候得共御利解之趣承知仕願相止候所、御参向之当日高百石ニ付弐拾人掛り差出相勤候、然上者御帰京之節者何様ニ致候而も可相勤様ニ御座候、其上当朔日紀州様・松平伊賀守様・牧野備前守様・阿部豊後守様御家中御荷物御届役有之候間人馬可差出旨右宿方ゟ触当候得共、御公家様斗と相心得方罷有候処外御届役迄被相触立百石ニ付三拾人掛り程々相勤申候、右申上候通外村々と違御塩焇蔵駆付相勤猶又当村相組合有之日々相詰誠重役相勤候、村々ニ御座候御参向之節者右躰大人馬ニ御座候処可相勤様無御座候得共、漸相勤候得者此上如何様仕候而も可相勤様[redacted]《有》御座難儀至極仕候、何分以御慈悲ヲ御帰京之節人足触当之儀半馬役ニ被仰付外往来様方人馬加助相勤候儀御免被成下以来加助郷差村之儀御免被仰付被下置候様奉願上候、願之通被仰付被下置候ハ、難有奉存候、以上

安永九年子九月

伊奈半左衛門御代官所

武州豊嶋郡　角筈村

幡ヶ谷村

代々木村
神谷錠之助知行所
同国同郡　幡ヶ谷村
右村々惣代
角筈村名主　伝右衛門
幡ヶ谷村同　重左衛門
代々木村同　重兵衛

道中　御奉行所様　(49)

〔史料29〕は角筈・幡ヶ谷・代々木三か村による板橋宿当分助郷の免除願である。千駄ヶ谷焔硝蔵人足負担の他に、明和九年（一七七二）に定められた内藤新宿定助郷の負担を免除の理由として挙げている。他の村とは異なり、千駄ヶ谷焔硝蔵の人足を日々負担していると述べ、村々にとってやはりこの焔硝蔵人足が「重役」で、困窮の原因となっている様子がうかがえる。しかし、その一方で注目したいのは、内藤新宿の定助郷に言及している点である。

〔史料30〕

一加助郷勤高三千三十九石　武蔵国豊島郡　宮増町外十八ヶ村

是者大御通行之節、定助郷而已ニ而者引足不申趣を以、享保十六亥年伊奈半左衛門様御役所ニおゐて、遠近等御糺之上当宿加助郷廿壱ヶ村ニ被仰付候内、明和九辰年中武州豊嶋郡代々木村・角筈村弐ヶ村之義者甲州道中内藤新宿助郷ニ被仰付、当時拾九ヶ村ニ而相勤、右人馬差出方之義者日光御門様幷例年御参向・御帰京伝奏方其外宮様方右ニ准じ候御通行有之候節者其度々道中奉行所様江奉願上、別段御触書頂戴仕前書村町江人馬触宛仕候義ニ御座候

右之通奉書上候処相違無御座候、尤前書之外当宿方之義者加宿幷増助郷・代助郷等一切無御座候、以上

嘉永三戌年十二月　　青山録平御代官所

東海道品川宿年寄　四名略

飯田文右衛門様

荻野寛一様　(50)

〔史料30〕は嘉永三年（一八五〇）のものだが、品川宿の助郷について記している。人馬の不足を補うため、享保一六年（一七三一）から加助郷二一か村が指定された。しかし、明和九年から角筈・代々木両村は内藤新宿定助郷となったため、加助郷村から除外されたのである。村側の主張だけにとどまらず、実際に定助郷負担を理由に加助郷が免除されたのである。つまり、角筈村にとって重い負担となった千駄ヶ谷焔硝蔵駆付人足負担、また内藤新宿立ち返りと共に命じられた定助郷負担は、他の助郷役よりも優先されたと考えられる。

〔史料31〕

一左之村者荏原郡世田ヶ谷領八ヶ村六年程以前迄品川宿江加助相勤申候様風聞承候、尤左之村々ゟ品川宿迄道法弐里前後程可有御座と奉存候

池尻村　三宿村　下北沢村　代田村
赤堤村　松原村　経堂在家村　太子堂村
右之通ニ御座候、以上

宝暦六年子六月

武州豊嶋郡角筈村　百姓代　八十右衛門㊞
同　七郎左衛門㊞
年寄　平蔵㊞
名主　■兵衛㊞
同国同郡代々木村　丈右衛門㊞
安右衛門㊞
市左衛門㊞
■右衛門㊞

御奉行様（51）

〔史料31〕は、角筈・代々木両村が自身の村よりも近い村を代わりに品川宿の助郷にしようとする事例である。世田谷領の八か村が六年ほど以前まで品川宿加助郷を勤めていたことを聞いた。そして八か村は品川宿までの距離が二里であると述べている。角筈・代々木両村よりも品川宿まで近い距離であり、この文言には加助郷を代わりに勤めてほしいという意図があるだろう。続く史料がないため詳細は明らかではないが、村側が何とかして負担から逃れようとしていたのは確かである。

このように角筈村だけではなく全国的に助郷の免除願が出されていく中で、幕府はこれらの運動を戒める触を出した。

〔史料32〕

一困窮之由を申立差村いたし、助郷免除或は休年願出候村々近年多有之候得共、吟味之上多分は難立願に付、向後右体之儀申立候共容易ニ不取上事

一先達而吟味之上年季を極、休年申付置候内にも、続休年願出候村方有之候得共、続休年之儀は別而難成事に付、是又願出候共容易には不取上事

右之通難立儀を願、品により見分を請、勿論江戸表えも数度罷出候得共、無益之路用・雑用を遣ひ、却而村方困窮之基に成事ニ而其心得違之至に候条、此旨申触置間可得其意者也（以下略）(52)

〔史料32〕は、近年活発化する助郷免除願や助郷一揆に対応しようとして出された触である。役を免除するためには厳重な見分と出府が要求されたことがわかる。しかし、村側としては何とか負担を軽減しようと、あらゆる理由を掲げて免除を願い出た。そこでは、これまでに役を免除されてきた事実が、その村の役負担に関わる由緒を形成した。角筈村においては、千駄ヶ谷焔硝蔵駆付人足負担と内藤新宿の定助御負担が、他宿に対する加助郷を免除させてきたことが一つの由緒となったのである。

これらのように、たびたび免除願が出されたが、必ずしも聞き届けられたわけではなかった。それに伴い、村の負

担を減らそうとする動きは多方面で表出した。

〔史料33〕

一日光新宮様御下向就御用此度其御村方千拾五石之御場加助品川宿江御勤被成候ニ付私請負申所実正也、何時成候共品川宿問屋御役所ゟ割触之通人足相詰可申上候、尤刻限之義御触出之通是又無間違様、為相詰御用被仰付相勤可申候、請負申候上ニ而御荷物等は勿論人足ニ間違等出来仕候ハヽ、如何様ニも可被仰立候、為後日請負証人相加一札差入申候、仍而如件

寛延四年辛未年五月廿六日

江戸芝田町五丁目万屋　請負人　三郎兵衛㊞

南品川［　　］　証人　半七㊞

代々木村名主　作右衛門殿

角筈村名主　与兵衛殿 (53)

〔史料33〕は寛延四年（一七五一）の助郷請負証文である。角筈村は「新宮様」（日光新宮公啓法親王）(54)の通行に伴い、品川宿加助郷を命じられたが、その役を江戸芝田町五丁目の万屋三郎兵衛に請け負わせることとなった。証人として連名している半七は南品川の人物である。おそらく品川宿側の人物であろう。

〔史料34〕

一新宮様御下向ニ付当宿江其村方ゟ加助馬御出し被成候ニ付両村高千九拾五石江当り人馬数之分何疋ニ而も承請負差出し相勤少しも間違仕間鋪候、依之当宿問屋中ゟ御触次第右高馬数刻限等被仰候次第急度相詰メ少しも間違仕間敷候、万一相違仕候ハ、何分にも可被仰立候、其時［　　］異議申間敷候、勿論馬壱疋ニ付賃六百文宛ニ相極メ馬数次第半金ハ前金請取残者御役馬差出シ候上ニ而受取可申候、少しも間違仕間敷ため加印仕証文入置申候、仍如件

未ノ五月廿七日

芝田町五丁め万屋　請負人　三郎兵衛㊞

北品川町ニ而　証人　太郎右衛門㊞

代々木村角筈村　御名主中　(55)

〔史料35〕

一御用品川宿詰馬四疋　但シ壱疋ニ付三百文ツヽ、一日勤五十文ツヽ、

此賃銭三貫八百文

一同人足三拾弐人　但シ壱人ニ付百五拾文ツヽ、一日勤五十文留人足

此賃銭拾六貫文

右弐口〆拾九貫八百文

右之通当五月廿七日ゟ同廿九日迄三日勤賃銭不残慥ニ請取申候、以上

未ノ五月廿九日

江戸芝田町五丁目万や
請負人　三郎兵衛㊞
北品川弐丁め江戸屋
証人　太郎右衛門㊞
与兵衛殿　(56)

〔史料34〕、〔史料35〕では、北品川の江戸屋太郎右衛門が証人となっている。証人が連印し、賃銭の取り決めなどを事細かに行ったことがわかる。このように、江戸と距離的に近い角筈村における助郷負担に、江戸の商人が関与する事例があった点は注目すべきであろう。

本節では、江戸の宿場と角筈村との関わりを見てきた。一つの村が同時期に数か所の宿場に対して人馬を差し出す助郷「重役」の例は、街道に挟まれた地域であれば、しばしば見られる。しかし角筈村の場合、人馬を差し出した宿場は江戸四宿が中心である。江戸は全国の街道の出発点でもあり、終着地点でもあった。その江戸の入口であり、出口であったのが、江戸四宿である。江戸の首都機能を支えた江戸四宿の伝馬継立をさらに広範囲で支えた点に、「江戸町続」地域における助郷役負担の特質があるといえるだろう。

おわりに

本章では江戸の宿場と密接に関わった地域の動向を検討してきた。

第一節では、駄賃馬が許可された「近在所々」が指す地域の範囲拡大を指摘した。伝馬町は役馬によって人馬不足を補った一方で、幕令を遵守しない無判馬の存在に苦慮していたが、いずれにしても「近在所々」は江戸の伝馬継立に多大な影響を及ぼしていたのである。角筈村や代々木村などの内藤新宿の西方に位置する村々はこの「近在所々」として捉えられたと認識してよいだろう。交通制度の視点から見ると、「江戸町続」地域はこの「近在所々」と一致する。

第二節では、助郷村としての角筈村の実態を明らかにし、「宿—助郷村」の構図から「江戸町続」地域の助郷役負担の特質を検討した。角筈村は同時期に複数の宿場に対して助郷役を担い、千住宿以外の江戸四宿に人馬を差し出すとともに、幕府の管理した千駄ヶ谷焔硝蔵駆付人足を負担していた。しかし、村にとってそれらは「重役」であり、その結果助郷免除願がたびたび出されることとなった。免除願を分析すると、定助郷が加助郷の免除理由になることや、村から宿までの距離が考慮されていたことが指摘できる。また、享保七年に命じられた焔硝蔵の人足負担が、助郷役よりも優先されていた事実も確認できた。「江戸町続」地域は、支配の錯綜性や課役の重層性が特質とされる。一か所に複数の諸役が課されるという状況が、村の役回避の論理と強く結びついていたといえよう。

以上を踏まえると、江戸の都市域拡大が交通制度にも多大な影響を与えていたことを指摘できる。伝馬町と江戸四宿は、全国から大名を始め大勢の人々が集まる江戸の交通制度を支えていたが、その伝馬町や江戸四宿の負担を軽減したのが、「江戸町続」地域に位置づく町や村であった。江戸の都市域が拡大するにつれ、「江戸町続」地域も拡大するという様相が見られたが、それは伝馬・助郷という交通制度においても顕著であったといえるのである。

注

(1) 寛永一四年(一六三七)の幕令により東海道では一〇〇人一〇〇疋、中山道では五〇人五〇疋の常置が定められた。

(2) 土田良一「伝馬役」(国史大辞典編纂委員会編『国史大辞典』第九巻、吉川弘文館、一九八八年)。

(3) 一九九〇年代までの交通体系と役負担の関係に関する研究動向は、佐々木栄一「交通夫役にみる役負担体系の実態と変質」(『法政史学』四二号、一九八九年)による研究史整理、一九九〇年代以降の助郷に関する研究動向は、宇佐美ミサ子『近世助郷制の研究』(吉川弘文館、一九九八年)や本多隆成『近世の東海道』(清文堂出版、二〇一四年)による研究史整理を参照されたい。

(4) 渡辺和敏『近世交通制度の研究』(吉川弘文館、一九九一年)、平川新「助郷制度の成立と展開」(村上直編『近世社会の支配と村落』、文献出版、一九九二年)、深井甚三『幕藩制下陸上交通の研究』(吉川弘文館、一九九四年)。

(5) 土田良一『近世宿駅の歴史地理的研究』(吉川弘文館、一九九四年)、同『近世日本の国家支配と街道』(文献出版、二〇〇一年)。

(6) 宇佐美前掲書、注(3)参照。

(7) 本多前掲書、注(3)参照。

(8) 山崎久登「江戸近郊農村の農民負担の一考察—武蔵国荏原郡太子堂村の場合—」(『常民文化』二三、二〇〇〇年三月)。最近では、江戸伝馬町における鷹場負担の実態を分析し、江戸周辺地域の地域編成論の視点から鷹場役と伝馬役の関係に言及している(同「鷹場負担と江戸伝馬町—幕府による地域編成を中心に—」(交通史研究会編『交通史研究』第八九号、二〇一六年一〇月))。

(9) 江戸四宿に関しては、児玉幸多監修『特別展 江戸四宿』(特別展江戸四宿実行委員会、一九九四年)、藤田覚『街道の日本史二〇 江戸—街道の起点』(吉川弘文館、二〇〇三年)、下野寛介「境界から関門へ—江戸四宿の変化からみた首都性—」(大石学編『近世首都論』、岩田書院、二〇一三年)など研究多数。

(10) 佐藤麻里は内藤新宿再開と助郷役の再編に言及している(「内藤新宿廃止と「立ち返り」」(大石学監修・東京学芸大学近世史研

究会編『内藤新宿と江戸』、名著出版、二〇一〇年）。
(11) 伝馬町の業務内容と町名主の性格については、東京都公文書館『都市紀要28 元禄の町』（東京都、一九八一年）、片倉比佐子『江戸八百八町と町名主』（吉川弘文館、二〇〇九年）を参照されたい。
(12) 承応二年「江戸伝馬町救助のために近在に役馬を課す」（「撰要永久録」一、『東京市史稿』市街篇第六、一〇一五頁）。
(13) 明暦元年八月「宿駅諸駅規定高札」（「武家厳制録」二六九、児玉幸多校訂『近世交通史料集八 幕令上』、吉川弘文館、一九六七年）。
(14) 万治三年子八月「駄賃馬御座候所覚」（「御伝馬方旧記」一、児玉幸多校訂『近世交通史料集 三』、吉川弘文館、一頁）。
(15) 天和二年六月「両伝馬町江助馬不仕候馬有所之帳」（「御伝馬方旧記」一、児玉幸多校訂『近世交通史料集 三』、吉川弘文館、三頁）。
(16) 元禄一三年二月「助伝馬所付之覚」（「御伝馬方旧記」一、児玉幸多校訂『近世交通史料集 三』、吉川弘文館、七頁）。
(17) 享保一三年正月「以口上書申上候」（「御伝馬方旧記」四、児玉幸多校訂『近世交通史料集 三』、吉川弘文館、一一一頁）。
(18) 享保一三年一二月「乍恐以書付申上候」（「御伝馬方旧記」四、児玉幸多校訂『近世交通史料集 三』、吉川弘文館、一一二頁）。
(19) 享保一四年三月「覚」（「御伝馬方旧記」一、児玉幸多校訂『近世交通史料集 三』、吉川弘文館、九頁）。
(20) 享保一四年一〇月「覚」（渡辺家文書・A46－48、『武蔵国豊島郡角筈村名主渡辺家文書』第一巻、二一三頁、『御触書寛保集成』二六五三号に該当）。
(21) 享保一五年三月「以書付申上候」（「御伝馬方旧記」一、児玉幸多校訂『近世交通史料集 三』、吉川弘文館、一〇頁）。
(22) 寛文五年二月「江戸府内にて庶民が駕籠に乗る事禁ず」（高柳真三・石井良助編『御触書寛保集成』二六〇九号、岩波書店、一九五八年）。

(23)「巻之一一　野方領　内藤新宿」(『新編武蔵風土記稿』豊島郡一巻)。
(24)元禄一五年二月「以口上書申上候」(「御伝馬方旧記」六、児玉幸多校訂『近世交通史料集　三』、吉川弘文館、一二三五頁)。
(25)宝永六年二月「内藤新宿助人馬出ス帳」(渡辺家文書・M1)。
(26)助郷制成立に関しては依然として論が分かれているが、元禄七年(一六九四)の助馬令を助郷制度の端緒とする見解が一般化しつつある。
(27)正徳三年四月「覚」(渡辺家文書・A39-23、『武蔵国豊島郡角筈村名主渡辺家文書』第一巻)。
(28)正徳三年一一月「覚」(渡辺家文書・A39-50、『武蔵国豊島郡角筈村名主渡辺家文書』第一巻)。
(29)正徳六年正月「乍恐以書付を以奉願上候」(高松家文書・九二)。
(30)東京都公文書館『都市紀要20　内藤新宿』、東京都、一九八三年。
(31)享保二年一一月「覚」(渡辺家文書・M69)。
(32)明和九年二月「差上申一札之事」(渡辺家文書・M46)。
(33)前掲注(32)続きの部分。
(34)明和九年八月「相定申書付之事」(渡辺家文書・M20)。
(35)佐藤前掲注(10)参照。
(36)宝暦二年一二月「乍恐以書付奉願上候」(渡辺家文書・M43)。
(37)明和七年四月「入置申一札之事」(渡辺家文書・M44)。
(38)明和七年四月「一札之事」(渡辺家文書・M45)。
(39)文化九年九月「一札之事」(渡辺家文書・M70)。

(40) 牛米努「幕末の助郷と多摩の村―元治元年の内藤新宿定助郷差村一件をめぐって―」（松尾正人編『多摩の近世・近代史』、中央大学出版部、二〇一二年）。
(41) 正徳五年二月「日光御法会ニ付下板橋江介人馬出覚」（渡辺家文書・M2）。
(42) 前掲注(25)参照。
(43) 享保六年一〇月「覚」（渡辺家文書・A41‐36、『武蔵国豊島郡角筈村名主渡辺家文書』第一巻）。
(44) 宝暦九年正月「[御用留]」（渡辺家文書・A59‐7、『武蔵国豊島郡角筈村名主渡辺家文書』第一巻）。
(45) 『品川町史』上巻、東京府品川町、一九三二年、五二九頁。
(46) 寛延三年四月「乍恐書付を以御訴訟申上候」（渡辺家文書・M6）。
(47) 宝暦三年四月「乍恐以書付申上候」（渡辺家文書・M12）。
(48) 大石学『享保改革の地域政策』、吉川弘文館、一九九六年。
(49) 安永九年九月「乍恐以書付奉願上候」（渡辺家文書・M24）。
(50) 嘉永三年一二月「品川宿加助郷指定方書上」（『品川区史　資料編』一九八、東京都品川区、一九七一年）。
(51) 宝暦六年六月「乍恐以書付申上候」（渡辺家文書・M18）。
(52) 宝暦一一年四月「助郷の休年願・免除等は採用しがたき触書」（『日本財政経済史料』第九、財政経済学会、一九二五年、三一六頁）。
(53) 寛延四年五月「証文之事」（渡辺家文書・M7）。
(54) 『徳川実紀』第九篇、五三四頁上段。
(55) 寛延四年五月「馬請負証文之事」（渡辺家文書・M8）。

(56) 寛延四年五月「覚」(渡辺家文書・M9)。

第六章　「江戸町続」地域におけるトラブルの解決

髙橋理香

はじめに

江戸社会において、人々の生活にトラブルは付き物であった。そのトラブルは、家庭内の問題をはじめ、同じ村の者同士の喧嘩口論、または村を越えた金銭トラブルや傷害事件など多様である。トラブルが起きた時、人々は解決に向けてさまざまな手段を取った。

江戸時代のトラブル解決や訴訟制度に関する研究はかねてより多くの蓄積があるが、(1)おおむね共通の理解として、中世社会では村の自治権が広範囲に認められ、トラブル発生の際にも自検断による解決が図られたのとは異なり、近世社会では幕府や藩により、法に基づいた訴訟や裁判が行われていたとされる。(2)しかし、その中で注目されるのは、内済という解決方法である。幕府は私人間の紛争解決の基本として、奉行所の判決による決着ではなく、当時者の互譲・妥協による解決を掲げた(3)。この背景として小早川欣吾は、都市における訴願件数の激増と、訴訟が多くの時間と費用を必要とし、双方の精神的・物質的な負担となり、適当な紛争解決方法とならない場合が多いことを挙げている(4)。また、茎田加寿子は、享保期以降、幕府は訴訟数の減少を狙い、自主的な解決として内済を奨励する一方、実際には地方での裁決を不服とする町人や百姓が、より上級の裁判機関を求めて都市に駆け込んだのであり、その需要にこたえ、旅宿や訴願手続の業務を担ったのが公事宿であったと述べた(5)。さらに、大平祐一は、内済は訴訟に持ち込まずに解決することだけではなく、一度裁判所に持ち込んだ事例を持ち帰り、和解に至らせることも指すと述べ、内済が裁判所審理の「詰め」的性格を持っていたこと、裁判に伴う膨大な経費と貴重な農耕時間の浪費が村方衰微の原因となる危険があったことを指摘した。加えて、内済の持つ課題にも触れ、自由、対等な議論が保証されず、強者が優位になること、人々が裁判機関に判決を求めても、時には不合理な内済を強要されることなどを挙げている(6)。

以上の研究は、都市や農村における内済の意義や構造について解明しているが、これらを踏まえ本章では、町奉行・寺社奉行・代官など複数の支配系統が錯綜する「江戸町続」地域で発生したトラブルの解決方法や性質に着目し、（a）幕府から検使が派遣される場合、（b）幕府から検使が派遣されない場合の二つに分けて検討する。対象地域は武蔵国豊島郡角筈村と武蔵国多摩郡中野村を中心とするが、これらは本書の想定する「江戸町続」地域の村である(7)。

第一節　幕府を介しての解決

第一節では、トラブルが起きた際に（a）幕府から検使が派遣された事例を紹介する。ここでは、トラブルを起こした当事者だけではなく、代官や寺社奉行などを巻き込んで解決を試みる過程に着目する。
次の〔史料1〕は、宝暦九年（一七六〇）に幡ヶ谷村の源次郎が角筈村の清三郎に傷を負わせた事例で、検使や仲介人が解決を試みている。

〔史料1〕

差上申済口証文之事　乍恐以書付奉願上候

武州豊嶋郡角筈村百姓清三郎儀、当月朔日同村源七弟幡ヶ谷村百姓源次郎ニ遭打擲疵為負候ニ付、清三郎忰幷村役人ゟ訴上御検使被成下候、双方親類・村役人立合被仰付疵所等御吟味之処、月代額之方江寄壱寸程打付疵壱ヶ所有之外ニ疵所一切無御座候、右疵所茂至而薄疵ニ而、気分も段々快方罷成候所、双方名主・組頭幷代々木村安左衛門組合、清兵衛御吟味中申下シ扱ニ入、双方其節之思儀承糺候処互ニ意趣遺恨有之、上之儀ニハ曽而無之畢竟酒狂之上無証拠之事共、互ニ申争者扱人共利害申聞異見差加候処、当人者勿論親類共迄至極得心仕清三郎・源次郎酔狂之上互ニ心違ニ而、御検使及沙汰候ニ付甚奉恐入候、右両人共願筋無之候旨申之和談内済仕候、清三郎容躰之儀、此節気遣敷様子曽以無御座、勿論片輪等成候義ニ者決而無御座候、無程平愈本服仕候躰ニ御座候も、縦此上余病者不及申、右疵等差重り相果候共、如此済口証文差上候上ハ源二《ママ》郎対シ清三郎親類共ゟ少茂申分願筋無御座候、誠以御威光和談内済仕難有仕合ニ奉存候、然上ハ向後右之ニ付双方ゟ聊申分願筋申上間敷候、依之連印済口証文差上申所如件、依之何分一到早々済口証文差上申度奉存候

宝暦九年卯閏七月　　清三郎
　　　　　　　　　母　そよ

女房　そん
同人親類　伝兵衛
五人組　七左衛門他三名略
年寄　伊左衛門
名主　与四郎
幡ヶ谷村　源次郎他一二名略
代々木村　扱人　安左衛門
角筈村　清兵衛(8)

宝暦九年（一七六〇）に幡ヶ谷村の源次郎が角筈村の清三郎に傷を負わせた事例である。清三郎の倅と村役人の訴えによって検使が派遣された。双方の親類と村役人が検使の吟味に立ち会ったところ、清三郎は額の辺りに一か所傷を負った事が判明した。「公事方御定書」には、「(省略)一口論之うえ人に疵付片輪にいたし候者　中追放、但渡世も難成程之片輪いたし候はゞ遠島。中追放(追放)(延享三年極)一人に疵付候もの。療治代疵之不依多少町人百姓は、銀壱枚」(9)と記されており、喧嘩口論などの末暴力を振るった場合は傷害事件として扱われる。しかし、清三郎の傷は浅く快方に向かっているため、その後の検使の吟味は断り、内々で事件発生当初の状況などを確認した。その際に代々木村の安左衛門を仲介に立てている点は注目される。幡ヶ谷村、代々木村、角筈村は隣り合う村であり(10)、近隣村同士の内済機能が見てとれる。最終的には、清三郎も源次郎も酒に酔っていたために起きた事件ということで和談・内済となって解決したが、他村の人の間でトラブルが発生した場合、検使が派遣されたのち、第三者が介入したと考えられる。

さらに、検使が派遣され吟味が行われた事例を見ていく。

〔史料2〕

口上之覚

一角筈淀橋町吉兵衛店徳右衛門養子平右衛門と申者、代々木村市左衛門と申者ニ売掛ケ御座候ニ付、当月廿三日ニ参、右之売掛払様ニと申候哉、就夫口論仕及市左衛門ニ少疵ヲ付、平右衛門立のき見へ不申、代々木村ゟ寺社御奉行様江申上、御検使請申候由承候間御訴申上候、以上

辰八月廿日　　角筈村名主　伝右衛門

雨宮勘兵衛様

雨宮勘七郎様　御役所(11)

〔史料2〕は、正徳二年（一七一二）八月二〇日、角筈淀橋町徳右衛門の養子平右衛門が、代々木村の市左衛門に掛売りしたことで口論に発展した事例である。代々木村が検使の派遣を要求し、トラブル解決を試みたことを、角筈村名主伝右衛門が角筈村の支配代官雨宮勘兵衛(12)に報告している。この事件も村を越えて起きたトラブルであるが、注目すべきは、代々木村から寺社奉行に報告され、検使が派遣された点である。その理由としては、事件の発生地が代々木村内の寺社領であることが考えられ、この事例から、トラブルが発生した場所をもとに検使派遣が要請されることがわかる。

〔史料3〕

乍恐以書付御訴奉申上候

豊嶋郡角筈村名主・年寄奉申上候、当村永野長左衛門御抱屋敷ニ付弥助忰庄之助義、大岡源右衛門様御代官所内藤新宿嘉兵衛店石工甚蔵与申者方江弟子ニ差出し置候処、同人居宅前ニ於而昨夜六ツ半時頃、同所髪結彦兵衛与申者と口論之上、右庄之助義、左り乳脇突疵壱ヶ所、左右肩先ニ突疵壱ヶ所つゝ、外かすり疵弐ヶ所都合五ヶ所疵請候ニ付、其段右甚蔵方ゟ大岡源右衛門様御役所江御訴申上、御検使願差出候ニ付、此段以書付御訴奉申置候、以上

文化十三年丙七月廿二日

角筈村　名主　伝右衛門

年寄　［　　　］

大貫次右衛門様　御役所(13)

〔史料3〕によると、文化一三年(一八一三)七月二二日に、角筈村の庄之助が弟子に出ていた先の内藤新宿において、同所で髪結渡世をしている彦兵衛と口論になり、胸脇などに五か所の傷を負った。庄之助の居候先の石工、甚蔵が大岡源右衛門(14)へ検使を差し出すよう願い出た。この事件が起きた場所は、「同人居宅前」つまり甚蔵の家の前であることから、〔史料1〕と同様、トラブルが発生した場所から代官に報告され、検使派遣が要請されたことが確認できる。

続く〔史料4〕・〔史料5〕ではその後の経過が記されている。

〔史料4〕

容躰書を以申上候

一内藤新宿源左衛門町医者達門人宗硯申上候、嘉兵衛店甚蔵弟疵人庄之助容躰之儀、弥■弱く、疵所者突疵之儀故甚六ヶ敷、早速愈着可申躰にも相見へ不申甚六ヶ敷相見へ申候ニ付、服薬之儀、補中益気湯相用、疵付候へは玉子木綿膏薬ヲ打、療養差加へ被致申候、委細容躰之儀ハ、後刻其達ゟ可申上候、以上[15]

〔史料5〕

乍恐以書付奉願上候

内藤新宿喜兵衛店甚蔵弟子庄之助疵請候一件、一昨廿二日御訴申上候処、御検使として御越被成始末御吟味之上、訴答ゟ以書付差出御吟味中も御座候処、疵人之義も少しツ、快方ニ御座候間、扱人立入双方御利解申聞内済熟談為仕度候間、何卒御吟味之義来ル廿八日迄、御日延被成申置候様、一件之者共一同連印を以奉願上候、右御日延中双方江篤与掛合仕不否《ママ》可奉申上候、何分右之段御聞済被成下候ハ、難有奉存候、以上[16]

〔史料4〕では内藤新宿の医者である宗硯が、庄之助の傷の容態が悪いため、薬などを打ち、療養するよう述べている。このようにトラブル解決の過程において、医者のような専門的な知識を有する者が関与する場合もあったことがわかる。〔史料5〕では、検使が派遣されて吟味が行われることになったが、庄之助の傷も快方に向かっており、両者の意見を聞いた上で内済としたいので、吟味の日を延ばして欲しいと願い出ている。断簡のため宛先は不詳だが、〔史料4〕と同様、代官大貫次右衛門[17]宛てと推定できる。この一連の事例から、一度検使の派遣を要請したにもかかわらず、最終的に当事者間での内済を希望している姿がうかがえる。

以上三つの事例の共通点は、角筈村と幡ヶ谷村、角筈村と代々木村、角筈村と内藤新宿のように、異なる村の者がトラブルを起こした点である。これのトラブルが起きた場合、真っ先にその地を支配する役所に報告され、検使派遣が要請されたようである。しかし、実際の解決段階においては、当事者同士が改めて事件の状況や被害について話し合い、最終的には内済として収束させた様子がうかがえる。

次に、最終的に裁判に持ち込んで解決した事例について考察する。

〔史料6〕

乍恐以書付御届奉申上候

一多摩郡中野村年寄甚五右衛門奉申上候、当村名主夘右衛門次男大助義、去酉八月中同州成宗村於地内花火揚候段入御聞、同九月中右夘右衛門義、菅沼下野守様御差出相成御吟味中、同人義宿御預り被仰付、今般左之通り被仰渡候、武州世田谷村新右衛門外弐人義、御塩硝蔵於近辺花火揚候段入御聞、当御奉行所ニ御差出相成再応御吟味之上、左之通り被仰渡候

一新右衛門義、御塩硝蔵近辺ニて花火揚間敷旨、兼而御触も有之上者得と可申聞置之所、異見申奉方等閑故、与吉於庭先花火揚候始味《ママ》ニ相成候段、留守中とハ難申、不埒ニ付御詫被置候

一新兵衛義、兼而御塩硝蔵近辺ニて花火揚間敷旨御触相弁乍罷出、与吉義於庭先花火揚候節病人義難見於候迚、差上も不致其侭ニ差置候段、不埒ニ付過料銭三貫文被仰付候

一夘右衛門次男大助義、花火調て茂成宗村へ持参揚候儀者不埒候共、兼而御塩硝蔵近辺ニて花火揚間敷旨、御触れ

も有之上者、得と可申付置処、異見申付方等閑故、大助義花火揚御始味《ママ》ニ相成候段留守中とハ乍申不埒ニ付、急度御詫被置候

一右ニ付先達而御吟味ニ被召出候者共ハ不埒之筋も無之、今般不罷出者共へハ右之段可申通旨被仰渡候

右被仰渡候趣一同承知奉畏候、且右料銭之義ハ三日之内大貫次右衛門へ可相納旨被仰渡候、是亦承知奉畏候、若相背候ハヽ、重料可被仰付候、依之為後証御請証文差上申処仍如件

享和二戌年四月廿七日

井伊掃部頭領分　武州荏原郡世田谷村羽根木
百姓新右衛門煩ニ付代兼　同人枠　新兵衛

伊奈友之助御代官所　同州多摩郡中野村
名主夘右衛門煩ニ付代　親類　文次

右之通昨廿七日菅沼下野守様被仰渡候、依之写を以御届可申上候、以上

御奉行所

戌四月廿六日　多摩郡中野村　年寄　甚五右衛門

伊奈友之助様御役所(18)

〔史料6〕は、享和二年（一八〇二）四月二七日に中野村の大助、世田谷村の新右衛門・新兵衛・与吉の四名が、塩硝蔵近辺の成宗村内で花火を揚げ、勘定奉行菅沼下野守[19]による吟味が行われた事例である。勘定奉行は、代官支配地における公事を取り扱うこともあった[20]。史料中には、以前から触が出されていたことが記されているが、これは享保

五年（一七二〇）に幕府から出された、塩硝蔵の付近で花火を揚げてはならない旨の触(21)を指していると考えられる。この触を破ったために検使の吟味が行われ、さらに過料を科せられたこの事例は、法に触れて刑罰を受けるまでの一連の過程を経て解決した事例であるといえる。

次の〔史料7〕は、寛政九年（一七九七）六月に起きた、角筈村の喜之助と内藤新宿の与助の間のトラブルである。

〔史料7〕

差上申済口証文之事

武州豊嶋郡角筈村勘十郎店喜之助、同州同郡内藤新宿上知又八店与助江相掛リ悪名被申懸候出入、当御奉行所様江奉出訴、先月廿七日御差日之御尊判頂戴相付候処、相手方ニ而モ返答書ヲ以程々ニ申上右御差日当日双方罷出御吟味奉請、其後追々引合人等被召出御吟味可有之、両江戸宿立入双方江得与異見差加へ掛合之上、熟談内済仕候処趣意左ニ奉申上候

一右一件篤与掛合相糺候処当六月十八日、角筈村嘉兵衛方ニ而米壱俵渡《ママ》紛失候義ニ付、与助義同村権治郎江懸合方不行届義之有候故、喜之助悪名被申掛候段申上、与助相手取奉出訴候得共、御吟味之上与助ゟ喜之助江悪名申掛候義ニ者無之候得共前文権治郎江掛合行届かずゟ右躰事起り全ク与助心得違ニ付、其段別紙一札差入相詫候上者喜之助方ニ而も身分相立何ニ而も申分候無之、其外引合之宿とも一同意存無之熟談内済仕偏ニ御威光与難有仕合ニ奉存候、然ル上者右一件ニ付、重而双方ゟ御願筋毛頭無御座候、依之為後証済口証文差上申処如件

寛政九巳年閏七月

大貫次右衛門御代官所

武州豊嶋郡角筈村　勘十郎店　訴訟人　喜之助

年寄　差添人　新右衛門

野田文蔵御代官所

同州同郡内藤新宿上知　又八店　相手　与助

家主　亦八

五人組　金太郎

名主代　義助

右角筈村　家主　引合人　勘十郎

同人店　同　権治郎

家持　同　嘉兵衛

馬喰町四丁目　大坂や長右衛門代

願方宿　源助

神田花房町代地　いかりや

相手方宿　伝治郎

御奉行所様(22)

史料によると六月一八日、角筈村嘉兵衛の米一俵が紛失した。それをめぐって喜之助が悪名を申しかけられたため、与助を相手取り奉行所へ出訴すると、奉行所から判が与えられ裁判が行われた。その後、引合人が立ち合ったり、双方の公事宿が意見交換したりした結果、双方の誤解が解け最終的には与助が喜之助に詫びたことで内済となった。ここで興味深いのは、出訴後、奉行所から裁判の日時が決められ、公事宿も関わって解決するという一連の流れが記されていることである。異なる村の者が起こしたトラブルが両者の公事宿であった馬喰町や神田花岡町の者など、多くの者を巻き込んでトラブル解決に至ったことがわかる。

以上の事例は、全て村を越えたトラブルであり、解決段階の特徴を検討してきた。トラブルの性質は暴力を振るう、触れを破って花火をあげる、「法に触れる」などそれぞれ異なっていたが、検使の派遣を要請し、吟味を願い出たことは共通している。トラブルが起きた場所から、まずその地を支配する役所に報告され、検使派遣が要請された。その後当事者や親類らが吟味に立ち会った。とはいえ最終的には、双方が再度熟談したり、仲介人を立てて内済に至ることも多かった。また、裁判を経て過料を支払うことで決着する場合もあった。いずれにせよ、以上に挙げた事例のように村を越えて発生したトラブルの場合、また法に抵触するような事件の場合には、まずは検使による吟味という第一段階を経ていた事実がうかがえる。

次に、これまでの事例とは異なり同一村内で起きたトラブルでありながら、検使派遣が要請された事例を紹介する。〔史料8〕・〔史料9〕は、安政二年（一八五五）、中野村上宿の作兵衛が酒に酔い、同村初町の半助へ暴力を振るったトラブルである。

〔史料8〕

乍恐書付奉願上候

一武州多摩郡中野村名主夘右衛門外拾六人奉申上候、当村之儀青梅往還羽村御普請方、御陣屋其外御用御継立仕罷在候所、右躰御用多之村方故、年寄五人・百姓代拾四人相混、御用無御差支相勤罷在候処、百姓代半助儀、御継

立御用ニ而村方役場江罷出候処、村内字上宿百姓代作兵衛儀、右半助江如何様成意恨差含候哉、事実不相訳候得共、名主夘右衛門義、前年殊ニ同人父平内留守中去ル三日昼九ツ時頃作兵衛義、村内役場江罷越、右半助江対シ、悪口雑言申募夫而已不成、右半助を及打擲既半助儀ハ一命ニも可拘之処、隣家之もの共駈付取支、作兵衛義ハ相宥免半助江ハ夫ゝ薬用手当仕置作兵衛心疵篤与相尋候処、素ゟ宿着有之趣を以、右躰村内役場ニおゐて乱謀および候義ハ兼而心得罷在外差含候子細茂有之ニ付、村内役人共ハ勿論外扱人共ゟ申聞候義ハ、信用難仕其御筋江罷出御吟味奉請存意申晴候抔以之外、不束之儀申募一円屈伏不仕、半助義ハ数ヶ所打腫等出来苦痛罷在候ニ付、親類組合一同より御検使相願呉候様挙而申聞、夫ニ付村役人共一同夫ゝ利解申聞候所、作兵衛義ハ何分承伏不仕、平生之通商ひ向等義、不相休罷有候上ハ、半助ハ勿論村内役場を蔑ミいたし候始末、向後村方治り方ニ茂拘り候義ニ付、何共難捨置奉存候へ、半助疵所之義も平癒之程難斗奉存候間不得止事、此段奉願上候、何卒以御慈悲御検使被成下置厳重御吟味之上半助親類之もの共不騒立、村内治り方相成候様、被仰付被成下置度偏奉願上候、以上

安政二卯年四月六日

当御代官所　武州多摩郡中野村　百姓代　平兵衛㊞
次郎左衛門㊞　他九名略
年寄　安兵衛㊞　他四名略
名主　夘右衛門

小林藤之助様御役所　(23)

〔史料8〕によれば、安政二年（一八五五）四月三日、中野村百姓代の作兵衛が、村方役場にて同じく百姓代の半助に悪口を言い、さらに数か所の傷を負わせた。作兵衛は日頃より商売を休む暇がなく、半助以外の他の村役人をも蔑んでいた。この事態を放置すると今後の村方の秩序にも影響するため、親類組合一同が検使の派遣を要求し、厳重に吟味するよう代官小林藤之助(24)に願い出た。しかし一方で、今回のトラブルの加害者となった作兵衛は、吟味を免除してほしいと願い出た。それが次の史料である。

〔史料9〕

差出申御詫一札之事

一私儀酒狂之上、村内御役場へ罷越、談合居候半助を及打擲、剰平生之通商ひ向等不相休候段、全酒狂之上とハ乍申心得違いたし、右躰御役場をも蔑ミいたし、御始末以後御取締ニも拘り候ニ付、御支配御役所江御申立ニも被成趣、被仰聞先心後悔驚入同役次郎左衛門外拾壱人之者相頼御詫申上候処、半助義打腫等も有之ニ付、容易ニ御勘弁難被成趣、被仰聞実以恐縮仕候、依而ハ半助之宿之者之義ハ、右拾弐人之もの共立入取扱和談仕候上は以後申分無之、半助義も倶々以連印御詫申上候ニ付、御勘弁被成下忝仕合奉存候、附而ハ以来禁酒仕急度相慎可申候、万一此以後右躰之始末有之候ハ、如何様御取斗被成候共、一言之儀申上間敷候、為後日御詫一札差出申如件

安政二卯年四月六日　上宿　作兵衛㊞
親類組合惣代　佐兵衛㊞

村御役人衆中

前書之通申分無之候ニ付、私倶ニ御詫申上御聞済相成難有奉存候、以上

卯四月　　初町　　半助㊞　(25)

〔史料9〕は作兵衛とその親類が、村役人に充てた史料である。作兵衛は酒に酔って事件を起こしたが、支配役所に申し立てられると聞いて大変驚いた。今回は一二人の仲介人とともに半助と村方に詫び、今後一切酒は飲まないということで内済を申し出ている。被害を受けた半助もこれを了承し、連印している点も注目できる。

本事例は同一村内で起きた傷害事件である。検使の派遣と吟味を要請する村方の姿と、内済を希望するため吟味を勘弁してほしいと願い出る作兵衛の姿は対照的に見える。しかし、「向後村方治り方ニ茂拘り候義ニ付」とあるように、村方はその後の村内の秩序を懸念し、検使の吟味という正式な段階を経るという手続きをとることで、適切なトラブル解決を試みたと考えられる。

第二節　村における解決

本節では、(b)検使が派遣されない場合、つまり当初から内済を想定してトラブルを解決した場合について検討する。当事者同士でトラブル解決を試みる際、どのような特徴が見られるのだろうか。

〔史料10〕

差上ヶ申済口証文之事

一当二月十五日之夜、角筈町三右衛門家守五右衛門、同町八十郎家守七右衛門与口論仕候、其段女房忰新助、御役

所江御訴訟申上ヶ御召状被下置候所ニ名主・年寄・五人組取扱内証ニ而、出入埒明ケ申候、為其済口証文差上ケ申候、以上

宝永五年子戊年二月廿一日

角筈町

五右衛門㊞

五右衛門世悴　新助㊞

七右衛門㊞

年寄　三左衛門

同　勘左衛門

名主　伝右衛門

雨宮勘兵衛様　御手代中(26)

〔史料10〕によると、宝永五年（一七〇八）二月一五日の夜、角筈村の五右衛門と七右衛門が口論になった。五右衛門の女房と悴が役所に訴えると、名主・年寄・五人組はこれを内証として扱い、解決に至った。そして、トラブルが内済したことを、角筈村支配代官雨宮勘兵衛(27)の手代に報告している。本事例は、暴力沙汰に発展していないこともあり、村内でトラブルを収束させようとしたと考えられる。

次に〔史料10〕と同様、村役人の仲裁によって解決に至った事例を見てみる。

〔史料11〕

誤り証文之事

一拙者義去ル十一月廿五日、鎮守十二社祭礼之場江罷出、酒ゑい其上名主様御門前ニテ口論ヲ仕、くねヲ探破リ、其上年寄元右衛門殿江参悪口上ヲ申上重々不調法成義仕、可申上品一切無御座候、尤前々ゟ酒ゑい若キ者共集度ニ口論仕候ニ付、此度難差置候由ニ而御支配所迄可被仰出由組頭中江御断被成、御尤ニ奉存候、左候ヘハ至極難義仕候ニ付、組合百姓中相頼各々様江度々御訴訟申候処、重而酒ニゑい村中ハ不及申他村ニ而も口論ケ間敷義、一切仕間敷候ハヽ、此度之義指免可申段被仰聞承知仕候、此以後随分相慎左様之義無之様ニ可仕候、惣而酒振等江一切罷出申間敷候、諸親類幷組合之百姓此趣承知仕候、重而酒ゑい口論仕候又ハ何様之義仕出候ハヽ、如何様被仰定候共、一切御訴訟ケ間敷義申間敷候、為後日誤証文乃如件

延享元年子十二月九日

角筈村　伊平次
伊右衛門弟
証人　伊右衛門㊞
五人組証人　権右衛門㊞
同　茂右衛門㊞

名主　与兵衛殿
年寄　元右衛門殿

（端裏書）　伊平次　(28)

〔史料11〕によると、延享元年（一七四四）一一月二五日、角筈村の伊平次は熊野十二社祭礼の場で酒を飲んだ後、名主宅門前で口論を起こし、年寄元右衛門に対して無礼を働いた。これまでも酒に酔った若者が集まる度に口論に発展していたため、今回の事件は放置すべきではないと組頭へ伝えられた。しかし伊平次は今後謹慎し、今後一切口論しないので許してほしいと組合とともに村方に訴え、結果的には赦免となった。村で起きたトラブルを、支配所に訴えることなく村内で解決している様子がうかがえる。

以上二つの事例の共通点として、トラブルの当事者が同じ村内の者であることが挙げられる。ここでは検使や吟味を必要とせず、村内で解決しようとしている。親類や村役人が尽力し、村内で起きたトラブルを村内で解決することで、当事者や村方の負担を軽減する意図があったと思われる。

次に暴力沙汰に発展しながら、村内で解決しようとした事例を提示する。〔史料12〕〔史料13〕は、元禄一一年（一六九八）九月二八日、角筈村の勘左衛門が、鉈で兄嫁（仁兵衛の妻）の頭に四か所傷を負わせた事件である。

〔史料12〕

口上之覚

角筈村仁兵衛妻者［　　］父儀、親分ニ罷成縁付ニ出シ置■九月廿八日、勘左衛門口論仕手負申候得共、養生仕候ニ付疵モなをり申ニ付渡世申候得而、勘左衛門と仲能仕少も意趣ニ存間鋪候、殊ニ是不叶病ニ御座候而少茂麁末ニ不仕、一生之内養育可仕候間、御代官様へ御訴訟被成御赦免被遊被下候儀、名主・組頭中願入度存じ候と申し候、尤親類縁者何者ニ而も脇ゟ六ケ鋪儀申者無御座、拙者共も御指図■次第ニ可罷成候旨、御訴訟被成可被［　　］而勘左衛門少もあしく仕候ハ、拙者共へ何分にも相掛り可被成候、為其如此ニ御座候、以上

元禄十一年寅十月十二日　　才兵衛㊞　伝兵衛㊞　(29)

〔史料13〕

勘左衛門手錠赦免ニ付願

一角筈村［　　］、勘左衛門去丑ノ極月廿日ゟせんきを煩イ腰ゟすね迄［　　］いたり［　　］、気色ヲ苦労ニ［　　］今ぎゃうぶ叶不申候故、常々［　　］致乱気兄娵メ［　　］日之朝五ツ時、そばニ有之なたニ而■、兄娵之頭リ《ママ》を四ヶ所切申候、仁兵衛女房ニ醫者ヲ掛ケ養生仕候故、疵［　　］直り気色本服仕候、両人之親幷ニ仁兵衛茂難■《有カ》奉存候間、手錠御免ニ被為成本■共茂有之、兄長兵衛、同村姉聟孫左衛門、鳴子宿ニ罷有候姉聟勘兵衛此三人之者共方江勘左衛門ヲ御預ケ被下■■奉願候、勘左衛門一生之内ハ三人之者共方ニ而大切ニ養育可仕候、御慈悲ニ御預ケ被下候ハヽ、難有可奉存候、已上

元禄十一戊寅年十一月七日

本郷村　兄　長兵衛㊞
同村　姉聟　孫左衛門㊞
鳴子宿　姉聟　勘兵衛

一三人衆御訴訟被下候通、仁兵衛妻疵直り、気色違本服仕候、勘左衛門乱気ニ而疵負せ候様ニ見及申候間、何とぞ手錠御赦免成被下候様ニ奉願候、已上

十一月七日

和泉村　従弟　伝兵衛㊞
同村　同断　才兵衛㊞

右之通双方之親類共寄如斯御訴訟申上候、御慈悲手錠御赦免被遊、勘左衛門を兄弟共方江御預ヶ被下候様奉願候、
以上

十一月七日　　角筈村

兄　仁兵衛㊞
五人組　伝兵衛㊞
同　次郎兵衛㊞
同　小左衛門㊞
同　孫兵衛㊞
年寄組頭　松右衛門㊞
年寄　三左衛門㊞
同　伊右衛門㊞
同　五郎兵衛㊞
名主　伊左衛門㊞

細井九左衛門様　御役所（30）

〔史料12〕・〔史料13〕ともに虫損や焼損の部分が多く詳細は明らかにできないが、勘左衛門は痂気を患ったことで取り乱し、傍にあった鉈で兄嫁である仁兵衛の妻を傷つけた。しかし医者に診てもらい養生したためすでに傷は癒え、快方に向かっている。そこで双方の親と仁兵衛も納得し、勘左衛門を「手錠御赦免」にしてほしいと願い出ている。また、親類三人が勘左衛門を引き取り、一生養育すると述べている。注目すべきは、村役人も連印した上で当時

の支配代官細井久左衛門に宛てている点である(31)。本事例は、角筈村内かつ身内で起きたトラブルとはいえ、勘左衛門は相手に傷を負わせている。しかし、親類が協力して勘左衛門を引き取ることで、刑罰に処されることを防ぐ様子がうかがえる。本来であれば第一節で述べたように、異なる村の者同士が起こしたトラブルの場合や、鉈で傷を負わすなどの法に触れる傷害事件の場合には特に、まずは検使の吟味が行われるはずである。しかしここでは双方の親類が納得し、村方もそれを了承しており、検使派遣は要請されなかった。このことは、裁判や刑罰から免れるために、代官に伝達したり検使派遣を要請したりすることなく、当事者同士の解決を望んだと考えられる。

最後に〔史料14〕では、これまでに挙げた事例とはやや性質の異なるトラブルについて検討する。

〔史料14〕

引取申一札之事

一我等親類続八五郎与申者、貴殿御店を年来借請罷在厚ク御世話成被下候処、平日酒を好ミ渡世向ニ薄く、近辺ニ而少々借財等茂出来候趣ニ相聞江、当十一月十七日夜風斗家出いたし相渡り不申候ニ付、心当り之所々相尋候処、江戸赤坂町親分之方江相たより罷越居候間、右赤坂町江茂掛合之上、当人身分之儀者親類共直談ニおよび我等方江引取申候処実正也、依而者八五郎所持之□類別紙品々附ヶ立書之通、是亦私為御立会被成□方江引渡シ被下、右品々不残慥ニ受取申候、尤貴殿方ニ去巳年中ゟ之店賃数月相滞居候処、右之分茂格別ニ御勘弁被下、金滞高拾弐貫文余ニ有之候処、右滞之内江今般辺弐百弐朱私ゟ御渡シ申差引、残銭七貫九百七拾二文之義者、当人ニ而調達仕候迄御聞届ヶ之上猶豫被下候ニ付、店請人幷困窮之私共一同、相助り誠ニ忝仕合奉存候、店受人雑色村金八義者外村ニ而相渡り罷有候義故、右之趣御歎申難遂親類ニ付私ゟ引取一札差出申候、且亦右金八店請印形御

抜キ御渡し被下、是又慥ニ請取申候、然上者八五郎身分ニ付自今以後貴殿方江御苦労一切相掛ヶ申間敷候、依之引取一札差出申処為後証如件

天保五午年十二月廿二日

雑色村　店請人金八煩ニ付代親類

中野村　八五郎引請人

権左衛門㊞

家主　喜兵衛殿　(32)

〔史料14〕からは天保五年（一八三四）一二月二二日、中野村八五郎の飲酒や家出、店賃滞納などの問題行動から生じたトラブルを、親類の権左衛門が収拾しようとしていたことがわかる。八五郎は一一月一七日の夜に突然家出し、権左衛門は心当たりのある場所を探しまわった。その後八五郎が滞在していた江戸赤坂町に掛け合って八五郎を連れ帰り、所持していた物も全て受け取った。さらに店賃滞納については、二分二朱を権左衛門が支払い、残り七貫九七二文は後日八五郎が支払うこととなった。トラブルをめぐっては、江戸赤坂町の者や雑色村の者も関与し、村を越えたやりとりが行われている。最終的には、親類が八五郎を引き取ることで解決に至った。金八店の請印を抜いたものを受け取ったという記述があり、金八との契約が解消されたことを示している。

以上、本節では主に同一村内で起きたトラブルについて扱い、検使の派遣や吟味の段階を経ることなく、村役人や当事者の親類が尽力して解決に向かう様子を見た。暴力沙汰などに発展していない場合は特に、できる限り村内で解決することが目指されたようである。しかし、〔史料12〕・〔史料13〕のように明らかに傷害事件でありながら、お互いの親類が了承の上で解決することもあった。これには裁判や罰を避けようとする意図があったと考えられる。

おわりに

第一節では主に村を越えたトラブルの事例を提示し、当事者同士だけでなく近隣の村々も巻き込んで解決を目指す様子を明らかにした。そして、村を越えたトラブルの場合は派遣が要請されていたことがわかった。あるトラブルが起きた場合、その地を支配する役所にまず連絡し、検使派遣を要請する。トラブルが解決した後、当事者の村からその村の支配代官へ報告する。以上のように、トラブル解決には一連の流れがあったのだと考えられる。また、〔史料8〕・〔史料9〕のように、当事者たちは内済を望んでも、村役人は村の秩序の観点から検使の吟味を希望し、迅速に対応しようとする例も見られた。最終的に内済となった場合も、または裁判を経て刑罰が科された場合も、村を越えたトラブルや法に触れる重大事件の場合には、解決の第一段階としてまずは検使の吟味が行われたのである。

第二節では、検使や吟味を要請することなく、当事者間で解決した事例を検討した。同一村内で起きた事件は、できる限り当事者の親類や村役人らが尽力して解決を試みていたようである。これには、当事者や村方の負担を軽減させようという意図があったと思われる。しかし、〔史料12〕・〔史料13〕のように、たとえ傷害事件であっても、双方の親類が納得することで解決に向かうこともあった。本来なら内済で済まされない事例だが、当事者や親類が刑罰から逃れるために、検使の介入を避けたのではないかと思われる。以上を踏まえると、村を越えてトラブルが起きた場合や法に触れるような重大事件の場合は、村方はむしろ迅速な対応のために検使の吟味を望んだが、当事者と親類らは刑罰から逃れるために内済を試みたといえる。一方、同一村内で起きたトラブルに関しては、当事者や親類らだけでなく、村役人も尽力し、可能な限り村内で解決しようとする様子がうかがえた。

本章では、「江戸町続」地域の村におけるトラブル解決について考察してきた。その中で、異なる支配の他村の者が第三者として仲介したり、検使派遣を要請する先と最終的に事件を報告する先が異なったりする特徴も見られた。また、トラブルの解決段階において、町医者のような専門知識を有する者が意見を述べていたことや、村の者が家出をして江戸市中に逃げ込んだ際には、親類が赤坂町を相手に掛け合ったことなども確認できた。「江戸町続」地域の特質としては支配の錯綜性が挙げられ、隣り合う村でさえ支配系統が異なる。さらに角筈村や代々木村のような、村内に町奉行支配地や寺社領、代官領が混在する村も数多い。この地域で発生したトラブルの解決段階には、代官をはじめ寺社奉行や勘定奉行などの様々な幕府機関が関わったといえる。さらに、支配を越えて様々な人々が熟談し納得することで、トラブルを適切に解決しようとしていたのである。

注

（1）坂本恒久『近世都市社会の「訴訟」と行政』（創文社、二〇〇七年）や、大平祐一『近世日本の訴訟と法』（創文社、二〇一三年）による研究史整理を参照。

（2）平松義郎や水本邦彦は、公儀による訴訟を「威光」として私的裁判を禁じていながら、実態としては公法・私法（「村掟」）が構造的に共存していたと述べている（平松義郎『近世刑事訴訟の研究』（創文社、一九六〇年）、水本邦彦「公儀の裁判と集団の掟」（朝尾直弘・網野善彦・山口啓二・吉田伸之編『日本の社会史』第5巻、岩波書店、一九八七年））。

（3）服藤弘司「内済」（国史大辞典編纂委員会編『国史大辞典』第一〇巻、吉川弘文館、一九九三年）。

（4）小早川欣吾『近世民事訴訟制度の研究』、名著普及舎、一九八八年。
（5）荃田加寿子「内済と公事宿」（朝尾直弘・細野善彦・山口啓二・吉田伸之編『日本の社会史』第5巻、岩波書店、一九八七年）。
（6）大平前掲注（1）。
（7）序章参照。
（8）宝暦九年閏七月「差上申済口証文之事・乍恐以書付奉願上候」（渡辺家文書・T308）。宛先は不詳だが、関連史料（渡辺家文書・T304〜307）から田辺弥右衛門であると推定される。
（9）大久保治男『江戸の刑法　御定書百箇条』（高文堂出版社、一九七八年）より引用。
（10）新宿区教育委員会編『武蔵国豊島郡角筈村名主　渡辺家文書目録』、一九八八年。
（11）正徳二年八月「口上覚」（渡辺家文書・T301）。
（12）雨宮勘兵衛忠恒。一七〇六年〜一七一五年、角筈村幕領分支配代官（前掲注（10）、『武蔵国豊島郡角筈村名主　渡辺家文書目録』）。一七〇一年一二月〜一七一五年一一月、関東・江戸代官（西沢淳男『江戸幕府代官履歴辞典』、岩田書院、二〇〇一年）。
（13）文化一三年七月「乍恐以書付御訴奉申上候」（渡辺家文書・T314）。
（14）大岡源右衛門孟清。一八一三年〜一八二一年、江戸廻代官（前掲注（12）、西沢淳男『江戸幕府代官履歴辞典』）。
（15）文化一三年七月「容体書を以申上候」（渡辺家文書・T315）。
（16）文化一三年七月「乍恐以書付奉願上候」（渡辺家文書・T316）。
（17）大貫次右衛門光豊。一七九二年〜一八〇六年、関東郡代屋敷代官。一八〇六年〜一八二三年、関東馬喰町代官（前掲注（12）、西沢淳男『江戸幕府代官履歴辞典』）。
（18）享和二年四月「乍恐以書付御届奉申上候」（堀江家文書・G65）。

(19) 菅沼下野守定喜。一七九七年一〇月一二日～一八〇二年五月二七日の間、勘定奉行(笹間良彦『江戸幕府役職集成』、雄山閣出版、一九七六年)。

(20) 「徳川禁令考」巻之一五「宰職長官及諸曹勤方条目之二」には、「御代官支配所之中、或ハ國郡隔り、或ハ方角相違ひ、(中略)其支配所百姓共公事訴訟有之時、難儀之事も候由相聞候、是等の事御勘定所において詮議の上」と記されている(石井良助校訂『徳川禁令考 前集第二』、創文社、一九五九年、一七六頁)。

(21) 「花火之儀、前々被仰出候趣も有之所ニ、千駄ヶ谷邊ニて花火たて候様ニ相聞候、御鹽焇蔵近所に候得は、別て左様ニは有之間敷事ニ候、向後右之通之儀有之候は、急度御吟味有之候」(高柳真三・石井良助編『御触書寛保集成』、岩波書店、一九八九年、一二五四頁)。

(22) 寛政九年閏七月「差上申済口証文之事」(渡辺家文書・T328)。

(23) 安政二年四月「乍恐以書付奉願上候」(堀江家文書・G72)。

(24) 小林藤之助。一八五四年～一八五七年、江戸廻代官(前掲注(12)、西沢淳男『江戸幕府代官履歴辞典』)。

(25) 安政二年四月「差出申御詫一札之事」(堀江家文書・G71)。

(26) 宝永五年二月「差上ケ申済口証文之事」(渡辺家文書・T300)。

(27) 前掲注(12)参照。

(28) 延享元年一二月「誤り証文之事」(渡辺家文書・T302)。

(29) 元禄一一年一〇月「口上之覚」(渡辺家文書・T298)。

(30) 元禄一一年一一月「(勘左衛門手錠赦免ニ付願)」(渡辺家文書・T299)。

(31) 細井久左衛門正次。一六八九年～一七〇〇年、角筈村幕領分支配代官(前掲注(10)、『武蔵野国豊島郡角筈村名主 渡辺家文書目録』）。

（32）　天保五年一二月「引取申一札之事」（堀江家文書・G67）。

※本章は日本風俗史学会平成二八年度卒業論文・修士論文発表会において報告した「江戸周辺農村におけるトラブルの解決とその特質」を改稿したものである。

第七章　商業活動の発展と新たな社会的役割
―役負担の視点から―

大久保　孝祐

はじめに

江戸の周辺地域は、戦後の経済史的研究、そして八〇年代からは、その政治的再編に関する研究が盛んに行われた。しかし、これら二つの研究潮流をふまえつつ本章は、「江戸町続」地域における商業活動と、その商業活動が果たした社会的な役割を検討することで、当該地域における経済と政治を包括的に理解しようとするものである。

本章で扱う内容の背景となる、江戸地廻り経済圏の先行研究を、まずまとめておく。津田秀夫は、幕府が江戸の中心市場としての地位を高める経済政策を推進するため、大坂市場への依存を抑制する一方、江戸市場を支える基盤として江戸地廻り経済圏の育成に力を入れたと指摘した(1)。伊藤好一は、享保期に積極的な新田開発が行われた武蔵野台地などを対象として、関東農村が江戸と結合して全国市場を形成する一翼を担ったことを指摘した。津田・伊藤両者の研究において、江戸周辺の農村は江戸のヒンターランド（後背地）として位置付けられ、幕藩制社会における再生産構造を安定させるべく、幕府による市場統制の影響を強く受けたとしている。一方、幕府によって享保期以降に首都市場圏の設定が試みられるが、江戸の荷受け問屋の脆弱さや関東の在方商人による問屋機構から離脱した流通機構を確立しようとする運動によって、関東領国の強化に終わったとの指摘もある(2)。

二〇〇〇年代の研究では、白川部達夫が安永二・三年（一七七三・一七七四）の常陸国土浦河岸の河岸吟味を対象として、明和・安永期に幕府が幕藩領主制をこえた公儀による一元的な統合を志向した政策の具体的過程と藩の対応を明らかにしている(3)。落合功は、近世後期の千葉県袖ケ浦市域の年貢米流通を対象として、西上総地方における年貢米集荷の担い手と津出先の変化を明らかにしている(4)。小林風は、江戸東郊地域における肥料購入の選択に対して地廻り経済圏の成長が与えた影響を明らかにし(5)、また江戸西郊における下肥をはじめとする購入肥料と野菜生産・販売との関係を約一〇〇年にわたって概観し、これまでの定説に再考を加えている(6)。

これら先行研究では、江戸地廻り経済圏を江戸市場の後背地と捉え、都市江戸を支える役割を果たす地域として経済的な側面から分析がなされた。また、江戸地廻り経済圏の成長が近世初期以来の伝統的な輸送経路、藩領内での問屋に対する藩の統制に対して大きな影響を与えたことが指摘されてきた。近年では消費者の視点から、江戸地廻り経済圏の成長と江戸東郊・西郊地域での肥料購入の選択について分析がなされてきた。しかし、以上の研究からは都市江戸と「江戸町続」地域における商業活動の相互的な影響や、発展した商業活動によって江戸が支えられていた事についてほとんど言及なされていない。よって、本章では武蔵国豊嶋郡角筈村、同国多摩郡中野村を対象として、両村が江戸に隣接する地域であったが故に受けた商業活動への影響、その発展した商業活動によって江戸が支えられていた面について考察していきたい。

以下、本章で考察を行うため、（a）商品作物の栽培、（b）人々の往来が多い場所における商業活動、（c）江戸市中や広範囲の他村との間に行われた商業活動、の三つの視点を設定する。この三つの視点は、（a）は江戸に隣接する西郊農村は畑作が中心であり、それに必要な金肥の獲得などを通じて貨幣経済が農村に浸透している様子がわかるもの、[7]（b）は江戸から延びる街道に挟まれている、または村が江戸近郊の宿場間に存在し、「間之宿」の機能を持つようになるなど、江戸に隣接していること自体が影響して、農村に商業的性格が芽生えたもの、[8]（c）は農村で行われた商業活動が村の範囲を超えて経済規模を拡大していく、もしくは他村の同業者と仲間を結成して商業活動を展開していくもの、と規定する。これらの視点から考察することで、「江戸町続」地域の商業活動の発展とそこに期待された社会的な役割を包括的に捉えていくことが出来るだろう。

第一節　角筈村の商業活動

本節では角筈村で行われた商業活動について、三つの視点から明らかにしていく。

（a）商品作物の栽培

商品作物の栽培の実態を見るにあたり、角筈村の田畑の割合を確認する。文政八年（一八二五）の「村差出明細帳」[9]によれば、角筈村全体の耕作地が「此反別七拾三町四反四畝十三歩半」であり、内訳は「田反別四町九反八畝弐拾六歩」、「畑反別六拾八町四反五畝拾七歩半」で、田七％・畑九三％の割合となっている。これは土性や用水が水田耕作には不向きであったことが原因と考えられる。畑作優勢であった角筈村であるが、幕末まで年貢の金納化は行われず、年貢米の一部を買納しなければならない事情もあって、水田耕作を完全に放棄して畑作へと転換することは出来なかった。(10)

この様な耕作状況の角筈村では、どのような作物が作られていたのか。再び「村差出明細帳」を見てみると、「一作物之儀ハ、麦稗黍荏蕎麦芋大根等ヲ作り、百姓平日糧之義ハ菜大根を用ひ申候」と、作られている蔬菜は麦・稗・黍・荏・蕎麦・芋・大根などの一般の関東農村と違いはない(11)。では、これらの蔬菜類はどのような目的で栽培されたのか。「村差出明細帳」には、「一秣場無之、村内田畑之畔ニ而苅取申候」、「一農業之間、男者江戸迄菜園物等持出、女者薪等を拵申候」と、角筈村では江戸向けの野菜を自給困難な肥料を得る手段の一つとしていた可能性がある。

(b) 人々の往来の多い場所における商業活動

次に角筈村の町場化について、まず以下の史料を確認する。

〔史料1〕(□は解読不可、■は虫損、以下同じ)

角筈町之義角筈村ゟ甲州海道通りニ成候所ヲ角筈町と申ならわし候迄ニ而町屋無御座候百姓家之内海道きわニ御座候者ハ煎売なと仕候勿論永代売不罷成場所ニ而売券抔と申儀曽而無御座候以上

角筈村
名主　伊左衛門印

子ノ四月八日

細井九左衛門様

御手代中 (12)

〔史料1〕は元禄九年（一六九六）に作成されたものである。この頃から角筈村の甲州街道沿いに百姓によって町場が形成され、街道を往来する人々に対して簡易な商売が行われていたことが分かる。また、これより約二〇年前の延宝二年（一六七四）に作成された「角筈村寅之御検地名寄帳」(13)には石盛一四(14)の宿屋敷が記載されている。宿屋敷を所持していたのは一六人で、間口の広さは七間三尺五寸から二三間と大きな差があるものの、奥行きは一つを除き二五間で統一されている(15)。この様に角筈村では一七世紀末から長屋と思われる町屋で宿屋敷が営まれていたことが分かる。角筈村では内藤新宿が宿駅業務を停止していた享保期から明和期までの五〇年の間、合計四回の宿場設置願が出されている(16)が、その背景としてこうした宿屋敷の存在があったのであろう。また、角筈村の石盛は上田で一二、上々畑で一三に設定されている。石盛を設定する幕府から見ても、こうした宿屋敷の存在は租税を徴収する面で見過ごせるものでは無かったと言える。

次に、村内で人々の往来の多い場所で具体的にはどのような商業活動が行われていたのか確認していく。

〔史料2〕

覚

（中略）

内　家数三拾軒農業一統渡世之分

家数百七拾軒農間商諸職人類渡世之分

内

百五拾弐ヶ年以前辰年ゟ　　家持　小左衛門

居酒屋渡世
弐拾一ヶ年以前卯年ゟ次左衛門店　権治郎
同　渡世
六拾一ヶ年以前亥年ゟ平兵衛店　利兵衛
五拾一ヶ年以前酉年ゟ家持　甚兵衛
同　渡世
三拾八ヶ年以前戌年ゟ家持　平七
同　渡世
六拾六ヶ年以前午年ゟ家持　幸助
同　渡世
弐拾ヶ年以前辰年ゟ安兵衛店　次助
（中略）
右之通相違無御座候、以上
文政十亥年
右村
百姓代　八十右衛門印
年寄　伊左衛門印
名主　善三郎
関東向御取締御出役

（後略）⒄

〔史料2〕は、文政一〇年（一八二七）の関東取締出役の関八州廻村の際に、農間渡世商人の実態調査が行われた結果である。史料からは、同年時点で農業のみで生計を立てている者は全体二〇〇軒の内三〇軒しかおらず、一七〇軒は何らかの商売に関わっていたことが分かる。また、居酒屋渡世を営む小左衛門が一五二年前より商売を行っているとの記録もあり、〔史料1〕で見た一七世紀末から商売を行っていることが分かる。次に、文政八年（一八二五）の「村差出明細帳」⒅からより詳細な商人たちの実態を見ていく。

次ページの第1表・第2表は同年時点で角筈村に存在した商人・職人をまとめたものである。商人と職人の合計は一三六名で、同史料中の「此家数弐百軒、人別七百三拾三人」の記述から、角筈村の世帯の約七〇%弱が商業に従事していたことが分かる。

〔史料3〕

一私共草箒木渡世致商売物手薄々相成候節者仲ヶ間融通致合品物有之候所ゟ借り受相互ニ渡世致候取極致置候処此節払底ニ而何れも買出し出来兼候ニ付去十六日中野村善三郎方ニ薄物有之候ニ付帰り懸ヶ右品借り受可申与罷越候処追々得与大勢参り借り請候処、善三郎致立腹□ニ出訴被致候ニ付取扱を以相詫候処、承知之上同人方ニ而申合セニ振候義も有之義之旨挨拶およひ候上者双方無申分熟談内済仕、右行違ゟ事起り候始末ニ付、以来急度相慎之右様之心得違致間敷候、依之為後日一札差出申候、仍如件

天保六未年十二月

第1表　文政八年時点の角筈村内の商人

商売の種類	人数	商売の種類	人数
麺類商売	2	下駄商売	1
種物商売	1	油蝋燭商売	2
煙草・荒物商売	7	酒食商売	6
荒物・木綿類商売	1	薬種	1
小間物商売	3	八百屋商売	4
小間物・挑灯屋	1	馬宿糠食類商売	6
傘挑灯屋	1	瀬戸物糸類	1
青物商売	14	多葉粉入商売	1
足袋屋	2	紺屋	1
塩肴屋	5	湯屋	1
水菓子屋	4	漬物商売	1
竈屋	1	質屋	6
舂米屋	7	古鉄買	11
舂米糀商売	1	古着商売	2
豆腐商売	4	酒造穀物渡世	1
菓子商売	5	酒商売	1
植木商売	4	荒物米商売	1
材木商売	3	古道具渡世	2
藁商売	1	穀物商売	1
棒屋	1		
馬具商売	2	計	120

第2表　文政八年時点の角筈村内の職人

職人の種類	人数	職人の種類	人数
大工	7	左官職	1
家根職	1	鍛冶職	5
建具職	1	桶屋職	1
		計	16

淀橋町　伊三郎店　藤九郎
成子町　久兵衛店　吉五郎
同人店　吉次郎
伝右衛門店　七五郎
当村五人組持店　金五郎

拾五郎店　要助
家主　弥左衛門
善兵衛店　三右衛門
同人店　安兵衛
当村五人組持店　金次郎
喜兵衛店　万吉
権兵衛店　忠次郎
角筈村
伝八店　紋次郎
吉五郎店　金蔵

御役人中　(19)

〔史料3〕は、角筈村とそれに隣接する柏木村内で町場化した淀橋町・成子町で、草箒木渡世をしていた者たちが作成した書状である。史料によれば、品薄の状況に対して渡世を営む一四人の間で、商品を融通しあう取り決めがなされる一方で、中野村の善三郎が自分からの商品の借り受けが多く、かえって自らが品薄状態になったと腹を立てたことが読み取れる。品薄状態に対応する取り決めがなされていたことから、街道沿いの立地を生かした商業活動が、活発に展開されていたことが分かる。また、品物の融通先の中野村善右衛門が、本史料の名前の書き上げには含まれていないことから、日常的な商売仲間のつながりは、この取り決めより広いものであった可能性もある。

以上の様に、一七世紀末の角筈村には長屋形態の宿屋敷や百年以上にわたって商売する家など、多種多様な商人が存在していた。また、天保期には、近隣村で同様に町場化していた地域との間で、同じ商品を扱う者同士で商品の融通が行われていたのである。

（c）江戸市中や広範囲の他村との間に行われた商業活動

まず、角筈村が江戸市中と行っていた商業活動を見てみる。

〔史料4〕

一大貫次右衛門御代官所武州豊嶋郡角筈新町平吉地借久兵衛奉申上候、新和泉町七右衛門店彦右衛門煩ニ付代庄太郎ゟ私相手取酒醤油代金滞有之候趣当御奉行所様江御訴詔奉申上候ニ付、今廿六日可罷出旨之御裏書頂戴相付奉恐入、此段左ニ御答奉申上候

一私義去酉九月中清兵衛方江養子ニ罷越候ニ付、右滞金有之候趣一向不奉存候、然ル処当四月中訴詔人彦右衛門方ゟ酒代金滞有之候ニ付、少々済方仕候様申来候ニ付、養父清兵衛江右之段承合候処清兵衛申候者悴清右衛門義十二ヵ年以前亥年頃ゟ去ル未年迄九ヵ年然之間右彦右衛門方ニ而荷物取引致壱ヵ年ニ金百両余之仕入致九ヵ年ニ者凡千両程之取引ゆへ年々端銀等相残去未年迄ニ残金三拾両壱分余ニ相成候由、其外所々借用金等有之右済方ニ差詰り無是非悴清右衛門義家出致候ニ付清兵衛義父候身上請取仕入致来候彦右衛門方ニ而引続酒醤油買取候処又々拂残金三拾七両余ニ相成候趣養父清兵衛申之候、尤当四月中右滞金催促有之候砌無沙汰ニ難捨置候ニ付乍申分金壱分余持参致相渡候而残金之儀者年々盆暮毎両度々少々宛可相済候筈ニ対談仕候処猶又当七月下旬地借仕金

弐分持参仕候処其節者彼是与難渋申請取不申候ニ付是非なく其儘ニ差置申候、向後右申上候通清右衛門義厄介多ニ而身上難立行厄介人とも捨置家出仕候跡式始末ゆへ此節漸々其日送之渡世仕候義ニ而中々以金子出来不仕候ニ付右滞金之義追々済方可仕候間速々ニ請取呉候様被仰付被下置候ハヽ、偏ニ御慈悲与難有仕合ニ奉存候、以上

大貫次右衛門御代官所　武州豊嶋郡角筈村新町

平吉地借　返答人　久兵衛印

地主　平吉

享和二戌年十一月廿六日

御奉行所様 ⒇

〔史料4〕は角筈村の久兵衛が、現在の東京都中央区日本橋人形町三丁目にあたる新和泉町の彦右衛門から酒醤油の代金の滞納で訴えられたことに対する自身の主張を述べたものである。久兵衛によれば、久兵衛自身が養子になる前に、養父清兵衛の実子清右衛門は一二年以上前から年間一〇〇両規模の荷物の取引を行っており、一〇年間で仕入方への代金の未払いが三〇両一分余となり、家出してしまう。商売を引き継いだ清兵衛であったが、代金の未払いは膨らみ、最終的に三七両余になった。清兵衛・清右衛門父子の具体的な取引の内容は不明だが、年間金一〇〇両の規模の取引を角筈村の村民が行っていたことは注目に値する。

次に村民が広範囲の他村と商業活動を行っていたことを見ていく。

〔史料5〕

一大貫次右衛門御代官所武州豊嶋郡角筈村百姓幸助奉申上候、去子三月中入間村次郎吉方ゟ小麦附送り候節紛失之

義有之候哉之旨御尋ニ付此段奉申上候、同年三月中右入間村次郎吉方ゟ小麦五拾四俵附送り候由申候得共、私方ニ而者五拾壱俵与帳面ニ有之候得共、段々先方にも掛合相糺候処、次郎吉方帳面ニ者五拾四俵与御座候ニ付、其節私方甚取込候義有之候ニ付若帳面落ニも有之候哉与存候処五拾四俵分之代金勘定仕次郎吉江相渡申候処此節紛失之段被仰聞奉恐入候、尤上俵代金壱両与銀三匁程与存候右御糺ニ付、以書付申上候通相違無御座候、以上

武州豊嶋郡角筈村　百姓　幸助

名主代　権左衛門

文化二丑年二月十三日

大学様御組宮田吉右衛門様　(21)

〔史料6〕

一角筈村穀物や百姓幸助煩ニ付代平七奉申上候、去子三月十五日幸助方ニ而小麦三俵買請代金壱両餘相渡候義有之可申哉之旨昨廿七日御尋ニ付罷帰り穀物買入帳得与相糺候処、右當日ニ者小麦三俵買受候義無御座候、多摩郡永福寺村百姓孫右衛門方ゟ小麦壱俵買取代金壱分銭三百廿三文相拂候□□ニ而右之外小麦買受候義一向無御座候右御尋ニ付以書付奉申上候通相違無御座候、以上

角筈村　幸助代　平七

名主代

文化二巳年二月廿八日

大学様御役所　(22)

〔史料5〕、〔史料6〕は、角筈村の幸助が入間村の次郎吉から小麦俵を購入した時に起こった発注数の齟齬に関す

るものである。注目すべきは、「穀物や」幸助が現在の埼玉県狭山市の入間村や東京都杉並区の永福寺村と取引している点である。前者は青梅街道から分かれる川越街道沿いの村、後者は甲州街道沿いの村である。これらのことから、幸助の穀物商売は、広範囲の他村との間で行われていたと言える。

〔史料7〕

一角筈村百姓小右衛門奉申上候、私儀農業之間穀物商売仕候処昨八日荏原郡若林村吉五郎与申者之由ニ而米四石四斗三合持参致買呉候様申之候ニ付、金壱両ニ付壱石壱斗七升替之直段を以買受代金壱分ト銭六百三拾六文相渡遣申候処今九日同村友右衛門与申者右売主吉五郎同道致参り昨日ゟ売渡米者友右衛門方ニ而盗取候所ニ付右米預ケ置候旨申之立帰り申候、依之此段以書付御訴奉申上候、以上

角筈村　訴人　小右衛門

文化七年十月九日　名主　伝右衛門

大貫次右衛門様御役所(23)

〔史料7〕は、角筈村の小右衛門が荏原郡若林村の吉五郎から米を買い取ったものの、それが盗品であることが発覚したことを報告するものである。小右衛門は、「農業之間穀物商売仕」とあり、専業の商売人ではなく農業を営みつつ商売を行っていたことがわかる。しかし、前述の「穀物や」の幸助同様、米を買い取る相手は、現在の東京都世田谷区の若林村の者で、小右衛門も甲州街道沿いの村と取引している(24)。よって、小右衛門の商売も、村内や村近辺で完結するような農間余業ではなかったことが分かる。

〔史料8〕

買取候材木不相渡候出入

豊島郡角筈村百姓
願人　七五郎

同郡代々木村元名主十兵衛地借
相手　伝蔵

右願人七五郎奉申上候、去ル未七月中相手伝蔵所持之材木杉丸太六百本・槻木丸太弐本ニ而代金拾五両ニ買受右代金不残前金ニ相渡、材木之義ハ私方置場無之候ニ付入用之節何時ニ而も引取可申旨同村名主十兵衛加判之證文取置同年十一月中右材木入用ニ付相渡候様申候処木数相揃不申間揃次第相渡可申旨ニ而相伝呉候様申之当春中迄證人名主十兵衛を以程々品□申□旦今ニ相成何様掛合候而も埒明不申難儀至極仕候間無是非此段奉願上候、何卒御慈悲を以相手伝蔵被召出早々材木相渡候得共又者代金相返候得とも被仰付被下置度奉願上候、以上

文化十酉年五月

角筈村百姓　願人　七五郎

大貫次右衛門様御役所

前書之通奉願上候ニ付奥印仕差上申候

同村　名主　伝右衛門

酉五月

如斯目安差出候間可済事候ハバ組合并村役人立合可済之若滞子細有之者返答書相認当月廿二日罷出可対処□不参可為曲事者也

大貫次右衛門役所

酉五月六日

前出相手方　伝蔵

右組合　村役人 ㉕

〔史料9〕

豊嶌郡角筈村百姓七五郎ゟ同郡代々木村元名主十兵衛地借伝蔵相掛り買取候材木不可渡候出入申上候[redacted]得廿二日

□□□□御裏書頂戴相付候処於村方扱人立入熟談仕候□□左ニ奉申上候

一右出入双方得与懸合候処訴詔人七五郎申立候ハ代金拾五両ニて杉丸太六百本槻木丸太弐本相手伝蔵ゟ買受候処右木数不差送旨申立候へ共伝蔵方ニ而者右材木引当テニ而金拾五両借受候義ニ而木品売渡し候儀之者無之旨申之右金拾五領之内当金拾両相渡残金五両之□物七五郎方ニ而不足致し同人方先達而取置候證文者伝蔵方へ相返し右出入無申分熟談内済仕偏ニ御威光与難有仕合に奉存候、然ル上者右一件ニ付重而御願筋毛頭無御座候、依之双方連印済口證文差上申候処如件

文化十酉年五月二十二日

豊嶋郡角筈村　訴詔人　七五郎

名主代　伊左衛門

同郡代々木村　元名主十兵衛地借　相手　伝蔵

年寄　弥兵衛

大貫次右衛門様　御役所　(26)

〔史料8〕、〔史料9〕は、角筈村の七五郎が代々木村の伝蔵から材木を購入して代金を支払った後も、材木の受け渡しがないとして訴え出たものである。訴えは、材木購入代金として七五郎から伝蔵へ支払われていた一五両を返済することで内済となった。この例で注目する点は、七五郎が伝蔵から購入する予定でいた材木の量である。当初、七五郎は杉丸太を六〇〇本、槻丸太を二本購入することになっていた。史料中には「材木商売」の字こそないが、七五郎が第1表にあったような「材木商売」を営む商人であった可能性がある。

〔史料10〕

大貫次右衛門御代官所武州豊嶋郡角筈村百姓安兵衛店伊兵衛奉申上候、野田源五郎様御代官所同州埼玉郡越ケ谷宿百姓市右衛門煩ニ付代召仕久兵衛ゟ私共九人相手取売掛ケ滞出入申上去ル年十月中当御奉行所様江奉出訴当未正月廿一日御差日御裏　御尊判頂戴相附候ニ付奉恐入左ニ返答書を以奉申上候

一訴詔人市右衛門代久兵衛申上候者売掛ケ滞金壱六両壱分二朱ト銀弐匁四分弐りん滞有之旨申上候、此段私儀□物太物商内いたし罷在候、右品仕入方之儀者数年来訴詔人市右衛門并に其外之者共ゟ買請多分之金高ゆへ年々少々宛残金相嵩候処段々不如意ニ付商内渡世相成兼難儀至極仕候間依之滞残金済方勘弁致呉候処、此節之訴詔人市右衛門初其外問屋共一同右之段相嘆キ候処年来取引も致候儀ニ付格別難儀にも不相成処深切ニ一同申之既ニ去ル寛政十午年九月中前書市右衛門其外之者共私方江立会之上身上向得と為取調候処、中々以済方ニ及兼候趣ニ付右問屋共一同相談之上其節惣滞金高取調六分余割賦済ニ勘弁致呉候ニ付右割賦金高取合是を四ツニ割合都合弐ヶ年之

割賦金相済候上ニ而追而掛合可致筈ニ対談致いたし置則承知印形取置且訴詔人市右衛門方滞金之儀者最初金弐拾両ト銀三匁五分有之右年賦割之砌六分一余之割合取調高金四両弐分ト銀五匁七分四リン是を四度ニ割合壱度分金壱両ト銀拾弐匁六分六りん宛弐ヶ年之間可相済筈引残金拾五両と銀拾弐匁弐分六りん之儀者右年賦金相済候上ニ而追而別段掛合可致筈対談致置候所金ふ如意ニ付右年賦金壱度分此節迄相済兼然ルニ最初対談いたし置候引残金拾五両余まで右年賦金江差加へ都合拾六両壱分弐朱ト銀三匁弐りん不残済方此節市右衛門ゟ被申上候段者誠ニ難儀至極仕尤年賦壱度分此節迄等閑ニ差置候様心底ニ者毛頭無御座候得共、右躰申上候通段々難渋相重り当時ニ而ハ家業も相志まい候程之儀ニ付当日を暮シ兼無拠右始末ニ成行奉恐入乍去右年賦金滞分者此節何様ニも手段いたし可相済引残金拾五両余之儀者最初ニ而をへ済方相成兼候仕合ニ而格別之勘弁を以年賦済致呉候間、別而残金之儀特ニ此節家業も相志まい旁難儀至極仕候間連々取呉候様ニ情々掛合候得共、一向承引致不申候ニ付何卒御慈悲を以御吟味之上右躰対談義定も致置候間掛合之奉承知致呉候様ニ被仰付被下置度奉願上候、以上

文化八年未正月

大貫次右衛門御代官所　武州豊嶋郡角筈村
百姓安兵衛店　返答人　伊兵衛

御奉行所様　(27)

〔史料10〕は、角筈村の伊兵衛が越ケ谷宿の市右衛門から太物の代金の滞納について訴えられたことに対して自身の主張を述べたものである。伊兵衛によれば、伊兵衛は訴えを起こした市右衛門以外からも太物の仕入れを行っていた。しかし、仕入れを行う中で年々仕入先への未払い金が嵩み、寛政一〇年（一七九八）に仕入先による伊兵衛の身

辺調査が行われ、代金の未払い分についての内済が行われていた。しかし、伊兵衛が市右衛門に対する初めの返済を行わなかった為、市右衛門は一括で返済を求めてきたのである。角筈村から七里離れ、江戸市中を経由しなければならない越ヶ谷宿の市右衛門らと太物の取引を行っていたことから、伊兵衛の商業活動も広範囲の他村との間のものであったことが分かる[28]。

〔史料11〕

大貫次右衛門御代官所
武州豊嶋郡角筈村
百姓　安兵衛店
訴訟人　伊兵衛

内田主計様御知行所
同州多摩郡和田　百姓　相手　伝兵衛
佐之与右衛門様御知行所
同州同郡雑色村　百姓　亀次郎
久松彦左衛門御知行所
同州入間郡堀口村　百姓　右衛門

売掛金滞出入
寛政九巳十二月ゟ同十年七月迄
一金弐両三分ト銭四百拾八文
寛政十年五月ゟ同年七月迄
一金三分弐朱ト銭五百分
寛政十年十一月
一金弐分ト銭三百文
（中略）

右訴訟人伊兵衛奉申上候、私義太物着物商内致罷在前書相手之者共ニ書面之□売掛相滞候ニ付度々催促仕候得共、早能申返済方埒明不申私義至極仕候間無是悲今般御訴訟奉申上候、何卒御慈悲を以相手銘々被召出御吟味之上右滞分早速相済候処被仰付被下置候様奉願上候、以上

文化八年未十一月

大貫次右衛門御代官所武州豊嶋郡角筈村
百姓安兵衛店
訴訟人　伊兵衛

御奉行所様

（後略）(29)

〔史料11〕は、〔史料10〕の訴訟が同年二月に解決した後に出された伊兵衛の訴えである。伊兵衛は、上記の村々の村民に対して金二八両二朱、銀二三二匁、銭五七貫八七七文の売掛金があり、早急に回収したいと訴えている。越ケ谷宿の市右衛門らの仕入れ先との訴訟とは別に、この訴訟は伊兵衛が売主として販売先を相手取って起こしたものである。

これら二件の訴訟を通じて、伊兵衛の太物商いについて考察する。伊兵衛は、越ケ谷宿の問屋との間で二〇両強の仕入れを行い、青梅街道筋の村々へ一人平均一両強の小売りを行っている。伊兵衛の売り先と取引金については第3表を参照されたい。取引の範囲は、伊兵衛の仕入れ先と考えられる越ケ谷宿は角筈村から直線距離で約二五キロメートル離れており、売り先の村々も西端の吉祥寺村とは約一二キロメートル、北西端の堀金村とは約三〇キロメートル離れている。越ケ谷宿や堀金村と角筈村のルートは不明だが、角筈村から吉祥寺村にかけての販売ルートは村の北側

第3表　角筈村伊兵衛の売掛代金未回収一覧

村　名	売掛金滞納分	人数
武州多摩郡和田村	金2両3分	1人
	銭418文	
武州多摩郡雑色村	金3分2朱	1人
	銭500文	
武州入間郡堀口村	金2分	1人
	銭303文	
武州入間郡勝楽寺村	銀165匁2分	1人
武州入間郡北野村	金2両3分2朱	2人
	銀11匁9分・銭348文	
武州入間郡堀金村	金1両	1人
	銭3貫774文	
武州入間郡恵次村	金3分	1人
	銀3匁2分	
武州多摩郡浅ヶ谷村	金1両1分2朱	1人
	銭126文	
武州多摩郡天沼村	金7両1分2朱	4人
	銀4匁5分	
	銭3貫283文	
武州多摩郡関前村	金1分・銭3貫21文	1人
武州多摩郡大宮前新田	銭1貫580文	2人
武州多摩郡中高井戸村	金1両1分	3人
	銭1貫134文	
武州多摩郡吉祥寺村	金3両1分4朱	3人
	銀5匁	
	銭2貫802文	
武州多摩郡高円寺村	金4分4朱	2人
	銭19貫448文	
武州多摩郡中野村	金7両2分2朱	20人
	銀35匁5分	
	銭21貫74文	
1国2郡15村	金28両2朱	44人
	銀232匁	
	銭57貫877文	

注　「渡辺家文書」Q115より筆者作成。

を通っている青梅街道や、青梅街道沿いの馬橋村から分かれる五日市街道であると言える(30)。以上のことから、伊兵衛の太物商いは中山道から青梅街道を結ぶ太物物流を支える、仲買人的な役割を果たしていたと考えられる。

　これまで見てきたように角筈村では村民による商業活動が活発であった。一方、同業者が仲間を作り公正な商業活動を行うための規定を設けていた事例も存在する。

〔史料12〕

拙者共仲間之儀淀橋町・成子町入交古来ゟ米雑穀問屋渡世致来候内重モニ深大寺山方其外郷郷村々ゟ出候売蕎麦実蕎麦小麦粉名等直引受仲買蕎麦屋素人にも売捌仲間取締宜偏ニ御国恩冥加至極難有渡世永続仕来候、別而米直段高直之節者仲間申合高直不同之売方決而不致候様■方ニ心付猶又近来端々在方出口等ニ紛敷似寄商売之仁相見江不取締ニ付此度相改左之通取極申候

一御公儀様御法度之儀堅相守申事

一米雑穀仲間仕法之義従前ニ定之通急度相守可申事

一荷主衆与直段取究買請候荷物不相渡仁有之候ハバ仲間一同取引致申間敷候事

一得意方不勘定之仁有之候ハバ名前張紙ニ差出し一同商内致申間敷候事

一得意先相互ニせり売等決而致申間敷候事

右之條々仲間一統堅相守可申候已上

前書之通度々寄合之上仲間一同睦取極候上者聊違背致間敷為後日連印仍而如件

安永二巳年

柏木淀橋町

日野屋　久兵衛㊞

条屋　伊右衛門㊞

大和屋　半兵衛㊞

大和屋　伝四郎㊞

同所成子町

大和屋　興八印[31]

〔史料12〕は、角筈村に隣接する柏木村の淀橋町・成子町に存在した米問屋仲間の記録である。仲間を結成した者たちによれば、古来から蕎麦や小麦粉などを売り主から直に引き受け、仲買・素人へ売りさばいてきたが、近年自分たちと紛らわしい商売を行う者が出てきたため、次のような規定を設けたとする。規定の第2条に「米雑穀仲間仕法」とあることから、安永二年（一七七三）以前にも何らかの仲間組織が存在した可能性もある[32]。また、第3条から第5条の規定によって、この問屋仲間が人々の往来の多さに起因するこれまでの商業活動とは性格が異なった商業組織を形成していることが指摘できる。

〔史料13〕

一拙者共古来仲間取極米穀之内重モニ雑穀売捌渡世致来候処、此度地廻米穀問屋年行事ゟ申来候趣ニ者、御府内江入込候米雑穀之義者古来よ里仲間之内ニ而引受売捌来候義ヲ無株ニ而取扱候段不束之趣殊ニ米之義者月々入津員数高御書上ニも相洩候義故等閑ニ難差置旨度々被及掛合、依之最寄之者共打寄種々相談致候処、是迄古来致来候商売体雑穀重モニ取扱候而米之義者聊ニ有之候得とも、月々御書上ニ相洩殊ニ雑穀之義も米穀問屋ニ附候品柄故無株ニ而直引受致来候義不宜段其筋合相弁依之一同相談取極地廻米穀問屋年行事方江熟談之上左之名前拾人之者共最寄壱番組之内江新規加入いたし、尤壱番組之内淀橋町組之銘目相立申度此段組合何卒加判奥印名主奥印之書付を以掛り町年寄奈良屋御役所江奉願上候処、御内寄合御伺之上願之通被仰付候、然ル上者地廻米穀問屋仕法急度相守不取締之義無之様可致候、為後日連印致置候処仍如件

文政六未年四月

柏木淀橋町家持
日野屋　久兵衛㊞
同所同町家持
大和屋　喜八㊞
同所同町家持
同所同町家持
条屋　伊右衛門㊞
大和屋　伝四郎㊞
同所続本郷村家持
中野屋　八兵衛㊞
同所成子町家持
大和屋　与八㊞
同所同町伝右衛門店
岡田屋　佐兵衛㊞
柏木成子町家持
大坂屋　長兵衛㊞
同所同町家持
萬屋　徳助㊞

文政十亥年九月
嶋名屋甚兵衛持株譲受ル
同所同町家持
釜屋吉右衛門㊞
同十三寅年十一月中
葛西文吉江株譲渡依之名前消ス

文政十三寅年中
中野組之内嶋名屋市兵衛株
同所続角筈村家持
三河屋　伝八㊞
譲替当組ニ番替

同年十一月中
釜屋吉右衛門持株譲受ル
同所成子町小兵衛店
葛西屋　文七㊞
幼年ニ付後見　小兵衛㊞ (33)

〔史料13〕では、文政六年（一八二三）に淀橋町・成子町米穀問屋仲間に所属していた者たちが連印して、江戸の地廻米穀問屋の一番組に加入することが述べられている。加入するに至ったくわしい経緯については不明だが、史料では江戸に入津される毎月の石高の申請を、当問屋仲間が行っていなかったことが問題として指摘されている。注目すべき点は、〔史料12〕と比較して問屋仲間に所属している人数が倍の一〇人以上になっていることである。仲間に加入している商人の所属は全て淀橋町・成子町・角筈村で、〔史料12〕の寛政二年（一七九〇）から文政六年（一八二三）の約三〇年間に、当該地域でのこの問屋仲間の活動が拡大し続けていたことが読み取れる。このことを踏まえると、江戸の地廻米穀問屋が訴えを起こした理由は、活発化する角筈村と近隣の米穀問屋仲間の活動が、享保期に設定された自らの活動範囲を侵食していたことであると考えられる。また、江戸に入津する石高の申請漏れは、江戸における米価の安定という幕府の方針からも見逃すことができない事態であったと言えるだろう。(34)

以上、角筈村における商業活動について見てきた。江戸向けの作物は、村内に貨幣経済を浸透させ、一七世紀末から進んだ町場化と様々な商業活動によって、角筈村は「江戸町続」地域として発展した。そして、米穀問屋仲間の例は、当該地域で発展した商業活動に対して、江戸への入津高の把握のような経済統制上の役割が期待・付与されたことが示唆されるものである。

第二節　中野村の商業活動

本節では、中野村で行われた商業活動について、三つの視点から明らかにしていく。

（a）商品作物の栽培

まず、角筈村と同様に田畑の割合から見ておきたい。寛延三年（一七五〇）の「村鑑帳」(35)によれば、中野村全体の耕作地が反別二八九町六反五歩、うち田反別が三一町六反四畝八歩、畑反別二五七町九反五畝二七歩、田一〇・九％・畑八九・一％の割合で、この割合は天保期になってもほとんど変化することはなかった。また、土性と用水の条件は共に悪く、水田耕作に向いた土地ではなかった。故に、中野村は江戸時代通じて畑作優勢の状況であった。

この様な耕作状況の中野村において、どのような作物が栽培されていたのか、寛政一一年（一七九九）の「品々御尋書上帳」(36)で確認する。

〔史料14〕

一五穀之外　菜　大根　にんじん
　芋　茄子　白瓜　多く作り江戸江出し商ひ候
　牛房　刈豆　草箒
一大麦　四こく　能登
　小麦　赤から　白から
　稗
　粟　久蔵　乗広　此品重に耕作仕候(37)

〔史料14〕により、五穀の他に、江戸に売るための野菜が栽培されていることが分かる。これらが村民たちの生活にどれほどの収入をもたらしたかは不明である。また、中野村では村内に草刈場は無かったが、田には下草、豆腐粕、肴、小麦糠、飴粕、醤油粕、畑には灰、油粕、米糠、馬糞などの金肥が用いられていた。これらの金肥は、農業の暇に江戸で野菜と交換することで手に入れていた。(38)

(b) 人々の往来の多い場所における商業活動

中野村の経済活動については、文政四年(一八二一)八月「村差出明細書上帳」に「古来有来商売家八拾八軒」・「諸職人弐拾四人」と記されている[39]。文化一三年（一八一六）の軒数が三四六軒であったことから、村内の約二五％の家が何かしらの商売に関わっていたことが分かる。また、寛政一一年（一七九九）の「品々御尋書上帳」[40]にはより詳細な記述がみられる[41]。

第4表は寛政一一年「品々御尋書上帳」に記載された商人・職人をまとめたものである。同書上帳から当時の家数は三五二軒とされ、約五割の村民が三三種類の多様な商売に従事していたことが分かる。中野村にこの様な経済活動が生まれた要因は、「江戸四ツ谷通り青梅街道間之宿場ニ而江戸附込青梅筋秩父川越通之馬継ニ而御座候」という宿場・継立場としての機能を持っていたことに由来すると言える[42]。

この様に一八世紀には町場化が進行していた中野村[43]では、そこで商業活動を行う者によって風俗統制や治安維持の役割も担われていた。

〔史料15〕（傍線部は執筆者による）

天保九戌年五月

食類渡世之者御請印帳

多摩郡中野村

差上申御請書之事

近来町方又者在方ニ而菓子類料理等無益之手数を相懸ヶ詰《ママ》構致候者共有御座候、右之類其侭差置候而者風俗益奢侈ニ相成不可然義ニ付差留候様可被仰都而食物類高直之品売買致間敷旨申渡若不取用もの有之候ハバ吟味之上急度咎申付食物商人迄減候様可被致候事往来ニ而無益之食物商候者近年増長いたし候段不宜事ニ付向後可成丈相減候様可被申付候事四月前書御觸之趣被仰渡逐一承知奉畏候、然上者以来手重之料理之手掛候菓子類者不及申都而高直成品決而商仕間敷候、且又商売家所持ニも有来書上ニ相成候商ひ物者格別無益食類一切商ひ仕間敷候、向後無株之ものとも往還其外ニ而猥ニ商ひ相始候ハバ何様御取斗相成候共其節一言之義申上間敷候、依之御請書差上申処如件

天保九戌年五月

（後略）(44)

第4表　寛政一一年時点の中野村の商人職人

商売の種類	人数	商売の種類	人数
古道具古鉄買	4	灯燈張替	1
質物古着幷紙蝋燭	5	湯屋幷草履草鞋、刻たばこ	1
附木草履鞋荒物類	2	数珠	2
水茶屋飯酒肴	14	小間物	1
水茶餅団子	41	足袋股引	1
居酒幷草履草鞋	8	蒟蒻拵	1
水菓子類	5	医師	4
紙蝋燭菅笠草履草鞋	6	算術指南	1
たばこ草履草鞋	7	髪結	5
飴菓子	7	大工	7
塩肴	5	農具鍛冶	2
絞油	3	石工	1
雑穀幷舂米醤油	8	畳屋	4
鍋釜	2	草屋根職	3
草履せり売	3	屋根へき	1
牛房大根種物	5	桶工職人	4
前栽物せり売	6	合計	170

〔史料16〕（傍線部は執筆者による）

天保十亥年十月

酒食煮売渡世仲間御請書連印帳

差上申一札之事

一前々被仰渡候御改革御趣意之趣堅相守砌手数相掛ケ候料理ケ間敷儀決而仕間敷候

一近来酒食煮売渡世致者見世先江如何ヶ敷身分躰之悪者共罷越酒食之上代銭不相払又者仲間《カ》申合喧嘩等相始メ終ニ代銭勘定不致金銭押借等いたし都而渡世向妨いたし候由御聴入以之

外之儀ニ付已来右躰之者在之候ハバ其所ニ而申合搦置御廻村先江可申上ニ而被仰渡候
右被仰渡之趣組合村々居酒煮売渡世之者共江申渡請印取揃可奉差上旨被仰渡承知奉畏候、依之組合惣代御請書
奉差上候処如件

中野村　名主　堀江卯右衛門

天保十亥年九月

下鷺宮村　名主　定兵衛

上荻窪村　名主　林蔵

関東御取締御出役　太田源助様

前書之趣関東御取締御出役方ゟ村々御呼出之上可被仰渡之処御惣代衆中者与架《ママ》請書御差出被成私共一同江右之趣被
仰渡承知奉畏候、村々酒食渡世仲間内申合被仰渡之趣堅ク相守可申依之一同御請印差出申処如件

天保十亥年十月

御鉄砲玉薬同心請地
武州多摩郡本郷村

居酒渡世　百姓　七兵衛印

料理茶屋　同　吉兵衛印

名主　源次郎印

（以下一二九名、後略）[45]

〔史料15〕では、中野村で食類渡世を営む者たちの中に「無益之食物商候者」が増え、「風俗益奢侈ニ相成」ような事態を避ける対策を施すことが述べられている。また、〔史料15〕の傍線部分は天保九年閏四月に幕府が出した触[46]であり、〔史料16〕の第1条の傍線部も同じ内容を指していると思われる。〔史料16〕の第2条では関東取締出役に対して、組合村において「酒食煮売渡世致者見世先」に「如何ヶ敷身分躰之悪者共」が来て喧嘩を起こしたり、その騒ぎに乗じた無銭飲食を行ったりしていると報告されている。そこで、今後「右躰之者在之候ハバ其所ニ而申合搦置御廻村先江可申上」の様な治安維持的な役割を果たそうとしている。

関東取締出役については、従来の警察的役割ではなく、身分制の逸脱者を取締まることを通じた、近世国家における身分保護が目的であったことを指摘されている[47]。本事例も、江戸の周辺部＝「江戸町続」地域で村民による飲食業が奢侈になっていくことを幕府が危惧していたことが予想される。〔史料15〕、〔史料16〕から見える飲食業を営む者たちの態度は、これまで自らが行ってきた商業活動環境を維持するために、幕府の政策に則った行動であると言える。この組合村の中で、商業活動を行う者たちを単位とした行動は、一八世紀から町場化が進行し、長きにわたって商業活動が盛んに行われてきた「江戸町続」地域だからこそ見られるものといえよう。

(c) 江戸市中や広範囲の他村との間に行われた商業活動

次に、中野村において村民が江戸市中や広範囲の他村との間で展開していた商業活動について見ていく。

〔史料17〕

一今般御願相済仲間相立候上ハ、惣仲間内組々ニ而行事相立寄万端采配を受不実不当之渡在方決而不致万一仲間定

ニ相背候者者行事ゟ惣代大行事江申立、急度取調御鑑札取揚家業差止候共一言之義申間敷候事

一場所柄見立上納物取扱候家一軒仲間入用を以相立諸向右場所ニ而取斗可申候事

一御上納物之儀聊無麁略被仰付御日限通急度上納少茂遅滞致間敷候事

一仲間内不依何事身分ニ拘り候義出来いたし候節は惣仲間打寄実意ニ世話いたし可申候事

一〆売〆買決而致間敷候、百姓持山売払度旨申出候節難渋ニ而差掛り金子入用儀掛ケ込買方申合鍵札銭拵素人踏直段ニも相違之下落安直段ニ入札いたし引取候族在候ハバ、急度取調是又御鑑札取揚家業差止可申候事

一江戸表非常火災在之砌を見込所持之材木木品直上ケ等決而致間敷候、若右躰之者在之候ハバ行事評義之上急度取斗可申候事

一農人持山売木之節一己之力ニおよひ不申候迚仲間ニも不申談江戸材木問屋引連参種々作略いたし極外下直ニ買取候様取斗候者間々在之売主百姓難義ニ相成甚以不宜奈良バ■以来右躰之儀、決而不致若相背候者ハ是亦厳度取斗候共一言之義申間敷候事

（後略、議定書に連印している村数・人数は第5表にまとめた）(48)

〔史料17〕は材木を扱う商売をする三四か村五一人によって作成された議定書である。本史料の差出人の所属する村ごとの人数を第5表にまとめた。七つの項目の内容は以下の通りである。

①この度、願いが叶い仲間（本文書に記載のある人々と思われる）を作った。よって、惣仲間の中に行事を立てて、何事においても指示を受けること。もし、不実不当の取引が行われ、決まり事に反した者がいれば行事から惣代、大行事へ伝えて取調を行い、御鑑札を取り上げて家業を停止とすること。

第5表　材木仲ケ間取極の差出人

村　名	人数	村　名	人数
中野村	2	中荒井村	1
堀之内村	2	沼袋村	3
成宗村	2	新井村	1
馬橋村	1	江古田村	3
阿佐ヶ谷村	1	葛ヶ谷村	1
天沼村	1	長崎村	2
荻窪（荻久保）村	3	下落合村	3
大宮前新田村	2	上落合村	1
吉祥寺村	2	上戸塚村	1
上井草村	1	東大久保村	1
上石神井村	2	柏木村	2
関村	1	源兵衛村	1
谷原村	2	下高田村	1
上□高村	1	雑司ヶ谷村	1
田中村	1	下戸塚村	1
井草村	1	池袋村	1
中村	1	上板橋村	1
		合計村数	合計人数
		34村	51人

②場所の不出来を見極めて、上納品を準備する家を仲間内の費用によって定めて、諸々の事はそこで行うこと。

③上納品は決して粗末な扱いをせず、指定された期限までに遅滞無く上納すること。

④仲間内で、何事についても身分に関わるようなことは惣仲間が集まって、親身に世話をすること。

⑤〆売〆買はしてはならない。百姓が難渋の折りに金子が必要となって、持山を売払いたいことを申し出た時、買い手が申し合せて、素踏みにも届かない値段で取引をしようとする輩がいれば、よく取調べて御鑑札を取り上げて家業を停止とすること。

⑥江戸表での非常時の火災を想定して、自身が持っている材木や木品の値上げをすることはしてはいけない。もし、そのような者がいたならば、行事が評議を行った上で対応すること。

⑦農民が持っている山において材木を売ろうとした時、自分だけの力ではどうしようもないからといって、仲間に相

談もせずに江戸の材木問屋を引き連れてきて、種々の策略をめぐらせて極外の低い値段で買い取れるように謀る者が時折見受けられる。売主である百姓は難義して甚だ宜しくないことである。今後は決してこのようなことはしてはならない。もし、違反者がいれば厳しく取調を行い、一言の言い訳も聞かないこと。

規定の第1条では、仲間が設置され、行事を設けて不実不当の取引が行われた際の手続きについて定めている。第2条、第3条では仲間で負担する上納品について述べているが、詳しくは次の史料も踏まえて述べる。第5条から第7条は取引を公正に行うことに関する具体的な規定である。百姓との公正な取引や江戸市中の材木値段を意識しての価格操作の禁止、在方での取引に江戸材木問屋を不正に介入させることの禁止など、「江戸町続」地域で発達してきた材木商人仲間ならではの規定と言える。

〔史料18〕（傍線部は執筆者による）

御拳場内武州多摩郡豊嶋郡左之村々材木渡世之者一同奉申上候、私共義者農業之間材木売買仕御府内御武家様方御普請御入用者砌又者町屋ニ至迄私とも所持之木品ニ相応仕候代物望参り候得者直段之義も随分江戸町売木ゟ者格好下直ニ而商ひ仕来、基ゟ材木類何ニ而茂無差支売買いたし済遠国材木迄も手広ニ仕入仕候与申義ニ者無之居廻り遠近四五里四方者立木買取有合之品々売買いたし材木問屋与唱候、程々家業ニ而ハ無御座寺院社堂山内地内百姓持山等却而売木いたし度段申出候を私共仲間入札等仕買取高金之節者仲間乗合引請渡世仕候義ニ而、別而農家所持之山等者相互ニ百姓身分之義ニ付売払候時節其外請向実意ニ取斗不相留之義無之直段相立候を私共仲間定ニ致置候処、近来農《カ》家不弁之農人ニ而猥之者追々相増私共仲間内ゟ手付相渡候山林等せりおとし置上ケいたし買請候族在之、持主義も右等之者ニ被申進自然与不実ニ相成私共仲間ゟ手付又者内金ニ渡置候金子踏倒し争論出入等時々出来いたし

甚以風義不宜様成行、右等之者共義も元来家業躰不呑込ニ而取拂候故売主江茂損失相掛ヶ自分茂損金致候ニ付掛り方人足賃銭諸事不勘定仕候を矢張私共仲間内之世上ニ而者相心得正路ニ渡世仕候私共家業差障ニ罷成難渋迷惑至極仕候、其外村々之内ニ而金子手廻り候者又者金銭融通宜敷者共者私共仲間内召仕抔ニ而不奉公いたし候者手筋を以申込山林売拂之ヶ所聞出し殊之外利方ニ茂相成候様申勧候を聞請買入木品貯置非常之時節〆売〆買等いたし不実之義家業外ニ致候者間々相見江是等之致方者世間一統之差支難渋に罷成候義に御座候間、此度御願申上候義者是迄数年来右渡世稼方相心得聊不実之所業無之者共相きたり四ツ谷大木戸ゟ南北江五里西者七里を限仲間人数相定渡世いたし猥ニ山方買請売木者勿論仲継等も不仕候様取極、万一江戸表非常之義在之候節者〆売等之愁無之様私共仲間内木品たくはへ在之候者共置上ケ等聊不仕誠実ニいたし御当地諸家様方町方迄茂木品商売致様仕度奉存候、尤右躰実躰之者相撰仲間人数取極候ニ付尚御役所様御鑑札百五拾枚頂戴仕度右を以夫々相渡置仲間議定厳敷仕不当之渡世いたし候者者御鑑札取上其旨御届申上候様致御鑑札所持無之者者山林買請売木等不為致以来商売相休候者者御届申上新規相始度由申出候者者人躰身元篤与取調、是又御届申上候而仲間加入為仕度奉存候、然上者諸向持山等売買猥之義無御座木品御当地往来買入等取締方宜敷殊三月廿一日江戸表大火ニ付在々者勿論、右渡世不馴れ町人ニ至迄格外之高利ニも可相成与差挟《ママ》り村々江入込銘々百姓持林抔格別之高直ニ買請手付金相渡代拂候処厳重御触等有之直段引合不申候哉木品宜分大半伐取残金不相渡等閑ニ打過捨置候故仕手方之者共江賃銭も不相拂乱妨之始末ニ成行、村々百姓共難渋至極仕族有之候而者在町共一統江相闇眼前差支候義ニ御座候、畢竟是迄郷方仲間与申茂踪与取究無之故右躰猥ニ相成候外ニ奉存候間何卒以御慈悲右之段御聞済被成下置右村々材木渡世之者仲間議定被成下置御鑑札被仰付被下置候様偏奉願上候、且又右願之通被仰付被成下置候上者是迄年々野方領ニ而相納来候御小納戸并蚊遣御用杉之乗板木中把小把之分共不残、其外世田谷領ニ而同断相納候右御品日数十五日戸田領之分同断日数十五日都合三ヶ月之間為冥加御鑑札頂戴仕候仲間一統ゟ御上納仕度奉存候、然上者百姓手助りニも罷成農業出情之足合ニも可罷成与乍恐奉存候間右之条々幾重ニも御聞済被成下置願之通被仰付被下置度一同挙而奉願上候、以上

御拳場
武州多摩郡中野村
仲間百五拾人惣代　百姓
願人　岡右衛門
名主　堀江卯右衛門
同州豊嶋郡柏木村　同断
願人　清五郎
名主　紋右衛門
同州同郡東大久保村　同断
願人　半右衛門
名主　理右衛門

文政十二丑年六月七日

御鷹野御役所　(49)

〔史料18〕は〔史料17〕の議定連印帳で定めた規定が必要になった理由について、農村で起きている問題に関連さ

せて述べている。それによると、材木渡世を行っている者がすでに売主（この文書中では百姓）と交渉して手付金を支払っている山林に対して、より高い値段を売主に提示することで不正に競り落としている輩がいる。そして、そのような者に唆されて材木商人たちが既に支払っている手付金を踏み倒す者まで出ている。また、「三月廿一日江戸表大火」（省略部分、文政一二年（一八二九）に目白台や神田佐久間町を火元として起こったものと推定）[50]に際しては、江戸町方に対して格外の高値で木材を売り、一方で売主である百姓に対しても格外の高値を提示して契約を結び、手付金のみを渡して材木を手に入れる。しかし、百姓方への残りの支払いは行わないという事態が発生し、百姓は大変難儀したというのである。これらの出来事を立証する事例はいまだ見つけられない。しかし、青梅街道に沿って存在した村々の材木商人が、材木の大消費地である江戸の町と零細な供給元である百姓の持山とを取り次いでいたことは想像しうる。

役負担の視点では、この材木商人仲間が所属している村がおおよそ野方領に含まれていることが注目される。江戸城への上納物は領を単位に負荷され、それが農民たちにとって少なからず負担となっていた。史料からは、材木商人仲間が小納戸[51]への公役や蚊遣[52]用の杉の木の上納を行うことで農民たちの負担が減り、農業の助けにもなるとの主張が読み取れる。

以上のことを踏まえ、中野村を中心に結成された材木問屋仲間について考察したい。中野村の青梅街道沿いの地域は、一八世紀中頃までに町場化が進行し、寛延三年（一七五〇）には旅籠屋経営の認可を求める嘆願が出るなど「間之宿」としての性格を明確にしていた[53]。青梅街道の物流の中継地点という条件の下で発達した中野村では、様々な商人が成長した。その中の一つの材木商人は、扱う品物の性質を活かし、野方領の村々の同業者を巻き込み、中野村を中心とする材木商人仲間を作るに至った。また、領を単位として賦課されていた役負担を自ら負担することを申し出ていることから、江戸に隣接する地域で商業活動を営んできた材木商人たちには〔史料17〕で見られたような議定に基づく独占的な商業組織を作ることのみならず、幕府によって課される役負担を自らが引き受け農民の負担を軽減させる目的意識があったと考えられる[54]。

〔史料19〕

書付を以願上候

一私共雑穀商売数年来致来り当御村方ニ而買請仕来候処、近年所々ゟ入込口論等も有之御百姓中農業之差障ニも相成候ニ付出買致候事御差留メ被成銘々宅ニ而買請候様被仰聞候処出買不仕候而者荷物間ニ合不申儀も有之甚難儀至極仕候間、此度仲間相定不埒成義無之様仕参一同口論等も有之候ハバ私共引請御村方江御苦労不相掛様ニ取斗可申候、中野村内ニ御掛渡之淀橋大橋小橋共御成之御前日右両橋共ニ御掃除幷近辺出火出水之節者是迄御村方御百姓中ニ而御掃除御防被成候処此度私共引請右之御用仲間一同罷出相勤申度奉存候、何卒右願之通被仰付被下候様仲間一同願上候、以上

寛政五丑年二月

中野村雑穀屋
幸太郎　㊞

（他一六名連印）

前書之通往古ゟ雑穀出買致来候処近年所々ゟ大勢入込自ラ口論等度々有之其時々村役人百姓共出会被鎮候故農業之差障ニも相成候間、当正月中出買差留銘々宅ニ而買請候様申渡候処左《ママ》候而者殊外難渋仕候者有之候由相願候間、惣百姓為相談ニ則願之通一統承知上仕来之通申付候間此段為後日御訴奉申上候趣御支配所御代官様江御訴申上候処村方差障之筋も無之先年ゟ仕来り候ハバ村方勝手次第取斗可申候仕来り候事故訴書ニ為不申様随分村方者不及申荷主

共難儀ニ相成不申様取締急度申付候様ニ可致候依之左ニ取締等相守可申候

一御公儀様御法度之儀者不及申〆買〆売等一切仕間敷候万一右躰之者有之候ハバ仲間一同吟味仕御訴可申上候、若隠シ置外ゟ相知申候ハバ何様ニ被仰立候共其節一云之儀申上間敷候事

一雑穀荷主ニ対シ不埒成義毛頭無之様仲間一同可致候事

一出買場所ニ出為可何様之事有之候共口論等一切仕申間敷候事

一仲間一同自身ニ出買ニ罷出可申候、若病気差合有之下男差出候ハバ随分年増之者急度申付差出可申候事

一願書之通御勤等無相違可申候、是又不埒成儀無之様ニ可致候事

一雑穀何ニ而〆買〆売等不仕江戸表之相場と問合セ売買可致候、此度急度相慎可申候事

右之趣仲間一同承知仕候、萬一相背候ハバ何様ニ被仰立候共一云之儀申上間敷候、且又私共ゟ外ニ雑穀商売人一切出買場江差出申間敷候、若無據商売人罷出度者有之候ハバ私共連印遣以願可申上候、村方ニ而も雑穀商売仕度者御座候ハバ是又仲間一同連印遣以願出可申候、依之為後証連印一札入置候処如件

寛政五丑年四月

幸太郎 ㊞

（他一四名連印）

伊兵衛 ㊞

徳　助 ㊞

御役人中

御百姓中　(55)

〔史料19〕は中野村と淀橋町にある雑穀屋仲間の出買に関する規定である。雑穀屋仲間によれば、最近出買に関する口論が多発したため、公的な出買は禁止され、それぞれの売主宅を訪ね回らなくてはならなくなった。そのために品物の確保に難義している。そこで、我々が口論の仲裁、中野村の「淀橋大橋小橋」の御成の際の掃除や出火出水への対応を請け負うので公的な出買を願いたいとしている。定められた規定には〆売〆買の禁止や江戸市中の相場との照合など流通統制的な一面もある。また、〔史料11〕の「淀橋町・成子町米穀問屋仲間」に参加している五名の中で久兵衛、半兵衛、伝四郎の三名の名前があることから、両仲間には何らかのつながりがあった可能性があるが、具体的なことは分からない。

以上、中野村の商業活動について見てきた。〔史料14〕にある「多く作り江戸江出し商ひ候」の文言から、中野村の村民は江戸で販売する目的で作物を作り、金肥を獲得していたと推測される。また、寛延三年の宿場設置願いに代表されるように、中野村でも町場化が進行し、多様な商業活動が営まれていた。そして、飲食業や材木渡世、雑穀屋を営む者たちによって様々な社会的役割が担われようとしていたことが明らかになった。

おわりに

本章で述べてきた都市江戸に隣接する農村の商業活動について、以下まとめていく。

（a）商品作物の栽培

武蔵野台地上の東側に存在した両村では土性や用水の利用可能状況から、江戸時代を通して畑作優勢の状況であった。その畑で作られていた作物の種類も他の江戸近郊農村と違いは見られない。作物を作っていた目的は、両村とも村内に肥料を作り出す場所がなかったことから、江戸市中において作物と交換に金肥を獲得する手段の一つとしていたと考えられる。このように武蔵野台地の耕作に不向きな土地柄を克服するために金肥の導入などを通して、江戸に隣接する農村に貨幣経済が徐々に浸透していった。

(b) 人々の往来の多い場所における商業活動

江戸に隣接する農村かつ街道沿いという立地条件から両村では町場化が進行した。角筈村における町場化の様相は、史料上、延宝二年(一六七四)や元禄九年(一六九六)など一七世紀末から見受けられる。中野村では寛延三年(一七五〇)に古くから青梅街道を往来する人々に人馬継立や昼食を提供してきた事と相対で旅人を宿泊させてきた事に基づいて、正式な旅籠屋経営の許可を願い出ている。よって、恐らく一八世紀初めには既に町場化が進み、「間之宿」として機能していたと考えられる。

こうして人々の往来の多いところでは、日用品や軽食提供を中心に多様な商業活動が展開され、多くの村民が商業に何かしらの関わりをもって生活していた。また、当時の幕府の政策に対して、商業活動に従事する者たちは仲間を結成し、風俗統制や治安維持の役割も果たそうとしていた。

(c) 江戸市中や広範囲の他村との間に行われた商業活動

この様に町場化が進む両村では、他村や江戸市中との間にも活発な商業活動が行われていた。角筈村の事例では地理的条件に基づく商業活動が目立つ。史料上、活動は早いもので寛政年間中頃のものが見受けられ、範囲は江戸市中の新和泉町から、現在の埼玉県狭山市にあった堀金村までの広範囲にわたっている。また、〔史料10〕、〔史料11〕の伊兵衛に代表されるように、仲買的性格の商業活動も行われていた。一方、〔史料12〕、〔史料13〕の様に品目によって、商業組織が形成されたことも見逃せない。一七世紀末から村内で町場化が進んだことにより、村内の商業活動には、地理的条件から発生した個人による商業活動と組織的な商業活動が共存していたと言える。

中野村では材木商人や雑穀商人が仲間を結成し、主に公正な販売と取引における問題発生の予防を中心とした規定を設けた。仲間を結成して、独占的な商業活動を確立しようとする動きは、角筈村と同様に見受けられる。その中で注目すべきは、仲間が定めた規定の中に、「野方領を単位として納めてきた上納品に加えて、世田谷領や戸田領のものまで引き受けるので、御鑑札をもらいたいこと」[56]、「中野村内にかかっている橋について、御成や出水・出火時の管理・対応を請け負うこと」[57]の様に公的な役割を果たそうとする姿勢が読み取れることである。これは中野村が角筈村同様に江戸時代中頃までに町場化が進行して商業活動が活発化したこと、名主堀江家が触次役を務めていたことから、中野村中心の商業活動も、積極的に役負担を請負う姿勢を持ちやすかったことなどが推測される。

角筈・中野両村に共通することは、一七世紀末もしくは一八世紀初頭からの町場化によって、商業活動に携わる人々に主体的な活動が見られることである。それは両村が江戸に隣接する地域にあったことに大きく依存する。そして、そのような町場化は長期間にわたって商業活動を営む村民を生みだすことになった。彼ら村民によって商業活動の萌芽、個人経営の小売業の成長、小売業の集合と独占的商業組織の誕生という段階が踏まれていった。本章で扱った江戸に隣接する農村（＝「江戸町続」地域）の商業活動では、一つの到達点として、組織化された商業活動によって江戸に入津する物質の把握、治安維持・風俗統制、領を単位とする役負担のような、江戸を支える役割＝首都支持機能を担うようになったと言える。

注

(1)津田秀夫「寛政改革」(『岩波講座　日本歴史』一二、岩波書店、一九六三年)。
(2)伊藤好一『江戸地廻り経済の展開』、柏書房、一九六六年。
(3)白川部達夫『江戸地廻り経済と地域市場』、吉川弘文館、二〇〇一年。
(4)落合功『近世の地域経済と商品流通』、岩田書院、二〇〇七年。
(5)小林風「近世後期、江戸東郊地域の肥料購入と江戸地廻り経済―下総国葛飾郡柴崎村吉野家を事例に―」(『関東近世史研究』第六七号、二〇〇九年)。
(6)小林風「下肥と野菜―近世中後期、江戸西郊地域を事例に―」(渡辺尚志編『生産・流通・消費の近世史』、勉誠出版、二〇一六年)。
(7)前掲注(2)。
(8)東京学芸大学近世史研究会編『東京学芸大学 近世史研究第4号 武蔵国多摩郡中野村名主堀江家文書調査報告書』(東京都立大学付属図書館、一九八五年)。
(9)文政八年正月「村差出明細帳」(「渡辺家文書」C18)。
(10)速水融「都市近郊村の諸問題　武蔵國豊嶋郡角筈村」(『三田学雑誌』第四七号、慶應義塾経済学会、一九五四年)。
(11)前掲注(2)。
(12)「子(元禄九年)。四月八日　(角筈町と中ならわし之義ニ付書付)。」(「渡辺家文書」C4)。
(13)延宝二年四月「角筈村寅之御検地名寄帳」(「渡辺家文書」D6)。
(14)太閤検地以降、江戸時代における田畠屋敷の法定の段当り見積生産高のこと。上田の収穫高を一石五斗とし、それを石盛一五とする。中田以下、二ずつ石盛は減じていく（「石盛」『国史大辞典』第五巻、吉川弘文館、一九八五年、六九六頁）。
(15) 前掲史料注(13)。
(16) 佐藤麻里「内藤新宿廃宿と「立ち返り」」（東京学芸大学近世史研究会編『内藤新宿と江戸―江戸と周辺の結節点の視点から―』、名著出版、二〇一〇年）。
(17) 文政一〇年「覚（角筈村農間渡世書上）」（「渡辺家文書」B8）。
(18) 文政八年正月「村差出明細帳」（「渡辺家文書」C18）。
(19) 天保六年一二月「差出申一札之事（草箒木渡世藤久郎商売物融通行違ニ付）」（「渡辺家文書」Q121）。
(20) 享和二年一一月二六日「乍恐以返答書奉申上候」（「渡辺家文書」Q98）。
(21) 文化二年二月三日「御尋ニ付以書付奉申上候（附送候小麦紛失之件御尋ニ付）」（「渡辺家文書」Q101）。
(22) 文化二年二月二八日「御尋ニ付以書付奉申上候（買請候小麦代金ニ付）」（「渡辺家文書」Q102）。
(23) 文化七年一〇月九日「乍恐以書付御訴奉申上候（盗品米買取候儀ニ付）」（「渡辺家文書」Q111）。
(24) 若林村は村の中央を甲州街道滝坂道が貫き、助郷を甲州街道内藤新宿に出役していた。故に地理的には甲州街道沿いではないが、角筈村へのルートとして甲州街道が考えられるので、〝甲州街道沿い〟と本文では表記した（『角川日本地名大辞典13・東京都』、「角川日本地名大辞典」編纂委員会編、一九七八年）。
(25) 文化一〇年五月「乍恐以書付御訴奉申上候（買受候木材相揃不申難儀ニ付）」（「渡辺家文書」Q117）。
(26) 文化一〇年五月二二日「差上申済口証文之事（角筈村百姓七五郎より代々木村元名主伝蔵江相掛り買取木材不渡候ニ付）」（「渡辺家文書」Q118）。
(27) 文化八年正月「乍恐以返答書奉申上候」（「渡辺家文書」Q113）。

(28) 前掲注(10)。
(29) 文化八年一一月「乍恐以書付御訴訟奉申上候（売掛滞出入ニ付）」（「渡辺家文書」Q115）。
(30) 前掲注(10)。
(31) 安永二年～天保二年「淀橋町・成子町米穀問屋仲間記録」（「渡辺家文書」Q113）。
(32) 野村兼太郎『徳川封建社会の研究』、日光書院、一九四一年。
(33) 前掲史料注(31)。
(34) 土肥鑑高著『〈江戸〉選書七　江戸の米屋』、吉川弘文館、一九七一年、一〇二～一六二頁。
(35) 寛延三年「村鑑帳」（「堀江家文書」B84）。
(36) 寛政一一年「品々御尋書上帳」（「堀江家文書」B88）。
(37) 前掲史料注(36)。
(38) 前掲注(8)。
(39) 前掲注(8)。
(40) 前掲史料注(36)。
(41) 前掲注(8)。
(42) 本論文では角筈中野両村における商業活動の成長を三つの視点から論じていくため、寛政期から文政期にかけての史料を用いて概観するにとどめた。中野村の商売屋の詳細は、宮坂新「幕府屋敷改による百姓商売家の把握と規制―将軍家鷹場鳥見との関係に注目して―」（『地方史研究』三五一号、地方史研究協議会、二〇一一年）において、屋敷改・鳥見によって計三回行われた商売屋の調査結果やそれらに基づく商売株の設定について検討がなされているので、そちらを参照されたい。

(43) 本文中では一八世紀末の史料のみを扱ったが、前掲注(8)の附説一では寛延三年（一七五〇）の宿駅設置願いを取り上げている。中野村は内藤新宿と田無宿の間にはさまれ、早くから人馬継立を行っていた。そのため、中野村は特に宿場に近い性格を持つ「間之宿」として存在していた。その中野村から寛延三年に旅籠屋経営の認可を宿問屋十軒と村役人が連名で願い出ている。願い出の理由は①中野村には、これまで青梅街道を通行する「山方人馬」に対して、人馬継立や昼食を提供する百姓町屋があったこと、②宿泊については、公認された本宿ではないので「山方人馬」を「相対」で宿泊させることはあっても、「上下之旅人」を正式に宿泊させることは出来ず、軒先に野宿されることが多くなったこと、であった。しかし、幕府は認可を出さなかったのに加え、これまで慣行として行われてきた「相対」での宿泊まで問題視し、否定してくる事態に陥ってしまうのである。故に、中野村における町場化は一八世紀半ばには角筈村と同等段階まで進んでいたと考えられる。

(44) 天保九戊年五月「食類渡世之者御請印帳」（「堀江家文書」J18）。

(45) 天保一〇亥年一〇月「酒食煮売渡世仲間御請書連印帳」（「堀江家文書」J21）。

(46) 石井良助・服藤弘司編『幕末御触書集成　第四巻』、岩波書店、一九九三年、三九四頁。

(47) 吉岡孝「関東取締出役成立についての再検討」（『日本歴史』六三一、五四〜七〇頁、日本歴史社、二〇〇〇年一二月）。

(48) 文化一一年一二月「議定連印帳（材木仲ケ間取極）」（「堀江家文書」J10）。

(49) 文化一二年六月七日「乍恐以書付奉願上候（村々材木渡世之者仲間御定鑑札頂戴願）」（「堀江家文書」J12）。

(50) 島田錦蔵編集・解説『江戸東京材木問屋組合正史』、第日本山林会、一九七六年、五二三〜五二八頁。

(51) 江戸幕府の役職。職掌は奥向にあって将軍に近侍し、身辺日常の雑務に従事して、すこぶる繁多であり、小性に次ぐ昵近の職であった。分掌に御膳番・奥之番・肝煎・御蔵番・御髪月代・御庭方・御馬方・御鷹方・大筒方などがあって、その性質・特技に応じて掛りを命じられたという（「小納戸」『国史大辞典』第五巻、吉川弘文館、一九八五年、九三二頁）。

(52) 蚊を追い払うために、草木の葉や木くずなどをいぶしたり、香をたいたりすること(「蚊遣」『日本国語大辞典　第二版』第三巻、小学館、二〇〇一年、一〇三七頁)。

(53) 前掲注(8)。

(54) 大石学「近世江戸周辺農村の機能と性格―武州野方領の分析を中心に―」(『徳川林政史研究所研究紀要昭和58年度』、徳川黎明会、一九八四年)参照。

(55) 寛政五年丑四月「雑穀屋出買場所取締方連印帳」(「堀江家文書」J94)。

(56) 前掲史料注(49)。

(57) 前掲史料注(55)。

第八章　「江戸町続」地域の武家屋敷
―屋敷維持と場末の都市化―

真鍋　遼平

はじめに

明暦三年（一六五七）に江戸中心部で発生した明暦の大火によって、江戸市街の大半が焼失することとなった。一方で、大火後に行われた都市改造は、江戸の様相を大きく変換させる画期となった。中でも、防火対策を目的として江戸市街地を拡大させたことは、江戸市内だけでなく、その周辺まで影響をもたらすことになる。本章では、明暦の大火後の江戸都市改造を契機として拡大した、江戸場末地域に存在する武家屋敷、特に村内の抱屋敷に着目し、「江戸町続」地域の特色について考察する。

江戸およびその周辺の武家屋敷についての研究は、一九九〇年代に本格的に研究対象として扱われ、現在も活発に研究が行われている分野である。その武家屋敷研究は、近世都市江戸の研究の一端として論じられることが多いものの、それまでの研究では町人に関するものがほとんどで、武家および武家地を対象としたものは少なかった。それに対し竹内誠は、「半分は武家によって占められているのですから、そういう意味で武家の研究をやることがこれからの都市江戸の研究には必要」と武家屋敷研究の重要性を指摘したうえで、「江戸の町が広がっていく感覚から言うと、近郊の農村に都市化がどんどん進んでいくというプロセスの中で、下屋敷の存在はすごく大き」いと、「江戸町続」地域に存在する武家屋敷の実態解明の重要性を指摘している(1)。

そうした中、村の中に存在する抱屋敷に着目し、分析を加えたのが原田佳伸である。原田は「武家地の問題を、武家屋敷とそれが存在した地域との関係という視点から捉える」ことを、豊嶋郡角筈村（現新宿区）多摩郡中野村（現中野区）に存在した抱屋敷、荏原郡上下大崎村（現品川区）の池田家下屋敷の事例を通して、「村の中における武家屋敷の存在が、村や近隣の地域社会にどのような固有の問題を与えたのか」についての解明を試み、武家屋敷を抱える江戸近接農村の構造を明らかにし、武家屋敷と地域の問題を初めて提示した(2)。

岩淵令治は、「武家屋敷」の単独の内部問題を取り上げるだけでなく、武家の居住・生活から都市社会をみるという立場から「武家地」という概念を打ち出した。そのうえで「武家地」を、空間・地域区分だけでなく、「武家が都市市内で取り結ぶ社会的諸関係も含め」ることで、「武家地・町人地・寺社地が混在・隣接する江戸の特質」について分析を行った。また、その際に、駒込村（現豊島区）を事例に、その空間的変容に着目し、「個別村レベルでの都市化の過程」について検討し、江戸の拡大と武家地との関連性について考察している(3)。

中野達哉は、従来の研究における江戸周辺農村像に対し「従的な存在として位置づけられ」ており、とくに「江戸の外縁に隣接する地域には、その傾向が強くみられる」と評価した。そして、その課題を克服し「近世の首府江戸」を捉えるために、「江戸および江戸周辺地域を一体化して捉え、地域社会を検討」することで、「都市が都市として成立し維持される」ために「支える後背地」としての江戸および江戸周辺地域社会の特質の考察を試みている。その中で中野は、拝領屋敷や抱屋敷について「武家と地域社会の間に新たな社会関係をもたらし、江戸および江戸周辺地域社会を特徴づける存在」と評価し、①大名拝領屋敷の一大供給地であり、抱屋敷の形成が特徴的にみられる江戸の東南地域（現江東区域）の大名抱屋敷の分布状況の分析、②江戸周辺農村に設置された武家抱屋敷と村社会との接触点の検討、③江戸における大名家の屋敷所持に生起した新たな武家と百姓・町人との関係の分析、④捨子の処理を通してみられる武家相互および町人・捨子との関係の分析、の四つの視点から、江戸および江戸周辺の地域社会の特質を探っている(4)。

以上のように、近世都市江戸の研究の一端として、江戸およびその周辺の武家屋敷の研究は、地方文書からのアプローチを契機として研究が蓄積され、江戸とその周辺を一体化した地域として捉えていくことで、支配・被支配の身分を越えた共生社会・相互関連社会の存在を解明していった。その一方で、従来の「江戸町続」地域における武家屋敷研究では、地域論としての性格が強いためか個々の実態解明に留まることが多く、首都江戸そのものへの積極的な結び付けが希薄であったと思われる。

これらを踏まえ、本論文では「江戸町続」地域が首都江戸との関係の中でどのように都市機能を担っていたのかについて、武家屋敷とそれに関わる百姓たちの動向を分析することで明らかにしたい。

第1表は、『新編武蔵風土記稿』を基に、「江戸町続」地域（豊嶋郡麻布領、野方領、峡田領、戸田領、岩淵領、葛飾郡西葛西領、荏原郡馬込領、品川領、麻布領、多摩郡野方領、足立郡淵江領）の抱屋敷を一覧にしたものである。調査した一一領の中でも、ほとんどが江戸から二里以内の「江戸町続」地域に抱屋敷が広がっている。大名所持の抱

第1表　「江戸町続」地域の抱屋敷

郡　領	村　名	屋敷所持者層			
		大名家	旗本・御家人	その他（不明含）	計
豊嶋郡麻布領	上渋谷村	5	3	1	9
	中渋谷村	3	3		6
	下渋谷村	5	3		8
	上豊沢村		2		2
	中豊沢村	1			1
	下豊沢村	3	1		4
	原宿村	4	2	2	8
豊嶋郡野方領	千駄ヶ谷村	3			3
	代々木村	3	8		11
	幡ヶ谷村	1		1	2
	角筈村	3	5	1	9
	柏木村		4		4
	東大久保村	2	3	5	10
	戸塚村		2		2
	大久保新田		2		2
	源兵衛村	2	5		7
	下戸塚村	6	4	7	17
	下高田村	4	4	2	10
	早稲田村		6	9	15
	中里村			3	3
	下落合村		1		1
豊嶋郡峡田領	三之輪村		1		1
	龍泉寺村	2			2
	金杉村	1	2	5	8
	坂本村	2		2	4
	谷中本村		2		2
	小石川村	10	16	9	35
豊嶋郡戸田領	雑司ヶ谷村		2	1	3
	巣鴨村	3	4		7
豊嶋郡岩淵領	田端村		2		2
	新堀村	1	2		3
	上駒込村	3			3
	下駒込村	3	1	1	5

葛飾郡 西葛西領	寺島村	1	5	1	7
	須崎村	2	2		4
	小梅村	4	1	2	7
	柳島村	1	4		5
	亀戸村	4	5		9
	押上村			1	1
	大島村		1		1
	猿江村		1	1	2
	又兵衛新田		1		1
	砂村新田	3	2	1	6
	平井新田	6			6
	治兵衛新田	1			1
	久左衛門新田	1			1
	八右衛門新田	4		1	5
	千田新田	1	1		2
	石小田新田	2	1		3
	海辺新田	6			6
荏原郡 馬込領	上目黒村	1	4		5
	中目黒村	3			3
	下目黒村	4	1		5
荏原郡 品川領	大井村	2			2
	上大崎村	5	2	1	8
	下大崎村	5	2		7
荏原郡 麻布領	白金村	16	1	1	18
	今里村	9	2	1	12
	下高輪村	9	2		11
	三田村	3		1	4
多摩郡 野方領	中野村		2		2
	本郷村		1		1
足立郡 淵江領	梅田村	1			1
総計		164	131	60	355

注　蘆田伊人編『新編武蔵風土記稿』（雄山閣、一九九六年）第一、二、三、六、七巻より作成。豊嶋郡麻布領、野方領、峡田領、戸田領、岩淵領、葛飾郡西葛西領、荏原郡馬込領、品川領、麻布領、多摩郡野方領、足立郡淵江領を対象に調査した。

屋敷が最も多いが、旗本・御家人所持の抱屋敷地も多く存在していることが分かる。幕府官僚機能を支持する存在としての役割を、「江戸町続」地域は果たしていたのである。

次頁の第2表は、享保二年（一七一七）に角筈村名主伝右衛門が屋敷改へ提出した拝領地・抱屋敷を書き上げたものをまとめたものである。文化・文政期に角筈村に存在する抱屋敷は九か所であったが、享保期には一七か所存在していた。また、その一七か所の内、公儀医師を含めた一五か所が旗本所持である。以上、角筈村では享保期は先述の文化・文政期よりも抱屋敷地が多く存在し、その多くが旗本層所持であったのである。

第一節では、そうした「江戸町続」地域に存在する抱屋敷地が、どのように維持されていたのか考察したい。まず着目するのが、抱屋敷維持に関わる、家守・地親（地主）・名主などである。抱屋敷は、武家方が在方から私的に買得したものであり、普段の屋敷管理のために家守を置く場合がほとんどであった。そうした家守に加え、元々その土地を所有していた地主や、村請制によりその土地の管理の責任を負っていた名主など、ひとつの屋敷であっても多くの人々と関わりをもっていたのである。そこで、屋敷の譲渡に関する史料などから屋敷の維持システムについて明らかにしていく。

第二節では、抱屋敷にかかる年貢諸役ついて考察する。抱屋敷に掛る年貢諸役の実態については既に先行研究で触れられている部分が多い(5)。そのため本節では、そうした年貢諸役の実態を、屋敷年貢諸役負担に関わる村民の動向を通して、屋敷年貢の農村負担の意義を検討する。

第三節では、豊嶋郡角筈村（現新宿区）の抱屋敷の所有者移動、特に百姓・武家間の所有者移動について百姓側の動向を詳細に追って分析することで、村内抱屋敷に対する在方の意識について考察していく。

第2表　享保期角筈村内抱屋敷一覧（享保二年書上）

所有者	氏姓（寛政諸家譜記載巻－頁）、職種	備　　考
小栗長右衛門	小栗正正等《まさとも》（8－363）、御鷹匠頭見習	
松平日向守	松平重栄重栄《しげよし》（1－194）、雁間	
米倉采女	米倉昌倫《まさのり》（3－291）、寄合	父昌仲が3000石を知行、元禄16年に父の死により遺跡を継ぐ
秋元伊賀守	川越藩主	
堀又十郎	堀長恭《ながたか》（22－260）、奥方用人	父長郷が瑞春院御方（綱吉妾）の用人を勤め500石を知行、享保2年に父の死により遺跡を継ぐ
前田大隅守	前田玄長《はるなが》（21－84）、高家	月光院（家継母）御方三位、1400石を知行
須田助十郎	須田盛員《もりかず》（4－346）、鉄砲頭	
坂本甚三郎	坂本成榮《しげよし》（20－310）、御勘定・評定所の留役	
土岐伊予守	駿河田中藩主	
高力隼人	高力清弥《きよみつ》（8－342）	養父忠弘は、御小姓組や御書院の番頭を勤めるなどし、3000石を知行した。元禄9年、父の死により遺跡を継ぐ。
曲渕信濃守	曲渕重羽《しげのぶ》（3－342）、寄合	1200石知行
池田内膳	池田政職《まさもと》（5－64）、御小姓	播磨福本藩2代藩主池田政武の4男。宝永2年、御小姓の池田政因の末期養子となり遺跡を継ぐ。
竹腰壱岐守	尾張藩家老	
久志本左京	公儀醫師	
伴道与	公儀醫師	
中村辻右衛門	松田道安様（寄合、21－189）御家来	松田道安（貞直）は、桂昌院方（綱吉母）の広敷番頭、用人を歴任している。
牧野織部	牧野成晴《しげはる》（11－49）、小普請	父成喬《しげつね》は2200石を知行。宝永5年、父の死により遺跡を継ぐ。
松平新九郎	松平正朗《まさあきら》（1－113）、小姓組	

注　「覚（拝領地・抱屋敷書上）」（新宿歴史博物館蔵（複写）「武蔵国豊嶋郡角筈村渡辺家文書」K八（以下、「渡辺家文書」の出典は新宿歴史博物館所蔵の複写文書である）、『寛政重修諸家譜』、続群書類従完成会、一九六七年－二〇一二年（以下『寛政重修諸家譜』の出典は続群書類従完成会のものによる）より作成。

第一節　武家屋敷地の維持者 ―家守・地主・名主―

前述のように「江戸町続」地域には多くの武家抱屋敷地が存在していた。幕府はこうした武家屋敷に対し高率の年貢を課すことで年貢の増収を図ったが(6)、抱屋敷地が「江戸町続」地域に拡大することは、同時に耕作地が減少するという矛盾を生じることになった。では、こうした武家屋敷地の拡大に対し幕府はどのような対応をとり、どのような統制を行ったのか。

武家屋敷に関する御触書を分析したものに松本剣志郎の研究成果がある。松本は武家屋敷地書上令が一七世紀半ばから一八世紀にかけた都市域の拡大に対応して、幕府が武家屋敷地の把握を図ったものであり、享保中期までに武家屋敷地把握の仕組みが整ったことで都市政策に利用されていったと規定した(7)。

このように幕府の都市政策では、抱屋敷地をはじめとする武家屋敷地の動向を把握することは重要な課題であった。その事実を念頭に置いて、幕府の武家屋敷地の統制の変遷を追っていく。

第3表は、御触書から幕府の抱屋敷に対する統制をまとめたものである。抱屋敷に対して初めて公的に統制されたのが寛文七年（一六六七）である。ここでは、明地や百姓・寺社領での「家作すること」、「奉公人屋敷を商売人へ貸すこと」が統制されている。明暦の大火以降の江戸市街の拡大に伴う家作が、幕府の想定を越えて広がっていたと考えられる。その後享保期に入り、幕府は抱屋敷統制を強める。特に「抱屋敷を筋違いの者へ譲渡すること」を禁じ、実質全ての抱屋敷の所有者の移動を統制した(8)（第3表」享保一一年令を参照）。この享保期の抱屋敷統制に対し、大石学は、鷹場政策の強化・旗本への拝領屋敷下賜政策に関連するものと指摘している(9)。特に拝領屋敷下賜政策に関して大石は、「武士の下屋敷の取得を、幕府の管理・統制のもとに、拝領屋敷を与える形で一元化しようとするもの」と評価し[10]、山端穂が実際の拝領屋敷の下賜件数が享保期にピークを迎えていることを明らかにしている[11]。そのため、角筈村でも享保期に多くの武家抱屋敷が百姓地へ譲渡されていったと推測される。しかし、抱屋敷を規制して拝領屋敷を下賜する政策は享保後期になり挫折を迎える。

享保後期以降に拝領屋敷の下賜件数が減少していく中で、幕府は寛延二年（一七四九）に抱屋敷統制を緩和する。具体的には、町人へ屋敷地所有が移動することを統制する一方、武士・百姓への所有者移動が認められたのである。これは、享保期の拝領屋敷下賜政策の挫折により、旗本層の抱屋敷所持を許容せざるをえなくなったためと考えられる。

寛延二年の抱屋敷統制の緩和後は、先述の武家屋敷地書上令が度々出される一方で、新たな統制はなくなり、過去に出された統制令が確認される程度であった。安永八年（一七七九）には「屋敷之内を町人等ニ貸置候儀、前々より御禁制[12]」と、文政九年（一八二六）には「近来猥ニ相成、屋敷地面之内は勿論、長屋をも町人等ニ貸置候趣相聞候、彌右之趣相守心得違無之様」と[13]、特に町人に屋敷地を貸すことが度々問題となっている。つまり、近世を通じて武家屋敷地を町人へ貸すことが常態化したといえるのである。

では、実際に武家抱屋敷の維持に関わる人々はいかにこれを行っていたのか。武家抱屋敷の維持は、中野達哉が家守について、経済的手腕や折衝力に優れた人物であったことを指摘している[14]。しかし、中野が例示したように、浪人ではなく、村民や町人など一般庶民が家守などの土地管理者になることは注目される。次の〔史料1〕は、こうした武家屋敷地を維持する人々の方法について考察したい。

〔史料1〕

差上申御請書之事

今般高輪北町御抱屋敷御地主行田屋茂平治奉願候通り作十郎江御家守被仰付弐人御扶持并為御家守給金三両被下置是迄拝借仕居候御長家御家賃御免成被下重々難有仕合奉存候、其上作十郎御用立候迄小右衛門江後見被仰付被下置御重□之儀難有仕合奉存候、然ル上者先達差上置候御請書御掟之通弥以大切ニ相守作十郎江先々申合急度為相守可申候、為後日御請一札依如件

寛政八年辰九月　作十郎後見　小右衛門㊞

御家主　作十郎㊞

御普請御奉行所

前条申上候通今般御家守作十郎江被仰付同人御用立候迄小右衛門後見被仰付被下置重々難有仕合奉存候、然上者常々申合候御掟通大切為相守可申候、為後日奥印仕候、以上

御地主茂平治㊞ (15)

〔史料1〕は、高輪北町（現品川区）にある真田家抱屋敷（以下、高輪屋敷）の家守変更に関する史料である。屋敷地主の「御家守作十郎江被仰付同人御用立候迄小右衛門後見被仰付被下置」と、家守を作十郎とし、作十郎の家守の勤め始めまで小右衛門を後見とすることにしたというものである。この際、「作十郎江御家守被仰付弐人御扶持并為御家守給金三両被下置」と、作十郎が家守を勤めることで扶持・給金を与えられていること、「是迄拝借仕居候御長家御家賃御免成被下」と、借りている長屋の家賃を免除されていることが記されている。また、この作十郎への家守役

第3表　抱屋敷統制の変遷
（抱屋敷地関連のものを抜粋、出典は各年代の注釈にて表記）

年　代	統　制	許　可	緩　和
寛文7年10月(16) (1667)	・明地での家作 ・奉公人屋敷を商売人へ貸す ・御料私領の百姓・寺社領などの地を貸し、家作すること		
延宝2年5月(17) (1674)	・本寺の証文の無い者を差置くこと		
元禄7年6月(18) (1694)	・寛文7年令を再確認 （屋敷の内を町人等へ借置すること）		
正徳5年12月(19) (1715)	・禁止されている商売人などへ借家貸しを行った場合、借地借家の者だけでなく地主も連帯責任		
享保2年10月(20) (1717)	・抱屋敷の構えの囲の設置 ・理由なく、抱屋敷に親類・家人などを差置かないこと ・格別な願の無いにも関わらず、陪臣・浪人・町人が抱屋敷を持つこと	・許可を受けて、町中・屋敷続にある抱屋敷の囲を設置すること ・居宅が類焼した際、復興するまで抱屋敷に囲設置 ・作物などをさせ、土地を抱え置くこと	
享保2年10月(21) (1717)			・屋敷改へ相談したうえで、抱屋敷の囲設置を許可
享保11年8月(22) (1726)	・筋違いの者へ屋敷を譲渡すること ・武士から武士へ、百姓地を町人へ、町屋敷を百姓へ譲渡すること ※格別の由緒により屋敷改から認められた場合を除く		
元文3年7月(23) (1738)	・年貢地に屋敷場所願を出すこと		
寛延2年2月(24) (1749)	・武士から町人へ譲渡 ・百姓所持の抱屋敷を町人へ譲渡 ・町人から百姓へ町屋敷を譲渡		・町人から武士へ譲渡 ・寺社抱屋敷を譲渡 ・抱屋敷を百姓へ譲渡 ・家来所持の抱屋敷を主人屋敷にする ・主人所持の抱屋敷を家来へ遣わす

の変更は、「地主行田屋茂平治奉願」とあるように、地主の行田屋茂平治が願い出たものであることが窺える。

以上より、家守を勤めることで、家守給としての収入や家賃の免除といった見返りがあることが分かる。ここで注目すべきは地主の存在である。〔史料1〕の作十郎への家守変更は、地主の茂平治が願い出たものである。つまり、抱屋敷家守の変更に関しては、屋敷所持者である真田家ではなく、地主の意向が反映されているのである。

抱屋敷に関わる地主と家守との関係については、「先達差上置候御請書御掟」からうかがえる。この屋守変更に関連して、真田家へ差し出された史料を、以下で見ていく。

〔史料2〕

差上申請書之事

一此度勘治郎所持仕候高輪北町抱屋敷表間八間壱尺・裏行弐拾七間有之候地面建家并別紙書面ニ付申上候、此度御屋敷様御譲請ニ相成候ニ付小右衛門儀是迄之通御家守被仰付御家守為給金三両并五間ニ弐間半之御長屋家賃御免被成下置難有仕合奉存候、右小右衛門儀代々浄土宗芝弐本榎清林寺旦那紛無御座候御法度之宗門ニ而ハ無御座候
一御屋敷様江御出入仕候麻布谷町行田屋茂平次与申者右御抱屋敷地主被仰付候間万端異変等有之候節御屋敷様御名代出不申候様取斗可申候
一御公儀様御法度之儀者及不申上御町触事御貸家之者江急度為申聞是迄之通之仕成ヲ以御役人中様江相伺少茂御屋敷様御世話無御座候様可仕候
一御長屋之内私用之者壱人なり共入込不申候様ニ心附并ニ御長屋之者稽古三味線者格別遊興ヶ間敷義為仕間敷旨奉畏候

一御屋敷様ゟ御番人被差越万端取斗御屋敷向并御庭其外掃除等万端入念御番人同様ニ相心得可申旨奉畏候、右御番人被差越候迄弐人扶持頂戴仕冥加至極難有仕合奉存候、追而請番人被差越候迄者御座鋪向時々見廻り等致折々風入何分御修復所無御座候様心掛可申候、勿論火の用心別而入念可申候

（中略）

一御年貢之儀者唯今之通御代官大貫治右衛門様御役所江両度ニ相納御長屋向月々店賃取集翌月七日迄ニ上納可仕候

一御長屋向破損等有之候者早速相伺御差図次第ニ可仕候、其外何事不寄其時々御役人中様江相伺御差図次第ニ可仕旨奉畏候、為後日御請一札依如件

寛政七卯年十月

高輪北町　彫物師　御家守　小右衛門㊞

同所　家主　証人　源八㊞

鈴木弥左衛門様　高山平十郎様　小幡庄作様　御役所(25)

〔史料2〕は、家守となる小右衛門が、真田家御役所へ家守としての心得を書き上げたものである。小右衛門は真田家から家守を仰せ付けられている。この誓書では家守の職務として、御公儀の法度や触を貸家の者へ伝えること、屋敷の掃除、年貢を納めることである。また、異変が起きた際の最終的な責任を地主が負うことや〔史料1〕で記されているように武家側から収入を得る旨も記載されている。

〔史料3〕

家守請証文之事

此小右衛門与申者徒士生国為知惿成者ニ御座候ニ付我等請人ニ相立貴殿御所持高輪北町浮洲御屋敷家守役為出勤申候処実正也、御給金之儀者金三両被下置御對談ニ御座候、然ル上者此小右衛門義ニ付如何様之六ヶ敷事出来仕候所我等引請埒明貴殿江少も御苦労相掛申間敷候

一御公儀様御法度之儀者書申上御町内御触事等店々之者急度為申聞火之用心等入念可申候、店賃之義毎月晦日ニ取集相納可申候且又店々江売女ヶ間敷者決而差置申間鋪候、風説急度□店貸しより□□却而此小右衛門儀に何様之様出来仕候共我等引請貴殿□御苦労相掛け申間敷候

一宗門之儀者代々浄土宗芝弐本榎清林寺旦那ニ紛無御座候、御法度之宗門抔申者御座候候ハヽ、我等□申訳可仕候間手形年々我等方江取り出し申上候、御入用之節者何時成共差出可申候、為後日家守請証文依如件

寛政七年卯十月　　高輪北町家主　家守証人　源八㊞

家守　小右衛門㊞ (26)

行田屋茂平次殿

〔史料3〕は、家主の小右衛門とその証人の源八が、屋敷地主の茂平次に提出したものである。茂平次の所持する屋敷の家守を勤めることになった旨を述べているが、〔史料2〕でも見たように実際に家守を任じているのは真田家である。また、証人の源八が家守の不祥事の際にはその証人が責任を負うことが記されている。

〔史料4〕

指上御請書之事

私儀今度御買入高輪町浮洲御屋鋪地主被仰付奉畏候、右ニ付唯今迄右御屋敷家守役被仰付候儀ニ付末異変等之義

御屋敷様御名代出不申候様相心得猶又右小右衛門江得与申合御取斗可為仕候、只今迄之地主勘治郎ゟ此度請取沽券証文并家守請証文其外当時御長屋拝借罷在候者共名前書共相記一同ニ指出申候、右小右衛門義万端定法急度申渡少茂間違無御座候様可為仕候、地主御請書仍而如件

寛政七卯年十月　　行田屋　茂平治㊞

鈴木弥左衛門様　　高山平十郎様　　小幡庄作様　(27)

〔史料4〕は、先述した高輪屋敷の地主である行田屋茂平治が、真田家へ宛てたものである。今まで家主を勤めていた茂平治が真田家への土地譲渡に際して地主を勤めることになったことが記されている。その際、真田家の名代を頼ることのないように心得て、これから家主を勤めることとなる小右衛門と連携することを述べている。

以上、家守と地主との関係について〔史料1〕から〔史料4〕をもとに見てきた。中野や原田など従来の研究で触れられてきた家守の他にも、地主が抱屋敷維持に大きく関わっていることが指摘できる。また、地主が家守の交代を武家側に願い出ているように、家守の進退を握っている側面も見られた。一方、屋敷の「異変」発生の最終責任者が地主側にあったため、原則としては家守と地主が協力関係を志向しながら、屋敷が維持されたのである。

次の史料からは、抱屋敷の維持において従来の研究ではあまり着目されてこなかった地主の職制について検討する。

〔史料5〕

永代売渡申家屋鋪之事

一高輪北町ニ而表間口八間壱尺・裏幅八間壱尺・裏行九間在之家屋鋪壱ヶ所

一同所西続ニ而拾七間ニ廿七間在之家屋鋪壱ヶ所右弐ヶ所共我等所持之家屋敷此度代文字金六百五拾両ニ相定貴殿江売渡金子不残請取申所実正也、此家屋敷ニ付諸親類を不及申横合違乱申者壱人茂無御座候、依之名主・五人組立合売券状仍如件

寛政七卯年十月　家屋敷売渡人　勘治郎㊞

家主　小右衛門㊞

五人組　七右衛門㊞

同　彦七㊞

同　忠助㊞

名主　吉太郎㊞（28）

茂平次殿

〔史料5〕は、勘治郎の所持していた高輪屋敷を真田家が六五〇両で譲り請けた際の史料である。ここで着目したいのが、この証文の差出人が地主の茂平次となっていることである。つまり、屋敷売買の際は、武家側が直接売り主と金銭をやり取りするのではなく、地主が仲介役として存在していたのである。また、家守を引き受ける小右衛門が、証人として名を連ねていることも注目したい。

〔史料6〕

覚

一金弐拾両弐分　銀九匁壱分五厘

右者内弘〆并御入用慥請取申候、已上
右者金子銘々江相渡申候、以上
卯十月廿二日　　　　家主小右衛門
行田屋茂平次殿
右之外ニ
一　金弐分　　行田屋　庄兵衛　御下金
一　銀一分　　高□□屋　源八　御下金
下金弐拾壱両壱分壱匁六分也　(29)

〔史料6〕も高輪屋敷譲渡に関する史料である。家主の小右衛門が地主の行田屋茂平次や家守証人である源八（〔史料1〕・〔史料2〕参照）など三名にそれぞれ金子を渡している。このことから、地主を勤めていることで屋敷譲渡の際、弘〆金としての収入があることが窺える。

〔史料7〕

差上申証文之事
一表間口三間　　此坪拾五坪　　但此家賃弐拾弐匁五分
奥行　五間　　　　　　　　　　壱坪ニ付壱匁五分　　万屋吉右衛門
一表間口弐間半　此坪拾坪　　但此家賃拾五匁

奥行　四間　　　　　　　　　　　壱坪ニ付壱匁五分　水□屋清治郎
一表間口壱間半　此坪六坪七合五夕　但此家賃拾匁壱分弐厘五毛
奥行　四間半　　　　　　　　　壱坪ニ付壱匁五分　遠州屋弥惣治
三□〆金三歩弐匁六分弐厘五毛
右之者此度御長屋拝借仕度旨申聞候ニ付人品并商売躰穿鑿仕候処何ニ而も御差支之儀も無御座実躰成者共ニ付奉願上候処御呼添被成下難有仕合奉存候、以来右店入用之節者何時成共早速為引払可申候、店賃之儀者前書之通毎月晦日ニ取集急度上納可仕候、尤店請証文町法之通私方江取置申候、万一店賃相滞候共是迄御定之通翌月七日迄私引請上納可仕候
一御公儀様御掟之儀者不及申上町法等急度為相守触たり共猥りヶ間敷儀為仕間敷候、万一如何様之義御座候共御屋敷様者不及申上貴殿江も少茂御苦労掛申間敷候
為後日御請証文依如件
寛政八辰年八月　　　　　　　　　　　御家守作十郎㊞
地主茂平治殿
前書之通作十郎申立候ニ付吟味仕候処相違無御座候ニ付奥印仕候、以上
御普請御奉行所　　行田屋茂平治㊞ (30)

〔史料7〕は三名の者が高輪屋敷に店借を願い出たものである。家守の作十郎が毎月店賃を集めて上納することを、地主の茂平治へ確認しており、店賃の上納は家守が責任を持つことを約束している。また、地主の茂平治はその

旨を松代藩の普請奉行所に伝えている。

このことから、高輪屋敷の店借・家守・地主の関係が分かる。すなわち家守は店借から店賃を徴収し、店借が支払えない場合はその店賃を引き請け代納した。その際、家守が直接真田家に上納するのではなく、地主が仲介をしていたのである。この点から、地主が武家側との窓口としての役割を果たしていたことが窺える。

〔史料8〕

覚

金弐両弐分六匁八厘

永坂御抱屋敷寅年御年貢金拾壱両壱分壱匁五分之内八両弐分拾匁四分弐厘閏十一月十五日迄御割合之分去年請取閏十六日ゟ十二月中迄之分御如斯此度請取申候

右者永坂御抱屋敷寅御年貢残金之分慥受取申候、去年中御引渡罷成候ニ付以来何ニ而茂御構子細無御座候、為後日如斯御座候、以上

寛政七卯五月四日　　今井町地親　五左衛門㊞

十兵衛㊞

御役所 (31)

〔史料8〕は、松代藩が永坂（現港区）に所有する抱屋敷地の年貢負担に関する史料である。地親（地主）の今井町（現港区）五左衛門と十兵衛が、松代藩から、年貢金の一部を請に取っており、抱屋敷に課される年貢金を藩が負担し、貢租を地親が代行するという、地主の職制が伺える。

このことから、高輪屋敷だけでなくその他の抱屋敷でも、真田家との貢租のやり取りは地主が行っていたことが分かる。

〔史料9〕

「(包紙) 抱屋敷譲証文」

譲渡申抱屋敷之事

一 抱屋敷御拝借地　合壱町五反九畝廿六歩　松平越中守抱屋鋪

此坪四千七百九拾六坪囲家作共相済来候

屋敷壱町四反三畝拾五歩　上大崎村分

此坪四千三百五坪

内七百拾六坪見取無地

屋敷壱反六畝拾壱歩　下大崎村分

此坪四百八拾四坪

内五拾八坪見取無地

右者武蔵国荏原郡上下大崎村御水帳面拙者旦那所持来り囲家作相済候抱屋敷此度御相対を以真田弾正大弼様江有形之侭長屋弐棟平門一ヶ所囲垣竹木共御譲渡申処実正御座候、横合ゟ違乱申者無御座候事

一御公儀様御年貢永諸役金高役自今以後前々ゟ仕来定例之通御勤可被成候、尤御年貢金未進等無之右抱屋敷地面ニ

付坪数地境不依何事六ヶ敷申者他ゟ出来仕候ハヽ、私共村役人罷出急度埒明少茂御苦労懸申間敷候、万一御検地御改之節ハ其御許様御名屋敷ニ御縄御請可被成候、御年貢諸上納高役金七両三分分銀拾壱匁三分七リン一毛年々名主共江御渡可被成候、朝鮮人琉球人御用日光御社参御用人是ハ別ニ御勤可被成候、為後日双方立会連印譲證文如件

文政六癸未年二月廿九日

松平越中守家来　不破右門㊞

上大崎村　名主　喜太郎㊞

同　郷左衛門㊞

年寄　忠次郎㊞

同　又左衛門㊞

百姓代　小太郎㊞

同　金三郎㊞

下大崎村　名主　庄八㊞

年寄　助之丞㊞

同　庄吉㊞

百姓代　庄三郎㊞

上下大崎村　先地主　喜太郎㊞

同　小太郎㊞

同　忠次郎㊞
同　又左衛門㊞
同　庄三郎㊞
同　藤左衛門㊞
同　勘九郎㊞

真田弾正大弼様御内　石川新八殿
渡辺清右衛門殿 (32)

〔史料9〕は、荏原郡上下大崎村（現品川区）に松平越中守（元白河藩主松平定信）が所持していた抱屋敷（以下、大崎屋敷）を、真田弾正大弼（松代藩主真田幸専《ゆきたか》）に譲り渡した史料である。当時の白河藩主松平定永と真田弾正大弼の子幸貫（次期松代藩主）は、共に松平越中守定信の次男であり(33)、親戚間での屋敷譲渡であった。松平越中守家来と上下大崎村役人が、真田弾正大弼家来に宛てて、年貢や諸上納高役金（年貢とは別の代行にかかる手数料か）を名主たちに納め、その他朝鮮人・琉球人（朝鮮通信使・謝恩使慶賀使か）・猪狩御用・日光社参などの際はその都度、真田家に負担してもらうことが述べられている。

〔史料9〕は、〔史料8〕までとは異なり村内抱屋敷の事例である。近世の村請制では、村役人に村を維持する責任が課せられていた。そのため、名主が前出の地主にあたるものと考えられる。

そこで、次の史料では、村内抱屋敷の事例を扱い、名主をはじめとする村役人が、抱屋敷の維持に際してどのような役割を果たしていたのか考察する。

〔史料10〕

覚

一金弐拾両三歩弐朱

是者上大崎村名主年寄百姓代江被下候分

一同弐両壱歩弐朱

是者右同断下大崎村江被下候分

一同壱両三歩

是者上下大崎村先地主江被下候分

〆金弐拾五両也　但役料御祝儀として先年如此被下候事

右者松平越中守様御抱屋敷今般当御屋敷様江御譲渡被遊候ニ付、先年白川様ゟ被下置候通り頂戴仕度段申上候処先例之通此度当御屋敷様ゟ被下置候旨被仰聞難有奉存候、追而御金被下置候砌請取書付差上可申候、為念如此ニ御座候、以上

文政六未年二月

上下大崎村　名主　郷左衛門㊞

同　喜太郎㊞

同　庄八㊞　(34)

真田弾正大弼様御内　石川新八様

〔史料11〕

大崎御抱屋敷御譲受付候、為御祝儀村役人共江御目録被下候付受取候印書

江戸

大崎御抱屋敷御譲受付為祝儀村役人共江御目録被下候付受取印書　国■図書殿御願

覚

一金弐拾両弐分弐朱

一金弐両壱分弐朱

一金壱両三分

右者今般御抱屋敷御譲請ニ付書面之通御祝儀被下置銘々難有頂戴仕候、宜御披露奉願候為念如斯御座候、以上

文政六年未二月廿九日

上大崎村　名主　喜太郎㊞

郷左衛門㊞

下大崎村　名主庄八代　庄三郎㊞

先地主惣代　又左衛門㊞

真田弾正大弼様御内

石川新八様　渡辺清右衛門様　(35)

〔史料10〕〔史料11〕から、大崎譲渡の際に屋敷譲渡の際に村役人へ祝儀金が支払われることが慣例となっていたことが推測される。また、この祝儀金は、村役人のほか先地主も受け取っている。〔史料11〕は、祝儀金の受取先が真田弾正大弼になっている。そのため、村内抱屋敷の譲渡の際、譲渡先の者が名主をはじめとする村役人、先地主へ祝儀金を支払ったことが窺える。

〔史料12－①〕（以下、〔史料12－③〕まで出典同じ）

乍恐以書付奉申上候

一角筈村名主伝之丞奉申上候当村内惣地面六千四百五坪之抱屋敷上田三左衛門様被成御所持候処此度以御相対切坪ニ而六千坪河野玄三郎様御譲請被成候而茂於所差障候儀□而無御座候此段以書付奉申上候以上

天保十二丑年六月十二日　角筈村名主　伝之丞

屋敷御改様御役所

右者六月十二日上田三左衛門殿御家来藤野久兵衛并河野玄三郎殿御家来留田吉兵衛一同絵図書状并改支配添翰ヲ以一同月番中島彦右衛門様御役所へ御願立相成候処御白洲ニ而来ル十九日雨天日送廿日松井十左衛門様為見分被相越候旨被仰聞候十九日雨天ニ付相延同廿三日見分相済十左衛門様御用役相成弥太夫殿同日家作願所玄三郎様御家来ゟ仮絵図口上書を以被申立御見置相済同廿六日願之通双方江被仰渡候　(36)

〔史料12－②〕

乍恐以書付御訴奉申上候

一角筈村役人共奉申上候、当村内上田三左衛門様御抱屋敷以御相対切坪ニ而六千坪河野玄三郎様御譲請被成度段、屋敷御改様江御双方ゟ被仰立候処、今廿六日中島彦右衛門様御役所ニ而願之通相済申候間此段御訴奉申上候、以上

天保十二丑年六月廿六日　豊嶋郡角筈村　組頭伝八　名主伝之丞

中村八太夫様御役所

〔史料12－③〕

覚

一金四両弐分　外金弐百疋　御弘金名主方江弁当代

右者上田三左衛門様御抱屋敷此度其御屋敷様へ御譲請被遊候間、村役人組合之者共江御弘〆為御祝金被下置難有受納仕候、以上

七月五日　　名主

河野玄三郎様御用人中様

御弘〆

金弐百五拾疋　組頭佐平治　　金百疋　長右衛門　友右衛門

組合　小栗家守大五郎　仁右衛門　八五郎　成子市郎左衛門　茂八　喜兵衛　八右衛門　万吉

〆八軒　弐百文ツヽ

外　永井屋敷権治郎　辻平八　此両人入込罷在候儀故組合並ニ遣申候

地守弐朱　半治郎　　同弐朱　よ吉

〔史料12〕は、豊嶋郡角筈村（現新宿区）名主渡辺家の史料である。上田三左衛門（大番組頭、二〇〇俵）(37)の抱屋敷が河野玄三郎（奥詰銃隊）(38)に譲渡される際の角筈村役人の動向を見ることができる。

〔史料12－①〕では、名主伝之丞が屋敷改に宛てている。まず、村役人が譲渡の旨を屋敷改役所（中島彦右衛門・松井十左衛門）に願い出て、見分が行われる。見分の後、〔史料12－②〕で、組頭伝八が支配代官中村八太夫役所に、譲渡

と見分終了の旨を伝えている。

〔史料12―③〕では、譲渡完了に際して、関わった角筈村民に対して支払われた祝金の内訳が記されている。これによれば、屋敷改や代官所に報告をした名主・組頭の他に、同じく角筈村内に屋敷を所持していた小栗家や永井家の家守、成子町（角筈村北部青梅街道沿いの部分で、町場化し町奉行支配へ移った地域）(39)の人々が祝金を受け取っている。なぜ成子町の人々が祝金請取の対象となっているかは不明であるが、小栗家・永井家抱屋敷がいずれも成子町に隣接した部分に存在しており(40)、譲渡対象の上田三左衛門抱屋敷が成子町付近にあるため、何らかの形で譲渡の際に関与していた可能性もある。

以上、村内抱屋敷譲渡を通して、名主など村役人が、抱屋敷の維持にどのような役割を果たしていたのか考察した。屋敷譲渡において、村役人は、幕府役人との取次を行うという重要な役割を果たしていた。その対価として、村役人をはじめ関与した人々は、祝金をもらっていたのである。

しかし、江戸および周辺の武家屋敷地維持に関わる人々は、その周辺の者だけではなかった。

〔史料13〕

御頼金割

一丁銀八百六拾七匁五分四厘

此進高弐百四拾三石五斗四升壱合

但高拾石ニ

三拾五匁六分弐厘弐毛

此割賦

丁銀百五匁弐分七厘　八右衛門

内

五拾弐匁六分三厘五毛　□□納

五拾弐匁六分三厘五毛　寅ノ春納

〆

同三拾壱匁四分　太郎左衛門

内

拾五匁七分　□□納

拾五匁七分　寅ノ春納

（中略）

右者江戸御中屋敷御類焼ニ付御頼御用金被仰出候、四千両郡中割賦、半数ハ当□□上納、半数ハ来寅春上納被仰付候御請書差上申候、以上 (41)

〔史料14〕

覚

一金七両弐朱丁銀六匁弐分七厘

〆

右者江戸御中屋敷御類焼ニ付御頼金四千両割賦之内当春半数御取立之分書面之通慥請取相納申候、以上

寛政五年丑十二月三日　　大肝煎　星野孫右衛門㊞

岩手村庄屋　喜太郎殿（42）

〔史料15〕

覚

一金七両弐朱丁銀六匁弐分七厘

〆

右者去丑年御頼金半数当寅春中御取立之分書面之通御皆済慥請取上納候所相違無御座候、以上

寛政六年寅三月八日　　大肝煎　星野孫右衛門㊞

岩手村庄屋　喜太郎殿（43）

〔史料13〕から〔史料15〕は、越後国頸城郡岩手村の名主佐藤家（喜太郎）の史料である。岩手村は当時榊原家が支配しており、同家の江戸中屋敷（現台東区）が類焼したため岩手村に御用金を課したのである。その金額は頸城郡全体で四千両であった。〔史料13〕では、史料中（中略）の部分に岩手村での御用金の負担割付が記載されている。それをまとめたのが第4表である。これによれば、岩手村では一二人で約八七〇匁を負担している。

このように、江戸屋敷の類焼の際、その再建にかかる費用を国元の村々が負担していた。この費用がどのように藩に上納されたか不明であるが、江戸屋敷の問題は江戸のみで完結するものではなく、国元を巻き込んでいることが伺

第4表　江戸中屋敷類焼に伴う御頼金
（越後国頸城郡岩手村分）

上納者	上納口銀（匁.分.厘）
八右衛門	105.2.7
太郎左衛門	31.4
清左衛門	5
八郎兵衛	20.3.6
市郎左衛門	10.1.8
仁左衛門	5.0.9
長助	5.0.9
文助	2.5.5
安左衛門	10.1.8
善兵衛	76.3.5
甚左衛門	101.8
喜太郎	494.2.7
計	867.5.4

注　「佐藤家文書」1110より作成。

える。その意味で江戸に存在している武家屋敷の維持には、江戸周辺の人々だけでなく、全国を巻き込んだものであったといえるのである。

第二節　武家屋敷地の貢租と負担

前節の〔史料8〕〔史料9〕に象徴されるように、抱屋敷地に掛る年貢は武家側が負担し、屋敷管理者が代行する仕組みであった。本節ではその詳細について見るとともに、そうした代行システムがもたらした問題を考察する。

〔史料16－①〕（以下〔史料16－②〕まで出典同じ）

品川宿助人足賃銭請取申候事

一抱屋敷高三拾七石三斗壱升三合三夕壱才　　上大崎村分
人足百人七分四厘　但高石ニ付弐百七拾人宛
賃銭弐拾貫百四拾六文　但壱人ニ付銭弐百文宛
一同三拾九石五斗九升三合三夕

人足百六人九分　右同断　　　　下大崎村分
賃銭弐拾壱貫三百七拾七文
合銭四拾壱貫五百弐拾七文
右ハ東海道品川宿助人足去々亥年ゟ新規勤村分ヶ隔年ニ相勤当村之儀ハ去子七月朔日方当丑六月晦日迄壱ヶ年相勤
候人足高賃銭相違無御座候、御抱屋敷地守高懸り人足賃銭慥請取申候、已上
延享二丑年九月　　上下大崎村　清九郎印判　勘兵衛印判　(44)

〔史料16－①〕は、大崎屋敷に掛る品川宿の助人足賃に関するものであるが、人足賃金を池田家側が負担していることが分かる。

〔史料16－②〕

松平大炊頭様御抱屋敷御年貢高掛り并諸入用覚
高三拾七石三斗壱升三合壱夕　　上大崎村御抱屋敷之分
此屋敷反別三町七反三畝四歩
一金九両壱歩銀四匁七分六厘　屋敷御年貢　但壱反ニ付金壱歩ツ、
是ハ拾ヶ年程已然御年貢増金被仰付其以後去丑ノ年迄ハ増減り無御座候向後之義ハ従　公儀増金被仰付候迄
ハ増減り無之年々右之通請取申義ニ御座候
一金壱歩銀壱匁七分九厘　　口永但金壱両ニ付銀壱匁分ツ、

是ハ御年貢永壱貫文ニ付永三拾文ツヽ上納被仰付候口永金銀ニ直之書面之通尤御年貢増減り無御座候得共口
永も年々右之通請取申儀ニ御座候

一米弐升三合七夕　　御伝馬宿入用

此代銀三匁五分八厘　但高百石ニ付本石六升ツヽ

是ハ年々増減り無之右之通指出し申候、尤公儀江ハ米ニ而上納仕御屋敷ゟハ所相場ヲ以年々代金ニ而請取来
候

一銀五匁六分　　御蔵前入用

是ハ上大崎村之儀品川宿之助郷隔年ニ相勤申候御蔵前入用之儀助郷相勤候年ハ御免ニ而不指出助郷相休候年
ハ書面之通指出し候去丑年ハ休年ニ而御座候ニ付御屋敷ゟ書面之通請取申義ニ御座候、尤当寅年ハ助人相勤
候ニ付御蔵米入用公儀江上納不仕候

一米七升八合九夕　　陸尺給米

此銀五匁弐分六厘　但高百石ニ付本石弐斗宛

是ハ前余之御蔵米入用同前ニ助郷休年斗公儀へ上納仕候、去丑年ハ休年ニ而御屋敷ゟ前相場ヲ以代金ニ而請
取公儀江者米ニ而上納仕候

一金九両壱歩銀四匁七分六厘　　村方諸入用

是ハ私共先程所持之屋敷大炊頭様江代金申請指上候節村方諸入用壱反ニ付金壱歩宛ニ而請負候様ニ御相対申
上七拾年余以来右之通請取村方年中之夫銭并助郷役村普請自普請御人馬御用東海寺火消人足触頭才判之給米
其外年中村方相年中村方へ相懸り候、余時之入用等迄右之金子ヲ以私共請負相勤来候ニ付去丑年分も御屋敷

ゟ請取申候
合金拾九両銀八匁七分五厘
外ニ
一雑木林壱反四畝廿八分
此請負銀拾七匁三分五厘
是ハ大炊頭様御屋敷外通ニ有之候百姓地四拾年已前御相対ニ而代金申請地所指上御年貢并諸入
用地徳金等書面之通請取年々私共請負来り向後共ニ増減り無御座候
右者上大崎村地内大炊頭様御抱屋敷并御屋敷外通り御相対地共ニ私共両人ニ而請負御年貢其外諸入用共ニ御屋敷ゟ
請取来候分書面之通ニ御座候、以上
寅ノ正月
下大崎村　百姓　清九郎印
同　勘兵衛印
柴村藤右衛門様御役所
右両人申上候趣相違無御座候　上大崎村名主　喜太郎　印

〔史料16－②〕は、大崎屋敷の年貢諸役に関するものである。一般的な年貢負担と同様に池田家も年貢の他に伝馬宿入用・蔵前入用・六尺給米・村方諸入用・雑木林年貢を負担しているが、下大崎村の清九郎と勘兵衛が代わりに請け負い、池田家からその分を受け取ったことを支配代官柴村藤右衛門へ知らせている。また、米納である伝馬宿入用と六尺給米は、代納者の二人は金銭で受け取り、米で納めていることも分かる。

以上、池田家大崎屋敷の年貢納入の史料から、武家抱屋敷年貢納入の実態を見てきた。武家抱屋敷年貢納入は家守や地守といった、その土地を普段から管理する者が代行していた。そのため幕府も、抱屋敷に人を置かないことを禁じていたのだろう。（第3表・抱屋敷統制の変遷の享保二年一〇月令を参照）また、武家から年貢諸役の代行分の金銭を受け取ったことを、名主が支配代官へ逐一報告していることも判明した。武家が年貢諸役を踏み倒し、村民の負担となることを幕府側が防いだと思われる。さらに、武家側は代行百姓に対して金銭のみでやり取りを行い、その旨を代官役所側へ断りをいれていることからも、「江戸町続」地域において、武家屋敷年貢納入を円滑に代行するシステムが確立していたことが指摘できるのである。

次に、角筈村の事例を中心に見ることで、江戸に近接した地域の武家屋敷年貢を巡る村民動向や諸問題について村レベルでその実態を明らかにしていく。

〔史料17〕

一金四両也

右者来戌年稲垣信濃守様御抱屋敷諸役代金之内書面之通御渡被下受ヶ申候、然上者右御屋敷高江相懸候御役人馬諸役出銭等私方ニ而相勤可申候、仍而如件

享和元酉年十二月廿八日　　下町平三郎㊞

渡辺伝右衛門殿 (46)

〔史料17〕は、角筈村東部に存在した稲垣信濃守（志摩鳥羽藩主）抱屋敷の諸役代金に関する史料である。稲垣信濃守抱屋敷のすぐ西側にある下町（甲州街道沿いの西側部分）所属の平三郎が、役負担を代行していたことが伺える。平三郎は、この史料の六年前の寛政七年に作成された高割帳(47)によると一二石余の土地を所持し、寛政一〇年には年寄として村役人を勤めていた(48)。

以上のように、抱屋敷に掛る年貢諸役を、その抱屋敷が存在する村民が代負担していた。しかし、本来武家が負担すべき貢租を村民が代行することは、問題を生じさせる要因ともなった。次の史料からは、村民が武家の貢租負担代行に際して問題が生じた事例を見ていく。

〔史料18〕

一角筈村松平新九郎様御抱屋敷四年以前子ノ霜月ゟ屋敷守御付ヶ不成候

一丑ノ九月ゟ諸役銀御出不成候

一寅年中ハ御年貢諸役共ニ御出シ不被成候

一御抱屋敷近所之道橋一切御送り不成候

右之通新九郎様江度々参御改申候得共御承引不成候、尤拙者共方ニ而御年貢諸役道橋等迄相勤迷惑ニ奉存候、従新九郎様御勤被成候様ニ奉願候、以上

元禄拾二己卯年二月　　角筈村　名主伝右衛門

年寄三右衛門　(49)

細井九左衛門様

〔史料18〕は、角筈村内に松平新九郎（小姓組）(50)が所持していた抱屋敷年貢諸役に関する史料である。これによれば、松平新九郎が年貢諸役を滞納していることが問題となっている。名主・年寄がその年貢諸役を代わりに負担しており迷惑している旨を訴え出ている。また、松平新九郎が家守を設置していないため、支配代官の細井九左衛門へ訴えが出されたことが記されている。

〔史料19〕

乍恐以書付御訴訟奉申上候

中村八太夫当分御預所
武州豊嶋郡角筈村
名主伝之丞幼年ニ付後見
同人祖父
訴訟人　与兵衛
牧野播磨守様御家来
相手　小出権司殿
同　小倉源内殿

御年貢諸扶銭滞願

文政十二丑年
天保元寅年　御年貢滞高
同二卯年

一永拾貫五百八拾三文壱分
文政十二丑年ゟ　三ヶ年高掛リ物国役諸銭并
天保二卯年迄　　諸役人馬諸請負金共
一金六両銭弐貫四百三拾六文
永拾貫五百八拾三文壱分
合　金六両
銭弐貫四百三拾六文

右訴詔人与兵衛奉申上候、当村内ニ御旗奉行牧野播磨守様御抱屋敷御所持被遊候処御年貢并国役高掛り物諸役人馬請負金共去ル文政十二丑年ゟ去卯年迄三ヶ年書面之通御滞ニ相成上納金并御伝馬諸役等々差支候間相手当人江数度及罷合ニ候得共知行所ゟ益金次第可差出坏被申聞一向等閑之所斗ニ而去卯年迄三ヶ年共皆御不納ニ付弁金等も追々相嵩其外諸役向ニも必至と差支難儀至極仕且其以前迚も去ル文政十二丑年三月中迄ニ毎度奉出訴相手御家来被召出厳敷済方被仰付被下置候上ニ而出金被致候事故毎度預立入用等も相掛り聊之名主給ヲ以相勤候義ニ候得者甚難渋至極仕殊ニ是迄毎度共済証文差上候砌御年貢諸役筋之義故向後者毎年其付（月カ）々ニ急度出金可被致旨之一札取置候得共今以右様投遣り之御取斗ニ而去卯年迄三ヶ年之間御年貢金共皆御不納ニ付何卒以御慈悲相手両人■（被カ）召出御吟味之上滞金不残早速済方被仰付以来年々無遅滞御出金有之候様ニ被仰付被下置候様偏奉願上候、以上

天保三年辰年　　中村八太夫当分御預所武州豊嶋郡角筈村
御奉行所様　　名主伝之丞幼年ニ付後見　同人祖父　訴詔人　与兵衛　（51）

〔史料19〕は、角筈村内（村中央部）に旗奉行牧野播磨守が所持していた抱屋敷年貢に関する史料である。これによれば、牧野家は年貢・国役・高掛り物など三年分を滞納しており村は迷惑している。村は、牧野家側に対してかけあい、牧野家の家来を召し出して支払うように要求してきたが、知行所からの収入があり次第支払うという返答しかないことが問題となっている。(52) また、未納となっている三年分の年貢金は、名主給から負担されている。

以上のように、在方による抱屋敷年貢の代行は、武家側の未納の可能性という問題を常に孕んでいた。文政期の角筈村全体の年貢の内、永納分が百三二貫百三九文六歩であり、牧野抱屋敷の未納分が年に約一二貫（金一両を四貫と換算）分となり、在方にとって大きな負担となっている。(53)

さて、支配代官である中村八太夫へ訴え出る所まで発展した牧野播磨守抱屋敷の年貢未進問題であったが、この三年後の天保六年（一八三五）にも同様の問題が起こっている。

〔史料20〕

去ル辰年ゟ去午年迄

一金拾壱両三分弐朱　銭五百文

右者其村方ニ有之候主人抱屋敷御年貢并諸夫銭諸役金共書面之通相滞不納ニ相成居候ニ付数度催促御掛合有之候所今以相済兼来々甚之至ニ御座候、知行所へも慥ニ納金申遣候間来月六日迄無相違差金有之積ニ付右ヲ以無滞書面滞金高同月七日限急度相渡可申候、夫迄出訴被相待候様願入候然上ハ其節無間違急度皆済可及候、為後日一札如件

未正月廿五日　　　　　　牧野播磨守家来　天海市郎㊞

角筈村年寄　長右衛門殿　(54)

〔史料21〕

一札之事

一御抱屋敷御年貢諸役金去ル辰年去午年迄金拾壱両余滞御座候処右之内辰巳年分之儀ハ当十四日迄ニ無相違相納可申候、残り午年分ハ三月晦日迄ニ無相違相納可申候、依之日延一札差上候処如件

天保六未年二月八日　野州河内郡中里村　名主又左衛門㊞

角筈村名主御役人中　同州足利郡村上村　在役天海市郎㊞　(55)

〔史料22〕

一札之事

一抱屋敷御年貢諸役金納日限延引仕候所知行所引請相成居候ニ付間割村方江申達し当盆前十二日限り無相違相納可申候依之日延一札差上申所如件

天保六未年七月朔日　牧野播磨守家来知行所在役　天海市郎㊞

角筈村名主年寄中　(56)

〔史料20〕から〔史料22〕は、天保六年に再度問題となった、旗奉行牧野播磨守抱屋敷の年貢天保三年（一八三二）から同五年（一八三四）までの未納に関する史料である。牧野家側家臣が角筈村役人に宛てたものであり、年貢未納

問題に対して武家側がどのような対応をしていたかが窺える。

まず〔史料20〕では、村側が支払いを催促してきたことに対し、牧野播磨守家臣天海市郎が牧野家知行所にその旨を伝えている旨を述べている。その上で、翌月の六日までに支払う見込みであるため、それまで支配所への出訴を待つよう願い出ている。

その翌月、〔史料21〕が牧野家側から角筈村役人へ出された。〔史料20〕で天保六年二月六日に未進分の年貢・諸夫銭諸役金を支払うことを約束した牧野家であるが、その二日後の二月八日に支払期日を引き延ばしてほしいことが願い出されている。この史料で前出の天海市郎が、知行地の足利郡村上村（栃木県佐野市）で在役を勤めていたことが分かり、同じく知行地である河内郡中里村（栃木県宇都宮市）名主又左衛門とともに願い出ている。

その後〔史料22〕にあるように、七月再び牧野家側から延引願が出された。そこでも天海が、知行所に指示している様子が伺える。

以上、角筈村の牧野播磨守抱屋敷の年貢諸役未進問題を取り上げた。先述の通り、村内の抱屋敷の存在は、在方にとっては自村の年貢諸役を武家が代わりに負担してくれるという利点を生んだ。一方、武家がその諸負担を滞納した場合、村に多大な負担がかかる危険性もはらんでいた。こうした事態に対し村は、支配代官を通して幕府へ訴え出る。それに対して武家は、幕府への訴えを待つように村に願い出ている。武家、特に旗本層にとって幕府は直属の組織であり、自身の処分の決定権をもつ存在である。さらに幕府にとっては、旗本の年貢諸役の未納問題が発生し、それを放置しておくことは、幕府自身の財政的問題や支配体制の動揺に直結する問題である。このように旗本層所持が多い「江戸町続」地域の抱屋敷は、私的所有という側面を持ちながらも、幕府の意向に左右されやすい存在であった。こうした抱屋敷を媒介とする武家と村との関係においては、村の背後に幕府の存在があるという点で、武家の不手際により在方を通して処分される可能性を有するという緊張状態が常時存在していたといえる。また、在方はこうした緊張関係を利用しながら、自村の年貢の一部を担う存在として武家抱屋敷所持者を見ていたと思われる。

さて、このように天保前期にかけて未納問題を起こした牧野播磨守であるが、その後明治元年（一八六八）まで角筈村内に抱屋敷地所有を続けている(57)。角筈村側も天保三年に代官所へ訴え出たものの、未納問題を起こした牧野家の抱屋敷を許可していたのである。なぜ一度問題を起こした牧野家がその後も所有を続けてゆくことができたのか、なぜ村側は所有を許したのか、以下の史料から考察したい。

〔史料23〕元文五年七月「乍恐以書付御訴訟申上候」

乍恐以書付御訴訟申上候

一屋敷畑四反弐畝歩　　松平新九郎様御抱屋敷　　帰地百姓　兵右衛門㊞
　此高石四石弐斗
　此取永壱貫九拾文九分弐厘三毛　　但反弐百五拾文弐分弐厘三毛
一屋敷畑壱町七反四畝弐拾七歩　　久志本左京様御抱屋敷　　帰地百姓　仁右衛門㊞
　此高石拾七石四斗九升
　此取永四貫五百廿五文弐分弐厘三毛　　右同断
一同壱町三反弐拾歩　　伴道与様御屋敷抱屋敷　　右同断　源五右衛門㊞
　此高石拾三石六升六合七勺
　此取永三貫三百八拾七文八分八厘三毛　　右同断

一同八反五畝拾弐歩　小出宮内様御抱屋敷　右同断　庄左衛門㊞
此高石八石五斗四升
此取永弐貫弐百拾五文五厘三毛　右同断
一同九反五畝弐拾歩　坂本千十郎御抱屋敷　右同断　長兵衛㊞
此高石九石五斗六升六合七勺
此取永弐貫四百七拾九文弐分弐厘三毛　右同断
一同壱町六反七歩　加藤太郎左衛門様御抱屋敷　右同断　百姓又右衛門㊞
此高石拾六石弐升三合三勺　同　藤兵衛㊞
此取永弐貫四百七拾九文弐分弐厘三毛　同　十兵衛㊞
同　平兵衛㊞
一同三反廿五歩　岩瀬吉左衛門様御抱屋敷　右同断　清八㊞
此高石三石七升三合三勺
此取永八百八文八分八厘三毛　右同断
反別合七町壱反九畝弐拾壱歩
一豊嶋郡角筈村帰地百姓共御訴訟申上候ハ拙者共所持仕候畑之義ハ先年御殿様方御所持之節惣屋敷坪ニ而御持被遊殊ニ指シのき成ニ而御座候、依之年々御年貢御弁納ニ付御諸用前無之間先年之地主共江被下置候と奉存候御下屋敷之義ニ御座候得者何連之屋敷も萱畑或ハ林畑之様成ル義ニ御座候処漸々開発仕不残畑仕立候得共御年貢之儀者反ニ付壱分之余ニ相当り此外小物成諸役出銭村入用等迄高掛りを以指出候へ共平均反ニ金壱分五朱之余ニ相当り

申候、右畑小作へ相渡候ニ反ニ壱分ヲ高ニ入申候共何連之通ニ而相済不申弐三度之御年貢相納候節ハ当分之夫食等迄売払上納仕候、唯今迄何卒と奉存妻子共迄茂奉公ニ指出御百姓相勤候得共数年之困窮ニ而最早相続不申候、依之乍恐申上候ハ御慈悲ヲ以当村百姓地並之御取箇ニ被為成下候ハ、大勢之者露命相繫候百姓勤仕申度奉願上候、偏ニ御年貢御取下ヶ之義被為仰付被下置候ハ、難有可奉存上候、已上

元文五庚申七月　　豊嶋郡角筈村　　願人　兵右衛門㊞　仁右衛門㊞　源五右衛門㊞　庄左衛門㊞　長兵衛㊞

又右衛門㊞　藤兵衛㊞　十兵衛㊞　平兵衛㊞　清八㊞

右之通御願申上度由度々拙者共方江相願申候得共只今迄御延置申候処ニ此度達而御願申上度由申候ニ付段々水懸ヶニ少も相違無御座候、御吟味之上百姓相助り申候様ニ被為仰付被下置候ハ、難有奉存候、以上

庚申七月　　名主　与兵衛㊞

柴村藤右衛門様御役所　　年寄　伊左衛門㊞　長右衛門㊞　平蔵㊞　(58)

〔史料23〕は、元文五年（一七四〇）に角筈村農民から支配代官柴村藤右衛門へ出されたものである。兵右衛門をはじめとする一〇名の願人は「帰地百姓」、つまり、百姓地へ戻った元武家抱屋敷地を所有する者達である。

ここで帰地百姓たちは、元抱屋敷地の年貢引き下げを願い出ている（以下、「元抱屋敷地年貢減免訴訟」とする）。その理由として、元抱屋敷地が下屋敷として利用されており、その土地は萱畑か林畑のようである。そこで全て畑としたのだが、年貢が高率である上にその他の小物成諸役出銀村入用などが掛るので、当分の夫食を売って年貢を上納したため困窮していると述べている。

その後、元抱屋敷地年貢減免訴訟は、さらに拡大し宝暦一二年（一七六二）にも行われる。

〔史料24〕宝暦一二年三月「乍恐書付を以御訴訟奉申上候」

乍恐書付を以御訴訟奉申上候

一屋敷壱町弐反九畝廿七歩　此高石拾弐石九斗九升　源兵衛
是者前々ハ建部与兵衛様御抱屋敷ニ御座候
一屋敷四反五畝歩　此高石四石五斗　三右衛門
是御同人様御抱屋敷ニ御座候
一屋敷壱町三反廿歩　此高石拾三石六斗五升■七勺　清右衛門
是者前々ハ金田惣八郎様御抱屋敷ニ御座候
一屋敷四反畝歩　此高石四石弐斗　兵右衛門
是ハ前々ハ丸茂兵右衛門様御抱屋敷ニ御座候
一屋敷八反五畝拾弐歩　此高石八石五斗四升　庄左衛門
是ハ前々ハ小出宮内様御抱屋敷ニ御座候
一屋敷壱町位置反五歩　此高石拾壱石壱升六合七勺　弥三郎
是ハ前々ハ岡五左衛門様御抱屋敷ニ御座候
一屋敷九反五畝廿歩　此高石九石五斗六升六合七勺　清八
是ハ前々ハ宮崎助右衛門様御抱屋敷ニ御座候
一屋敷弐町壱反七畝拾六歩　此高石弐拾壱石七斗五升三合三勺　七郎右衛門
是ハ前々ハ土岐伊予守様御抱屋敷ニ御座候

一屋敷弐町壱反六畝廿壱歩　此高石弐拾壱石六斗七升　利右衛門
　是ハ前々ハ花房大膳様御抱屋敷ニ御座候
一屋敷四反歩　此高四石　源七
　是ハ前々ハ加藤太郎左衛門様御抱屋敷ニ御座候
一屋敷四反七歩　此高石四石弐升三合三勺　藤兵衛
　右御同人様御抱屋敷ニ御座候
一屋敷四反歩　此高石四石　平次郎
　右御同人様御抱屋敷ニ御座候
一屋敷四反歩　此高石四石　伝右衛門
　右御同人様御抱屋敷ニ御座候
一屋敷三反弐拾五歩　此高石三石八升三合三勺　市右衛門
　是ハ前々ハ岩瀬吉左衛門様御抱屋敷ニ御座候
豊嶋郡角筈村名主・年寄・百姓御訴訟奉申上候、右之者共所持之地所前々御武家様方御抱屋敷ニ御座候処右之者共先地主之由緒を以御譲り返シ被遊候ニ付譲り請申候然所ニ右之場所惣不残屋敷御年貢ニ而御高免ニ御座候ニ付至極難義困窮仕り候、尤野方之義ニ御座候而野土灰土故土地惣敷御座候所江屋敷御年貢御請候而ハ致方無御座難義仕候、御慈悲を以外百姓畑並之通御年貢被仰付被下置候様ニ奉願上候、外畑是迄之通ニ御座候而ハ右申上候通野土故御年貢ハ不及申上其外諸役掛り物御不納可仕様無御座候ニ付何分御慈悲を以百姓相続仕候様奉願上候、願之通被仰付被下置候ハヽ、難有奉存候、以上

宝暦一二年壬午三月　　豊嶋郡角筈村　　名主与四郎　　年寄伊右衛門　平蔵
伊奈半左衛門御役所　　　百姓代七郎右衛門　平□衛門　清左衛門　(59)

〔史料25〕

乍恐以書付御訴訟奉申上候

一豊嶋郡角筈村元御武家様御抱屋敷御取箇取下ケ十四人之百姓奉申上候之義先達而御願申上候処□家御引候拙者共所持之地所前々御武士様方御抱屋敷ニ御座候所拙者共先地主之以由緒御譲り返シ被遊候ニ付譲り請申候處ニ右之地所惣不残元被遊申屋敷御年貢ニ而只今以口上免被遊難義困窮仕候、尤野方之儀ニ御座候而此度御見分被成下候通野土灰土ニ而土地惣敷御座候故何程出情《精カ》仕候而も御年貢出来不仕至極迷惑仕候、依之奉願上候外百姓畑並之通り御取箇御引下ヶ被下置候様奉願上候、只今之通御引下ヶ無御座候而ハ致方無申候旨ゟ外無御座候難義仕候、何とぞ以御慈悲願之通被為仰付被下置候拙者共相助難有奉存候、以上

宝暦一二年閏四月　　角筈村百姓　願人　源兵衛　三右衛門　清左衛門　兵右衛門　庄左衛門　弥三郎
伊奈半左衛門御役所　　　清八　七郎右衛門　利右衛門　源七　藤兵衛　平次郎　(60)

〔史料24〕〔史料25〕は宝暦一二年に起こった元抱屋敷地年貢減免訴訟の下書きである。元文五年段階では対象の元抱屋敷地は七か所であったが、宝暦期になると一〇か所に増加している。ここでも、屋敷年貢が免じられているにもかかわらず土地が痩せているため困窮していることを訴えている。また、〔史料25〕では「御年貢出来不仕至極迷惑

仕候」と、徐々に強い言い回しになっていることが窺える。

ここで帰地百姓たちが、なぜ高免の土地を所有したのか検討する。〔史料24〕や〔史料25〕では「先地主之由緒を以」「先地主之以由緒」と、「由緒」を理由に元抱屋敷地を譲渡されている。しかし〔史料23〕では、その理由を武家方が抱屋敷から立ち退く際その代わりとなる所有者がおらず、このままでは年貢上納へ差し支えてしまうため「先年之地主共」が所有することとなったのである。つまり、帰地百姓たちが自主的に元抱屋敷地を獲得したのではなく、「先年之地主」の義務として所有していたことが指摘できるのである。

〔史料26〕

乍恐書付を以奉申上候

一豊嶋郡角筈村返り地百姓十四人之者共乍恐奉申上候、先達而元抱屋敷御年貢御取下ヶ之儀奉願上候所右ニ付御尋御吟味被為遊候段左ニ奉申上候事

一右御抱屋敷御譲り返シ被成候御屋敷様ゟ金銀米銭ニ而茂御附被成御譲り被成候哉と御尋被遊候、此義金銀米銭ハ不及申何ニ而も御附被成候義一切無御座候事

一御高免と奉存候而返シ被成候節御高免之段奉存請取候義御吟味ニ御座候此義先地主之由緒ニ御座候而御田地大切ニ奉存候ニ請取申候、殊ニ御田地之主ニ相成候義故譲り請申候、依之随分出情仕候間是迄御年貢御上納仕候処年々弁納多困窮難義至極仕候間無是悲御被取下ヶ奉願上候

一御取下ヶ御引方無御座候ハヽ、御田地差上ヶ候ゟ外者致方無御座候段申上候所御尋御吟味ニ御座候、此段乍恐申上候右地所随分出情仕作毛等仕候得共野土ニ而土地惣敷出来毛不宜候ニ付萱野少米立等ニ相仕立候ゆへ御取箇ニ引

合不申候年々弁納多至而困窮仕百姓相続難仕候ニ付右地所差上ヶ候程ニ奉存候得共惣入奉存候ニ付無是非御取下ヶ奉願上候、且此上御聞召訳不被為遊御取下ヶ無御座候、右地所被召上候共不及是悲差上ヶ申候程ニ奉存候、何分御慈悲を(以欠カ)奉願上候事

右御吟味ニ付乍恐御答奉申上候、何卒御慈悲を以被為聞召訳願之通り御取下ヶ被成下候ハ、大勢之者共相助り難有仕合奉存候、以上

午五月十六日　兵右衛門　清右衛門　源兵衛　三右衛門　庄左衛門　弥三郎　清八　七郎右衛門

伊奈半左衛門様御役所　利右衛門　源七　藤兵衛　伝右衛門　平次郎　市右衛門　年寄平蔵　名主与四郎

「（端裏書）午五月十六日御答書上ケ下書」(61)

〔史料26〕は、〔史料25〕の一か月後に出された書状の下書きである。元抱屋敷地年貢減免訴訟を受け、幕府側が対応に乗り出したことが窺える。その上で幕府は、帰地百姓が、屋敷地譲渡の際に金銀米銭を貰ったのではないか、高免と覚悟のうえで受け取ったのではないのか、と疑っているのである。これに対し村側は、金銀米銭など利益になるようなものは武家方からもらっておらず、高免の地であっても先地主という立場から田地を大切にするために元抱屋敷地を受け取ったのだと返答している。その上で、もし要求を呑んでもらえないならば、土地を差し上げるほかないと強硬な姿勢をとっている。

以上、元文五年および宝暦一二年の元抱屋敷地減免訴訟について見てきた。村側にとって年貢地の管理は年貢上納という方法で義務として課されていた。しかし年貢地が武家抱屋敷地になると、武家側が自身の収入から年貢を負担するようになるため、その分の村側の貢租義務が軽減することになる。反対に武家抱屋敷地が百姓地に戻った場合、

高率の年貢を村側が負担することになるため、元抱屋敷地年貢減免訴訟のような問題が生じるのである。つまり、村側にとって武家抱屋敷は、自身の貢租負担を緩和する要素となる存在であった。そして、武家抱屋敷地が長く村内に存在することで、武家が村の貢租の一部を負担するという体制が一般化していったのである。だからこそ前出の牧野家は、未納問題を起こしながらも、明治期までその土地所有を許された。村側にとっても、自身の手元に高免の土地が戻るくらいならば、武家に所有してもらう方が自身の利益となったのであろう。

さて、元文期に始まり宝暦期を通して続けられた元抱屋敷地年貢減免訴訟であるが、その後明和元年（一七六四）に結論が出された。

〔史料27〕

武蔵国豊嶋郡角筈村

一高七百拾六石九斗七升五合九勺
　此反別七拾三町七畝拾六歩半
取下高百弐拾壱石六斗壱升
　屋敷上畑成
此反別拾弐町壱反六畝三分
此取永拾七貫弐拾五文四分　但反永百四拾文石成　十
外ニ永拾三貫四百三十壱文八分　元永減
此訳

右者延宝二寅年御検地入之節御武家様方御所持屋ニ付上中下林畑寺野畑迄不残敷請相成居候処其後先地主百姓共江御譲返しニ相成百姓坪ニ相成候処畑地寺野共不残屋敷請ニ而反永弐百五拾文四分五厘之御取箇ゆへニ誠ニ高免ニ而年貢上納ニ差支候ニ付元文五申年柴村籐右衛門様御代官所之節御取下願□明和元申年伊奈半左衛門様御代官所之節右場所不残上畑置御取箇ニ取下被仰付候ゆへ是迄上畑■ニ反永百四十文ツ、上納仕来り候へ共右申上候通林寺野ニ場迄不残上畑置御取箇ニ被仰付候義故只今以甚高免ニ而持主共連々困窮仕罷在候ニ付此上聊ニ而も増永等可仕様無之候間是迄之通り□被仰付置被下置候様奉願上候、以上

（中略）

明和元申年取下場持主　庄左衛門　嘉兵衛　八右衛門　七郎右衛門　■蔵　利右衛門　三右衛門　善兵衛　次右衛門　与惣兵衛　勘右衛門　庄右衛門　権右衛門　平七　■■衛門　九右衛門　次郎兵衛　銀右衛門（62）

〔史料27〕は、明和元年に出されたと思われる元抱屋敷地年貢減免に関する書状の下書きである。元抱屋敷地年貢減免訴訟の結果、年貢が減免されたことが分かる。しかし、減免となった地主たちは、減免後であっても高免であるので、増永などしないことを願い出ている。また、この史料から元抱屋敷地が高免となっていった経緯が窺える。きっかけは、延宝二年寅年御検地（63）であり、畑地などが残らず屋敷請、すなわち高年貢となったことが述べられている。さらに、今回減免の対象となった土地が、角筈村の総石高の約六分の一にあたることである。今回減免となった元抱屋敷地以外の元抱屋敷地や、未だ抱屋敷地である場所も存在しており、角筈村内で抱屋敷地が占めていた石高の割合の大きさが指摘できる。

以上、元抱屋敷地年貢減免訴訟を通して、村民の土地意識について考察を加えた。

第三節　武家屋敷地と周辺社会 ―村民動向を中心として―

前節では、角筈村の村民が村内に武家抱屋敷地が存在することに年貢負担軽減に繋がる利点を見出していたことを指摘した。本節では、前節で登場した帰地百姓一人一人の動向を追うことで、武家抱屋敷地に関わった村民の意識を探っていく。

第5表は、先述の元抱屋敷地年貢減免訴訟で訴訟人となった帰地百姓の動向をまとめたものである。全員ではないが、帰地百姓がどのような経緯で元抱屋敷地を所持することとなり、その後元抱屋敷地がどのような所有者移動を辿っていったのか見ていく。

まず着目すべきは、建部与兵衛および久志本左京の元抱屋敷地の動向である。この地は元文二年（一七三七）に久志本左京から内藤宿所属の仁右衛門へ譲渡された。この仁右衛門は、元禄期に土地の売買を行っていた人物である。このように、前出の帰地百姓には、元々角筈村所属ではない者、また以前から土地売買を積極的に行っていた者がいた。その後、経緯は明らかではないが、名主与兵衛が所有者となり、寛延四年（一七五一）に源兵衛が所有者となる。そして、明和二年（一七六五）に柏木村成子町忠蔵へ、天明二年（一七八二）に内藤新宿伊助へ、寛政一一年（一七九九）に角筈本村次郎兵衛へと、所有者が移動した。元抱屋敷地は、減免訴訟後も頻繁に所有者が変わったのである。

この仁右衛門の他にも、角筈村外の者が元抱屋敷地を所持しており、例えば、松伏領清水村（現埼玉県）の源五右

第5表　角筈村内元抱屋敷帰地百姓動向

元屋敷所地者	帰地百姓名	帰地百姓、譲渡前後の動向
丸茂兵左衛門 ↓ 松平新九郎	兵右衛門	元文5年（1740）、元抱屋敷地年貢減免訴訟。 宝暦12年（1762）、元抱屋敷地年貢減免訴訟。
建部与兵衛 ↓ 久志本左京	仁右衛門	元禄6年（1693）、原宿久保町山崎半右衛門が、角筈村内の土地を、牛込寺町造酒屋大阪屋仁右衛門へ金子23両（D117）で譲渡。この土地は、角筈村百姓衆が神保市右衛門へ売渡し、半右衛門の祖父半兵衛が譲り請けたもの。（D115） 元禄10年（1697）、家屋敷・畑を質物に70両を角筈町瀬兵衛から借りたが、返済不能により瀬兵衛へ譲渡。（D117） 元文2年（1737）、久志本左京から内藤宿仁右衛門へ譲渡。 元文5年（1740）、元抱屋敷地年貢減免訴訟。
	源兵衛	寛延4年（1751）、名主与兵衛から源兵衛へ譲渡。（D289） 宝暦12年（1762）、元抱屋敷地年貢減免訴訟。 明和2年（1765）、源兵衛から柏木村成子町忠蔵へ譲渡。 （D356、357） 天明2年（1782）、忠蔵から内藤新宿伊助へ譲渡。 （D393～395） 寛政11年（1799）、伊助から角筈本村の次郎兵衛へ譲渡。 （D434～436）
	三右衛門	宝暦12年（1762）、元抱屋敷地年貢減免訴訟。
金田惣八郎 ↓ 伴道与	源五右衛門	元文4年（1739）、伴道与から松伏領清水堀村源五右衛門へ90両で譲渡。（J208） 寛延2年（1749）、源五右衛門から角筈村清左衛門へ6両で譲渡。（D283、284、J217） 元文5年（1740）、元抱屋敷地年貢減免訴訟。
	清左衛門	宝暦12年（1762）、元抱屋敷地年貢減免訴訟。
小出宮内	庄兵衛	元禄4年（1691）、小出宮内から庄兵衛へ譲渡。（D605） 元禄5年（1692）、譲り請けた屋敷に倅を住まわせて百姓をさせるために、家作を願い出る。（D605）
	庄左衛門	元文5年（1740）、元抱屋敷地年貢減免訴訟。 宝暦12年（1762）、元抱屋敷地年貢減免訴訟。

<table>
<tr><td rowspan="2">市岡五左衛門
↓
須田一兵衛(64)</td><td>名主　与兵衛</td><td colspan="2">寛延2年（1749)、須田一兵衛から名主与兵衛へ譲渡。</td></tr>
<tr><td>弥三郎</td><td colspan="2">宝暦12年(1762)、元抱屋敷地年貢減免訴訟。</td></tr>
<tr><td rowspan="9">加藤太郎左衛門(65)</td><td>又右衛門</td><td rowspan="4">元禄3年(1690)、加藤太郎左衛門から百姓4人へ譲渡。</td><td>元禄2年（1689)、「竹腰山城守役人」記載あり。（C3)
元禄3年（1690)、甲州通り沿いで家作願。（D655)
元文5年（1740)、元抱屋敷地年貢減免訴訟。</td></tr>
<tr><td>平兵衛</td><td>元禄3年（1690)、甲州通り沿いで家作願。（D658)
元文5年（1740)、元抱屋敷地年貢減免訴訟。</td></tr>
<tr><td>三右衛門</td><td>元禄2年（1689)、「内藤筑後守家来」記載あり。（C3)
元禄3年（1690)、甲州通り沿いで家作願。（D657)</td></tr>
<tr><td>市郎兵衛</td><td>元禄2年（1689)、「土岐彦九郎家守」記載あり。（C3)
元禄3年（1690)、甲州通り沿いで家作願。（D656)</td></tr>
<tr><td>藤兵衛</td><td colspan="2">享保6年（1721)、「竹腰壱岐守抱屋敷役人」記載あり。
（C45)
元文5年（1740)、元抱屋敷地年貢減免訴訟。
（三右衛門分）
宝暦12年(1762)、元抱屋敷地年貢減免訴訟。
延享2年（1745)、「竹腰壱岐守抱屋敷役人」記載あり。
（C49)</td></tr>
<tr><td>十兵衛</td><td colspan="2">元文5年（1740)、元抱屋敷地年貢減免訴訟。
（市郎兵衛分）</td></tr>
<tr><td>源七</td><td colspan="2">宝暦12年(1762)、元抱屋敷地年貢減免訴訟。
（又右衛門分）</td></tr>
<tr><td>平次郎</td><td colspan="2">宝暦12年(1762)、元抱屋敷地年貢減免訴訟。
（市郎兵衛分）</td></tr>
<tr><td>伝右衛門（名主）</td><td colspan="2">宝暦12年(1762)、元抱屋敷地年貢減免訴訟。
（平兵衛分）</td></tr>
</table>

宮崎助右衛門 ↓[66] 坂本千十郎	長兵衛 （元宮崎助大夫・ 坂本甚三郎家守）	正徳3年（1713）、「宮崎助大夫抱屋敷守」記載あり。（A122） 享保6年（1721）、「坂本甚三郎抱屋敷守」記載あり。（C45） 元文4年（1739）、坂本千十郎から上町長兵衛へ譲渡。 元文5年（1740）、元抱屋敷地年貢減免訴訟。
	清八	寛延3年（1750）、角筈村上町源次郎の母より清八へ祝金10両。（D285）で譲渡。 宝暦12年（1762）、元抱屋敷地年貢減免訴訟。
岩瀬吉左衛門 ↓ 高木祐益	名主　曽右衛門	元禄15年（1702）、高木祐益から名主曽右衛門へ譲渡。
	清八	享保20年（1735）、角筈下町八十郎より内藤宿若狭屋清八へ譲渡。（D221） 元文5年（1740）、元抱屋敷地年貢減免訴訟。
	市右衛門	宝暦12年（1762）、元抱屋敷地年貢減免訴訟。
土岐伊予守[67]	七郎右衛門 （元土岐伊予守家守）	宝暦3年（1753）、土岐伊予守から七郎右衛門へ譲渡（D294） 宝暦12年（1762）、元抱屋敷地年貢減免訴訟。
花房大膳 ↓[68] 高力式部	名主　与四郎	宝暦10年（1760）、高力式部から名主与四郎へ譲渡。
	利右衛門 （元圓応寺家守）	宝暦12年（1762）、元抱屋敷地年貢減免訴訟。 天明3年（1783）、鮫橋（現、新宿区）圓応寺から同家守の利右衛門へ譲渡。（D398～400）

注　「渡辺家文書」より作成。（　）内の番号は、「渡辺家文書」の史料番号を掲載。

衛門（元伴道与地）、内藤宿若狭屋の清八（元高木祐益地）などが確認できる。

次に加藤太郎左衛門の元抱屋敷地に着目する。この地は、元禄三年（一六九〇）に百姓四名へ譲り渡している。その中でも元禄二年（一六八九）当時、又右衛門は竹腰山城守（尾張藩家老）役人、三右衛門は内藤筑紫守家臣、市郎兵衛は土岐彦九郎家守と書き上げられており、その他の元抱屋敷地でも、この三名のような事例が見られる。このように、別の武家抱屋敷地の管理をしている者が、帰地百姓として元抱屋敷地を所有する場合があり、土地管理を生業とする者が帰地百姓となった可能性が指摘できる。また、家守を勤めていたものが、そのまま帰地地主となっている事例（元土岐伊予守家守七郎右衛門）も見られる。さらに特筆すべきは、この四人が譲請後、合同で甲州街道沿いに家作願を提出していることである。このことから、四人は甲州街道沿いの加藤太郎左衛門抱屋敷地に目を付け、家作目的で土地を譲り請けたことが推測される。

さらに、名主の存在に注目する。勤めた年代は違うものの、名主は五か所（久志本左京・須田一兵衛・加藤太郎左衛門・高木祐益・高力式部）で地主を勤めていたことが確認できる。その内三か所（須田・高木・高力）が武家から名主へ譲渡されたものであり、名主家へ元抱屋敷地が渡る割合が高い。前節で名主が牧野家抱屋敷地の年貢未進問題で、名主給から未納分を代負担している様子も見られた（〔史料18〕参照）。また、名主へ渡った元抱屋敷地であるが、そのほとんどが約一〇年以内という短い間の内に別の者へ譲渡されている。このことから、名主への元抱屋敷地の譲渡は、次の所有者が現れるまでの中継ぎとなる役割を果たしていたのではないかと考えられる。

最後に、元抱屋敷地を所有した人々を総体的に見ていく。内藤新宿の者が角筈村内の元抱屋敷地を所有したと前述したが、判明している限りで三名の者が土地を所有している。また、所有していた角筈村民の所属に上町・下町（甲州街道沿い）の者が多いことも指摘できる。このように元武家抱屋敷地では、頻繁に所有者が移動しており、元抱屋敷地は高率の年貢が課されていた。そうした土地を所有した者にとって年貢は大きな負担となっていたと思われる。

元抱屋敷地は、街道沿いにあるという利点に注目した者が利用している。推測の域を出ないが、街道沿いの土地は集客力が見込まれ、何らかの商売に利用されていったのではないかと思われる。実際、文化三年時点での角筈村には、青梅・甲州両街道沿いに多くの商売家が立ち並んでいる(69)。こうしたことからも、街道沿いに存在していた元抱屋敷は、一種の資本として認識されていたのではないか。

では、なぜこうした商売地に適したはずの街道沿いの地が、武家抱屋敷地となっていったのか。次に、百姓地が武家屋抱屋敷地となった時期に着目する。

第6表は、一七世紀中期の角筈村で武家へ土地を譲渡した村民を、判明する限りでまとめたものである。また、そ

第6表　武家へ土地譲渡後の村民動向

譲り百姓	譲渡年	譲渡先武家	譲渡後百姓動向
作兵衛	万治元年（1658）	加藤源太郎[70]	寛文2年（1662）、兵左衛門の下々畑を2両2分で購入。このとき作兵衛は上町に所在。(D95) 寛文5年（1665）、金50両で井上半入内留岡佐太郎より角筈町の土地を購入。このとき作兵衛は角筈新町（甲州街道沿）に所在。(J125)
長兵衛	万治4年（1661）	大岡弥右衛門[71]	
八郎右衛門	寛文3年（1663）	小嶋助左衛門[72]	
猪左衛門			
長左衛門			延2年（1674）に上町所属。(D12)
太左衛門			
長右衛門			
市郎左衛門	寛文3年	松平新太郎	寛文3年、名主猪左衛門所持の角筈新町の土地を購入。(U1)
作十郎			
八郎右衛門	寛文3年	丸茂兵左衛門[73]	
長兵衛	寛文4年（1664）	小栗平吉[74]	
喜兵衛			寛文11年、「松平びぜん守下屋敷喜兵衛」記載あり。 (T183)

注　「渡辺家文書」より作成。（　）内の番号は、「渡辺家文書」の史料番号を掲載。

の村民のその後の動向も記した。

　この時期に武家へ土地を譲渡した村民は一一人確認されるが、四人、三組のその後の動向を追うことができた。御書院番加藤源太郎へ土地を譲渡した作兵衛は四年後に兵左衛門所持の畑を購入しており、その際の所属が上町となっている。さらに三年後に角筈町の土地を購入するなど、町場を中心に土地を集積している。

　岡山藩主松平新太郎へ土地を譲渡した市郎左衛門と作十郎は、譲渡後すぐに名主猪左衛門から甲州街道沿いの土地を購入している。この二人が譲渡後に土地を購入した経緯は不明であるが、前の作兵衛のように街道沿いの町場の土地を志向した可能性を指摘できるだろう。

　小姓組番士小栗平吉へ土地を譲渡した喜兵衛は、七年後に「松平びぜん守下屋敷」の肩書で記載されており、自身の土地譲渡後に屋敷管理を生業としていったことが推測される。

以上三組の土地譲渡後の動向を追った。土地を武家へ譲渡した村民には、後に土地を集積した者、商売に適した街道沿いへ引っ越した者、武家の土地の管理に携わった者などが見られた。前節で述べたように、武家抱屋敷地の年貢諸役負担は武家側が行っていた。そのため村民にとっては、武家に土地を譲渡することで自身の年貢負担を逃れることができたのである。また、土地譲渡の際は譲渡金が発生し、その譲渡金を資本に別の地へ移り家作を行うことができた。そのため、武家へ屋敷譲渡後、街道沿いなどの町場の土地へ移動していったのである。その他、土地譲渡後、別の土地を集積するのではなく、武家屋敷の土地管理を生業とする立場の者も存在した。前述のように、家守などは給金として武家側から収入を得ることができる。このように自身の土地を譲渡することで年貢諸役負担から逃れると同時に、土地耕作から離れ、新たな生業を獲得するようになるのである。「江戸町続」地域は、幕府官僚層が多くの土地を所有しており、享保期に異身分間の土地移動が統制されるまで、百姓地の獲得が多い地域であった。そうした特性を利用し、「江戸町続」地域の村民は、武家へ土地を譲渡することで、商売の途を求める特質をもっていったのである。

おわりに

第一節では、「江戸町続」地域の抱屋敷地の実態を把握することでこの地域の江戸に対する機能について考察した。「江戸町続」地域は幕府官僚である旗本層を支持する役割において、江戸の「政治・行政の中枢的管理機能」を支持する存在であった。一方、幕府は、武家屋敷の拡大を年貢地の減少という点で問題視した。享保期になると幕府は、旗本層への拝領屋敷下賜政策で首都機能を維持すると同時に、本格的な抱屋敷統制に乗り出していく。しかし、拝領屋敷の下賜件数には限界があり、旗本層への下賜政策は挫折する結果となった。それに伴い幕府は、首都機能維持のために、抱屋敷統制を緩和せざるをえなくなったのである。また、この首都機能維持は、周辺社会の人々の存在なしにはありえなかった。拝領屋敷や自身の知行地を持つ旗本にとって、抱屋敷は火災など有事の際に使用するものであった。そうした緊急事態の際に、抱屋敷を利用できるように維持しておく必要がある。この恒常的な維持に携わっていたのが、家守・地主・名主などの人物であった。彼らは、町人や村民など一般庶民の者である。こうした人々が、武家屋敷地の年貢諸役代納や、幕府法令の周知徹底、各幕府役所との折衝など公的な役割を果たしていったのである。このように「江戸町続」地域においては、名主といった村役人だけでなく、その他の村民にも、幕府への年貢納入の代行という公的な側面を有していたのである。また、武家屋敷地の維持には、江戸およびその周辺だけでなく国元の村民を巻き込むまでに至った。つまり「江戸町続」地域は、村民レベルで首都機能を維持するという特質があると同時に、全国各地の百姓たちによって維持されていた地域であったといえるだろう。

第二・三節では角筈村を事例に、抱屋敷地に関わった村民一人一人の動向に着目した。武家抱屋敷は、機能している限りにおいては村の年貢諸役の一端を武家に担ってもらえていた。一方で、武家側の未納の可能性という問題を常に孕んでいた。それに対し在方側は、代官に訴えることで、武家側の皆済を要求している。また、武家側も、代官所へ訴えることをやめるよう願い出ており、互いに緊張関係を有していた。しかし、武家抱屋敷地が百姓地に戻った場合、高率な屋敷年貢を在方で負担することとなる。村民にとって村内抱屋敷地は、未納問題に強硬に対応する一方で、その結果百姓地へ返ってしまっては困るというジレンマを抱えていたのである。この武家と在方との緊張関係によって、「江戸町続」地域は旗本層を中心とした抱屋敷地の供給地であり続け、首都機能を支え続けていったのである。また、村内抱屋敷地の草創期に着目すると、武家へ譲渡した村民が、後に商売や家守経営を生業とする動向が見られた。このように商業に途を求める人々は、武家抱屋敷地を利用していったのである。

以上、「江戸町続」地域の武家抱屋敷地に着目した。最後に、「江戸町続」地域の持つ首都機能の維持について言及する。

明暦の大火以後の江戸拡大に伴い、旗本層を中心とする武家抱屋敷地の設立が場末の地域で盛んとなった。この動きを利用し、一部の村民は、自身の土地を譲渡することで商業の途を求めていった。この武家・在方の相互の動向により、武家地は拡大の一途をたどる。幕府はこの動きに規制をかけるものの、統制は挫折する。江戸中期になると、「江戸町続」地域は首都機能を担う存在として確立していった。こうした地域で生きた人々の中には、公的な側面を有する者も現れる一方で、武家の年貢未納問題に主体的にかかわる者も現れる。これらの人々は、未納と帰地とのジレンマを抱え、武家との緊張状関係を保ち続けた。この緊張状態が、「江戸町続」地域の武家抱屋敷地を継続させ、都市江戸の首都機能を存続させていったのである。

注

（1）児玉幸多監修『江戸大名下屋敷を考える』（雄山閣、二〇〇四年）、六四～六五頁。

（2）（a）原田佳伸「江戸場末百姓地の宅地化とその要因～武家抱屋敷をめぐる幕府支配・代官・百姓の動向―」（『関東近世史　第二九号』一九九〇年）、（b）同著「村の中の武家地―武家抱屋敷の土地・貢租をめぐる諸相―」（宮崎勝美・吉田伸之編『武家屋敷―空間と社会―』山川出版社、一九九四年）、（c）同「大名下屋敷と地元百姓のかかわり―岡山藩大崎屋敷出入りの先地主百姓の動向―」（竹内誠『近世都市江戸の構造』三省堂、一九九七年）。

（3）岩淵令治『江戸武家地の研究』（塙書房、二〇〇四年）。

（4）中野達哉『江戸の武家社会と百姓・町人』（岩田書院、二〇一四年）。

（5）註二（a）において原田は、近世初期に幕府が屋敷請を利用して大幅な年貢増収を見込んだことが、近世中後期の再百姓地化後に村から公儀への役負担に障害をもたらしたことを指摘している。

（6）新宿区立歴史博物館編『武蔵国豊嶋郡角筈村名主渡辺家文書』第一巻（新宿区教育委員会、一九九九年）、一一頁を参照。武家抱屋敷や宿屋敷には、上田・上畑よりも重い年貢が賦課されていることが指摘されている。

（7）松本剣志郎「江戸幕府の武家屋敷地書上令」（関東近世史研究会『関東近世史研究　第七一号』二〇一二年）。

（8）高柳眞三・石井良助編『御触書寛保集成』（岩波書店、一九三四年）、一〇六七頁、二三二一（以下、『御触書寛保集成』の出典はこれに同じ）

（9）大石学『首都江戸の誕生―大江戸はいかにして造られたか』（角川書店、二〇〇二年）。

（10）大石学『首都江戸の誕生―大江戸はいかにして造られたか』（角川書店、二〇〇二年）。

（11）山端穂「江戸幕府の拝領笛屋敷下賜の実態」（大石学編『都市江戸への歴史視座―大江戸八百八町展・武家拝領地・江戸首都論―』名著出版、二〇〇四年）。

（12）高柳眞三・石井良助編『御触書天明集成』（岩波書店、一九三六年）、八八四頁、三〇〇一。

（13）高柳眞三・石井良助編『御触書天保集成』（岩波書店、一九三七年～一九四一年）、四六七頁、五五九二。

（14）中野達哉「弘前藩抱屋敷の屋敷守について―江戸抱え家臣の機能と性格の検討―」（『江東区文化財研究紀要　第一〇号　特集

江東地域における武家屋敷の諸相』一九九九年）では、葛飾郡亀戸・柳島両村（現、江東区亀戸）に跨って存在した弘前藩津軽家の抱屋敷において、その管理にあたった屋敷守筑井孫兵衛の動向に着目している。ここで中野氏は、抱屋敷守筑井孫兵衛が浪人から江戸で弘前藩に召し抱えられた者であることを明らかにした。その上で、経済的手腕、他家や幕府諸役人・村との付き合い・交渉の能力を挙げ、屋敷守の江戸藩邸社会内での重要性を指摘している。

(15) 寛政八年九月「抱屋敷家守請書」（国文学研究資料館所蔵「信州松代藩真田家文書」26A—か2486）（以下、「真田家文書」は全て国文学研究資料館蔵）。

(16) 『御触書寛保集成』一〇六二頁、二一九四。

(17) 『御触書寛保集成』一〇六三頁、二一九五。

(18) 『御触書寛保集成』一〇六三頁、二一九六。

(19) 『御触書寛保集成』一〇六三頁、二二〇一。

(20) 『御触書寛保集成』一〇六四頁、二二〇二。

(21) 『御触書寛保集成』一〇六五頁、二二〇三。

(22) 『御触書天保集成』四六七頁、五五九二。

(23) 『御触書寛保集成』一〇六七頁、二二一三。

(24) 高柳眞三・石井良助編『御触書宝暦集成』（岩波書店、一九三五年）、四七七頁、一三八八。

(25) 寛政七年十月「抱屋敷家守請書」（「真田家文書」26A—か2479）。

(26) 寛政七年十月「家守請状」（「真田家文書」26A—か2482）。

(27) 寛政七年十月「屋敷地主請書」（「真田家文書」26A—か2480）。

(28) 寛政七年十月「家屋鋪売渡証文」(「真田家文書」26A—か2481)。
(29) 寛政七年十月「内弘メ金幷諸入用請取証文」(「真田家文書」26A—か2483)。
(30) 寛政八年八月「店借人請状」(「真田家文書」26A—か2485)。
(31) 寛政七年五月「永坂御抱屋敷御年貢金相渡証文」(「真田家文書」26A—か1744)。
(32) 文政六年二月「大崎村抱屋敷譲証文」(「真田家文書」26A—か1430)。
(33) 国文学研究資料館編『史料館所蔵目録』第二八集(国文学研究資料館、一九七八年)、三九五頁。
(34) 文政六年二月「大崎村三役配分祝儀金勘定書」(「真田家文書」26A—か1431)。
(35) 文政六年二月「祝儀金受取印書」(「真田家文書」26A—か1433)。
(36) 天保十二年六月「上田三左衛門様御抱屋敷河野玄三郎様御譲渡願控」(「渡辺家文書」J244)。
(37) 小川恭一編『寛政譜以降旗本家百科事典』第一巻(東洋書林、一九九七年)、三九八頁。
(38) 小川恭一編『寛政譜以降旗本家百科事典』第二巻(東洋書林、一九九七年)、九〇四頁。
(39)『新編武蔵風土記稿』第一巻(雄山閣、一九六三年)、二三八頁。
(40) 新宿区立歴史博物館編『武蔵国豊嶋郡角筈村名主渡辺家文書』第一巻(新宿区教育委員会、一九九九年)、七頁を参照。
(41) 寛政五年十二月「江戸御中屋敷御類焼ニ付御頼金割賦帳」国文学研究資料館蔵「越後国頸城郡岩手村佐藤家文書」28A—1110。以下、「佐藤家文書」はいずれも国文学研究資料館所蔵史料を出典とする。
(42) 寛政五年十二月「江戸御中屋敷御類焼ニ付御頼金請取書」(「佐藤家文書」28A—1115—4)。
(43) 寛政五年十二月「江戸御中屋敷御類焼ニ付御頼金請取書」(「佐藤家文書」28A—1115—5)。
(44) 延享二年九月「大崎御屋敷御年貢高書付」(岡山大学蔵『池田家文庫』G8—103)(国立国会図書館所蔵のマイクロフィルムを参

照）。
(45) 国史大辞典編集委員会編『国史大辞典』第七巻（吉川弘文館、一九八六年）、一七一頁。
(46) 享和元年十二月「覚（御抱屋敷諸役代金御渡被下受取ニ付）」（「渡辺家文書」J35）。
(47) 寛政七年十二月「高割帳」（「渡辺家文書」D52）。
(48) 寛政十年十一月「乍恐以書付御訴訟奉申上候（欠落に付帳付願）」（「渡辺家文書」T278）。
(49) 元禄十二年二月「口上書（松平新九郎抱屋敷諸役銭不払ニ付訴状）」（「渡辺家文書」J25）。
(50) ［第2表］享保期角筈村内抱屋敷一覧を参照。
(51) 天保三年「乍恐以書付御訴詔奉申上候（牧野抱屋敷年貢諸役滞ニ付）」（「渡辺家文書」J39）。
(52) 牧野播磨守は、武蔵・下野・上野に二二〇〇石を知行している（小川恭一編『寛政譜以降旗本家百科事典』第五巻（東洋書林、一九九八年）、二四九四頁）。
(53) 文政七年十一月「亥年御年貢皆済目録・拝見證文書上帳」（「渡辺家文書」F545）。
(54) 天保六年正月「一札之事（御年貢数度催促ニ付）」（「渡辺家文書」J40）。
(55) 天保六年二月「一札之事（牧野播磨守抱屋敷御年貢諸役金日延ニ付）」（「渡辺家文書」J41）。
(56) 天保六年七月「一札之事（抱屋敷御年貢諸役金日延願）」（「渡辺家文書」J42）。
(57) 東京都新宿区教育委員会編『渡辺家文書目録』一九八八年所収の「別表　抱屋敷持主変遷」を参照。
(58) 元文五年七月「乍恐以書付御訴訟申上候」（「渡辺家文書」J49）。
(59) 宝暦十二年三月「乍恐書付を以御訴訟奉申上候」（「渡辺家文書」J50）。
(60) 宝暦十二年四月「乍恐以書付御訴訟奉申上候」（「渡辺家文書」J51）。

(61) 宝暦十二年五月「乍恐書付を以奉願上候」(「渡辺家文書」J52)。
(62) 明和元年「(元屋敷地減免ニ付高反別書上)」(「渡辺家文書」J53)。
(63) 延宝二年に行われた検地で、幕府の検地政策の中でも画期をなしたもののひとつである。この検地により角筈村の石高・年貢高が三倍以上に跳ね上がっている(太田尚宏、上田満、市川寛明「中野村の検地と貢租」(東京学芸大学近世史研究会編『近世史研究第四号』東京学芸大学、一九九六年)を参考)。
(64) 須田市兵衛盛明(『寛政重修諸家譜』、四巻―三四六頁)、御書院番、享保一五年に父の死により遺跡を継ぐ。
(65) 加藤太郎左衛門甫成《もとなり》(『寛政重修諸家譜』一三巻―四七頁)、御小姓番、元禄元年に父の死により遺跡を継ぐ。
(66) 坂本専十郎成睦《しげむつ》(『寛政重修諸家譜』二〇巻―三一〇頁)、田安小十人、元文元年に父の死により遺跡を継ぐ。
(67) 土岐伊予守頼熙《よりおき》(『寛政重修諸家譜』五巻―二二三頁)、上野沼田藩主、奏者番。
(68) 高力式部長昌(『寛政重修諸家譜』八巻―三四二頁)、御使番、享保一六年に父の死により遺跡を継ぐ。
(69) 新宿区立歴史博物館編『武蔵国豊嶋郡角筈村名主渡辺家文書』第一巻(新宿区教育委員会、一九九九年)、七頁を参照。
(70) 加藤源太郎成勝(『寛政重修諸家譜』一三巻―四七頁)、御書院番。
(71) 大岡弥右衛門忠高(『寛政重修諸家譜』一六巻―三一〇頁)、御書院番。
(72) 小嶋助左衛門正朝(『寛政重修諸家譜』六巻―一三四頁)、大番。
(73) 丸茂兵左衛門利忠(『寛政重修諸家譜』四巻―三二一頁)、大番。
(74) 小栗平吉久弘(『寛政重修諸家譜』八巻―三六九頁)、小姓組番士。

第九章　「商業的催事」としての開帳

永倉　愛理佳

はじめに

寺社の祭礼といえば、今日の私たちは縁日や開帳など、人が集う盛り場としての存在を強く意識する。しかし、本来の開帳とは、通常は参拝が許されない秘仏としての仏像などを、一定期間のみ帳を開いて信者に結縁の機会を与えることを指す(1)。平安の頃から見られる催しであるが、近世に入ると全国的に普及し、特に京都・大坂・江戸で盛んに行われ、名古屋などの三都に次ぐ大都市をはじめ、農村の寺社でも行われるようになった。

近世の開帳に関する研究は、戦前には個別寺社を対象とした、事例報告に終始したものが多い。その中で、江戸民衆史の視点から都市行事として開帳を捉えなおしたのが、比留間尚の研究である(2)。比留間は、開帳の目的は元来衆生結縁であったが、次第に寺社修復費を賄うという目的が大きくなったことを指摘し、開帳の娯楽化に言及した。また、開帳が経済的機能、文化的機能の二側面を持っていたとも述べた(3)。滝口正哉は、奉納物や出開帳における開帳行列が、幕府や寺社の助成や信仰という思惑を越え、民衆独自の表現の場を創出したと主張した(4)。さらに、湯浅隆は本来の目的ではない開帳の行楽的要素に、宣伝効果が加わったと論じた(5)。

以上に掲げた研究は、御府内の寺社に着目したものである。一方、江戸周辺地域の寺社に着目した研究は限られている。吉田正高は、江戸特有の鎮守について、広く経済効果・文化交流などが期待される、信仰以外の付帯要素を数多く含む独自の「場」となったと述べた(6)。また、江戸の各町村に根付いていた「鎮守―氏子」という強固な関係が、形式化した寺壇関係とは異なり、氏子主体の鎮守開帳という特別な祭事を通じて顕在化したと述べた。しかし、吉田の研究は、地域住民に焦点を当てることが主な目的であり、江戸周辺地域における寺社が首都江戸とどのような関連性を持っていたかについては言及していない。そこで本章では、主に近世後期における開帳の変遷と、幕府および民衆の認識に着目し、「江戸町続」地域における寺社の存在意義を明らかにする。その際、熊野十二社権現 熊野神社(以下、熊野十二社)および堀之内妙法寺を対象として検討する。

第一節 開帳の実態

開帳の開催が、寺社の修復費・経営費を得るためのものに代わった理由として、近世の寺社全般における堂舎維持費用の問題がある(7)。在地で庶民の信仰や葬祭にかかわっていた大多数の寺社は、堂舎の建築や維持は檀家などからの寄進に拠っていた。つまり、寺社助成の基本的な方針は、幕府の宗教統制の枠組みの中で、寺社領や檀信徒・氏子などからの収益の保証であり、これらの収益で寺社の再生産は基本的に維持されるべきであった(8)。しかし、元禄期になると、幕府は新地寺院の禁止を打ち出した。その際、幕府の慢性的な財政窮乏が進展していたため、寺社助成の負担を軽減した。これにより、寺社は政治権力から民衆へ接近したとされる。(9) また、一八世紀初頭を境に、幕府財政が次第に逼迫してくると、幕府の直接的な援助も不可能となってきた。この状況下で、幕府は寺社の格式、由緒の軽重によって、下賜金あるいは物資の給貸与、もしくは権化の御免と開帳の差し許しを行った。このように、勧化と開帳は、本来幕府が負担すべきであった寺社の修復助成策を、幕府統制のもとで民衆に肩代わりさせる政策として示されたものであった。(10) 要するに、寺社への助成策を転換したことで、幕府の寺社に対する保護が後退し、これが寺社の開帳や勧進の盛行につながったのである。(11)

開帳には、自身の社寺で行う居開帳と、繁華地に出向いて行う出開帳がある。開帳が隆盛を極めたのは近世に入ってからであり、特に江戸出開帳は宝暦年間（一七五一～一七六四）以降盛んになった。(12) 江戸期の開帳の初見として、寛文一〇年（一六七〇）の常陸真福寺の湯島天神での開帳が挙げられる。(13) 当時の開帳は、寺社奉行に願い出て許可を得るという出願制であり、享保年間（一七一六～一七三六）には、開帳が幕府の寺社助成策の一環として位置づけられたことから、三三年に一度という年数間隔の規制、(14) 一季節に五件以内という件数の規制の上で許可された。これは、幕府による開帳許可の記録である『開帳差免帳』(15) が、享保一八年（一七三八）から始まっていることからも窺える。しかし、開帳仏や開帳場所を替えることによって、この間隔を満たさない開帳も可能であった。また、幕政が弛緩するのに伴い、この間隔は次第に形骸化し、看板・幟を立て、人形浄瑠璃や歌舞伎の見世物小屋・茶店などが軒を連ね、信仰的な雰囲気よりも興行的な色彩を強く持つようになった。つまり、庶民のレクリエーションの対象に変容していったのである。(16)

ところで、「江戸町続」地域における開帳は、どれくらいの頻度で行われたのか。第1表を見ると、この地域内に

第1表 「江戸町続」地域における居開帳

旧	現	寺社名 (18) [巡拝霊場・札所]	宗教・別当	回数	開帳年代
豊嶋郡	新宿区	下落合薬王院		2	延享三（1746）、安永七（1778）
		成子常円寺	日蓮	1	安政三（1856）
		角筈熊野一二社	曹洞	3	安永二（1773）、文政三（1820）、天保一一（1840）
	渋谷区	幡ヶ谷荘厳寺	新義真言	3	明和三（1766）、天明元（1781）、寛政六（1794）
多摩郡	中野区	宝仙寺	新義真言	3	安永六（1777）、文化一一（1814）、天保一三（1842）
	杉並区	堀之内妙法寺	日蓮	2	天保二（1831）、明治元（1868）
合計				14	

注　比留間尚「江戸の開帳」（西山松之助編『江戸町人の研究　第二巻』、吉川弘文館、1973年）より寺社を抜粋して作成。

第1図　江戸周辺における居開帳の実施場所

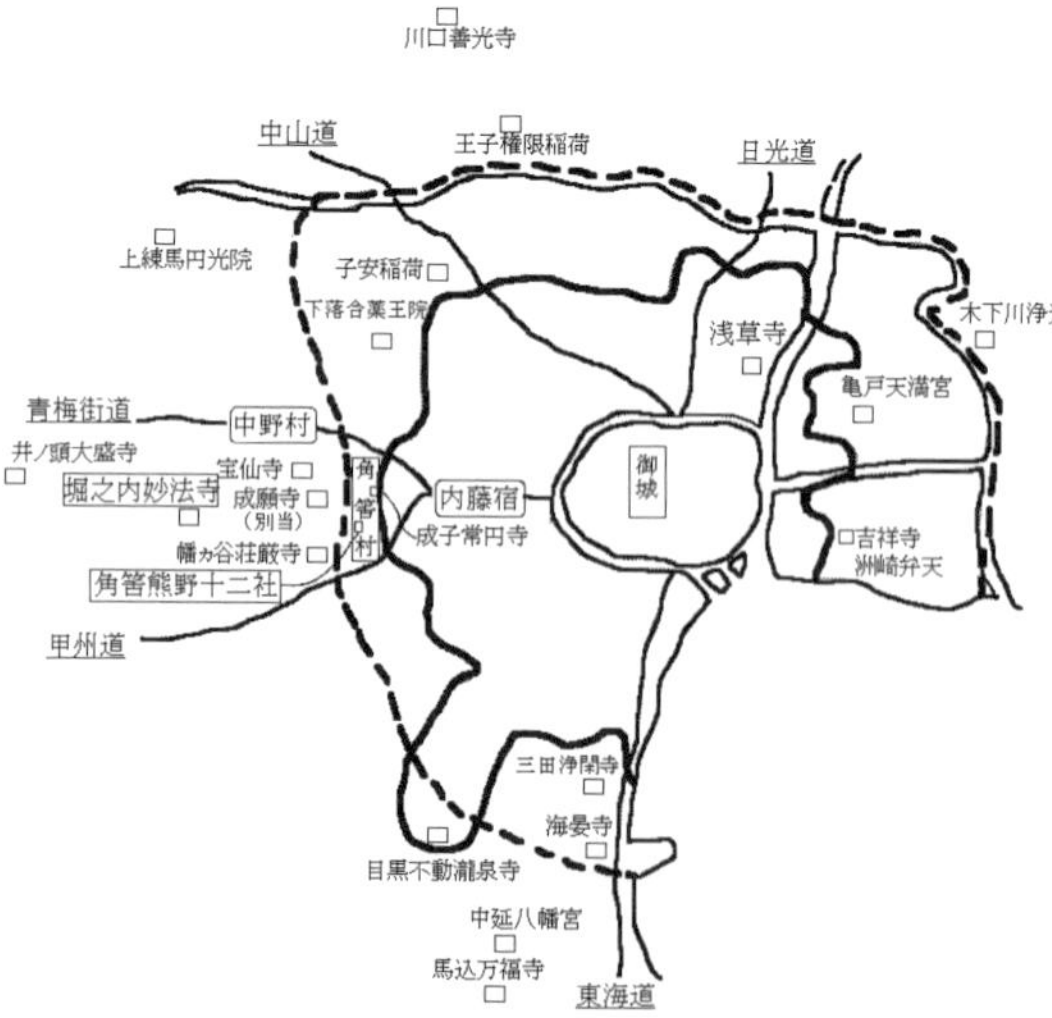

注　第1表および東京都公文書館編『旧江戸朱引内図』（東京都公文書館、2015年）をもとに作成。

おいて数回の開帳が行われていることがわかる。つまり、開帳の三三年周期というのはあくまで目安であり、年限内に行われたり、年限より長い期間行われたりしていたのである。また、第1図は『旧江戸朱引内図』[17]をもとに、おおよその位置を示したものである。「江戸町続」地域の中でも、甲州道と青梅街道の二街道に挟まれている寺社が目立つ。これは、街道に近いため、交通の便が良いことが理由の一つと考えられる。

第二節　熊野十二社権現　熊野神社

角筈村の鎮守である熊野十二社は、『新編武蔵風土記稿』[19]に以下のように記されている。応永の頃、鈴木三郎重家の子孫で、若一王子の祀官の血筋である鈴木九郎某が、紀州藤白から中野郷に移り住んだ。若一王子を勧請し、日夜崇信を怠らなかった験があったのか、終に裕福となり、中野長者と呼ばれるようになる。しかし、日頃崇敬のあまり、菩提寺の成願寺と議し、且村民共に願い上げ、享保年中に成願寺が奉祀の宮となった。その境内は広くて池や滝があり、浮世絵などにも描かれるほど江戸西郊の名勝地であった。

また、元来角筈村名主渡辺家の個人持ちであった熊野十二社は、享保一九年（一七三四）に熊野十二社と二社（弁天社、第六天社）および十二社池を本郷村成願寺へ譲渡し、以後その管理を別当成願寺に委ねることとなった[20]。

熊野十二社の鎮守における開帳は、別当成願寺の主導で行われているように見えて、実は氏子らの意見に大きく左右される祭事であったとされる[21]。ここでは熊野十二社における開帳の実態について考察する。

第2図　角筈村熊野神社

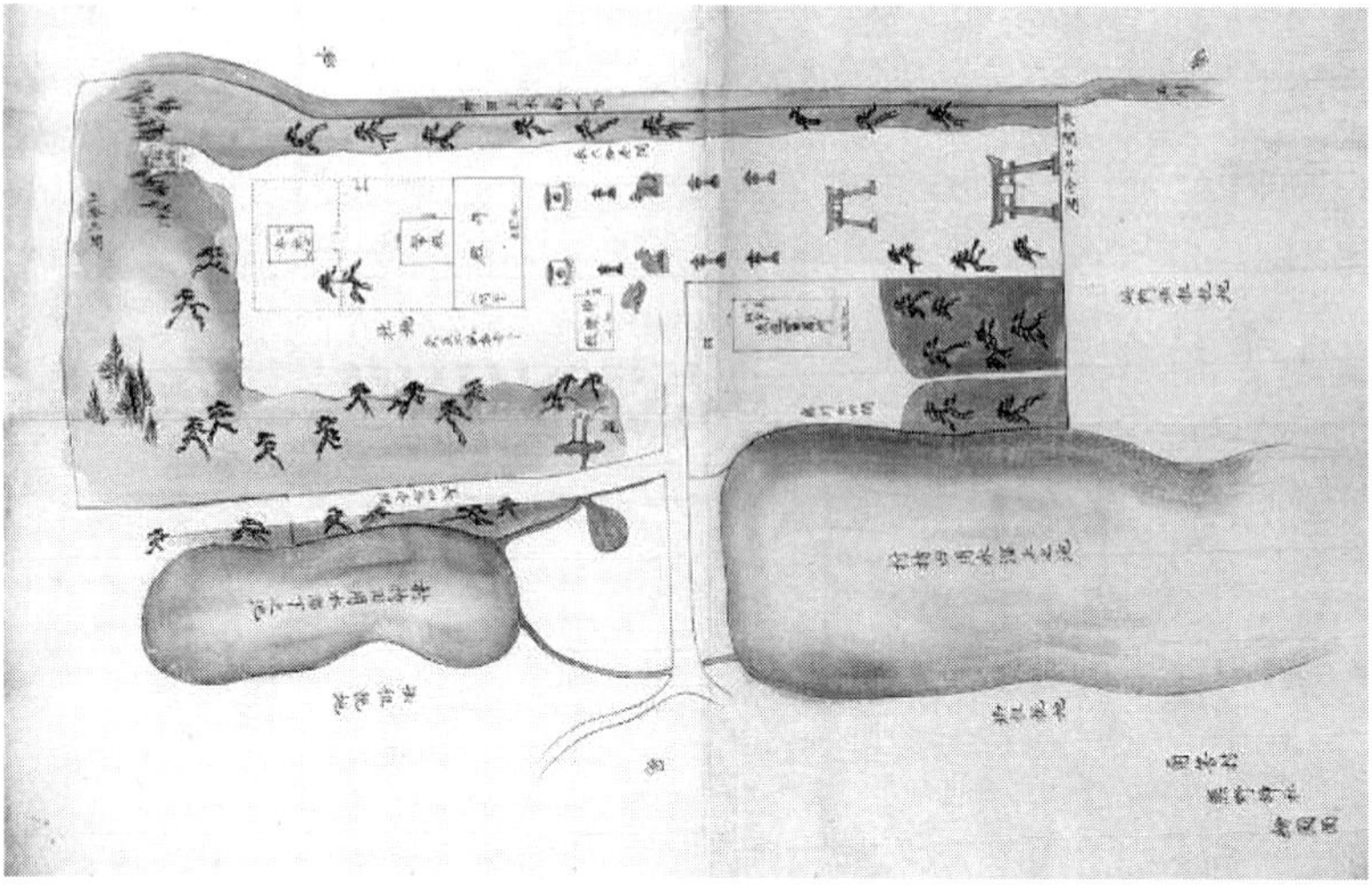

注　「角筈村熊野神社絵図面」（国立国会図書館蔵）

1　寺社修復および祭礼に関する費用

（一）寺社修復の費用

熊野十二社では、開帳を行う理由をどのように記しているのだろうか。次の史料に着目したい。

〔史料1〕（傍線部は特にことわりのない限り、引用者によるもの。以下同じ。）

中野角筈村
曹洞宗　成願寺

本社幣殿其外修復為助成、熊野本地佛観世音於当社来巳三月廿一日ゟ日数六十日之間開帳仕度旨、辰十月能登守方江願出候ニ付、同十九日自宅出内寄合願之通差免之（22）

〔史料1〕は、本社が初めて開帳した安永二年（一七七三）の際に差し許しを求めたものである。開帳の理由は、「本社幣殿其外修復為助成」である。これは、熊野十二社による三回の開帳全てに共通することである。では、その寺社修復にかかる費用は、どこから出ているのだろうか。

〔史料2〕

熊野十二社境内第六天社朽損候ニ付、恵ニ置其後仮宮取立有之候処、是又致火破吹潰シニ罷成幣束而已建置申候、然ル処右第六天之儀者聊さかとも御除地も有之鎮守向様之右■ニ付今般再建仕度、村■中江相談之上普請ニ取懸り候間、御氏子衆中御助力之程偏ニ奉頼上候、以上[23]

〔史料2〕は文政八年（一八二五）第六天社の再建に際して、別当成願寺から氏子[24]に寄進を願い出た文書である。他の箇所では、仲町・淀橋町などの氏子から寄進された金額が記載されており、金二分一朱、銀三貫四匁三分、銭三貫七百八六文が集められている。地域差はあるものの一九世紀後半の公定相場は、金一両＝銀六〇匁＝銭六五〇〇文で[25]あることから、金約五〇両の寄進がされたことになる。

また、文政九年（一八二六）には、神楽殿屋根茅替を行うための寄進をしている。[26]さらに、文政一一年（一八二八）には、柏木淀橋町請負人の清五郎などが、金三両で石鳥居柱の修復を行い、角筈村の役人から請負金を受け取っている。[27]つまり、文政期のみで三回も修復を行っているのである。修復の際には、氏子中から寄進を受け取ることもあれば、角筈村から受け取ることもあった。熊野十二社が角筈村の総鎮守であるからこそ、村からの助成があったと考えられる。

（二）祭礼の費用

次に熊野十二社の祭礼費用について見ていく。

〔史料3〕

享保廿年　鎮守祭礼銭集メ帳　卯八月

百姓壱軒ニ付　五拾六文宛

地借リ一軒ニ付　弐拾四文宛

棚借リ一軒ニ付　拾弐文宛

（中略）

一五拾六文　牧野靭負

（中略）

惣〆六貫七百六拾文[28]

享保二〇年（一七三五）の鎮守祭礼のための金銭を、百姓などから一軒ずつ徴収し、総計額は六貫七六〇文に上っている。ここで勧進している人々は、本社の氏子中と思われる。同村内に抱屋敷を所持する牧野靭負からも徴収しており、身分にかかわらず、地域に居住する人々が鎮守を守護していた様子が見て取れる。[29][30]

〔史料4〕

請負申祭礼芝居之事

一金三両也　但シ足付人形儀太夫ふし芝居一色御請負内金弐両手付として請取申候

右者来ル廿一日同廿二日両日、其御村方鎮守十二社地ニ而、為御祭礼人形芝居被成候ニ付、私義右芝居御請負申所実正也、勿論浄瑠理人形致吟味、諸事入念相勤可申候、尤右金子を以拙者方ニ而芝居一色相賄可申候筈御座候、若御約速ニ相違申候ハヽ、何分ニ茂思召次第可仕候、為後日證文仍如件

延享弐年丑九月十日　　内藤新宿　彦次

角筈名主　与兵衛殿

年寄　庄右衛門殿[31]

〔史料4〕では、延享二年（一七四五）の祭礼芝居に使用する金銭として三両が必要であると記されている。人形浄瑠璃芝居が熊野十二社にて披露されたことがわかる。一八世紀初頭の公定相場は金一両＝銭四〇〇〇文[32]であることから、三両は一二〇〇〇文となる。この史料から、内藤新宿の人物が祭礼芝居の費用を請け負っていた事実が確認できる。

以上、熊野十二社の寺社修復と祭礼費用について見てきたが、祭礼そのものを行うだけでも、多額の費用が必要であった。そして、寺社修復や祭礼の際には、周辺地域の人々から寄進を受け取ることもあった。寺社は、金銭的に余裕があるわけではなく、周辺地域に頼らざるを得ない状況であったといえよう。

2　熊野十二社の開帳

（一）文政期の開帳

前節からも窺えるように、寺社は祭礼を行う際に多額の費用を必要とした。そこで本項では、募財が期待される開帳について考察する。開帳は、（Ⅰ）安永二年（一七七三）三月二一日～五月二一日（六〇日間）、（Ⅱ）文政三年

（一八二〇）三月一日〜五月一一日（七〇日間、五月二日〜一一日の一〇日間は鳴物停止と雨天のため日延べ）、（Ⅲ）天保一一年（一八四〇）四月二日〜六月一八日（七六日間、六月三日〜一八日の一六日間は雨天のため日延べ）に行われた。まず、文政三年の開帳許可について検討する。

〔史料5〕

中野角筈村
曹洞宗　成願寺

社領其外共及大破修復難叶自力ニ付為助成、熊野十二社権現本地佛観世音幷霊佛霊寶等来辰三月朔日ゟ日数六十日之間於当社開帳いたし度旨、卯十一月中水野左近将監方江願出、同六日自宅内寄合おゐて願之通差免之（33）

文政期から「本地佛観世音」だけでなく、「霊佛霊寶」も開帳されるようになった。これは、開帳の対象を増やして、集客率を上げることが目的であると考えられる。

〔史料6〕

乍恐絵図以書附奉願上候

一角筈村十兵衛奉申上候、村方鎮守権現来三月朔日ゟ六十日之間開帳願上候ニ付、右日限中前書絵図面之通、私居宅軒九尺ニ弐間之葭簀張相懸ケ食類仕度、幷ニ右居屋敷続村内江弐間四方菰葺葭簀張九ヶ所相掛ケ、是又日限中食類茶水渡世仕度、御代官大貫次右衛門様御添翰を以奉願上候、勿論開帳相済候ハ、取払其段御訴可奉申上候

間、何分御慈悲を以右願被仰付下置候様奉願上候、以上

文政三辰年二月六日

角筈村　願人　十兵衛

名主　伝右衛門

屋鋪御改御役所様　(34)

文政三年の開帳にあたり、十兵衛が自宅の軒およびその周辺で「食類茶水渡世」をしたいと願い出て、開帳が済み次第取払うことを条件に、商売の許しを求めている。この出店は、十兵衛自身の利潤追求が目的と考えられる。また、ここでは、寺社奉行ではなく屋敷改に願い出ている。屋敷改は、武家の所持にかかわる屋敷の動向をすべて把握し、特に屋敷替の規制を職掌としている。江戸の町並管理をしていたことから、開帳のような祭礼での出店に関することも担当していたのである。

さて、開帳が間近になると、次のような史料が提出されることとなった。

〔史料7〕

乍恐以書付奉願上候

一角筈淀橋町家持文五郎奉申上候、熊野十二社権現開帳中当三月朔日ゟ五月朔日迄六十日之間、右境内江弐間四方之菰葺葭簀張三拾三ヶ所相掛食物類茶水渡世仕、八間之菰葺葭簀囲之香具見世四ヶ所竹田からくり等渡世仕度段、当二月御吟味之上願之通被仰付日限相済候可申段被仰渡、其段御請証文奉差上、右日限中雨天相続助成薄ク

其上当三月御停止被仰出十日之間開帳御差上ニ相成、二日ゟ同十一日迄日数十日之間開帳御日延別当成願寺ゟ奉願上候所願之通被仰付候、簀張食類茶水渡世幷香具見世共ニ御日延来ル五月廿一日迄、右有形之侭懸置渡世仕度、御慈悲以願之通被仰付被下置奉願上候、以上

文政三辰年四月廿七日

角筈淀橋町
家持願人　文五郎
五人組　弥兵衛
名主伝右衛門煩ニ付代　長右衛門㊞

寺社御奉行所様　(35)

〔史料7〕は、一〇日間の開帳延期が成願寺から認められたため、簀張食類茶水渡世や香具見世なども同時に延期したいと願い出たものである。ここで着目すべきは、開帳延期の理由である。雨天が続き助成が少なかったことと、「当三月御停止」が言い渡されたことの二点が挙げられている。「御停止」とは、「鳴物停止」のことであり(36)、同年三月一九日、嘉千代（第一二代将軍　徳川家慶の子）死去の際に、笛・太鼓などの楽器演奏を停止する旨が発せられたことを指す(37)。また、渡世および香具見世に関しては、五月二一日までと、開帳延期日数より、さらに一〇日間の延期を願い出ている。以上より、開帳自体よりも渡世および見世物が強調されており、開帳の目的が募財であったことがあらためて確認される。

ここで、「香具渡世」に着目したい。「香具師」とは、神社の祭礼、寺院の縁日などの出店・見世物小屋などを担当

する商人[38]で、地域で仲間組合を結成し、縄張りといわれる排他的な社会を形成することにより、地域内の祭礼の出店や縁日の見世物を独占する権利を持った。しかし、彼らのなかには商業の他に賭けの勝負などを客に強要して不当に銭を得る者もあったため、しばしば取締りの対象になった。〔史料7〕を見ると、香具師は村方の記録に名前が見当たらない文五郎であることが推測できる[39]。文五郎は淀橋に居住するため、角筈村付近の地域を縄張りとしていたと考えられる。香具師の登場は、祭礼や開帳の商業的色彩の強まりを示すと同時に、祭礼や開帳の商業方法のシステム化が進んだことを示している。この背景には、出店する者が公正に商売できる環境を整備することで、諍いなく儲けを得ることを願う氏子の利益追求の高まりがあったと考えられる。

（二）天保期の開帳

次に天保期の開帳について検討する。三回目である天保一一年の開帳は、『開帳差免帳』には以下の通りに記載されている。

〔史料8〕

中野角筈村
曹洞宗　成願寺

武州角筈村鎮守熊野十二社権現社領其外共及大破修復難叶自力為助成、十二社権現本地佛観世音幷霊佛霊寶等来子四月二日ゟ日数六十日之間於当社開帳いたし度旨、亥十一月中牧野備前守江願出、年限未満ニ付御先中江伺之上同十二月十八日稲葉丹後守宅内寄合願之通差免之　[40]

開帳の内容自体は文政三年と大差無いが、注目すべきは「年限未満ニ付」という文言である。開帳の周期は三三年と定められていたため、前回の開帳より二〇年後の当年では、本来であれば開帳できないはずである。しかし、この時期は開帳周期が形骸化していたこともあり、黙認されたと考えられる。

〔史料9〕

乍恐以書付奉願上候

一角筈新町家持留右衛門奉申上候、角筈村鎮守熊野十二社権現開帳中、当四月二日ゟ六月三日迄六十日之間、右境内江弐間四方之菰葺葭簀張四十一ヶ所相掛ケ食類茶水渡世仕度、并五間ニ八間之菰葺葭簀囲之香具見世弐ヶ所相掛ケ軽業竹田からくり等渡世仕度段、当三月中奉願上候処、御吟味之上願之通被仰付日限相済候ハ、取払可申段被　仰渡、其段御請證文奉差上置候、然ル処右日限中雨天続助成薄、其上当五月中鳴物御停止被仰出五日之間開帳御差留ニ相成候ニ付、六月三日ゟ十八日迄開帳御日延被成下候様、別当成願寺ゟ奉願上候処、則願之通被仰付同五日者御承知ニ相成候ニ付、葭簀張食類茶水渡世并香具見世共、日延日限中六月十八日迄右有形侭掛置渡世仕度候間、何卒以御慈悲願之通被仰付被下置候様、偏ニ奉願上候、已上

天保十一子年五月廿八日

角筈新町　願人　家持　留右衛門　印
五人組　庄八　印
名主伝之丞願ニ付代
年寄　伊左衛門　印

寺社　御奉行所様　(41)

〔史料9〕は、食類茶水四一店、香具見世二店の合計四三店の出店が、開帳の日延べを願い出ている。文政期と同じように、雨天が続いたことで助成が少なかったこと、また「当五月中鳴物御停止」により、五日間の閉帳期間があったことを理由として、六月三日から一八日までの一六日間の開帳期間延長を出願し、承認されている。またここでも、食類茶水店および香具見世が「日延日限中」の営業を許可されている。本史料は寺社奉行宛てだが、同じ内容の文書を屋敷改役所にも宛てている(42)。この他、成願寺から寺社奉行所の役人中、高木清左衛門、中村八大夫の役所にも宛てており(43)、開帳手続きの緻密さが窺える。さらに、同史料には、一一の人や団体から石燈篭や麦藁細工の竜などが奉納されたことも記されている(44)。

(三) 出店の様子

ここでは、開帳に関する絵図に着目したい。第3図は、文政期の開帳の出店配置図で、前述した奉納船が描かれている。第2表より、文政期には七七か所(45)の出店があったことがわかる。天保期の出店は、茶屋四一か所、香具二か所の合計四三か所(46)であることから推測すると、文政期が特に盛況であったことが窺える。また、第2表より、香具師の文五郎が全七七か所内の三七か所で出店していることは興味深い。このことからも、香具師が開帳時に大きな力を持っていたことがわかる。天保期には、留右衛門が香具師として全体を統率していたと考えられる。いずれも、村方の記録に名前が掲載されていないことから(47)、外部の業者であったと推測できる。以上、開帳システムが次第に整備され、募財の環境が整ったと考えられる。

第3図　開帳出店配置図（文政三年ヵ）

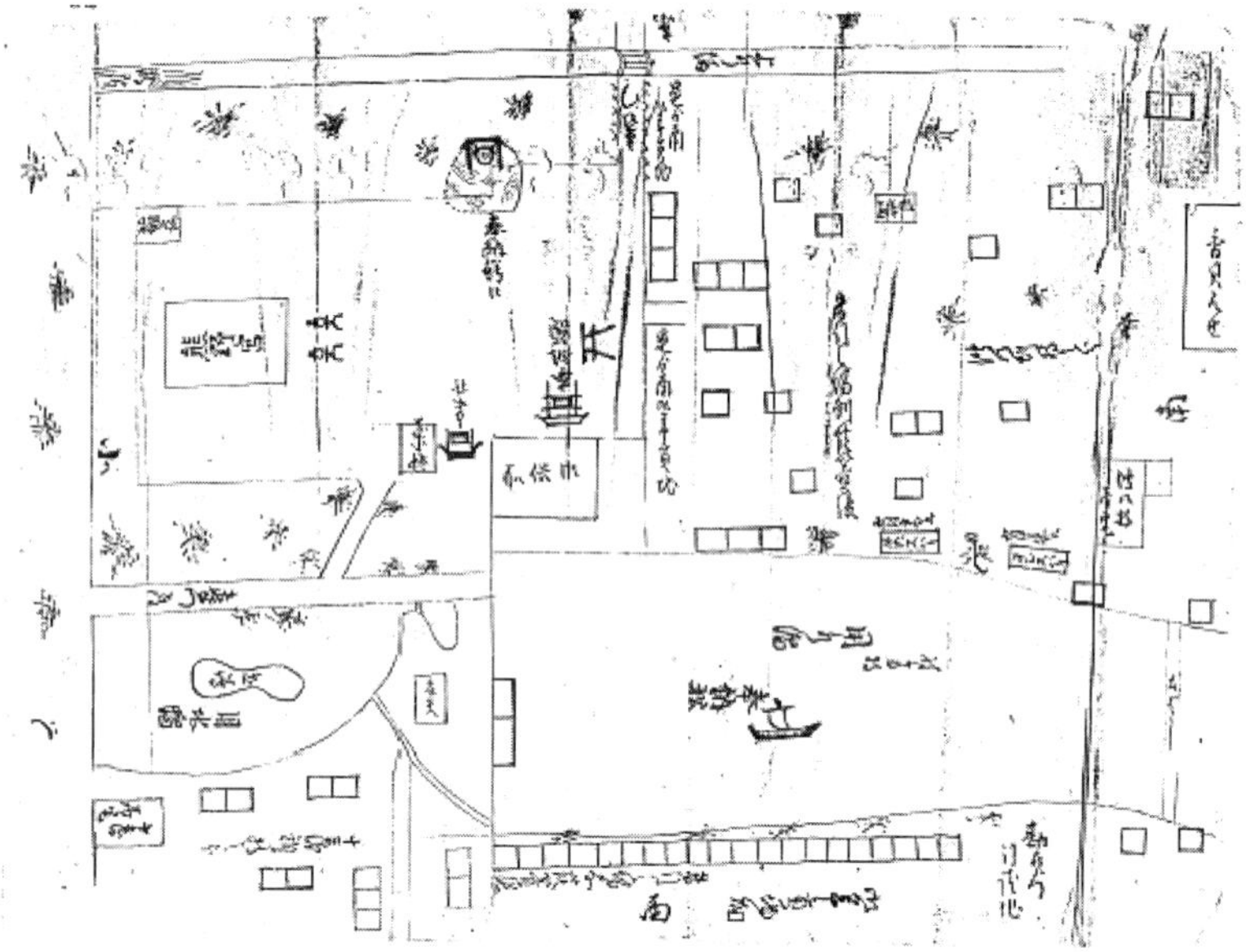

注　□部分に出店（全67店、残り10店は省略か）（「渡辺家文書」N92 慶應義塾大学文学部古文書室所蔵）

第2表　文政三年開帳　出店一覧

名　前	分類	住所	出店種別	数	規模（間）	場　所	出　典
文五郎	家持	淀橋	食物	20	二間四方	境内	N7、21
			茶水	13			
			軽業	4	五×八間		
弥右衛門	年寄	角筈	食類	1	二×三間	自宅往来端	N8、12
伝八	組頭	角筈	食類茶水	9	二間四方	社地境内続用水溜際私所持林	N9、13、15
			［虫損］	19	二間四方	別当持添年貢地分内私引請地	
			操→曲馬	1	五×八間		
重兵衛	百姓	角筈	食類茶水	1	九尺×二間	私居宅軒	N10、11
				9	二間四方	居屋敷続用水溜際私所持林	

注　吉田正高『開帳にみる江戸の鎮守と地域住民 －角筈村鎮守熊野一二社を例に－』表一を修正して作成。

（四）氏子による開帳延期の訴え

熊野神社では、文政期および天保期の開帳実施にあたり、氏子から開帳延期の声があがっている。安永二年の次は三三年後の文化二年（一八〇五）の開帳となるはずであるが、実際は延年となっている。

〔史料10〕

乍恐以書付御願奉申上候

一拙寺持武州豊嶋郡角筈村鎮守熊野十二社権現本地伝教大師作正観世音菩薩、安永二巳年開帳御願申上候処、御免被仰付、当丑年三十三年相当ニ付開帳御願申上度、去年已来心願罷在候処、氏子中ゟ開帳延年致呉候様一同願ニ付、拙寺ニ於而茂延年仕度奉存候、右之段御届奉申上置候間、御聞済被為置被下置候之様奉願上候、以上

文化二乙丑年四月

中野　成願寺　印

寺社御奉行所御役人中

前書之通、寺社御奉行所江御届奉申上度候之間、何卒御添翰被成下候様奉願上候、以上

中野　成願寺　印

泉岳寺御役寮　(48)

氏子中より延年の要請があり、開帳を「心願」していた成願寺も、延年を承認することとなった。寺社奉行に願い

出たところ、開帳延年に対する先例の有無を尋ねられている。

〔史料11〕

乍恐以書付奉申上候

一拙寺方観世音開帳今年三十三年内相当之所、支差之義も御座候間延年仕度段、先回委細以書付御届奉申上候処、開帳延年願届之義先例茂有之哉之儀可申出旨被仰渡候得共、拙寺方三十三年以前初而観世音開帳之儀御願申上候而蒙御免候義ニ而旧記等無御座候ニ付、類例之義触頭芝愛宕下青松寺江相尋申度奉存候得共、右寺故障ニ付出入難相成、依之同席芝泉岳寺江罷越役者中江相尋候所、外寺院ゟ右躰之届願等無御座候旨被申候、乍然先年武州荏原郡馬込村萬福寺本尊開帳之義延年仕度段、寛政二戌年十月松平右京亮様寺社御奉行所御勤役中御願奉申上候所御聞済被下置候、以後開帳勝手次第可願出之旨被仰付渡、其儀品川宿於海雲寺寛政八辰年御願申上開帳仕候様遡及参り候、勿論御届ニも奉申上候通之義ニ而少茂子細無御座候、相当之年限打捨置、向後開帳之義御願奉申上候節、手違ニ相成候而ハ氏子一同之悲歎与奉存候ニ付、右万福寺之義先例ニも相成申哉ニ茂奉存ニ付不□恐奉書上候、何分以御慈悲今般御届之義御聞済被成下置候ハ、、難有仕合ニ奉存候、以上

文化二乙丑年四月　　中野　成願寺　印

寺社御奉行所御役人中

前書之通、寺社御奉行所江御届奉申上度候処、御聞済被下置候ニ付此段御届奉申上候、以上

成願寺

泉岳寺御役寮（49）

前回の安永期の開帳が初回であり、延年の記録が存在しないため、類例を曹洞宗の触頭である青松寺に尋ねたと記されている。しかし、青松寺に訳あって、同席の泉岳寺に尋ねた。泉岳寺はそのような例は存在しないと回答したが、成願寺は寛政二年（一七九〇）の馬込万福寺における延年願の例を提示した。寺社奉行からは、以後勝手次第に願い出ることとされ、寛政八年（一七九六）には、品川宿海雲寺にて出開帳を行っていると述べている。今回の延期の手続きは今後の開帳開催にも影響し、氏子一同を悲嘆させないためにも手違いのないよう努めるとしている。しかし、今後三三年周期が形骸化するのを考慮すると、この際に延期の先例を作り出すことで、開帳開催に氏子の意図を反映させた事例であると考えられる。

また、文政三年から二〇年後の天保一一年の開帳も、氏子の反対にあっている。

〔史料12〕

一札之事

一此度熊野十二社権現開帳之儀、氏子中江御頼申入候所一統不承知之旨御断御座候所、猶亦至而頼入候所御承知被下置忝、右ニ付而者左之通

一来子春開帳中惣地代之儀ハ、宮為修復料氏子へ差出可申候事

右開帳ニ付何程損毛有之候と茂、境内幷ニ御年貢地共立木一切切取申間敷候、猶又氏子中江無心ケ間敷儀一切申間敷候

成願寺が氏子中へ開帳開催を求めたところ、一旦は不承知とされたが、成願寺が頼み込み、ついに許可を得ることができたと記している。しかし、開帳開催中の地代は、社殿修復費として氏子へ差し出すことが条件付けられていた。これにより、安永期および文政期の開帳では、地代は成願寺に払われたが、天保期には、直接氏子に支払われたことがわかる。その際、成願寺の利益はなかったのか。実際には、成願寺は熊野神社内に「供所」と称する休憩所を有しており、賽銭を含め開帳時は収入増が予想されたため、開帳を行う経済的価値は十分にあった[51]。また、開帳の損失があったとしても、境内および年貢地の樹木を一切伐採しないこと、氏子へ無心しないことが定められている。氏子は開帳にあたって、鎮守に寄進するなど費用がかさむため、開帳に乗り気でなく、延期を願い出ていたと推測できる。

以上、熊野十二社における開帳の実態をみてきた。寺社修復が文政期、天保期に多いことを踏まえると、開帳の理由が寺社修復であることは、建前のみではないとわかる。そのため、幕府からの開帳認可無しには、経営が維持できないという寺社の姿が窺える。しかし、開帳の日延願や香具師の台頭などを考慮すると、寺社修復費だけでなく、氏子自身の利益追求をする場であったとも考えられる。また、氏子による開帳反対の訴えは、氏子の意志が開帳開催の決定に反映されることを物語っている。

第三節　堀之内妙法寺

堀之内妙法寺は、近世において、「厄除祖師」の霊場として庶民の信仰を集めた日蓮宗の寺院である。[52] 江戸初期に目黒碑文谷の法華寺（現在天台宗円融寺）の末寺となるが、元禄一一年（一六九八）幕府による日蓮宗不受不施派弾圧により、法華寺が天台宗に改宗させられると、妙法寺は身延山久遠寺末となった。

まず堀之内村（現東京都杉並区）について、次の史料を検討する。

〔史料13〕

元品川県管下中野村外廿五村願　東京府宛

武州多摩郡	中野村	本郷村
同新田	雑色村	上高田村
新井村	片山村	江古田村
下沼袋村	上沼袋村	下鷺宮村
上鷺宮村	下井草村	上井草村
天沼村	馬橋村	高円寺村
阿佐ヶ谷村	和田村	堀ノ内村
和泉村	永福寺村	田端村

成宗村　　下荻窪村　　上荻窪村

右村々ノ儀ハ元来旧品川県御管下ニ御座候処、去未十二月中、豊島・荏原両郡一同東京御府へ御引渡ニ相成候、又当正月中別書村々ノ儀ハ、多摩郡ノ廉ヲ以、当御縣へ御管轄替ニ被仰付候儀ノ処、一体右村々於テハ、何レモ東京近ニテ多分四ッ谷通筋ノ村方其余迄モ右へ相接罷在、別テ中野村・本郷村・和田村・堀ノ内村等ノ儀ハ、内藤新宿角筈村五十人町柏木成子町淀橋町ト民家陸続罷在、其外右通リ筋村方ノ儀ハ、是以右四ヶ村同様ノ次第故、商業ノモノ多ク、夫ト申ハ人民数多ニテ田畑ハ少ク　（以下略）[53]

〔史料13〕は、明治五年（一八七二）に、当時神奈川県管下の中野村など二六か村が、東京府への管轄替えを願い出た時の史料である。堀之内村含む神奈川県管下の村は「内藤新宿角筈村五十人町柏木成子町淀橋町ト民家陸続罷在」とあるが、それらの村々が明治期となり、急激に都市化したとは考えにくい。むしろ、幕末や江戸後期の段階から都市化が進行した結果、明治初期には「民家陸続」になっていたと推測できる。江戸期の都市化した範囲が、管轄替えを願い出た村々までと考えられることから、堀之内村は「江戸町続」地域であるといえる。

ところで、妙法寺が江戸庶民の祖師信仰の霊場として繁栄するのは、明和・安永期を境としてのことであった[54]。それは、千部会が興行を始めた明和五年（一七六八）頃で、江戸および近郊の講中の存在が大きく寄与していた。千部会とは、祈願・追善などのために千部の経を読誦する法会のことである。特に、法華千部会といわれる日蓮宗では、法華経を千部読誦することが盛んに行われた。『東都歳時記』には、妙法寺をはじめ、池上本門寺や深川浄心寺などで千部会が催されていたことが記されている[55]。千部会の目的は施主の供養だったが、諸堂修復費用の勧進であったことも事実である[56]。日蓮宗の講中は「題目講」と称され、時には講同士が連絡を取り合いながら、盛んな講活動を展開し、祖師（日蓮）信仰を支える基盤となっていた。これに関して北村行遠は、日蓮宗の江戸の講中は、江戸の各地につくられ、その数はおよそ二〇〇以上にのぼったこと、これらの講中は、設立目的や地域性にそれぞれの特色をみせながら、一八世紀半ば以降、盛んに寺院の諸行事に参加したことを明らかにした(57)。

妙法寺では、毎年七月一八日から二七日にかけて千部会が行われ、大勢の参詣者で賑わっていた様子は、『東都歳時記』では「堀の内妙法寺法花経千部廿七日迄修行この間遠近の老少日毎に歩を運ぶ(58)」、『江戸名所図会』では「毎年七月法華千部、十月十三日御影供を修行す。その間群参稲麻の如し(59)」と記されている。妙法寺の千部会に参詣した諸講中は、参詣施主として経済的に援助するとともに、千部会の維持・発展に努めた。また、祖師信仰の霊場としての妙法寺の存在を、江戸の庶民に浸透させる媒介者としての役割も果たしたのである(60)。本節では、妙法寺の開帳の実態について検討する。

1 妙法寺の開帳

開帳は、（Ⅰ）宝暦一三年（一七六三）三月二八日～五月二八日（六〇日間）、（Ⅱ）寛政七年（一七九五）四月八日～五月一五日（三七日間、五月九日～一五日の七日間は日延べ）、（Ⅲ）文化一四年（一八一七）七月二八日～八月一二日（一五日間）、（Ⅳ）天保二年（一八三一）九月一三日～一〇月二三日（四〇日間、一〇月一四日～二三日の一〇日間は雨天のため日延べ）、（Ⅴ）明治元年（慶応四年）（一八六八）九月一三日～一〇月一二日（三〇日間）の五回行われた。その内、宝暦一三年の開帳が浄心寺における出開帳、残りは居開帳となっている。さらに、寛政七年は「開扉」、文化一四年は「御成跡開帳」であり、他の開帳とは区別されている。初めは出開帳によって妙法寺の除厄祖師を江戸市中に喧伝したが(61)、寛政七年（一七九五）以降は、当時すでに千部会が毎年盛んに行われており、この千部会を通して江戸庶民の信仰を

集めていたため、あえて御府内で開帳する必要はなかったのである。(62)

（二）開扉

妙法寺の最初の開帳について検討する。実際は開扉ということで、開帳とは別の扱いをされていた。

〔史料14〕

乍恐書付を以奉願上候

一拙寺安置除厄日蓮大菩薩、宝暦十三未年三月廿八日ゟ六十日之間於深川浄心寺開帳仕候、然ル処当時本堂・祖師堂・院室迄及披《破》壊、修復自力難叶難儀仕候ニ付、為結縁来ル卯年四月八日ゟ日数三十日之間、於自坊開扉仕、右参詣奉加助力を以修復造営仕度候、御慈悲を以願之通被為仰付被下置候ハ、難有奉存候、以上

寛政六甲寅年二月(63)

〔史料14〕は、宝暦一三年（一七六三）に浄心寺にて出開帳をしたが、本堂・祖師堂・院室の修復のため、寛政七年（一七九五）に開扉したいと願い出たものである。開扉とは、宝物は出さず、提灯も目立たないようにすることで(64)、開帳のような華美な行事とは異なる存在と認識されていたようである。開扉は三〇日間と短く、控えめに行われた催し(65)であったが、参詣者の立場からすると、開帳とほとんど差を感じていなかったのではないかとも考えられる。〔史料14〕の開扉での集金は、第3表にまとめた。これによると、金八一三両一分、銀一三八匁、銭三三〇〇貫九〇二文が集金されている。これを金に換算すると、公定相場に地域差はあるものの、約一六四〇両となる。また、数回の参詣

第3表　寛政七年　開扉施主日控

月日	施主		金			銀	銭		袋		備考
	講中	個人	両	分	朱	匁	貫	文	箱		
4月8日	1	4	23	1		2	52	215		252	
9	3	6	31	3		1	47	267		234	
10	4	4	42	1		1	58	324		199	
11	3	4	28		2	3	58	45		142	
12	2	5	20		2	1	39	8		93	
13	1	8	32	1		8	143	812		429	
14	3	7	26	3	2	3	31	632		95	
15	3	7	33		2		45	721		153	
16	3	6	22		2	2	78	800		229	
17	3	4	24	2	2	小玉4	84	24		249	
18	2	5	23		2	1	19	832	1	90	
19	3	5	26			2	41	136		106	
20	3	4	20			4	87	531		237	
21	2	4	20			3	90	700		217	
22	4	3	31	1		7	95	500	1	188	
23	3	3	25	2		4	84	236		177	
24	4	0	23	1		12	65			179	
25	5	1	20		2		15	100		45	
26	6	2	13		2		17	650		45	
27	4	2	12	2		1	28	240		107	
28	6	0	19	2	2	1	40	283	1	64	
29	3	1	14				32	300		119	
5月1日	3	2	33	2		7	58	200	1	191	
2	3	0	17	3	2	5	45			135	
3	3	0	8	2			12	200		47	
4	3	1	7	1	2		18	500		77	
5	6	0	16		2	4	103			232	
6	5	2	47	3		4	206	700	1	583	
7	5	1	40		2	17	207	80		540	
8	4	1	37	1		6	123	350	4	295	（開扉終了）
9			5	3		2	55	350		114	
10			7	2		5	130	372		306	

11			5		2	11	126	50	1	235	
12			17	3		3	144	500	1	352	
13			17			8	374	344	2	665	外ニ白米一斗六升五合
14			4	2	2	6	197			139	
15			14			4	242	900	2	387	
計	103	92	801	41	32	138	3288	12902	15	7947	米1斗6升5合
			813両 1分			138匁	3300貫902文				
総計	103	92	→金約1640両						15	7497	米1斗6升5合

注　庄司寿完『堀之内妙法寺史料』（日円山妙法寺、1974年）より作成。
5月8日～15日は、雨天による日延べのため、講中の参詣はなし。
「袋」とは、米が入っているものを指す。

がある講中も含め、一〇三の講中が施主として参詣している。さらに、第3表から、五月八日に開扉が終了した翌日から七日間、開扉を延長していることがわかる。つまり、開帳と同様に開扉にも、募財が期待できたと考えられるのである。

（二）開帳の変容

寛政七年（一七九五）の開扉では、連日、講中の施主としての参詣があり、開帳とは区別されつつも賑わっている様子が見て取れた。しかし、開帳の目的が寺院側の主体的な発願でなかった場合は様子が違う。天保二年（一八三一）および明治元年（一八六八）の開帳は、寺院自体は乗り気でなく、門前や沿道で商いを営む人たちの要望によって開催されたのである[66]。次の史料は、天保二年以前に出された開帳開催の願い出である。

〔史料15〕

趣意

来卯年高祖大士五百五十遠忌ニ付、開帳願出候趣意者、去ル文政九戌年、門前幷和田村・高円寺村・中野・淀橋・成子町茶屋幷小売人之者一同来リ、拙者共当山御参詣之御蔭ニ而日数致渡世候得共、近来家業躰不

如意ニ而一同難儀仕候間、来亥年は去ル寛政七卯燃御開扉御座候三十三年目ニ相当リ候間、何卒六十日之御開帳被遊被下候ハヽ、難有奉存趣願来候故、去ル文政七申年、本山身延久遠寺御焼失ニ而此節御再建ニ付、江戸諸講中も致丹情《精》候間、本山并講中向江対候而茂開帳願之義ハ遠慮有之事故、近年之内高祖御遠忌も有之候間、先々見合へき旨ニ而断リ申遣ス　(67)

〔史料15〕では、文政九年（一八二六）に、門前や和田村・高円寺村・中野・淀橋・成子町の茶屋や小売人たちが、家業不振のため難儀しているので、翌年（文政一〇年）に六〇日の開帳をしてほしいと妙法寺に願い出ている。文政一〇年としているのは、前回の開帳（寛政七年）から三三年目に当たるからである。これに対して、妙法寺は文政七年（一八二四）に本山の身延山久遠寺が焼失し、その再建の為に江戸の講中も尽力していたため、本山や講中に対して開帳を願うのは遠慮があるとして、日蓮の五五〇遠忌まで待つようにと断った。

その後も度々願い出があったが取り合わなかったところ、文政一三年（一八三〇）、次のような願書が提出された。

〔史料16〕

乍恐以書付奉願上候

一当御門前并和田村・高円寺村・中野村・本郷村・淀橋村《町》・同成子町・内藤新宿右八ヶ所連印之者、一同奉願上候、私共年来水茶屋其外小商内渡世仕、当御山参詣之衆中江、是迄致渡世取続罷在難有奉存候処、昨年江戸大火已後、渡世向手薄ニ罷成、其上諸色高直に而必至と困窮難儀仕候、然ル処、明年は祖師御遠忌ニ茂御座候得者、右為御報恩之日数六十日之間、御開帳御願被成下候様偏ニ奉願上候、右願之通リ御開帳も御座候て、参詣之衆中

格別賑々敷相成リ、私共渡世取続助成ニ茂相成と奉存候間、依之一同奉願上候、何卒格別之御仁慈を以此段御聞
済被下候様奉願上候、以上
文政十三寅　閏三月

堀之内村　大黒屋三左衛門（以下二十名略）
和田村　山吹喜右衛門（以下三十九名略）
高円寺村　小川屋仙太郎（以下五名略）
中野村惣代　仲屋郷右衛門（以下五名略）
本郷村惣代　橘屋七郎兵衛（以下一名略）
淀橋町惣代　由水や与七（以下一名略）
成子町惣代　岡田屋佐兵衛（以下二名略）
新宿惣代　小川屋市太郎（以下一名略）
右各々連印

堀之内村　妙法寺御役僧衆中（68）

〔史料16〕によると、妙法寺門前と和田村・高円寺村・中野村・本郷村・淀橋町・成子町・内藤新宿の八か所の商人が八二名もの連名で出願した。文政一二年の大火の後、商売が下向きかつ諸色高のため、困窮を訴え、翌年に六〇日間の開帳を懇願している。これは、商人自らが「江戸町続」地域における経済活動へ大きな期待を寄せていることを示す証といえる。その後も度々伺いに来るため、やむを得ず開帳を決め、一〇月二〇日、寺社奉行に出願すること

になった。このため、名主へは内々に知らせているが、通常行うはずの講中への事前相談はせず、妙法寺の判断で開帳の出願がなされた。しかし、寺社奉行への願書では、遠忌および町々よりの要望には全く触れず、型通りの理由を述べている。実態とは異なるが、妙法寺が主体であることを示すためと考えられる。

講中へは、開帳許可後の一一月二二日及び二三日に披露された。妙法寺は、「日本橋講・神田講・両国講・石田講《（マヽ）》（伝馬町か）・馬喰町講」の「五ヶ町講中」に相談の上で披露している。その際、講中に奉納物や施主日などは頼まず、各々の志次第としており、寛政期の開帳とは大きな違いを示している。このことは「五ヶ町講中」の存在と関係がある。彼らは日蓮宗寺院の江戸開帳を取り持っていたようで、妙法寺も門前や沿道の商人たちの嘆願による本開帳の取持ちを依頼していた。そのため、妙法寺としては、諸講中に対して協力要請などの働きかけを行わなかったのである(69)。

明治元年の開帳については、妙法寺は物価高騰の時であり、「江戸向人気不宜候」ため開帳をしても納金は少ないとの見解で、開帳には否定的であった。しかし、門前商人たちに押し切られたために実施を決め、一〇月に願書を寺社奉行に提出した。この際も、講中への披露は開帳許可後であった。

このように、妙法寺は開帳の実施に消極的になってゆく。北村は、毎年千部会が盛んに行われ、自坊の普請費用などもこの際に募った資金をあてていたこと、講中との関わりも千部会を通して築かれるため、千部会の継続・発展に重きが置かれていたことなどを理由として挙げている(70)。妙法寺としては重要視しなかった開帳だが、門前商人としては「江戸町続」地域であるからこそ、多くの参詣が見込め、儲けの機会となるイベントと捉えていたと考えられる。

2　御成跡開帳

御成跡開帳は、将軍の御成があり、本尊を開帳した際に威徳を称えて特別に開帳されることである。妙法寺の書院は、「御成りの間」とも呼ばれ、一一代将軍家斉・一二代家慶が野遊の折に度々休息したことでも知られている。[71]御成跡開帳とは、通常の開帳と比べて日数が一五日間と短いのが特徴である。『我衣』では、「此節取わけて貴賤男女続々として糀町往来、誠に山王祭礼の日の如く、十二日などは我々が窓下さへ、明け七ツ半時此より男女の参詣、夕方迄つゞきて引もきらず[72]」と述べられており、御成跡開帳の盛況ぶりを窺うことができる。

〔史料17〕

覚

当十八日右大将様、荻窪筋江御成之節、拙寺江被遊御立寄御膳所ニ相成候付、白銀五枚被下置、難有頂戴仕候、以上

四月廿日　　堀之内村　妙法寺

寺社　御奉行所

右之通相認持参之事、尤印形も持参之事、此度者先様ニて相認有之候故、印形致帰ル山王御代官江届書、左之通弐枚相認、両人江壱枚つ、差出ス[73]

〔史料18〕

御手紙拝見仕候、然者昨日祖師御跡開帳之儀ニ付委細御内意之趣難有奉存候、如仰千部興行廿七日ニ相仕舞、廿八

日供養ニ者候得共、右当日ゟ御跡開帳初日ニ被仰付候趣難有仕合奉存候、供養之日ニ御座候得共、何ニ而茂一切差支等者無御座候間、御沙汰等も有之候て廿八日ゟ相勤申度段、宜敷御願い申上候様、妙法寺申聞候間、何分此段宜敷御取斗被下置候様奉希上候、先は御答迄、如此御座候、以上七月十二日（中略）

七月十九日

平岡越中守殿ゟ、御鳥見飯田己太郎方迄、御達状来、左之通

堀之内村　妙法寺（74）

〔史料17〕は、同時期の史料に「文化十四年」（一八一七）と記されていることから、徳川家斉による荻窪筋への御成に関する史料である。その際、妙法寺に立ち寄り、御膳所で休息し、「白銀五枚」を褒美として下賜されたことが記されている。また、〔史料18〕は、鳥見の飯田己太郎に宛てた達状である。本来は千部会の供養の日であるが、御成跡開帳の初日に当たるということで、御成跡開帳に差支えがないようにする旨が記されている。千部会は、講中とのつながりから重視されていた法会であるが、御成跡開帳は、その千部会よりもさらに優先事項であったことが窺える。

また、第4図のような建札もあった。次項の建

第4図　開帳建札

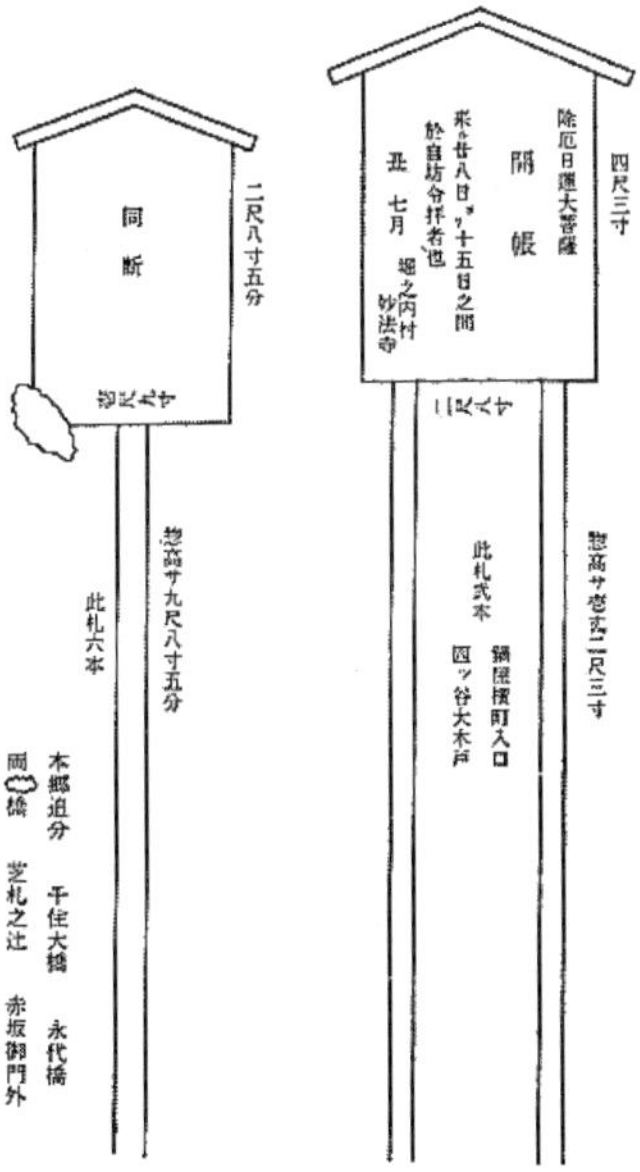

注　庄司寿完『堀之内妙法寺史料』（日円山妙法寺、1974年）より抜粋。

札は、鍋屋横町入口・四ッ谷大木戸に、左の立札は、本郷追分・千住大橋・永代橋・両国橋、芝札之辻・赤坂御門外に取り付けられ、門前の建札と合わせて九か所に設置された(75)。江戸市中の広範囲に建札があることから、江戸市中からの参拝者に対して大きく宣伝していたと考えられる。建札自体は他の居開帳の際にも行っていたが、短期間であるにもかかわらず他の居開帳と同様に宣伝していることから、御成跡開帳に大きな期待を寄せていたと窺える。

妙法寺が、将軍が日帰りで訪れることができる場所に位置しているからこそ、御成跡開帳は実現する。また、将軍権威が開帳の価値を高めているとも言える。御成跡開帳は、江戸との密接なつながりを確認できる「江戸町続」地域ならではの開帳なのである(76)。

3　開帳の募財効果

次に、開帳を実施することで、どれほどの費用が集まったのか検討する。第4表は、年中開帳における動員数および収納総計を示したもので、それを簡略化したものが第5図および第6図である。一三日は日蓮の月命日にあたり、礼拝堂に祀る除厄祖師が一日中開帳される居開帳が行われ、同時に縁日が開催される(77)。一月、五月、九月が祈祷月とされており、表中の「元日開帳」とは、このことを指す。他にも多くの年中行事があるが、開帳に着目すると、文化一四年（一八一七）（御成跡開帳）の三五三一両二分二朱■三〇文、天保二年（一八三一）の三九五〇両二分六六六文が納められている。第6図から、この御成跡開帳は文化・文政期で最も収納総計が高い事例である。また、天保二年の居開帳は、文化四年（一八〇七）以降の開帳の中で、収納総計が最高額である。しかし第5図をみると、いずれの開帳も動員数が特別多いわけではなく、むしろ少ない方だと言える。それは、御成跡開帳は日数が短いこと、天保二年の開帳は、商人によって嘆願された開帳であったため、講中による参詣が少なかったことが原因だと考えられる。また、第3表の開扉の金額と比較すると、開扉は一六四〇両五二五文であり、天保六年（一八三五）の次に低い収納額となる。

　妙法寺は全五回の開帳を行ったが、その中で同寺主導で開催したのは二回である。この背景について北村は、千部会が盛んに行われ、講中とのつながりも千部会を通して築かれていたため、講中に新たな負担をかけることを避けたと述べる(78)。しかし、門前商人の立場から考えると、千部会のみでは信仰的要素はあるが、商業的要素は弱い。商人自身が妙法寺に開帳開催を懇願したことから、商人はあくまで開帳を、経済活性化のための手段と考えていたと思われる。角筈村の熊野十二社では、店舗数では文政期が最盛期と考えられるが、第5図・第6図を見ると、妙法寺ではむしろ収納額・人員ともに少なく、天保期の方が盛況である。このことからも、商人の関与が開帳の盛況具合に大きな影響を与えていたと考えられる。

第4表　年中開帳動員数と収納〆高

年	元日開帳員	全開帳員	収納〆高（金）			（銭）	備　　考
			両	分	朱	文	
文化4卯	37	1,334	2,398			616	
文化5辰	46	1,420	2,454	3		150	
文化6巳	36	1,504	■540	1		5	五月ゟ御初尾ト申■■■幷ニ茶ト水ニ銭別納ニ致■■普請金江入■ト定ム■
文化7午	38	1,574	2,406	2		■■4	
文化8未	46	1,582	2,489	3	2	46	
文化9申	42	1,792	2,760	3		332	
文化10酉	42	2,076	3,044	1	2		
文化11戌	48	2,056	2,884		2	410	
文化12亥	52	2,247	2,854			333	
文化13子	62	2,461	2,233	3		8■■	
文化14丑	71	2,285	3,531	2	2	■30	最初　御成
文政元寅	68	2,799	3,330	1			

文政2卯	■5	2,829	3,311				四月廿七日　御成二度目也 壱分ト三百文
文政3辰	89	2,613	3,058	1	2	172	辰年中　御初尾茶■■■■■■　右五口〆高　金二百廿二両二分ト八百二十二文
文政4巳辛	92	2,734	3,175	2	2	670	外ニ初水願等〆　■二百拾七両壱分二朱
文政5壬午	77	2,830	3,238			767	■月元日雪　御成三度目也 九月廿一日也　　惣御開帳 外ニ初水■■　金二百廿■■■■
文政6癸未	86	2,833	3,234			140	
文政7申	不明	2,736	2,592	2	3	384	
文政8酉	不明	2,653	3,138	3		329	
文政9戌	不明	2,700	3,125	1	■	3,213	
文政10亥	不明	3,087	3,421	■	1	320	
文政11子	114	2,982	32■8	3	3	163	
文政12丑	126	2,170	■243	1	1	42	
文政13寅	163	2,710	3,521		2	761	八月更代　　　■月十六日改元天保
天保2辛卯	137	2,467	3,950	2		666	御遠忌年也
天保3壬辰	142	2,422	3,280	1	1	403	
天保4癸巳	151	2,862	3,261	1	3	393	
天保5甲午	139	3,082	3,429	3	3	264	雪中ニ而路地悪ク
天保6乙未	159	2,927	371	1	1	233	十月更代
天保7丙申	170	3,236	3,443		2		
天保8丁酉	135	3,341	3,337	2	1	670	雪中路地悪
天保9戊戌	189	3,919	3,828	3	2		
天保10己亥	178	3,637	3,564	1			雨天也
天保11庚子	210	3,843	3,789	1			
天保12辛丑	217	342■	3,466			1,267	天保十二辛丑十二月十四日再住
天保13壬寅	167	2,801	2,857	2	1	331	
天保14癸卯	162	3,002	3,033	1	1	■121	
天保15甲辰	156	2,890	2,894		3	2,758	十二月十三日改元弘化
弘化2乙巳	199	3,056	2,977		2	1,825	
弘化3丙午	207	3,131	2,957	2		3,272	
弘化4丁未	218	328■	2,971	■		682	

弘化5戊申	241	2,913	2,859	2			嘉永元　　　別納　百四十五両一分　ゼニ五十九貫七百九十三文
嘉永2酉	195	3,051	2,855	2	2	294	大ユキ
嘉永3戌	258	2,928	2,843	1		731	
嘉永4亥	235	3,075	295■	3	■	4,507	
嘉永5子	255	3,300	3,017	3		452	
嘉永6丑	250	3,075	2,710	2		602	
嘉永7寅	290	3,352	3,034	2	2		安政元ト成、極月改ル 外別納　百十四両三分二朱二百八十文也
安政2乙卯	301	3,267	2,804	1		32	九月更代　　　外ニ別納 六十弐両弐分六百四十六文
安政3辰	338	3,678	3,107	2	2	650	外別納　拾九両壱分三朱壱貫四十弐文也
安政4丁巳	367	3,586	3,083	2		102	外別納　九両弐分壱朱四百廿文
安政5戊午	344	3,393	2,934	3	3	1,453	外別納　金五十両三分一朱十九文
安政6己未	325	3,470	3,065	2	1	919	外別納　金八十六両三朱三百九十一文
万延元庚申	391	3,728	2,761	3	1	139	外ニ別納　金百五十九両弐分三朱百廿九文
文久辛酉	303	3,864	2,344		1	132	外ニ別納　二十九両三分一朱四百廿二文
文久2壬戌	246	4,672	3,567	2	3	33	外ニ別納百八十八両三分弐朱八貫九百五十壱文
計	8,610	153,975	156,586	82	57	31,663	金1,200両 23分 18朱 3,129文 銭68貫1,786文
			156,610両1朱			31貫 663文	金1,224両3分2朱129文 銭69貫786文
総計	8,610	153,975	157,849両 3分3朱 729文				

注　庄司寿完『堀之内妙法寺史料』（日円山妙法寺、1974年）より作成。

第5図　年中開帳の動員数変遷

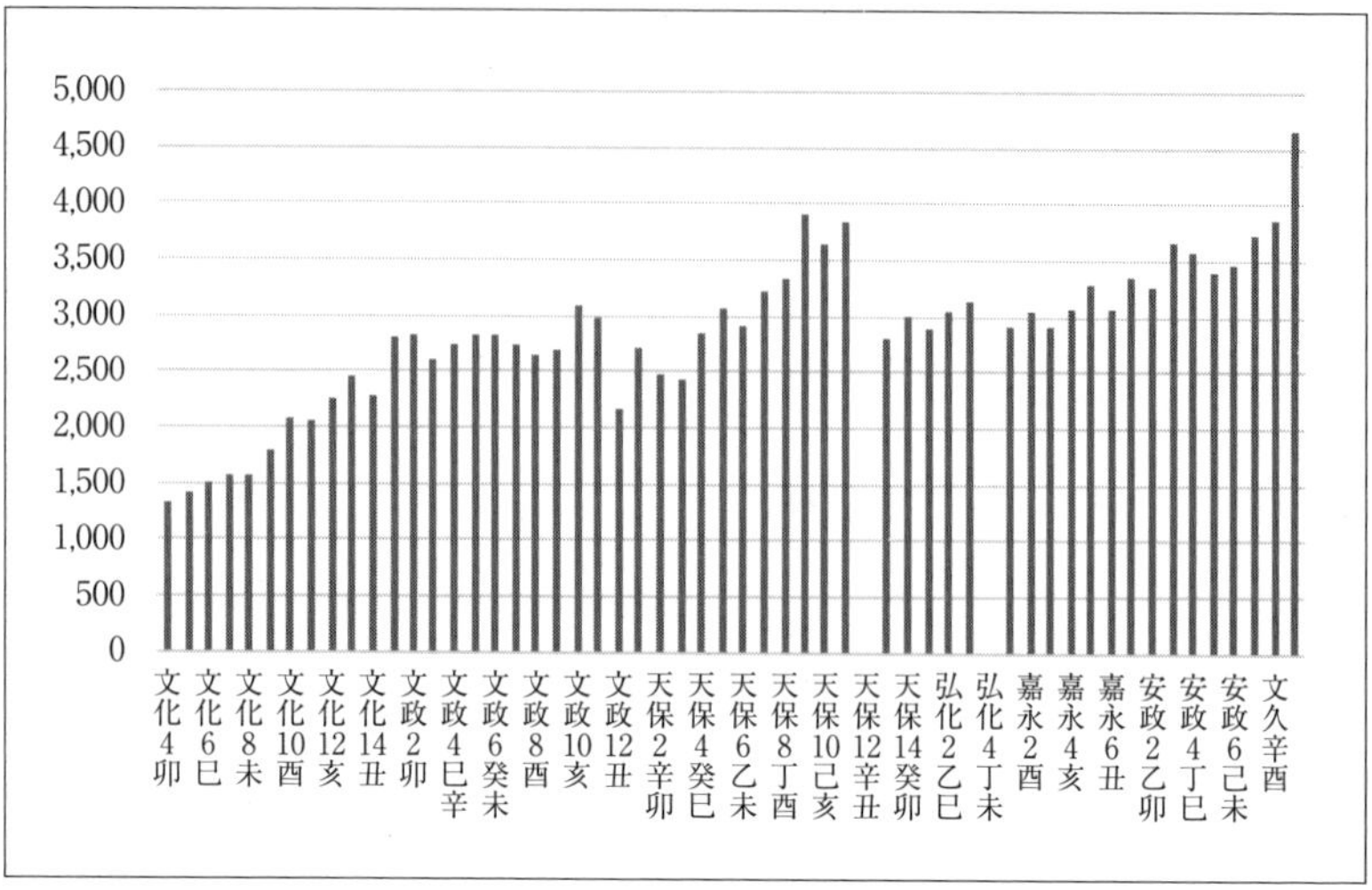

注　第4表より作成。
虫損のため、データが不確実な項目は0とする。

第6図　年中開帳収納金（両）

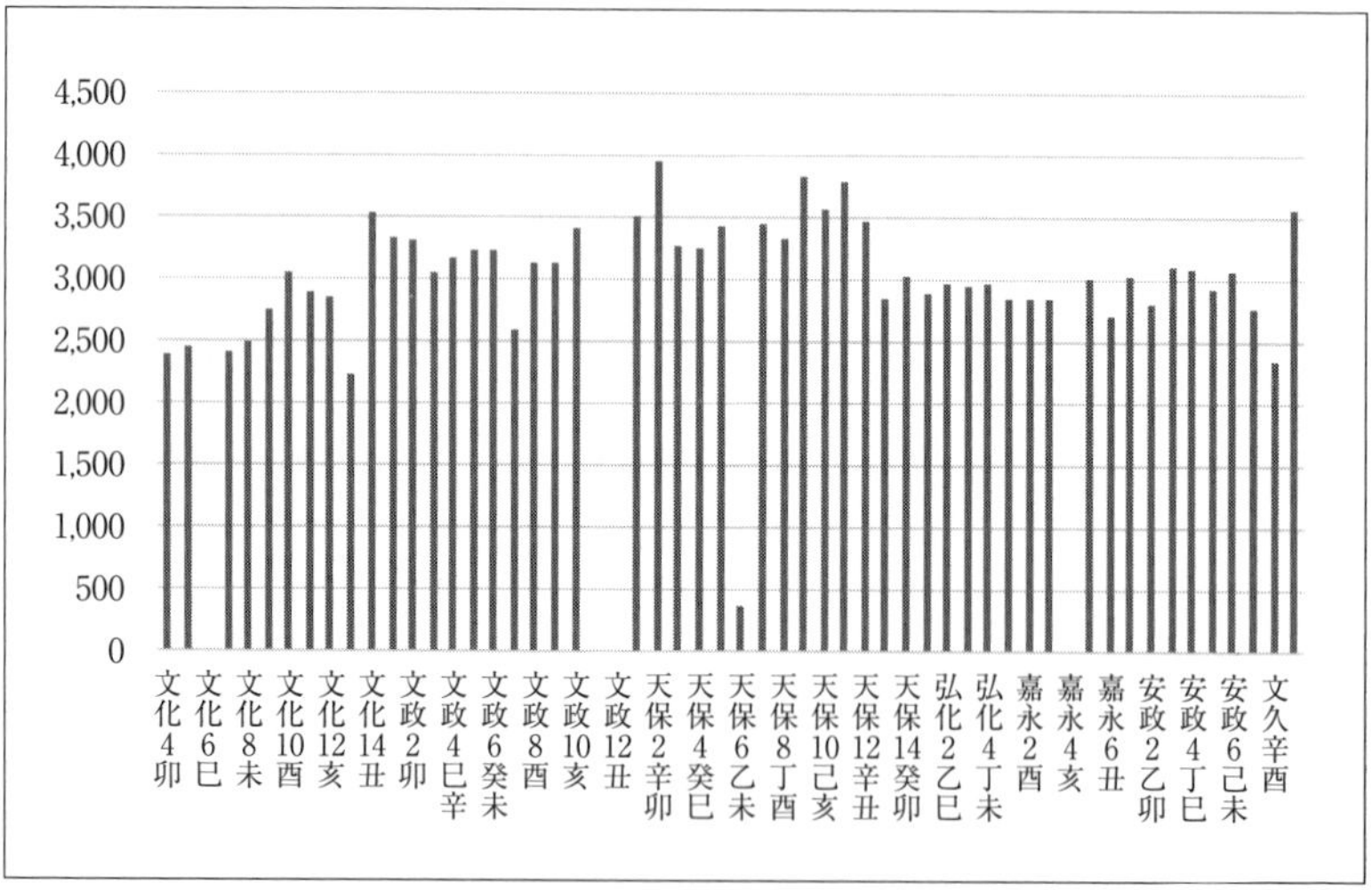

注　第4表より作成。
虫損のため、データが不確実な項目は0とする。
図の簡略化のため、総計は両単位のみで示した。

おわりに

本章では、「江戸町続」地域における開帳の実態をみてきた。享保期以降、幕府財政の逼迫により幕府の直接的な保護が後退した結果、寺社の開帳が盛んとなった。その際、氏子や商人主体で開帳が行われることもあった。熊野十二社における開帳反対を訴える事例や、妙法寺における開帳開催を商人が願い出る事例は、一見すると真逆のようだが、周辺地域の人々の意志が開帳開催を左右するという点では共通している。熊野十二社では、開帳開催にあたって、氏子は多額の費用がかかることに否定的だったが、開帳開催時には香具師のもと、出店の日延願を出していることなどから、氏子自身の利益追求を目指す様子が見て取れた。また、堀之内妙法寺では、天保期になると寺院自身が開帳に乗り気でなく、門前商人の意志によって開催されるようになった。これは、開帳が信仰目的や寺社の経営維持目的だけでなく、商業目的であることを示している。さらに、願い出る商人が「江戸町続」地域の村々の者であることから、この地域内での経済活動に大きな期待があったといえるだろう。また、「江戸町続」地域での開帳として、最も特徴的なのは御成跡開帳である。将軍の御成がある地域というブランド性から、短期間ながら多くの参詣を集めた。これは、将軍の権威を利用することで募財に期待するという、「江戸町続」地域固有の開帳であると考えられる。

以上より、「江戸町続」地域における開帳は、江戸と町続きであるという地域性を活かし、商業を目的とする人々の意志を反映した、「商業的催事」であることに意義がある。商業には、より多くの人を集める工夫が必要である。そこで開帳は、寺社修復を名目としながら、出店・見世物、奉納物などの娯楽的要素を強め、参拝者を呼び込むための宣伝効果を持つようになった。つまり、「商業的催事」としての開帳は、開帳自体の広告的機能によって支えられていたのである。妙法寺を例に挙げると、開帳よりも千部会に広告的機能を期待していたと考えられる。一方、門前商人は経済活性化となる開帳自体に広告的機能を期待したため、しばしば意見が対立する事態が起きた。寺社・氏子・商人がそれぞれの立場から開帳の広告的機能を評価したことにより、時に支え合い、時に対立しながら、「江戸町続」地域における開帳は、商業的・娯楽的要素を強めていったのである。

最後に、出開帳について触れておく。第5表から、出開帳の寺社数や回数は、居開帳と比べて少ないことがわかる。宿寺となるのは、回向院や湯島天神などが多く、回向院は一六六回と他の宿寺とは比較にならないほど多いが、湯島天神も三一回に上る。日蓮宗の寺院は、同宗派の寺院で出開帳を行った。ここで注目すべきは、全国から「江戸町続」地域に出開帳する寺社の存在である。江戸の宿寺全七四九寺（不明六七寺）のうち、「江戸町続」地域における宿寺は二六寺である。これは全体の三％に過ぎないが、それでも全国から「江戸町続」地域へと向かうベクトルは見逃せない。また第5表と第6表を見ると、朱引の外側にある地域から御府内への移動もあれば、「江戸町続」地域への移動もあることが確認できる。以上から、「江戸町続」地域における出開帳は、御府内ほどではないにしても、募財を期待できたと言えるだろう。

妙法寺の開帳は、最初の一回のみ出開帳であった。これには、まず自社の存在を宣伝するという意図があったと考えられる。推測の域を出ないが、出開帳は居開帳以上に広告的機能を有していたのではないか。開帳の持つ広告的機能について、信仰面や文化的な影響を踏まえ今後さらに検討したい。

第5表 江戸とその周辺地域における出開帳場所

旧	現	寺社名	宗教・所在	回数	開帳年代［開帳場所・宗派］
豊島郡	北区	真光寺	真言	1	安永7（1778）［多田薬師・天台］
	練馬区	長命寺	新義真言	1	天明8（1788）［護国寺・新義真言］
多摩郡	杉並区	堀之内妙法寺	日蓮	1	宝暦13（1763）［浄心寺・日蓮］
	渋谷区	幡ヶ谷荘厳寺	新義真言	1	寛政6（1794）［永代寺・真言］
	三鷹市	※井ノ頭大盛寺	天台	6	享保9（1724）［不明］、享保10（1725）［湯島天神］、寛保3（1743）［茅場町薬師・天台］、安永4（1775）［回向院・浄土］、享和3（1803）［回向院・浄土］、天保9（1838）［回向院・浄土］
荏原郡	世田谷区	北沢淡島明神	浄土・森厳寺	3	安永6（1777）［平河天神］、天明2（1782）［茅場町薬師・天台］、文政5（1822）［平河天神］
	大田区	馬込万福寺	曹洞	1	寛政9（1797）［海雲寺・曹洞］
		池上本門寺	日蓮	4	享保7（1722）［二本榎承教寺・日蓮］、宝暦5（1755）［下谷法養寺・日蓮］、天明8（1788）［法養寺・日蓮］、文化13（1816）［法養寺・日蓮］
足立郡	川口市	※川口善光寺	新義真言	2	明和6（1769）［回向院・浄土］、嘉永5（1852）［御蔵前八幡］
合計				20	

注 比留間尚「江戸の開帳」（西山松之助編『江戸町人の研究 第二巻』、吉川弘文館、1973年）より寺社を抜粋して作成。
御府内からの距離を考慮し、井ノ頭大盛寺・川口善光寺は「江戸町続」地域外とする。

第6表　「江戸町続」地域における出開帳場所

旧	現	寺社名［巡拝霊場・札所］	宗教	回数	開帳年代［出開帳寺社・場所・宗教］
豊島郡	北区	王子権現稲荷［西一］	古義真言・金輪寺	1	宝暦10（1760）［金剛院・豊島郡・新義真言］
荏原郡	目黒区	※目黒不動瀧泉寺［江戸三十三］	天台	9	享保17（1732）［岩船山・下野・天台］、延享元（1744）［梅林寺・相模・浄土］、延享3（1746）［正覚寺・下総・新義真言］、明和元（1764）［易往寺・相模・浄土］、明和3（1766）［岩船山・下野・天台］、安永8（1779）［西光寺・信濃・浄土］、寛政6（1794）［岩船山・下野・天台］、文政3（1820）［浅間大神宮・甲斐］、嘉永3（1850）［子権現・武蔵秩父郡］
	港区	林泉寺	浄土	1	延享4（1747）［往生寺・陸奥・曹洞］
		魚籃寺	浄土	1	享和3（1803）［往生寺・陸奥・曹洞］
		道往寺	浄土	1	寛政9（1797）［易往寺・相模・浄土］
		広岳院	曹洞	1	安永3（1774）［往生寺・陸奥・曹洞］
		承教寺	日蓮	2	享保7（1722）［本門寺・武蔵荏原郡・日蓮］、宝暦8（1758）［妙法寺・相模・日蓮］
	品川区	法禅寺	浄土	1	寛政12（1800）［宗興寺・武蔵橘樹郡・曹洞］
		長応寺	法華	1	宝暦12（1762）［本法寺・越中・日蓮］
		海雲寺	曹洞	3	寛政9（1797）［万福寺・武蔵荏原郡・曹洞］、寛政12（1800）［太悟庵・駿河・曹洞］、寛政12（1800）［富士大宮・駿河］
		海晏寺	曹洞	1	寛政12（1800）［鶴見東福寺・橘樹郡・新義真言］
		如来寺	浄土	4	享保10（1725）［一石山湯殿大権現・多摩郡］、宝暦12（1762）［一石山湯殿大権現・多摩郡］、宝暦13（1763）［壺井宮・河内］、安永7（1778）［神宮寺・常陸・臨済］
合計				26	

注　比留間尚「江戸の開帳」・「江戸開帳年表」（西山松之助編『江戸町人の研究　第二巻』、吉川弘文館、1973年）より寺社を抜粋して作成。
瀧泉寺は墨引内だが朱引外であるため、「江戸町続」地域内とする。

注

（1）北村聡「開帳」（国史大辞典編纂委員会編『国史大辞典』第三巻、吉川弘文館、一九七九～一九九七年）。
（2）比留間尚「江戸の開帳」（西山松之助編『江戸町人の研究　第二巻』、吉川弘文館、一九七三年）。
（3）前掲注（2）。
（4）滝口正哉「都市における富くじ・開帳・祭礼」（島薗進・高埜利彦・林淳・若尾政希編『シリーズ日本人と宗教―近世から近代へ　第四巻』、株式会社春秋社、二〇一五年）。
（5）湯浅隆「江戸の開帳における一八世紀後半の変化」（『国立歴史民俗博物館研究報告三三』、一九九一～〇三年）。
（6）吉田正高「開帳にみる江戸の鎮守と地域住民―角筈村鎮守熊野十二社を例に―」（『早稲田大学大学院文学部研究科紀要　第四分冊（四五）』、一九九九年）。
（7）湯浅隆「近世寺社の造営費用調達について」（上野勝久『古図にみる日本の建築』、至文堂、一九八九年）。
（8）北村行遠「開帳の出願手続きについて」（『立正大学文学部論叢』、第一〇〇号、一九九四年、二五九～二六九頁）。
（9）前掲注（2）。
（10）前掲注（8）。
（11）新宿区教育委員会編『武蔵国豊島郡角筈村名主　渡辺家文書目録』、一九八八年。
（12）開帳が最初に行われたのは、文暦二年（一二三五）閏六月一九日で、京都善光寺にて仏を模した三尊仏の開帳だとされている（藤原定家『明月記』、治承四年（一一八〇）～嘉禎元年（一二三五））。
（13）『開帳差免帳』（享保一八年～明治元年、国立国会図書館蔵）。
（14）三三年という年数は、観音経の中にみられる観音の三三変化身を転用したものとされ、江戸期以前から開帳実施の年数間隔として用いられてきた（前掲注(8)）。

(15) 前掲注(13)。

(16) 前掲注(2)。

(17) 『旧江戸朱引内図』（東京都公文書館蔵）。

(18) 札所とは、巡礼者が参詣した特定の霊場のこと。参詣した寺社に、その験として札を納めたことから札所の名称が生まれた。江戸期には、簡単に巡拝し本霊場に巡拝するのと同様の結縁にあずかることができるよう、全国各地に写しとしての地方霊場が開設された（速水侑『観音信仰』（雄山閣出版、一九八二年）、新城常三『新稿 社寺参詣の社会経済史的研究』（塙書房、一九八二年））。

(19) 内務省地理局『新編武蔵風土記稿』巻之一一 豊島郡之三 野方領、一八八四年。

(20) 享保一九年二月「譲渡申証文之事」（渡辺家文書・N51）、享保一九年四月「乍恐以口上書奉願候御事」（渡辺家文書・N52）。

(21) 前掲注(6)。

(22) 前掲注(13)、安永二年。

(23) 文政八年八月「第六天社再建寄進帳」（渡辺家文書・N67）。

(24) 氏子は、神社の祭祀圏を構成する人々のこと。室町時代には、傳育眷顧される者の意味から、祭祀圏構成員として第二段階の意味になった。段三段階として、氏神の観念が、鎮守神や産土（うぶすな）神と同一視されがちされがちである近世初期の動向と相応じて、氏子も同一地域内の集団という性格を濃く有するようになった。近世には郷村制が発展し、村落という地域的単位が従来よりもはるかに重視されたためである（荻原竜夫「氏子」（国史大辞典編纂委員会編『国史大辞典』第二巻、吉川弘文館、一九七九～一九九七年））。

(25) 『日本貨幣史年表』（日本銀行金融研究所、一九九四年）。

(26)　文政九年一〇月「鎮守熊野権現幣殿拝殿神楽殿家根茅替寄進帳」（渡辺家文書・N68）。
(27)　文政一一年五月「御請負証文之事」（渡辺家文書・N69）。
(28)　享保二〇年八月「鎮守祭礼銭集メ帳」（渡辺家文書・N30）。
(29)　牧野成賢。～寛政四年（一七九二）。二二〇〇石。勘定奉行、町奉行を歴任し、天明四年（一七八四）には大目付となる（『新訂寛政重修諸家譜』第一一、四九頁）。安永九年（一七八〇）には、「無罪之無宿」を収容する無宿養育所を設置し、人足寄場の前駆をなすものとなった（丹野顯『江戸の名奉行―人物・事績・仕置きのすべて』、新人物往来社、二〇〇八年）。
(30)　吉田正高「江戸近郊の鎮守祭礼と地域住民―祭礼行事の都市化と問題点―」（『民衆史研究　第六四号』、民衆史研究会、二〇〇二年）。
(31)　延享二年九月「請負申祭礼芝居之事」（渡辺家文書・N31）。
(32)　前掲注(25)。
(32)　前掲注(13)、文政三年。
(34)　文政三年二月「乍恐絵図以書付奉願上候」（渡辺家文書・N11）。
(35)　文政三年四月「乍恐以書付奉願上候」（渡辺家文書・N21）。
(36)　文政三年四月「乍恐以書付奉願上候」（渡辺家文書・N20）。
(37)　『新訂増補　國史大系第四十九巻　續徳川實紀第二篇』、吉川弘文館、二〇〇七年。
(38)　『新修　渋谷区史　中』、東京都渋谷区、一九六六年。
(39)　前掲注(6)。
(40)　前掲注(13)、天保一一年。

(41) 天保一一年四月「鎮守熊野十二社大権現開帳中願書・御訴・届書控書」(渡辺家文書・N25)より抜粋。
(42) 前掲注(41)。
(43) 前掲注(41)。
(44) 前掲注(41)。
(45) 文政三年三月「乍恐絵図面以書付奉申上候」(渡辺家文書・N18)。
(46) 前掲注(41)。
(47) 文政八年正月「村差出明細帳」(渡辺家文書・C18)、文政九年八月「乍恐以書付奉願上候」(渡辺家文書・C27)を参照。
(48) 文化二年四月「乍恐以書付御願奉申上候」(渡辺家文書・N6)。
(49) 文化二年四月「乍恐以書付奉申上候」(渡辺家文書・N5)。
(50) (天保一一年)「一札之事」(渡辺家文書・N28)。
(51) 前掲注(6)。
(52) 『新修　杉並区史』、東京都杉並区、一九八二年。
(53) 『太政類典』第二編第九五巻(国立公文書館所蔵)、明治四~一〇年。
(54) 「平成一二年特別展『霊宝開帳と妙法寺の文化財展』展示図録」、杉並区立郷土博物館、二〇〇〇年。
(55) 斎藤月岑著、朝倉治彦校注『東洋文庫159　東都歳時記』、平凡社、一九八二年。
(56) 寺社奉行への千部会実施の願書に「諸堂修復為助成」と記載がある(「勧化帳」安政四年)。
(57) 北村行遠「近世における庶民信仰の動向」(立正大学史学会編『宗教社会史研究Ⅱ』、雄山閣出版、一九八五年)。
(58) 前掲注(55)。

(59) 鈴木棠三、朝倉治彦校註『江戸名所図会』(四)（角川書店、一九八九年）、日円山妙法寺。

(60) 北村行遠「近世における寺院行事と講中のかかわりについて―堀之内妙法寺の事例を中心として―」(『立正大学人文科学研究所年報』、一九八五年)。

(61) 杉並区教育委員会『妙法寺文化財総合調査』、一九九六年。

(62) 前掲注(52)。

(63) 庄司寿完『堀之内妙法寺史料』(日円山妙法寺、一九七四年)、「一　開帳願控」(冊子)より抜粋。

(64) 「宝物等不差出、挑《提カ》灯表に不目立様仕、開帳ニ不紛候様可仕旨」と書かれている（前掲注(63)と異なる部分を抜粋)。

(65) 願書は、三寺（瑞輪寺・善立寺・宗延寺）の添削が入る前、「来ル卯年、先年開帳仕候年ゟ三十三年ニ付」と開帳年限を根拠にしていた（前掲注(61))。

(66) 前掲注(54)。

(67) 前掲注(63)、「一四　開帳願控」(冊子）より抜粋。

(68) 前掲注(67)と異なる部分を抜粋。

(69) 前掲注(61)。

(70) 前掲注(60)。

(71) 前掲注(61)。

(72) 加藤曳尾庵『我衣』巻一二（森銑三ら編『日本庶民生活史料集成』第一五巻、三一書房、一九七一年）、文化一四年（一八一七)。

(73) 前掲注(63)、「五　御成後御蹟開帳下書」(冊子）より抜粋。

(74) 前掲注(73)と異なる部分を抜粋。

(75)『江戸名所図会』（斎藤月岑、一八三四～一八三六年）からも、建札場所となった両国橋や永代橋などは、情報精度の高い場所であり、〝広場〟機能を持った場所で、開帳開催の情報を知ることができたという（湯浅隆「江戸の開帳札―信仰・行楽にかんする情報の発信と受容―」（国立歴史民俗博物館編『国立歴史民俗博物館研究報告』第六七集、一九九六年））。

(76) 大石学は、八代将軍徳川吉宗の鷹場復活をはじめとする地域対策が、江戸周辺に将軍家との新たな関係（由縁）を形成したと述べた（大石学『近世日本の統治と改革』、吉川弘文館、二〇一三年）。

(77) 前掲注(61)。

(78) 前掲注(60)。

※本章は、地方史研究協議会 第五八回 日本史関係卒業論文発表会にて報告した「『商業的催事』としての開帳―首都隣接地域を対象に―」を改稿したものである。

第一〇章　変死人一件からみる「江戸町続」の地域社会

山田　篤史

はじめに

本章は、武蔵国豊嶋郡角筈村における変死人一件を素材に、「江戸町続」地域の社会像を明らかにしようとするものである。

本章において、変死とは「行倒死・縊死・自害・水死など、その原因や状況に異常が認められる死の形態」を指し、変死人一件とは「変死人の発生からその処理の終了までという一連の過程」を指すこととする。

江戸周辺地域に関する研究は、都市近郊論の観点から周辺農村の先進性・後進性を指摘したもの(1)や、江戸市場を支える「江戸地廻り経済圏」としての経済的特質を明らかにしたもの(2)、軍事的・政治的な地域編成上の特質を明らかにしたもの(3)などがあるが、近年では、居住者の生活・文化や諸集団の社会関係に注目し、江戸及びその周辺地域を「地域社会」という視角で捉え直す試みも進んでいる。(4) 例えば中野達哉は、江戸及びその周辺の地域社会を、武家と百姓・町人などが混在し、「人や物資が日常的に出入りする平坦で連続した社会」と位置づけ、その一体性を強調している。(5)

一方、変死人を扱う研究には、江戸時代、街道の整備や民衆移動の活発化により急増した行倒人に関するものが多く、幕府による行倒人取扱い(保護・処理など)制度の仕組みや確立過程を検討したもの、(6) 在方における具体的な取扱い手続きを検討したもの、(7) 江戸における行倒人対策の実態を検討したもの(8)などがある。なかでも、江戸四宿御救小屋の運営実態を検討した小池智子の研究(9)は、江戸の行倒人対策との関わりから周辺農村の地域的特質に言及しており、示唆に富むものである。これに対し、刑事的要素の強い縊死人や自害人については、領主による情報収集ネットワークの存在や、在地の治安維持能力(制裁権・検断権)を指摘したもの(10)もある。

変死人に関する研究は、全国的な事例検討が進み、発生地やその周辺の居住者が変死人一件のなかで果たした役割も徐々に明らかとなっているが、一方で変死人一件を媒介項として、そこに生起する地域社会像に言及したものは少ない。

本章では、変死人一件が多様な人々・集団を巻き込み、その関係性を浮き彫りにし得ることに注目し、本論集が提示する「江戸町続」地域の社会像を素描する。まず、対象地域である角筈村とその周辺で起きた変死人一件を概観した上で、次に変死人処理の方法とそこに関わる人々・集団に注目し、「江戸町続」地域としての社会像に言及する。

第一節　「江戸町続」地域における変死人の概観

まず、角筈村とその周辺で発見された変死人について概観し、「江戸町続」的な地域性がどのように反映されたのか明らかにする。

第1表によると、性別では男性が多く、年齢では四〇歳以上が約半数にのぼる。職業・風体は、非人躰の者から武士や坊主に至るまで多種多様である。居住地は、紀伊国まで遡れる者も居り、その出身地は広範囲に及んでいたと思われる。また、変死人の中には、何らかの理由で奉公人として出府した者など、江戸市中との関わりをもつ者が確認できる。

例えば〔史料1〕は、文化二年（一八〇五）七月二二日に角筈村で発見された自害人に関する記録である（No.29）。変死人の発見者や親類、同じ五人組の者が検使の吟味を受けた後、角筈村と代々木村の村役人がその内容を支配代官所に報告したものと思われる。

〔史料1〕

（前略）

御申口

右者武州豊島郡角筈村年寄伊左衛門店藤蔵、時廿二日朝四ツ時頃同人居宅内ニ而自殺致居候段訴上候ニ付、御検使として被成御越始末御吟味ニ御座候

第1表　角筈村とその周辺で発生した変死人一件

No.	発生年月	当　人	発　生　地	発見者	管轄（検使）	状態	年齢	性別	居　住　地	職業・風体	文書番号
1	元禄14/11		松平伊予守抱屋敷横道		代官所	行倒死	50前後	男		坊主	［渡］T37-T38
2	元禄15/7			百姓	代官所	縊死	50前後			道心者躰	［渡］T39
3	元禄16/10		名主伝右衛門植込内			縊死	44～45	男			［渡］T40
4	元禄16/11		長楽寺持大根畑内	長楽寺下人	代官所	行倒死	60前後	男			［渡］T41-42
5	宝永3/6	吉兵衛母	千駄ヶ谷村内畑			縊死		女	角筈町		［渡］T43-44
6	宝永3/7	次右衛門				病死			府中明神領□分村		［渡］T45
7	正徳3/12				代官所	行倒死					［渡］T47-48
8	享保元		淀橋町橋之上			行倒死	50前後	男		非人躰	［渡］T49-50
9	享保2	十助	下練馬村			縊死		男	角筈村→江戸表	江戸表奉公人	［渡］T51-T53
10	享保3/12		熊野権現地内			縊死	40前後	男			［渡］T54
11	享保17/5	太兵衛				自害		男			［渡］T55-T56,T58
12	享保17/5		秋元但馬守抱屋敷内			自害					［渡］T57
13	享保18/5		秋元但馬守拝領地江持添年貢地西横道通り		目付	縊死					［渡］T59
14	享保20/4		曲淵市兵衛抱屋敷内	屋敷守	目付	縊死	57～58	男			［渡］T60-T61
15	寛延3/3		土岐伊予守抱屋敷内西ヶ輪あぜ	家守	代官所	行倒死	30前後	男		無宿躰	［渡］T63-T66
16	明和5/7		百姓所持之畑道脇並木			縊死	36～37	男		坊主	［渡］T68
17	安永5/3		百姓所持之畑内	百姓		縊死	24～25	男			［渡］T69-T70
18	安永6		堀豊三郎抱屋敷内	百姓		縊死	50前後				［渡］T71
19	安永8/7		第六天社内	宮守		縊死	65～66	男		士躰	［渡］T72-T74
20	寛政2/3		秋元但馬守抱屋敷内	家守	代官所	縊死	44～45	男		町人躰	［渡］T78-T83
21	寛政6/9		米倉頼母抱屋敷脇	地守	代官所	縊死	24～25	男		足軽躰	［渡］T84
22	寛政10/3		玉川上水より神田上水江之分水堀土手	水車持下男	代官所	縊死	44～45	男			［渡］T85-T88
23	寛政12.4	弥与吉	井戸			水死		男			［渡］T89-T93
24	寛政12.5	峯川[redacted]八	玉川上水より神田上水江之分水堀	百姓	代官所	水死	30前後	男		武士	［渡］T94-T101
25	享和2/9		秋元但馬守抱屋敷	屋敷役人	目付	縊死	50前後	男		中間躰	［渡］T102
26	文化元/6		曲渕叔五郎抱屋敷内	屋敷守	目付	縊死	30前後	男			［渡］T103-T105
27	文化元/8		甲州道中往還端（仲町）	百姓	代官所	行倒死	34～35	男		非人躰	［渡］T106-T109
28	文化2.3		神田上水助水堀滝下	水車持下男	代官所	水死					［渡］T110-T114
29	文化2/7	藤蔵	角筈町	藤蔵妻	代官所	自害		男	紀州→江戸鮫河橋→角筈村	傘張渡世	T115-T119
30	文化4/9		池田采女抱屋敷内	屋敷守	目付	縊死	40前後	男			［渡］T120-T132
31	文化7/2		甲州道中往還（角筈新町）			行倒死	50前後	男			［渡］T133-T136
32	文化10.7		神田上水中		代官所	水死	40前後	男			［渡］T137-T142
33	文化15/4		滝之橋脇往来			行倒死	44～45	男			［渡］T143
34	文政3/9	勝五郎	角筈新町			自害		男	四谷箪笥町→角筈新町		［渡］T144-T149
35	文政10/6	源次郎	神田上水中			水死		男	柏木成子町		［渡］T150-T151
36	安政3/8		神田御上水御橋（淀橋）上		代官所	行倒死					［堀］G14-G15
37	不明		高力権七抱屋敷内	地守		縊死		男			［渡］T152

注　「渡辺家文書」T社会「死亡・病気」、「堀江家文書」G社会「変死・病気」を中心に作成した。「渡辺家文書」史料番号には［渡］、「堀江家文書」史料番号には［堀］と記した。武家抱屋敷地内及びその近隣で発生した一件は網掛け部分で示した。

一此段惣兵衛申上候、私儀生国紀州有田郡星尾村百姓藤助忰ニ而、九ヶ年以前紀州様御仲間奉公相勤罷在候処、去戌年江戸鮫ヶ橋長右衛門と申者店請ニ相立、代々木村伝蔵店借受傘張渡世仕候、然ル處弟藤蔵義も八ヶ年以前国許を出、当春まて紀州様御仲間奉公相勤居候処、御暇相願当二月中私店請ニ相立、角筈村伊左衛門店借受同職相挊候、勿論平日実躰ニ而家職出精仕候処、四五日以前より気分不揃ニ相成、国許江帰り度旨申候、亦者少々も□候金子用立候方ハ相滞、借請候方ハ催促有之、甚心痛致候様子ニ御座候、尤同人居宅之儀者他村ニ而御座候へ共、甲州道中往還端ニ而、私居宅向ニ付独り身ゆへ、朝夕之食事等も私方ゟ相送申候、既ニ昨廿二日朝飯も朝五ツ時頃差出候間、最早□仕昇候儀ニ而存女房儀朝四ツ時頃膳椀取片付ニ罷越候処、藤蔵儀惣身血ニ染有之候間、若吐血ニ而も致候儀ニ而明記候得共、一□無之候間心付側見廻シ候へ者、抜身血ニ染有之候間驚入、女房戸立候ゆへ、何事哉与存早速罷越見届候処、自分所持之脇指ニ而咽喉突破り相果罷在候而、驚入早速組合村役人江為相知訴上候儀御座候、勿論白昼之儀ゆへ表裏共戸締等も明ケ開キ有之候義ニ付、他之仕業ニ而者無之、前文申上候通之始末ニ付全ク取昇セ、自殺仕候ニ相違無御座怪敷儀等毛頭無御座候、何方江対し候而も申分無之、右ニ付御願筋毛頭無御座候間、何卒右死骸之義者私方江御引渡被下置き候ハ、難有仕合ニ奉存候

一とよ申上候（中略）

一伊左衛門申上候（中略）

一庄右衛門申上候（中略）

一栄吉申上候（中略）

丑七月廿三日

変死人兄　惣兵衛

同人妻　とよ

変死人家主　伊左衛門
組合　庄右衛門
栄吉

大貫次右衛門様御手代
宇賀治但右衛門殿

前書御吟味之趣私共罷出一同承知仕候、依之奥書印形差上申候、以上

角筈村　名主　伝右衛門
百姓代　小右衛門
代々木村　名主　重兵衛
惣兵衛家主　伝蔵
右組合　辰右衛門
同　重右衛門

（後略）（11）

自害した藤蔵の兄惣兵衛によると、二人は紀伊国有田郡星尾村の百姓で、惣兵衛は九年前に出府し、江戸鮫ヶ橋（新宿区若葉）の長右衛門に店請され、角筈村の年寄伊左衛門から借りた店で傘張渡世を行っていた。弟の藤蔵も八年前に出府し、惣兵衛に店請された後、伊左衛門の店で傘張渡世を家職としていた。二人の出府理由は明らかでないが、「紀州様御仲間奉公」を勤めていたという記述から、二人は紀州徳川家の江戸屋敷に仕える武家奉公人であった

とみられる。当時、江戸には働き口を求めて諸国から出府する者が多くおり、彼らは武家や商家の奉公人や棒手振り、日雇い人足として長期間滞留することがあった。惣兵衛と藤蔵も同様の理由で出府し、角筈村で傘張渡世をするに至ったが、体調を崩した藤蔵は、借金の返済に滞り、国元にも帰れず、自害したと思われる。巨大な経済市場である江戸が藤蔵を引き寄せ、結果的に死に至らしめてしまったといえる。角筈村では、他にも諸国から出府した者が行倒れ、保護される事例が確認できる。[12]

次に、変死人の発見場所に注目して第1表をみると、大名・旗本の抱屋敷地やその近隣で発見された事例は一一件で、全体の約三分の一を占めている。村内の百姓により発見された事例（No.18）や、抱屋敷の拝領家中の者が変死した事例（No.19・24）なども確認できる。角筈村では、江戸市中に隣接する部分を中心に抱屋敷が展開し、明暦三年（一六五七）の大火後、寛文年間（一六六一～一六七二）の初めにその数が急増した。[13] 延宝二年（一六七四）四月の検地帳には、全二七筆の抱屋敷がみられ、村高の約五五%を占めている。抱屋敷地は、その後拝領地や耕地に転換され、減少傾向を辿るが、その存在は角筈村の「江戸町続」的な地域性を象徴するものであった。抱屋敷地やその近隣で発見された多数の変死人は、このような角筈村の土地利用状況を反映していたといえる。

以上から、角筈村の「江戸町続」的な地域性や土地利用状況は、諸国から出府した者の変死や、抱屋敷と関連する変死といった特徴的な現象を生起させたと思われる。

第二節　「江戸町続」地域における変死人処理

（一）芝口高札場の使用

ここからは、変死人が具体的にどのように処理されたのか明らかにする。〔史料2〕は、寛政六年（一七九四）九月八日、米倉頼母の抱屋敷脇で発見された変死人（No. 21）について、角筈村の村役人から支配代官所に提出された受証文である。

〔史料2〕

差上申一札之事

武州豊島郡角筈村地内字名米倉頼母様御抱やしき脇往来ニ當九月八日夜変死人之段御訴上候ニ付、御検使御検分被仰付聞候所、年齢弐拾四五才位、足軽躰之男左頬耳江掛長三寸五分、左首襟咽江掛長五寸余、左肩長五寸五分、同所長五寸、左脇腹長四寸、胸長四寸余、左腕切皮続有之、都合疵所七ヶ所、面躰長くて色白ク眉毛薄、脇耳江常躰刀を帯、脇差ハ鞘之侭聊ニ有之、（中略）、死骸ハ最寄寺院も仮埋御取計候一件御伺成候所、去ル十七日ゟ七日之間芝口へ懸札有之旨、右同断相立尋来候もの無之候ハヽ、村方立知し札取除、死骸ハ仮埋之義土そうニ取置、所持候雑物、銭四拾七文ハ寺院へ為取可申候、且大小ハ當御取計候（ママ）御取計候被成候、西（　　）太郎様御下知被仰候□
□承知候義、依之御受証文差上申候所如件

寅九月廿日

角筈村　名主　伝右衛門
年寄　忠右衛門
百姓代　次郎右衛門

大貫次右衛門様
御役所 (14)

検使による見分が行われ、変死人の年齢・風体・傷の状況・所持品などが判明し、死体は最寄りの寺院に仮埋されることになった。さらに検使は、九月一七日から七日の間、芝口高札場（港区三田）に札を立て、尋ねて来る者がいなければ札を撤去し、死体を最寄りの寺院へ土葬し、所持品もその寺院に渡すように命じた。検使が札を立てる場所として指定した芝口高札場は、享保一一年（一七二六）二月に幕府によって設置された。〔史料3〕は、芝口高札場の設置を江戸市中に触れ出したものである。

〔史料3〕

廿四日○享保十一年二月、大岡越前守○忠相、被相渡見候弐通、
札文言、
去ル幾月何方ニ年比何歳計り衣類は何を着候
倒死　病人　水死　変死　迷子
有之候心当り之者、誰方江早々カ申出候

月日
倒死　病人　水死　其外異死　迷子等有之候心当り之者は、誰方江早々カ申出候
月日

倒死病人水死其外異死迷子等有之節、其所ゟ訴出次第、年比幷衣服等之品認メ、自今芝口町河岸ニ七日之内札を立置候條、心あたり有之者は、右札場江罷越、文言見候而、其親類由緒候ものニ而、病人或ハ死骸引取度と存候もの、又は怪敷儀茂有之、吟味願度存ものは、札建置候奉行所江可訴出候

右之趣、町中江可触知者也

二月〇享保十一年[15]

行倒死人・病人・水死人・変死人・迷子などが発見された場合は、訴え出た上で、年齢や衣服を記した札を江戸芝口町の河岸に七日間立てること、心当たりのある者は、高札場へ行き、さらに引き取りを要求する親類や吟味を願う者は、町奉行所に訴え出ることが定められた。〔史料2〕における変死人処理の手続きは、まさにこの規定に従うものであったと思われるが、芝口高札場の使用命令は、「町中江可触知者」、すなわち江戸市中に対するもので、代官所支配の村には該当しないはずである。本来、変事の際の立て札は、通行量が多く、人目につき易い場所に立てられることが通例で、村内で変死人が発見された場合も、村の近くの路傍に立てられることが多かった[16]。それでは、どうして角筈村で発生した変死人一件に対し、芝口高札場の使用が要求されたのであろうか。

〔史料4〕は、天明八年（一七八八）一二月、幕府評定所において、江戸の「御府内外」の境界を確定するために行われた評議の記録である。

〔史料4〕
御府内外境界確定
天明八申年十二月評定所一座評議
御府内外之部
御府内御府外境之儀、御定書并科条類典其外ニ被仰出候留書等ニも、何方を限り内と外と之境と申儀ハ御座なく、江戸払之御構場所ヲ限り可申哉、又ハ倒死病人水死其外迷子等有之候節、芝口町建札いたし候場所限可申義ニも可有之哉、依て評議仕候処
御定書ニ
　品川
一江戸払　千住、本所、深川　より内
　四ッ谷大木戸
右之通有之、科条類典元例をも相糺候処、寛延元辰年二月江戸払御仕置之義、本所深川町奉行支配場限、構之地ニ可申付旨、御定書ニ書入可申段被仰出候、御書付之趣を以相極候旨有之候、倒死人水死其外変死迷子等有之節、所より訴出次第、并年比衣類等之品認、芝口町河岸等建札可致旨之御定ヶ条ニ
一南ハ品川より長峯六間茶屋限り
一西ハ代々木村、上落合村、板橋限り
一北ハ下板橋、王子川、尾久川通り限り
一東ハ木下川通、中川通、八郎左衛門新田限り

右両様之御定を見合、建札ヶ所大概江戸払御構場所ニ相当候へ共、建札之ヶ所を限り候内ニハ、町奉行支配外御料・私領・寺社領村方も少々ハ入交り有之御定書目安裏判初判之ヶ条ニ

月番

一寺社幷寺社領、関八州ノ外私領、関八州之内

寺社奉行

二ても寺社領より御府内え掛候出入

裏書

月番

一江戸町中、寺社領之町、寺社門前、幷境内借

町奉行

地之者共、御府内え掛り候出入

裏書

月番

一関八州御料・私領、関八州之外御料より

御勘定奉行

内え掛り候出入

裏書

右ニ見合候てハ、御府内ハ町奉行支配場と相見候処、前書之通、芝口掛札之場所難決、然ル上ハ、江戸払御構場処ハ町奉行支配場限り之元例も御座候間、右御構場所同様、品川、板橋、千住、本所、深川、四ッ谷大木戸より内を御府内と相心得可申候哉奉伺候、以上

申十二月

右之通相伺可申哉と評議有之候処、不及伺評議ニて極ル(17)

「御府内」の候補として掲げられたのは、(a)寛延元年(一七四八)二月に定められた「江戸払之御構場所」と

（b）享保一一年二月に定められた「芝口町建札いたし候場所」の二つであった。（a）・（b）の範囲は、ほぼ重複していたが、（a）が町奉行支配地であったのに対し、（b）は町奉行支配地の他に「御料私領寺社領村方も少々ハ入交」る場所であったため、最終的に「御府内ハ町奉行支配場と相見候」との判断から（a）が採用された。（b）は採用されなかったが、評議の内容から、芝口高札場の使用が町奉行支配地だけでなく、幕府領や私領、寺社領、村方と支配が「入交」る地域でもみられたとわかる。芝口高札場が享保一一年の設置段階から「入交」地域を対象に機能したとは考えにくく、徐々に対象範囲を江戸市中（町奉行支配地）から周囲に拡大していったと思われる。

米倉頼母の抱屋敷脇で変死人が発見された（史料2）頃の角筈村も、まさに「入交」る状況であった。〔史料5〕は、寛政七年（一七九五）五月二五日に角筈村の名主から支配代官所へ提出された尋書である。

〔史料5〕

御尋ニ付以書付奉申上候

豊嶋郡角筈村名主伝右衛門奉申上候、此節近町近村ニ而町数間数等相改縄入致候風聞有之候、右躰之義有之候ハ、内々得と相糺可申上旨被仰渡奉畏、委敷相糺候所、此節町御奉行所様御懸り場幷在方江入会之場所等、古絵図ニ引合不申候間御改ニ付、町々より荒増間数等書上候、角筈村之義も町方江入会候ニ付、町方名主方ゟ相尋候間、荒増ニ間数申遣候、右之外御役人方御出被成御改被成候義者無之候、四ッ谷幷内藤新宿、大久保西町辺も其町々名主方ニ而相改書上申候、且亦御屋敷方御名前等も相尋書上申候

右御尋ニ付奉申上候、以上

寛政七卯年五月廿五日

大貫次右衛門様
御役所(18)

角筈村では、近隣町村と同様に、町奉行支配地と「在方江入会之場所」の範囲を確定すべく間数の調査が実施された。役人による調査はなかったが、町名主からの問い合わせがあり、およその間数が報告されたとみられる。このような名主も認識していた「町方江入会」う状況こそが、角筈村の「江戸町続」的な地域性であり、芝口高札場の使用義務が課された要因であったと思われる。

(二) 村方と屋敷方の協働体制

角筈村内の抱屋敷地について検討した辻まゆみは、本来江戸市中を警備する辻番所が村内にも存在したことや、変事(変死人の発生)の際、抱屋敷が辻番所を保有する場合は、支配代官ではなく目付から検使が派遣されたことを明らかにし、村内に江戸市中の支配系統が介入していたことを指摘した(19)。辻の指摘は正しいが、村方と屋敷方で検使の派遣元が区別された一方、具体的な処理においては、両者が様々な場面で関わりをもっていた。

〔史料6〕〔史料7〕は、享保二〇年(一七三五)四月に、曲淵市兵衛の抱屋敷地内で発見された縊死人(No.14)に関して、角筈村の村役人から支配代官所へ提出された書付である。

〔史料6〕

乍恐書付ヲ以申上候

一角筈町通在々江之横道堺木ゟ内曲淵市兵衛様御抱屋敷ニ、年頃五拾七八才程ニ相見候男、花色木綿袷浅黄木綿帯着シ、外ニ黒キ木綿頭巾壱つ、腰ニはたばこ入附、ならの木ニ首縊り相果罷候ニ而、昼時御屋敷守り見出シ、拙者共方江相知せ申候、尤御寄合辻番ニ御座候間、右御屋敷様ゟ御目附中様江御訴可被成由被仰候為、急私共方ゟ御訴申上候、以上

享保二十年卯四月七日

角筈村　名主　伝左衛門㊞

年寄　庄兵衛㊞

同　伊左衛門㊞

鈴木平十郎様

御役所　(20)

〔史料7〕

乍恐書付を以申上候

一先達而當月七日ニ御訴申上候、當所町通り曲淵市兵衛様御抱屋敷之内、東ノ方並木之内なら之木ニ首縊死人之儀、當月八日ニ御検使小人目付斉藤勘三郎殿、市村庄八殿御出被成、八日ゟ十日迄日数三日曝置立出不申候者十一日ニ御訴申上、近所寺江土葬ニ被埋置候様ニ市兵衛様御用人中清田覚之進殿江被仰付候、依之御訴申上候事

卯四月十一日

角筈村　名主　伝左衛門㊞

年寄　庄兵衛㊞
同　伊左衛門㊞

鈴木平十郎様
御役所(21)

〔史料6〕からは、抱屋敷内で縊死人を発見した屋敷守が、目付だけでなく村役人にも報告を行ったこと、村役人が事件の発生を支配代官所へ伝えたことがわかる。さらに〔史料7〕では、検使である小人目付斉藤勘三郎・市村庄八が曲淵家の用人清田覚之進に伝えた指示の内容（死体の曝置・埋葬）を、村役人が支配代官所へ報告している。抱屋敷地で発生した変死人一件は、屋敷方だけの問題ではなく、村全体に関わる問題として認識されたのである。

〔史料8〕は、寛延三年（一七五〇）三月に上野国沼田藩主土岐頼熙の抱屋敷地内で発見された行倒死人（No.15）について、家守（屋敷守）と村役人から支配代官所へ提出された書付である。

〔史料8〕

乍恐書付を以御訴申上候

一先達而御訴申上候土岐伊予守様御抱屋敷地内ニ行倒御座候ニ付、御役所様江御訴申上候者、御抱屋敷之儀者〔　〕より御目付様より御検使被為遊候、其段御訴申上候、尤右之段土岐伊予守様江御届ケ申上候得者、伊予守様より御目付神尾市左衛門様江御聞合被遊候処、御抱屋敷と申ながら組合辻番所無之御抱屋敷之儀ハ、此方より検使ニ不及候ニ付、御支配御代官様江右之段其所より相願被申候様御申被遊候旨、伊予守様御役人塚本藤左衛門殿木村

平七殿御申被成候、依之何卒御検使被成下候様奉願上候、以上
寛延三年午三月九日
角筈村
土岐伊予守屋敷
家守　文右衛門
五人組合　利兵衛
同　庄右衛門
年寄　伊左衛門
同　作兵衛
名主　与兵衛
船橋安右衛門様
御役所 (22)

村役人は、行倒死人の発見をまず支配代官所へ報告したが、抱屋敷には目付から検使が派遣されるとの返答があった。しかし、その旨を村役人から伝えられた土岐家が目付神尾元定へ問い合わせると、抱屋敷でも組合辻番所を保有しない場合は、目付ではなく支配代官所から検使が派遣されるとの返答を受けた。(23) そこで土岐家の家中塚本藤左衛門・木村平七は、村役人に対し支配代官所へ検使派遣を願い出るようにと返答した。最終的には、村役人らが支配代官所へ検使派遣を願い出たが、一連のやりとりからは、村役人と屋敷方が検使の派遣元をめぐり、折衝を行った様子

を窺い知ることができる。

〔史料9〕〔史料10〕は、寛政六年（一七九四）九月に米倉頼母の抱屋敷付近で発見された殺害人（No．21）について、村役人から支配代官所へ提出された書付である

〔史料9〕

乍恐以書付奉願上候

豊嶋郡角筈村名主・年寄・百姓代奉申上候、当村新町ゟ四谷成子町江之横道ニ、年齢廿四五才位ニ相見江候殺害人有之候処、当村米倉頼母守様御抱屋敷地主市太郎義、用事江罷相帰り候迚、昨八日夜五ッ半時頃右道江通り並ニ付右殺害人見附、驚入村役人江相届ケ候ニ付、早速立合見届ケ候所、左ニ書上候通りニ御座候、尤左右地主之義者、西米倉頼母様御抱屋鋪、東百姓惣兵衛持畑ニ御座候、依之御検地奉願上候、以上(24)

〔史料10〕

乍恐以書付御訴奉申上候

豊嶋郡角筈村名主・年寄・百姓代奉申上候、当村米倉頼母守様御抱屋敷地主市太郎義、用事有之候昨夜五ッ半時頃杉過横道を通り候所、年廿四五才位ニ相見江、白き木綿〔　　〕大小之帯、惣身ニ四ヶ所切疵有之相果候者見付、私共迄早速為相知候ニ付、一同立合見届ケ御訴奉申上候、御検使被下置候、以上

寛政六年九月九日

名主　伝右衛門

年寄　忠右衛門
百姓代　八右衛門

大貫次右衛門様
御役所(25)

殺害人を発見し、驚いた抱屋敷の地主市太郎は、まず村役人に報告したが、発見場所が米倉頼母の抱屋敷と百姓惣兵衛の持畑との間であったため、村役人は「検地」、すなわち発見場所を調査し、その管轄を確定する作業を願い出た（〔史料9〕）。発見場所の管轄が曖昧であった場合、「検地」を願い出ることも村役人の役割であったと思われる。最終的に、村役人が支配代官所へ検使の派遣を願い出ている（〔史料10〕）ことから、発見場所は支配代官所の管轄と判断されたと思われる。

以上、変死人一件において、村役人を中心とした村方と屋敷方の協働体制が敷かれていたことを確認した。角筈村における変死人処理の手続きを整理すると、第1図のようになる。これによると、関係者への事情聴取や口上書の作成から変死人入用の清算までを村役人が直接行うか、あるいは差配していたとわかる。たとえ変死人の発見場所が支配代官所の管轄ではない（可能性がある）場合でも、村全体に関わる問題である限り、村役人主導のシステムで処理が進められたのであろう。

第1図　角筈村における変死人一件の取扱い

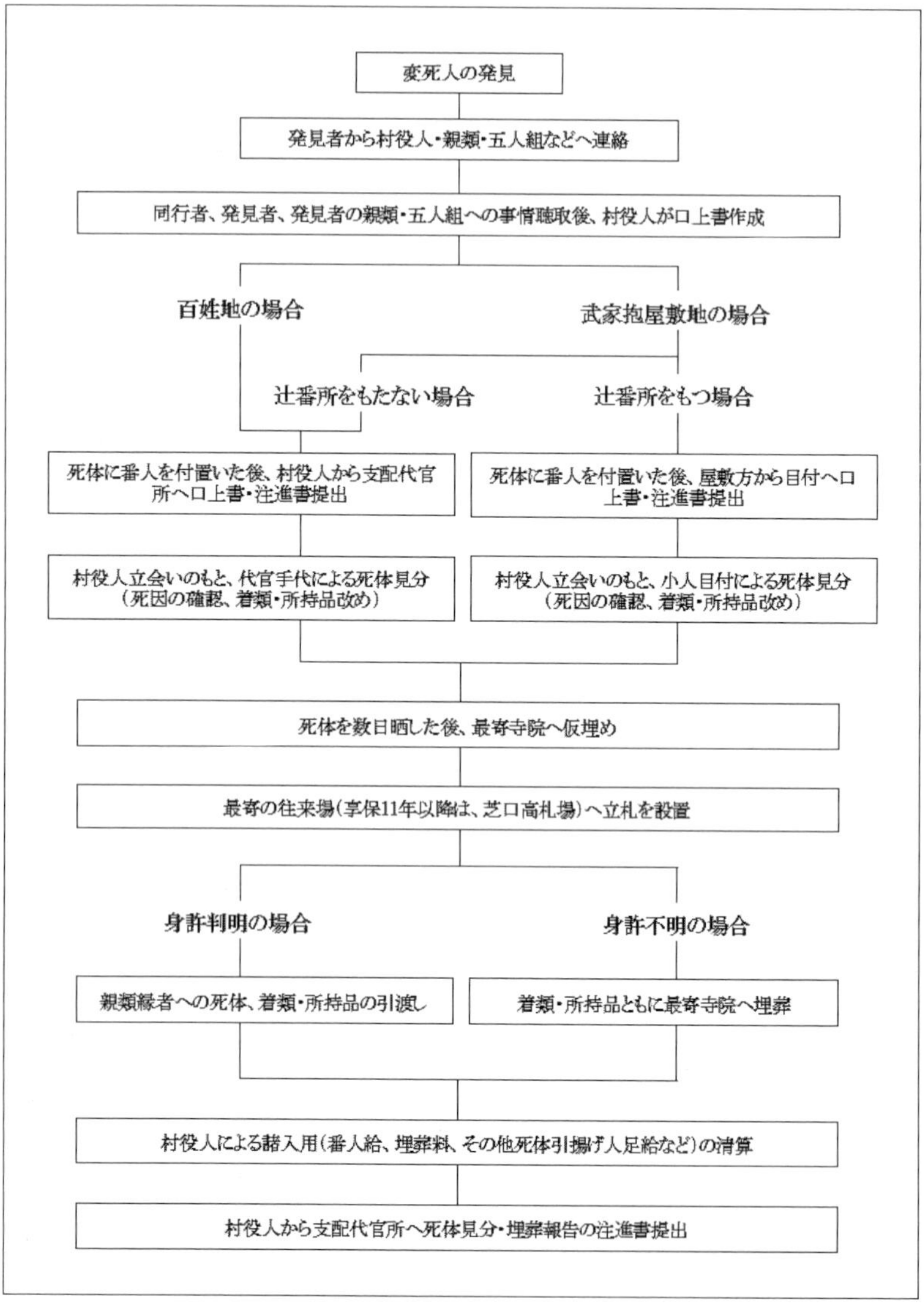

注　「渡辺家文書」T社会「死亡・病気」を中心に作成。

第三節　「江戸町続」地域における変死人入用

最後に、変死人入用の内容と、それがどのように拠出されたのか明らかにする。ここでいう変死人入用とは、「変死人処理に関わる費用」を指す。

（一）村方と屋敷方による共同拠出

〔史料11〕は、享和二年（一八〇二）九月に出羽国山形藩主秋元久朝の抱屋敷地内で発生した縊死人一件（No．25）に関して、その際に拠出された諸入用を記した覚書である。

〔史料11〕

覚

一金弐百疋　名主江
一南鐐壱銀　年寄弥右衛門江
一同断　同新右衛門江
右之通為酒代十月八日御屋敷預かり大村金右衛門殿宅ニ而被下置候
一金三百疋　多門院江
内百疋者雑用代

右者葬金与して被差遣候（26）

屋敷守大村金右衛門宅では、村役人に対する酒代と多門院に対する葬金が支払われた。多門院は角筈村内の真言宗寺院で、甲州街道の北側に面した場所に位置していた。多門院は、身元不明の変死人の埋葬や一時的な仮埋に使用されていた。ここで支払われた葬金も、変死人の埋葬費用であったと思われる。一方、村役人に支払われた酒代は、何らかの形で変死人処理に携わった彼らへの慰労金であったと思われる。

〔史料12〕は、文化元年（一八〇三）に、曲淵市兵衛の抱屋敷地内で発生した変死人一件（No.27）に関して、その際に拠出された諸入用を記した覚書である。

〔史料12〕

諸入用覚

一南鐐壱片　　長楽寺
　変死人布施
一銭八百文程　　桶提灯夜番人蝋燭代
　是者曲淵様より出役致候仁手賄ニ被致候ゆへ銭高聢与相分り不申候
一銭壱貫五百文　　非人番銭
右入用者御抱屋鋪内之義ゆへ御屋鋪より御出銀被成候、尤布施幷番銭之義ハ伊左衛門江御渡被成伊左衛門より払方
致候事

但御屋鋪掛りゆへ布施者番銭等少々余慶ニ候
一銭八百三拾六文　江戸宿雑用筆墨紙宿賄とも
是者村入用ニ仕候、尤村方ニ非常之儀有之候節も御抱屋敷高江相掛ケ候義ゆへ、右入用助合申候、其外人足者遣り
捨ニ仕候仕来之事(27)

屋敷方からは、長楽寺(28)に対する変死人布施、夜番に関する桶提灯夜番人蝋燭代、非人に対する番銭が支払われ、このうち変死人布施と非人への番銭は、村役人伊左衛門を仲介して支払われている。抱屋敷地内の事例であっても、処理の中心に村役人がいたとわかる。また、検使願の提出費用など（江戸宿雑用筆墨紙宿賄）が村入用から拠出されているが、変死人入用の村入用への編入は、他の事例からも確認できる(29)。これについては、村方に「非常之儀」がある場合は、その費用が屋敷方の入用へ編入されることもあるため、今回は「入用助合」という記述がある。変事が起きた際には、村方と屋敷方との間で諸入用を相互扶助する体制が築かれていた可能性を指摘できる。

〔史料13〕は、寛政一二年（一八〇〇）五月、角筈村内の玉川上水分水堀で発生した水死人一件（Ｎｏ．23）に関して、その際に拠出された諸入用を記した覚書である。

〔史料13〕

覚

一当村分水堀ニ水死人有之候事、右者土岐山城守様御家来峯川□八と申仁之死骸ニ付、則御屋敷ゟも御立合検使有
之死骸之節者右御屋敷江御引渡ニ相成候處、村方村役人幷人足共江、右御屋敷より左之通酒代幷賃銭被下置候ニ

付、銘々之ヲ割合申候

（中略、第2表・第3表を参照）

右者私共請取候銘々相違無御座候、以上

寛政十二申年五月廿九日 (30)

第2表　寛政12年水死人一件に関する酒代・賃金

受取人		酒代・賃金
名主	伝右衛門	1分2朱（旅籠代2朱）
水車	久兵衛	2朱
見付人	市右衛門	200文
年寄・組頭	長右衛門	200文
	友右衛門	200文
	茂右衛門	200文
	次郎右衛門	200文
	伝八	200文
	伊左衛門	150文
	弥右衛門	150文
	権右衛門	150文
	■右衛門	150文
人足33人	長右衛門組2人	372文
	友右衛門組2人	372文
	茂右衛門組1人	184文
	淀橋町組3人	560文
	上町伊左衛門組2人	372文
	仲町弥右衛門組2人	372文
	下町権右衛門組2人	372文
	水車方久兵衛19人	372文
非人		1分2朱
計		3分2朱7貫984文

注　「渡辺家文書」T100より作成。

第3表　寛政12年水死人一件に関する諸人足

項　目	日　付	人　数
番人足	5/26昼	3人
	5/26夜	4人
死骸引揚人足	5/26	5人
番人足	5/27昼	3人
	5/27夜	4人
滝下水かへ取人足	5/27	12人
水夫人足		2人
計		33人

注　「渡辺家文書」T100より作成。

水死人は、角筈村内に抱屋敷を所有する土岐家家中の者であったため、屋敷方から百姓・町人や非人に対し酒代・賃銭が支払われた。支払いの内訳をまとめた第2表よると、村役人（名主、年寄・組頭）や淀橋水車の管理者である久兵衛、水死人の発見者である市右衛門に加え、人足として徴発された全三三人の百姓・町人や非人にも支払いが行われた。人足三三人の内訳をまとめた第3表によると、彼らは水死人の処理に関わる番人足・死骸引揚人足・滝下水かへ取人足・水夫人足として徴発された。非人も何かしらの形で処理に関わったと思われる。たとえ変死人が屋敷方の者であっても、村内の多様な諸集団がその処理を実現させたのである。

（二）近隣町村による共同拠出

〔史料14〕〔史料15〕は、安政三年（一八五六）八月一〇日、淀橋の上で発見された行倒死人（No.36）に関する史料である。淀橋は、神田上水に架かる青梅街道上の橋で、角筈村と武蔵国多摩郡中野村・同郡本郷村・同郡淀橋町という四か町村の境に位置していた。

〔史料14〕

安政三辰年八月十日朝淀橋上ニ行倒死人有之、同十一日御訴申上、十二日御検使小林藤之助様御手代高嶋丈四郎様被遊御越、右一件諸書物扣幷本郷村・角筈村・淀橋町・当村其四ヶ村町ニ而御入用割合扣（31）

同月一二日に支配代官小林藤之助の手代高嶋丈四郎が検使として派遣され、この一件に関する覚書と四か町村から拠出した諸入用の割合の控えを取るように指示された。史料の欠損により、具体的な拠出状況は判明しないが、四か村町が共同で変死人入用を拠出したとわかる。

〔史料15〕は、この一件に関して角筈村の年寄〔役人惣代〕から支配代官所へ提出された書付である。

〔史料15〕

御糺ニ付乍恐以書付奉願上候

武州豊嶋郡角筈村役人惣代年寄長右衛門奉申上候、当月十日朝中野村淀橋上ニ行倒死人有之、今般御検使ゟ□被遊御越、死骸御見分之上、私共最寄村ニ付心当り之もの無御座候処、其外風聞御糺御座候処ニ付、村内承り糺候得共、見知候もの勿論死躰ニ付何ニ而も怪敷風聞等及承不申候、寄之以書付奉申上候、以上

武州豊嶋郡角筈村　役人惣代

年寄　長右衛門

安政三辰年八月十二日

小林藤之助様御手代

高嶋丈四郎様

右同文ニ而御糺書付差上候村町名寄留

武州多摩郡本郷村　名主　源太郎

高円寺村　名主　仁三郎

馬橋村　年寄　佐吉

淀橋町　月行事　次兵衛

前書之通書付奉差上候処、身寄之もの無之候ハ、仮埋申付候間、寺江四百文相渡請取書可取旨被仰渡候〔32〕

支配代官所の指示を受けた角筈村の年寄は、淀橋近隣の四か町村（本郷村・高円寺村・馬橋村・淀橋町）の名主・年寄・月行事とともに、各村町内に心当たりのある者がいないことや、怪しい風聞などがないことを報告した。変死人一件が複数町村に関わる場合は、町村間の共同体制が機能していたのである。(33)

以上、変死人入用の拠出方法を明らかにした。村内では、非常時に村方と屋敷方との間で「入用助合」う関係が構築され、屋敷方の変死人処理に百姓や町人、非人が関わっていた。また村外では、近隣町村による共同拠出体制が機能していたことも確認された。

おわりに

以上、本章で明らかにした点を整理し、「江戸町続」地域の社会像について論じてみたい。

まず、当該地域の変死人には、江戸市中との関わり（諸国から江戸に出府した者の変死）や、武家抱屋敷との関わり（拝領家中の者の変死など）がみられたことを確認した。これらは、江戸市中に隣接し、多くの抱屋敷を内包する角筈村の「江戸町続」的な地域性や土地利用状況を反映したものであったといえよう。

また、変死人の処理に視点を移すと、（Ⅰ）享保一一年に江戸町奉行所が設置した芝口高札場の使用や、（Ⅱ）屋敷方と村方との協働体制がみられた。（Ⅰ）については、本来江戸市中で使用を命じられた芝口高札場が、角筈村などの「町方入会」う地域でも使用されたことから、少なくとも寛政期には当該地域が行政的にも江戸市中と同様に扱われるようになっていたと結論づけた。（Ⅱ）については、目付の管轄である抱屋敷地の事例であっても、村方（村役人）と屋敷方で情報共有や折衝が行われたことなどから、あくまで村全体の変事として捉えられ、処理が遂行されたと指摘した。

さらに、「変死人入用」に注目すると、村方と屋敷方で費用を「助合」う関係が築かれており、さらに、屋敷方の者が変死した際には、三〇人以上の百姓・町人・非人が処理に携わり、最寄りの寺院も死体の埋葬・仮埋を請負っていた。加えて幕末期の事例では、「変死人入用」が近隣町村から共同で拠出されていたことも確認した。このように角筈村（及びその周辺）における変死人処理は、村内外の多様な人々・集団により実現されたのである。

以上の事実から「江戸町続」地域の社会像をまとめると、次のようなことがいえるのではないだろうか。「江戸町続」地域は、（i）江戸市中と事実上の地続きにあったために、次第に行政的にも江戸市中と同様に扱われるようになり、さらに、（ii）大名・旗本の抱屋敷地が多く存在したことから、日常的に屋敷方と百姓や町人、寺院などの諸集団が密接に関わり合い、時に「助合」う地域社会として成立していた。今後は、この結論をより実証的なものにするために、当該地域の事例検討を進めたい。

注

（1）高村象平「樋籠村の協同研究」（『三田学会雑誌』四四号、一九五一年）、速水融「都市近郊村の農業経営に関する一考察」（『三田学会雑誌』四八号、一九五五年）。

（2）津田秀夫「寛政改革」（『岩波講座　日本歴史』一二号、岩波書店、一九六三年）、伊藤好一『江戸地廻り経済の展開』柏書房、一九六六年、同「江戸と周辺農村」（西山松之助編『江戸町人の研究　三』吉川弘文館、一九七三年）、森安彦「幕藩制崩壊期にお

ける都市と農村」（『史潮』八号、一九八〇年）など。

（3）大石学「近世江戸周辺農村の機能と性格」（『徳川林政史研究所研究紀要』昭和五八年度、一九八四年）、岩田浩太郎「関東郡代と「領」―江戸周辺の地域編成の特質」（『関東近世史研究』一六号、一九八四年）、同「武蔵国の『領』と地域秩序」（『地方史研究』二〇〇号、一九八六年）、根崎光男「『江戸十里四方』の地域的特質」（『地方史研究』二一五号、一九八八年）など。

（4）代表的なものとして関東近世史研究会による二〇〇一年以降の大会成果がある。本会では、江戸及びその周辺地域について、日常的な社会関係への着目からその身分制秩序や社会集団論を問い直す試みが進められている。（『関東近世研究』五一号、二〇〇二年、『関東近世研究』五四号、二〇〇三年、『関東近世研究』五六号、二〇〇四年、『関東近世研究』五八号、二〇〇五年、『関東近世研究』六〇号、二〇〇六年、『関東近世研究』六五号、二〇〇八年。）

（5）中野達哉『江戸の武家社会と百姓・町人』、岩田書院、二〇一四年。

（6）内藤二郎「幕藩期庶民旅行とその保護施設―行倒れと村送りについて―」（『日本歴史』一七五号、一九六二年）、阿部智博「近世死体投棄禁令と検使」（『歴史科学と教育』八号、一九八九年）、五島敏芳「往来手形考」（『史料館研究紀要』二九号、一九九八年）。

（7）後藤重巳「近世後期の村継ぎをめぐる問題」（『別府大学紀要』三四号、一九九三年）、高橋敏「近世民衆の旅と行倒病死」（『沼津市史研究』二号、一九九三年）、岩垂俊雄「街道と間村のかかわり」（『信濃』五〇号、一九九八年）、松本純子「行倒人と他所者の看病・埋葬」（『東北大学東北文化研究室紀要』四一号、二〇〇一年）、同「近世における行き倒れの一分析」（『日本歴史』六五八号、二〇〇二年）、花木知子「近世在方における行倒人の取扱いと対策―府中八幡宿の事例を中心として」（森田武教授退官記念論文集『近世・近代日本社会の展開と社会諸科学の現在』新泉社、二〇〇七年）。

（8）南和男「養生所の成立と実態」（『江戸の社会構造』壇書房、一九六九年）、塚田孝「近世後期における江戸の非人と町方」（部落

問題研究所『部落問題研究』六五号、一九八〇年）、延智子「天保期江戸における貧民救済政策」（東京学芸大学史学会『史海』三六号、一九八九年）。
（9）延智子「江戸の行倒人対策」（竹内誠編『近世都市江戸の構造』三省堂、一九九七年）。
（10）大賀郁夫「近世における事件処理と地域秩序―日向国延岡藩飛地宮崎郡を対象に―」（『宮崎公立大学人文学部紀要』一八巻一号、二〇一一年）。
（11）文化二年（一八〇五）七月二三日「（角筈町自害人ニ付申口）」（「渡辺家文書・T118」）。
（12）嘉永六年（一八五三）八月「差上申一札之事（柏木成子町権六店太吉身分引請候ニ付）」（「渡辺家文書・E六二」）。
（13）新宿区教育委員会『武蔵野国豊島郡角筈村名主　渡辺家文書目録』、一九八八年。
（14）寛政六年（一七九四）九月二〇日「差上申一札之事（変死人取計方ニ付）」（「渡辺家文書・T84」）。
（15）享保一一年（一七二六）二月八日「享保十一録」（『東京市史稿　市街篇二一』、五六九頁）。
（16）寛政五年（一七九三）五月六日の町奉行らによる評議によれば、「（前略）近村ニ見知候者も無之、怪敷儀も不相聞候ハヽ、死骸仮埋致置、人相年齢衣服、相果候始末月日等巨細ニ認、村外往還端抔ニ建札致置、其段被相伺候節、六ヶ月相立、尋来候者無之候ハヽ、札取除、不及伺其儘土葬取置、雑物者葬候寺院江遣、不用立品者取捨、腰物等廉立候品者取上、御拂之儀御勘定所江可被相伺候（後略）」とされており、村で変死人が発見された際は、村外の「往来端」に立札を立てるよう定められている。（寛政五年（一七九三）五月六日「曲淵甲斐守宅内寄合評議極」（『牧民金鑑　第二〇巻』一九三五年、七一一頁～七一二頁））。
（17）天明八年（一七八八）十二月「諸国要典」（『東京市史稿　産業篇三二』、五九九頁）。
（18）寛政七年（一七九五）二月二五日「御尋ニ付以書付奉申上候」（「渡辺家文書・D51」、『渡辺家文書　第六巻』二五五頁～二五六頁）。

(19) 辻まゆみ「江戸隣接村における武家抱屋敷と村」（『立教日本史論集』五、一九九二年）。
(20) 享保二〇年（一七三五）四月七日「乍恐書付ヲ以申上候（曲淵市兵衛抱屋敷内ニ縊死人有之候ニ付）」（「渡辺家文書・T60」）。
(21) 享保二〇年（一七三五）四月一一日「乍恐書付を以申上候（曲淵市兵衛抱屋敷内ニ有之候縊死人取計方ニ付）」（「渡辺家文書・T61」）。
(22) 寛延三年（一七五〇）三月九日「乍恐書付を以御訴申上候」（「渡辺家文書・T65」）。
(23) 神尾の見解（「御抱屋敷と申ながら組合辻番所無之御抱屋敷之儀ハ、此方より検使ニ不及候」）は、当時の制度的に正しいものであったと思われる。元禄期にはすでに、「目付に令せらるゝは、点検のあるとき、百姓地たりとも、辻番あるところは遠近共に検使遣はすべし、寺社奉行町奉行代官所管の地はつかはすべからず、されどその町並に武家の第地あらば、辻番なしともつかはすべし、其品により寺社奉行よりも検使まかるべしとなり。」と定められていたようである（元禄一三年（一七〇〇）六月一四日「常憲院度御実記」（『東京市史稿　市街篇一四』、四五六頁））。
(24) 寛政六年（一七九四）九月九日「乍恐以書付奉願上候（検使願）」（「渡辺家文書・T84」）。
(25) 寛政六年（一七九四）九月九日「乍恐以書付御訴奉申上候（検使願）」（「渡辺家文書・T84」）。
(26) 享和二年（一八〇二）九月「覚（酒代・葬金被差遣候ニ付）」（「渡辺家文書・T102」）。
(27) 文化元年（一八〇三）「諸入用覚（曲淵抱屋敷内変死人之義ニ付）」（「渡辺家文書・C61」）。
(28) 長楽寺は、多門院と同様、角筈村内に位置する真言宗寺院で、やはり身元不明の変死人を埋葬する際に利用されることが多かった。
(29) 文化二年（一八〇五）三月「子年村入用帳」（「渡辺家文書・C53」）。
(30) 寛政一二年（一八〇〇）五月「土岐山城守様より被下置候酒代賃銀割合帳」（「渡辺家文書・T100」）。

(31) 安政三年（一八五六）八月一二日「淀橋橋上東北江寄行倒死人有之御検使願隣村御紀其外諸書物入」（「堀江家文書・G15」）。

(32) 安政三年（一八五六）八月一二日「淀橋橋上東北江寄行倒死人有之御検使願隣村御紀其外諸書物入」（「堀江家文書・G15」）。

(33) 次の史料は、明治七年（一八七四）七月一三日、東京府知事・参事・奏任出仕が区長・権区長の伺書に対する返答として示したものである。

知事
参事　　　　郷村取扱
奏任出仕

棄子幷水死行倒、変死等之者取片（付抜カ）方入費朱引接近町村は小区割、四ヶ宿外村々は其村限にて入費割合来候所、追々失費相嵩み、四宿外村々ゟ右様之仕来にては難渋之趣申出ニ付、区長え吟味為致候所、朱引外村々は一般朱引接近同様、小区割ニ致度段、別紙之通申立候ニ付、取調候所、至当之儀と被存候間、右割合方にて御聞届ケ相成可然哉、別紙相添此段相伺候也。

明治七年七月十三日

これによれば、捨子・水死・行倒・変死などの変事に関する出費は、「朱引接近町村」では小区割、すなわち小区単位で拠出されていたが、江戸四宿の外側にある村では村ごとに拠出されていた。しかし、村ごとでの拠出は村の負担が大きいとの理由で、朱引の外側にある村も同様に小区割を採用するようにとの申し出があった。この申し出に対し、府知事らは調査を行い、「至当」との判断を下した。このように「朱引接近町村」では、朱引の外側地域に先んじて、近隣町村による共同拠出体制が採用されており、〔史料13〕〔史料14〕の事実とも無関係でないと思われる（明治七年（一八七四）七月一三日「明治七年庶務伺留　旧郷村取扱」

（『東京市史稿　市街篇五六』、五六八頁—五七一頁））。

第一一章　融解する町・村の境界線

―百姓たちの「江戸町続」意識―

行田　健晃

はじめに

近世初頭、江戸の町は「兵農分離」（士農分離）[1]という言葉に代表される身分統制策に基づいて城下の百姓を周辺へ追いやり[2]、「武士の集住する城下町」と「百姓が散在する周辺」という形で明確に分割・整備され成立した。近世を通じてその機能を拡大していく江戸との関係から周辺地域を論ずるとき、以上のような起立のプロセスを踏まえれば、江戸の城下町と、変容する村と町の境界を前に、町場周辺の百姓たちがどのような地域意識を持ち、周辺地域は、その範囲と内実をどのように変容させていったか、ということを考えることは、江戸とその周辺の地域空間が、どのように連関して発展していったかを明らかにするために重要であろう。

江戸の町場拡大の契機は、①江戸城の設置と機能の拡充、②明暦三年（一六五七）の明暦の大火と寛文年間

（一六六一～一六七二）の町場拡大[3]、③正徳～延享期（一七一一～一七四七）にかけての鷹場再興[4]と町奉行支配地域の大幅な拡大政策[5]の三つに大別できる。また、直接的な行政区画の変更ではないが、文政年間（一八一八～一八三〇）に江戸の範囲を確定したものとして「朱引」を設置したことや関八州を対象として改革組合村を設置したことは、町場周辺の村々に関して「村」であることを確定すると共に、私領・幕領を問わない一元的な地域の設定を行うことで、その地に住む人々に地域意識の変容を迫った可能性をはらむ点において重要である。①については序章、②については第二章にその詳細の解明を譲るとし、本章では近代への展開を見据え、③以降、江戸中期から幕末にかけての「江戸町続」地域における地域意識が、首都江戸の機能や幕府行政とのかかわりの中で、いかに顕現・変容してきたのかを検討する。「江戸町続」地域の百姓たちは、自分の住む村落と、すぐ近くにまで迫る江戸の町人地との間にあって、自らの帰属する地域をどのように意識していたのであろうか。

本論文は、この課題に対する一つの見解を、江戸の周辺の町村における人口移動の様態を考察することによって示すものである。具体的には、江戸の町に残る人別帳や周辺の村に残る人別送を用いて考察する。

場末や江戸周辺の研究は、序章に述べたように多くの蓄積があるが、人口移動を軸に据えた研究は、人別送自体の考察に五島敏芳による注目すべき研究があり[6]、一方で速水融以来の歴史人口学の蓄積があるにもかかわらず、その数自体は非常に限定されている[7]。具体的に述べるならば、江戸の近郊に位置する村においては、その人口移動の特徴から、江戸への「妻の供給地」の性格を有しているとした森安彦の研究や[8]、雑司ヶ谷町とそれに連なる本浄寺・本染寺門前の出生地を調査し、近隣地域からの流入を指摘した児玉幸多の研究があり[9]、一方江戸の町場地域については四谷塩町一丁目の人別帳を考察した早川雅子の研究がある[10]。しかし、森・児玉の研究は「江戸」という地域を一義的に措定しており、江戸の「どの地域と」「どのようにして」結びついているのかということに踏み込んでいない。一方早川の研究は、周辺の町との人口移動の関係性に言及をしているものの、江戸周辺の村落との関係性については言及がない。

一方、先に述べた「江戸町続」地域の村落に住む百姓たちの「地域意識」を考えるうえでは、江戸の町々が多様な成り立ちを経ている以上、百姓たちが江戸の「どの地域」と「どのようにして」結びついているかという視角が必要となる。これらを踏まえ、本論文では、町村両方の人口移動を見据え、その移動先についても細かく検討することにより、町と村の境界線に位置する「江戸町続」地域の百姓たちの地域意識について考察する。

第一節　百姓たちの「江戸町続」意識 ―内藤新宿とその周辺―

近世における江戸が「首都」として様々な文化や機能を形成してきたことは、これまで大石学をはじめとする多様な角度からの多大な研究によって明らかにされている(11)。では、この影響を最も間近で、最も長きにわたって受け続けた「江戸町続」地域の村の住民たちは、どのような地域意識を持つにいたるのか。寛政年間までの具体的な「江戸町続」地域の発展については序章で既に詳述されているため、ここでは特に寛政期以降の「江戸町続」地域とその周辺の関わりについて述べる。

一、内藤新宿の「江戸町続」意識

本項では、「江戸町続」地域の百姓たちが、どのように自らの所属地域を把握していたのか、内藤新宿における訴訟の事例をもとに、先学の成果にもよりつつ分析を行う。史料の関係上、ここで取り上げるのは名主などの村役人層が中心となる。なお、内藤新宿は、幕府の行政区分上では「宿村」という位置づけであった(12)。
最初に、この論集の重要なファクターの一つである「江戸町続」意識について、内藤新宿名主の高松家に残る次の史料から見てみよう。

〔史料1〕（傍線部は特にことわりのない限り、筆者によるもの。以下同じ。）

乍恐以書付奉願上候

一日光道中千住宿・甲州道中内藤新宿・中山板橋宿名主・問屋共申上候、私共儀是迄御奉行所様江罷出候節、袴羽織ニ而諸御用向相勤候所、品川宿之儀名主・問屋共肩衣着し相■町向奉願上候者私共三宿方儀者初宿ニ而諸御用向多ク相勤、品川宿同様之宿場ニ有之、勿論江戸町續之場所ニ御座候故、時々江戸町掛合等諸出入有之度々町御奉行所様江罷出候節、袴羽織ニ而江戸町名主代家主等ニ御見紛し、殊ニ助郷内ニ而も肩衣ヲ着し候名主共も有之、掛合不宜御座候ニ付、何卒品川宿名主・問屋之通私共三宿儀も名主・問屋共向後肩衣着用仕御用向相勤候様仕度奉願上候、何分以御慈悲右願之通被為仰付被下置候はは、難有仕合奉存候、以上

安永九年子六月　日光道中千住宿　名主　問屋　庄左衛門（以下同七人略）

甲州道中内藤新宿　名主　問屋　喜六（以下三人略）

中山道板橋宿　名主　問屋　新左衛門（以下二人略）

御奉行所様(13)

〔史料1〕は、江戸に最も近い宿場（初宿）である三宿（内藤新宿・千住宿・板橋宿）が、道中奉行の出入りが多く、業

務に差し支えるため、肩衣（本来は武士身分が着用する裃（上下））の着用許可を願い出た訴状である。内藤新宿・千住宿・板橋宿は、先行して肩衣着用が許可されている品川宿を引き合いに、肩衣着用を求めているが、訴状の中で三宿の立ち位置を「江戸町續之場所」と主張し、「江戸町掛合等諸出入有之」と、江戸の町と「出入」があることを理由に肩衣着用を求めている。ここで注目すべきは、「江戸町續」の記述であろう。この史料は安永九年（一七八〇）の成立であり、幕府が江戸の範囲を公式に確定した、いわゆる「江戸朱引図」を出した文政元年（一八一八）より四〇年ほど前である。「江戸朱引図」では、内藤新宿が江戸の町奉行管轄の範囲に入っているように見えるが、文政一〇年（一八二七）には、内藤新宿を親村として改革組合村を編成しようとする動きがあったことから(14)、幕府は内藤新宿を村として扱っていたことがわかる。つまり、幕府側は内藤新宿をあくまでも江戸周辺農村として扱っていたが、名主達は自分たちの地域を「江戸町續」、すなわち江戸に準じる地域として捉えていたのである。

では実際のところ、内藤新宿は「江戸町續」という性格を有していたのだろうか。次の史料は文政年間の内藤新宿の様子を示した史料である。

〔史料2〕

乍恐以書付奉願上候

（前略）

一内藤新宿之儀は、外宿方と聊違田地等も無御座百姓兼帯之宿場に無之、専ら旅籠屋渡世之助成を以稼業仕候より、御役人始土地之者ども百姓と違、江戸町風俗所業に少しも替り候儀無御座、且は吉原町其外繁花之場所より引移り渡世仕候者も在之、衣類人物之義も右に准し殊更飯賣女或は男女の三味線曳等惣而旅人酒之相手仕候者之風俗、自然と目立農商には外れ候風躰ニ在之、引手茶屋を始酒食商候見世之男女迄右ニ馴来候風俗故、都而土地之者共江戸町質素之場所より人気活ニ相見へ農業専一之百姓とは雲泥之相違仕、基より宿役人始百姓之義は一向相辨不申候義ニ御座候、累年私共々村々ニ而農業之間江戸往来小商仕候者又は百姓一圓ニ相稼候者之伜或は壮年ニ而村役勤候者右宿方え罷越酒食等相過し、金銭遣捨欠落亦は勘当帳外ニ相成候者数多在之、兎角賑は敷場所に付若輩者共罷越勝ニ而小唄・三味線等聞覚、時々流行之衣服或は不宜妓芸等見習、右を宜敷事に心得候より、村内女子共ニ迄押移悪敷口真似等仕候間、歎敷存精々此儀を制止候得共、行届兼候処、此度誠ニ以難有御改革被仰付候間、右御趣意ニ願ひ、以来村々之者共用向をかこつけ、右宿場へ猥ニ立入、又は帰宅遅相成候、逆止宿等仕候義は厳重ニ差止可申、村々役人共一同之意存ニ御座候処、御改革ニ付却而右宿を親村に仕、諸事取斗可申段被仰聞甚以恐入当惑至極仕候（後略）

（前記二十一ヶ村名主・年寄・百姓代連名）

文政十亥年九月

御取締御出役様 (15)

〔史料2〕は改革組合村設置の際、内藤新宿が親村になることに対して、周辺村々が治安の悪さを理由に反対を願い出た訴状の一部である。周辺村々は、後の中野村組合に所属する村落であるが、彼らが内藤新宿を「百姓と違、江戸町風俗所業に少しも替り候儀無御座」と認識し、「江戸町質素之場所より人気活ニ相見へ」と江戸の質素な地域よりも賑やかであったとする。(16) この記述は、彼らの言う「江戸町續」が訴願の際のレトリックでないことを示しているといえる。何よりも、内藤新宿が最終的に中野村組合に入らなかったことが、その証左であると思われる。(17) 同時に、このような風紀が周辺の村々に「押移」るとの言及もあり、江戸の気風に染まっていく周辺農村の様子も見て取れる。ただし、ここで言う「江戸町風俗」とは、史料中に出てくる吉原のような「繁花之場所」のことであり、江戸の町全体を指しているわけではない。

しかし、内藤新宿は風紀だけでなく商業も「町方同様」の状況であったことが断片的ではあるが判明する。例えば、許可制の古鉄買が、町年寄を通じて鑑札が内藤新宿内の商人に発行されることによって許可されている[18]。内藤新宿の古鉄買たちは町方の許可を得て、「町方並」の権限を手に入れていたほか、内藤新宿の宿財政も江戸商人の繋がりによって多くの収入を得ていた[18]。内藤新宿は江戸市中との強い繋がりによって成り立っていたのであり、この繋がりが内藤新宿の「江戸町風俗所業」をもたらした原因であるといえよう。

二、内藤新宿と周辺農村

前項では江戸中期に町場化が進み、「江戸町風俗所業に少しも替り候儀無御座」とまで言わしめた内藤新宿について検討してきたが、実際この町場化の影響は宿村だけでなくその周辺の「村内女子共ニ迄押移」っているという状況が〔史料2〕で示唆されていた。

この「江戸町続」意識を持つ内藤新宿と周辺村はどのような関係を持っていたのか。

このことに関して、佐藤麻里は、内藤新宿が宿の機能を停止している寛延二年（一七四九）に、内藤新宿とその周辺四町村（淀橋町・本郷村・角筈村・中野村）が出した、鷹狩りの際の宿泊などの負担を周辺の「明キ村」にも負担させることを願い出た訴願を取り上げ、その負担の合理性を「御場所之儀者一躰」に求めている、としている[20]。この訴願に参加した五町村のうち、中野村以外はすべて武蔵国豊島（豊嶋）郡に属し、中野村は多摩郡に属する。また、文政年間に編成された組合村についても、角筈・淀橋・本郷などを含む下北沢組合に対して、中野村が中野村組合の中に編成されたほか、内藤新宿が組合村に属さない単独の村落として存在した(21)。これは、内藤新宿とその周辺村々が、組合村、郡、朱引の区分と異なる鷹場役負担に対応して結びついていたことを示している。そして、この訴願は周辺の「明キ村」をも「御場所之儀者一躰」として役の中に取り込もうとしている。つまり、鷹場役の負担に対応するために結びついた村落間の紐帯は、それまでの地域編成原理とは別の次元に個々の（特に村役人層に代表される）百姓に同一の地域意識を準備したといえる(22)。

以上のように、一八世紀中後期ごろになると、内藤新宿は、内藤新宿がもつ宿村という性格から、場所の気風や宿村内部の経済構造が首都江戸と近いものとなり、内藤新宿の住民は自らの住居地域を江戸に準じる「江戸町続」と認識するようになっていた。そして、それらの意識は、訴訟という目に見える形で噴出していく。つまり、この時期の内藤新宿とその周辺の地域は、内藤新宿の町場との境界の融解と同時に、鷹場役のような幕府によって課された役を負担する中で、それまでの地域編成とは異なる、独自の地域意識が醸成されていたのである。

以上から、一八世紀後半には、江戸周辺の村のうち江戸の影響を受けやすい地域が町場化すると同時に、鷹場役などの役負担に伴う地域意識醸成によって、一様に「江戸町続」意識を持つに至った可能性を指摘することが出来る。

第二節　町へ進出する周辺農村の百姓たち

第一節では、内藤新宿を中心に、「江戸町続」地域の村が、首都江戸の町場に隣接しているがゆえに、江戸町場に見られる風紀の影響を受け、江戸周辺の村々が町場化した結果、当該地域の住民たちに「江戸町続」の意識が表れたことを指摘した。しかしながら、この町と村の境界の融解は、町から村へという方向だけで進行したわけではなかった。すなわち、町から村とは逆の、村から町への方向によっても、町と村の境界が融解する現象が進行したのである。本節では、この村から町への働きかけとして、豪農の町場進出とそれに伴う百姓の町場への合法的な流入について述べる。その際、交流を示す指標として「人別送」を取り上げる。ただし、筆者は人別送が欠落している可能性を踏まえ、人口移動の多寡がそのまま町場との交流を直接に示しているると考えるのではなく、移動自体が村と町の交流を示すいわば「上澄み」であり、人別送で捕捉される人口移動の背景に、村と町の文書に表れない多くの交流を想定している。その上で、特に数量が多く捕捉された地域についてはその理由を考察することにしたい。

一、移動数量の捕捉方法と基礎データの分析

まず本節で分析対象とする人別送・人別帳・送籍券について述べる。

〔史料3〕（史料中の丸数字および傍線は筆者によるもの。以下同じ。）

人別送り状

①千駄ヶ谷村　新兵衛店　②紙漉渡世　③安五郎㊞　④辰三十五歳

⑤生国御当地

⑥浄土宗四谷南寺町西念寺

⑦店受人青山浅河町八兵衛店六左衛門

右之もの此度角筈村市五郎店へ⑧引越候ニ付元村人別相除候間此段申送り候、以上

⑨辰八月十一日

千駄ヶ谷村名主　菊次郎

角筈村名主　伝之丞殿[23]

天保期（一八三〇～一八四四）以降の人別送り状の最も丁寧な形式が〔史料3〕である。ここでの基本情報は、①移動先（移動元）の村、②身分・職業、③名前、④年齢、⑤出生国、⑥所属宗派、⑦店受（店請）人、⑧転居の理由、⑨受取年月日である。今回取り上げる人別送り状も、①、②、③、④、⑧、⑨は必ず記載される。今回は、すべての人別送に共通して記載されている以上六つの情報の分析を行う。

送籍券

〔史料4〕

乍恐以書付奉願上候

武州多摩郡第廿壱区

中野村百廿六番邸ニ而

②荒物渡世　川平甚六娘　③きよ

⑤生地当村　④申廿三才

右之もの①東京第三大区小拾区四谷橋町壱丁目壱番地中島市郎兵衛方江⑧縁付候ニ付送籍仕度何卒以御慈悲送籍御聞済奉願上候

⑨壬申二月　　吾戸長　堀江夘右衛門

神奈川縣　御廳(24)

〔史料4〕のような送籍券は、明治になり人別送り状に変わって導入されたものである。中野村の場合、送籍券そのものではなくその内容を上層の神奈川県庁に届け出る際の村側の控えであるが、分析においては送籍券の内容をそのまま写し取っているため、送籍券の類として処理する。人別送りと送籍券と比較すると、①、②、③、④、⑤、⑧、⑨（丸数字は人別送基準での対応箇所を示す）と共通性が見出される。明治初期の人口移動を分析する上で、送籍券が人別送状と同様の史料的価値があることがわかる。

人別帳

〔史料5〕

（前略）

一⑤生国越後国古志郡鳴戸（マヽ）村　同店　②日雇稼　③仙蔵(25)　㊞　④巳四十三才

⑥浄土宗四谷西念寺

⑦店請人鮫河橋南町五人組持店勘五郎

巳八月七日①同所御たんす町寅吉店江⑧引越申候

生国右同断　　妻　かつ　　同二十八才

生国右同断　　娘　しけ　　同　十四才

生国右同断　忰　金次郎　同　拾壱才(26)

また、「江戸町続」地域の付近にある町の人口移動を把握するために、ここでは江戸期の宗門人別帳を用いる。〔史料5〕は、引越しによって町から出ていった家族に関する記述である。宗門人別帳の記録形式は、先に挙げた人別送り状や送籍券とは異なるが、〔史料5〕のように人口移動が起きた場合、①、②、③、④、⑤、⑧、⑨の情報が書かれ、人別送や送籍券と共通する部分を有する。史料中の名前の傍線は、その人が町を出ていったことを示す。また、人別帳は冊子で保管されるために、情報の散逸や紛失が少なく、より正確に人口移動を把握できるところに特徴がある。したがって、前掲の二史料と人別帳を併用し、江戸周辺地域におけるより正確な人口移動の把握を目指す。

続いて、これらの人別送りと人別帳を数量的に処理したデータを比較し傾向を検討する。人別送については、角筈村に残された史料(27)と戸塚村に残された史料(28)を分析する。戸塚村は戸塚村（及び隣村の大久保新田）を出ていく者、入ってくる者両方の記録が残っているが、角筈村の人別送りは角筈村に入ってくる人々の記録しか残されていない。また、人の出入りを捕捉できる期間は、戸塚村は天保八年（一八三八）～慶応三年（一八六七）、角筈村は天保一三年（一八四四）～弘化三年（一八四六）となっている（但し移動の記録がない年もある）。この二村は、「江戸町続」地域に含まれることが想定される村である。一方、人別帳については、四谷塩町一丁目のものを使用する(29)。四谷塩町一丁目は墨引の中に含まれる江戸の町の一つである。こちらは安政四年（一八五七）～明治三年（一八七〇）の内、データが残る安政四年（一八五七）、文久元年（一八六一）～文久三年（一八六三）、元治二年（一八六五）、慶応三年（一八六七）、明治二年（一八六九）～明治三年（一八七〇）の八年分を集計したものである。

これを基に、移動者の年齢や肩書、行先、出町村元などの基礎的なデータの検討からはじめる。この調査結果をま

第1表　角筈村・戸塚村・四谷塩町移動者分類一覧

項　目	分　類	角筈村(入)	戸塚村(入)	戸塚村(出)	四谷塩町(入)	四谷塩町(出)
年齢（全員）	10歳未満	16	5	14	82	105
	10〜19歳	16	14	19	100	167
	20〜29歳	15	8	37	123	201
	30〜39歳	27	8	26	119	181
	40〜49歳	14	7	14	81	122
	50〜59歳	6	2	9	66	80
	60〜69歳	3	1	5	32	40
	70歳以上	0	1	4	8	11
	不明	4	0	2	1	2

	分　類	角筈村(入)	戸塚村(入)	戸塚村(出)	四谷塩町(入)	四谷塩町(出)
男女別（全員）	男	48	24	57	301	438
	女	53	22	73	311	471
移動形態（世帯）	単身移動	25	12	53	60	116
	世帯移動	23	10	24	160	222

	分　類	角筈村(入)	戸塚村(入)	戸塚村(出)	四谷塩町(入)	四谷塩町(出)
世帯主の肩書（世帯）	百姓	6	71	66	-	-
	村の渡世人	21	1	1	-	-
	日雇稼	3	1	0	-	-
	町人	18	0	0	-	-
	不明	0	3	9	-	-
	その他	0	0	0	-	-

	分　類	角筈村(入)	戸塚村(入)	戸塚村(出)	四谷塩町(入)	四谷塩町(出)
移動理由別の移動数（世帯）	住所移動	27	8	29	188	212
	住居共有	5	4	10	30	48
	姻戚成立移動(婚姻)	7	0	20	20	20
	姻戚成立移動(養子・その他)	2	6	10	8	13
	既存姻戚移動	7	4	4	22	44
	不明	0	0	4	2	1

注　調査総数は、角筈村（入）：48世帯101人／戸塚村（入）：22世帯46人／戸塚村（出）：77世帯130人／四谷塩町一丁目（入）：220世帯、612人　四谷塩町一丁目（出）338世帯909人。町村名の後ろについている（入）、（出）はそれぞれ入町村者数、出町村者数の記録であることを表示している。移動形態については、単身の移動は「単身移動」として分類し、複数の人物が一度に移動する場合を「世帯移動」として分類した。世帯主の肩書については、村のみの集計とした。その他移動理由別の移動数については、移動理由は文書上では様々だが、単純な移動のみが判明する「引越」などの表記を「住所移動」、「同居」などの居住空間を共有する移動を「住居共有」、「嫁入」などの婚姻関係の成立は「姻戚成立移動（婚姻）」、「養子」などの婚姻関係以外での姻戚関係成立による移動は「姻戚成立移動（養子・その他）」として集計した（ただし、「婿養子」は婚姻による移動の中に含んだ）。「親元へ戻る」「離縁」など、元いた場所に戻る、あるいは既に成立している姻戚関係に基づいて移動が行われたものは「既存姻戚移動」の中に分類した。

とめたのが第1表であり、まず移動者の年齢分布を検討する。表によれば、四谷塩町は出町者・入町者ともに三〇代、二〇代、四〇代の順に移動が多く、約三割は三〇代であった。一方、戸塚村は一〇代、二〇代に移動の人口が集中しており、二〇代が三割を占める。移動者の年齢は戸塚村の方が全体的に若いのである。その点、角筈村は三〇代が最も多く、村でありながら移動者の年齢分布は町に近いといえる。

次に、男女比を見ると、四谷塩町は出入ともに男女比はほぼ一対一であるが、町を出る人については女性がやや多い。一方、戸塚村は、入村者割合はほぼ一対一だが、出村者は約四対五で、こちらも女性の方がやや多い。角筈村の入村者も男女比はほぼ一対一である。男女比ではほとんど差はないが、単身・世帯の別について見ると、四谷塩町の単身・世帯の割合は、入町が三対八、出町がおよそ一対二と圧倒的に世帯の移動が多い。一方、戸塚村は入村者が一対一、出村者が二対一と、出村では圧倒的に単身での移動が多い。角筈村の移動の単身・世帯の割合は、戸塚村に近くおよそ一対一である。出入りする人々の肩書については、四谷塩町についてはほぼ例外なく町人であったため、ここでの記述は割愛した。戸塚村については出ていく人だけでなく、入ってくる人も百姓の肩書を持つものが多い。一方、角筈村は町人や農間渡世人の割合が目立つ。これは戸塚村が周辺の村落と交流を持ち、角筈村が町との交流を持っていることを意味する。その意味では、角筈村に入ってくる人々の性格は町とよく似ているといえる。

移動理由別については、どれも基本的に単純な移動が最多だが、これはそもそも移動の絶対数自体が多いことによるものと考えられる。そこで注目すべきは他の割合ということになる。この点、四谷塩町と角筈村の割合は非常に似通っている。少なくとも町から出ていく人々の受け皿として、角筈村は町の領域に入っていると考えてよい。一方、戸塚村を出る人々は圧倒的に結婚や養子などの縁組による移動が多い。これは近郊農村が持つ「妻の供給地」としての地域特性と合致する。(30) また単身移動が多く、かつ女性の移動が多く、年齢が若いのもこれを説明しているものといえる。

基礎的なデータの分析から得られた考察をまとめると、次の知見を得ることができる。

一、戸塚村は近郊の町から女性を多く町へと送り出している。その意味では、戸塚村は従来研究されてきた近郊農村の典型ということができる。

二、角筈村へ入村してくる人の様子は、年齢と移動の理由、そして肩書を見れば四谷塩町を出ていく人とよく似ているが、移動の形態に関しては同じであると言い切れず、むしろ戸塚村に入ってくる人の割合に近い可能性も考えられる。

三、角筈村と町の結びつきは、戸塚村とは明らかに異なるが、四谷塩町と同じであるとは断定できない。

このように、角筈村は戸塚村のような近郊農村の地域とも、四谷塩町のような御府内の町とも異なる特徴を見せている。この移動を考えるため、次項ではこの三町村の入町村先、出町村元について詳細に検討し、その性格について考察したい。

二、江戸の町場と周辺農村の人口移動

本項では、前項で検討していない移動者の入町村先、出町村元について検討を行う。前項は移動者の性格に注目したが、ここでは移動元・移動先という場所を基準として、三町村の移動の性格について考えてみたい。

第2表は人別送りに記録された人数を、出入り先別にカウントしたものである。

そして、これを江戸における町奉行支配地とそれ以外に分けた場合の移動の数量を第3表として示す。なお、朱引・墨引が確定した時点で「村」と表記されていた地域も、墨引の中に含まれているものについては「御府内町場」

としてカウントした。なお、角筈村に含まれていた桧原村からの移動、戸塚村に含まれていた保谷村からの移動は、後述の理由から移動総数に含んでいない。

角筈村と戸塚村はそれぞれ墨引きの外側、朱引きの内側の農村であり、町奉行の支配地ではない。また、文政年間(一八一八～一八三〇)に角筈村と戸塚村が下北沢村組合に編成されたことからも(31)、幕府がこれらの村々を村として扱おうとしたことは明白である。だが、こうした村の扱いを受けている角筈村において、入村する人々はそのほとんどが御府内の町場からの移動である。その中では、四谷地域からの流入がやや多い。同様に、戸塚村を出ていく人を見ると、やはり移動先は御府内町場のケースが圧倒的に多く、中でも牛込地域へ比較的多く移動している。

第2表　角筈村・戸塚村出入村先一覧

角筈・入村元	
桧原	1
柏木	4
内藤新宿	5
上高井戸	1
中野	1
代々木	3
千駄ヶ谷	5
赤坂	1
青山	3
深川	1
小石川	1
渋谷	1
市谷	1
四谷	8
三田	1
京橋	4
牛込	1
角筈	2
不明	4
合計	48

戸塚村・入村元	
保谷	1
落合	3
板橋	1
柏木	2
中野	5
巣鴨	1
高田	1
戸塚	3
牛込	4
不明	1
合計	22

戸塚村・出村先	
目黒	1
麻布	1
本所	1
柏木	6
中野	9
大久保	2
巣鴨	3
浅草	5
川口	1
千住	3
赤羽	2
石神井	1
神田	2
上野	1
小石川	3
市谷	3
四谷	4
三田	1
駒込	1
牛込	19
下谷	1
不明	6
合計	76

このように、町奉行支配でない村、すなわち「江戸町続」地域の住民の交流のベクトルは、周辺に他の村があるにも拘らず、町場の方を向いているのである。それは、町場と親和性のある農間渡世人の割合の高い角筈村の場合も、割合の低い戸塚村の場合も、一貫して現れる特徴であった。以上から、前節の検討で内藤新宿に見られた「江戸町続」意識は、遅くとも天保年間（一八三〇〜一八四四）には、角筈村や戸塚村など、周辺地域全体へと広がっていったものと思われる。

だが、この地域意識は、無制限に広がっていったわけではない。事実、伊藤好一の示した「江戸地廻り経済圏」の範疇に入っている小川村（現東京都小平市小川）の名主の家に伝わる「小川家文書」（小平市立中央図書館複写所蔵）の人別送によれば、本論とほぼ同時期に小川村の五〇例（流出九例、流入四一例）の移動のうち、江戸と関わりを持つ移動は流出一例流入二例のわずか三例（麻布・品川・本所）である[32]。自らの所属地域を「江戸町続」と認識する「江戸町続」地域の範囲は、現在の北多摩地域へは及んでいなかったといえよう。従って、北多摩及び北多摩以西の地域は本章の分析における「周辺農村」からは除外している。

そして、この現象を町奉行支配地域側から見れば、本来町場であったところへ百姓という村の要素が進出することで、「江戸町続」地域と江戸の町奉行支配地域、両者の性質の境界があいまいになっていたということが出来るのである。

では、この農村人口の合法的な江戸への流入という現象は、江戸の町場からはどのように位置付けられるであろうか。角筈村・戸塚村の人別帳とやや時期がずれるが、四谷の町の一つである四谷塩町一丁目の幕末における宗門人別帳を分析する。四谷塩町一丁目は町奉行支配地であるが、角筈・戸塚両村から直線距離でおよそ二〜三キロメートルの距離にあり、先ほどの戸塚村・角筈村の移動の様相から考えると、十分に人的交流が行われている可能性のある地

第3表　角筈村・戸塚村出入村先分類

角筈村入村元		戸塚村入村元		戸塚村出村先	
周辺農村	7	周辺農村	12	周辺農村	18
御府内町場	36	御府内町場	8	御府内町場	52
不明	4	不明	1	不明	6
合計	47	合計	21	合計	76

第5表　移動先・移動元の分類

四谷塩町一丁目・入町村元	
周辺農村	7
御府内町場	198
不明	4
合計	209
四谷塩町一丁目・出町村先	
周辺農村	7
御府内町場	303
不明	7
合計	317

第4表　四谷塩町一丁目移動詳細

四谷塩町一丁目・出町先	
麻布	8
本郷	2
品川	3
板橋	1
柏木	2
日本橋	12
内藤新宿	5
湯島	1
代々木	1
浅草	11
千駄ヶ谷	1
赤坂	20
青山	3
神田	4
深川	4
小日向	1
小石川	1
渋谷	1
芝	7
市谷	33
四谷	104
麹町	58
駒込	1
京橋	8
牛込	12
下谷	3
阿佐ヶ谷	1
落合	1
神奈川台	1
不明	7
合計	317

四谷塩町入町元	
目黒	1
麻布	3
本郷	1
柏木	1
日本橋	4
内藤新宿	2
湯島	2
中野	2
浅草	4
飯田町	3
千駄ヶ谷	2
千住	1
赤坂	12
青山	2
神田	7
深川	3
小日向	1
小石川	3
渋谷	2
芝	1
市谷	12
四谷	77
麹町	49
京橋	3
牛込	6
下谷	1
不明	4
合計	209

注　『四谷塩町一丁目人別書上（上）』東京都江戸東京博物館都市歴史研究室、一九九八および『四谷塩町一丁目人別書上（下）』東京都江戸東京博物館都市歴史研究室、一九九九（史料年代：一八五七－一八七〇）より筆者作成。

第6表　移動先・移動元の詳細分類（移動先別）

牛込地域

戸塚村入村者	人　数
牛込横寺町	1
牛込細工町	1
牛込早稲田町	1
牛込筑土八幡町	1

戸塚村出村者	人　数
牛込改代町	1
牛込築地町	1
牛込破損町	1
牛込馬場下町	12
牛込福田町	1
牛込弁天町	1
牛込揚場町	1

四谷塩町一丁目出町者	人　数
牛込原町	1
牛込御納戸町	1
牛込細工町	1
牛込若松町	1
牛込神楽坂	1
牛込早稲田町	1
牛込中里町	1
牛込馬場下町	1
牛込払方町	2
牛込弁天町	1
牛込放生寺門前	1

四谷塩町一丁目入町者	人　数
牛込原町	2
牛込細工町	1
牛込破損町	1
牛込馬場下町	1
牛込払方町	1
牛込放生寺門前	1

四谷地域

角筈村入村元	人　数
四谷伊賀町	1
四谷塩町	1
四谷坂町	1
四谷仲町	1
四谷長延寺門前	1
四谷伝馬町	1
四谷忍町	1

戸塚村出村先	人　数
四谷新堀江町	1
四谷伝馬町	2
天徳寺門前替地	1

四谷塩町一丁目出町先	人　数
四谷伊賀町	13
四谷塩町	3
四谷戒行寺門前	1
四谷御箪笥町	18
四谷坂町	16
四谷鮫河橋	20
四谷新堀江町	2
四谷太宗寺門前	1
四谷仲町	2
四谷天徳寺門前代地	3
四谷伝馬町	16
四谷忍町	6
四谷了学寺門前	1

四谷塩町一丁目入町元	人　数
四谷伊賀町	14
四谷塩町	6
四谷御箪笥町	14
四谷坂町	8
四谷鮫河橋	8
四谷新堀江町	1
四谷仲町	2
四谷天徳寺門前代地	1
四谷天龍寺門前	3
四谷伝馬町	11
四谷忍町	2
四谷尾張町	2
四谷了学寺門前	1

域と考えられる。実際、角筈村には多くの人口が四谷地域から流入しており、戸塚村にも四谷地域への流出が見られる。

第4表は、これらの記録を移動元・先別に整理したものである（但し移動元・先が武蔵国・江戸の場合に限る）。

これを先ほどと同様に、町奉行支配地とそれ以外への移動に分けると、第5表のようになる。角筈村・戸塚村は、この表では「周辺農村」に属する。先ほどの戸塚村・角筈村の人口移動の表によれば両村から江戸に多数の移動があったが、四谷塩町一丁目とは人的交流はほとんど見られない（周辺農村からの入町割合は移動数全体の三％、出町割合は全体の二％に過ぎない）。

名主から名主へと渡る人別送りの性質上、戸塚村のように出村元の名主が記録の控えを取れば、人口移動の記録は出村元と入町先の両方に残るはずである。したがって、調査時期のずれはあるものの、人口移動が発生している町と村の記録を照合すれば、ある程度の対応関係を見せるはずである。ところが、四谷塩町一丁目の記録に関しては、明らかに村側が示していたような記録とは対応していない。つまり、戸塚村・角筈村は、四谷地域との交流はあるが、四谷塩町一丁目との交流はないのである。この結果は、戸塚村・角筈村の人々の交流が、より偏ったものであり、戸塚村・角筈村などの「江戸町続」地域の人々が四谷塩町一丁目と同じコミュニティに属していないことを示している。

さて、第6表は角筈・戸塚両村、及び四谷塩町一丁目おいて、移動の割合が大きかった四谷・牛込地域について、さらに細かい地域分けを行い、人数を示したものである。

第7表　牛込地域のうち片方とのみ交流が確認された地域

四谷塩町一丁目のみ	戸塚村のみ
牛込原町	牛込横寺町
牛込御納戸町	牛込改代町
牛込若松町	牛込築地町
牛込神楽坂	牛込福田町
牛込中里町	牛込揚場町
牛込払方町	牛込筑土八幡町
牛込放生寺門前	

この表において注目すべきは、戸塚村から牛込馬場下町へ出ていった者の多さである。人口の移動先が明らかに牛込馬場下町へと偏っているのである。松本四郎によれば、牛込は町屋成立の段階で町人造成地の性格を持つ地域と百姓家作の性格を持つ地域の二つに大別でき、牛込馬場下町を含む早稲田や馬場下の地域は後者に属するとされる(33)。つまり、天保期（一八三〇〜一八四四）以降における「江戸町続」地域の百姓の町場への移動は、百姓がすでに家作を行った場所への入居を目的として行われたと考えられる。それは、逆に百姓家作が存在する地域には四谷塩町一丁目との交流がほとんど見られないことからもわかる。

また、牛込地域のうち、四谷塩町・戸塚村のどちらかとしか交流が見られなかった地域について整理したものが第7表である。

すなわち、ここで挙げた四谷塩町一丁目のみと交流が見られた地域については百姓家作が乏しい地域を、戸塚村のみと交流が見られた地域は百姓家作が多い地域と重なることが推測される。また、人数は少ないが、四谷地域についても同様の傾向を見出すことができる。例えば四谷伊賀町や四谷伝馬町は四谷塩町一丁目と盛んに交流を行っているが、四谷新堀江町は四谷塩町一丁目との交流はわずかに三例である。四谷新堀江町は中野村名主堀江家が百姓家作経営をした土地である（後述）。

ここまでの検討を総合すると、「江戸町続」地域の人々は、その外側に位置する村の住民とは異なり、町場との交流を盛んに行っているが、全ての町場と均一に交流を行っているわけではなく、ある特定の地域に交流が集中していることを指摘できる。そして、松本四郎の土地利用に関する考察から、周辺農村と交流が乏しく、四谷塩町一丁目のような町場と交流が盛んな地域は百姓家作が乏しく、逆に周辺農村と交流が活発で四谷塩町一丁目と交流が乏しい地域は百姓家作が多い地域であることが窺えた。

三、町場に形成される百姓コミュニティ

前項では周辺の農村から多くの人々が町へ出入りしている様子を確認し、またそれらの分析から百姓家作の多寡が周辺農村と町場の交流の濃度を左右する可能性を指摘した。本項では、町場における実際の土地利用からこの点を考察したい。

まず、百姓たちが町場で家作を行う「百姓家作」について見ておきたい。内藤新宿のように、江戸の巨大な経済力の影響を受けた江戸近郊農村の村々の中には、江戸の武家屋敷と強力に結びつき、経済力を蓄えるものも現れた(34)。中野村名主堀江家は、中世以来の在地土豪が近世期に名主となった家であるが、尾張藩屋敷の下掃除権などで財を築き、近世中期にはその経済力を背景に町場へ進出し、四谷新堀江町の経営に乗り出すほか、文政~天保期頃からは百姓家作を行うようになる。次の史料はその一例である。

〔史料6〕

御尋ニ付乍恐以書付奉申上候

一四ッ谷伊賀町往還通幷荒木横町往還通長延四拾九間半余横巾拾間通屋敷儀御年貢御取増奉願上候、地所之内東西往還通長四拾九間半余りツ、梁間弐間半ニ表之方三尺裏之方三尺之下家仕附手継ニ家作仕度其外者家作建不仕候、右御尋ニ付此段乍恐以書付奉申上候以上

天保四巳年十月廿七日　　　　中野村　名主　堀江卯右衛門　㊞(35)

〔史料6〕は、中野村名主堀江卯右衛門が四谷伊賀町往還と荒木横町往還沿いに長さ四九間半、幅一〇間の空間に家作をしようとしていることを示している。それに伴い、年貢の負担増を願い出ている。二本の通り沿いに現代の長さ九〇メートル、幅一八メートルの範囲で家々が建てられる。これには絵図面が付属している。後掲の第1図と類似のものであるため省略するが、二往還沿いの家の建て方が説明されている。

この家作に当たり、堀江家は町地を「永拝借地」として事実上の買い取りを行おうとした。そのため、支配代官の中村八太夫や四谷伝馬町名主の茂八郎と、様々な書状のやり取りをした記録が残っているが、最終的にこの土地拝借は成功したようであり、家作に住むと思われる百姓の店請状が堀江家に一二通残っている。(36)この一二通のうち、住居の分かっている店請人の出身地は中野村四通、内藤新宿・雑色・和田・吉祥寺・筑波町が各一通であった。店請人は借家の連帯保証人であり、好身の者が多かった(37)ことを考えると、店借人はこれらの村の、あるいはその周辺の出身者である可能性が高い。

では、村から町への百姓の移動はなぜ起こるのか。次の史料を見たい。

〔史料7〕

寛政九巳年八月　町触

町々日雇稼之者共、是迄日雇座え札役銭差出来候処、難儀之趣相聞候付、向後右札役銭差免、日雇座相止候、是迄雇諸人足幷武家方共日雇雇陸尺等都て日雇無之候ては難叶要用を見掛ケ、賃銭を引上ケ、立場越抔と唱、少々も道隔候方は賃銭を増、或は吉凶ニ事寄増賃銭をねたり、我儘ニ日雇相稼候者間々有之、入口之者も持場を定置、右場所え他之日雇稼入込候義相不成、銘々一手ニ括り候様成儀も有之由相聞不埒之至候、右躰之儀有之候ては、自ら賃銭引下ケニも相障候間、いつれの場所にても無差構、手廣ニ日雇為相稼候様可致候、以来日雇稼之ものは不及申、入口小差之のものともまて急度相守、右體之儀無之賃銭引下ケ請取之日雇稼可致候、若於相背は可為曲事もの也、
八月[38]

近世の武士は、業務の肥大化などが進行したことから、日常生活を円滑に過ごすために、いわゆる「雑用」をこなす下働きの人間が不可欠であった。これは、江戸城内の生活に限らず、江戸に屋敷を構える一般の武士も同様であった。それゆえ、武士の生活には、江戸周辺の百姓が様々な形で関わってくることとなる。

〔史料7〕には、「陸尺（六尺）」という、武家の下働きを担う職名が見える。当初この「陸尺」は百姓から役として徴発していたが[39]、〔史料7〕に見られるように寛政九年（一七九七）頃には日雇いの者を雇い入れている状況にあった。内容は、この日雇層を管理する日雇座を廃止したところ、日雇いが不当に賃金を吊り上げ始めたため、それを戒めるものだが、最も注目すべきは、武士が「都て日雇無之候ては難叶要用」と、百姓の労働を不可欠な存在と認めており、百姓の日雇い層がそこに付け込んで賃金の増額要求を行っている点である。つまり、一八世紀末頃から、武士の生活は日雇いの百姓なしでは回らないような状況があり、武家と日雇いの賃金交渉の場においては、日雇い側が賃金決定のイニシアティブを握っている場合すら存在したのである。それ故、この時期は各地から江戸を目指して日雇い層が流入する状況が発生していた[40]。同様のことが江戸に隣接する地域にも発生していたことは想像に難くない。無論、日雇層の需要は江戸の都市性を考える上で様々な場面に求められる可能性があるが、多数の武士の生活という首都江戸の独自性が重要な理由の一つであることは疑いない。つまり、百姓の都市への流入は日雇人を必要とする武家の生活そのものが要因の一つとなっているのである。

次に、これに関して、町の構造分析を行う。次の第1図は、堀江卯右衛門が四谷堀江町に家作を出願したさい町奉行に提出した絵図である。この図によれば、家作予定地の近くに「久世三之丞屋敷」「神田数高屋敷」「武家地」「加藤中頭丞屋敷」の記述があり、東の一帯には「此辺不残武家方屋敷」との記述もある。このように、百姓家作の周辺には多くの武家屋敷が存在しているのである。

これを踏まえ、前項で検討した戸塚村の人口流出先として最も多かった牛込馬場下町の町構造を検討する。第2図は牛込馬場下町の図である。

そこに存在する武家屋敷を書き出したものが第8表である。

第8表に見られるように、牛込馬場下町には多くの武家屋敷が存在している。また、第3図は屋敷などの配列のみを抜き出した図であるが、注目すべきは図に散見される「百姓」の記述である。これは、百姓の住居と考えられるが、それらが武家屋敷に隣接するように存在している。図中には「町屋」の記述も別にあることから、百姓の住居は通常の町屋とは区別されている可能性もある。つまり、「江戸町続」地域の百姓の移動先は町屋ではなく、「町屋」とは別の建造物と考えられるのである。そして、これに第1図の状況を考えあわせると、彼らは百姓家作をその住居としていたと推測できる。次に、この現象を四谷塩町一丁目の移動から検討してみよう。先ほど見たように、四谷塩町一丁目は角筈村や戸塚村の近くに存在しながら、これらの村との人の出入りが乏しい地域であった。近くにありながら、角筈村や戸塚村とはコミュニティを共有しない地域である四谷塩町一丁目も、牛込地域との人の出入りは多い。そこで戸塚村・角筈村とは人の出入りがほとんどなく、四谷塩町一丁目と人の出入りがある地域として、牛込原町（二丁目）と牛込改代町を取り上げる。

第4図、第5図を見る限り、先の牛込馬場下町との差は歴然である。つまり、牛込原町一丁目にも、牛込改代町に

第1図　四谷新堀江町の家作を表す絵図

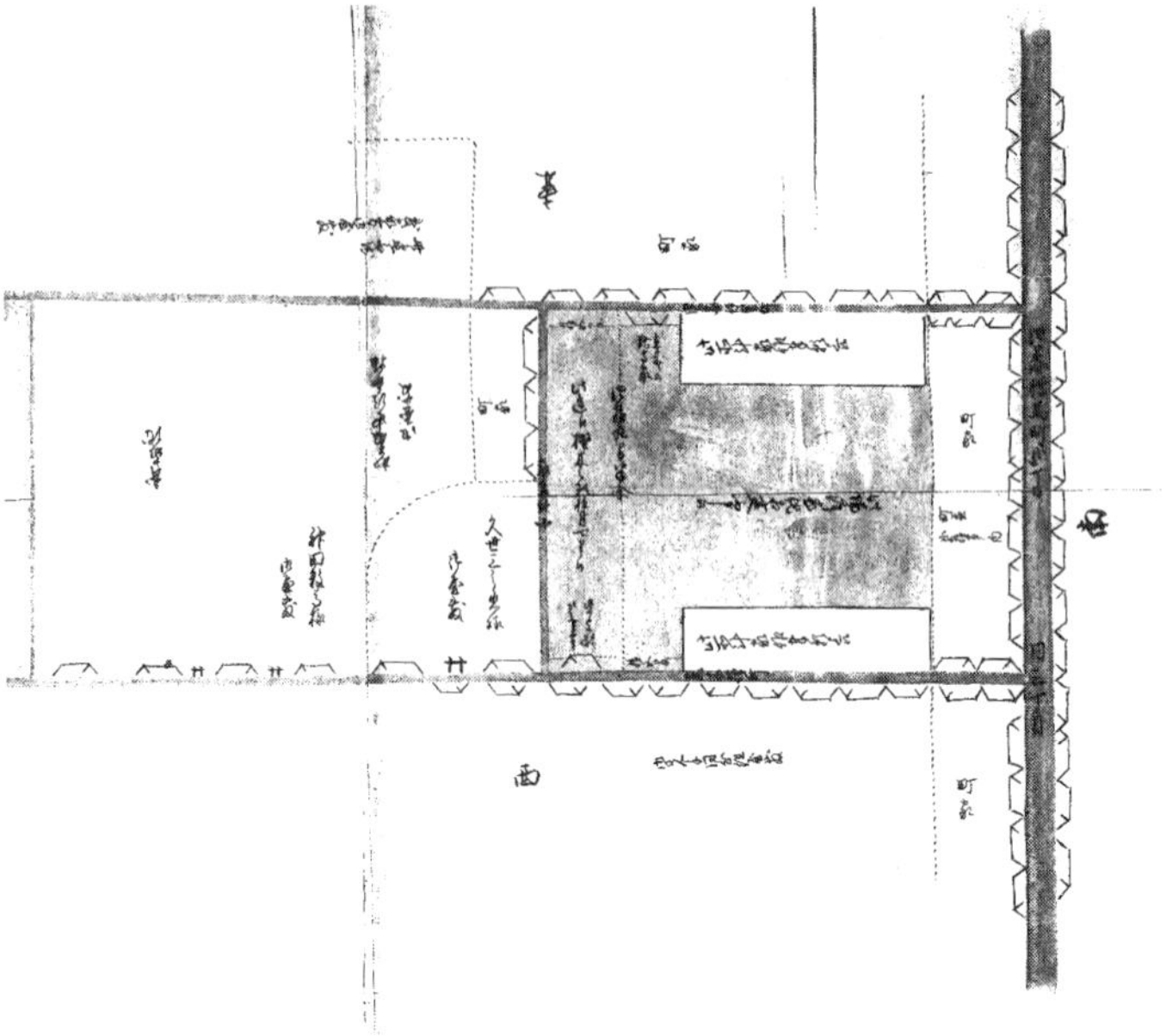

第2図　牛込馬場下町の絵図

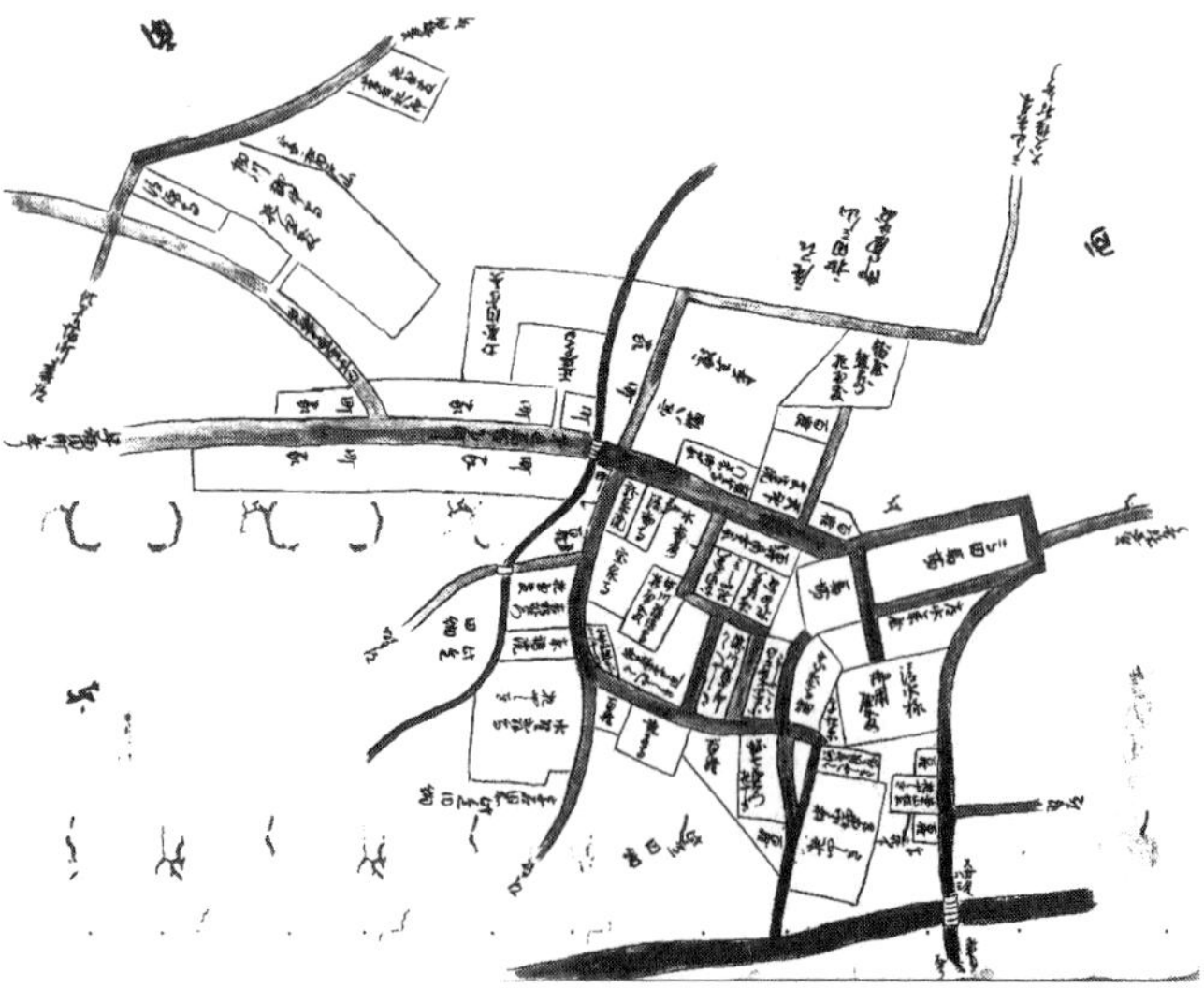

第3図　第2図の屋敷配置図

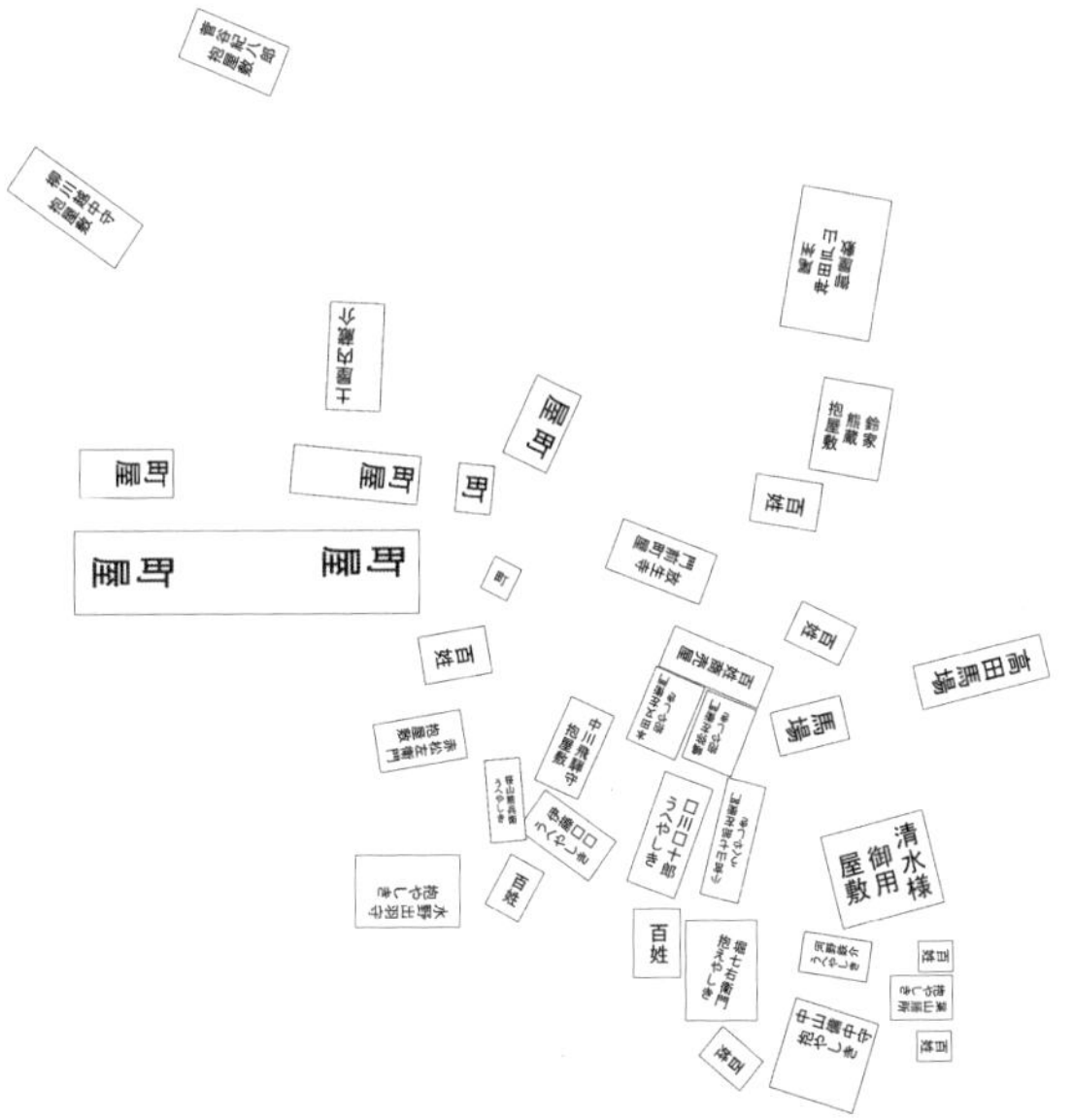

第1図注　首都大学東京図書館所蔵（原文書）中野区立歴史民俗資料館提供（紙焼き史料）「武蔵国多摩郡中野村名主堀江家文書」S　絵図24「（四ツ谷絵図）」より。なお、掲載にあたっては中野区立歴史民俗資料館の許可を得た。

第2図注　同43「（牛込馬場下町絵図）」より。なお、掲載にあたっては中野区立歴史民俗資料館の許可を得た。

第8表　第3図における屋敷持主書出

鈴屋熊蔵抱屋敷	中山備中守抱屋敷
尾州神田戸山屋敷	河野鉄介上屋敷
菅谷紀八郎抱屋敷	小宮山七郎左衛門上屋敷
柳川越中守抱屋敷	□川□十郎抱屋敷
清水家御用屋敷	嶋弥左衛門抱屋敷
赤松左衛門抱屋敷	水野出羽守抱屋敷
中川飛騨守抱屋敷	伊藤□□上屋敷
葉山膳所抱屋敷	笹山熊兵衛上屋敷

第4図　牛込改代町絵図（上）・第5図　牛込原町一丁目絵図（下）

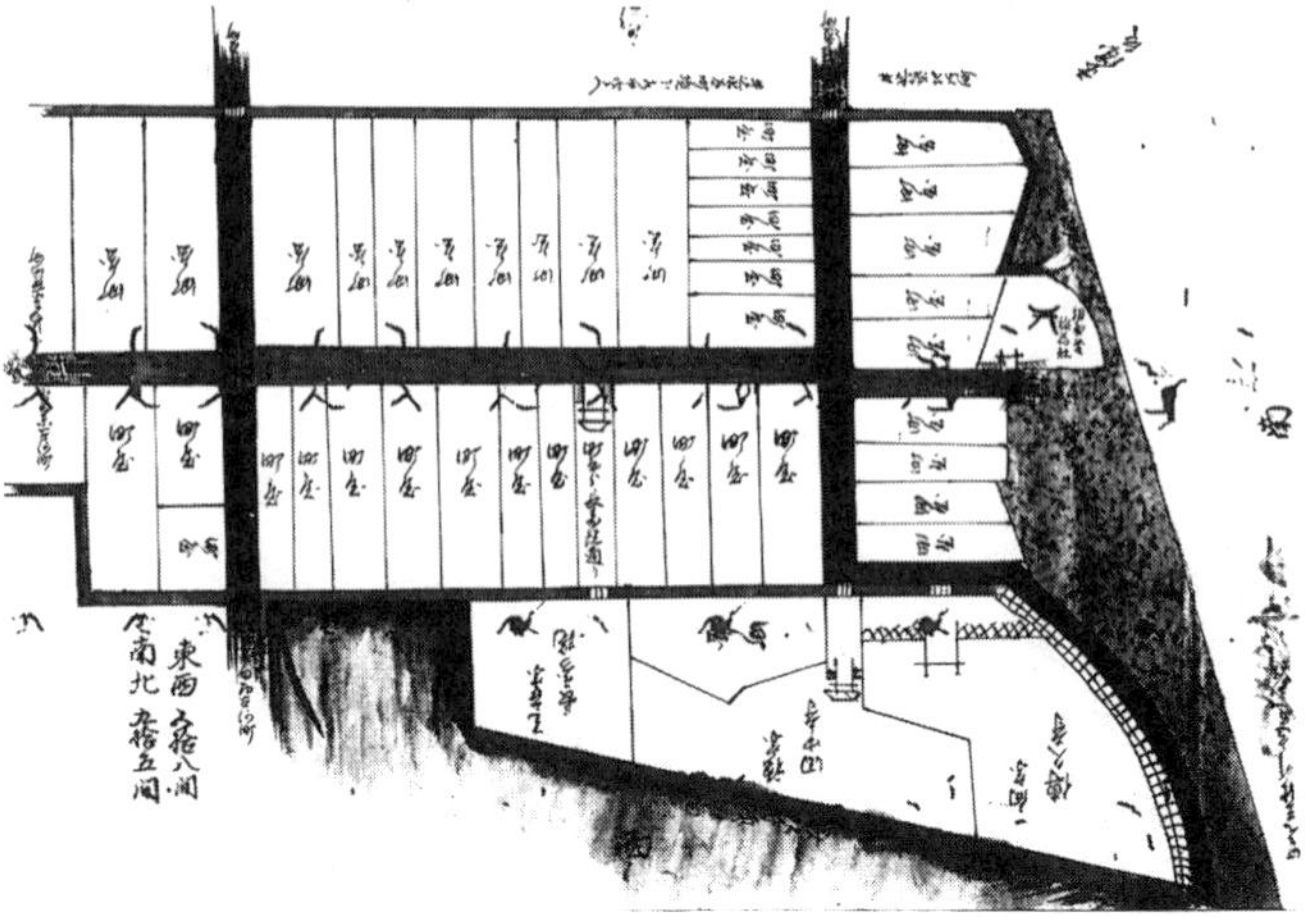

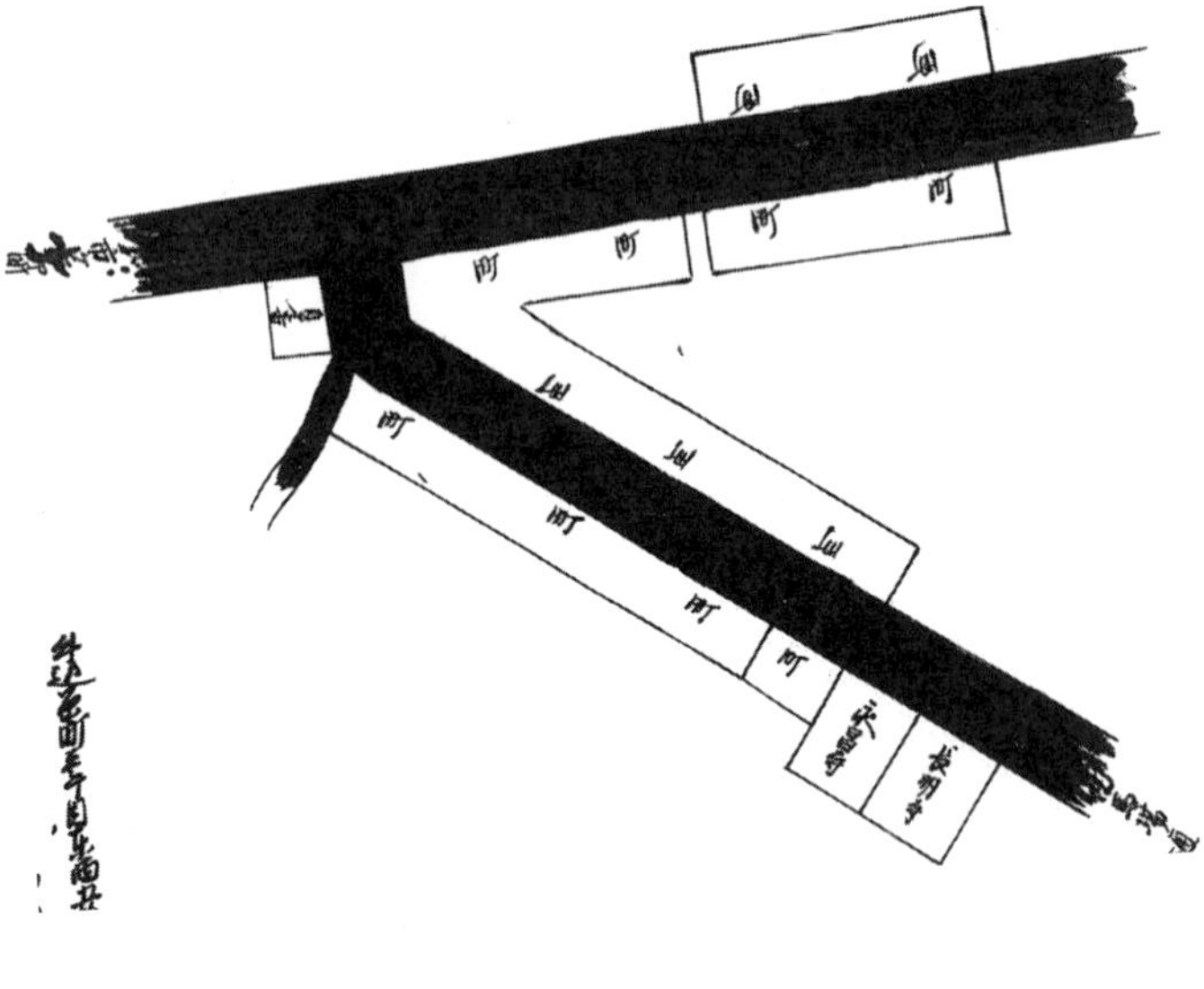

第4図注　首都大学東京図書館所蔵（原文書）中野区立歴史民俗資料館提供（紙焼き史料）「武蔵国多摩郡中野村名主堀江家文書」S　絵図45「（牛込原町・同所永昌寺門前絵図）、

第5図注　同絵図39「（牛込改代町絵図）」
なお、いずれも中野区立歴史民俗資料館より掲載許可を得た。

も、武家屋敷が全く存在しないのである。また、これ以外にも、戸塚村とは関係が薄い牛込地域の内、現在まで絵図が残っている地域について、その武家屋敷の数を調べ、上の二つの町を加えてその合計数を第9表に示した。

根平組とは、同心のうちの一つの組であると思われる。この表を見ればわかるように、これらの地域には武家屋敷がほとんど存在しない。牛込弁財天町は、屋敷こそ存在しているが、いずれも同心や与力といった低禄の武士であり「武家屋敷」と表記されている場所は一か所のみである。また、この表の「武家方」「武家屋敷」の数を合計しても五つの町でわずかに四か所である。

これらのことから、「江戸町続」地域から百姓の移動がほとんど見られない地域には、武家屋敷がほとんど存在しないことが推測される。

最後に、武家屋敷周辺の町場の状況を、四谷新堀江町と真正面に隣接する四谷伝馬二丁目(41)を事例に検討する。四谷伝馬町は新一丁目、一丁目、二丁目、三丁目の四つを含む地域であり、四谷伝馬町という括りならば四谷塩町一丁目と人と交流している（二七例／一七五例、分母は四谷地域との交流総数）。

そこで、四谷伝馬町をさらに上記の四つの区分に分け、四谷伝馬町内部の移動の様相について検討する。

第10表を見ると、「四谷伝馬町」という移動先の実態は、そのほとんどが一丁目と三丁目への移動であり、四谷伝馬町二丁目はわずかに二例であることがわかる。さらに言えば、二丁目の隣の新一丁目にも、ほとんど人が動いていない。

これらを総合すると、武家屋敷が存在する地域の周辺には「江戸町続」地域に属する村々の百姓たち（あるいは遠くの他村からの出稼）によって、その大部分を構成するコミュニティが成立しており、四谷塩町一丁目のような町場の人々はこのコミュニティを避けるような状況が生まれているといえる。

第9表　牛込原町・改代町・弁財天町にある屋敷の種別と数

町　名	屋敷の表記	数	計
牛込原町一丁目	—	0	0
牛込原町二丁目	御組屋敷	2	4
	御武家方	2	
牛込原町三丁目	御組屋敷	1	2
	御武家方	1	
牛込改代町	—	0	0
牛込弁財天町	与力	2	10
	同心	5	
	根平組	2	
	武家屋敷	1	

注　中野区立歴史民俗資料館所蔵「武蔵国多摩郡中野村名主堀江家文書」S絵図45「(牛込原町・同所永昌寺門前絵図)」、同S39「(牛込改代町絵図)」同S46「(牛込原町二丁目・三丁目絵図)」同S47「(牛込弁才天町絵図)」より筆者作成。

第10表　四谷塩町一丁目から四谷伝馬町への移動詳細

四谷伝馬町一丁目	13
四谷伝馬町二丁目	2
四谷伝馬町三丁目	8
四谷伝馬町新一丁目	3
不明	1
合計	27

注　『四谷塩町一丁目人別書上（上）』東京都江戸東京博物館都市歴史研究室、一九九八年および『四谷塩町一丁目人別書上（下）』東京都江戸東京博物館都市歴史研究室、一九九九年より筆者作成。

以上に見てきたように、近世後期、「江戸町続」地域の人々は、彼らに先んじて富を蓄え町場に進出していた豪農らが経営する百姓家作を足掛かりに、次々と町場へ進出していた。

だが、土地を手放した彼らが町場で生活をしていくためには、一定の収入源が必要であった。この収入源として大きな役割を担ったのが町場に展開する武家屋敷であった。当時の武家は業務の肥大化によって、その生活自体が「陸尺」などの百姓身分による下働きの力を借りなければ成り立たないほどに複雑化していたため、この機に乗じて賃金の上昇を目指す日雇百姓が現れるほどであった。

第二節での検討を通して見えてくるのは、町場に流出していく百姓の存在である。第一節で見えてきたものが町場から村への進出であるならば、第二節で見えてきたのは村から町場への進出であった。そして、百姓の町場への進出は、第一節で検討した角筈村は勿論のこと、町場との親和性が低く、むしろその外側の村落との親和性が高いと思われる戸塚村についても見られたことから、「江戸町続」地域の広い範囲に見られる現象であると考えられる。つまり、戸塚村と角筈村はその町場化の度合いの差から、一見すると町場地域との結びつき方が異なっているように見えるが、どちらの村も交流のありようは四谷塩町一丁目のような町場コミュニティの中に包摂されるものでは決してなく、町側に進出した百姓たちと交流を持っているという点では共通しているのである。そして、彼らの町場への進出理由の一つに、武家屋敷での労働が存在した。そして、貨幣経済の進展とともに、土地を絶対的な生産基盤としなくなった百姓たちは、先んじてその経営を町場へと伸ばしていった中野村名主堀江家のような豪農によって、武家屋敷の周辺に盛んに作られた百姓家作へと移り住み、そこで生計を立てたのである。戸塚村の人別送りからは、調査対象期間に七七世帯、一三〇人の移動が見られるが、移動理由の内、借家・同居・引越が三四件を占め、縁組が三〇件を占める(42)。天保年間以降、戸塚村では百姓家作への移住と、先に家作へ移住していた百姓との縁組が同時に進行していたのである。ともかくも、このような百姓の移住（村側の町場への進出）は、より一層江戸の町場地域と「江戸町続」地域の一体感、すなわち「江戸町続」意識の醸成を促したと考えられる。幕末における一般百姓たちの「江戸町続」意識については第三節で改めて検討を行う。

こうした周辺農村の江戸の町場への進出は、江戸の町屋の中でも百姓家作が多く存在する地域に限定され、広範な町場と均等な交流が行われていたわけではないが、少なくとも周辺農村に住む人々の地域意識に影響を与えたものと考えられよう。

しかし、今一度角筈・戸塚両村の出入村の分析に立ち返ると、戸塚村に入ってくる人々については、町場よりもむしろ周辺村からの移動が多い。戸塚村に流入する人々に注目すると、周辺農村との交流が捕捉されるのはなぜなのか。そして、そもそもこの人別送りで捕捉された人の移動は天保期以降のものであり、この時期は江戸への人口流入を規制する、いわゆる「人返しの法」の時期と重なっている。「人返しの法」をはじめとするこの時期の幕府の人口統制政策は、「江戸町続」地域の人々の意識に対してどのような影響を与えたのか。
人口移動の分析で発生したこれらの疑問については、第三節で検討していくこととする。

第三節　行政の変容と「江戸町続」意識

本節では、この時期の幕府の「人返しの法」、すなわち人口統制政策を検討し、これが「江戸町続」地域の人々に、どのように作用したのか検討していく。

一、天保期～幕末における江戸の人口政策

まず、天保期に出された、一般的に「人返しの法」と呼ばれる法令群について検討を行う。

〔史料8〕

天保十四卯年三月廿六日

在方之もの、当地江出居馴候ニ随ひ、故郷江立戻候念慮を絶し、其儘人別ニ加り候もの追年相増、不可然儀ニ付、今般悉ク相改、不残帰郷可被仰付処、商売等相始、妻子等持候ものも可有ニ付、一般ニ御差返相成候而者難渋可致筋ニ付、格別之御仁恵を以、是迄年来人別ニ加り居候分者、帰納之御沙汰ニ不被及、以後取締方、左之通被仰出候

一在方より新ニ江戸人別入之義、以後決而不相成事、

一大工・左官・木挽・杣其外諸職人等、当分出稼之もの者、期日を以御代官・領主・地頭役場ニ而承り届、村役人

連印、役人奥書、印形有之免許状持、出府致候筈ニ付、右書付を目当ニ同居為致、又者店貸遣シ可申候
但、右免許状者家主方江預り置、人別帳江不書入、当分出稼之者、仮人別帳江記置、期月ニ至り村方江立戻候
ハヽ、其節免許状相返可申候

（後略）(43)

〔史料8〕は「人返しの法」の一つである。当初老中水野忠邦は、出稼人を江戸から郷里に帰す意図を持っていたようであるが、傍線部にあるように、実際には彼らを郷里に帰すことはほとんど不可能であった。そこで、出稼ぎに出てきている人々を郷里に帰すことを諦める代わりに、人別帳を用いた江戸町場の正確な人口把握を行い、江戸の人口統制を図ろうとした。ここでは、通常の町方人別帳とは別に出稼ぎ人のための仮人別を作成する旨が指示されている。

ちなみに、この触では在方から江戸への人の流入を禁じているが、これについては以下のような例外規定があった。

〔史料9〕

天保十四年卯五月伺

在方より新ニ此御ヶ条之通、当三月より以来、在方之もの御当地人別入不仕、尤在方親類等より重縁又者由緒有之縁談取極候儀も一切差止可申哉奉伺候

右御下知書面、在方親類より、重縁又者由緒有之訳を以、縁談取極候儀ハ不苦候　（後略）(44)

〔史料9〕に示されるように、親類同士の結婚による在方から江戸への移動は「人返しの法」における移動禁止規定の例外であった。たとえ在方からの移動であっても、その移動を全て一様に排除したわけではなかったのである。

次に、〔史料8〕で言及されている町方人別帳の扱いについてみていく。

〔史料8―②〕

一市中人別之儀、毎年四月相改、右帳面者名主方ニ預り置候処、改方疎漏ニ而、年附・印形等相違致、且四月より翌年四月迄之内者、出入人別と唱、家主限り人別記置候故、其間之出入りニ付、種々紛敷取計致置候趣ニ相聞、不埒之至ニ候、自今以後、年々四月両役所江一ト通宛差出、名主方共ニ一ト通扣ニ取置可申候

一向後右改方之儀、家主方ニ而、店子幷家族・召仕・同居之ものニ至迄、生国・菩提所・年附等迄巨細ニ相記名主江差出、尚壱人別名主方江呼寄セ、判元見届、人別帳江調印為致候上、両御役所分共、町年寄江可差出候

但、名主方江取置候人別帳江者、改後之存亡、嫁娶之増減者勿論、同居人之出入等迄委細留置、判形相改候もの有之候ハヽ、其段断書致調印為致置、不時ニ奉行所より尋有之候節、聊差支無之様可致候

一年々九月ニ至、四月差出置候人別帳名主共江下ケ遣候間、増減とも断書致シ可差出候

一向後四月人別帳差出候得共、奉行所ニ而前年之人別帳江突合、年附・印形迄取調候間、少も油断致間敷候

一町方之者共出家致候歟、又者頭を剃道心者・願人等ニ相成、幷吉田・白川・陰陽師・神事舞太夫等より新キ門下ニ相成、身分不相応之許状請候ものハ、町役人共より町奉行江可申出、吟味之上夫々可申付候

一御当地市中之もの店借致候節者、是迄人別送り無之候得共、以来ハ元住居支配之名主より、転宅先支配名主江達書可差出遣候

（中略）

三月

右之通、従町御奉行所被仰渡候間、町中家持・借家・店借・裏々迄、不洩様早々可相触候、

但、番屋々江者、大事ニ認張出置可申候

市中取締掛　名主

三月二十六日 (45)

上の史料は〔史料8〕の続きである。これによると、「市中之人別」は、名主が毎年四月に作成したものを「預置」いていたが、「疎漏」が多く印形なども違う場合があったため、これ以後は人別帳を両町奉行所へ提出するとともに、控えを取っておくべきことが記されている。人別帳への記述内容としては、これまでは家主のみの記載だったが、これ以後は町に所属するすべての家主と、店借をしている人々の家族構成・出身地・職業・年齢にいたるまで詳細に記し、死亡・結婚・引越しなどの増減については、いつ奉行所よりお尋ねがあっても差し支えなく応答できるように常に把握すべきこと、毎年九月には、その年の四月に提出した人別帳が一度返されるため、人数の増減を人別帳に反映させるべきことが定められている。また、町場の店借の移動に関しても、人別送りの発行を義務付けている。このように、幕府は江戸市中の人口統制を人別送り発行の徹底と人別帳への記載・反映を徹底させることで強化しようとしたのである。

その後、町方からの問い合わせに応じる形で人別送りの雛形と人別帳の雛形が示されている。これと角筈村の人別送りを比較してみる。

〔史料10〕

人別送り案文

割印）一生国、何国何郡何村　　何町誰店　何渡世　誰

何宗、何町何寺　　何何歳

店請人、何町誰店誰

一生国、右同断　　妻　誰　　何何歳

一生国、右同断　　伜　誰　　何何歳

右之者、此度何町誰店江引越候ニ付、元町人別帳相除候間、此段申送候、以上

年号月　　何町名主　誰

何町名主　誰殿　(46)

〔史料11〕

柏木成子町　次郎左衛門店

割印　一生国武蔵多摩郡中藤村　　馬持渡世　伊八

日蓮宗成子町常圓寺　　三拾五歳

店請人当町家主源次郎

生国同断　　　　妻　はる
宗旨右同断　　　　三十壱歳
生国同断　　　　倅　伊之助
宗旨右同断　　　　七歳
右伊八儀此度御支配武州豊嶋郡角筈村百姓青松店江引越し申候ニ付、元町人別相除申候間[redacted]御村方元人別江差加
可事此段申送り候
天保十四卯年八月十五日
右町名主　紋右衛門
角筈村名主　伝之丞殿 (47)

人別送りの雛形である〔史料10〕と、角筈村に残る人別送の〔史料11〕を比較すると、人別送りの案文は、角筈村の人別送りと非常に似通っている（違いとしては、移動者がすべて一つ書になっているか、世帯でまとめて一つ書になっているかという些末なものであり、記述の情報はほぼ同じである）。〔史料11〕は近隣の柏木地域（現東京都新宿区）からの人口移動であり、墨引の内側からその外側への人口移動であるから、〔史料10〕の書式が墨引の内側の人口移動のみに用いられていたわけではないことが分かる。これは、前節で示した村側から町方への人口流入を考えれば、当然といえる。つまり、村・町間に合法的な人口移動が発生している以上、その処理の書類も村と町で共通のもの、あるいは共通の部分を以て処理可能な書式である必要があったのである。

〔史料10〕が町場の人口移動把握のために定式化された人別送りであることを考えると、在方においても町方同様この人別送りの発行が人口移動把握の役割を担っていたともいえる。事実、角筈村・戸塚村共に人別送り状は綴りの

状態で保管されている(48)。

続いて、人別帳について検討する。

〔史料12〕

美濃紙竪紙
人別書上　　　　何番組　何町

何番組
名主誰支配
何町

一生国、御当地　　何商売　家持　誰印
何宗、何町何寺　　何何歳
一生国、右同断　　妻　誰
宗旨寺、右同断　　何何歳
一生国、御当地　　倅　誰印
宗旨寺、右同断　　何何歳
一生国、御当地　　娘　誰
宗旨寺、右同断　　何何歳

一生国、御当地　父　誰印
　宗旨寺、右同断　何何歳
一生国、何国何郡何村誰倅　召仕　誰
何宗、何町何寺　何何歳
請人、何町誰店誰
一生国、御当地　家持誰後家　誰印
　何何歳

（中略）
右人別取調相違無御座候、尤、御支配違之分相除申候、以上、
年号月　何町家主　総連印
　名主　誰印　(49)

〔史料12〕は町方人別帳の雛形である。ここで問題となるのは、この町方の人別帳が適用される「江戸市中」として幕府が想定していた範囲である。すなわち、これは朱引の内側の村々にも適用されていたのか、という問題である。

まず、町方での実際の人別帳を見てみたい。〔史料13〕は江戸の町方、四谷塩町一丁目の人別帳である（史料5の再掲）。

〔史料13〕（史料13の傍線は史料にすでについていたものである。）

（前略）

一生国越後国古志郡鳴戸村《（マヽ）》　同店　日雇稼　仙蔵　㊞　巳四十三才

浄土宗四谷西念寺

店請人鮫河橋南町五人組持店勘五郎

巳八月七日同所御たんす町寅吉店江引越申候

生国右同断　妻　かつ　同二十八才

生国右同断　娘　しけ　同　十四才

生国右同断　忰　金次郎　同　拾壱才　(50)

〔史料13〕は四谷塩町一丁目の人別帳のうち、四谷塩町一丁目に住む仙蔵とその家族が巳八月七日に同所（四谷）御箪笥町の寅吉店へ引っ越したことを示す部分である。町方人別帳の基本的な記述形式は雛形と同じである。移動の処理が実際には〔史料13〕のように、傍線による抹消作業を経て行われていたことが判明する。

続いて、戸塚村に残る人別帳を見る。

〔史料14〕

「（表紙）〔（貼紙）戸塚町中村与太郎〕（天）保十五辰年

辰宗門人別帳　三月　武蔵国豊嶋郡戸塚村」

（中略）

天保十五年三月

武州豊嶋郡　戸塚村

名主　甚右衛門㊞

年寄　伊右衛門㊞

百姓代　忠右衛門㊞

一真言宗観音寺旦那

権次郎㊞

辰　廿六才

祖母　るい

辰　八十才

母　いそ

辰　四十六才

妻　たつ

辰　廿三才

娘　[redacted]

辰　廿才

同　やす

辰　十八才

同　きく　辰　十三才
倅　由五郎
　　辰　四才

〆八人内　男弐人　女六人

（後略）(51)

〔史料14〕と〔史料13〕の違いは一目瞭然である。明らかに〔史料14〕の人別帳は、〔史料13〕のような町方の人別帳に見られた諸要素を備えていない。この形式は、元禄期に成立した、キリシタンなどの「邪宗」へ入信している者がいないかチェックするための「宗門人別帳」の形式であり、在方の人別帳と同様である。人の出入りに関する付記も見られないことから、この人別帳には人口移動のチェック機能はほとんど備わっていないと思われる。すなわち、町方の人別を通して人口の管理を要求する「江戸市中」の範囲は江戸の町場に限定されており、町村間を動く人別送りとは異なり、人別帳を保管する町方の文化は「江戸町続」地域には伝播しなかった。これによって、江戸周辺農村については、人口移動による村内の人数の増減に関しては先ほど検討したような人別送と組み合わせることによって捕捉できるものの、その把握が困難になる可能性を否定できない。

だが、人口移動把握における江戸周辺の農村の取扱いに関して、幕府は同時期に次のような解釈を示している。

〔史料15〕

天保十四卯年六月十五日

市中人別書上取計方之儀、先達而伺相済候廉々之内、猶又左之通取計方奉伺候

（中略）

一場末ニ而ハ、在方御一方御支配場と御町方御支配場と、地面毎ニ入組候場も有之、此分免許状ニ而ハ、差支候哉も難計候間、右入込之在方町屋幷四宿之分ハ、市中同様名主共書送ニ而引越等取計可申哉、尤此儀帰郷勧農之厚御趣意ニ付、御町方御支配場境ニ而、厳重ニ御仕法相立不申候而ハ、不相成儀御座候心得ニ候得共、下々差支勝ニ付奉伺候

但、申上候ハ奉恐入候得共、右四宿其外入組場所者勿論、都而御府内と御定之在町之分ハ、市中同様之取計ニ相成候ハヽ、追年下女・下男其外市中荒働致候出稼之者差支申間敷、下々弁利之様奉存候間、可相成御儀ニ御座候ハヽ、御府内在町ハ、市中と一束ねニ町役人送り書ニ而通路仕候方、弁利之様奉存候、此儀御聞済ニ相成候共、御府内在町と限候儀ニ付、猥ニ相成候筋無御座様奉存候、

本文境

東　砂町　亀戸村　木下川村　隅田村迄

西　代々木村　角筈村　戸塚村　上落合村

南　上大崎村　南品川御支配場限り

北　千住筋　尾久村　滝野川　板橋宿迄

四宿幷在町支配入組候場所全出生之者ハ、伺之通取計、縦令右場所ニ店持居候共、他村出稼之者ハ、免許状取

店貸可申候
一店借之内、孤子ニ相成候者ハ、其家主家族之末江、人別差出可申哉奉伺候
下ヶ札　可為伺之通候、(52)

本来、江戸の外側の人々が町場へ引っ越す場合には、役人などの奥印が押された「免許状」が必要であった。だが、江戸とその外側の村落の境界においては町場支配とそれ以外の地域が錯綜していたため、そもそも引っ越す前の住居が江戸の外側なのか内側なのか確認する必要が生じ、移動の際の処理が煩雑になっていた。そこで幕府は〔史料15〕に見られるように、江戸の周辺地域に関する移動を、「市中同様名主共書送」のみで可能とする措置を取った。これらは特例とされたものの、江戸の場末での人の移動の際の処理は、江戸市中と同様にすべきとの判断が示されたのである。

〔史料15〕の後半は、その「場末」の範囲を示したものである。ここに角筈村や戸塚村が入っていることは、前節で検討した両村における人の移動が、村から町への移動であるのにもかかわらず人別送りによって捕捉されていることを説明している。ただし、これが適用されるのは「場末」に出生した者に限られ、他村出生の者は在方同様、移動に免許状が必要であった。また、この「場末」の範囲は文政期に示された「朱引」の範囲と合致している。

ここで、これまでの検討を総合しよう。

天保期の「人返しの法」をはじめとする幕府の人口統制政策のねらいは、町方における人口把握を強化することによって江戸の人口の過度な増加を防ぐことにあった。それゆえ、江戸市中の人別帳は、人口把握に特化した形式になり、それに付随する人別送りも、その発行の目的は人口移動の把握という役割を負うことに求められた。そして、こ

の町方人別帳が適用された地域は「江戸市中」という形で示されたが、実際に適用されたのは町となっている地域のみであり、村の形を取っている地域の人別帳は、基本的に人口把握を主眼に置かない従来の宗門人別帳がそのまま踏襲されていたのである。

だが一方で、江戸の「場末」、すなわち朱引き内側の村落に関しては、人口移動に関して「市中同様」の措置が取られた。つまり、江戸の町場より外側の地域で、朱引の内側の村々については、「人口移動については江戸市中同様に把握を徹底するが、村内の人口把握については在方同様に把握を徹底しない」という人口把握上のグレーゾーンとなったのである。また、〔史料15〕の範囲は朱引と重なる地域であるが、実際に〔史料15〕において朱引の範囲全てが具体的に示されたわけではない。実際には朱引の正確な範囲を一般の百姓が知ることは困難であったと思われる(53)。

つまり、〔史料15〕の触によって、「場末」の周辺は人口把握上のグレーゾーンに入っているかすらはっきりしない状況が生まれた。また、江戸の場末からの移動であったとしても、「出生が他村の者」は在方と同じ扱いとしているが、そもそも、場末の境界がはっきりと百姓に示されたわけではないために、「江戸町続」地域は天保期以降における人口把握の面では非常にあいまいな領域として存在したのである。

二、「江戸町続」意識の拡大と近世近代移行期の「江戸町続」地域

一方、こうした町場とそれ以外を分ける人口把握システムを整備して江戸の人口統制を図ろうとした幕府の意向とは裏腹に、江戸周辺の村々は江戸との結びつきを強めてゆく。特に天保期には、内藤新宿や角筈村のみならず、中野村およびその周辺地域と江戸との結びつきも、行政側が捕捉できるほどにあらわになる。

〔史料16〕

天保十四卯十二月　御請書　武蔵国多摩郡

中野村寄場　外四十ヶ村組合

差上申御請書之事

一百姓之儀麁服ヲ着し髪者藁ヲ以つらね候事古来之風儀ニ候処、近来奢ニ長し身分不相応之品着用いたし、髪も油元結ヲ用ひ候而已ならす、流行之風俗ヲ学ひ其外雨日にも、蓑笠のミ用ひ候事ニ候処、當日傘合羽ヲ用ひ、其除之義萬端是ニ准シ無益之費多く、先祖ゟ持来候田畑も人手ニ渡り候義、歎ヶ敷事ニ候、一躰百姓ニ而餘業之酒食商等いたし候歟、又者湯屋・髪結床等有之候義畢竟近来之儀ニ而、若もの共自然よからぬ道ニ携、柔弱且放埒之基ニ候間、彌古代之風俗忘却不致物毎質素ニいたし、農業相勤候儀肝要ニ候、且先達持菱垣廻船積問屋共其外諸株仲間組合一統停止之旨被仰出、御府内ニおゐて同商売何軒ニ而も相始させ手廣ニ相成候ニ付、自然在方江も押移候哉ニ相聞候、御府内町々と在方と一様ニ致候者心得違ニ而候、百姓は裏耕作ニ力ヲ用へき身分餘業江移、町人之商売ヲ始候儀者決而不相成事ニ候

一近来男女共作奉公人少く自然高給ニ相成、殊ニ機織下女と唱候もの別而過分之給金を取候由、是又餘業ニ走候故之儀本末取失ひ候事共ニ候、元来百姓共者商向當座之利益ヲ以營候町人共と者格別之儀、能々辨別いたし一途ニ農業精出銘々持傳候田畑ニ、不離様専一ニ可心掛候

一勘當久離帳外之儀一躰不軽儀ニ候処、右躰親族ニちなみヲ絶候勝のもの出来候者、兼々おしへ方不宜故之事に候、伜又者厄介等有之もの者勿論、村役人共一同其段厚相心得不実之儀無様、常々異見等差加壱人たり共、其所人別不相減様取斗、可申儀肝要ニ候

右之趣堅可相守、若等閑ニ心得候もの於有之者、夫々吟味之上厳重ニ可及沙汰條、遺失無之様取斗、御料者御代官
私領者領主地頭ゟ可被相触候
九月
右御触之通彌堅相守可申旨、御料・私領・寺社領共、厳重ニ被仰渡候村々一同承知奉畏候、依之御請書奉差上候、
以上
天保十四年卯年十二月

細田加右衛門知行所
武州豊嶋郡　葛ヶ谷村　名主　仁右衛門（他二人略）
御鉄砲玉薬奉行組同心給地
豊嶋郡　東大久保村　名主　理右衛門（他二人略）
同断給地
武州豊嶋郡　西大久保村　名主　忠右衛門（他二人略）
同断給地
同州同郡　諏訪村　名主　忠蔵（他二人略）
同断給地
同州同郡　高田源兵衛村　名主　平吉（他二人略）
太田平右衛門知行所
同州同郡　下落合村　名主　徳左衛門（他二人略）

湯島鱗祥院領

同州豊嶋郡　柏木村　名主　紋右衛門（他二人略）

関保右衛門代官所

同州豊嶋郡　上落合村　名主　藤左衛門（他二人略）

伊奈半左衛門様(54)

〔史料16〕は天保一四年（一八四四）九月に中野村組合に出された触書の請書である。ここには、中野村組合の村々に対し、「身分不相応」の装飾品を付ける、「先祖ゟ持来候田畑」を手放す者が続出している、といった風紀の乱れを指摘し、その原因を「餘業」の横行に求め、それらを正すとともに、村落維持の観点から人別の管理を徹底するようにとの内容が書かれている。

この内容の中で注目すべきは、「御府内町々と在方と一様ニ致候者」の存在である。町方の商業が株仲間の廃止に伴って自由化した結果、商業の多様化に伴って次第に在方へと進出していく中で、町内の商人の気風が在方へともたらされ、在方の中に自分を江戸の町と「一様」な者と考える人々が発生している状況を支配者側は憂いており、その風紀を「心得違」として戒めている。

そして、この内容の触がどこへ出されているかも注目される。この触れは「中野村寄場外四十ヶ村組合」に向けて出されたものだが、これに含まれる村々のうち、多摩郡に属する二九ヶ村はいずれも御府内に入っていない(55)。〔史料16〕で「請書」を書いている八村は御府内の中に含まれるが、同様の触れが組合村全体に回っていることを考えると、この時期には「御符内町々と在方と一様」、すなわち「江戸町続」意識を持つものが朱引きの外側にも多数存在していたと考えられる。

ここで、比較として文政期の中野村に関する言及について触れる。

〔史料17〕

乍恐以書付奉願上候

（中略）

一多摩郡中野村之義者秩父青梅往返人馬継立之場所ニ而、東は内藤新宿江壹里、西は田無村江三里、八町之継場ニ在之、往古ゟ御伝馬助合村四ヶ村御座候而、諸御用御継立仕、南は上下高井戸宿、北は板橋宿江是又御用御継立仕宿場同様ニ而、高貮千石餘之大村ニ在之、且又領中八拾ヶ村餘之触継、往古ゟ相勤、虫類採草都而諸品上納物、右村名主堀江卯右衛門ゟ触当、殊ニ同人義御場所肝煎旧功を以、苗字御免御扶持頂戴罷在候者ニ而、諸世話行届最寄村々出入立候義は勿論、差縺候義在之節は、取扱実意之取斗仕候ゟ、村々気請宜敷、取用是迄地方組合拾八ヶ村打任せ、諸世話相頼、先前ゟ親村ニ仕罷在候義ニ付、此度御改革組合之義も、私共村々之義は、右中野村親村に被仰付被下置候様偏奉願上候

前書之通私共村々一統奉願上候間、何卒御慈悲を以、右願之通中野村親村ニ被仰付候被下置候様奉願上候、然上は小前気請宜敷、一同帰伏仕、難有御趣意弥以相守、風俗格別ニ改候義ハ難有仕合奉存候、以上

文政十亥年　九月

（前記二十一ヶ村名主・年寄・百姓代連名）

御取締御出役様（55）

〔史料17〕は、文政一〇年（一八二七）に江戸周辺の農村を改革組合村に編成するにあたって、その中心となる親村を中野村にしようとする動きの中で出された訴状である。当初、中野村周辺を編成する組合村の親村は内藤新宿になるはずであったが、組合村に編成される予定の二一か村がこれに反対し、中野村を親村にすることを主張したのである。この史料における前略の部分には、内藤新宿が町方のような風紀になっており、親村として不適格であること主張する文言が並んでいる。〔史料17〕は、中野村の風紀や果たす役割などについて、内藤新宿の現状と比べる形で書かれたものである。すなわち、中野村は領中八〇か村の触次を古来より勤めていた名主堀江家の役割から考えても、親村として適格であると述べている。また、内藤新宿の乱れた風俗を「殊之外忌嫌」う百姓からも中野村は「気請宜敷」村であり、「風俗」を「格別ニ改」る観点からも中野村が親村にふさわしいと述べている。以上から、文政期における中野村の風紀は―百姓側の主張であることからいくらかの留保は必要だが―百姓たちの思い描く農村像に近いものであったように思われる。

ここで改めて〔史料16〕と〔史料17〕を比べると、この二〇年弱の間における村の変質の一端を見ることが出来よう。文政年間にはそこまで江戸の風紀が流れ込んでいなかった中野村も、文政期以降はさらなる貨幣経済の発展と共に、「御府内町々と在方と一様」の感覚が急速に浸透し、天保年間には「江戸町続」意識を内藤新宿などと同じように持ち合わせるに至ったものと思われる。つまり、「江戸町続」地域の百姓たちは、行政上では自らを江戸の町場とは区別するよう行政によって求められているものの、天保期に至ってその気風や生活上の紐帯という観点からは、もはや自らの存在は町場同然のものという認識が広がっているのであった。行政としては「江戸町続」地域の村々にも江戸の町場同様人別管理の徹底を呼び掛けてはいるが、人別帳の例に見られるように、行政面での整備が完全でない部分が存在したため、「先祖ゟ持来候田畑」を手放し、町場に出る必要性に迫られた百姓たちに対して、このような人口移動の規制は、十分な効果を発揮しなかったのである。
幕府側も、この動きを受け、幕末期には次のような法令を出すに至る。

〔史料18〕
文久三亥年十二月廿五日
周防守殿御渡
三奉行江
先達而被仰出候　御上洛御留守中、関所々々人通方之儀、近在之渡世筋ニ而日々御府内江出入致候百姓、町人幷人足稼之者共者勿論、遠国関所々々ニ而も、土地往来之分者壱人別町所、名前認候所役人連印之鑑札渡置、右を以無差支相通可申、無拠子細有之、遠国より出府いたし候もの共も、支配御代官・領主・地頭・陣屋等手遠之分者、何村誰与申もの用向有之、御府内何町誰方江相越候趣、所役人連印之書付相渡、右書付を以関所々々可相通、先触も無之、壱人ニ而旅行致し候軽キ出家、社人・山伏等・支配領主・地頭手遠之分者、本寺又者所役人等之書付持参、関所々々可相通、且又川筋関所々々も、都而陸地関所同様可相心得候、右之通相触候間可得其意候
十二月（56）

〔史料19〕
元治元年子年五月廿日
河内守殿御渡

三奉行江
御上洛相済還御被遊候得共、先達而相達候諸国関所幷江戸出口宿々、其外番所等ニ於て、印鑑を以改受候義、追而相達候迄者都而留守中之通可相心得候、右之通、向々江不洩様可被相触候　(57)

〔史料18〕、〔史料19〕は、関所の通行や江戸への出入りを緩和する触であるが、江戸に入ってくる人々を「近在之渡世筋」「町人」「遠国関所（を通る必要のある者）」の三種類に分けていることが注目される。これらは時の将軍徳川家茂が上洛している間の措置として触れられたが、〔史料19〕から、上洛後もこの措置を継続する旨が後に改めて触れられている。

「近在之渡世筋」とは、江戸周辺の営業、生業であろうか。「江戸市中」や「場末」という表現でなく、「近在之渡世人」という表現からは、天保期の人口統制の施策の緩和を意味すると同時に、幕府による地域把握が墨引・朱引といったそれまでのものからより広い範囲へと拡大していることを示している。つまり、朱引の内外という幕府の線引きは、このような村と町の活発な交流も一因となって幕末には融解し、幕府に対してもそれまでと比してより広い範囲での地域認識を迫ったのである。

では、この朱引の外側と内側の境界線の融解は何をもたらしたのか。本章の問題意識に沿って言うならば、これは「江戸町続」意識のさ

第11表　中野村からの移動先一覧（1872）

中野村・出村先	
幡ヶ谷	1
浅草	1
千駄ヶ谷	1
神田	2
深川	1
四谷	1
駒込	1
荻窪	3
合計	11

注　中野区立歴史民俗資料館所蔵「武蔵国多摩郡中野村名主堀江家文書」D17（史料年代：1872年）より筆者作成。

らなる拡大をもたらしたといえる。幕府による人口統制策が、朱引の内側の区域に対して「町場並の人口移動政策」と「在方並の人口把握」という二重基準を、その範囲を明確にしないまま取っていたため、結果的に江戸の朱引の範囲自体が百姓に対して十分に浸透しなかった。結果、生活や役負担上で江戸と強力に結びつくようになった人々の「江戸町続」意識の拡大は食い止められず、さらなる人的交流が江戸と周辺村の間で行われるようになったものと思われる。

ここで、明治初期の二つの資史料を示す。

第11表は、中野村に残る送籍券を分析したものである。送籍権とは、人別送に代わって明治期に人口の移動を把握するようになった書類である。基本的な形式は人別送りと変わらず、近世との連続性が指摘される(58)。数は少ないが、合計一一例のうち、荻窪の三例と幡ヶ谷の一例以外の七例はいずれも御府内への移動であり、婚姻などによる移動が含まれていることを考えると、幕末期には中野村のような朱引の外側地域も、御府内と強いつながりを持つ百姓がいたことが推測される。

また、以下の史料は、明治二年に「御府内」の領域を新しく策定する際に江戸の周辺を役人が廻村する旨を村々へ達したものである。

〔史料20〕

御府内外境界見分

東京府

郡政方　疋田友衛

同　庶務方調役兼　間中一郎

御書付申達候、然者御府内外境界為見分品川宿ゟ井ノ頭辺迄別紙之通罷越候間、場所触次相心得候、村役人村境江出迎案内可致候、此書付当節下為見分罷越之筋村々江早々順達留り村ニおゐて着之節可相返もの也

辰九月

会計官

品川宿より井ノ頭辺迄

右宿村　役人

疋田友衛

間中一郎

吉田忠次郎

藤浪武三郎

本多喜久太郎

前々之通り御会計方ゟ御先触御書付到着いたし候処、御別紙与申者、御添無之候故、御廻村順相分り不申候、尤右御書付も当節御下見分ニ御越之節村々江順達可致旨御文面いたし候得共、併品川宿ゟ井ノ頭辺迄御越被遊候趣之御文面御但書与ても同様ニ付、其筋御村々江御廻村可被成下難計儀ニ付、御本紙者先日御下見分之節向継送り候得共、其御村々江者写を以不残此段御達申候、右之趣御相分御廻村相成候ハヽ、諸事御差支無之候、御取計可被成与此達者神田上水附村々順能御継送り、留リ井ノ頭附近ゟ無相違御返却可被成候、以上

四月廿九日

内藤新宿　役人　(59)

〔史料20〕は、「御府内外境界為見分」に役人が廻村するため、村役人が出迎えることを達したものである。その範

囲は「品川宿ゟ井ノ頭辺迄」とあり、別紙で具体的な範囲を示すとのことであった。この史料そのものに別紙は添えられていないが、添えられる予定だった別紙として以下の史料が見つかっている。

〔史料21〕

別紙

西下刻　王子村出　金井窪村　下板橋宿　上板橋宿　中丸村　池袋村　新田堀之内村　九月廿六日休　雑司ヶ谷村

高田四谷町　上高田村　落合村　東西大久保村　源兵衛村　諏訪村　柏木村　九月廿六日帰ル　内藤新宿 (60)

〔史料22〕

別紙

上目黒村　休み　北沢村　代田村　代々木村　幡ヶ谷村　泊　角筈村　中野村　内藤新宿 (61)

〔史料21〕及び〔史料22〕は廻村の具体的なリストである。この史料では、朱引内側の角筈村や内藤新宿、東西大久保村などのほかに、元々は朱引外側に位置していた王子村や北沢村、代田村なども入っている。この廻村が御府内の境界を決定するための廻村であったことを踏まえるならば、この廻村地域は御府内に入りうる可能性を持った地域として幕府に把握されていた地域であるということができよう。

以上、幕末においては「江戸町続」の感覚を持つ、江戸に準じる地域（「江戸町続」地域）が、中野村のような朱引の外側や、戸塚村などの非町場化地域まで拡大していったのである。

おわりに

ここで、三つの節で検討してきたことを総合し、「江戸町続」意識の検討から見える「江戸町続」地域と江戸との関係を述べる。

一、一八世紀後半の「江戸町続」地域 ―「江戸町続」意識の出現―

はじめにで述べたように、江戸の町場は近世を通じて段階的な拡大を経験したが、江戸周辺の村落の動向は、こうした町場の拡大と決して無関係ではなかった。特に、町場が一気に整理された享保期を境に周辺の村落の性格は少しずつ変容し、一八世紀後半には内藤新宿のような、交通や村落の性格の関係で江戸と強い関係を持つ地域が、江戸との関わり合いによってその姿を変質させた。こうした村落の出現は、村落の町場化という、江戸の町場自体の拡大の影響を受けた土地利用の面から見ても、道中奉行との役連携における村役人の肩衣着用などの身分超越的性格から見ても、「江戸町続」地域特有の現象と位置付けることが出来る。しかし、一方で「江戸町続」地域には、鷹場役などの役負担に基づいた地域紐帯が存在し、[62]彼らが周辺地域において役を共同負担する場面において、性格の異なる互いの村が互いを同質とみなすようになり、その周辺に一様に「江戸町続」意識を醸成する素地を作っていった。

二、一九世紀の「江戸町続」地域 ―「江戸町続」意識の階層的・地域的拡大―

「江戸町続」地域全体が時代の進展による貨幣経済の発達へと巻き込まれていく中で、戸塚村のような、土地生産が村の基盤であった「純農村」においても、土地が生産・生活の基準として絶対的なものでなくなっていくと共に、それと軌を一にする形で江戸の周辺には財を蓄えていく村役人層が登場する。「豪農」とされる彼らは、貨幣経済の進展によって土地以外の生産手段を求めるようになった百姓の動向に対応すべく、武家屋敷の周辺に百姓家作を盛んに行い、そこへ周辺から百姓が地域横断的な側面を以て集住するようになった。これによって、町場に村の要素が進出したことで町・村の性質が接近するようになり、「江戸町続」地域の百姓らにさらなる「江戸町続」意識を刷り込んでいった。つまり、一九世紀前半には江戸の町場の延伸としての「江戸町続」意識に留まらず、町の影響を受けた村が変質することで、逆に村の要素が町に進出する現象を引き起こすという町・村相互の変質が「江戸町続」地域の百姓たちにより強固な「江戸町続」意識を与えていったのである。そして、この百姓流入の背景には、江戸に特異な要素の一つである武家屋敷が、周辺の百姓を労働力として必要としていた状況が存在した。百姓の町場への移動は、それ自体が「首都機能」を維持する力として「江戸町続」地域に求められることによって発生したのである。

だが一方で、彼ら、つまり周辺村より移住してきた百姓たちのコミュニティは、天保期以降の人口移動の分析によれば、町に住んでいた町人からは異質なものとして捉えられており、江戸の町に成立した二つのコミュニティは交わることがほとんどなかったと考えられる。

この状況が、町人の「江戸ッ子」意識―すなわち、自分たちは町場に移動してきた周辺の百姓と異なり江戸に住み続けてきた町人なのだという意識―を醸成する一方、「江戸町続」地域の百姓たちからこの状況を見ると、百姓の町場進出に他ならなかったため、「江戸町続」地域の百姓たちは、自らの住む地域を江戸の町場に準ずる地域として捉える「江戸町続」意識を醸成していったのである。西山松之助は一八世紀後半期以降の江戸において大量の脱落農民が江戸に流入し、定着していくプロセスが旧来の江戸市民たちの間に「おらァ江戸っ子だ」という優越感・土着意識が形成されたことを指摘すると共に、流入してきた百姓たちにもこの定着によって「江戸ッ子」意識が形成され、「自称江戸ッ子」が大量に発生したことを説明したが(64)、本論文は、この「江戸ッ子」と「自称江戸ッ子」の精神的・空間的距離を町場の構造や移動の様相から具体的に説明し、周辺農村については「自称江戸ッ子」を送り出しているという意識と、それによる町との一体感をその町村同士の接近により獲得することで町と村が百姓の意識の上で同質化していくことを指摘、周辺村々が「江戸町続」意識を持ちえるようになったと説明するものである。

そして、天保年間（一八三〇〜一八四四）の終わりになるとこうした江戸の人口増大を抑止しようとした幕府によって「人返しの法」に代表される江戸からの強制退去措置が施行される。

ところが、「人返しの法」は、その理念が実現不能であるという判断がすぐに下されたため(65)、早々に江戸の出稼ぎ人を村へ帰すことを諦め、逆に江戸に入ってくる人間を厳重に管理することによって江戸のこれ以上の人口増加を防ぐ消極的な人口抑制政策へと転換した。「人返しの法」は、こうして江戸の人口統制―特に周辺村落からの流入を防ごうとする施策―としての性格が色濃くなっていったのだが、ここで想定される「江戸市中」が基本的には墨引の内側、町奉行支配地であったのに対し、その周辺である朱引の範囲については「江戸市中」でないとし、人口統制を徹底しない一方、その人口移動規制については「江戸市中と同じ区域に入る地域」という二重基準を用いて、朱引内地域における町場への自由な移動を事実上認可しており、この「朱引」の範囲自体も、百姓たちに正確に示されたものではなかったという欠陥を抱えていた。それに加え、「人返しの法」が施行された天保年間（一八三〇〜一八四四）末の「江戸町続」意識を持つ百姓たちの範囲は、既に文政年間（一八一八〜一八三〇）に設定された朱引の外側にまで拡大する状況が存在した。すなわち、天保期の「人返しの法」における人口統制策は、江戸の人口を把握することには一定の成果を見せたものの、「江戸町続」地域の拡大を抑制するものとしてはほとんど効果がなかったといえる。結果、

第6図　江戸と周辺農村の「地域意識」

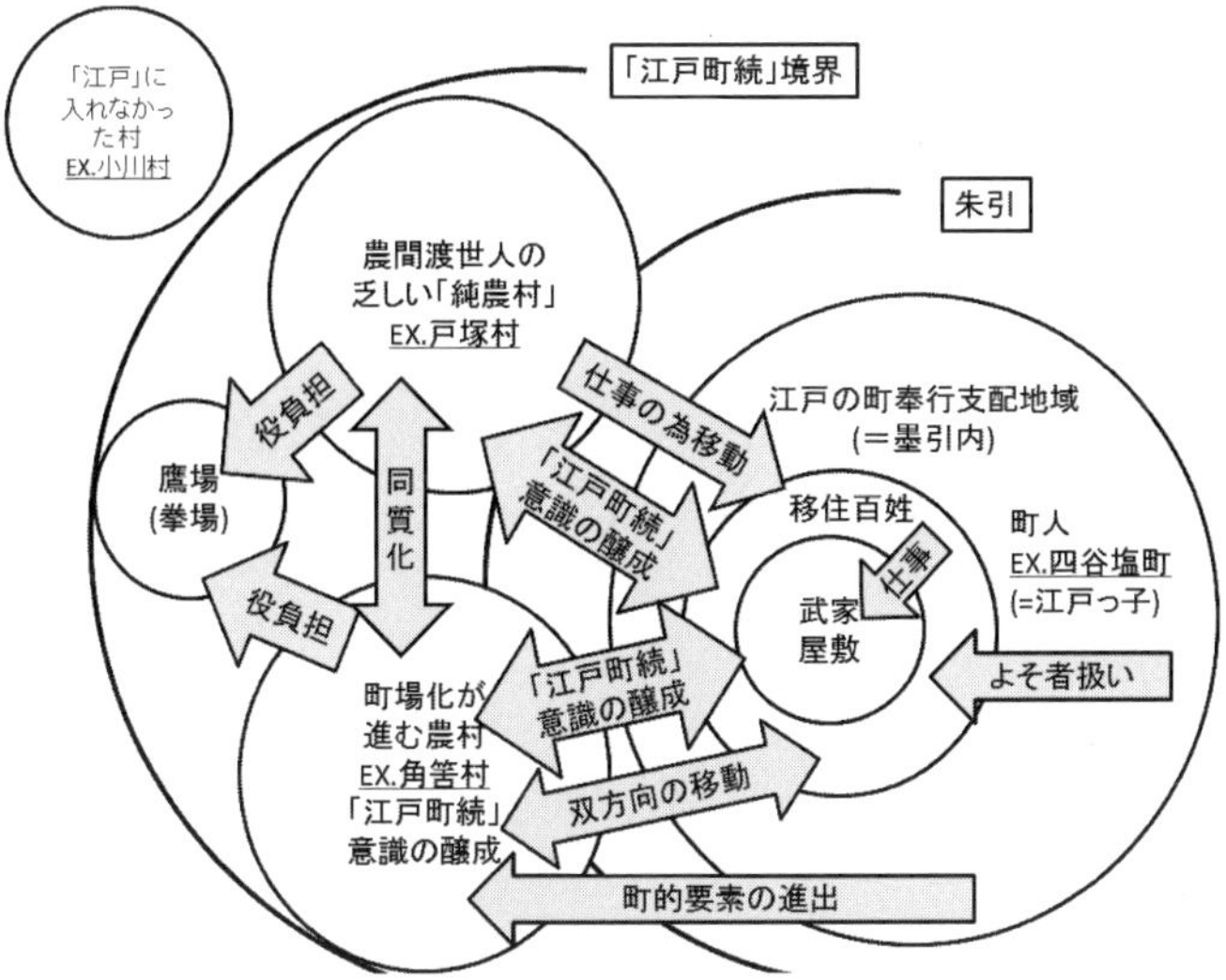

天保から幕末にかけては村落の動向に押される形で幕府側が人口統制政策からの転換を行うとともに、幕府側の地域認識も変容していった。最終的に、明治の初年頃には「江戸町続」意識と、それによって支持される「江戸町続」地域はさらに外側へと広がり、井の頭地域（現東京都三鷹市周辺）にまで到達していたものと思われる。第6図は、こうした江戸と周辺地域の地域意識について図示したものである。角筈村のような町場化した村も、戸塚村のような純農村も、それぞれに江戸との人的交流を持っており、またこの二種類の村落は、鷹場役など、同一の役を負担することによって連帯を強め、「江戸町続」という一様な意識を持つに至る。そして、この江戸との接続点の中心に武家屋敷周辺への労働力流入や、町場の進出が挙げられるように、こうした動きは町・村の双方から見られる。しかし、これは、江戸の町場のごく一部の地域との繋がりであり、交流を持っていない地域の町人がこうした「自称江戸ッ子」に対して「江戸ッ子」意識を強めていくのである。

三、「江戸町続」地域と近代の東京

近代にかけての地域編成についての詳細は第一二章の田口論文に譲るとして、ここでは幕末の「江戸町続」地域の拡大が明治以降に及ぼした影響についての見通しを述べて論を閉じることとする。

〔史料23〕

東京府内の工場は主として市部及び之に接近せる地方に在りて市より遠隔せる三多摩地方の如きは殆んど云うに足らず故に茲に説く所は市部と荏原、豊多摩、北豊嶋、南足立、南葛飾の五郡中市と最も接近せる地方即ち大東京に於ける工場及び動力の分布に過ぎざることを知るべし（66）

〔史料23〕は明治四五年（一九一六）の『時事新報』だが、ここでは「大東京」という呼び名が東京の市部だけでなく、それに隣接する五郡のうち、「市部と最も接する地域」を含む範囲として措定されている。こうした言葉が一九一〇年代にはすでに公用のものとして定着していることを考えると、これに類する概念はさらに前から使用されていた可能性がある。「江戸町続」地域は、こうした一般の意識へと連なる江戸周辺の地域意識についての近世における発展段階を指すのである。

注

（1）塚本学は、中世末期の戦闘場面において戦闘に参加した「夫役」が、一七世紀の「元和偃武」後も武家の中間や武家奉公人として働いたという連続性に着目し、「士農分離」はあっても「兵農分離はなかったというべきではないか（塚本学『生きることの近世史―人命環境の歴史から』、平凡社、二〇〇一年）」としている。

（2）このとき、もともと江戸城の周辺に住んでいた百姓は、江戸城下町周辺へ追いやられていくこととなった。彼らは、「元地帰り」と呼ばれた土地弁償の事例がわずかに存在したものの、大勢ではその大部分の土地を幕府に接収され、江戸周辺地域において零細な百姓や小商人としての生活を余儀なくされた（松本四郎「都市域拡大の過程と民衆」北島正元編『幕藩制国家解体過程の研究』、吉川弘文館、一九七八年）。

（3）加藤貴「江戸墨引」（歴史学会編『郷土史大辞典』、朝倉書店、二〇〇五年、一八一頁）参照。江戸の町は当初、江戸城外堀内側の古町三〇〇町と呼ばれる範囲であった。しかし、寛文二年（一六六二）には芝・三田・板倉から下谷・浅草にいたる街道筋三〇〇町が町奉行支配に編入された。大石学は明暦の大火によって江戸の城下から避難した人々が現在の多摩地域に移動して行ったことで江戸と多摩がある種の同質性を帯びるようになったとしているが、ここで挙げている地域は多摩の東側であり、本書の狙いに照らせば、「江戸町続」地域の変容の一翼を担うものと考えられる。(大石学『首都江戸の誕生―大江戸はいかにして造られたのか』、角川書店、二〇〇二年)。

(4) 大石学『吉宗と享保の改革』(東京堂出版、二〇一二年)など、徳川吉宗の享保改革において鷹場の復活はよく取り上げられる。

(5) 加藤貴「江戸墨引」(歴史学会編『郷土史大辞典』、朝倉書店、二〇〇五年、一八一頁)参照。寛文期の町場編入の後、正徳三年(一七一三)には本所・深川・浅草・小石川・牛込・市谷・四谷・赤坂・麻布辺の代官支配地のうち町屋が成立していた二五九町が町奉行へと編入され、この時点で町奉行支配地は九三三町を数えた。また、享保四年(一七一九)にはそれまで本所・深川地域を開発・管理していた本所奉行が廃止され、本所・深川地域が新たに町奉行管轄となり、延享二年には寺社門前地四四〇箇所、境内二二七町が町奉行の支配に移管された。

(6) 五島敏芳「宗門人別送り状の成立―引越し事例の検討を中心に―」(『史料館研究紀要』第三三号、国文学研究資料館、二〇〇三年、一頁~七七頁)。

(7) 速水融編『近代移行期の人口と歴史』(ミネルヴァ書房、二〇〇二年)など。歴史人口学自体が人口の移動のみならず、出生や死没などのいわゆる「自然増減」も見据えた人口動態全体をマクロに捉える視点を持つ領域として出発しているため、地域全体の人口分析を通した動向を把握する研究は多い一方、地域間の人口移動に注目するような方向の研究は乏しい。

(8) 森安彦『幕藩制国家の基礎構造』(吉川弘文館、一九八一年)。

(9) 児玉幸多「江戸とその周辺地域との関係」(地方史研究協議会編『都市周辺の地方史』、雄山閣、一九九〇年)。

(10) 早川雅子「幕末・維新期における江戸町方住民の移動:『四谷塩町一丁目人別書上』の分析を通して」(目白大学人文学研究　第

四号、二〇〇八年、五三頁～七三頁）。

（11）例えば大石学編『近世首都論』（岩田書院、二〇一三年）など。序章も参照。

（12）寛政一二年には畑年貢を上納している記録が残っているため、ここから村として扱われていることがわかる（大石学監修・東京学芸大学近世史研究会編『内藤新宿と江戸』、名著出版、二〇一〇年より）。

（13）安永九年六月「乍恐以書付奉願上候」（東京都立公文書館蔵「高松家文書」・五三～五五）。なお、史料引用にあたっては下野寛介「内藤新宿名主の服制」（大石学監修・東京学芸大学近世史研究会編『内藤新宿と江戸』、三〇一～三三九頁）より多大なる教示を得た。他にも、本論文の着想・構成においては大橋毅顕「宿財政と江戸商人の動向」、佐藤麻里「内藤新宿廃宿と「立ち返り」」、白水洋介「幕末・明治初期における高松家と内藤新宿」、瀬戸由美子「岡場所としての内藤新宿と飯盛女」白水洋介「幕末・明治初期における高松家と内藤新宿」（全て前掲書収録）の五論文より多くの教示を得ている。改めて著者諸氏、及び編者に感謝の意を申し上げる次第である。

（14）改革組合村の編成段階で他の農村から反対運動がおこり、最終的には中野村が親村となって編成されることとなった（史料17）。

（15）新宿区役所編『新宿区史』（新宿区、一九五五年、二五三頁）。ここでの前記二一か村とは、高円寺村・馬橋村・阿佐ヶ谷村・天沼村・上井草村・下井草村・成宗村・田端村・上荻窪村・下荻窪村・本郷村・雑色村・堀之内村・和田村・和泉村・永福寺村・柏木村・東大久保村・西大久保村・諏訪谷村・中野村の二一か村。（同書二五一頁。）現在の東京都中野区・杉並区・新宿区・文京区の地域の一部に相当する。以下、本章で前記二一か村という場合これらの地域を指す。前掲瀬戸論文も参照。

（16）前掲瀬戸論文参照。

（17）例えば文政一〇年「武蔵国御改革組合限地頭姓名幷村名郡附帳」（西東京市中央図書館所蔵「下田家文書」1639）など。

（18）大橋毅顕「宿財政と江戸商人の動向」（大石学監修・東京学芸大学近世史研究会編『内藤新宿と江戸』、注13参照）、二〇七～

二七〇頁。

(19) 大橋毅顕「宿財政と江戸商人の動向」(大石学監修・東京学芸大学近世史研究会編『内藤新宿と江戸』、注13参照)、二〇七～二七〇頁。大橋毅顕の研究によれば、内藤新宿は江戸商人との繋がりや江戸市中の客を対象にした茶屋等の繁盛により文政・天保年間(一八一八～一八四三)で年間二五〇両前後の収入を得ていた。土屋良一の研究によれば同じ甲州道中の上諏訪宿では天保年間の宿の収入はわずかに一一両であるという(土田良一「甲州道中上諏訪宿の宿財政」、『地方史研究』一二五(三)、一七～二九頁、一九七五年)から、内藤新宿の財政は、江戸市中を相手取る商売によって成り立っていたことが分かる。

(20) 前掲注13、佐藤論文参照。なお、同様の認識が現東京都北区域・同三鷹市域にも広がっていることを大石学が明らかにしている(大石学『近世日本の統治と改革』、吉川弘文館、二〇一三年、一四頁)。

(21) 例えば文政一〇年「武蔵国御改革組合限地頭性名幷村名郡附帳」(西東京市中央図書館所蔵「下田家文書」1639)。

(22) 渡辺尚志も、自身の近世村落に関する研究の中で、村落同士の地域的結合の契機について考察しており、その中の一つに「領主的・国家的な諸役賦課への対応」を挙げている(渡辺尚志『近世の豪農と村落共同体』、東京大学出版会、一九九四年)。これらの村々は、支配代官が必ずしも同じ地域とは限らなかったが、支配の問題とは別次元での地域の紐帯が共通の役負担を通じて醸成されていく可能性を指摘できる。

(23) 「(人別送書)」(「渡辺家文書」E55―33・34)。

(24) 「乍恐以書付奉願上候(送籍・加籍・消籍届)」(「堀江家文書」D17)。

(25) 「仙蔵」には史料中にもともと傍線があるため、報告者の引いた傍線と重なることを示す二重傍線を用いた。丸数字なしの傍線は史料に既に引いてある傍線である。

(26) 『四谷塩町一丁目人別帳上(上)』(東京都江戸東京博物館都市歴史研究室編、一九九八年)一〇頁。

(27)「(人別送書)」(「渡辺家文書」E55)、「天保一五年二月　送り人別之事」(同E56)、「(中野村源蔵倅源五郎妻子ニ遣し候ニ付)」(同E57)、「天保一五年二月　一札之事」(同E58)、「弘化二年三月（木舞職金次郎帰村ニ付届出)」(同E61)（史料年代：一八四三〜一八四五)。

(28)「人別送り控帳　中村」新宿区立歴史博物館所蔵「武蔵国豊島郡戸塚村名主中村家文書」D26（史料年代：一八三八〜一八六六)。

(29)『四谷塩町一丁目人別書上（上)』（東京都江戸東京博物館都市歴史研究室編、一九九八年)、および『四谷塩町一丁目人別書上（下)』（東京都江戸東京博物館都市歴史研究室編、一九九九年)。

(30) 森安彦『幕藩制国家の基礎構造』（吉川弘文館、一九八一年)。

(31) 本書序章参照。

(32)「小川家文書」（小平市立中央図書館複写所蔵）B2―136〜165、167、175〜185、187、189、191〜196。年代は天保八年（一八三七）正月から明治五年（一八七二）三月まで。人別送・送籍券と同等の史料的価値を持ち、かつ時期の判明した史料を使用している。B2―195は綴り。

(33) 松本四郎「都市域拡大の過程と民衆」（北島正元編『幕藩制国家解体過程の研究』、吉川弘文館、一九七八年)。ここでの松本による分析はこれを出典とする。

(34) 伊藤好一「江戸周辺農村における武家江戸屋敷出入り百姓」(『地方史研究』三八号第四巻、地方史研究協議会、一九八八年)。

(35) 天保四年一〇月「御尋ニ付乍恐書付奉願上候（伊賀町往還・荒木横町往還通家作ニ付)」（中野区立歴史民俗資料館所蔵「武蔵国多摩郡中野村名主堀江家文書」Q146)。

(36)『武蔵国多摩郡中野村名主堀江家文書目録改訂増補版』（東京都立大学図書館、一九八五年)、二二二頁。文政五年（一八二二)

〜嘉永四年（一八五一）までの二九年間で一二通が現存する。

(37) 南和男「店請人」（国史大辞典編集委員会編『国史大辞典』第九巻、吉川弘文館、一九八八年）。

(38) 高柳真三・石井良助編『御触書天保集成　上』（岩波書店、一九三七〜一九四一年）、八一四〜八一五頁。

(39) 林英夫「六尺」（国史大辞典編集委員会編『国史大辞典』第一四巻、吉川弘文館、一九九三年）。

(40) 例えば、遠隔地から出稼ぎ目的で江戸へ流入する百姓を扱った最近の論考として、加賀藩の百姓を題材とした小嶋圭「藩領民の江戸流入と藩邸」（大石学監修・東京学芸大学近世史研究会編『首都江戸と加賀藩』、名著出版、二〇一五年）を挙げることができる。

(41) 中野区立歴史民俗資料館所蔵「武蔵国多摩郡中野村名主堀江家文書」S29「(新堀江町絵図)」には、図面中に隣接する四谷新堀江町に隣接する町として「四谷伝馬町二丁目」との記述がある。

(42) 戸塚村から出村した人々の移動理由を見ると、姻戚関係の成立を含まないものについては借家二六件、同居六件、奉公三件、引越二件、借地一件、親元へ戻ったものが三件である。一方、姻戚関係の成立を含むものについては、婿入・嫁入をあわせた数が二〇件（内婿入り四件）、養子が五件、「縁付」と書かれたものが五件であった。

(43) 石井良助、服藤弘司編『幕末御触書集成』第二巻（岩波書店、一九九二〜一九九七年）、三二八頁。

(44) 石井良助、服藤弘司編『幕末御触書集成』第二巻（岩波書店、一九九二〜一九九七年）、三二八頁。

(45) 石井良助、服藤弘司編『幕末御触書集成』第二巻（岩波書店、一九九二〜一九九七年）、三二八頁。

(46) 石井良助、服藤弘司編『幕末御触書集成』第二巻（岩波書店、一九九二〜一九九七年）、三三五〜三三六頁。

(47) 「(人別送書)」（「渡辺家文書」E55）。

(48) 『武蔵国豊島郡戸塚村名主中村家文書目録改訂増補版』（新宿区立新宿歴史博物館、一九九六年）。

(49) 新宿区教育委員会編『武蔵国豊嶋郡角筈村名主渡辺家文書目録』（新宿区、一九八八年）。
(50) 『四谷塩町一丁目宗門人別帳上』（東京都江戸東京博物館都市歴史研究室編、一九九八年）、一〇頁。
(51) 「天保一五辰年辰宗門人別帳　三月　武蔵国豊島郡戸塚村」（新宿区立歴史博物館所蔵「武蔵国豊島郡戸塚村名主中村家文書」D3―1）。
(52) 石井良助、服藤弘司編『幕末御触書集成』第二巻（岩波書店、一九九二～一九九七年）、三四〇頁。
(53) 所沢市編さん委員会編『所沢市史　近世史編Ⅱ』（所沢市、一九八三年）には江戸近郊の地図が収録されているが、そこには墨引・朱引の表示がない。また、文政年間に示された「朱引図」自体も、全ての村がその地図中に描かれてはいない（東京都公文書館編『旧江戸朱引図』、東京都公文書館、二〇一五年）。
(54) 新宿区役所編『新宿区史　史料編』（新宿区、一九五六年）、五九～六〇頁。
(55) 中野村組合のうち、多摩郡に属するのは中野村・高円寺村・馬橋村・上鷺宮村・下鷺宮村・雑色村・永福寺村・江古田村・新井村・上沼袋村・下沼袋村・和泉村・本郷村・本郷新田・田端村・成宗村・阿佐ヶ谷村・天沼村・上荻窪村・堀之内村・上高田村・片山村・和田村・上井草村・下井草村・中高井戸村・松庵村・大宮前新田である（中野区役所編『中野区市』、中野区役所、一九四三～一九五四年）が、このいずれも御府内には含まれていない。
(56) 新宿区役所編『新宿区史』（新宿区、一九五五年）、二五三頁。
(57) 石井良助、服藤弘司編『幕末御触書集成』第二巻（岩波書店、一九九二～一九九七年）、三五六頁。
(58) 石井良助、服藤弘司編『幕末御触書集成』第二巻（岩波書店、一九九二～一九九七年）、三五七頁。
(59) 木原弘美「「人別送り一札」から「送籍券」へ―長原村城家文書の場合」（『大阪の歴史』（六三）、大阪市史料調査会、二〇〇四年、九一～一一〇頁）。

(60) 辰九月「御府内外境界御見分御取調諸書物留」(「高松家文書」609) 白水洋介「幕末・明治初期における高松家と内藤新宿」(大石学監修・東京学芸大学近世史研究会編『内藤新宿と江戸』、名著出版、二〇一〇年)、四五〇〜四五二頁。
(61) 辰九月「御府内外境界御見分御取調諸書物留」(「高松家文書」609) 白水洋介「幕末・明治初期における高松家と内藤新宿」(大石学監修・東京学芸大学近世史研究会編『内藤新宿と江戸』、注60参照)、四五三頁。
(62) 辰九月「御府内外境界御見分御取調諸書物留」(「高松家文書」609) 白水洋介「幕末・明治初期における高松家と内藤新宿」(大石学監修・東京学芸大学近世史研究会編『内藤新宿と江戸』、注60参照)、四五三頁。
(63) 渡辺尚志は著書において、新しい役負担の発生が役負担を行う地域編成、及び地域意識に影響を及ぼすことについて言及している(渡辺尚志『近世の豪農と村落共同体』、東京大学出版会、一九九四年)。
(64) 佐々木潤之介はこの状況を「半プロレタリア」と呼び、幕末の農村における百姓内の階層分解について説明している(佐々木潤之介『幕末社会論―「世直し状況」研究序論』、塙書房、一九六九年)。
(65) 西山松之助「江戸ッ子」(西山松之助編『江戸町人の研究　第二巻』、吉川弘文館、一九七三年)、九〇頁。
(66) 藤田覚「人返しの法」(国史大辞典編集委員会編『国史大辞典』第一一巻、吉川弘文館、一九九一年)。
(67) 「工場及動力分布(上)東京府内の三工業地」『時事新報』(一九一二年七月一六日〜一九一二年七月一九発行)。

第一二章　「江戸町続」地域から首都へ
―近世の地域結合と近代の地域編成―

田口　良

はじめに

近世国家の首都江戸は、近代になるとはじめは東京府、のちに東京市となり、昭和一八年に東京都となった。その範囲は段階を踏んで拡大し、「江戸町続」地域は首都に組み込まれていく。本章では、近代における首都東京の拡大について、近世の「江戸町続」地域との関わりから考察する。

近代の地域編成政策における東京の行政区画の編成は、研究史上では近世の組合村との連続性という視点で描かれている。特に大区小区制に焦点が当てられ、従来はこれを近世以来の村の否定であると捉える見方が一般的だった(1)。しかし七〇～八〇年代の近世期地域社会論の進展により近世の改革組合村と大区小区制との関係が示唆されると、荒木田岳(2)などの研究により、現在では大区小区制が近世の村の否定ではなかったことがほぼ明らかになっている。松沢裕作は、川越藩領および武蔵国多摩郡蔵敷村（現東京都東大和市）を事例に、近世の組合村と大区小区の範囲が一致していないことについて、各組合の役割ごとに地域の範囲が少しずつ異なっているという事象も近世的であると述べ、近世の地域結合からの連続性を示唆している。[3] ただしこれらの研究の対象地域は現在の東京二三区以外の地域である。

二三区域について述べたものや、市制町村制や東京市の拡張については各自治体史の研究などがある。市制町村制については旧来の共同体的な自然村落から行政の末端としての行政村落への移行という観点で述べられ、地方自治制の一大画期と意義づけている。南豊島郡と東多摩郡の合併に関しては、『新修杉並区史』がこの両郡が密接な関係を持っていたことを明らかにしている。また、東京市域の拡張については範囲の問題などを政治的な問題とともに取り上げているが、これらの政策が過去とどのように連続しているのかについてはあまり明らかにされていない。[4]

一方、村同士が組合を作るという行為は、江戸周辺に限らず幕領や藩領など様々な地域で研究が見られ、[5] また近世の地域編成については序章で見たとおり、大石学による「江戸城城付地」および鷹場による江戸周辺の一元支配論を[6]到達点として、現在はその見直しが行われている段階である。[7] この視角に関しては現在までに多数の研究蓄積を有しているが、近代の地域編成への道筋を示したものはほとんど見られない。[8]

研究史上で述べられていた「近世と近代との連続」（あるいは断絶）は、近世の「村」もしくは「組合村」の機能などに着目し、それが近代においてどう継承、あるいはどう変化したのかというものであった。この視点は江戸周辺の歴史的変遷を追う上でも重要である。しかし連続性を考えるとき、村や組合村の範囲がどう変わっていくのかという視点も重要であるように思える。そこで本章では「村」そのもの、「組合村」そのものではなく、江戸時代に江戸周辺に存在していた数々の組合村からそれが結成される前提となった地域結合を明らかにした上で、その結合が近代の政府や東京府などの地域編成政策によってどのように生かされ（あるいは生かされず）、首都東京に組み込まれていったのか、その過程を考察する。

まず第一節において、近世に存在した地域結合を確認する。村同士、あるいは村と町は様々な契機で結びついていたが、こうした地域結合が程度一定の範囲内で完結していたことを示す。すでに前章までにおいて、江戸の町とその周辺の村々の境界がはっきりとは存在していなかったことが明らかになっている。村でありながら町のような振る舞いを見せる「江戸町続」地域が、村と町との違いを超えて一体の地域として捉えられていたことを第一節で示す。その上で近世の地域結合が近代の地域編成政策にどのように反映されるかについて、第二節以降考察していく。

なお、本章においては、角筈村を含めた現在の新宿区・中野区・杉並区および渋谷区の北側を対象地域とし、この範囲を「江戸西方地域」と呼ぶことにする。これは本論文集において「江戸町続」地域とされている地域よりもさらに広い地域である。

第一節　近世の地域結合

本節では近世において「江戸西方地域」に存在した地域結合を確認する。どのような契機でどの村や町が組合を結成したのか明らかにし、それら組合の範囲から、近世のおおよその地域結合の範囲を明らかにする。

一　「江戸西方地域」のさまざまな組合

まずはじめに、「江戸西方地域」において村や町が結成した様々な組合をみてみよう。幕府から役賦課がなされた時、村や町は近隣の町村と組合村を作り、共同でその役に当たった（後掲の別表1も参照のこと）。

（1）白土石灰附送り人足

万治年間（一六五八〜六一）から、上成木村、北小曽木村（ともに現青梅市）から江戸へと送られてくる御用石灰の継立てを担当していた村々である。[9] 青梅街道沿いの村々を中心に構成されていた。

（2）橋普請組合

中野村にある大小淀橋および小瀧橋の三か所を普請するための組合である。宝暦四年（一七五四）の別の史料には「前々ゟ組合村ニ御座候」[10] とあることから、この組合村は同年以前から存在していた。その範囲は東は現新宿区から西は現東久留米市や清瀬市、西東京市までの広大なものであった。

（3）内藤新宿助郷組合

内藤新宿は江戸日本橋から二里、角筈村の東隣に位置する江戸四宿の一つで、甲州街道の宿駅であった。享保三年（一七一八）に一度廃宿となったが、後に明和九年（一七七二）に再開され、人足二五人、馬二五匹を出した。[11] この組合は明和九年のいわゆる「明和の立ち返り」（再開）となった際に助郷を担った村々で、角筈村をはじめとして主に現在の中野・杉並・世田谷区の村々で構成されていた。

（4）小金鹿狩御用人足

嘉永二年（一八四九）に小金（現千葉県松戸市）で将軍徳川家慶により鹿狩りが行われた。この際の勢子は七万九千人というが、[12] 小金周辺だけでなく、遠く「江戸西方地域」からも人足を差し出すよう触れ当てられた。鷹狩とは異なり、ここでは「柏木村組合」の村々に触れ当てられ、その範囲は現在の新宿区地域が中心であった。

（5）板橋宿助郷村々

「江戸西方地域」の村々における助郷は内藤新宿だけでなく、地域によっては板橋宿への助郷を担った。江戸四宿の一つであり中山道第一の宿場である板橋宿は、寛永一五年（一六三八）より五〇人、五〇疋の常備と定められ、一時半減するものの幕末まで変わることはなかった。[13] 現新宿区の北側の村々や一部の中野・杉並区域の村々が豊島区や板橋区域の村々とともに助郷を担った。

（6）千駄ヶ谷焔硝蔵関係人足

江戸周辺には幕府直轄の焔硝蔵（火薬庫）が複数存在しており、千駄ヶ谷村にあった焔硝蔵もその一つであった。[14] この火薬庫の機能は周辺の村々の役負担によって維持されており、番人や掃除、周辺の道普請、焔硝調合時の火防定式、鉄砲訓練時の玉薬渡しの際の警固、さらには焔硝を和泉新田にもあった焔硝蔵や大森御蔵・甲府城へ移動させる際の警備などにおいて人足を差し出さなければならず、焔硝蔵があった千駄ヶ谷村を中心に、近隣の村々が人足を差し出すことになっていた。その範囲は現在の新宿区・渋谷区地域であった。

（7）兵賦差出方組合村

文久二年（一八六二）に始まる文久改革において、幕府はまず旗本知行所の農民を徴発しようとするが、農民の反発によって順調には進まなかった。しかし元治元年（一八六四）に第一次長州戦争が起きるなど兵卒確保が必須課題となり、元治元年に幕領一〇〇〇石につき一人の割合で兵賦徴発が決定し、慶応元年（一八六五）から取り立てを行った。[15]これに対して「江戸西方地域」では中野村を中心に組合村を結成してこれに対応した。組合に加わったのは現中野・杉並・板橋区に存在した村々であった。

（8）第二次長州戦争上納金組合

慶応元年の第二次長州戦争にあたり、幕府は幕領諸町村に上納金を差し出すように命じた。村々は組合を作ってこれを納めたものの、中野村組合への割り当ては増金共九〇〇両という金額に上ったため、村々はこれを三回に分割して納めることとなった。[16]この際に中野村組合として計九〇〇両という金額を納めた村々である。現中野・杉並地域が中心となっている。

（9）浅草御蔵御用人足

元和六年（一六二〇）に幕府によって建てられた、貢租米を収納する米穀倉庫に人足を差し出した村である。御府内の町が中心だが、江戸に近い村々も人足を差し出した。

このように様々な契機で村や町が結びついていたのである。その範囲を見ると、もちろん個別の組合によって異なってはいるものの、ある程度共通した点を見出せる。基本的には現中野区・杉並区を中心として、隣接する新宿区、渋谷区、豊島区、板橋区などの地域と結びつくことが多かった。特に中野区・杉並区地域の村々は（3）（7）（8）の各事例から見られるように、当時は一つの地域として存在していたということが言え、現在の区域で分かれてどちらかが組合に入り、どちらかは組合に入らないといったようなことはほぼなかった。また現在の新宿区地域と渋谷区地域の村町も（4）（6）（9）の各事例から一つの地域として存在していたといえる。特に角筈村と千駄ヶ谷・代々木・幡ヶ谷各村はこれ以外にも様々な関係を持っており[17]、それが改革組合村においてもこの四ヶ村で一つの小組合とされた理由の一つだと言えよう。そして（1）（2）（5）から、この二つの地域が組み合うことも多かったのである。

（1）（2）の組合には現在の市域が入っていることから、全ての組合で「江戸西方地域」の範囲が厳密に守られたわけではもちろんなく、組合の性格によってその地域の広がりも異なる。しかし各組合において「江戸西方地域」やその内部の二つの小地域結合が意識されていないわけではなく、むしろ「江戸西方地域」結合をベースにしながら各組合が作られたと言えるだろう。

もちろん上に挙げた九つで全ての組合というわけではなく、これ以外にも小さな組合は隣り合う二、三ヶ村で結成されているし、大きなものは武蔵・下総両国の村々による下掃除に関する組合[18]など、様々な組合が存在する。ただ、組合が結成される範囲は無秩序というわけでは決してなく、大きな組合もここでみた現中野・杉並区地域のようなある程度の広さを持つ地域が複数合わさったものと考えられる。

二　鷹場の編成

江戸幕府の長たる将軍は、五代将軍徳川綱吉による一連の動物愛護政策が行われていた時期と、これに続く六代、七代将軍の治世下を除き、頻繁に鷹狩を行った。幕府は鷹狩を行うための地域を鷹場に指定し、これを整備した。近世前期の鷹場は江戸と畿内に存在していた。前期鷹場は元禄期に廃止されるが、徳川吉宗が第八代将軍となるや、すぐさま復活する。

〔史料1〕執筆者注：（　）内は執筆者による。以下同様

右同断（享保元申年御鷹留、朱書）

一享保元申八月十日江戸ゟ十里四方古来之通御留場ニ被仰付候事 (19)

〔史料2〕

覚

沼辺領
世田ヶ谷領
中野領
戸田領
平柳領
淵江領
八条領
葛西領
品川領

右之所々古来之通、御留場ニ成候間、万事如先規相心得候様ニ、御料・私領共可被申達候、并右之場所より四五里

之間鳥おとし不申候様ニ、是又可被達候、右書付先達て御勘定奉行へ相渡通達候處ニ、いまた殺生いたし候者有之様ニ相聞え候間、向後猶以停止候、私領ハ地頭より堅可申付候、近辺之御代官より手代相廻し、私領迄可遂吟味候間、可被得其意旨、右之場所知行有之面々え可被相達候、以上、

九月（20）

まずは、江戸から十里以内の地を「古来之通」り鷹場として指定した。この場合の「十里四方」とは将軍家鷹場を示す「御拳場」と同様「日本橋より東西南北江五里宛」（21）の範囲を示しており、その範囲が江戸前期の鷹場においては九つの領に編成されていた。また「御拳場」の外の四〜五里四方の「鳥おとし」を禁じた。さらに幕領・私領の区別なく鷹場に指定し、私領であってもその近くの代官から手代を派遣し吟味するなど、鷹場一円は領主に関係なく一様に支配されることとなった。

江戸前期の鷹場において地域区分の単位であった「領」の具体的な範囲は明らかではない上に、寛永五年（一六二八）に出された鷹場令が触れられた村々の中には（22）「江戸西方地域」の村々が一村も入っていない。ただし中野村を中心とする地域が前期鷹場においては一つの単位として「中野領」として編成されていたことは「領」の名称からみても間違いなく、寛永五年の法令以降「江戸西方地域」も含め徐々に鷹場が整備されていった結果が九つの「領」なのだろう。これが享保期に葛西筋、岩渕筋、戸田筋、中野筋、目黒筋、品川筋の六筋に再編成されることとなり、「江戸西方地域」の村々は中野村を中心とする中野筋として編成された。第1表は、おおよそ天明・寛政期（一七八一〜一八〇一年）に中野筋とされた町村一覧であるが、ここから村と町、郡域、野方領や世田谷領といった、後北条氏以来とされる「領」域などを超えて一つの筋として編成されたことが分かる。その範囲は「江戸西方地域」を

はじめ、世田谷区・練馬区の一部、さらに武蔵野市・三鷹市の一部も含むものであった。「筋」は基本的には在地の結合が利用されているが、在地の結合を生かしつつも「十里四方」という幕府の論理に従って編成されたものであった。

第1表　中野筋村町一覧(23)

郡・領	村町
豊島郡・野方領	早稲田村、下戸塚村、馬場下町、馬場下横町、原町一～三丁目、築地片町、榎町、天神町、早稲田町、弁才天町、牛込肴町、牛込改代町、中里村、下高田村、源兵衛村、諏訪谷村、西大久保村、東大久保村、柏木村、上戸塚村
	上落合村、下落合村、葛ヶ谷村、中村、中荒井村、田中村、谷原村、上土支田村、下土支田村、下石神井村、上石神井村、関村、幡ヶ谷村、角筈村、代々木村、千駄ヶ谷村、市ヶ谷村、市ヶ谷町、竹下新田、内藤新宿
多摩郡・野方領	上高田村、下高田村、片山村、江古田村、上沼袋村、下沼袋村、新井村、高円寺村、上鷺宮村、下鷺宮村、下井草村、天沼村、阿佐ヶ谷村、馬橋村、田端村、成宗村、下荻窪村、上荻窪村、上井草村、西窪村
	関前村、境村、上連雀村、下連雀村、無礼村、吉祥寺村、松庵村、大宮前新田、中高井戸村、久我山村、和泉村、永福寺村、堀之内村、和田村、本郷村、本郷新田、雑色村、中野村、下高井戸宿、上高井戸宿
多摩郡・府中領	上仙川村、中仙川村、下仙川村
多摩郡・世田谷領	野川村、野崎村、北野村、給田村、烏山村
荏原郡・世田谷領	上北沢村

こうして「筋」に位置づけられた村町は、幕府から様々な役を賦課された。それぞれの役は触次である中野村名主堀江家を通じて各村々で分担した。（○数字は後掲別表2中の番号）

①③鷹野人足

鷹狩りに際しての人足を出し、それについての扶持米や代銭を受け取った村町である。①は延享元年（一七四四）、③は天保一一年（一八四〇）の事例である。鷹場の基本的な役負担であるため、当然ながらどちらにおいても鷹場に指定されていた村のほぼ全てが指定されている。

②鷹役人定宿

鷹狩りに際して幕府から派遣される鷹狩り担当の役人は、事前に狩りの場所の見分などを行う際に村方に宿泊することがあり、その際の負担も村々が負った。この負担を担った村町である。事例は文化一三年（一八一六）であるが、中野筋のほぼ全ての村町が指定されていることが分かる。

④小納戸御用并蚊遣御用・御嘉祥御用

江戸城への様々な上納物も鷹場を単位に賦課された。蚊遣りとは「蚊を追いはらうために、煙をくゆらせ、または香をたくこと。また、そのたくもの。」(24)であり、このような役負担において現物を上納することが難しい場合、その代金を支払うことになっていた。その負担額は該当する村々で高割りにされたが、これはその際に代金を支払うことになった村々である。鷹場に指定されているほぼ全ての村が対象となったが、町は含まれていない。

⑤角筈調練場賄方

幕末になると角筈村には軍事訓練の施設である角筈調練場ができ、そこで旗本などの砲術訓練が行われた。訓練時の休憩などの際に必要な食事は村々が負担して作ることとなっていた。角筈村が含まれる中野筋にこの役が仰せ付けられ、やはり鷹場に指定されたほぼ全ての村が負担することになった。

以上四種類の役は村や町、郡域などの違いを超えて一様に賦課されたのである。なおこれらの役負担には中野村が入っていないが、これは中野村の名主堀江氏が触次役に任命されており、こうした役負担の分担を差配しているからだと思われる。

この四種類の役以外にも様々な役賦課があったが、これらの役負担に対して村々は、その都度組合を結成しながら様々な役賦課に対応していった。

⑥宝暦二年（一七五二）焚出御用人足

鷹狩りの休憩などの時に、将軍一行に対して食事が供されることがあるが、こうした人足も村々が負担した。その負担の公平化を図るために組合が結成された。中荒井村、中村という現板橋区地域の二村以外は現中野・新宿区地域の村々で結成されていた。

⑦宝暦七年御鷹野御用触次組合村

鷹野御用の賦課に対する組合村である。中野村名主卯右衛門を触次として結成された。町・村関係なく結成されているが、その範囲は全ての鷹場の村々ではなく、現世田谷区および現二十三区外の村々は除かれている。

⑧宝暦八年螻触之村

鷹野御用の一つとして螻虫の献上があった。こちらも町・村は関係なく触れられることになっており、その範囲も⑦と同様であった。ただしこのうち山王領・寺社領・町方である村町は螻の上納に関しては免除されたため以降触れられることはなく（別表二中×印）、中野・高円寺両村は鶴の餌付場であるという理由で基本的には免除となった（別表二中△印）。

⑨鳥猟運上・鑑札代永上納村

鷹場として指定されていた地域では、たとえ農作物に被害が出ようと鳥の駆除は禁止されていた。また先述した通り鉄砲の使用も禁止されるなど、治安維持の側面においても重要地域であった。しかしこの地域は「村」でもあり、種々の作物の生産をしなければならない。そこで金銭を納めることで害鳥の駆除を願い出た村々である。こちらは無礼村以外は全て現在の二十三区地域の村々となっている。

⑥～⑨の組合の範囲はほぼ「江戸西方地域」の範囲と重なることが確認できる。町か村かは関係なくこれらの組合が構成されていたが、現在二十三区外となっている村が入ることはほぼなかったのである。

鷹場の事例から、幕府は町か村かという管轄の違いに関係なく一様に鷹場とみなし、様々な役賦課を行った。それを受けた町村側も、町か村かに関係なく一様に役賦課を行った。都市化が進み螻がとれないといった理由で、役の免除も認められたが、それも町か村かという違いではなく、あくまで現実の状況に即して範囲が決められている。しかし町村側においては現在の区部と市部との間に境界が存在すると考えていたようで、それが鷹場役負担に対する組合村の構成にも表れている。幕府が設定した鷹場は現在の市部まで広がっていたが、町村側は現在の杉並区地域までが一つの地域の区切りだと考えていたのである。

三　改革組合村の編成

文政一〇年（一八二七）、幕府は関八州の町方を除く全ての村々を改革組合村として編成した。その際には「通り」すなわち街道筋を軸として組合が編成された(25)。まずは「江戸西方地域」の村々がどのような組合に編成されたかについて確認する。別表一も参照されたい。

「江戸西方地域」内の村の大部分は、中野村を親村として中野以外の隣り合う四～一一か村を小組合に編成した（第2表）。これらの村々は、鷹場役においても中野村を中心として様々な組合を結成していたが、それが改革組合村においても生かされる形となった。

角筈村は、千駄ヶ谷・代々木・幡ヶ谷・上北沢各村と共に下北沢村組合へと編成され、この四か村で一つの小組合を構成した（第3表）。角筈村は、のちほども述べるが中野村よりも幡ヶ谷、千駄ヶ谷、代々木各村との結びつきが非常に強かったためこの四か村が一つのまとまりとして組織されたことは何ら不思議ではなく、渋谷地域とのつながりもあったため、渋谷地域と結びつくことも特別なことではなかった。さらに世田谷地域との結びつきもなかったわけではないが、角筈村等四か村は、鷹場の編成でも明らかなように、現世田谷区地域よりも現中野区地域との結びつきが強く、したがって改革組合村において下北沢村組合となったものの、これはうまく機能しなかったようである。これについて宮沢孝至は、渡辺家文書に残された史料に改革組合村の寄場である下北沢村に関するものが少ないことを指摘し、「おそらく「領」域を超越した編成改革が、名主渡辺家の旧来の連絡網をも断つことになり、組合大物代としては他「領」の村々と連携しきれず、同「領」の小組合「角筈組」四村のみの小さな連携を維持していたことが推察される」とその理由を述べている[26]。さらに久我山村などは上布田宿組合へ、下戸塚村などは上板橋村組合とそれぞれ所属することになった（第4表、第5表）。

このように「江戸西方地域」がいくつかの組合に分属することとなったのである。また改革組合村の結成以降、文政一一年の醤油造渡世取極組合[27]など、この組合をベースにさまざまな組合が結成されることとなる。

ここで改革組合村の編成意図について述べておこう。改革組合村は鷹場法度など含めた以前の法令の遵守、それに加えて本来の百姓風俗をよく守り、これから逸脱した者の差し押さえと逮捕、囚人の管理・監視が要求されているなど、関東全域の農村に対する治安対策であった。そのため改革組合村においては江戸の町ははじめから度外視されていた。江戸の町の治安対策に対して関東農村のそれが不十分であったための組合村の結成であると考えれ、江戸の町と関東農村の取締り強度の差異をなくすことが求められていたと言える。すなわち幕府もまた、少なくとも治安維持という面においては町と村との差異をなくそうとしていたと言えよう。

以上、第一節では近世の村落結合の様子を概観した。「江戸西方地域」には、近世を通じて、様々な契機で多様な組合関係が存在していたことが確認された。その上で、①「江戸西方地域」においては町と村を越えた大きな地域的枠組みが存在しており、その中に現中野区・杉並区地域および現新宿区・渋谷区地域の二つの小地域が存在したこと、②村々が「江戸西方地域」の範囲を踏まえて多様な組合を結成したこと、③組合を結成する上で村と町という違

第2表　中野村組合および小組合 (28)

中野村					
下鷺宮村	馬橋村	東大久保村	下高田村	雑色村	大宮前新田
上鷺宮村	高円寺村	西大久保村	上落合村	本郷村	阿佐ヶ谷村
中村	上沼袋村	諏訪谷村	下落合村	本郷新田	上荻窪村
中荒井村	下沼袋村	柏木村	源兵衛村	和田村	下荻窪村
江古田村	新井村		上戸塚村	堀之内村	上井草村
片山村				和泉村	下井草村
葛ヶ谷村				永福寺村	天沼村
上高田村					田端村
					成宗村
					松庵村
					中高井戸村

第4表　上布田宿組合 (30)

上布田宿		
下布田宿	下仙川村	小足立村
布田小島分村	久我山村	北野村
上石原宿	上高井戸宿	給田村
下石原宿	下高井戸宿	烏山村
国領宿	吉祥寺村	上祖師ヶ谷村
上給村	上連雀村	下祖師ヶ谷村
深大寺村	下連雀村	廻沢村
佐須村	牟礼村	粕谷村
柴崎村	西窪村	船橋村
大町村	野川村	入間村
矢ヶ崎村	野崎村	覚東村
金子村	大沢村	駒井村
上仙川村	上飛田給村	喜多見村
中仙川村	押立村	

第3表　下北沢村組合および小組合 (29)

下北沢村		
角筈村	下北沢村	麻布町
幡ヶ谷村	池尻村	上渋谷村
千駄ヶ谷村	池沢村	中渋谷村
代々木村	三宿村	下渋谷村
	代田村	上豊沢村
	松原村	中豊沢村
	赤堤村	下豊沢村
	経堂村	穏田村
	野沢村	原宿村
	太子堂村	
	若林村	
	上馬引沢村	
	中馬引沢村	
	下馬引沢村	

第5表　上板橋村組合 (31)

上板橋村		
下戸塚村	上練馬村	志村
早稲田村	下練馬村	小豆沢村
中里村	上赤塚村	前野村
池袋村	下赤塚村	蓮沼村
中丸村	徳丸本村	雑司ヶ谷村
金井窪村	徳丸脇村	
新田堀之内村	徳丸四ツ葉村	
長崎村	西台村	
土支田村上組	中台村	
土支田村下組	根葉村	

いが問題になることはなく、むしろ近隣の村と町が一体となってさまざまな役を勤めたこと、以上三点が明らかになった。

第二節　明治初期の地域編成 ―江戸から東京府へ―

明治時代となり、明治政府は江戸を首都として定めた。しかし、それまで幕府の支配を直接受けていた江戸やその周辺の村方は、江戸幕府から明治政府へと政権が変わったことでその影響を受けることになった。

新政権による江戸やその周辺の支配は、江戸城無血開城とほぼ時を同じくして始まったのだが、当初は彰義隊などの旧幕府軍の残党の存在や、幕府の本拠地でもあったことによる政情不安などによって治安面の対策が急がれた。そのため東征軍が軍政を敷く形となったが、治安面の不安が徐々に和らいでいくと、明治政府は試行錯誤しながら地域編成を行っていく。その中で江戸周辺地域は、当初は東京府の範囲を旧江戸町奉行所管轄範囲のみとした政府の意向によって東京府の管轄から外れたものの、その後次第に東京府や東京市へと組み込まれていくことになる。

一　東京府域の設定

文政元年（一八一八）に確定された朱引で江戸の範囲が正式に定められたが、それは角筈村までを含むものであった。しかし明治時代には江戸から改称した東京の範囲を再び明確にする必要が生じた。明治元年（一八六八）に御府内外を見分して実際の状況を確認した上[32]で朱引の範囲を拡大した。[33]しかし翌年には、朱引が縮小され、東京の西側の範囲は四ッ谷にまで縮小されたのである。江戸時代に江戸の内外を朱引で分けていたにも関わらず、それが明治時代になってわずか数か月で二度も変動してしまうほど、その境目がはっきりとしていなかったと言える。

　同年三月、この月に公布された戸籍書法による戸籍編成と治安対策のため、朱引内を人口およそ一万人につき一つの割合で五〇の番組に、五月に朱引外を五の番組に分割した。明治四年四月には戸籍法が公布され、この法律に基づく区の再編が求められた。そこで六月に朱引が再縮小され、その範囲が西側に限って言えば「赤坂御門ヨリ四ッ谷御門市ヶ谷御門牛込御門外通リ御堀船河原橋迄[34]」と定められたことで、「江戸西方地域」のほぼ全域が朱引外となった。同時に朱引内の五〇番組が四四区に、朱引外五番組が六大区二五小区と改められた。これにより「江戸西方地域」の範囲に限れば「東ハ江戸川、南ハ千駄ヶ谷、西ハ四ッ谷大木戸、北ハ戸塚村[35]」という範囲、具体的には市ヶ谷、四ッ谷、牛込の各町が第三大区の所属となったほか、二小区には千駄ヶ谷村、三小区に早稲田村、中里村、牛込村、下戸塚村、源兵衛村、戸塚村の各村が編入された[36]。さらに当時存在していた治安維持組織である府兵の管轄区画も「六大区」であったため、八月に大区という名称は廃止され、東京府全域で六九区となった。これにより第三大区の五つの小区がそれぞれ五七～六一区とされた。

　一方、東京の周辺地域のうち代官支配だった地域は、慶応四年に旧代官であった山田政則、松村長為、桑山効の三名を武蔵知県事に任じ、在来の支配地域をそのまま管轄させた。明治二年一月に桑山の支配地である東京の東北部が小菅県、同じ頃に山田支配地の西北部が大宮県、二月には松村から交代していた古賀一平（定雄）支配地の西南部が品川県となった。そしてその際、「江戸西方地域」はそのほとんどが品川県に所属することとなった。明治三年頃の品川県管轄の村々は第6表の通りであるが、ここから、品川県はある程度は近世からの地域結合を生かしながら番組が編成されたことが分かる。角筈村の例で言えば、近世以来の地域結合である代々木村や幡ヶ谷村（この結合には千駄ヶ谷村も含まれるが、千駄ヶ谷村は明治元年に東京府管轄となっている[38]）などと同じ番組として編成されたのである。中野村

第6表 「江戸西方地域」の明治三年品川県管轄村一覧(37)

番組	6	7	18	21
村	下高井戸村 上高井戸村 吉祥寺村 粕谷村 廻り澤村 下祖師ヶ谷村 上祖師ヶ谷村 久我山村 舟橋村 横根村 大蔵村 大宮新田 松庵村 中高井戸村	烏山村 給田村 牟礼村 下連雀村 上連雀村 野崎村 野川村 上仙川村 中仙川村 入間村 下仙川村 深太寺村 北之村	下土支田村 上土支田村 下石神井村 上石神井村 下井草村 上井草村 竹下新田 小榑村 下保谷村 野寺村 栗原村 上白子村 橋戸 十二天村 石井村 片山堀之内村 下中沢村 辻村 原ヶ谷戸村 下方山村 膝折村	中野村 本郷村 本郷新田 雑色村 和田村 高円寺村 新井村 下沼袋村 上沼袋村 馬橋村 阿佐ヶ谷村 堀之内村 和泉村 永福寺村 成宗村 田畑村 上荻窪村 下荻窪村 天沼村

番組	22	23	24
村	中荒井村 片山村 下練馬村 上練馬村 中村 江古田村 下鷺ノ宮村 上鷺ノ宮村 田中村 谷原村	破損町 柏木成子町 柏木淀橋町 柏木村 西大窪村 東大窪村 諏訪村 下落合村 上落合村 葛ヶ谷村 上高田村 角筈村 幡ヶ谷村 代々木村 上豊澤村 中豊澤村 上渋谷村 穏田村	内藤新宿 永住町 廣嶋町

等も同じように近世以来の結合をもとに番組が編成されていた。「江戸西方地域」の村々はほぼそのまま品川県管轄になり、その中で近世の結合を生かしながら小さな番組に編成されていったのである。

二　東京府域の拡張 ─廃藩置県と中野村等の管轄替え

明治四年（一八七一）七月に廃藩置県が断行された。東京府もいったん廃止されたのち一一月一四日に新東京府が成立し、一一月二八日に府内を六大区九七小区（のちに九四小区）とした。いわゆる大区小区制である。東京近郊の三県も廃止され、浦和県（大宮県から改称）と小菅県の一部が埼玉県に、品川県の一部が神奈川県に、小菅県と品川県のそれぞれ一部が東京府の管轄となった。そして同時に近隣県から東京府への管轄替えが相次ぐことになる。

「江戸西方地域」のうち、もともと東京府に入っていた旧町奉行支配地を中心とする地域は大区小区制下で第三大区として編成された。また品川県管轄となっていた村々は、明治四年一二月五日に品川県から東京府へと管轄が変更されることとなった。これは多摩郡のうち中野村等含めて五五村、荏原郡のうち八六村二宿、豊島郡のうち角筈村含めて二七村一町一宿の大移動であった(39)。これらの村町は大区小区制下の東京府において「旧県時ノ区別ニヨッテ区ヲ設ケ、コレヲ品川口、内藤新宿口、板橋口、千住口等ニ大別(40)」された。すなわち旧品川県時の番組の数字がそのままに内藤新宿口の朱引外第三大区として編成されたのである。内藤新宿こそ一六小区となったが、角筈村は品川県時代と同様二三小区となった。ところが、東京府への移管直前の明治四年一一月二三日に品川県から東京府に移管される村々のうち多摩郡の五五か村、現在の中野区・杉並区地域が神奈川県へと移管されることとなり、翌五年五月二三日に移管された(41)。

移管先の神奈川県における地域編成について伊藤好一によれば、明治五年段階の神奈川県には武蔵国四郡を六〇区に、相模国三郡を二四区に分割した戸籍区が存在していた。これは改革組合村を踏襲したもので、規模こそ改革組合村よりも小さいもののその実態は改革組合村をいくつかに分割しただけのものであり、その点で品川県の番組の形成と同様であったという(42)。

第6表を見れば品川県の番組の編成が全て改革組合村を踏襲したものとは言えないが、近世の地域結合がある程度は生かされたものと言えよう。しかし、品川県の番組編成で近世の地域結合が分断されたところもある。そうした村々は、管轄替えを機に再び近世以来の結合による編成を求めた。

〔史料3〕

武州多摩郡
元廿三区
上高田村
同郡　元廿弐区
上鷺宮村
下鷺宮村
江古田村
片山村
同郡　元十八区
上井草村

下井草村

右七ヶ村之儀先般当御管轄被仰付候ニ付、区内引分り戸長之ものも無之差支之筋有之候間、旧組合同郡廿壱区中野村区内江御組入奉願度、第一最寄且御用村用ニ付都而弁利宜敷御座候間、右御聞済被下置候様此段奉願上候、以上、

明治五壬申年二月廿七日

右上高田村
名主　鈴木清兵衛㊞
（以下六ヶ村連印略）

神奈川県
御役所 (43)　（後略）

上高田村等七か村からの要望書である。昔はひとまとまりであった地域が品川県管下において三つの区に分かれてしまっており、今のままでは戸長などもおらず差支えがあるので、神奈川県下においては「旧組合」で同じだった中野村の所属している区内に組入れて欲しいと願い出ているのである。

この七か村は第一節でみた通り、鷹場では中野筋に、改革組合村でも中野村組合にそれぞれ属し、橋普請組合や兵賦差出組合においても中野村と組み合うなど、中野村との結びつきが非常に強かった。品川県の地域編成政策を村方はよしとせず、近世以来の地域結合による地域編成を求めたのである。そしてこれは聞き入れられたようで、七か村は中野村と同じ四六区として神奈川県管下に入った。

この事例は神奈川県管下に入るにあたっての動きであったが、中野村などの村々が神奈川県入りを歓迎したわけで

はない。むしろ村々も、そして東京府も神奈川県ではなく東京府管下の方がよいと考えていた。神奈川県へと移管されてから間もなく、管轄替えの要望が出る。

〔史料4〕

元品川県管下中野村外廿五村願東京府宛

武州多摩郡　中野村　本郷村　同新田　雑色村　上高田村　新井村　片山村　江古田村
下沼袋村　上沼袋村　下鷺宮村　上鷺宮村　下井草村　上井草村　天沼村　馬橋村　高円寺村
阿佐ヶ谷村　和田村　堀ノ内村　和泉村　永福寺村　田端村　成宗村　下荻窪村　上荻窪村

右村々ノ儀ハ元来旧品川県御管下ニ御座候処、去未十二月中豊島荏原両郡一同東京御府へ御引渡ニ相成、又候当正月中別書村々ノ儀ハ多摩郡ノ廉ヲ以当御県へ御管轄替ニ被仰付候儀ノ処、一体右村々於テハ何レモ東京近ニテ多分四ッ谷通筋ノ村方其余迄モ右へ相接罷在、別テ中野村・本郷村・和田村・堀ノ内村等ノ儀ハ内藤新宿・角筈村・五十人町・柏木成子町・淀橋町ト民家陸続罷在、其外右通リ筋村方ノ儀ハ是以右四ヶ村同様ノ次第故、商業ノモノ多ク夫ト申ハ人民数多ニテ田畑ハ少ク、商人共ノ内就中穀屋共等ハ前書町々同渡世ノ者ト同一何事モ東京へ組合米穀売買等手広ニ仕来罷在、其他何商売ニ不限日々東京市中商人共ト取引罷在諸職人共等モ右町々ト入組職業相営、小百姓ニ至候テハ是ハ日々東京へ出商ヒ仕候仕合、殊更右村々ノ儀ハ東北ハ豊島郡南ノ方ハ荏原郡へ相接居、東京迄ハ纔里程一里二里ノ場所、其上当時東京府御所轄相成候豊島荏原村々ト万端入混、御用村用共取扱罷在候儀ニ付右ト引分レ別御所轄ニ相成候テハ纔公私ノ用弁不都合ニモ成行、就中商業ノ者共等ハ渡世筋事ニ付悉ク不都合小前末々ノモノ等ハ職事出商ニ迄モ不弁利ニ成行候ニ付、既ニ東京府御管轄ト引分レ候ヲ相歎キ、小前ノモノ共ノ内旧品川御県東京御府大蔵御省等へ御歎願奉申上候儀モ有之処、右ハ依頼難被及御沙汰旨被仰渡候故、不得止右願意差止リ罷在候処、当御県御管轄相成候以来格別ノ以御憐恵、何事モ手数相省キ候都テ御寛大ノ御処置被成下置候段、一同難有仕合奉存罷在候ヘトモ、前顕奉申上候通ノ次第ニテ、都テ万件ニ付不都合ノ次第ハ無相違、商人并諸職人又ハ農品取揃方等ニモ差響キ、唯々右等ノ儀ニ当惑仕、殊更豊島・荏原両郡ノ間ヘ相挟居右村々ヲ打越居候村方モ多ク候故、右両郡村々ニ於テモ急御布告向達方廻状遣等モ不便利ニテ互ニ不都合ニ付、既ニ右等ノ趣別書両郡区内ヨリモ申立モ仕候趣ニ承知仕、右ニ加ヘ此節東京府新御所轄区々ノ儀ハ御巡邏御取締御屯所御取建御官員区長衆御詰合御取締筋ハ勿論、諸用御取扱有之次第ニモ至リ可申由承知仕、左候テハ猶更以入会ノ村々ハ何事モ不弁利ニテ当惑仕、小前末々農工商ノモノ共迄渡世筋営方不都合ノ苦情村役人ニ取夫ヲ見過シ下情御上聞ニ不通モ、当節ノ場合ニ取奉恐入候次第ニ付、小前ノ者トモノ悲歎筋其余不都合ノ次第有体不顧恐奉愁願候、殊更御当県元迄ハ里程十里内外有之、東京迄ハ二里内外ノ村々ニ付、自然入費等モ簡易ニ相済申候間、何卒格別ノ以御仁恤右等ノ訳柄御憐察被成下置、何レ成共従前ノ通リ東京府新御所轄豊島・荏原両郡入会ノ村々ト一纏メノ御所置奉請候様被仰付被下置候ハヽ、一同挙テ難有仕合奉存候、依之乍恐此段村々連印以書付奉願上候、以上、大蔵

堀ノ内村
名主
相原喜三右衛門
（以下二二ヶ村村役人連名略）
（後略）（44）

村々から出された管轄替えの願書であり、管轄替えを要求する論理が書かれている。すなわち、旧来品川県管轄であった村々のうち中野村をはじめとする二六か村は、豊島・荏原両郡の村々と共に東京府に管轄が変更となったが、この二六か村は多摩郡であったので東京府から神奈川県へと管轄が再度変更になった。しかし、これらの村々は東京に近く、なかでも中野・本郷・和田・堀ノ内の各村は内藤新宿や角筈村など東京府となった村町と「民家陸続」であり、「四ッ谷通筋」に面する村方も中野・本郷・和田・堀ノ内の各村と同様の状況である。また商業の面では東京と組合って米穀売買をはじめ様々な商売をしているほか、小百姓に至っては日々東京へ出て商いをしている。さらにこれらの村々は、東北は豊島郡、南は荏原郡に接し、東京まではわずかに一、二里の場所である上に、東京府に管轄替えとなった豊島・荏原両郡の村々と「万端入混」じって御用や村様などを取り扱ってきた。そのため豊島・荏原両郡と引き分かれ、別の所轄になってしまうと公私の用事、特に商業において不便となるため、品川県、東京府、大蔵省へ歎願してきたが聞き入れられなかった。神奈川県からは寛大な処置を受けてはいるが、商業面をはじめとする不都合な面は変わりがない。先に東京府に管轄替えとなった豊島・荏原両郡の村々にとっても急な布告の際の廻状などお互い不都合であるとのことで、両郡からも申し出があったという。東京の所轄になったところと比べ、これらの村々は何事も不便であり、県庁までの距離も東京までは二里であるのに神奈川県庁までは十里程度もあることも述べて、東京府への管轄替えが先に認められた豊島・荏原両郡の東京と入会になっている村々と共に、「一纏メノ御所置」すなわち東京府への管轄替えを願い出ている。また奥書には、神奈川県庁へ出向いて管轄替えを願い出たところ書面は取り上げとなり、取り調べの上追って沙汰すると言われただけで帰ってきたが、認められるまで何度でも訴えるとも書かれている。

〔史料5〕

明治五年六月失日大蔵省へ上申

神奈川県管下武州多摩郡村々管轄替願ノ儀ニ付申上候書付

元品川県管轄武州多摩郡中野村外三十一ヶ村ノ儀ハ、辛未十一月中豊嶋・荏原両郡村々一同当府管轄被仰付候処、郷村受取已前右多摩郡村々ノミ神奈川県へ管轄替被仰付候ニ付、其段村々へ相達候処、右体相成候テハ、県庁迄里数モ有之村々難渋不少候間、当府管轄ニ居置相成候様致度旨、其節度々歎願申出候へ共、右ハ依願可取用筋ニ無之候旨説諭ノ上願書下ケ遣シ、其後郷村諸書物共同県へ引渡候儀ノ処、元来右村々ノ儀ハ、別紙絵図面之通当府管下荏原・豊嶋両郡ノ間へ孕リ候故、邏卒取締向自然難行届、折柄前書村々ノ儀、神奈川県管轄ニテハ道法十里内外有之、御用筋ニテ出庁致候ニモ日帰難相成、随テ村入用等モ多分ニ相掛リ難渋イタシ候間、当府管轄相成候様村々役人共ヨリ同県へ歎願致候趣申立、右ハ管轄違故、当府オイテ採用可致筋ニハ無之候得共、前文取締向モ難行届、且願意無余儀情状モ相聞難捨置候間、当府官員神奈川県へ差遣シ打合候処、村々歎願之趣一応尤ニ聞受候へ共、得ト熟考ノ上同県見込ニ於テハ、其地理ニ依リ所轄ノ経界不相立候テハ、第一取締向モ相整不申ハ勿論、前書村々不便ノ苦情有之候ヲ其儘押居置候テハ、農民撫育ノ御趣意ニモ相悖リ、其上取締筋ニモ関係イタシ候儀ニ付、此上於御省可然御処分御座候様致度、依之村々嘆願書亦佚写并絵図面共相添此段申上候也　(45)

〔史料6〕

(前略)同県見込ノ趣其筋へ可申立候間、当府見込ノ次第有之候ハヽ当府限可申立旨挨拶有之、一体当府見込ニ於テハ其地理ニ依リ所轄ノ経界不相立候テハ、第一取締向モ相整不申ハ勿論、前書村々不便ノ苦情有之候ヲ其儘押居置候テハ諸民撫育ノ御趣意ニモ相悖、其上取締筋ニモ関係致シ候儀ニ付、此上於御省可然御処分御座候様致シ度、依之村々歎願書写并絵図面共相添此段申上候也、七月大蔵(46)

史料5において、元品川県管轄の中野村ほか三一か村は、明治四年一一月に豊島・荏原両郡の村々と共に東京府管轄となったが、東京府が正式に受け取る前に、この三二か村が神奈川県管轄を仰せ付けられた。しかし実際に神奈川県管轄になれば県庁までの距離も遠く村々が難渋するため、東京府管轄のままにするよう何度も歎願したが取り上げられず、その都度説得されて差し戻された。その後、神奈川県管轄となったが、この地域が東京府管轄地域である荏原郡・豊島郡の両地域の間に入り込む形となっているため、邏卒の取締りも行き届かなくなっている。またこの時村々も、東京府への管轄替えを神奈川県に願い出たと東京府に申し立てをしたものの、東京府としては管轄違いであるため採用することはなかった。しかし、取り締まりが行き届かないことなどをふまえ、東京府の役人を神奈川県に派遣して打ち合わせた所、村々の歎願もいちおう聞いておくこととなった。神奈川県側の見込みでは、地理的条件で境界を定めないと取締りも行き届かないこと、さらに村々から不便だという苦情がでているのにそのままにしておくのは「農民撫育ノ御趣意」にも反し、取り締まりにも影響が出るため、この件について大蔵省に伺いを立てることになった。

村々の管轄替えの要望は当初聞き入れられず、神奈川県管轄となった。ところが実際に管轄替えが実施されると、中野村等が東京府に入り組んだ形となってしまったことで治安維持の面で問題が発生した。この問題を解決するために管轄について再び議論がなされ、村々からの要望も生かされることになったのである。

第1図がおそらく史料5、6に出てくる「絵図面」だと思われる。このように中野村などだけが神奈川県管轄とい

第1図　中野村等管轄変更範囲

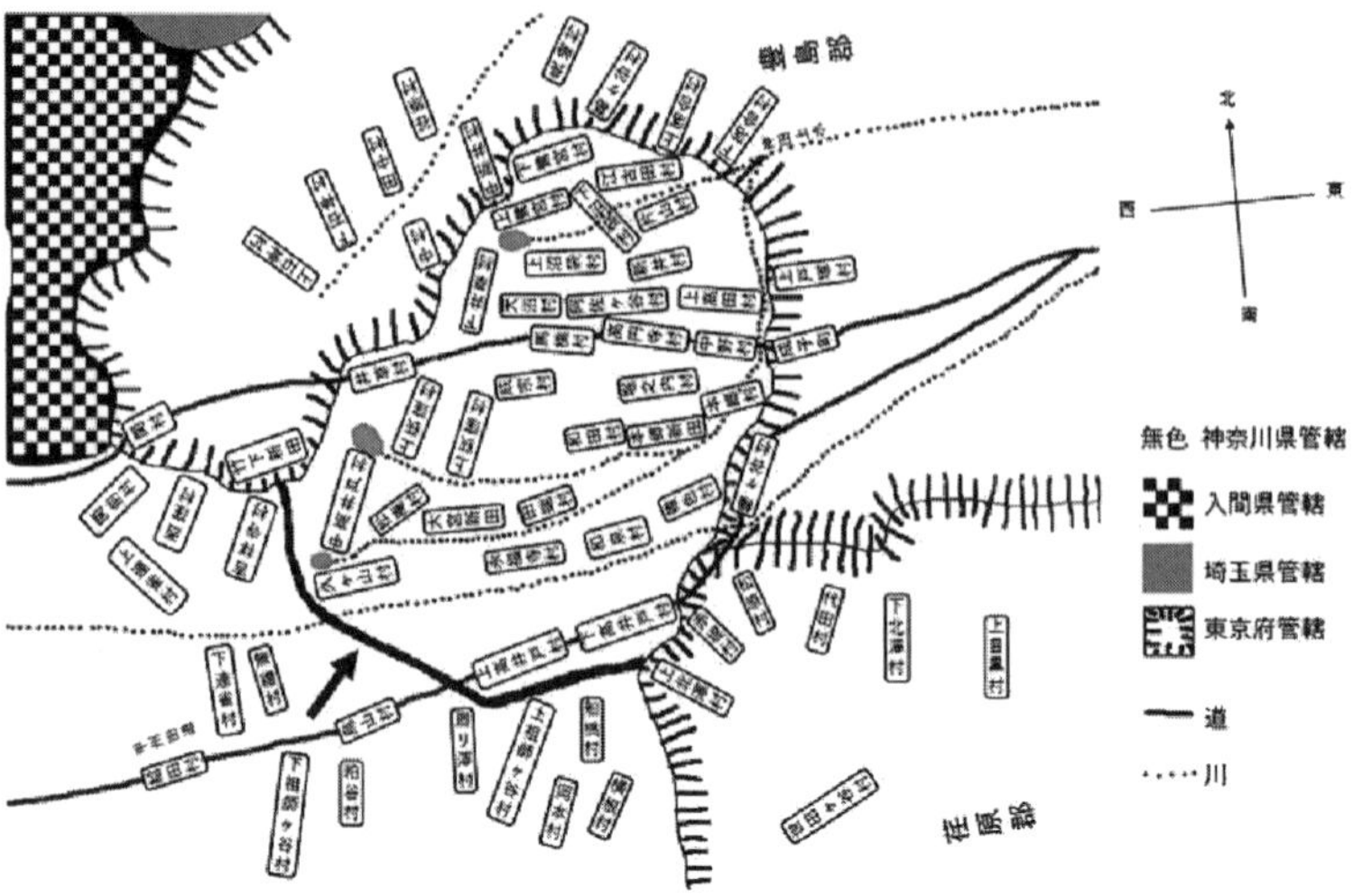

注　「神奈川県管地ヲ東京府に分属」(「太政類典」第二編第九十五巻(国立公文書館蔵))より執筆者作成。境界線の強調と塗り分け、道・川の表示は、原図を踏まえ、執筆者が加筆したものである。

う歪な編成となってしまったため、邏卒による取締りも行き届かなくなっており、その分村入用が多くかかり難渋しているとして、図中矢印で示した太線より内側の村々が、東京府への管轄替えを願い出たのである。それに対して東京府は、村々の地理をふまえた上で所轄の境界線を定めないと取締向きも整わないのはもちろんだが、村々から不便との声が出ているのにそのまま放っておくのは「諸民撫育ノ御趣意」にも反するという理由を挙げながら大蔵省へと上申した。ここでも東京府が、村々の意見を聞いた上で行動していることが分かる。

〔史料7〕

神奈川県管下武蔵国多摩郡中野村外三十一ヶ村ノ儀ハ、東京府管内荏原・豊島両郡ノ間ニ孕リ候地形ニ付、同府取締向ハ勿論下民ノ苦情モ不少趣ヲ以管轄替ノ儀伺出候ニ付、神奈川県見込ヲモ相糺候処、同県ニオイテハ二十六ヶ村限リ、其余上高井戸外五ヶ村東京府ヘ組込候テハ不便ノ趣双方ノ見込相違ニ付、猶篤ト取調熟考致候処、右六ヶ村ノ儀モ神奈川県トハ路程モ相隔リ上下往復ノ不便有之、東京府へ相附候方上下ノ便利ト被存候ニ付、同府へ管轄替被仰付候方可然存候、依之府県ヘノ御達按并書類絵図面共相添此段相伺申候也、八月十七日大蔵 (47)

地形や「下民ノ苦情」などもあり、東京府と神奈川県との間で管轄替えが行われた際の見込みなどについて確認が行われている。史料4の歎願書に署名した中野村など二六か村については、神奈川県から東京府へと移管することで話が進んでいる。しかし、上高井戸をはじめとする六か村の管轄替えについては、東京府と神奈川県で見込みが異なるようで、さらなる熟考が必要とされている。東京府としては、ここでも神奈川県庁までの道のりなどを挙げながら東京府の管轄となるべきと主張している。

〔史料8〕

東京府上申租税寮宛

神奈川県管下武州多摩郡中野村外三拾壱箇村ノ儀、当府管下荏原・豊嶋両郡ノ間ニ孕リ居、神奈川県管下ニテハ里数遠ク難渋不少旨申立候間、右ノ趣当六月中申進候ニ付、同県於テ便不便ノ見込御尋相成候処、中野村外弐拾五箇村ハ管轄替相成候方便利ノ旨申立候処、下高井戸宿外五箇村ノ儀ハ何等ノ申立モ無之、右ハ愈以当府管轄不相成候テハ不都合ニ有之候哉、尚取調ノ上否可申立旨御寮官員ヨリ当府官員へ談ノ趣致承知候、一躰右村々ノ儀ハ中野村其外村々県庁へ歎願申出候節、区外ノ故ヲ以連印ハ不致候へ共難渋ハ同様ノ儀ニ付、同村ノモノ共へ相頼歎願書下ケ札へ記載申立候由ニテ、地理ノ儀ハ兼テ差進置候図面ノ通六ヶ村トモ入込居候間右ヲ相除候テハ経界不宜、且玉川・神田両上水路ノ儀当府管轄ニ候処、右村ノ内上下高井戸宿久我山村地内ニ右両上水路有之候儀ニ付、此上土地人民トモ管轄相成候ヘハ万端都合宜、旁中野村其外村々一同右六箇村ノ儀モ当府管轄被仰付候方可然哉ニ存候、此段申進候也、七月(48)

下高井戸宿など計六か村については、そもそもこれらの村々は「区外」だという理由で中野村などの管轄替歎願書に連印はしなかったのだが難渋しているのは同様だとして下げ札に村名だけ記載してもらったという。ただし地理を見るとこれらの村々も「入込」となっており、神奈川県管轄のままでは境界線が不都合であり、さらに東京府の水源となる玉川上水・神田上水の水路は東京府自ら管理したいため、上下高井戸宿・久我山村の土地人民をも管轄したいとしている。こうした理由から、東京府としては治安維持上の問題に加えて水の確保という点からも、中野村などの管轄替えを望んだと見られる。中野村などが神奈川県管轄となってすぐに、東京府管轄に戻りたいと主張をはじめたが、東京府も中野村をはじめとする村々も、この地域は東京府の管轄となるべきだという意見は同じなのである。

〔史料9〕

多摩郡
大宮前新田
松庵村
中高井戸村
久我山村

下高井戸宿
上高井戸宿
右者多摩郡中野村外二十五ヶ村此度御管轄替奉願候ニ付而者、書面六ヶ村も同様御府江御管轄替相願度旨申聞、且一体之御管下境界内も判然仕候場所旁、以中野村外二十五ヶ村与同様御府江御管轄替仰付候得者、境界判然仕候■■候間、其段中野村区内歎願書江下ヶ紙ヲ以奉申上置、尚当節之心得方承り合候処、下方共ニおゐてハ入費等ニも差響き候ニ付、手近之御府御管轄一統相願候、既ニ大宮前新田外二ヶ村ハ遮而相願罷在候義ニ御座候処、久我山村戸長秦太左衛門義昨年中自身ニ而相願、戸長依願相勤居候もの共、御管轄替ニ相成候而ハ自力ニ難及与心得、隣村高井戸宿ヲ勧メ入判然与決意不仕、一体藤前ハ御管轄相願度旨申聞居、当節ニ至り御管下戸長ハ仕来ニ不拘、一般被為広人撰ヲ以被命候趣ヲ承り及ひ、御管下ニ相成候而者迚も難及義与心得、彼是申為狂罷在候、乍去高井戸宿ハ勿論久我山村迄も命令ヲ以御所置被成下度、心底之趣申聞罷在候

壬申七月廿七日　(49)

史料4で村名が書かれていない大宮前新田など六か村からの意見書である。この六か村も中野村などと共に、神奈川県から東京府へと移管されることを望んでいる。その理由として、この六か村も東京府の管轄になった方が「境界」が「判然」とする、ということが挙げられている。

この六か村は、改革組合村においては中野村組合（大宮前新田、松庵村、中高井戸村）と上布田村組合（久我山村、上高井戸宿、下高井戸宿）とに分かれていたが、鷹場は同じ中野筋に属する村々であり、近世には中野・杉並地域とのつながりも存在していた。こうしたつながりがあったからこそ、この六か村を東京府管轄とすることではじめて「境界」が

「判然」とするのである。

この管轄替えは明治五年八月一九日に認められ、神奈川県管轄であった中野村など二六か村および大宮前新田等六か村、合計三二か村は同年九月一〇日、東京府へと移管されたのである。

以上、中野村などの神奈川県から東京府への管轄替えを中心にみてきた。近世の江戸周辺の地域編成が、近代になって分断されかけても、村方からの働きかけもあり、元の通りに結びつく様子が明らかとなった。その際に村方が理由として挙げたのが、東京に近かったことをはじめ管轄替えを求めた村々が、「内藤新宿角筈村五十人町柏木成子町淀橋町ト民家陸続」であること、東京市中と商業的に深い繋がりがあること、先に東京府管轄になっていた豊島郡・荏原郡と「万端入混」り公私にわたって不便であること、などであった。旧江戸、当時の東京府と村方は決して別の地域とは考えられておらず、むしろ「村続」だからこそ東京府への編入が望まれ、認められた。すなわち、村の「町続」意識が表出したのがこの管轄替えなのである。中野村などの村々は、一度は東京や新宿・渋谷地域との関わりを断ち切られながらも、江戸以来の地域結合の論理を用いて管轄替えを主張し、再び東京と、新宿・渋谷地域と結びついたのである。

三　管轄替え後の大区小区制と郡区町村編制法

再び東京府へと管轄変更された中野村をはじめとする多摩郡の各村は、廃藩置県によって東京府に編入されていた他の「江戸西方地域」と同様、新宿口に振り分けられ第三大区所属となり、小区の番号は原則通り神奈川県時代のものとなった。

しかし、東京府の拡大が続く中でこのようなその場しのぎの方式がいつまでも続くわけがない。小区の数が増えていくに従って、小区の番号が不揃いなことが問題となる。

〔史料10〕

以書付奉伺上候

内藤新宿口廿三区・四十六区之義者東京市中続入会之場所ニ而、各大区与戸籍取遣其他引合筋多く元区号を唱及引合候而者疑惑致候向も有之、万件不都合ニ御座候、殊ニ右両区者小拾六区内藤新宿より区順至当与奉存候間、左之小区唱替被仰付度奉存候、

元二十三区

第三大区

小拾七区

元四十六区

第三大区

小拾八区

右之通区順相立、元廿三区者小拾七区、元四十六区者小拾八区与相唱候様仕度、此段奉伺申上候、以上

第二月

第三大区元廿三区

戸長　渡辺保寿

同　元四十六区

戸長　堀江卯右衛門

東京府知事

大久保一翁殿　(50)

大区小区の番号と東京府知事の在任期間から、この史料は明治六年(一八七三)二月のものと思われる。第三大区元二三小区および元四六小区は「東京市中続入会之場所」であるため、ほかの大区と戸籍のやりとりをすることが多いが、元々の区の番号を使用していては相手方に疑念が生じてしまうので、一六小区である内藤新宿から順番になるように、角筈村等の元二三小区を一七小区に、中野村等の元四六小区を一八小区にすることを願い出たのである。明治五年段階でも「中野村・本郷村・和田村・堀ノ内村等ノ儀ハ内藤新宿・角筈村・五十人町・柏木成子町・淀橋町ト民家陸続」(史料4参照)と述べられていたが、角筈はもちろん中野村等の地域も「東京市中続入会」という認識を持っていたことが改めて確認できる。なお元二三区戸長の渡辺保寿は角筈村、元四六区古町堀江卯右衛門は中野村、それぞれの名主家の人物である。

この動きは否決されたようであるが、こうした動きがあったことも影響してか、明治六年に区画の改正が行われ、朱引外が五大区に再編された。朱引外第三区であった「江戸西方地域」は第八大区とされた。村や町の内訳は第7表の通りであるが、連続性のなかった小区の番号を一～八と改めた上で、村町を再編成したのである。その編成は、例えば第六小区などは改革組合村の中野村組合のうちの三つの小組合をほぼ合わせたものと言えるように、ある程度は改革組合村を参考にして作られている。しかし第三小区は千駄ヶ谷焔硝蔵への人足を出していた村々が多いなど、特定の組合村というよりも、従来からあった地域結合をふまえた上で新たに編成されたものと言うべきだろう。そして

第7表　第八大区村々の変遷（51）

改正前 大区	2	3											
改正前 小区	15	12	15	16	23	7	8	10	47	46		22	18
村	麻布笄町 麻布霞町 麻布新龍土町	千駄ヶ谷一丁目 千駄ヶ谷二丁目 千駄ヶ谷三丁目 千駄ヶ谷仲町 千駄ヶ谷大番町 千駄ヶ谷西信濃町 千駄ヶ谷甲賀町 千駄ヶ谷村	青山南町 渋谷宮益町 青山高樹町 青山北町 中渋谷村 原宿村	内藤新宿 内藤新宿南町 内藤新宿北町 内藤新宿北裏町 内藤新宿番衆町 内藤新宿添地町	大久保百人町 牛込破損町 東大久保村 西大久保村 角筈村 諏訪村 柏木村 上落合村 下落合村 葛ヶ谷村 幡ヶ谷村 代々木村 隠田村 上渋谷村 上豊沢村	牛込若松町 牛込高田町 下戸塚町 関口町 早稲田村 中里村 牛込村 上戸塚村 下戸塚村 源兵衛村	市谷富久町 大久保余丁町	四谷永住町	久我山村 上高井戸村 下高井戸村 大宮前新田 中高井戸村 松庵村	中野村 上高田村 新井村 高円寺村 上沼袋村 下沼袋村 馬橋村 阿佐ヶ谷村 天沼村 上井草村 下井草村 上荻窪村 下荻窪村 田端村 成宗村 永福寺村 和泉村 堀之内村 和田村 雑色村 本郷村 本郷新田	江古田村 片山村 上鷺ノ宮村 下鷺宮村	中新井村 中村 谷原村 田中村 上練馬村 下練馬村	上石神井村 下石神井村 関村 竹下新田 上土支田村 下土支田村
改正後 第8大区	一小区			二小区	三小区	四小区			五小区	六小区	七小区		八小区

第八大区全体を見てみれば、渋谷や青山、麻布など一部を除けば、ほぼ鷹場の中野筋の村々で構成されている。麻布や渋谷とも近世につながりがなかったわけではないため、第八大区もまた近世のつながりが生かされつつ編成されたと言える。

このように地域編成政策は度重なる変更を行ったが、明治一一年には再び制度が変更され、郡区町村制が施行された。次にその政策意図について確認する。

〔史料11〕

東京府下区郡町村編成趣意書

東京府下従前ノ十一大区ヲ改メ更ニ画シテ十五区六郡トス。十五区は市街ニシテ六郡は村落タリ。今此ノ区郡ノ彊理ヲ制スル悉ク拠ル所アリト雖トモ、首トシテ基ク処ノモノハ、戊辰ノ聖詔自今江戸ヲ称シ或ハ御府内ト唱ヘシ境界ヲ査明シ以テ東京ノ彊域トス、今画スル所ノ十五区ノ地則チ是レナリ、而シテ六郡ノ地ハ仍ホ旧郡界ニ依ルモノナリ。（中略）十五区六郡ノ彊域ヲ定ムルヤ、大抵故制ニ則リ旧称ニ遵ヒ地形ヲ案シ戸口ヲ計リ、土俗人情ノ相依ルモノ等ヲ斟酌シ区務所郡務所位置ノ便否ヲ考究シ、力メテ習慣ニ基キ之レカ計画ヲナスモノナリ。旧江戸ノ地形ヲ以テ東京ノ彊域トナシ、自然ニ其当ヲ得ルモノ多シ。就中旧江戸地主ノ蓄積セル共有金ノ如キ、今東京十五区地主之レカ相続ヲ為スニ於テ最モ道理ニ適シ便宜ヲ得ルモノト云フ可キナリ。（後略）（52）

大区小区制を改め、朱引内の「市街」が十五区に、朱引外「村落」が六郡に編成された。市街と村落を区別し、市街の行政や経済を強化するための政策としている。区郡の範囲を定めるにあたっては、古くからの地域区分や名称を尊重し、地形や人口、人々の地域制などを斟酌し、区役所・郡役所の位置も考慮したとしている。さらに江戸の地形をそのまま東京の範囲にすることは理にかなうと述べ、ここでも江戸以来の地域結合を生かすことが求められているのである。

郡区町村制の施行により、町村は区の一部になるか郡に所属することになり、当時の朱引内地域が四谷区と牛込区に、江戸時代は豊島郡であった村が内藤新宿とともに南豊島郡に、多摩郡であった箇所が東多摩郡として編成されたのであった(53)。これにより朱引内外の境界が改めて明確になったのである。しかし近世から結びつきが強く、大区小区制でも同一の大区に属していた中野村ら東多摩郡と角筈村ら南豊島郡は、多摩郡であるという理由で神奈川県に編入された明治五年と同様、二つの地域に分かれてしまったのである。

以上第二節では、明治初期の地域編成についてみてきた。ここまで明らかになったことをまとめる。

①文政元年に設定された朱引は縮小され、それまで朱引の範囲内だった内藤新宿や角筈村は、他の「江戸西方地域」の村々と共に品川県の管轄となった。その後廃藩置県による品川県の廃止により東京府管轄となったが、多摩郡の地域はほどなく神奈川県へと移管された。

②近世にある程度一つの地域であった現中野区・杉並区の村々は、品川県管下で複数の組合に分裂していたが、神奈川県管下に入るにあたって旧来の組合関係に戻すことを願い出、許された。

③中野村などが神奈川県管轄となったことで、治安と水が東京府の課題となった。これに対処するために、中野村などが管轄替えを要望した際の、東京に近く東京と町続きであること、商業面でも結びつきが強いこと、東京府管轄となっていた豊島郡や荏原郡と「万端入混」じった状態であったこと、など村方の論理も利用し、管轄替えが実施された。

④郡区町村編制法によって東京府の範囲と行政区画が明確にされたが、その区画は郡制を再利用したものであった。「江戸西方地域」は従来から多摩郡と豊島郡であったのが、そのまま東多摩郡と南豊島郡となり、朱引内にあたる市街地は区として再編された。「江戸西方地域」という一つの大きな地域を形成していた地域が、四谷区、牛込区、南豊島郡、東多摩郡に分裂した。

⑤明治初期の段階において、角筈村・中野村を含めた地域が「東京市中続入会」となっていたほか、本郷村、和田村、堀ノ内村までも「民家陸続」であると認識されていた。市街地が現在の杉並区にあたる地域にまで広がっていたことが確認できる。

第三節　市域の設定と拡張 ―明治二二年以降の地域編成

第三節では、東京市が設置された明治二二年（一八八九）の市制町村制から市域が拡張される昭和七年（一九三二）までの期間を取り上げる。

明治期後半以降、東京の発展とともに、その周辺地域も農村から近郊住宅地へと変化していく。しかしその変化は一様ではなかった。現在の中野区の例を挙げれば、明治四〇年頃より中野町の戸数と人口が増加し、大正四年までに戸数・人口ともに二倍前後の伸びを示すのに対し、野方町の人口は近世とほぼ変わらなかった。それ以降も中野区地域の人口は増え続けていくことになるが、この背景には東京の経済的・社会的発展があり、それに伴って就職口などを求めて、他府県から人口が流入したことが挙げられる。また、関東大震災以降、被害の少なかった山の手地域の人口増加は顕著であるが、震災前からその傾向はあり、震災によってその傾向に拍車がかかった。さらに中央線などの

挙げられる。[54]鉄道が敷設されたことにより、東京市と周辺地域との時間距離が縮まったことも、周辺地域の人口が増加した要因に

一　市域の確定 ―市制町村制の成立

郡区町村編制法からおよそ九年半後の明治二二年、またもや新たな制度が施行された。市制町村制である。

憲法の発布と国会開設を前に、立憲政体の基礎を樹立することが必要とされ、そのために地方の自治が求められた。[55]当時の内務大臣・山縣有朋によれば、内閣は当初は市長の官選および東京・京都・大阪の三府に特別の制度を設けることを決め元老院の賛成も得ていたが、のちに市長は公選とし、三都に市制を施行することとなったという。[56]

こうした流れを経て市制および町村制が制定されたが、市の範囲は従来の区域、東京では一五区の区域がそのまま採用され、郡の区域から外れた。一方、町村制は市制が施行される地以外（つまり東京では一五区以外）の全ての場所で施行されるとされ、その町村の範囲はこれまた従来と変わることはないとされた。[57]

また、市町村の区域について、市町村は国の行政区画であり、独立した自治体でもあること、その範囲については従来の、すなわち郡区町村編制法の際のものからは変更しないこと、町村の経済力が貧弱である場合には合併などが認められること、などが定められたほか、有力町村の造成・維持は国の利害にも関係するので、町村の廃置分合や区域変更は国の干渉が必要であるとされた。[58]

この法律は明治二一年四月一七日に公布され、東京府では明治二二年四月一日より施行されることとなった。その間に東京府は、郡区間の境界および町村の合併などについて検討することになる。

〔史料12〕

郡区町村廃合及区域名称変更ノ儀ニ付内申

法律第一號ヲ以テ市制町村制発布相成候ニ付テハ、当府ニ於テハ明治二十二年四月一日ヨリ施行致度考按ニ有之、然ルニ市制ヲ施行スヘキ十五区ノ区域ハ郡村ノ地ト犬牙錯雑シテ明確ナル経界ナク、且地形甚タ不完全ニシテ施政上ノ不便少カラサルニ付、此際河川又ハ鉄道等明確ナル点線ニ依テ之レカ経界ヲ定メ、郡村ノ内区部ニ接近シ若クハ其状況区部ニ等シキモノハ之ヲ区内ニ合併シ、以テ完全ノ地形ト為シ、市制施行ニ便宜ナラシメ度、又町村ニ在テハ相当ノ資力ヲ有シ独立自治ニ耐ユルモノハ僅ニ二三ニ過キスシテ、概ネ区域狭小若クハ資力薄弱ニシテ彼此相合スルニ非サレハ到底自治制ヲ行フ能ハサルノ状況ニ有之、依テ別紙甲號図表ノ如ク南豊島郡ヲ廃シテ近接ノ区郡ニ分属シ以テ自治適当ノ区域ト改定致シ度、尤モ之ヲ実行スルニ付テハ予シメ区部会及関係各町村ノ地主惣代ニ諮詢シ、且意見ヲ取捨斟酌シテ更ニ相当ノ順序ニ従ヒ具申可致候得共、今回訓第三五二號御訓令ノ次第モ有之、且区郡境界ノ変更ハ重大ノ事項ニシテ、予シメ御内示ヲ請ハサレハ容易ニ着手致シ難ク候ニ付、別紙甲號分画図表其他費用ニ関スル概算表及理由書相添先以テ及内申候條、速ニ何分ノ御内示有之度候也

追テ区郡ノ区域ハ従前ノ儘据置キ、唯町村ノ合併及区域名称ノ変更ヲ為スモノトセハ、別紙乙號図表ノ通リニテ可然ト存候、依テ御参考ノ為メ添附候也。(59)

市制を施行する予定の一五区の区域が、そのすぐ外側の郡村地域と「犬牙錯雑」で「明確ナル経界」がない状態であり、行政区域も不完全で施政上不便が少なくない。そのため、この機に河川や鉄道など境界線となり得るものを境界と定め、郡村にあっても区部に非常に近いものや状況が区部と同等のものは、区に合併して地形を完全なものに

し、市政の便宜を図るとしている。また、町村部において自治に耐えうる経済力を有しているのはわずか二、三町だけで、到底自治を行う経済力がないため、南豊島郡を廃して近接の区もしくは郡に所属する村々を振り分けることで自治に適当な区域に改定したい、という意見が示されている。

郡区町村編制法において、それまで朱引内であった地域が一五区に、朱引外が郡域に編成されたが、この地域は江戸時代から境界がはっきりしていない場所であった。特に南豊島郡が解体され、周辺の区郡に分属するという案が出されているが、これは一五区に編入する際に適当な郡が南豊島郡の村々であるということを示している。南豊島郡の村々が一五区に編入されたとしても問題ないということは、つまり南豊島郡の状況が一五区とほぼ同等であることを示していると言えよう。

〔史料13〕

郡区境域変更及町村合併理由

当府郡区ノ境域ハ、明治十一年郡区町村編制ノ際、曩キニ江戸ヲ東京ト改メラレタル御趣意ニ基キ、共有金管理等ノ便リ図リ、区ハ旧江戸ノ境域ニ依リ、其村落ニ点在スル町地ハ郡ニ編入シ、町地ニ点在セル村落ハ区ニ編入スル等少シク修正ヲ加ヘ、其他経界錯綜ノ部分ハ後日釐正スルノ見込ヲ以テ之ヲ査定セリ。然ルニ現今ノ区ハ将来市制ヲ布キ自治ノ政務ヲ施行スヘキ区域ニシテ、其地形宜キヲ得ルト否トニ於テ利害便否ノ関係スル所実ニ鮮少ナラサルナリ。抑旧江戸即現今区ノ地形タル郭内其他一小部分ヲ除クノ外総テノ市街ハ、素ト永遠ノ計画ヲ為サスシテ江戸ノ繁盛ニ伴ヒ自然広大ニ赴キタルモノ、如シ。其郡区接境ノ地ニ至テハ町地ハ往来繁劇ノ通路若クハ運輸便利ノ河川ニ沿フテ延長シ、村落ヲ中間ニ挟ンテ市街ヲ為セル部分多ク、其他郡区ノ経界犬牙錯雑シテ殆ント弁別ス可ラサルモノ比々皆是レナリ。今ヤ市制ヲ施行スルニ当リ先ツ郡区境域ノ錯雑ヲ改正スルヲ最モ緊要トス。（中略）又郡区ノ経界ハ前陳ノ如ク甚タ錯雑ヲ極ムルヲ以テ別紙甲號図面ノ如ク河川若クハ鉄道線路ニ依リ新タニ経界ヲ定メントス。凡ソ山川其他ノ険阻ハ則チ人民交通ノ障礙ヲ為シ、人民交通ノ障礙ハ則チ政区ヲ分別スルニ適当トス。然ルニ現今区ノ経界ハ土地錯雑民屋櫛比シテ彼此分別ヲナス能ハサルノ地ニ在ルヲ以テ警察其他施政上不便尠カラス。況ンヤ将来市町村自治ノ制ヲ行フニ於テハ市町村ノ団結ハ益堅固トナリ容易ニ変更ス可ラサルニ至ルヘシ。此故ニ今其経界ヲ改正シ前途市政上ノ利益ヲ図ルハ実ニ緊要闕ク可ラサルノ事トス。或者曰ク、現今区ノ境域ハ二十三方哩ニシテ尚広闊ニ過ルカ如シ、然ルニ之ヲ広メテ四十九方哩余ト為シ巨多ノ耕地等ヲ市内ニ置クハ得策ニ非スト。評者ノ言一理ナキニ非ス。然リト雖其境域ノ広キヲ要シ其経界ノ正シキヲ欲スル理由ハ前陳ノ如クニシテ、試ニ之ヲ英仏ノ首府ニ比較スルニ、英京倫敦ノ面積ハ百十七方哩余ニシテ、仏京巴里ハ四十九方哩余トス。今此改正面積ヲ以テ英京ニ比スレハ尚小ニシテ、仏京ニ比スレハ殆ント同一タリ。此ニ由テ之ヲ観レハ十数年ノ後ニ至ラハ人口殆ント二百万ニ達スルヲ予期スヘキ吾カ東京ニ於テ此面積ヲ備フルハ素ヨリ当然ノ事トス。而シテ区ノ中央日本橋ヨリ四彊ニ達スルノ距離ハ別紙丙號ニ掲記スルカ如ク概ネ二里内外ニ出テス。其地形ハ東南即チ海面ヲ除クノ外略円形ヲ成シ、現今ノ区ニ比スレハ地形ノ優劣大差アルヲ知ルヘシ。

右ノ如ク区ノ境域ヲ改正スルトキハ、南豊嶋郡ハ数村ヲ除クノ外区ニ編入セサルヲ得ス。故ニ別紙甲號図表ノ如ク同郡ヲ廃シ、剰ス所ノ数村ハ地勢ニ依リ分テ北豊島・東多摩・荏原ノ三郡ニ編入シ、而シテ北豊島郡ハ南豊島郡ニ対スルノ称呼ニシテ、今南豊島郡ヲ廃スル上ハ北ノ字全冗贅ニ属スルヲ以テ之ヲ除キ単ニ豊島郡ト称セントス。尚六郡内町村ノ合併ハ左ニ之ヲ陳述スヘシ。（後略）(60)

東京府の郡区の境界線のうち、区の境界については、明治一一年の郡区町村編制法の際に、江戸の境域を基本として村にある町は郡に、町地の村は区に編入するなどの修正を加えた。しかし、その他の境界が錯雑とした地域は後回しとなっていたことが分かる。さらに現在の区、旧江戸市中の町並みを、ごく一部を除き都市計画などないまま江戸の繁栄に任せて自然のうちに拡大していったものとしている。郡区が接する地に至っては町地は往来の多い街道や舟運に便利な河川に沿って延び、村落を間に挟んで市街となる場所も多い。その他郡区の境界が、「犬牙錯雑」としてほとんど弁別がつかないため、市制を施行する前に郡区の境界の錯雑を改める必要性を述べている。

郡や区の境界線は河川もしくは鉄道の線路によって決定すべきであると述べられている。山川その他の険阻は人々の交通にとっては障害であり、だからこそ区域を分けるのに適当である。しかし区の境界を見れば土地は錯雑としており民家が隙間なく建ち並んでいてこれを分けることはできず、警察その他施政上の不便も少なくない。さらに将来自治制を敷くのであれば市町村の団結はますます固くなり、こうなってしまうと変更することは一層難しくなる。だからこそ今のうちに、境界を改正するべきであると主張している。

さらに、パリやロンドンの面積と比較すると東京府はかなり小さいため、パリやロンドンと同等の範囲を確保するためには、南豊島郡のほとんどの村を東京市に編入するほかないと述べている。

ここから、欧米の首都と比較して、市域とすべき村々を南豊島郡の村々とした東京府の考えが読み取れる。これはまさしくこの地域が江戸時代以来江戸・東京市と町続きだったからであり、南豊島郡の状況が一五区と同等であるという認識があったからだろう。

〔史料14〕

東京府郡区境界変更之件

客年法律第一号市制町村制発布相成候ニ付、東京府ニ於テハ本年四月一日ヨリ該制施行ノ考校ヲ以テ先ツ将来市トナスヘキ十五区ノ区域ヲ確定シ、之ニ亜キ有力ノ町村ヲ造成セントスルニ方リ該十五区ノ区域タル郡村彊界ト犬牙錯雑シ其地形尤モ不完全ニシテ、従来施政上不便ヲ感スルコト小少ナラサルト、十五区ノ地タル輦轂ノ下ニ立テ全国ノ首府ニ位スルヲ以テ、人口年ヲ逐テ増殖シ偏偶ノ地ト雖モ家屋ノ新築日ニ月ニ多キヲ加ヘ、且市区改正ヲ施行スルニ至レハ道路ヲ広メ河渠ヲ鑿チ公園ヲ設クル等宅地ヲ減縮スルコト尠カラサレハ既往ニ徴シ、将来ヲ推スモ十五区ノ区域ハ之ヲ拡張スルヲ要スルノ時機ナルヘシトノ理由ヲ以テ郡区境界変更方別紙図面紫線ノ通内申及ヒタリ依テ審査スル処目下市制施行ノ準備ニ於テハ、従来区ノ彊域ニ依リ其境界ノ錯雑ヲ釐正シ、点散地ヲ組替ル等ハ勿論ナルヘシト雖モ、更ニ区域ヲ拡張スルノ必要ナク、況ンヤ北品川歩行新宿・内藤新宿・及千住南組等郡部ノ枢要地ヲモ区部ニ編入スルハ妥当ヲ得サル儀ニ有之、尚若シ他日市ノ区域ヲ拡張スルノ必要アルニ莅ミテハ、制規ニ拠リ其境界ヲ変更スルヲ得ヘキヲ以テ今日ニ在リテハ直接郡区境界ノ釐正ニ係ルモノ及区部ニ斗入シ若クハ連接シテ区分シ難キ町村ヲ区部ニ編入スルニ止メ、尤郡部ニ胚胎点散スル区部ノ所属地ハ所在郡部ニ編替セシムルニ若カサル儀ト認メ、別紙図面朱点ヲ以テ郡区ノ境界ヲ釐正セントス

右閣議ヲ請フ

明治廿二年三月廿一日

内務大臣伯爵松方正義印　（61）

明治二二年の市制町村制施行を前に、区画の制定経緯を内務大臣松方正義がおおまかながらまとめたものである。先の史料12で指摘したとおり、この機に郡区の境界の「犬牙錯雑」を改正するべきとの意見があったものの、目下の市制施行の準備においては、従来の区の範囲を採用し、飛地などの組み替えはするが市域を拡張する必要性はなく、品川や新宿といった「枢要地」も区部に編入することは妥当ではないとした。将来の改正の余地は残しつつも、市制を施行するにあたっては区分できない部分のみの編入などわずかな変更にとどめたのである。

結局一五区（東京市）と郡部の境界はほとんど変更されることがなく市制が施行された。人口の増加と、それに伴う郡部への家屋の新築などが起きている状況にあり、「江戸西方地域」のうち南豊島郡に至ってはその大半が区部に編入されるべきとの意見も出ていた。一五区の範囲の拡大市制を施行するには、このタイミングが好機との主張があったにもかかわらず、明治二二年段階の市域はほぼ旧江戸の範囲と変わることはなかった。

二　南豊島郡と東多摩郡の合併

東京府において市制が施行されてからも、東京府の行政区域の変更は続き、まず明治二二年（一八八九）六月、町村区域が変更となり、南豊島郡を二町六村に、東多摩郡を六村に再編成した。また「犬牙錯雑」を解消するため、一部の町や村が区部に編入されたり、区に入っていた地域が南豊島郡の村になるなど、郡と区の境界付近の村や町の所属が変更となった(62)。次いで明治二六年には神奈川県から西多摩・南多摩・北多摩三郡が東京府に編入された。これにより近世に「多摩郡」と称されていた地域が、東京府のもとで再び一体化すると同時に、東京府の範囲も確定することとなった。ここで確定した東京府の管轄範囲が、現在の東京都に引き継がれている。

しかし多摩郡のうち、唯一東京府成立とほぼ同時に東京府の所属となっていた東多摩郡は、三多摩よりも南豊島郡との結合が強かった。郡区町村編制法以前は同じ第三大区として、その前は品川県の管轄下として、もとを辿れば近世の鷹場や種々の地域結合においても、結びつきが非常に強かったこの二郡は、明治一一年の郡区町村編制法によって分裂してもなお結びつこうとする。この意識は、分裂すると決まった郡区町村編制法の際に顕在化した。

〔史料15〕

今般区郡制定ニ付テハ右区郡役所左ノ場所へ設置、来ル四日開庁事務取扱候條、此旨布達候事

甲第五十号　十一月二日

（略）

東多摩郡役所
南豊島郡役所　内藤新宿二丁目二十八番地

（略）(63)

東多摩郡と南豊島郡は、郡区町村編制法に伴う郡の設置に合わせて郡役所を設ける際、通常は一郡につき一か所の郡役所を置くところ、東多摩郡は南豊島郡と同一の場所に郡役所を構えることにしたのである。この事象は、東多摩・南豊島両郡が、お互いにとって同一の地域であると考えられていたことを示すものと言えよう。

しかし東多摩郡役所を内藤新宿に置くことに対して、内務省は異を唱える。

〔史料16〕

松田内務大書記官ヨリ別紙之通掛合相成候間、左ニ御回答相伺候也

内務大書記官　松田道之殿　　長官

当府甲第四十九号五十号ヲ以テ郡区編制ノ儀布達候処、東多摩南豊島組合ニテ郡役所ヲ内藤新宿ニ設置候ハ、豊島ヲ南北ニ分割之儀御省ニ於テ御聞届相成候趣意ト齟齬致シ候趣御注意之旨致了承候。右郡役所ノ儀ハ、最初六郡ヘ一ヶ所宛相設候心得ニ候処、其後遂御詮議、東多摩郡ハ他郡ニ比シ土地狭小戸口不多、加フルニ南豊島郡ニ密接シ従前同シク第八大区ノ域内ニテ、内藤新宿ハ右二郡中最モ輻輳ノ地ニ付、二個ノ役所ヲ設ケサル方便宜ト相決、郡区編制法第五條ニ依リ二郡ニ一郡長ヲ置候次第ニ候。尤南北豊島分郡ノ儀ハ御省ヘ伺書中詳細陳述致シ候通地形風俗自ラ分割セサルヲ得サル者ニ付、両郡ニ二郡長ヲ置キ、役所ノ儀モ下板橋宿内藤新宿ノ二ヶ所ニ設置致シ候得共、東多摩郡ハ前文ニ記載致シ候通区域極メテ狭小ナルモ、他ハ神奈川県ノ管轄ナルカ故ニ無余儀分割相成候得共、最初役所ヲ設置スヘキ見込ノ中野村ハ少シク市街ノ形ヲ成居候迄ニテ輻輳ノ地ニモ無之、去迚他ニ便宜ノ地ナク却テ内藤新宿ノ方至便ニ候間、同所ノ役所ニ於テ兼之候事ニ相定候。一体南豊島ヲ以テ一個独立スヘキ郡ニ非スト為シ他郡ニ組合セタル趣意ニ無之、東多摩ノ土地戸口狭小ニ過キ役所ヲ設置スヘキ形勢至便ノ地ニ乏シク、南豊島ト組合セタル方施政上便宜不尠候ニ付、右処分ニ及候儀ニ有之候條、右様御了承有之度、此段及御回答候也。(64)

これは松田内務大書記官からの、東多摩郡と南豊島郡が組合って内藤新宿に郡役所を設置するのは豊島郡を南北に分割した趣意と齟齬が生じるものである、という問合せに対する東京府の回答である。曰く、東多摩郡は他の郡より

土地が狭く人口も少ない上に、南豊島郡と密接していて大区小区制においては同じ第八大区であった。また内藤新宿はこの二郡の中で最も輻湊の地なので、二つの郡役所をまとめて置いてしまった方が便利であると決まった。南北豊島郡については、地形や風俗からして分割せざるをえないほど異なっているという状況であった。これに対して東多摩郡は、三多摩が神奈川県管下なので郡域が分割してしまったのは仕方がないことで、最初に役所を設置する見込みだった中野村はわずかに市街を形成してはいるが輻湊の地とまでは言えず、他に便利な土地もなく、かえって内藤新宿の方が便利であるので、同所にある南豊島郡の役所と兼ねることとなった、というものである。

最後に、豊島郡を分割して成立した南豊島郡が、単独では独立できないため他郡と組み合うというわけではない、ということが述べられているが、東多摩郡は南豊島郡と組み合わせた方が施政上便利であるとも述べられている。東京府にとっても、東多摩郡と南豊島郡の両郡が同一の地域を形成しているという認識があることが窺える。「江戸西方地域」が東京府にも一つの地域として認識されていたと言えよう。

〔史料17〕

乾地第千百九十六号

本月本日東京日々新聞第二千七十六号ヲ閲スルニ、御府甲第四十九号五十号ヲ以御管下郡区制定之御布達ニ、東多摩郡・南豊島郡組合ニテ郡役所内藤新宿二丁目二十八番地ト相見候。然ルニ最前御伺ハ豊島郡ハ南北ニ分チ各郡ニ郡役所ヲ設置之積ナルヲ以テ聴届相成居候。固ヨリ大郡ヲ分ツハ一郡役所ノ統治シ難キモノヲ分ツノ趣意ニ付、分チタル郡ヲ又他ノ郡ニ組合スルハ分郡ノ趣意ニアラス。尤右東多摩郡ト南豊島郡トノ組合タルコトハ或ハ事実ノ相違ニテモ可有之哉、全ク事実之相違ニ候ハ、早速誤正ヲ御命シ相成度、右新聞之為メニ一般之差響ヲ生シ候ニ付、

此段及御掛合候條、否早急御回答有之度候也。
十一年十一月四日
内務大書記官　松田道之
東京府知事　楠本正隆殿　(65)

〔史料18〕
別紙松田内務大書記官ヨリ掛合ニ付、左ニ御回答相成可然哉、此段相伺候也。
内務大書記官　松田道之殿　長官
東京日々新聞ニ当府甲第四十九号五十号ヲ以管下郡区制定布達掲載有之候処、右之内東多摩郡・南豊島郡組合ニテ郡役所内藤新宿二丁目廿八番地トアルハ、御省ニ於テ南北豊島分割御聞届相成候趣意ニ違ヒ候ニ付、新聞上ノ誤謬ニ候ハヽ、早速正誤可致云々御掛合之趣致了承候。右ハ新聞紙之誤記ニハ無之、東多摩郡役所設置候迄南豊島郡役所ニ於テ仮ニ同郡事務為取扱候儀ニ有之候條、右様御承知有之度候。此段及御回答候也。(66)

史料17は松田から東京府知事楠本正隆宛の書翰である。松田は一一月四日付の東京日日新聞で東多摩・南豊島の両郡役所を同一地に置くという東京府の動向を知り、一つの郡では統治しがたいために豊島郡を南北に分割したのにこれを他の郡と組合するというのは郡を分ける意図に反するではないかと述べている。両郡が組合っていることが事実ではない可能性も指摘しつつ、事実であろうとなかろうと新聞報道により一般市民に影響が出ることを指摘し、早急に対処するように求めている。これに対して東京府は史料18で、新聞の誤りではなく東多摩郡役所を設置するまでは南豊島郡役所にて事務を取り扱うのだと回答している。

その後一一月八日、東多摩郡役所については内藤新宿に「仮設」していたが、この度中野村に移設するという布達が出た。(67) ここにおいて両郡役所はそれぞれの郡内に位置することとなった。

内藤新宿に両郡役所を併置するという布達が一一月二日で、中野村へ移設するという布達がそのわずか六日後であるから、史料で言われていたように東多摩郡役所に関しては内藤新宿に「仮設」していた、と見ることもできる。ただ、内務省から指摘されてすぐに移設できるならば、東多摩郡役所は中野村におくが、完成までの間は内藤新宿に「仮設」していても良いように思われる。しかし、そうしなかったのは、東多摩郡役所ははじめから南豊島郡の内藤新宿に置く意志があったから、と言えるのではないか。内務省が知ったのも新聞報道だというから、東京府は内務省にお伺いを立てずに両郡役所併置を進め、何も言われなければそのまま内藤新宿に郡役所を置き、もし何か言われれば「仮設」ということにして中野村に置く、というシナリオがあったとしても不自然ではないだろう。

この動きは、南豊島郡と東多摩郡の結びつきの強さが顕在化した最初の事例であった。明治一一年段階では郡役所の併置は認められず、それぞれの郡において事務が行われていた。しかし認められなかったからといってこの計画が消滅したわけではなく、わずか三年後に再浮上する。

〔史料19〕

東多摩・南豊島両郡役所被廃、更ニ東多摩
南豊島郡役所ヲ設置候ニ付、内務省え御上申案取調相伺候也。

案

内務卿宛　　　　　　　　長官

郡役所設置之儀上申

当府東多摩郡・南豊島郡之儀ハ、各一ノ郡役所ヲ置キ統治セシメ来候処、右両郡之儀ハ犬牙相接スルノ地ニシテ、地積人口ヲ通算スルモ甚タ過大ナラサルニ因リ、更ニ之ヲ行政ノ一区域トシ、一郡役所ヲ置キ統治セシムルヲ以テ適当ト思考仕候ニ付、東多摩郡南豊島郡之両役所ヲ廃シ、更ニ東多摩南豊島郡役所ヲ置キ候條、御達案相添此段及上申候也。(68)

すなわち、合併などという措置をとるのではなく、両郡役所を廃止した上で、改めて東多摩・南豊島郡役所を置くことにしたのである。これら両郡が「犬牙相接」している地であって、面積や人口を合計しても過大にはならないため、両郡をまとめて「行政ノ一区域」として一つの郡役所によって統治するのが適当であると述べ、内務省に上申した。今度はこの動きが認められ、明治一四年四月二六日、中野村にあった東多摩郡役所と、内藤新宿にあった南豊島郡役所が廃止され、東多摩・南豊島郡役所が改めて内藤新宿に置かれた。両郡役所併置という計画が三年越しに成就したのであった。

この両郡は何度も述べてきた通り、近世において「江戸西方地域」として一つになっていた地域であり、明治初期にも一度は東京府と神奈川県とに分割されながら再び一つになった地域である。郡区町村編制法によって再度分断されてもなお同一地域として在り続けようという意識の表れの第一が、郡役所の併置なのであった。

しかしこのままでは郡役所が同じ場所にあるというだけで、「江戸西方地域」には依然として二つの郡が存在していることになる。そこで明治二三年、東多摩郡と南豊島郡が合併しようとする動きが起こる。

〔史料20〕

郡ノ合併ヲ要スル理由

東多摩郡　南豊島郡

右両郡ハ明治一四年以来一郡役所ノ管轄ニ合属シ、其民情風俗ニ於テハ多少ノ差異ナキニ非サルモ、積年ノ久シキ漸ク能ク団結シテ殆ント一郡ノ形体ヲ成シ、今日ニ在テ之ヲ分離セシムルノ難キハ別紙両郡各町村長ノ建議ニ依テ証明スルヲ得ヘシ。抑前年之一郡役所ノ管轄ニ合属セシハ其区域狭小ニシテ各別ニ郡治ヲ組織スルノ必要ナキニ由ルモノニシテ、今日郡制ヲ施行スルニ当リ仮令自治ノ事業尚少シト雖、将来ノ発達ニ依テ其事業漸ク増進スルコトアリトセハ到底資力薄弱ニシテ各々独立シテ其経済ヲ維持スルコト能ハサルヘシ。是ヲ以テ各町村ノ請ヲ容レ従来ノ区域ニ従テ之ヲ一郡ト為シ以テ郡治ノ基礎ヲ固定シ将来ノ便益ヲ計ントスルニ在リ。

東多摩、南豊島郡各町村長ゟ両郡合併之儀別紙之通リ上申ニ付、可然御詮議相成度、此段及添申候也。

明治二十三年七月十七日

東多摩
南豊島
郡長　益田包義

東京府知事　侯爵　蜂須賀茂韶殿　(69)

〔史料21〕

具申書

東多摩郡
南豊島郡
各町村長

謹而東京府知事閣下ニ白ス。過般郡制発布セラレ候ニ付テハ、当両郡タルヤ明治十一年郡区画改正ノ際ヨリ名ハ両郡各独立スルト雖トモ実ハ一郡ノ状況アルヲ以テ去ル十四年東多摩郡役所ヲ廃シ、更ニ東多摩・南豊島郡役所ヲ置カレ、同一郡衙ノ下ニ支配セラレ、爾来依然同郡ノ実アリ。畢竟スルニ地勢ノ同シキ風俗ノ一ナル之レカ基ノ大ナルモノニシテ、其要両郡各独立ノ不便ニ反シ却テ同郡団結ノ実益ナルヨリ来リタルノ情況ナルヘシ。今日表面上両郡各独立ノ名アルモノハ法律上両郡ノ名目ヲ存スルヲ以テ不得止ニ出ル義ニシテ、両郡ノ情況決シテ独立ノ実アラサルナリ。又今后郡制施行ノ下ニ立ツモ両郡各独立シテ其機関ヲ運転スルノ不利ナルト両郡合併シテ自治スルノ大利ナルト其得失喋々ヲ待タスシテ知了スルヲ得ヘシ。況ンヤ其風俗人情習慣地勢同一ナル毫モ支障ナキヲヤ。若シ夫レ両郡合併后ノ郡名ノ如キハ両郡各町村又異議ナカルヘキ歟。今ヤ郡制施行ニ際シ本職等カ実際ノ情況ニ照査シ両郡合併ノ実利ナルヲ自信シ予メ卑見ヲ具申候也。

明治二十三年七月十七日

東多摩郡
中野村長　堀江卯右衛門
杉並村長　玉野惣七
野方村長　伊藤祐治
井荻村長　井口国蔵

和田堀内村長　松島保太郎
高井戸村長　井口栄次郎
南豊島郡
大久保村長　片岡種旺
淀橋町長　前田善太郎
内藤新宿町長　高松国矩
戸塚村長　中村亀太郎
渋谷村長　中西清八
千駄ヶ谷村長　佐藤温郷
代々幡村長　安藤保左衛門
落合村長　鈴木喜三郎

東京府知事　侯爵　蜂須賀茂韶殿 (70)

史料20は合併に対する両郡長益田包義からの、史料21は両郡の町村長からの上申書である。先に見たように両郡は明治一四年に郡役所を併置していたが、それに加えて民情や風俗などは多少の差異はあれど、長年の団結でほとんど一郡のような形体を成しており、今や分離することが難しいとされている。郡役所が一つになったのも、これら両郡の区域が狭く、それぞれ別の郡治を組織する必要がなかったためであり、現在は自治の事業が少なくとも将来的な発展により仕事が増えれば、郡単独では経済を維持することができないため、「従来ノ区域ニ従テ」一郡にするとしている（史料20）。また明治一一年の郡区画改正の際に名前は両郡が独立したが実体は一郡の状況であって、さらに郡役所も同一であったので、同郡のような実体であるとしている（史料21）。これらの史料に明らかなように、両郡およびその内部の村々は、この地域が一つだと考えていたのである。「江戸西方地域」という大きなくくりが、表面上は分裂したとしてもなお存在していたのだ。

ところで従来の区域に従う、とはどのような意味なのであろうか。東多摩・南豊島両郡以外の郡や市との境界は変更せずにただ両郡が合併するだけという意味合いにもとれる。しかしこの文言は、かつては同一の区域だったこれら両郡を再び同一にするとの意味合いにとる方が自然に思われる。それではこの文言が指し示す従来の区域とは、具体的にはいつの時期のことなのであろうか。

郡役所合併の際に東多摩郡と南豊島郡が密接し、大区小区制では同じ第八大区であったことが述べられていた（史料16）ことから、「従前ノ区域」という文言は直接的には第八大区を指し示すものである。そして第八大区は近世以来の「江戸西方地域」の町方を除く部分であった。こうした近世以来の地域結合を、実際の形とするように求めたのが両郡の合併なのである。

明治二三年段階での合併は見送られ、豊多摩郡として合併されるのはこれから六年後の明治二九年のことになる。この間に何が起きていたのかを知る史料が管見の限り見当たらなかったため詳細は分からない。しかしながら、近世から「江戸西方地域」という大きな枠組みを形成していたこれら両郡が、近代に別の郡、別々の自治体となったにもかかわらずそれが表面上のことであり、実体は以前と同じくほぼ一つの郡と言える状況にあったことは、実際に合併するかしないかに関わらず確認できる。「江戸西方地域」という枠組みは容易には解消されないほど、この地域は強固に結びついていたと言えるだろう。

三　内藤新宿町の四谷区への編入

東京市の拡張は主として埋め立てによる土地そのものの拡張と、それに伴う近隣区への編入によって進められた。『東京百年史』第五巻によれば、市制町村制が施行された翌年の明治二三年（一八九〇）から東京市が拡張される昭和七年（一九三二）までの期間に区部に編入された土地は二三か所あるが、そのうち一八か所は埋め立て地であり、残る五か所のうち四か所も、明治二三年の東京市の設置に伴って郡と市との錯雑とした境界を改正するために、わずかな範囲の土地の編入があったのみである。(71)

では残りの一か所はどこだったのか。それは、文政元年（一八一八）に定められた朱引においては御府内とされたものの、明治期以降は一貫して初期東京府やその後を引き継いだ東京市に入れなかった内藤新宿町であった。町一つがまるごと区部に編入された例はこれしかない。大正八年（一九一九）三月三一日の東京市議会において、内藤新宿町の四谷区への編入に関する意見書が提出される。

〔史料22〕

内藤新宿町并ニ淀橋町ノ一部ヲ本市編入ニ関スル意見書

本市四谷区ト府下内藤新宿町トノ廃合問題ニ関シテハ、既ニ四谷区会及内藤新宿町会ニ於テ各其益上廃合ノ必要アリト議決シ、該意見書ヲ閣下ニ提出シ、本市ニ対シテモ亦数次陳情スル所アリタリ。抑モ内藤新宿町并ニ接続セん府下淀橋町ノ一部ハ、共ニ甲州及青梅街道ニ当ル帝都唯一ノ大関門タルノミナラス、旅客貨物ノ集散場タル新宿停車場ノ所在地ナルカ故ニ此地域ニ対スル施設経営ヲ挙ケテ微々タル町政ニ委スルカ如キハ、本市ノ公安上及計画上常ニ甚タ遺憾トスル所ニシテ、本市ハ夙ニ之カ廃合ノ必要ヲ認メ既ニ市区改正ヲ施シ電車ヲ通スル等要急事業ノ一端ヲ実行シ、次テ専ラ其機運ノ到来ヲ待チ居タル次第ナリ。殊ニ四谷区ハ地域甚タ狭小内容頗ル貧弱ニシテ、逐年膨張ニテ殆ント底止スル所ナキ区費ノ負担ニ堪ヘ難ク、今ニシテ地域ヲ拡張シ内容ヲ充実スルニアラサレハ、到底区トシテ永ク存立スルコト能ハサルニ至ラントス。而シテ又内藤新宿町ハ更ニ一層小弱ナル自治体ニシテ、其地理的関係ニ於テ四谷区同様、否ナ寧ロヨリ以上ノ施設経営ヲ要スルモノ少カラサレトモ、単独以テ之ヲ遂行スルノ実力ニ乏シキハ勿論、水道消防衛生郵便電信電話瓦斯及火災保険等ニ関スル不利不便ナル実ニ惆諒スヘキモノアリ。今ニシテ市部ニ編入スルニアラサレハ、到底其発達ヲ望ミ難キノミナラス、終ニ又町トシテ永ク存立スルコト能ハサルニ至ルヘシ。是レ即チ当該区会及町会ニ於テ廃合ノ必要ヲ自覚スルニ至リタル所次ノ骨子ニシテ、事実全ク相違ナキモノト確信セリ。尚ホ内藤新宿町並ニ淀橋町ノ一部ハ往昔四谷ト総称セシ地域内ニ属シ、四谷区ト其発達ノ歴史ヲ同フスルノミナラス、共ニ甲州及青梅街道ニ沿ツテ連続セル地理的関係ニ因リ、人情風俗其他生活上ノ利害等ニ至ルマテ自然的ニ一致セルノ事実ハ本市接続町村中他ニ其数例ヲ見サル所ナリ。従テ今之カ廃合ヲ行フモ他町村ニ何等影響ヲ及ホスノ虞アルコトナシ。而シテ之カ為ニ四谷区及内藤新宿町並ニ淀橋町ノ一部ハ勿論、本市ノ基礎モ亦一層ノ鞏固ヲ加ヘ、更ニ一□ノ繁栄ヲ増スヘキハ蓋シ言ヲ待タサルナリ。是レ実ニ自治制ノ精神ニ適シ時代ノ要求ニ副フモノト確認セリ。上述ノ次第ニ付内藤新宿町並ニ淀橋町ノ一部ヲ本市ニ編入シ、之ヲ四谷区ニ属セシムル様、速ニ御詮議アランコトヲ切望ス。即チ市制第四十六条ニ拠リ、市会ノ議決ヲ経本意見書提出候也

大正八年三月三十一日

東京市会議長　加藤正義

内務大臣　床次竹二郎殿

東京府知事法学博士井上友一殿　(72)

この意見書によれば、内藤新宿とこれに接続している淀橋町の一部も、四谷区に編入するものとされている。内藤新宿および淀橋町の一部は、甲州街道および青梅街道にあたる帝都唯一の大関門であるだけでなく、旅客や貨物の集散場である新宿駅の所在地であるが、四谷区の範囲も狭く経済力なども貧弱である上に、内藤新宿町は四谷区以上に小弱な自治体である。しかし、新宿駅や甲州・青梅両街道への関門であるという地理的関係にある以上四谷区同様、むしろ四谷区以上の施設経営を必要としているが、内藤新宿町単独ではそれができないのはもちろん、水道、消防、衛生、郵便、電信、電話、ガス及び火災保険などに関する不利不便は実に憐れむべきものである。今東京市に編入されなければ、その発達を望むことが難しいだけでなく、ついには町として永く存立することもできなくなってしまう、というのが編入理由の骨子である。

ここまでは大正八年現在の状況を述べているだけだが、理由はそれにとどまらず、内藤新宿町と淀橋町の一部は、かつて「四谷」と総称された地域内に属しているため、四谷区とその発達の歴史が同じであるだけでなく、共に甲州・青梅両街道に沿って連続している地理的関係であるため、人情風俗その他生活上の利害などに至るまで自然と一致しているという事実は、東京市に接続している町村の中でも唯一のことであるとも述べられている。この本旨は、他町村に先駆けて内藤新宿町と淀橋町の一部だけが東京市に編入されたとしても、それが他の町村に影響しないことを述べたものであるが、この地域が現在の市域と一体となっている唯一の場所であるかどうかはともかく、四谷区と内藤新宿町および淀橋町の一部地域が一体のものと捉えられていたことは明らかである。内藤新宿町は、近世には町奉行管轄地域であったが、近代は常に朱引外とされていた。しかしながら、四谷区とその歴史を同じくしていることが述べられており、「江戸西方地域」や「江戸町続」地域という枠組みが意識され続けたと言えよう。

この意見書が提出された後、東京府の参事会が豊多摩郡内藤新宿町を廃して四谷区に編入することを決め、六月五日に東京市会に対して意見を求めている。内藤新宿町はこの決定を歓迎したが、同時に速やかな合併を求め以下の請願書を提出した。

〔史料23〕

請願書

今般四谷区及ヒ新宿町合併ノ件東京府参事会ニ於テ可決相成候趣拝承仕リ区町民一同欣喜罷在候、然ルニ目下各地ニ於テ虎病等ノ悪疫蔓延ノ兆有之衛生上寒心ニ堪ヘサル折柄新宿町ノ如キハ四谷区ト密接シ市ノ西部ニ位スル関門ニシテ人口ノ密度モ亦市ト差異ヲ認ムル能ハサル程度ナルニモ不拘其衛生状態ニ至リテハ現ニ井水ヲ飲用シ且ツ下水道ハ頗ル不完全ニシテ危険極リナク誠ニ憂慮ニ堪ヘサル次第ニ御座候、且又冬期火災頻発スルモ用水及ヒ消防機関ノ不備ナルタメ屡々大火ニ至ラシメ町民ノ迷惑不尠候加之平常ニ於テモ郵便電信電話瓦斯電燈其他種々ノ不便ヲ感シ居リ区町民一同一日千秋ノ思ヲ以テ右合併ノ実現ヲ期待罷在候ニ付此際何卒特別ノ御詮議ヲ以テ右御許可ト共ニ施行期日ノ速カナラン事ヲ御配慮被下度候冀クハ来ル十月一日ト御指定相成候様此段偏ニ奉請願候也

大正八年　月　日

四谷区新宿町合併期成同盟会

代表者　本田義成㊞

仝　瀬川光行㊞

東京市長法学博士子爵田尻稲次郎殿　(73)

この請願書が出された期日は不明だが、大正八年一〇月一日の編入を求めたのである。歴史的にもほぼ同一の地域であるということは、史料22で述べられていたが、同時に市内と市外では衛生状態や消防機関などに違いが生じていることが分かる。ここで歴史的なつながりについて述べていないのは、編入すること自体は、決まっているからであろう。歴史的なつながりはあくまでも編入のための論理の一つにすぎず、重要なのはその目的、今回の場合は都市機能の強化であった。なお、この時の請願は受け入れられず、編入は最終的には翌大正九年四月一日となった。

大正時代になっても歴史的なつながり、「江戸西方地域」や「江戸町続」地域という枠組みは意識され続け、市外の町村を編入する際にはそれが論拠の一つとして採用される。大正八年の編入は内藤新宿町のみであったが、これがのちに東京市域の拡張の端緒となるのである。

以上、明治二二年（一八八九）の市制町村制以降の東京府の地域編成政策を概観した。明らかになったことをまとめよう。

①市制町村制施行時に、郡区町村編制法で区になれなかった地域も東京市の範囲とするように求められ、「江戸西方地域」のうち南豊島郡が特にそれに相応しい地域とされたが実現せず、明治一一年と大きな変更がないまま市制町村制が施行された。

②近世以来一つの地域的枠組みでありながら、明治一一年に二つの郡に分かれた「江戸西方地域」の郡部は、同一地域であるという意識を顕在化させ、最初は郡役所を併置させることに成功する。その後郡も合併し、名実ともに一つの地域となった。

③内藤新宿町の四谷区への編入も、この二つの地域が歴史的にも同一地域であるということが理由の一つとされた。近代の行政区画においては、常に別々の行政区画でありながら、「江戸西方地域」や「江戸町続」地域という枠組

みは意識され続けたのである。

おわりに

「江戸西方地域」の範囲は、近世から意識され続けてきた。その中で、近代の地域編成政策を在地が捉え返す際の論理として生かされ、村方の論理は東京府などによる管轄変更の際に取り込まれていった。近代になっても近世の地域結合が厳然として存在していたとまでは言えないが、それでも近世以来の結合を論理の中に組み込むほどにはその結合が近代に至るまで生きていたのである。また町と村との境界は江戸時代から分からなくなっていたが、近代になり地域行政組織が整備されていく中でも首都である東京府・東京市の範囲は江戸の町からほぼ変わらず、それが故に近世からの「町続」意識が周辺の村に残り続けたのである。

最後にその後の東京市周辺地域の変遷を確認しておきたい。

大正一一年（一九二二）に東京都市計画区域が設定された。この計画区域は「現状ヲ破壊セズシテ[74]」、さらに将来の発達を阻害しないように東京市周辺の五郡＝荏原郡、豊多摩郡、北豊島郡、南足立郡、南葛飾郡を住宅地域・工業地域・商業地域の三種地域に区分するものであり、豊多摩郡はほぼ一様に住宅地域に指定された。またこの範囲には日常的に中心地に往復して仕事をこなせる範囲であること、人口の増加、産業の発達、交通機関の普及に対応できることが求められ、それがすなわち東京駅から十マイル（およそ一六キロメートル）、交通機関が発達すれば東京駅に一時間以内に到達し得る地点であることとされた。また、これまで見てきた近代の地域編成政策において必ず出てきた歴史的な意味づけはなされていなかったことから、この区域は歴史的なつながりを考慮に入れずに計画されたと言える。

「江戸西方地域」で言えば、郡部がそのまま東京都市計画区域となったのである。

この時期から、東京市近郊地域において急激な人口増加が見られた。それは「江戸西方地域」だけでなく、その外側、現在の武蔵野市などにおいても同様で、武蔵野市地域は大正一一年には人口およそ五千人だったのが、昭和七年（一九三二）には約四倍の二万人程度にまで増加した。この人口増加は大正一二年の関東大震災を経てより一層顕著となる。「町続」地域が近世段階よりもさらに広がったと言えよう。こうした人口増加に対応するためにも市域の拡張が望まれることとなる。結果、昭和七年に東京市の範囲が拡張され、ほぼ現在の二三区域となった。市域拡張の理由は十点挙げられており、その第一は「東京市ノ区域ヲ住民ノ社会的経済的及政治的生活ノ実際領域ト合致セシメ以テ統合的自治体ヲ構成(75)」することであり、「江戸西方地域」がその範囲に入ったということは、すなわちこの地域の住民の生活が東京市と一体となっているということを意味する。東京市の拡張区域については、狭いものは東京市と接する一八か町村のみを拡張範囲とするものから、広いものは東京都市計画区域全域とするものまでの四種六案が東京市より提出され、これをめぐって議会において駆け引きなどがあったが最終的に東京都市計画区域と同じ範囲となった。この理由は計七点挙げられているが、そのうちの一つは小範囲の合併を行った場合、各郡はいずれも郡の中枢を奪われるほか、「旧来ノ連契ヲ破ラレ風俗習慣ニ混乱ヲ生ジ其ノ存立上極メテ困難ナル事態ヲ誘致スルニ至ル(76)」というものであった。つまり五郡を一度に合併することによって、旧来から存在する結合や風俗習慣がそのまま守られるということも、市域拡張範囲の決定理由になっているのである。東京都市計画区域は、設定理由を見る限り歴史的なつながりは考慮されていなかったように見えるが、実は旧来の結合も生かされて設定されたのが東京都市計画区域であり、市域拡張範囲であり、現在の二三区であった。近世から意識されていた「江戸西方地域」が、市域拡張によって名実ともに同一地域として存在するに至った。

江戸時代に「首都」江戸と一体となって形成された地域が、時代が江戸時代から明治、大正、昭和へと移り変わり、支配の形も自治体へと変化していく中でも、幕府や政府、東京府などによって生かされ、あるいは生かすように要求しながら最終的には東京市という一つの行政単位となった。その範囲は現在の東京二三区に受け継がれている。現在の二三区の範囲は近世以来のつながりのある地域であり、首都を支え、首都と同化していった地域だったのである。

別表１「江戸西方地域」における鷹場関係組合

現行政区市	村名	①延享元（1744）鷹野人足扶持請取村（堀江F287）	②文化13（1816）鷹場内手附様方御定宿村（堀江F180）	③天保12（1841）扶持米・上納物持送り人足・御場搾人足代銭請取村（堀江F308）	④年代不明 小納戸御用并蚊遣御用・御嘉祥御用ニ付上納代銭割渡村（堀江F400）	⑤年代不明 角筈調練場賄方領中一同連印帳（堀江F339）	⑥宝暦2（1752）焚出御用人足組合（堀江F410）	⑦宝暦7（1757）御鷹野御用触次組合村（堀江F40）	⑧宝暦8（1758）螻触之村（堀江F346）	⑨慶応3（1867）鳥猟運上・鑑札代永上納村（堀江F170）
文京区	伝通院領								×	
新宿区	牛込若松町			○			○	○		
	牛込宗参寺領								×	
	牛込早稲田村	○					○	○	×	○
	早稲田村町	○	○	○			○	○	×	○
	牛込改代町		○	○			○	○	×	○
	牛込水道町		○	○			○	○		
	牛込肴町		○	○			○	○	×	
	牛込天神町		○	○			○	○	×	
	牛込榎町		○	○			○	○	×	
	牛込中里村		○	○			○	○	×	○
	牛込中里町		○					○		
	牛込弁才天町		○	○			○	○		○
	牛込築地片町		○	○			○	○	×	○
	牛込馬場下町	○	○	○			○	○	×	○
	牛込馬場下横町	○	○	○			○	○	×	○
	牛込原町一丁目			○			○	○	×	○
	牛込原町二丁目		○	○			○	○	×	○
	牛込原町三丁目		○	○			○	○	×	○
	牛込供養塚町									○
	四ッ谷太宗寺門前		○	○				○		○
	四ッ谷長延寺門前							○		
	四ッ谷天龍寺門前		○	○				○		○
	四ッ谷西方寺門前							○		

区	村・町	1	2	3	4	5	6	7	8	9
	市ヶ谷谷町		○	○			○	○	×	○
	市ヶ谷柳町			○						
	中里村									○
	内藤新宿			○				○		○
	東大久保村	○	○	○			○	○	○	
	西大久保村	○	○	○		○	○	○	○	
	戸塚村	○	○	○		○	○	○	×	
	下戸塚村			○			○	○	×	○
	角筈村	○	○	○	○			○	×	○
	柏木村	○	○	○			○	○	×	○
	柏木成子町			○						○
	柏木淀橋町			○						○
	諏訪谷村	○	○	○			○	○	○	
	葛ヶ谷村	○	○	○	○	○	○	○	○	○
	上落合村	○	○	○		○	○	○	○	○
	下落合村	○	○	○		○	○	○	×	○
	源兵衛村	○	○	○			○	○	○	
	千駄ヶ谷町			○						
渋谷区	千駄ヶ谷村	○	○	○	○	○		○	×	
	代々木村	○	○	○	○			○	×	
	幡ヶ谷村	○	○	○	○					○
中野区	中野村						○	○	△	○
	雑色村	○	○	○	○	○			○	○
	本郷村	○	○	○	○			○	○	○
	本郷新田		○							○
	新井村	○	○	○	○	○	○	○	○	○
	江古田村	○	○	○		○	○	○	○	
	片山村	○	○	○	○	○	○	○	○	○
	上沼袋村	○	○	○	○	○	○	○	○	○
	下沼袋村	○	○	○	○	○	○	○	○	○

	上鷺宮村	○	○	○		○	○	○	○	○
	下鷺宮村	○	○	○		○	○		○	○
	下鷺宮新田	○								
	上高田村	○	○	○	○	○	○	○	○	○
杉並区	阿佐ヶ谷村	○	○	○	○	○		○	×	○
	天沼村	○	○	○	○	○		○	×	○
	高円寺村	○	○	○	○	○			△	○
	馬橋村	○	○	○	○	○			○	○
	成宗村	○	○	○	○				○	○
	田端村	○	○	○	○	○			○	
	和泉村	○	○	○	○	○		○	○	○
	和泉新田									○
	永福寺村	○	○	○	○	○				○
	永福寺新田									○
	和田村	○	○	○	○	○		○	○	○
	堀之内村	○	○	○	○	○		○	×	○
	遅野井村	○	○	○	○	○		○	○	○
	井草村	○	○	○	○	○		○	○	○
	上荻窪村	○	○	○	○	○				○
	下荻窪村	○	○	○	○	○		○	×	○
	大宮前新田	○	○	○	○					○
	松庵村			○	○					○
	松庵新田	○								
	久ヶ山村		○	○	○	○				
	上高井戸村		○							
	中高井戸村		○	○	○					○
	下高井戸村		○							○
豊島区	下高田村	○	○	○		○	○	○	○	○
	下高田町								×	
	高田四ツ家町			○						

板橋区	中荒井村	○	○	○			○	○	○	
	中村	○	○	○		○	○	○	○	○
	田中村	○	○	○	○			○	○	
	谷原村	○	○	○	○			○	○	
	上土支田村		○	○	○			○	○	
	下土支田村		○	○	○			○	○	
	関村	○	○	○	○			○	○	
練馬区	上石神井村	○	○	○	○			○	○	
	下石神井村	○	○	○	○			○	○	
世田谷区	上北沢村		○							
	烏山村		○	○						
	給田村		○	○						
三鷹市	上連雀村		○	○	○	○				
	下連雀村		○	○	○	○				
	北野村		○							
	無礼村		○	○	○	○				○
	野崎村		○							
	野川村		○							
	上仙川村		○							
	中仙川村		○							
	下仙川村		○							
武蔵野市	吉祥寺村	○	○	○	○	○				
	西窪村	○		○	○	○				
	関前村	○	○	○	○	○				
	境村		○	○	○	○				

注　組合名以下の（堀江…）は「堀江家文書」の史料番号を表す。

別表２「江戸西方地域」における各種組合

現行政区市	村名	改革組合村 中野村組合	改革組合村 下北沢組合	改革組合村 上布田宿組合	改革組合村 上板橋組合	(1)元禄13(1700) 白土石灰附送り人足 (堀江M81)	(2)宝暦4（1754） 小瀧橋淀橋淀小橋三ヶ所組合 (堀江L92)	(3)明和9（1772） 内藤新宿助郷組合村々 (渡辺M20)	(4)嘉永2（1849） 小金鹿狩御用人足触当村 (中村I24)	(5)文久3（1863） 板橋宿助郷村々 (中村J11)	(6)元治元（1864） 千駄ヶ谷昼夜警衛人足差出村々 (中村K12-1)	(7)慶応元（1865） 兵賦差出方組合村 (堀江A105)	(8)慶応元（1865） 第二次長州戦争上納金組合 (堀江A113)	(9)慶応4（1868） 浅草御蔵御用人足 (渡辺F657)
文京区	関口町													○
	小日向町													○
	金杉水道町											○		
港区	飯倉町													○
	市兵衛町													○
	龍土町													○
	谷町													○
	白金台町													○
	麻布町		○											○
	上高輪町													○
	桜田町													○
	今井町													○
	金杉町													○
	三田町													○
新宿区	牛込改代町													○
	牛込肴町													○
	市ヶ谷谷町										○			○
	内藤新宿							宿場						
	東大久保村	○				○	○		○	○	○			
	西大久保村	○					○		○		○			
	大久保新田								○					
	戸塚村	○					○		○	○	○		○	○
	下戸塚村				○									
	角筈村		○			○	○	○			○			
	柏木村	○				○	○		○					

区	村	1	2	3	4	5	6	7	8	9	10	11	12	13
	諏訪谷村	○							○	○	○		○	○
	葛ヶ谷村	○					○		○					
	上落合村	○				○	○		○	○		○	○	
	下落合村	○							○	○				
	源兵衛村	○							○					
渋谷区	千駄ヶ谷村		○			○				○	○			○
	代々木村		○			○		○			○			○
	幡ヶ谷村		○			○		○			○			○
	原宿村		○							○	○			○
	穏田村		○							○	○			
	上渋谷村		○							○	○			
	宮益町													○
中野区	中野村	○					○					○	○	
	雑色村	○				○	○	○				○	○	
	本郷村	○				○	○	○			○			
	本郷新田	○											○	
	新井村	○					○					○	○	
	江古田村	○										○	○	
	片山村	○				○				○				
	上沼袋村	○					○			○		○	○	
	下沼袋村	○					○					○	○	
	上鷺宮村	○				○	○							
	下鷺宮村	○					○					○	○	
	上高田村	○					○			○	○		○	○
杉並区	阿佐ヶ谷村	○				○	○							
	天沼村	○				○	○							
	高円寺村	○				○	○					○	○	
	馬橋村	○				○	○			○		○	○	
	成宗村	○				○	○			○		○	○	
	田端村	○				○	○			○		○	○	

	和泉村	○				○	○	○					○	
	和泉新田												○	
	永福寺村	○				○	○	○					○	
	和田村	○				○	○			○				
	堀之内村	○				○	○							
	遅野井村	○					○	○						
	井草村	○					○	○						
	上荻窪村	○				○	○	○				○	○	
	下荻窪村	○					○							
	大宮前新田	○						○				○	○	
	松庵村	○										○	○	
	久ヶ山村			○										
	上高井戸宿			○										
	中高井戸村	○						○				○	○	
	下高井戸宿			○										
豊島区	池袋村				○					○				○
	堀之内村				○					○				
	長崎村				○					○				
	長崎新田											○	○	○
	下高田村	○							○			○		
	砂リ取場												○	○
板橋区	中荒井村	○							○			○	○	○
	中村	○				○			○					
	田中村						○							○
	谷原村						○							
	上土支田村				○	○	○							
	下土支田村				○		○							
	関村						○							○
	金井窪村				○					○				
	中丸村				○					○				

	小榑村						○							
	前野村				○					○				
	小豆沢村				○					○				
北区	神谷村									○				
	豊嶋村									○				
	梶原村									○				
	上中里村									○				
	西ヶ原村									○				
	滝野川村									○				
練馬区	上石神井村						○							○
	下石神井村						○							○
荒川区	上尾久村									○				
世田谷区	上北沢村							○						
	下北沢村		○					○						
	代田村		○					○						
	若林村		○					○						
	太子堂村		○					○						
	三宿村		○					○						
	池尻村		○					○						
	上馬村							○						
	下馬村							○						
	野沢村		○					○						
	松原村		○					○						
	赤堤村		○					○						
	経堂在家村		○					○						
	烏山村							○						
	給田村							○						
	上祖師ヶ谷村							○						
	下祖師ヶ谷村							○						
	舟橋村							○						

	廻り沢村							○						
	粕谷村							○						
三鷹市	無礼村			○				○						
武蔵野市	関前村						○							
西東京市	田無村						○							
	上保谷村					○	○							
	下保谷村					○	○							
清瀬市	清戸村						○							
東久留米市	前沢村						○							
	下里村						○							

注　組合名以下は、堀江＝「堀江家文書」、渡辺＝「渡辺家文書」、中村＝「武蔵国豊島郡戸塚村名主中村家文書目録　改訂増補版」（新宿区立新宿歴史博物館編、1996年）の史料番号を表す。

別表３　南豊島郡・東多摩郡新旧区町村区域対照表

	南豊島郡							
新名称	代々幡村	千駄ヶ谷村	渋谷村	淀橋町	落合村	戸塚村	大久保村	内藤新宿町
旧名称	代々木村	千駄ヶ谷村	上渋谷村	柏木村	上落合村	戸塚村	西大久保村	内藤新宿一丁目
	幡ヶ谷村	原宿村	中渋谷村	角筈村	下落合村	下戸塚村	諏訪村飛地西ノ原	内藤新宿二丁目
		穏田村	下渋谷村	内藤新宿 添地町2番地	葛ヶ谷村	源兵衛村	諏訪村飛地前通	内藤新宿三丁目
			麻布区広尾町 60～90番			北豊島郡高田村 飛地向芝原	東大久保村	内藤新宿北町
			麻布区渋谷 下広尾町			諏訪村	大久保百人町	内藤新宿南町
			麻布区渋谷 広尾町			西大久保村 飛地北裏 171～174番		内藤新宿北裏町
			麻布区渋谷 神原町					内藤新宿番衆町
			赤坂区青山 南町七丁目					内藤新宿添地町
			赤坂区青山 北町七丁目					
			赤坂区渋谷 宮益町					

	東多摩郡					
新名称	高井戸村	和田堀内村	井荻村	杉並村	野方村	中野村
旧名称	大宮前新田	和田村	上井草村	高円寺村	江古田村	中野村
	松庵村	堀ノ内村	下井草村	馬橋村	上鷺宮村	本郷村
	久我山村	和泉村	上荻窪村	天沼村	下鷺宮村	雑色村
	中高井戸村	永福寺村	下荻窪村	阿佐ヶ谷村	上沼袋村	
	上高井戸村			田端村	下沼袋村	
	下高井戸村			成宗村	上高田村	
					新井村	

注　「市町村制施行順序取調書」（東京都公文書館蔵）より作成。

注

（1）この主張は戦前から見られ、戦後の大島美津子『明治のむら』（教育社、一九七七年）や大石嘉一郎「地方自治」（『岩波講座日本歴史』一六　近代三、岩波書店、一九六二年）などに継承されたものである。

（2）荒木田岳「「大区小区制」下の町村合併と郡区町村編制法」（『史学雑誌』第一〇八編八号、一九九九年）、奥村弘「三新法体制の歴史的位置―国家の地域編成をめぐって―」（『日本史研究』二九〇、一九八六年）など。

（3）松沢裕作「「大区小区制」の形成過程」（歴史学研究会編『歴史学研究』七七二号、二〇〇三年）。

（4）『新宿区史』（一九五五年）、『新修新宿区史』（一九六七年）『中野区史』昭和編一（一九七一年）、『杉並区史』（一九五五年）、『新修杉並区史』中（一九八二年）、『東京百年史』第二巻（東京都、一九七二年）。自治体史以外の近代における東京府の地域編成については、牛米努の研究がある。牛込は朱引内における五十区制および大区小区制の形成過程を取り上げ、五十区制を幕末の江戸の町の支配体制の動揺に対応した維新政府による新たな支配体制の構築であると述べ、またその不充分性から五十区制が見直され大区小区制の原型ができたこと、当初は大区小区制に組み込まれていた邏卒事務が司法省に移管されたのち大区小区制が行政機構として整備されたことなどを明らかにした（牛米努「五十区制の形成と展開―維新期東京の統治機構―」（『歴史評論』四〇五、一九八四年）、同「東京府における大区小区制の形成と展開」（『地方史研究』二四六（第四三巻六号）一九九三年））。朱引外地域については伊藤好一が検討を行っているがこれは現在の神奈川県と多摩地域についてのものである（伊藤好一「神奈川県における大小区制の施行過程」（『駿台史学』第一七号、一九六五年））。

（5）組合村について述べたものとして志村洋「大庄屋と組合村」（『岩波講座日本歴史』第一四巻近世五、岩波書店、二〇一五年）などが挙げられる。

（6）大石は享保期（一七一六～一七三六年）に焦点を当て、八代将軍吉宗の行った享保改革における鷹場再編が江戸周辺の分散・入組知行における警察権の弱体性に対する対応の一つであり、幕末まで続く江戸周辺の支配改革の起点となったと位置づけた。また江戸西方に存在した野方領の分析から、江戸周辺を一円的に覆う「領」によって江戸周辺農村が鷹野役所―触次役―「領」の村々、という形で将軍家・江戸城と直接的に結びつくという「江戸城城付地」論を提起し、享保改革における鷹場政策が近世国家の首都江戸をとりまく首都圏を、鷹場の論理・制度の下に一体化・同質化する政策であると意義づけている（大石学「享保期における鷹場制度の再編・強化とその意義」（東京学芸大学史学会『史海』第二三・二四合併号、一九七七年）、同「近世江戸周辺農村の機能と性格―武州野方領の分析を中心に―」（徳川林政史研究所『研究紀要』、一九八三年）。ともに改稿して同『享保改革の地域政策』（吉川弘文館、一九九六）、大石学「享保期鷹場制度復活に関する一考察」（竹内誠編『近世都市江戸の構造』三省堂、一九九七年）、同『近世日本の統治と改革』（吉川弘文館、二〇一三年））。

（7）　伊藤好一は、鷹場内の支配権が特定の役職により一元化されていないことを指摘（伊藤好一「鷹場と広域支配―その研究史にそって―」（『多摩のあゆみ』五一号、一九八八年））。山崎久登は世田谷領を事例に、旅宿負担は御成御場所ごとに負担枠組みが形成されていたこと、同じ旅宿負担でも町方・村方が峻別されていたことを明らかにし、さらに拳場内に重層的に配置された御三卿鷹場の一つである清水家鷹場を事例として、清水家鷹場における負担の枠組みによって世田谷領中の下北沢組合が分裂したことを取り上げ、鷹場内に差異があり差別化されたとする検討結果を発表している（山崎久登「鷹場による地域一体化論の再検討―旅宿負担の分析を中心にして―」（『関東近世史研究』第五六号、二〇〇四年）、同「江戸周辺の地域編成と御三卿鷹場」（『日本歴史』八〇七、二〇一五年））。また宮坂新も江戸周辺地域の家作統制について分析し、将軍家鷹場鳥見だけでなく関東取締出役や屋敷改らによる重層的な支配構造を指摘している（宮坂新「幕府屋敷改による百姓商売家の把握と規制―将軍家鷹場鳥見との関係に注目して―」（『地方史研究』第六一巻第三号、二〇一一年））。

（8）　大石は近世の江戸周辺地域の編成を近代日本の首都圏形成の前提であると位置づけ、明治二年（一八六九）から四年にかけても

「領―触次（触元）」体制が地域の治安維持機能の維持などの機能を果たしていたことを明らかにしている（大石学「近世後期～幕末維新期における江戸周辺の地域編成―鷹場・「領」制度を中心に―」（関東近世史研究会編『近世の地域編成と国家―関東と畿内の比較から―』岩田書院、一九九七年））。

(9) 武蔵国多摩郡馬橋村史編纂委員会編『武蔵国多摩郡馬橋村史』（一九六九年）。

(10) 宝暦四年閏二月「宝暦四戌年閏二月中橋之組合四拾七ヶ村助合規定連印帳（人足諸色ニ付）」（堀江家文書L93）。

(11) 東京学芸大学近世史研究会編『内藤新宿と江戸―首都江戸と周辺の結節点の視点から―』（名著出版、二〇一〇年）。

(12) 青木更吉『小金原を歩く　将軍鹿狩りと水戸家鷹狩り』（崙書房出版、二〇一〇年）。

(13)『板橋区史』通史編上巻（一九九八年）。

(14) 大石学『享保改革の地域政策』（吉川弘文館、一九九六年）。

(15) 熊澤徹「幕末の軍制改革と兵賦徴発」（歴史科学協議会編『歴史評論』四九九号、一九九一年）。

(16) 武蔵国多摩郡馬橋村史編纂委員会編『武蔵国多摩郡馬橋村史』（一九六九年）。

(17)「渡辺家文書」を見ると、たとえば酉（享保二）年一一月二六日「（先達而相触候御証文直り候ニ付廻状写）」（渡辺家文書A32）は角筈・本郷・千駄ヶ谷の三か村が受取人となっていたり、九月二四日「（御買上籾入札之儀ニ付廻状）」（渡辺家文書A35）でも受取が代々木・千駄ヶ谷・角筈・幡ヶ谷名主中となっている。またこの文書郡の中には角筈村のみならず幡ヶ谷村の年貢皆済目録が残っており、こうしたことからこれら四ヶ村の結びつきが強かったことがうかがい知れる。

(18) 寛政四年六月「町御奉行池田筑後守様ニ而被仰渡候御請書并領々申合議定連印帳（下掃除代金他取極）」（堀江家文書I6）。

(19)「御鷹野旧記」（国立公文書館所蔵）。

(20) 高柳眞三・石井良助編『御触書寛保集成』一一二三（岩波書店、一九三四年）。

(21) 石井良助編『徳川禁令考』別巻、三十（創文社、一九六一年、三三一～三四頁）。
(22) 蛭田晶子「寛永五年「鷹場令」考」（日本歴史七三九、二〇〇九年）。
(23) 寛政四年「御用留」（葛飾区教育委員会社会教育課編『葛飾区古文書史料集三　中茎家文書一』一九八九年、七八～一一五頁）の記事中にある村町に、中野筋村町の村高等書上書類を提出している村町（堀江家文書F51～F118）、さらに「江戸御場絵図」（国立公文書館所蔵）にて中野筋とされている村町も加えた。
(24) 「蚊遣り」（『日本国語大辞典』、Japan Knowledge Lib, http://japanknowledge.com、二〇一八年六月二〇日最終閲覧）。
(25) 宮沢孝至「武蔵国「改革組合村」編成における「通り」と「組合限石高」について」（『武蔵国豊島郡角筈村名主渡辺家文書』第三巻、一九九五年）。
(26) 前掲注(25)。
(27) 四一「醤油造渡世取極組合村々議定連印帳」（『山崎家文書　二―武蔵国多摩郡江古田村―』一九九三年、三一四～三二〇頁）。
(28) 「堀江家文書」A73「武州多摩郡中野村最寄四拾壱ヶ村大組合并小組合廻状順継書上帳」より作成。
(29) 「渡辺家文書」B19および宮沢孝至「武蔵国「改革組合村」編成における「通り」と「組合限石高」について（『武蔵国豊島郡角筈村名主渡辺家文書第三巻）第一表より作成。
(30) 前掲注(29)「武蔵国「改革組合村」編成における「通り」と「組合限石高」について」より作成。
(31) 前掲注(29)「武蔵国「改革組合村」編成における「通り」と「組合限石高」について」より作成。
(32) この時複数の日程で見分が行われた。その地域は品川宿から井の頭近辺にかけてのもの、王子村から上下板橋宿等を経由したのち雑司ヶ谷村、高田、四谷町、上高田村、落合村、東西大久保村、源兵衛村、諏訪村、柏木村を通って内藤新宿に至るもの、上目黒村から代田村、代々木村、幡ヶ谷村、角筈村、中野村を通り内藤新宿に至るものがあった。「江戸西方地域」のうち旧江戸城に近い地域の見分が行われたと言えよう（白水洋介「幕末・明治初期における高松家と内藤新宿」前掲注(12)『内藤新宿と江戸』）。

(33) 藤野敦『東京都の誕生』（吉川弘文館、二〇〇二年）。

(34) 『東京市史稿』市街編第五十二（東京都、一九六二年）一三頁。

(35) 前掲注(34)、一七頁。

(36) 前掲注(34)、二三～二四頁。

(37) 『品川県史料』（東京都品川区、一九七〇年）三〇〇～三〇九頁より作成した。

(38) 『東京府史』行政編第一巻　総説　五七一頁。

(39) 前掲注(34)、三一六～三三一頁。

(40) 前掲注(34)、五六〇頁。

(41) 「東京府史料」一　府治（東京都公文書館蔵）。

(42) 伊藤好一「神奈川県における大小区制の施行過程」（『駿台史学』第一七号、一九六五年）。

(43) 明治五年二月二七日「上「多摩郡上高田村他六ヵ村二一区中野村区内へ組入聞済ニ付」（堀江家文書A162）。

(44) 「太政類典」第二編第九十五巻（国立公文書館所蔵）。

(45) 前掲注(41)。

(46) 前掲注(41)。

(47) 前掲注(44)。

(48) 前掲注(44)。

(49) 壬申（明治五）年七月二七日「（大宮前新田他五ヵ村東京府管轄替之儀ニ付書上）」（堀江家文書A163）。

(50) 二月「以書付奉伺上候」（堀江家文書A165）。
(51) 改正前については「第三大区沽券地図」（東京都公文書館蔵）および『東京市史稿』市街篇五十三（東京都、一九六三年）七六四〜八八四頁、改正後については『東京府志料』四（東京都、一九六一年）を参照。
(52) 「第二法令類纂」附録　巻之三十一　郡区町村編成部（『東京市文書』東京都公文書館蔵）。
(53) 「第二法令類纂」巻之六十七　郡区編制法（『東京市文書』東京都公文書館蔵）。
(54) 前掲注(4)『中野区史』昭和編および『新修杉並区史』下（一九八二年）。
(55) 『東京都政五十年史』（東京都、一九九四年）一九頁。
(56) 『東京市史稿』市街篇第七十四（東京都、一九八三年）一頁。
(57) 『市制町村制理由』（東京都公文書館蔵）。
(58) 前掲注(57)、一一〜一七頁。
(59) 「市町村制実施録」天（『東京市文書』東京都公文書館蔵）。
(60) 前掲注(59)。
(61) 「公文類聚」第十三編（国立公文書館蔵）。
(62) 「警視庁東京府公報号外」明治二二年四月一一日（『東京市文書』東京都公文書館蔵）。
(63) 「東京府布達全書」自明治九年至明治一三年（『東京市文書』東京都公文書館蔵）。
(64) 「郡区制改正往復」（『東京市文書』東京都公文書館蔵）。
(65) 前掲注(64)。
(66) 前掲注(64)。

(67) 前掲注(64)。
(68) 「稟議録　官省」明治一四年（『東京市文書』東京都公文書館蔵）。
(69) 「府県制郡制関係書類」（『東京市文書』東京都公文書館蔵）。
(70) 前掲注(69)。
(71) 『東京百年史』第五巻（東京都、一九七二年）第二章第4表（五九四〜五九九頁）参照。
(72) 大正八年「議事　市会」七冊ノ五（『東京市文書』東京都公文書館蔵）。
(73) 前掲注(71)。
(74) 「大東京地域制定理由書」（『東京市文書』都市計画冊ノ一、東京都公文書館蔵）。
(75) 「市域拡張ニ関スル書類」冊ノ十八（『東京市文書』東京都公文書館蔵）。
(76) 前掲注(75)。

角筈研究　活動記録

二〇一一年度

五月二八～二九日　春のシンポジウム（東京学芸大学）

報告者　門田　学（学部二年）「江戸時代における博打の取り締まり」
金沢　容（学部二年）「名主と寺社との関係」
長岡珠美（学部二年）「熊野十二社権現開帳の際の祭りについて」
芳賀　学（学部二年）「角筈村への宿場設置について」
前田奈々（学部二年）「角筈村　～捨て子・養子と村」
渡邉裕太（学部二年）「熊野十二社（じゅうにそう）と開帳」
岩田愛加（修士一年）「道普請」
杉山　綾（修士一年）「角筈村における鉄砲改の実体」
野坂静雄（修士一年）「別当寺院と村落の関係について～角筈村鎮守熊野十二社と別当中野成願寺の関係を中心として～」
門野里苗（修士二年）「人別送からみる角筈村民衆の移動」

参加者　大石　学　先生
［卒業生］三野行徳、工藤航平、野本禎司、千葉真由美、阿久津美紀、大橋毅顕、山田貴志
［博士三年］佐藤麻里、Le Roux Brendan
［修士二年］熊崎惠理那、門野里苗
［修士一年］岩田愛加、杉山　綾、野坂静雄

［学部四年］木之下遙、桐生海生、闞谷和也、長代　大
［学部三年］北澤亮介、清輔怜花、倉本宙拓、小嶋　圭、小柳はる香、髙﨑友里絵、守屋龍馬、山崎達也
［学部二年］門田　学、金沢　容、長岡珠美、芳賀　学、前田奈々、渡邉裕太

八月一八～二一日　夏合宿（長野県南佐久郡松原湖畔「ファミリーロッジ宮本屋」）
報告者　金沢　容（学部二年）「長楽寺と村境問題」
芳賀　学（学部二年）「角筈村周辺における宿場の動き」
岩田愛加（修士一年）「古鉄買」
杉山　綾（修士一年）「角筈村の千駄ヶ谷塩硝蔵への人足」
野坂静雄（修士一年）「成願寺の別当化と土地譲渡について」
参加者　大石　学　先生
［卒 業 生］工藤航平、野本禎司
［博士三年］佐藤麻里、Le Roux Brendan
［修士二年］熊崎惠理那、門野里苗、Hendric Hubert Maria Goncalo Lindelauf
［修士一年］岩田愛加、杉山　綾、野坂静雄
［学部四年］木之下遙、桐生海生、闞谷和也、長代　大、深町佐和子
［学部三年］北澤亮介、清輔怜花、倉本宙拓、小嶋　圭、小柳はる香、守屋龍馬、山崎達也
［学部二年］金沢　容、芳賀　学

一二月一八日　冬のシンポジウム（東京学芸大学）
報告者　金沢　容（学部二年）「抱屋敷と土地譲渡」
渡邉裕太（学部二年）「角筈と玉川上水」
岩田愛加（修士一年）「八品商売」
野坂静雄（修士一年）「村鎮守溜池の利用と社地」

参加者　大石　学　先生
［卒　業　生］杉本寛郎、望月良親、野本禎司
［修士二年］熊崎惠理那、門野里苗
［修士一年］岩田愛加、杉山　綾、野坂静雄
［学部四年］木之下遙、桐生海生、小西悠理、闕谷和也、長代　大、深町佐和子
［学部三年］清輔怜花、倉本宙拓、小嶋　圭、小柳はる香、守屋龍馬、山崎達也
［学部二年］金沢　容、渡邉裕太
［研　究　生］芦田寿子

三月六～八日　春合宿（箱根近江屋）
報告者　金沢　容（学部二年）「元抱屋敷地減免訴訟」
芳賀　学（学部二年）「営業諸役からみる角筈村」
参加者　大石　学　先生
［博士三年］佐藤麻里、Le Roux Brendan
［修士二年］熊崎惠理那、門野里苗、Hendric Hubert Maria Goncalo Lindelauf
［修士一年］岩田愛加、杉山　綾、野坂静雄
［学部四年］木之下遙、桐生海生、長代　大、深町佐和子
［学部三年］清輔怜花、倉本宙拓、小嶋　圭、小柳はる香、守屋龍馬、山崎達也
［学部二年］金沢　容、芳賀　学

二〇一二年度

五月二六日　春のシンポジウム（東京学芸大学）
報告者　竹村和音（学部二年）「玉川上水の利用に関する訴訟」

月見友紀子（学部二年）「元禄期の捨子システム」
金沢　容（学部三年）「角筈村元抱屋敷地と他村百姓との土地譲渡について」
芳賀　学（学部三年）「湯屋と米穀問屋場から考察する角筈村」
渡邉裕太（学部三年）「玉川上水・水汲場に関して」
岩田愛加（修士二年）「御用鮎」
野坂静雄（修士二年）「村鎮守溜池の利用と社地」

参加者
大石　学　先生
［卒 業 生］佐藤麻里
［修士二年］岩田愛加、野坂静雄
［修士一年］桐生海生、闞谷和也、長代　大
［学部三年］金沢　容、芳賀　学、渡邉裕太
［学部二年］竹村和音、月見友紀子

八月一八〜二一日　夏合宿（長野県南佐久郡松原湖畔「ファミリーロッジ宮本屋」）
報告者
眞鍋遼平（学部一年）「享保期の角筈村年貢諸願書文書から見る農村の実情」
大場まどか（学部二年）「飯盛女の供給過程について」
行田健晃（学部二年）「人の移動と人別送について」
近藤智寛（学部二年）「角筈村名主交代之事」
田口　良（学部二年）「角筈に見る享保期の鷹狩」
竹村和音（学部二年）「用水・下水から見る角筈村と周辺農村」
月見友紀子（学部二年）「享保期の捨子」
松山来未（学部二年）「村における水車の役割」
金沢　容（学部三年）「日暮里村正覚寺への土地譲渡」
芳賀　学（学部三年）「米穀問屋と諸営業からみる角筈村」

渡邉裕太（学部三年）「角筈における玉川上水の負担」
参加者　大石　学　先生
［卒 業 生］佐藤麻里
［博士三年］Le Roux Brendan
［修士二年］岩田愛加、野坂静雄、Hendric Hubert Maria Goncalo Lindelauf
［修士一年］桐生海生、闕谷和也、長代　大
［学部四年］北澤亮介、清輔怜花、小嶋　圭、小柳はる香、守屋龍馬、山崎達也
［学部三年］金沢　容、芳賀　学、渡邉裕太
［学部二年］大場まどか、行田健晃、近藤智寛、田口　良、竹村和音、月見友紀子、松山来未
［学部一年］眞鍋遼平

一二月一五日　冬のシンポジウム（東京学芸大学）
報告者　眞鍋遼平（学部一年）「角筈村年貢諸願文書から見る村々のつながり」
大場まどか（学部二年）「飯盛女の生活環境」
行田健晃（学部二年）「人別送にみる角筈村周辺の様子」
近藤智寛（学部二年）「名主交代之事」
田口　良（学部二年）「鷹場に見る江戸時代の法令」
竹村和音（学部二年）「助水堀に見る水の利用」
月見友紀子（学部二年）「角筈の捨子」
松山来未（学部二年）「久兵衛の角筈村における立場について」
金沢　容（学部三年）「新座郡小榑村における家守小作証文」
佐藤健人（学部三年）「角筈村の事例からみる火事に対する村の対応」
芳賀　学（学部三年）「江戸中期における角筈村」
皆川俊哉（学部三年）「角筈村における御救小屋と夫食代」

参加者

渡邉裕太（学部三年）「玉川上水における萱野銭「小川家文書」から」
大石　学　先生
［修士一年］桐生海生、關谷和也、長代　大
［学部四年］北澤亮介、清輔怜花、小嶋　圭、小柳はる香、守屋龍馬、山崎達也
［学部三年］金沢　容、佐藤健人、芳賀　学、皆川俊哉、渡邉裕太
［学部二年］大場まどか、行田健晃、近藤智寛、田口　良、竹村和音、月見友紀子、松山来未
［学部一年］眞鍋遼平

三月九～一一日　春合宿（山梨県南都留郡嶋沢村「森の家　久野屋」）

報告者

眞鍋遼平（学部一年）「角筈村下肥文書」
大場まどか（学部二年）「宿場と街道の管理運営に関して」
行田健晃（学部二年）「人別送書にみる角筈村及びその周辺の個人間コミュニティに関する考察」
近藤智寛（学部二年）「角筈村政における支配関係」
田口　良（学部二年）「鳥見考」
竹村和音（学部二年）「玉川上水周辺の土地利用から見る農村」
月見友紀子（学部二年）「中野村の捨子から見る近郊農村の捨子養育の仕組み」
松山来未（学部二年）「水車小屋爆発事故と久兵衛」

参加者

大石　学　先生
［卒　業　生］門野里苗、木之下遙、杉本寛郎、深町佐和子
［修士二年］岩田愛加、野坂静雄、杉山　綾
［修士一年］桐生海生、關谷和也、長代　大
［学部四年］北澤亮介、清輔怜花、小嶋　圭、小柳はる香、守屋龍馬、山崎達也
［学部三年］金沢　容、佐藤健人、芳賀　学、皆川俊哉、渡邉裕太
［学部二年］大場まどか、行田健晃、近藤智寛、田口　良、竹村和音、月見友紀子、松山来未

〔学部一年〕眞鍋遼平

二〇一三年度

五月二五日　春のシンポジウム（東京学芸大学）
報告者　金子元気（学部二年）「角筈村喧嘩口論文書」
佐藤　啓（学部二年）「民衆と質屋」
篠原杏奈（学部二年）「角筈村と助人馬について」
星　瑞希（学部二年）「角筈から見る近世の法体系」
眞鍋遼平（学部二年）「角筈村下肥文書」
大場まどか（学部三年）「江戸四宿における旅籠屋と飯盛女、女衒の関係」
行田健晃（学部三年）「農民の身分証明と支配―人別送と送籍券から」
近藤智寛（学部三年）「改革組合村から見る角筈村の農間渡世」
田口　良（学部三年）「天保・弘化年間の将軍御成」
竹村和音（学部三年）「小川新田村における用水利用」
月見友紀子（学部三年）「幕府からみた捨子と角筈村の捨子政策」
松山来未（学部三年）「千駄ヶ谷村の焔硝蔵と火薬製造」
参加者　大石　学　先生
〔卒　業　生〕杉本浩郎、野本禎司
〔修士二年〕桐生海生、闞谷和也、長代　大
〔修士一年〕太田未紗、小嶋　圭、小柳はる香、西田安里、守屋龍馬、山崎達也
〔学部四年〕渡邉裕太
〔学部三年〕大場まどか、行田健晃、近藤智寛、田口　良、竹村和音、月見友紀子、松山来未
〔学部二年〕金子元気、佐藤　啓、篠原杏奈、星　瑞希、眞鍋遼平

八月一七〜二〇日　夏合宿（長野県南佐久郡松原湖畔「ファミリーロッジ宮本屋」）

報告者　江川友彩（学部二年）「角筈村と御救い小屋」
金子元気（学部二年）「角筈村渡辺家文書から見る土地移動事情」
佐藤　啓（学部二年）「タイトル不明」
篠原杏奈（学部二年）「助郷制の変化と角筈村の役割」
星　瑞希（学部二年）「角筈村での火付けと防犯」
眞鍋遼平（学部二年）「下掃除システム考察」
山田篤史（学部二年）「角筈村における死人・病人の扱いについて」
大場まどか（学部三年）「千住宿旅籠屋の飯盛女」
行田健晃（学部三年）「角筈・戸塚両村の人口移動の理由について」
近藤智寛（学部三年）「寄場圏から見る角筈村」
田口　良（学部三年）「天保十五年二月二十五日　右大将御成り」
竹村和音（学部三年）「葭草刈と茅野銭に関する農民の負担」
月見友紀子（学部三年）「太子堂村の捨子」
中島梨紗（学部三年）「上納文書から見る災害時の本丸御用」
松山来未（学部三年）「角筈村水車小屋爆発事故詳細」

参加者　大石　学　先生
［卒業生］佐藤麻里
［修士二年］桐生海生、闕谷和也、長代　大
［修士一年］太田未紗、呉　昊、小嶋　圭、小柳はる香、西田安里、守屋龍馬、山崎達也
［学部四年］金沢　容、佐藤健人、芳賀　学、皆川俊哉、渡邉裕太
［学部三年］大場まどか、行田健晃、近藤智寛、田口　良、竹村和音、月見友紀子、中島梨紗、松山来未
［学部二年］江川友彩、金子元気、佐藤　啓、篠原杏奈、星　瑞希、眞鍋遼平、山田篤史

一二月二一日　冬のシンポジウム（東京学芸大学）
報告者　江川友彩（学部二年）「角筈村と郷蔵」
金子元気（学部二年）「天保期角筈村における酒造業」
佐藤　啓（学部二年）「角筈村質屋における訴訟」
篠原杏奈（学部二年）「街道周辺の村々の役負担について」
星　瑞希（学部二年）「江戸近郊の村々にみる防火体制」
眞鍋遼平（学部二年）「享保改革と下掃除システムとの関係性」
山田篤史（学部二年）「死人処理から見る、角筈村における捜査権について」
大場まどか（学部三年）「江戸四宿の飯盛女」
行田健晃（学部三年）「幕末の婚姻関係成立に伴う移動からみる角筈村の「江戸近郊農村」としての特質」
近藤智寛（学部三年）「天明・寛政期の無宿取締り」
田口　良（学部三年）「享保以降の鷹狩り―『御鷹野旧記』から―」
竹村和音（学部三年）「玉川上水代地に関する農村関係」
月見友紀子（学部三年）「捨子の養育費」
松山来未（学部三年）「他地域における水車事故について」
渡邉裕太（学部四年）「考古学からみた近世角筈」
参加者　大石　学　先生
［卒 業 生］杉本寛郎
［修士二年］桐生海生、關谷和也
［修士一年］太田未紗、小嶋　圭、小柳はる香、西田安里、守屋龍馬、山崎達也
［学部四年］佐藤健人、芳賀　学、皆川俊哉、渡邉裕太
［学部三年］大場まどか、行田健晃、近藤智寛、田口　良、竹村和音、月見友紀子、松山来未
［学部二年］江川友彩、金子元気、佐藤　啓、篠原杏奈、星　瑞希、眞鍋遼平、山田篤史

三月五～七日　春合宿（静岡県賀茂郡河津町「ニュー今井浜」）
報告者　金子元気（学部二年）「角筈村における酒造・酒商売規制の実態」
佐藤　啓（学部二年）「質入と盗品」
篠原杏奈（学部二年）「角筈村から見た「明和の立ち返り」と助郷負担」
星　瑞希（学部二年）「享保期以降の防火体制」
眞鍋遼平（学部二年）「角筈村の年貢納入推移」
山田篤史（学部二年）「死人処理から見る、角筈村における捜査権について―武家地と百姓地の間の場合」
参加者　大石　学　先生
［修士二年］桐生海生、闕谷和也
［修士一年］太田未紗、小嶋　圭、小柳はる香、西田安里、守屋龍馬、山崎達也
［学部四年］金沢　容、芳賀　学、皆川俊哉、渡邉裕太
［学部三年］大場まどか、行田健晃、近藤智寛、田口　良、竹村和音、月見友紀子、松山来未
［学部二年］金子元気、佐藤　啓、篠原杏奈、星　瑞希、眞鍋遼平、山田篤史

二〇一四年度

五月二四日　春のシンポジウム（東京学芸大学）
報告者　田口　悠（学部一年）「熊野十二社の文政三年ご開帳に際しての村民出店について」
大久保孝祐（学部二年）「角筈村における他地域との訴訟時の内済について」
大村友花（学部二年）「訴願留から見る家作」
門井　哲（学部二年）「事件から見る江戸時代の女性について」
高橋理香（学部二年）「村内・村外における喧嘩の解決方法について」
寺園賢人（学部二年）「角筈周辺の端普請について」
永倉愛理佳（学部二年）「角筈村から江戸における上納物について」

本島卓弥（学部二年）「身分間の売り渡しから見る抱屋敷の役割」
江川友彩（学部三年）「中野村における御救い」
金子元気（学部三年）「江戸近郊農村における頼母子講―中野村を事例に―」
河本健斗（学部三年）「近世江戸近郊農村の酒食類渡世の実態―天保期中野村の酒食類関連の連印帳を中心に―」
篠原杏奈（学部三年）「角筈村と品川宿―宝暦期の加助郷免除願から―」
星　瑞希（学部三年）「屋敷改と絵図面」
眞鍋遼平（学部三年）「江戸周辺農村と武家地　元抱屋敷地の諸問題」
山田篤史（学部三年）「諸入用からみる角筈村死人処理の具体的実像」

参加者
大石　学　先生
［卒業生］桐生海生、杉本寛郎
［修士二年］太田未紗、呉　昊、小嶋　圭、西田安里、守屋龍馬
［修士一年］近藤麻里、渡邉裕太
［学部四年］大場まどか、行田健晃、近藤智寛、田口　良、竹村和音、月見友紀子、中島梨紗、松山来未
［学部三年］江川友彩、金子元気、河本健斗、篠原杏奈、星　瑞希、眞鍋遼平、山田篤史
［学部二年］大久保孝祐、大村友花、門井　哲、高橋理香、寺園賢人、永倉愛理佳、本島卓弥
［学部一年］田口　悠

八月一七～二〇日　夏合宿（長野県南佐久郡松原湖畔「ファミリーロッジ宮本屋」）
報告者
田口　悠（学部一年）「熊野十二社の文政三年ご開帳に際しての村民出店について」
大久保孝祐（学部二年）「角筈村における他地域との訴訟時の内済について」
大村友花（学部二年）「訴願留から見る家作」
門井　哲（学部二年）「事件から見る江戸時代の女性について」
高橋理香（学部二年）「村内・村外における喧嘩の解決方法について」

寺園賢人（学部二年）「角筈周辺の端普請について」
永倉愛理佳（学部二年）「角筈村から江戸における上納物について」
本島卓弥（学部二年）「身分間の売り渡しから見る抱屋敷の役割」
江川友彩（学部三年）「中野村における御救い」
金子元気（学部三年）「江戸近郊農村における頼母子講―中野村を事例に―」
河本健斗（学部三年）「近世江戸近郊農村の酒食類渡世の実態―天保期中野村の酒食類関連の連印帳を中心に―」
篠原杏奈（学部三年）「角筈村と品川宿―宝暦期の加助郷免除願から―」
星　瑞希（学部三年）「屋敷改と絵図面」
眞鍋遼平（学部三年）「江戸周辺農村と武家地　元抱屋敷地の諸問題」
山田篤史（学部三年）「諸入用からみる角筈村死人処理の具体的実像」

参加者
大石　学　先生
［卒 業 生］桐生海生、杉本寛郎
［修士二年］太田未紗、呉　昊、小嶋　圭、西田安里、守屋龍馬
［修士一年］近藤麻里、渡邉裕太
［学部四年］大場まどか、行田健晃、近藤智寛、田口　良、竹村和音、月見友紀子、中島梨紗、松山来未
［学部三年］江川友彩、金子元気、河本健斗、篠原杏奈、星　瑞希、眞鍋遼平、山田篤史
［学部二年］大久保孝祐、大村友花、門井　哲、高橋理香、寺園賢人、永倉愛理佳、本島卓弥
［学部一年］田口　悠

一二月六日　冬のシンポジウム（東京学芸大学）
報告者
田口　悠（学部一年）「熊野十二社御開帳の農民出店と期間延長」
藤原雅治（学部一年）「宇右衛門の質物に関する訴訟」
大久保孝祐（学部二年）「太物売掛内済訴訟を通して見る近世の流通」

大村友花（学部二年）「屋敷改と他機関との関連性」
門井　哲（学部二年）「女性奉公人の背景とそれを巡る論争」
高橋理香（学部二年）「角筈村、戸塚村における喧嘩の解決方法について」
谷山慎一（学部二年）「角筈調練場に関して」
鳥巣貴一（学部二年）「元禄期の婿養子」
永倉愛理佳（学部二年）「角筈村における鷹場役負担の実態について」
本島卓弥（学部二年）「年貢・諸役の請け取りから見る抱屋敷の形式」
森川文彦（学部二年）「営業においての他からの影響」
江川友彩（学部三年）「角筈・中野村における御救い」
金子元気（学部三年）「中野村事例から見る頼母子講の性質」
河本健斗（学部三年）「近世後期の江戸近郊農村における酒食類渡世の一考察―街道や位置関係から見る農間渡世―」
佐藤　啓（学部三年）「角筈村質屋組織の変容」
篠原杏奈（学部三年）「助郷村から見る宿場と役負担」
星　瑞希（学部三年）「角筈村における「絵図」の出現と背景」
眞鍋遼平（学部三年）「江戸周辺農村と武家地―江戸周辺農村民の土地意識―」
山田篤史（学部三年）「江戸周辺農村における支配系統―角筈村内の変死人処理からの分析―」

参加者

大石　学　先生
［修士一年］近藤麻里、渡邉裕太
［学部四年］行田健晃
［学部三年］江川友彩、金子元気、河本健斗、佐藤　啓、篠原杏奈、星　瑞希、眞鍋遼平、山田篤史
［学部二年］大久保孝祐、大村友花、門井　哲、高橋理香、谷山慎一、鳥巣貴一、永倉愛理佳、本島卓弥、森川文彦
［学部一年］田口　悠、藤原雅治

三月四〜六日　春合宿（埼玉県秩父郡小鹿野町「赤谷温泉　小鹿荘」）

報告者　田口　悠（学部一年）「熊野十二社開帳と諸寺の関係」

藤原雅治（学部一年）「質取引からみる近世の裁判システム（角筈村渡辺家文書より）」

伊藤愛佳（学部二年）「角筈村の寺社修復について」

大久保孝祐（学部二年）「角筈村内における営業諸出入に見る他地域との訴訟」

大村友花（学部二年）「私的に「家」を統制する家守」

高橋理香（学部二年）「角筈村内における事件の発生とその対応」

谷山慎一（学部二年）「角筈調練場に関する村々の役負担に関して」

寺園賢人（学部二年）「玉川上水における普請」

鳥巣貴一（学部二年）「相続と養子縁組」

永倉愛理佳（学部二年）「角筈村における鷹場役の果たす役割について」

本島卓弥（学部二年）「角筈村における抱屋敷地からみる村高の変化と土地利用の実態」

参加者

大石　学　先生

［修士二年］太田未紗、小嶋　圭、小柳はる香、西田安里、守屋龍馬、闞谷和也

［修士一年］近藤麻里、渡邉裕太

［学部四年］大場まどか、行田健晃、近藤智寛、田口　良、竹村和音、月見友紀子、松山来未

［学部三年］江川友彩、金子元気、河本健斗、佐藤　啓、篠原杏奈、星　瑞希、眞鍋遼平、山田篤史

［学部二年］伊藤愛佳、大久保孝祐、大村友花、高橋理香、谷山慎一、寺園賢人、鳥巣貴一、永倉愛理佳、本島卓弥

［学部一年］下谷明日香、田口　悠、藤原雅治

［外 部 生］林晃之介、福永航平

二〇一五年度

五月二四日　春のシンポジウム（東京学芸大学）

報告者　伊藤愛佳（学部三年）「家根屋らが請け負う範囲と家根屋・家作屋の関係」
大久保孝祐（学部三年）「営業諸出入・材木仲間議定から予想される角筈・中野村の経済的なつながり」
大村友花（学部三年）「角筈村に関連する家守の実態について」
門井　哲（学部三年）「訴訟から見る女性奉公人の地位」
高橋理香（学部三年）「事件の発生とその対応」
寺園賢人（学部三年）「用水路普請から見る村のつながり」
鳥巣貴一（学部三年）「女性への相続」
永倉愛理佳（学部三年）「近世後期における角筈村の鷹場役負担について」
本島卓弥（学部三年）「角筈村における拝領屋敷の下預り」
田口　良（修士一年）「角筈村の支配体制—鷹場という視点から—」
行田健晃（卒業生）「幕末の人口動態に見る江戸周辺コミュニティの特質」

参加者　大石　学　先生

［卒業生］行田健晃

［修士二年］近藤麻里、西田安里

［修士一年］田口　良、田島大輔、林晃之介、福永航平

［学部三年］伊藤愛佳、大久保孝祐、大村友花、門井　哲、高橋理香、寺園賢人、鳥巣貴一、永倉愛理佳、本島卓弥

［学部二年］上田理瑚、佐藤映士、下谷明日香、田口　悠、馬場浩暉、原田真保子、藤原雅治

八月一二〜一五日　夏合宿（長野県南佐久郡松原湖畔「ファミリーロッジ宮本屋」）

報告者　田口　悠（学部二年）「開帳の出店の背景と熊野の社地譲渡」

伊藤愛佳（学部三年）「天保期における熊野十二社の修復」
大久保孝祐（学部三年）「江戸近郊農村が持つ経済的なつながり」
門井　哲（学部三年）「女性のおかれていた状況」
高橋理香（学部三年）「事件の発生とその対応」
寺園賢人（学部三年）「中野村周辺における用水路開削について」
鳥巣貴一（学部三年）「名主と相続」
永倉愛理佳（学部三年）「角筈村と中野村における鷹場役負担の関係性について」
本島卓弥（学部三年）「角筈村における抱屋敷の機能—抱屋敷普請を中心に—」
田口　良（修士一年）「鷹狩とそれに対する一般庶民の意識」
行田健晃（卒業生）「幕末の江戸近郊農村及び江戸御府内の人口動態における特質」

参加者

大石　学　先生
［卒業生］杉本寛郎、桐生海生、闞谷和也、長代　大、小嶋　圭、小柳はる香、行田健晃、近藤智寛
［修士二年］近藤麻里、渡邉裕太、西田安里、守屋龍馬
［修士一年］田口　良、田島大輔、林晃之介、福永航平、堀内　亨
［学部四年］江川友彩、金子元気、河本健斗、篠原杏奈、星　瑞希、眞鍋遼平、山田篤史
［学部三年］伊藤愛佳、大久保孝祐、門井　哲、高橋理香、寺園賢人、鳥巣貴一、永倉愛理佳、本島卓弥
［学部二年］上田理瑚、下谷明日香、田口　悠、馬場浩暉、藤原雅治

一二月二七日　冬のシンポジウム（東京学芸大学）

報告者　高橋理香（学部三年）「事件の発生とその対応」
鳥巣貴一（学部三年）「相続の多様化とその意義」
永倉愛理佳（学部三年）「江戸周辺農村における諸役負担の意義について—角筈村を中心として—」
本島卓弥（学部三年）「角筈村抱屋敷が与えた影響」
田口　良（修士一年）「将軍家の人々の鷹狩と農民」

参加者　大石　学　先生
［修士二年］近藤麻里、山崎達也
［修士一年］田口　良、林晃之介、福永航平
［学部四年］河本健斗、佐藤　啓、篠原杏奈、眞鍋遼平、山田篤史
［学部三年］高橋理香、鳥巣貴一、永倉愛理佳、本島卓弥

一二月二八日　文献輪読会①（東京学芸大学）
参加者　大石　学　先生
［卒　業　生］Hendric Hubert Maria Goncalo Lindelauf、行田健晃
［修士二年］守屋龍馬
［修士一年］田口　良
［学部四年］篠原杏奈、星　瑞希、眞鍋遼平、山田篤史
［学部三年］高橋理香、永倉愛理佳

一月四日　文献輪読会②（東京学芸大学）
参加者　大石学　先生
［卒　業　生］行田健晃
［修士一年］田口　良
［学部三年］高橋理香

三月一日　研究会（東京学芸大学）
参加者　大石　学　先生
［卒　業　生］行田健晃
［修士二年］守屋龍馬

［修士一年］田口　良
［学部四年］眞鍋遼平、山田篤史

三月二七〜二九日　春合宿（埼玉県秩父郡小鹿野町「梁山泊」）
報告者　田口　悠（学部二年）「鎮守の譲渡」
行田健晃（卒業生）「融解する町・村の境界線―百姓たちの「江戸町続」意識―」
参加者　大石　学　先生
［卒業生］行田健晃
［修士二年］近藤麻里、西田安里、守屋龍馬、山崎達也
［修士一年］田口　良、林晃之介、福永航平
［学部四年］篠原杏奈、星　瑞希、眞鍋遼平、山田篤史
［学部三年］伊藤愛佳、大村友花、門井　哲、高橋理香、寺園賢人、鳥巣貴一、永倉愛理佳、本島卓弥
［学部二年］坂本拓幸、佐藤映士、下谷明日香、田口　悠、藤原雅治

二〇一六年度

五月一二日　文献輪読会③（東京学芸大学）
参加者　［卒業生］行田健晃
［修士二年］田口　良
［修士一年］篠原杏奈、星　瑞希、山田篤史
［学部四年］高橋理香、永倉愛理佳

五月二八日　春のシンポジウム（東京学芸大学）
報告者　山田篤史（修士一年）「行倒・変死からみる「首都隣接地域」の社会像」

参加者　行田健晃（卒業生）「融解する町・村の境界線―百姓たちの「江戸町続」意識―」
大石　学　先生
［卒業生］行田健晃
［修士三年］田口　良、林晃之介、福永航平、近藤麻里
［修士一年］小川しおり、篠原杏奈、山田篤史
［学部三年］下谷明日香、田口　悠
［学部二年］青木美穂、小林みのり、中野彩乃、中村　恵、守屋壮馬、山崎千穂

八月二三～二六日　夏合宿（長野県南佐久郡松原湖畔「ファミリーロッジ宮本屋」）
報告者　篠原杏奈（修士一年）「「首都隣接地域」における宿場と助郷村々―角筈村を事例に―」
山田篤史（修士一年）「変死人処理からみる「首都隣接地域」の社会構造」
行田健晃（卒業生）「融解する町・村の境界線―百姓たちの「江戸町続」意識―」
参加者　大石　学　先生
［卒業生］中村大介、桐生海生、小柳はる香、行田健晃
［修士三年］田口　良、林晃之介、近藤麻里
［修士一年］小川しおり、篠原杏奈、山田篤史
［学部四年］伊藤愛佳、大村友花、高橋理香、鳥巣貴一、永倉愛理佳、本島卓弥
［学部三年］佐藤映士、下谷明日香、田口　悠、信塚大貴
［学部二年］青木美穂、中村　恵、守屋壮馬、山崎千穂
［研究生］羽持　彰

一二月一七日　冬のシンポジウム（東京学芸大学）
報告者　山田篤史（修士一年）「序章」
篠原杏奈（修士一年）「江戸・江戸周辺の伝馬と助郷」

参加者　大石　学　先生
〔卒業生〕行田健晃
〔修士二年〕田口　良、近藤麻里
〔修士一年〕小川しおり、篠原杏奈、山田篤史
〔学部三年〕佐藤映士、田口　悠、信塚大貴
〔学部二年〕守屋壮馬、山崎千穂
〔研究生〕羽持　彰

三月　春合宿（山梨県笛吹市石和町「ホテル平安」）
報告者　大久保孝祐（学部四年）「江戸近郊農村が持つ経済圏～商売の性質に注目して～」
永倉愛理佳（学部四年）「『広告的催事』としての開帳　―首都隣接地域を対象に―」
田口　良（修士二年）「首都周辺から首都へ　―近世の地域結合と近代の地域編成―」
参加者　大石　学先生
〔卒業生〕杉本寛郎、行田健晃
〔修士二年〕田口　良、林晃之介
〔修士一年〕小川しおり
〔学部四年〕伊藤愛佳、大久保孝祐、永倉愛理佳、本島卓弥
〔学部三年〕佐藤映士、下谷明日香、田口　悠、信塚大貴
〔学部二年〕青木美穂、中野彩乃、中村　恵、守屋壮馬、山崎千穂

二〇一七年度

六月三日　春のシンポジウム（東京学芸大学）
報告者　大久保孝祐（修士一年）「首都隣接農村の商業活動―商売の性質に注目して―」

参加者　大石　学　先生
〔卒 業 生〕行田健晃、田口　良
〔修士二年〕小川しおり、山田篤史
〔修士一年〕伊藤愛佳、大久保孝祐、谷山慎一、古川瑤子、正木理恵、宗重博之、望月野花
〔学部四年〕田口　悠
〔学部三年〕青木美穂、中野彩乃、中村　恵、守屋壮馬、山崎千穂
〔学部二年〕菅井　諒、萩原里佳

※勉強会や個人・グループによる調査については省略した。

（作成　田口　良）

本書の編集は、大石学監修のもと行田健晃・篠原杏奈・田口良・山田篤史が、校正は行田健晃・篠原杏奈がそれぞれ中心となって行った。

あとがき

「角筈村の研究成果が集まってきたな！論文集、出せるんじゃないか？東京オリンピックも近いし、本が売れてマンションが建つぞ！近世史マンションだ！」

二〇一四年の夏、本書の監修者である大石学先生は多く並んだゼミ生たちによる角筈村の研究報告を前にこう切り出した。もはやゼミ生にはおなじみのジョークの一種であり、この発言の後半部分をまともに取り合うものは、夏合宿の舞台であった旅館・宮本屋のあの部屋には誰一人としていなかったであろう。しかし、この発言に関して、その前半部分については、少なからず真に受けた人物が確かに存在していた。この私である。

当時学部四年生であった私は、教員になるために努力する同期を横目に見ながら、どうしても自分が教壇に立つビジョンが見えず、大学院への進学を考えていた時期であったから、論文集刊行プロジェクトを立ち上げるには格好の位置にいた。だが、当然何をやっていいのか全く分からず、論文集刊行についてのプロジェクトを立ち上げるべきか否か、学芸大特有の長い夏休みの間中迷い続けた。

悶々とする日々の中、ある時この論集にも寄稿してくれた真鍋君から私に連絡がきた。

「論文集の話、どうします？」

あとがき（行田）

あの話を真に受けていたのは、私だけではなかったのである。

かくして角筈村の研究を中心とする論文集刊行プロジェクトは立ち上がった。しかし、学部四年生と学部三年生が手を組んだだけでは甚だ心もとない。そこで、すでに別の論文集刊行のプロジェクトに関わっていた先輩の協力を仰ぐのがよかろうという話になった。夏休みの空いた学食、気難しい顔をした男が三人額を突き合わせる姿はなんとも恐ろしい空気を醸し出していたに違いないが、先輩方の力も借りて、このプロジェクトは何が待つともしれない、研究という大海原へと漕ぎ出したのであった。

そして、おそらくもっとも幸運であったことには—いや、実は幸運などではなかったのだろう—、この無謀な挑戦に対して賛同者が次々と現れたのである。三人で始まった最初の勉強会は、わずか一か月後にはこの論文集刊行の幹部となるメンバーが加わり、一年後にはゼミ生全体を巻き込んだ一大船団と化した。私たちは、火曜日のゼミが終わると、先生が帰った後の教室に残り、先人の研究の検討を基に論文集の方針を決めるための勉強会を毎週のように行った。

だが、当時学部四年生であった私が船頭の時点で、学部生がいくら勉強熱心といえども底は知れている。最初のうちは私自身読んでいる論文が何を言っているのかわからず、目標に向かって進んでいるのか離れているのかも明瞭でないまま、このプロジェクトを立ち上げたことを深く悔いた。その思いは、参加者とて同じであっただろう。

歩みを止めればプロジェクトが雲散霧消しかねない緊迫感の中で、私たちは目の前の論文を読むことに必死だった。ただ、苦しい中にも、そこには確かに勉強をしているという実感があった。勉強会を重ねていくうちに、まがりなりにも方針が定まると、一つの達成感とともに、次に進む力が湧いた。本書が完成するまでには、四年という時間を要したが、こうして一つの形となったことは、大きな喜びである。

そして、これは私一人の成果では決してない。「渡辺家文書」の目録をまとめた先人たち、角筈グループの礎を築き、私達の活動をサポートしてくれた先輩方、共に研究に励んだ同輩と後輩たち、そして監修を喜んで買って出てくださった大石先生の力なくしては、ここまで来ることはできなかったであろう。何よりも、必死に勉強することの楽しさと、そうした人間に積極的に関わっていく人を生み出す風土を作り上げた先生に感謝申し上げるとともに、その力に今改めて敬服するばかりである。

私は大学卒業後、一橋大学大学院社会学研究科の門を叩き、渡辺尚志先生の下で二年間勉学に励んだ。プロジェクトを立ち上げた人間が、フィールドを変えるという無責任さにもかかわらず、大学を出た私をあたたかく迎え入れてくれた大石ゼミの同輩・後輩に改めて感謝申し上げたい。渡辺先生には「ここで学んだことを外でも生かしなさい」と背中を押していただき、ゼミでも研究報告の時間を頂いた。同じく一橋大学の若尾政希先生とゼミ生の方々にも大変お世話になった。本書や、本書に収録されている私の論文が、渡辺先生や一橋大学でともに勉強した方々から頂いた学恩にも報いるものでありたい。

そして、史料を提供してくださった新宿区立新宿歴史博物館、中野区立歴史民俗資料館の皆様方、使用史料にかかわるすべての方に感謝申し上げたい。歴史学の研究を続けるうえでは、当時の人々が残した史料を大切に保管し、閲覧に供してくださる方々の存在を忘れることはできない。

本書は、駆け出し研究者たちによる成果であり、武骨で未熟な部分が多く映るかもしれない。だが、その成果は各々が精いっぱい史料と誠実に向き合うことで得られたものであることを私は強く信じたい。本書にご意見を頂き、私たちを未熟な新人として偉大なる先達の末席に加えていただくことを許してくださる方がいるとすれば、それはこの上ない喜びである。

一八年間に及ぶ学校生活を終え、私は今高校生に日本史を教えている。子どもたちに歴史の面白さを伝え、また勉学の大切さを説く人間には、自らも常にその研鑽に励み続ける義務がある。そして、自分が楽しいと思うものが子どもに伝わらないことはあっても、その反対は決して成立しない。本書の成果が、「学び続ける教員」の具体的な姿として子どもたちの目に映ることを願ってやまない。

行田　健晃

あとがき

私は今、縁あって東京都の三宅島で高校生を相手に主に日本史を教えている。三宅島は二つの市と友好都市となっており、そのうちの一つが東京学芸大学のある小金井市である。

本論文集は、その小金井市に本拠を構える東京学芸大学近世史研究会（通称「大石ゼミ」「近世史ゼミ」もしくは「ガリ勉近世」？。以下、大石ゼミ）の学部生・院生および卒業生によって二〇一一年度に始まった共同研究の成果である。「はしがき」にも記されているように、これ以前にも角筈と同じく江戸周辺をフィールドとした共同研究や、加賀藩をフィールドとした共同研究の成果が論文集として刊行されているが、本書もまた先輩方によって脈々と受け継がれてきた大石ゼミの共同研究の系譜に連なるものである。

大石ゼミは学期中の毎週火曜日放課後に開かれるゼミと、年四回の研究報告会を活動の二本柱としており、学部生が主体となって運営される。学期中のゼミは古文書読解と文献輪読が二本柱で、ここで古文書の読み方と江戸時代について学ぶ。報告会は長期休暇中の二度の合宿（夏・春）と、学期中二度のシンポジウム（春・冬）があり、卒論や修論、もしくは共同研究の研究報告を行う。自主ゼミであるため、単位などは出ない。

私は二年生の春に、行田君や月見（田中）さんなどの同期と共に大石ゼミに加入した。今でこそゼミは講義棟の教室で行われるのだが、私たちが入った頃はいわゆる「サンシャイン」と呼ばれている、大学内で一番高い建物の六階の端の部屋で行われていた。初めてそこに足を踏み入れるや否やいきなり古文書を読まされ、訳の分からない議論を聞かされた。先輩方の放つ学ぶ意欲と情熱という大石ゼミ独特の空気に圧倒されたことを憶えている。

ゼミ加入とほぼ同時に、私たちは角筈をフィールドとした研究をすることになった。先輩から渡辺家文書の目録が手渡されて「自分の気になるテーマはどれだ」。当時住んでいた場所がたまたま江戸時代に鷹場だったということは知っていたのでテーマを「鷹場」と決めると先輩方は口々に「先生の研究テーマのど真ん中だからやめておけ」。それでも無知というのは恐ろしいもので、私はテーマ変更などはせずに、鷹場について研究をすることにしたのである。

ヒーヒー言いながら古文書を読み進め、先輩方に色々と指導を受けながらやっとの思いで報告を作っていく。最初は「この古文書にこんなことが書いてありました」で終わりだったが、次第に他の古文書との関係性を考えたり、先行研究にも当たってみるなど報告に幅が出て、鷹場についての理解も深まっていった。だがそれは同時に、目の前にそびえる「大石学」という高い壁を認識するということでもある。毎回ほんの少しの自信を胸に報告するたびに先生からは「まだまだだな」と言われ、小さな自信などあっさり吹き飛ばされることが続いた。卒論や修士課程では生意気にも「大石学を越える」という目標を立てながら研究を続けたが、報告の度にダメ出しを食らい、越えるどころか先生の手のひらの上で転がされているような感覚を抱き続けた。壁を越えるのは不可能だと思い、テーマを変えるか真剣に考えたこともある。しかしそこで真剣に悩んだからこそ、「近代から近世の鷹場を見通す」という方向性に気づき、その方向性で研究を進めた。その最終的な成果が私の修士論文であり、本書の第一二章である。

私の場合は「大石学を越える」ということが大きなモチベーションとなっていたが、何をモチベーションとしてこの「ガリ勉」ゼミ生活を乗り切ったのかは個人個人で異なるだろう。しかし、研究に少なからず面白みを感じていた人が多いからこそ、勉強漬けになるという「悪評」にも関わらず大石ゼミには人が集まるのだろうし、角筈研究においても論集への参加の有無にかかわらず、ゼミ内で自分のポジションを見出していた。活動履歴を見ていただければ、この五年の間に角筈をフィールドに、のべ二〇〇本以上の報告がなされ、そのテーマも多岐にわたっていることがお分かり頂けると思う。それぞれの「自分はこのテーマを明らかにする」という熱意があればこそ、年四回の報告会において充実した議論が行われ、お互いの研究に触発され、高めあうことができた。特に論集に参加はせずとも共に角筈研究に打ち込んだ仲間たちがいたからこそ、本論文集の成果もより豊かになったと思う。その仲間も今や北は山形から西は福岡まで幅広い地域に散らばっている。特に二〇一七年度は、私が三宅島、同期の行田君も社会人生活、篠原さんは台湾に半年間の留学に行くなど、論考のとりまとめの時期であるにも関わらず幹部もバラバラになってしまう状況であった。しかし、直接顔は合わせずとも常に連絡を取り合いながら、私が内地に帰ったときや篠原さんが留学から戻ってきてから何度も論文を見直し、刊行にたどり着くことができた。

はじめて「角筈で論文集を出す」ということを聞いてから四年の月日が経過している。そこに自分が深く関わり、「あとがき」まで書くことになるとはあのときは夢にも思わなかったが、こうして実際に形になったことを嬉しく思う。ここまで来るに当たってお世話になった全ての方々に、改めて感謝の意を表したい。

そして、次世代の共同研究は、角筈村の隣に存在した大名屋敷の持ち主である内藤家の信州・高遠藩をフィールドに進められている。私も史料調査の手伝いで何度か現地に足を運んだが、高遠のある伊那市は、江島生島事件が縁で三宅村と友好都市となっている。まだまだ始まったばかりの共同研究だが、大きな成果が出ることを期待したい。

田口　良

謝辞

論文集刊行に向けた勉強会の立ち上げから四年。当時私は学部三年で、初めて勉強会に参加した日の夜、自身の力不足を痛感して泣いたことや、台湾留学中に、国際電話で校正に関する協議をしたことが、つい先日のことのように思い出される。果たしてあの頃から、自分がどれほど成長できたのかは甚だ心許ないが、初めて手に取った、念願の古文書をもとに書き上げた論文を、一つの形として残せることに心から喜びを感じる。

共同研究を進めるにあたり、新宿区立新宿歴史博物館、中野区立歴史民俗資料館をはじめとする関係者各位には、調査や史料提供において大変お世話になった。心から謝意を申し上げたい。また、本書の編集・刊行にあたって、名著出版の平井誠司・田麦睦宏両氏にはご苦労をおかけした。平井氏には遠方にもかかわらず、度々大学までお越しいただいた。田麦氏には、毎度校正用紙が真っ赤になるほどの訂正・変更、無理な要望にも快くお応えいただいた。両氏のご協力、ご尽力により、本書が無事出版できることに、心から感謝する次第である。

末筆ながら、執筆者一同を代表して、私たちの角筈研究、論文集刊行を応援し、これまで支えてくださった多くの方々に、あらためて厚く御礼申し上げるとともに、東京学芸大学近世史研究会の共同研究が、いつまでも続いていくことを切に願っている。

篠原　杏奈

篠原　杏奈（しのはら あんな）　1994年生　2016年　東京学芸大学教育学部卒業。
現在　東京学芸大学大学院教育学研究科　社会科教育専攻歴史学コース在籍。
著作　大石学監修『現代語　抄訳で楽しむ 東海道中膝栗毛と続膝栗毛』（KADOKAWA、2016年、分担執筆）。

高橋　理香（たかはし りか）　1994年生　2017年　東京学芸大学教育学部卒業。
現在　品川区立戸越小学校教諭。

大久保　孝祐（おおくぼ こうすけ）　1995年生　2017年　東京学芸大学教育学部卒業。
現在　東京学芸大学大学院教育学研究科修士課程社会科教育専攻歴史学コース在籍。

真鍋　遼平（まなべ りょうへい）　1993年生　2016年　東京学芸大学教育学部卒業。
現在　公務員。

永倉　愛理佳（ながくら えりか）　1994年生　2017年　東京学芸大学教育学部卒業。
現在　調布市立若葉小学校　教諭。

山田　篤史（やまだ あつし）　1994年生　2016年　東京学芸大学教育学部卒業。
2018年　東京学芸大学大学院教育学研究科修士課程　社会科教育専攻歴史学コース修了。
現在　埼玉県立草加東高等学校教諭。
著書　『抄訳で楽しむ東海道中膝栗毛と続膝栗毛』（KADOKAWA、2016年、分担執筆）。

行田　健晃（ぎょうだ たけあき）　1993年生　2015年　東京学芸大学教育学部卒業。
2017年　一橋大学大学院社会学研究科修士課程修了。
現在　中央大学附属横浜中学校・高等学校兼任講師、公益財団法人徳川記念財団非常勤研究員。
著作　「所蔵品紹介　篤姫縁組につき内意書写」（『徳川記念財団会報』第27号、徳川記念財団、2016年）、「百姓と武力」（『多摩地域史研究会会報』、第122号、多摩地域史研究会、2016年）、『徳川将軍家へようこそ』（徳川記念財団・東京都江戸東京博物館編、2017年、分担執筆）。

田口　　良（たぐち りょう）　1992年生　2015年　東京学芸大学教育学部卒業。
2017年　東京学芸大学大学院修士課程　社会科教育専攻歴史学コース修了。
現在　東京都立三宅高等学校教諭。
著書　『抄訳で楽しむ東海道中膝栗毛と続膝栗毛』（KADOKAWA、2016年、分担執筆）。

「執筆者紹介」（掲載順）

大石　学（おおいし まなぶ）1953年生　1977年　東京学芸大学卒業　1979年　同大学大学院修士課程修了　1983年　筑波大学大学院博士課程単位取得　現在　東京学芸大学教授

［主要著書］『享保改革の地域政策』（吉川弘文館、1996年）、『東海道四日市宿本陣の基礎的研究』（監修、岩田書院、2001年）、『高家今川氏の知行所支配～江戸周辺を事例として～』（監修、名著出版、2002年）、『近世国家の権力構造―政治・支配・行政―』（編著、岩田書院、2003年）、『近世藩制・藩校大事典』（編著、吉川弘文館、2006年）、『千川上水・用水と江戸・武蔵野―管理体制と地域社会―』（監修、名著出版、2006年）、『近世公文書論―公文書システムの形成と発展―』（編著、岩田書院、2008年）、『高家前田家の総合的研究―近世官僚制とアーカイブズ―』（編著、東京堂出版、2008年）、『一九世紀の政権交代と社会変動―社会・外交・国家―』（編著、東京堂出版、2009年）、『江戸幕府大事典』（編著、吉川弘文館、2009年）、『内藤新宿と江戸～首都江戸と周辺の結節点の視点から～』（監修、名著出版、2010年）、『近世日本の統治と改革』（吉川弘文館、2013年）、『徳川歴代将軍事典』（編著、吉川弘文館、2013年）、『近世首都論―都市江戸の機能と性格―』（編著、岩田書院、2013年）、『近世日本の勝者と敗者』（敗者の日本史16、吉川弘文館、2015年）、『首都江戸と加賀藩―江戸から地域へ・地域から江戸へ―』（監修、名著出版、2015年）

星　瑞希（ほし みずき）　1993年生　2016年　東京学芸大学教育学部卒業。
2018年　東京学芸大学大学院教育学研究科修士課程社会科教育専攻社会科教育コース修了。
現在　東京大学大学院教育学研究科博士課程在籍。
著作　サム・ワインバーグ著／渡部竜也監訳『歴史的思考―その不自然な思考―』（春風社　2017年、翻訳、分担執筆）。

月見　友紀子（つきみ ゆきこ）　1993年生　2015年　東京学芸大学教育学部卒業。
現在　福岡市立長住小学校教諭。

佐藤　啓（さとう ひろむ）　1992年生　2016年　東京学芸大学教育学部卒業。
現在　尾花沢市立尾花沢小学校教諭。

〔東京学芸大学近世史研究会調査報告5〕
江戸周辺の社会史－「江戸町続」論のこころみ－

2018年（平成30年）9月20日　初版第1刷発行

編著者　大石　学 監修
　　　　東京学芸大学近世史研究会　編

発行所　株式会社　名著出版　〒571-0002　大阪府門真市岸和田2-21-8
　　　　　　　　　　　　　　電話　072-887-4551

発行者　平井　誠司

印刷・製本　藤原印刷株式会社

ISBN978-4-626-01827-4　C3321　Printed in Japan